PLANO BEPS

ALEXANDRE ALKMIM TEIXEIRA

Coordenador

PLANO BEPS

Belo Horizonte

FÓRUM

CONHECIMENTO JURÍDICO

2019

FÓRUM
CONHECIMENTO JURÍDICO

Luís Cláudio Rodrigues Ferreira
Presidente e Editor

Coordenação editorial: Leonardo Eustáquio Siqueira Araújo
Aline Sobreira de Oliveira

Av. Afonso Pena, 2770 – 15º andar – Savassi – CEP 30130-012
Belo Horizonte – Minas Gerais – Tel.: (31) 2121.4900 / 2121.4949
www.editoraforum.com.br – editoraforum@editoraforum.com.br

Técnica. Empenho. Zelo. Esses foram alguns dos cuidados aplicados na edição desta obra. No entanto, podem ocorrer erros de impressão, digitação ou mesmo restar alguma dúvida conceitual. Caso se constate algo assim, solicitamos a gentileza de nos comunicar através do *e-mail* editorial@editoraforum.com.br para que possamos esclarecer, no que couber. A sua contribuição é muito importante para mantermos a excelência editorial. A Editora Fórum agradece a sua contribuição.

Dados Internacionais de Catalogação na Publicação (CIP) de acordo com a AACR2

P712	Plano BEPS / Alexandre Alkmim Teixeira (Coord.).– Belo Horizonte : Fórum, 2019.
	556p.; 17cm x 24cm
	ISBN: 978-85-450-0654-1
	1. Direito Internacional Privado. 2. Direito Tributário. 3. Direito Tributário Internacional. I. Teixeira, Alexandre Alkmim. II. Título.
	CDD 342.3
	CDU 341.9

Elaborado por Daniela Lopes Duarte - CRB-6/3500

Informação bibliográfica deste livro, conforme a NBR 6023:2018 da Associação Brasileira de Normas Técnicas (ABNT):

TEIXEIRA, Alexandre Alkmim (Coord.). *Plano BEPS*. Belo Horizonte: Fórum, 2019. 556p. ISBN 978-85-450-0654-1.

SUMÁRIO

ECONOMIA DIGITAL: A AÇÃO Nº 1 DO BEPS E A TRIBUTAÇÃO DE *SOFTWARE AS A SERVICE* NO BRASIL

O COMBATE AO ABUSO DE CONVENÇÕES PARA EVITAR A BITRIBUTAÇÃO: CONSIDERAÇÕES SOBRE AS PRINCIPAIS PROPOSTAS NO ÂMBITO DA AÇÃO 6 DO PLANO BEPS

NORMA GERAL ANTIELISIVA E O *PRINCIPLE PURPOSE TEST* (AÇÃO 6 DO BEPS) NA POLÍTICA INTERNACIONAL TRIBUTÁRIA DO BRASIL

INFLUÊNCIAS DO PROJETO BEPS NOS NOVOS ACORDOS PARA EVITAR A DUPLA TRIBUTAÇÃO FIRMADOS PELO BRASIL

LA INFLUENCIA DE LOS COMENTARIOS AL MODELO OCDE EN LA APLICACIÓN DE LOS TRATADOS DE DOBLE IMPOSICIÓN EN BRASIL

AJUSTES CORRELATOS DE PREÇOS DE TRANSFERÊNCIA POR MEIO DE PROCEDIMENTO AMIGÁVEL

A TRANSPARÊNCIA TRIBUTÁRIA E PLANO *BASE EROSION AND PROFIT SHIFTING* – BEPS DA OCDE/G20: A AÇÃO 12 (*MANDATORY DISCLOSURE RULE*) *VS* A DECLARAÇÃO DE PLANEJAMENTO TRIBUTÁRIO (DPLAT) PREVISTA PELA MP Nº 685/2015

AÇÃO 14 DO PROJETO BEPS E SUA IMPLEMENTAÇÃO NO BRASIL

No ano de 2015, por ocasião das XXVIII *Jornadas Latino Americanas de Derecho Tributario* do ILADT – *Instituto Latino Americano de Derecho Tributario*, ocorridas na Cidade do México, tive a honra de ser um dos Relatores Nacionais representando o Brasil, oportunidade em que discorri sobre a aplicabilidade e efetividade do então recém-lançado Plano BEPS (*Base Erosion and Profit Shiffiting*) em face do ordenamento jurídico tributário brasileiro.

Durante o evento, notei claramente uma indisposição dos países latino-americanos em face de muitas das medidas propostas pela Organização de Cooperação e Desenvolvimento Econômico (OCDE) no âmbito de referido Plano. Isso porque, apesar de se voltar contra os planejamentos tributários agressivos das empresas multinacionais, muitas das jurisdições presentes consideraram o Plano BEPS uma restrição aos regimes de tributação próprios de países subdesenvolvidos ou em desenvolvimento.

E essa dicotomia subsiste.

Pelo lado da OCDE, um relatório produzido em 2014 identificou que os países em desenvolvimento estão mais suscetíveis às estruturas adotadas pelos contribuintes com o objetivo de redução da base tributária ou deslocamento de lucros para jurisdições menos onerosas, em comparação com os países desenvolvidos. Segundo a OCDE,

> os riscos enfrentados pelos países em desenvolvimento ao BEPS, e os desafios por eles a serem enfrentados, podem ser diferentes tanto em natureza quanto em escala daqueles enfrentados pelos países desenvolvidos.[1]

A OCDE atribui essa diferença a quatro fatores:

a) Alguns países em desenvolvimento não possuem as necessárias previsões legislativas direcionadas à erosão de base e deslocamento de lucros;

b) As medidas adotadas pelos países em desenvolvimento para enfrentar BEPS são geralmente dificultadas pela falta de informação;

c) Os países em desenvolvimento encontram dificuldades em construir a capacidade necessária para implementar normas altamente complexas e enfrentar as bem informadas e experientes empresas multinacionais.

d) A falta de legislação efetiva e a baixa capacidade podem deixar aberta a porta para práticas evasivas mais simples, porém potencialmente mais agressivas, comparadas às que tipicamente são encontradas em economias desenvolvidas.[2]

---

[1] It is important to recognise that the risks faced by developing countries from BEPS, and the challenges faced in addressing them, may be different both in nature and scale to those faced by developed countries. This means that BEPS actions for developing countries may need specific emphases or nuances compared to those most suitable for advanced economies. OECD – Organization for Economic Co-operation and Development. *Part 1 of a Report to G20 Development Working Group on The Impact of BEPS in Low Income Countries*. OECD, 2014, p. 3.

[2] OECD – Organization for Economic Co-operation and Development. *Part 1 of a Report to G20 Development Working Group on The Impact of BEPS in Low Income Countries*. OECD, 2014.

Por parte dos países membros do ILADT, ressurgiu a preocupação de que as medidas implementadas no bojo do Plano BEPS não afastem as premissas adotadas por aquela instituição no que toca à tributação internacional, em especial a prevalência do princípio da fonte sobre a residência.

O relatório final das Jornadas deixou claro este desconforto por parte dos países membros do ILADT:

> Debe profundizarse el análisis de las medidas que comprenden el Plan BEPS tomando en cuenta la doctrina tributaria del ILADT en materia de vigencia del principio de la fuente y de defensa de los derechos y garantías de los contribuyentes, contenidos en los ordenamientos constitucionales y en los Tratados sobre Derechos Humanos.

O relatório enfatiza, também, a necessidade de respeito aos regimes tributários dos países subdesenvolvidos e em desenvolvimento, ainda que dissonantes das estruturas usualmente adotadas pelos países membros da OCDE:

> El reto para los países, en el proceso de decisión sobre la posible incorporación de las medidas que comprenden el Plan BEPS en sus legislaciones nacionales, es tener una reflexión seria y consensuada con todos los sectores involucrados en su aplicación, atendiendo siempre a la realidad y a los planes de desarrollo económico que mantengan, a su soberanía tributaria, así como a su particular ordenamiento jurídico y a los principios constitucionales que los fundamentan.
>
> Además, tendrá que tomarse en cuenta la necesidad de contar con recursos humanos, materiales y tecnológicos para la incorporación eficiente, entre otros, de los procedimientos administrativos en relación al manejo y reserva de la información obtenida y de los controles requeridos.
>
> El grado de adopción del Plan BEPS por los países, cualquiera que éste sea, requiere fijar normas claras de cumplimiento, facultades y procedimientos, que otorguen un mínimo grado de seguridad jurídica para los contribuyentes, en respeto del principio de legalidad, evitando así espacios de subjetividad y discrecionalidad de las Administraciones Tributarias, de modo que las medidas adoptadas no se conviertan en mero instrumento recaudatorio, afectando la sana relación fisco/contribuyente que es indispensable para llevar a buen puerto los propósitos de su establecimiento.

Nesse contexto, é possível dizer que o Brasil tem adotado uma posição dúbia e contraditória.

Se por um lado o Governo Brasileiro concorda e acorda com os princípios e ideias essenciais do Plano BEPS, em especial o combate ao planejamento tributário agressivo das empresas multinacionais (MNEs), por outro lado tem deixado de aderir e implementar algumas das principais medidas propostas pela OCDE.

De fato, é possível verificar, em favor do alinhamento do Brasil ao Plano BEPS, que o país possui normas de combate à CFC (*Controlled Foreign Company*) mais rigorosas do que as medidas propostas na Ação 3, tributando o resultado das controladas no exterior ainda que não submetidas a regime privilegiado. No que toca ao tratamento dos paraísos fiscais, tem medidas altamente restritivas quanto à importação de mercadorias ou serviços intermediados por estruturas localizadas em países ou regimes de baixa tributação. Ainda, o Brasil mantém um dos mais avançados sistemas de cruzamento de dados do mundo (se não o mais avançado) para fins de fiscalização tributária, com alto grau de aderência nas atuações por parte da Receita Federal do Brasil (RFB). Por fim, apesar de não possuir uma norma geral antielisiva, o posicionamento das Fazendas Públicas e das Cortes Administrativas e Judiciais no tratamento do planejamento tributário agressivo tem sido bastante restritivo, buscando a realidade negocial como fundamento primordial na análise das estruturas voltadas à redução ou não pagamento de tributos.

Por outro lado, outras medidas consideradas essenciais no âmbito do Plano BEPS têm sido rejeitadas por parte da Ordem Jurídica brasileira.

Em julho de 2015, apesar de ter sido editada a Medida Provisória nº 685, objetivando a implementação da declaração, não foi a mesma sido aprovada pelo Congresso Nacional.

No que toca aos preços de transferência, aparentemente, o sistema de controle dos preços de transferência no Brasil se alinha ao sistema da OCDE. Veja-se:

	OCDE	Brasil
Método Comparativo	Comparable uncontrolled price method	PIC PVEx
Método Preço de Revenda	Resale Price Method	PRL PVA/PVV
Método Custo	Cost Plus Method	CPL CAP
Método de Commodities		PCI PCEx
Método Transacional	Profit Split Method	
	Transactional net margin method	

No entanto, ao adotar margens fixas na aplicação dos métodos, o Brasil se distancia das previsões dos *Guidelines On Transfer Pricing* da OCDE,[3] em especial na sua versão de 2017. Nesse ponto, há de se ressaltar que, se a legislação brasileira é rigorosa no tratamento dos preços de transferências nas importações, o tratamento para controle dos preços de transferência nas exportações é bastante flexíveis. A título de exemplo, pelo Método CAP, se a empresa exportadora oferecer 15% de seu lucro à tributação, poderá remeter o lucro adicional ao exterior sem que haja qualquer restrição por parte da ordem jurídica brasileira.

Por fim, o Brasil não aderiu, até o presente momento, aos MLI's (*Multilateral Instruments*), direcionados à atualização dos tratados para evitar a dupla tributação, o que tem sido objeto de severas críticas por parte da comunidade internacional.

---

[3] OECD – ORGANIZATION FOR ECONOMIC COOPERATION AND DEVELOPMENT. OECD Transfer Pricing Guidelines for Multinational Enterprises and Tax Administrations. OECD, Paris, 2017.

Foi nesse contexto que, nos anos de 2016 e 2017, desenvolvi com um grupo de estudos com jovens estudiosos do Direito Tributário Internacional, abordando cada uma das Ações previstas no Plano BEPS, e sua compatibilidade com o Direito Brasileiro.

Adicionalmente, recebemos contribuições de notórios Professores e Estudiosos, do Brasil e do Exterior, colocando suas posições pessoais sobre o Plano BEPS, agora condensadas neste livro que apresento ao conhecimento e crítica daqueles que, como eu, são apaixonados pelo de Direito Tributário Internacional.

Belo Horizonte, 2º semestre de 2018.

Alexandre Alkmim Teixeira
Doutor em Direito Tributário pela USP.

O MODELO BEPS E SUA APLICAÇÃO NO BRASIL

1 Observações gerais

Desde o encontro do G20, de Londres (Group of Twenty – London Summit, 2 April 2009), o Brasil, que já integrava o *Global Forum*, somou-se aos esforços internacionais contra as jurisdições não cooperantes, incluídos os paraísos fiscais (*tax havens*), e no combate às práticas agressivas de planejamentos tributários, no propósito de proteger os sistemas de finanças públicas de todos os países.[1]

Na sequência, o Brasil aprofundou a transição para o desmantelamento dos *paraísos fiscais, sigilos bancários de contas no exterior* e *planejamentos tributários agressivos*, com aprimoramento da legislação e práticas de controles, além de medidas de combate à corrupção, terrorismo, lavagem de dinheiro e outros ilícitos danosos à Administração Pública.

O Programa *Base Erosion and Profit Shifting* (BEPS) tem recebido forte apoio dos órgãos da Administração Tributária, como a Secretaria da Receita Federal do Brasil (SRFB), do Ministério da Fazenda, bem como do Ministério das Relações Exteriores e do próprio Congresso Nacional. De fato, algumas das ações do BEPS já se encontram em vigor no nosso sistema, passíveis de simples ajustes. Após 2014, as principais ações discutidas no Brasil foram as 5, 12 e 13 (*Responses to Transfer Pricing Measures*), que se inserem nas *Mainly Domestic Measures*, e a 14, das *Mainly Treaty-Based Measures*.

Com a entrada em vigor, no Brasil, da Convenção *Automatic Exchange of Financial Information in Tax Matters* (AEOI), no dia 06 de setembro de 2016, e com o êxito do *Offshore Voluntary Disclosure Program* (Lei de Repatriação), houve ampla difusão das ações do BEPS e da transparência fiscal internacional, com a chegada do Fisco Global e a compreensão de que *the era of banking secrecy is over*. Esses fatores certamente impulsionarão as reformas legislativas necessárias aos avanços do BEPS, pela redução de dificuldades quanto à sua tramitação no Parlamento brasileiro.

---

[1] Este texto corresponde ao Relatório Nacional do tema 1 do 71º Congresso da *International Fiscal Association*, realizado em agosto de 2017, no Rio de Janeiro.

1.1 Prioridades

Dentre as prioridades do momento, estão as medidas tendentes a ampliar a transparência entre fisco e contribuinte, pelo Decreto nº 8.842, de 29 de agosto de 2016, quando entrou em vigor a Convenção *Automatic Exchange of Financial Information in Tax Matters* (AEOI), pela qual o Brasil obriga-se a promover a troca de informações a partir de janeiro de 2018, com dados financeiros de 2016 e 2017. O Brasil também aderiu ao Programa *Foreign Account Tax Compliance Act* (FATCA), cujo texto do Acordo foi aprovado por meio do Decreto Legislativo nº 146, de 26 de junho de 2015, e entrou em vigor pelo Decreto nº 8.506, de 24.8.2015.

O Brasil mantém seu compromisso de colocar em vigor as ações 5, 13, 14 e 15 como padrão mínimo, até 2018. Preponderam no momento a atualização e melhoria dos atos normativos. As convenções internacionais, porém, começam a receber as primeiras ações para atualização e conformidade com os novos padrões do BEPS. Tudo conforme os três pilares de substância, transparência e certeza.

Os desafios que devem ser enfrentados pelo Brasil para se adequar ao cenário de transparência fiscal internacional são diversos. O Relatório elaborado pela OCDE[2] para os países em desenvolvimento indica a necessidade de adequação do sistema interno, a fim de melhorar o cumprimento fiscal internacional, com as informações que se farão necessárias para o atingimento da transparência global e integridade do sistema financeiro e tributário internacional.[3]

No dia 21 de outubro de 2016, o Brasil assinou o Acordo Multilateral de Autoridades Competentes (Multilateral Competent Authority Agreement – MCAA), para cumprimento das trocas de dados do Common Reporting Standard (CRS), que visa a atender ao padrão global do intercâmbio automático de informações financeiras para fins tributários. Assim, a partir de 1º de janeiro de 2017, o Brasil poderia iniciar o intercâmbio de informações com as administrações tributárias dos países que também tiverem concluído o processo de internalização da convenção. O CRS trata exclusivamente do intercâmbio automático de informações financeiras para fins tributários e o Brasil deveria adotar o CRS até setembro de 2018.

1.2 Participação do Brasil

O Brasil não é membro da Organização para a Cooperação e Desenvolvimento Econômico (OCDE), mas desde o início dos anos 1990 tem atuado com ativa cooperação em matéria tributária, o que justifica seu empenho em integrar-se às ações do BEPS, com presença em praticamente todos os painéis, foros e grupos de trabalho para sua implementação, além dos trabalhos sobre a Convenção *Automatic Exchange of Financial Information in Tax Matters* (AEOI), que se encontra ratificada e em vigor, para trocas de informações a partir de 2018.

---

[2] OCDE. Automatic Exchange of Information: A Roadmap for Developing Country Participation (Paris: OCDE, 2014), Disponível em: http://www.OCDE.org/tax/transparency/global-forum-AEOI-roadmap-for-developing-countries.pdf. Acesso em: 4 out. 2015.

[3] De acordo com o Relatório de Comprometimentos, o Brasil deve adotar as primeiras mudanças em sua jurisdição até 2018. AEOI: *Status of commitments*, publicado em 23.7.2015 pela OCDE. Disponível em: http://www.OCDE.org/tax/transparency/AEOI-commitments.pdf.

Essa determinação encontra-se confirmada pelo art. 5º da Lei nº 12.649, de 17 de maio de 2012, ao autorizar o Poder Executivo a contribuir, dentre outros, para a manutenção de foros, grupos e iniciativas internacionais, como o Projeto BEPS, o Comitê de Assuntos Fiscais (*Committee on Fiscal Affairs* - CFA) da OCDE, o Fórum sobre Administração Tributária vinculado (*Forum on Tax Administration*) e o Grupo de Coordenação e Administração da Convenção sobre Assistência Mútua Administrativa em Assuntos Tributários (*Convention on Mutual Administrative Assistance in Tax Matters*).

A Receita Federal do Brasil (RFB), órgão do Poder Executivo, subordinado ao Ministério da Fazenda, é responsável pelos grupos de trabalho sobre cada uma das Ações do BEPS. Assim, a RFB, por meio desses grupos de trabalho, colabora com aqueles da OCDE e, internamente, sugere alterações nas legislações tributárias.

As Autoridades da RFB, acadêmicos e profissionais do Direito Tributário têm participado e discutido ativamente as Ações do BEPS, em Congressos no Brasil, fóruns e congressos internacionais, além da cooperação das entidades empresariais mais representativas, como CNI, FIESP ou ANBIMA.

As contribuições da Confederação Nacional das Indústrias (CNI) nas audiências públicas da OCDE,[4] com diversas sugestões e comentários sobre os *Discussion Draft* sobre as ações do BEPS, e todos se encontram documentados.

A Receita Federal do Brasil, de modo exitoso, tem efetuado *consultas públicas* sobre distintos temas, como ocorreu com *(i)* o programa de regularização cambial (Consulta Pública nº 4/2016); *(ii)* a definição de atividade econômica substantiva para fins de identificação de regimes fiscais privilegiados (Consulta Pública nº 6/2016); *(iii)* o procedimento amigável no âmbito das Convenções e dos Acordos Internacionais Destinados a Evitar a Dupla Tributação (Consulta Pública nº 8/2016) e *(iv)* Declaração País-a-País (*Country-by-Country Report* – CBC Report), em andamento (Consulta Pública nº 11/2016).

Em geral, os contribuintes têm demonstrado especial satisfação com a ampliação da transparência e participação democrática na elaboração da legislação. O procedimento inicia-se com a publicação prévia de uma minuta do texto normativo, seguida da abertura de formulário eletrônico, por meio do qual qualquer cidadão, devidamente identificado, poderá sugerir alterações, inclusões ou exclusões do texto proposto e a justificativa para a solução proposta.

1.3 Contexto nacional

No contexto interno, a legislação tributária brasileira tem sido modificada, progressivamente, a partir da Lei nº 9.249/95, que instituiu o regime de *worldwide income taxation* para sociedades e, na atualidade, mostra-se apta a reduzir a erosão da base tributária, além daquelas que virão em decorrência das ações do BEPS, para adequar o sistema tributário nacional aos novos tempos das trocas automáticas de informações.

---

4   Extrai-se de correspondência da CNI à OECD, sobre a contribuição à Action 3º: "CNI will remain engaged in the BEPS Project and hopes to contribute further with the OECD and the G20 in the discussion of this and all other Action items."

De fato, diversas alterações já atendem a muitos dos critérios propostos pelas ações do BEPS, como os de tributação das controladas no exterior,[5] inclusive com *harsh controlled foreign Corporation (CFC)*, por meio do qual se tributa toda a renda auferida por controladas no exterior, independentemente da localização em paraísos fiscais ou de a renda ser ativa ou passiva (arts. 76 a 92 da Lei nº 12.973, de 13 de maio de 2014, e no art. 96 da Lei nº 13.043, de 13 de novembro de 2014); adaptações das *transfer princing (TP) rules*, segundo critérios objetivos de apuração de preços, margens de lucros ou de custos e outros, os quais podem ser objeto de ajustes a pedido dos contribuintes, quando provado que as margens deveriam ser outras (art. 48 da Lei nº 12.715, de 2012); regras para ampliar a determinação dos *tax heavens and preferential tax regimes,*[6] com exigência de substância sobre forma, e introdução de critérios de *thin captalization rules* baseados na prevalência de substância sobre a forma (art. 22 a 25 da Lei nº 11.727, de 26 de junho de 2008).

O marco regulatório contábil também foi amplamente melhorado, como se verificou com a Lei nº 11.941/2009 e a Lei nº 12.973/2014, mediante a adequação das normas contábeis brasileiras para o *International Finantial Reporting Standards* (IFRS), a obrigatoriedade de as empresas adotarem nova Escrituração Contábil Fiscal (EFC), que obriga os contribuintes a transmitirem diversos elementos de sua contabilidade às Autoridades Fiscais, por via eletrônica, e oferece melhor compatibilidade de apuração de dados em relação aos demais países.

Em atenção às recomendações da OCDE, e para melhor eficiência das regras antiabusos, o Brasil tem utilizado nas suas Convenções regras que limitam os benefícios (*Limitation on Benefits "LOB Clause"*), desde o ano 2000, nas suas distintas possibilidades.

Por fim, para assegurar um ambiente de segurança jurídica para as trocas automáticas de informações, o Supremo Tribunal Federal, que é a mais alta corte judicial brasileira, decidiu pela constitucionalidade da legislação tributária,[7] e especialmente o artigo 6º, da Lei Complementar nº 105/2000, que determinava a obrigatoriedade de os bancos fornecerem dados bancários de contribuintes, segundo os procedimentos definidos pela Receita Federal do Brasil, independente de autorização judicial. Essa decisão é um importante marco na mudança de orientação do Supremo Tribunal Federal do Brasil, quanto ao sigilo de dados e de informações bancárias. Diante disso, foi reconhecida a constitucionalidade da declaração *e-Financeira*, a ser prestada pelas instituições financeiras e outros contribuintes indicados, que reúne informações sobre operações financeiras, nos termos da Instrução Normativa (IN) RFB nº 1.571, de 02 de julho, de 2015, com base no art. 5º da Lei Complementar nº 105, de 10 de janeiro de 2001.

---

5   Como previsto nos arts. 25 a 27 da Lei nº 9.249, de 26 de dezembro de 1995, no art. 16 da Lei nº 9.430, de 27 de dezembro de 1996, no art. 1º da Lei nº 9.532, de 10 de dezembro de 1997, no art. 34 da Medida Provisória nº 2.158-35, de 24 de agosto de 2001, nos arts. 24 a 26 da Lei nº 12.249, de 11 de junho de 2010, nos arts. 76 a 92 da Lei nº 12.973, de 13 de maio de 2014, e no art. 96 da Lei nº 13.043, de 13 de novembro de 2014.

6   Segundo o disposto nos arts. 24 e 24-A da Lei nº 9.430, de 27 de dezembro de 1996, nos arts. 3º e 4º da Lei nº 10.451, de 10 de maio de 2002, nos arts. 22 e 23 da Lei nº 11.727, de 23 de junho de 2008, e no art. 30 da Lei nº 11.941, de 27 de maio de 2009.

7   Recurso Extraordinário (RE) 601314; Ações Diretas de Inconstitucionalidade (ADIs) 2390, 2386, 2397 e 2859. Haviam 353 processos sobrestados em todo o País à espera do entendimento do STF sobre o tema.

1.4 Direitos dos contribuintes e riscos

O sistema tributário brasileiro é, sem dúvida, um dos mais constitucionalizados do mundo. As garantias de proteção a direitos fundamentais contra o poder de tributar são múltiplas, entre elas: legalidade da tributação (arts. 5º, II e 150, I); irretroatividade e anterioridade das leis tributárias (arts. 5º, XXXVI; 150, III, *a*, *b* e *c*); a capacidade contributiva (art. 145, §1º); proibição de limitação de tráfego de pessoas ou mercadorias a tributos interestaduais ou intermunicipais, ressalvada a cobrança de pedágios pela utilização de vias conservadas pelo Poder Público (art. 150, V); proibição de efeito confiscatório dos tributos (arts. 5º e 150, IV); imunidades aos templos de qualquer culto (art. 150, VI, *b*); imunidade a impostos incidentes sobre o patrimônio, a renda, ou serviços dos partidos políticos, inclusive suas fundações, das entidades sindicais dos trabalhadores, das instituições de educação e de assistência social, sem fins lucrativos, atendidos os requisitos da lei (art. 150, VI, *c*); imunidade do livro, do jornal, dos periódicos e do papel destinado a sua impressão (art. 150, VI, *d*); afora todas as regras de competências para criação dos distintos tributos, com direitos fundamentais específicos, como é o caso do princípio de não cumulatividade dos tributos indiretos (ICMS, IPI, PIS/COFINS).

Por força do reconhecimento constitucional das liberdades de livre iniciativa e do direito de propriedade (art. 1º e 170), os particulares gozam da ampla liberdade para a escolha dos tipos, formas e causas jurídicas que qualificam os negócios jurídicos e as organizações societárias. Desse modo, o planejamento tributário internacional, desde que dotado de propósito negocial válido, vê-se garantido pelos direitos que protegem a ordem econômica e o direito de propriedade.

Como declara a doutrina e a jurisprudência do Supremo Tribunal Federal, nenhum direito fundamental pode ser restringido, limitado ou alterado por lei, tratado ou ato infraconstitucional, sob pena de se ter a negação dos limites da própria noção de rigidez constitucional.[8]

Diante disso, a aplicação de convenções internacionais deve observar todo o arquétipo constitucional de direitos fundamentais.

Por força do art. 146, III, da Constituição, o Código Tributário Nacional tem competência para estabelecer as normas gerais em matéria de legislação tributária. Dentre estas, o art. 98 prevê que *os tratados e as convenções internacionais revogam ou modificam a legislação tributária interna, e serão observados pela que lhes sobrevenha*. Desse modo, firma-se o princípio de prevalência das convenções e tratados internacionais, em matéria tributária, sobre todo o direito interno, excetuada a Constituição.

Desse modo, todas as disposições da Convenção da AEOI ou dos planos de ação do BEPS devem passar por uma rigorosa análise de compatibilidade com a Constituição, diante da multiplicidade de direitos fundamentais e limitações ao poder de tributar existentes. Pontualmente, poderá haver, em certos casos, impossibilidade de internalização de alguma das propostas de cada plano de ação, como ocorreu com a primeira tentativa de introdução do Plano de Ação 12 –*Mandatory Disclosure Rules*, que foi rejeitado pela Câmara de Deputados.

---

[8] Cf. TORRES, Heleno Taveira. *Direito constitucional tributário e segurança jurídica*: metódica da segurança jurídica do Sistema Constitucional Tributário. 2. ed. São Paulo: Revista dos Tribunais, 2012.

O contribuinte brasileiro tem liberdade para organizar os seus negócios, desde que presente o propósito negocial e substância sobre a forma. Ora, se o paradigma do *Fisco Global* volta-se para consagrar a recomposição das bases tributáveis de cada país, o novo contribuinte (sem fronteiras) deve mover-se com responsabilidade e *compliance*, no direito de organizar planejamentos lícitos e providos de substância, com cuidados objetivos para redução de riscos tributários futuros e outros.

2 BEPS e suas medidas

2.1 *Action 12*

Até o momento, a Ação do BEPS mais criticada no Brasil, que se insere nas *Mainly Domestic Measures*, foi a Ação 12, das *mandatory disclosure rules*. Em 2015, quando da tentativa de introduzi-las no ordenamento brasileiro, por meio da Medida Provisória nº 685/2015, acalorados debates foram travados, o que culminou com sua rejeição pelo Congresso Nacional.

Foi criada a obrigação de informar, anualmente, à administração tributária, as *operações e atos ou negócios jurídicos que acarretem supressão, redução ou diferimento de tributo*. E, segundo o art. 8º, quando a declaração relatasse atos ou negócios jurídicos ainda não ocorridos, o contribuinte adotaria a *consulta* à legislação *tributária*. Criava-se, assim, a declaração antielusiva e a consulta preventiva antielusiva, vocacionadas para reduzir riscos recíprocos, prevenir litígios e conferir segurança jurídica aos contribuintes.

Conforme a Medida Provisória nº 685/2015, deveriam ser informados, independentemente do local de execução dos atos ou negócios jurídicos que acarretem *supressão, redução ou diferimento de tributo*:

a) *os atos ou negócios jurídicos praticados não possuírem razões extratributárias relevantes*;

b) a *forma adotada não for usual, utilizar-se de negócio jurídico indireto ou contiver cláusula que desnature, ainda que parcialmente, os efeitos de um contrato típico*; ou

c) tratar de *atos ou negócios jurídicos específicos* previstos em Regulamento.

As medidas de *Mandatory Disclosure Rules* (declarações obrigatórias) são concebidas prioritariamente para planejamentos tributários com operações internacionais. No Brasil, a medida não fazia esta distinção e alcançava qualquer tipo de planejamento tributário, interno ou internacional.

Quem deveria reportar a declaração ou promover a consulta era o *contribuinte* ou o *responsável*. Segundo as orientações das *Mandatory Disclosure Rules*, poderiam efetuar a declaração tanto os sujeitos passivos quanto os *planejadores* (executores ou consultores). O Brasil, claramente, restringiu esta opção aos *sujeitos passivos*, defeso qualquer ato de consultores em favor daqueles (beneficiários) para oferecer as declarações ao Fisco.

O descumprimento das normas do regime de *Mandatory Disclosure* trazia sanções muito graves, o que impediu sua aprovação. Após a análise dos atos ou operações informados, havia as seguintes consequências:

a) Na falta de aceitação das operações declaradas, caberia o recolhimento ou parcelamento dos tributos acrescidos apenas de juros de mora, no prazo de trinta dias (art. 9º); ou

b) por não atender ao dever de declaração, exigiam-se os tributos devidos acrescidos de juros de mora e da multa de 150%, prevista no §1º do art. 44 da Lei nº 9.430, de 27 de dezembro de 1996 (art. 12).

Conforme as orientações do BEPS, as consequências do *non-compliance* devem ser efetivas, para obrigar os sujeitos passivos a cumprirem com as obrigações acessórias de declaração ou de consulta preventiva antielusivas, mas devem ser definidas segundo o direito interno de cada País.

Outra crítica considerava o fato de a legislação indicar conceitos até então ausentes na legislação tributária brasileira para qualificar os planejamentos tributários reportáveis, como *razões extratributárias relevantes* e *forma não usual*, o que trazia elevada insegurança jurídica.

Em geral, a doutrina e os contribuintes admitem que as regras deverão existir, mas ainda carecem de ser melhor adaptadas ao nosso ordenamento.

2.2 *Action 1 – Digital Economy*

Em matéria de Imposto sobre a Renda, o Brasil não possui um tratamento jurídico especializado para tributação dos rendimentos da economia digital, e, em especial, no contexto da tributação internacional. Quando em presença de convenção para evitar a dupla tributação (CDT), os mecanismos de determinação da renda auferida, se no estado da fonte ou no estado de residência, faz-se com aplicação dos regimes de lucros de empresas, *royalties* ou outros rendimentos.

No Brasil, o imposto que alcança de modo mais direto o *comércio eletrônico* não é um imposto federal, mas que é cobrado pelos estados, que é o Imposto sobre Operações relativas à Circulação de Mercadorias e sobre Prestações de Serviços de Transporte Interestadual e Intermunicipal e de Comunicação (ICMS-Comunicação). O art. 155, II, da CF, prescreve a competência dos Estados e Distrito Federal para instituir imposto sobre as prestações de serviços de comunicação, ainda que as prestações se iniciem no exterior.

O ICMS é um imposto equivalente ao *Value Added Tax* (VAT), com algumas diferenças, como ser um imposto de competência dos *estados*, restrito à tributação de mercadorias, serviços de transporte e serviços de comunicação, com alíquotas que variam entre o Estado de origem e o de destino (com pagamento em ambos, mediante divisão de alíquotas, de 7% ou 12%), salvo algumas exceções, como no caso de petróleo, energia elétrica ou de telecomunicações.

Apesar dessas limitações constitucionais, os estados têm buscado tributar as prestações de serviços digitais, os provedores ou a própria publicidade veiculada nos provedores, afora as operações do comércio de mercadorias por via eletrônica e outros serviços, como *downloads* etc.

O Convênio CONFAZ nº 181, de 28 de dezembro de 2015, autorizou 19 estados a concederem redução na base de cálculo do ICMS em operações com *softwares*, programas, jogos eletrônicos, aplicativos, arquivos eletrônicos e congêneres, disponibilizados por qualquer meio, inclusive nas operações efetuadas mediante transferência eletrônica de dados (*download*).

A atividade dos provedores de acesso à *internet* é serviço de valor adicionado, que não está sujeito à incidência do ICMS, com matéria consolidada nos tribunais, pela Súmula nº 334, do Superior Tribunal de Justiça (STJ);

Para regular as vendas de comércio eletrônico no âmbito do federalismo, foi aprovada a Emenda Constitucional nº 87, de 16 de abril de 2015, para permitir que os estados de origem e destino possam tributar a mesma operação, até que se complete a transição para o *estado de destino*, em 2019. Antes da referida Emenda Constitucional, o ICMS era integralmente pago ao Estado de origem. O ICMS passou a ser partilhado entre o Estado de origem e o destino do bem. Com isso, o Estado de destino do bem passa, em 2016, a ser destinado em 40% para o Estado de destino. Em 2017, a divisão seria de 60% para o destino e 40% para a origem; em 2018, 80% no destino e 20% na origem; até 2019, quanto o ICMS será devido 100% ao Estado de destino.

Matéria que aguarda conclusão no âmbito do Supremo Tribunal Federal – STF discute se há ou não incidência do ICMS na veiculação de publicidade na *internet*.

O ICMS não incide na exportação de mercadorias ou serviços, mas o Plano de Ação 1 poderá contribuir para avanços importantes no modelo de tributação no destino do bem nas operações internas.

2.3 *Action 2 – Hybrid Mismatch Arrangements*

Por meio da Ação 2 (*Neutralising the Effects of Hybrid Mismatch Arrandements*), a OCDE recomenda a adoção de medidas pelos países para neutralizar os efeitos dos planejamentos tributários realizados com entidades híbridas e instrumentos financeiros híbridos. O objetivo da OCDE seria que as entidades voltassem a ser financiadas por instrumentos financeiros tradicionais (*plain vanilla equity* or *debt*).

No Brasil, o instituto mais próximo das características de instrumento híbrido é o chamado *Juros sobre o Capital Próprio* (JCP), criado pelo artigo 9º, da Lei nº 9.249, de 26.12.1995 (Lei nº 9.249/95). O JCP, em que pese levar o termo *juros* em sua definição, tem natureza típica de distribuição de resultados, diferenciando-o de *juro*, que é espécie de receita financeira decorrente de mútuo, e do regime de *dividendo*, em virtude de seu regime jurídico autônomo na remuneração dos investimentos societários.

A introdução dos JCP, pelo art. 9º, da Lei nº 9.249, de 26 de dezembro de 1995,[9] prestou-se como instrumento para prestigiar o aumento de capital próprio no financiamento das empresas, em detrimento de outras fontes de investimentos, como os empréstimos de terceiros. Logo, tinha função de "estímulo" para promover *aumentos de capital* nas empresas, além de diminuição dos custos com a desvalorização do capital empregado. Visa a encorajar os acionistas para reforçarem o capital das empresas com recursos próprios e, com isso, aumentar a liquidez das empresas, no lugar de capital-empréstimo.

Conforme a sistemática adotada, típica dos dividendos, os JCP são realizados como *investimentos* e devidos sempre que houver lucros no período e decisão sobre a distribuição da parcela autorizada.

Não obstante isso, tem-se a *dedutibilidade*[10] dos denominados *juros sobre o capital próprio*, para que as pessoas jurídicas pudessem ter a possibilidade de deduzir os JCP na determinação do lucro real, observado o regime de competência. O valor dos juros pagos ou creditados a titular, sócios ou acionistas, para efeito de remuneração do capital próprio, são calculados sobre as *contas do patrimônio líquido* e limitados à variação, *pro rata*

---

9   Ver também a Lei nº 9.430/96, art. 78 e 88, XXVI;

10 Até então, a Lei nº 4.506/64, art. 49, c/c art. 287, do RIR. vedava esta dedução;

dia, da Taxa de Juros de Longo Prazo – TJLP (RIR/99,[11] art. 347). Diante disso, a substância jurídica não é outra senão a de lucros distribuídos, com equivalência a *dividendos*.

No caso dos JCP, incide a alíquota de 15%, por tributação definitiva ou antecipação na fonte, e não a aplicação do IRPJ e da CSLL sobre o lucro apurado, à base de 34% de incidência que resultaria aplicável.

Quando o pagamento de JCP é feito a residente no exterior, o Estado de residência deve classificar o pagamento como *dividendos*, salvo quando convenção para evitar a dupla tributação traga regra específica para determinar que o JCP deve ser qualificado como *Juros*,[12] quando os juros serão tributados no Estado de residência.

A OCDE, por meio da Ação 2, pretende evitar a dupla não tributação, decorrente da dedução dos juros pagos pela pessoa jurídica residente (no Brasil) e não tributação dos valores pagos ao sócio residente no exterior, chamada de *deduction and non-inclusion scheme*.

Nesse contexto, a OCDE recomenda que haja uma disposição na legislação interna que impeça a dedução do pagamento de JCP, caso o Estado de residência do beneficiário sócio classifique tal pagamento como *dividendos* e a sua legislação não os tribute.

O Brasil, até o presente momento, não adotou essa regra em seu ordenamento jurídico. Todavia, é importante destacar que o JCP brasileiro não tem se mostrado como um instrumento utilizado com a finalidade de transferência artificial de lucros ou erosão da base tributária. Isso porque, a própria Lei nº 9.249/95 procurou restringir a erosão da base tributária do IRPJ e CSLL limitando a possibilidade de dedução de juros ao resultado da aplicação da variação da Taxa de Juros de Longo Prazo (TJLP),[13] com limite de 50% do lucro líquido do exercício antes da dedução do próprio JCP *(i)*; ou 50% do somatório dos lucros acumulados e das reservas de lucros *(ii)*.

Os JCP do Brasil cumprem função de política fiscal, para estimular a capitalização de sociedades, por meio de capital de sócio. Não se presta como mecanismos para utilização como instrumento de erosão da base tributária. Por isso, fundamental cuidar para que a transposição das orientações da Ação 2 do BEPS não conflite com a legislação interna.

Não obstante, considerando que o Brasil, em princípio, ainda não adotou a *primary response*, o Estado de residência poderá aplicar a *defensive rule*, de forma a não conferir ao pagamento o tratamento de dividendo isento, incluindo-o na base de cálculo da tributação ordinária. Com isso, evita-se que o Brasil precise alterar a sua política tributária de incentivo ao não endividamento excessivo das pessoas jurídicas e, ao mesmo tempo, evita que essas sociedades passem a ter um regime privilegiado de dupla não tributação.

---

[11] *Regulamento do Imposto de Renda*, Decreto nº 3.000, de 26 de março de 1999 (RIR/99);

[12] Dentre outros, os Protocolos dos Acordos celebrados pelo Brasil com Trinidad e Tobago, Peru, Venezuela, Rússia, África do Sul, México, Ucrânia, Israel, Chile, Portugal e Paraguai contêm disposição que qualifica o JCP como Juros.

[13] A TJLP é calculada com base em dois parâmetros: uma meta de inflação calculada pro rata para os doze meses seguintes ao primeiro mês de vigência da taxa, inclusive, baseada nas metas anuais fixadas pelo Conselho Monetário Nacional; e um prêmio de risco. A TJLP é divulgada trimestralmente pelo Banco Central do Brasil até o último dia útil do trimestre imediatamente anterior ao de sua vigência para as posições de 1º de janeiro, 1º de abril, 1º de julho e 1º de outubro, sendo expressa em percentual ao ano. (Disponível em: www.bndes.gov.br)

2.4 Action 3 – Controlled Foreign Company (CFC) Rules

A Ação 3 tem como objetivo aprimorar as regras de CFC, para evitar a erosão da base tributária por meio do diferimento da tributação dos lucros e dividendos ou por transferência artificial de lucros para jurisdições com carga tributária inferior.

No Brasil, este esforço tem sido realizado. Recentemente, pela edição da Lei nº 12.973, de 13.5.2013, houve a adequação das normas contábeis para o padrão *International Finantial Reporting Standards* (IFRS) *(i)*; foi criada a obrigação de as empresas adotarem Escrituração Contábil Fiscal (EFC) por via eletrônica, pela qual os contribuintes transmitem diversos documentos ou informações de sua contabilidade às Autoridades Fiscais *(ii)*; e aprimoramento do regime de regras de *Controlled foreign Corporation* (CFC).

Numa síntese, as regras CFC vigentes no Brasil determinam a *tributação automática* da renda das CFC, mesmo sem que ocorra a efetiva disponibilização dos lucros à empresa brasileira, por presunção do lucro auferido. A consequência de tributação automática é a não tributação quando da distribuição dos dividendos ou em outra hipótese de efetiva disponibilização.

Por outro lado, no regime provisório, permitiu-se a consideração de *prejuízos*, o que passa a ser vetado como regra. A Lei nº 12.973/14 buscou evitar que os prejuízos das empresas controladas no exterior fossem utilizados como meio para erodir a base tributária no Brasil.

Examinado na sua extensão, o regime CFC instituído no Brasil sugere ser mais severo do que aquele cuja Ação 3 recomenda a adoção pelos países. Isso porque a legislação brasileira utilizou do *Jurisdictional approach* para caracterizar o elemento abusivo, i.e., a existência de países com regime tributário favorecido, *(i)*; e do *Transactional approach* de modo a permitir identificar o objeto das atividades exercidas e se a renda auferida é do tipo ativa ou passiva *(ii)*.[14]

Em que pese não ter sido adotada legislação CFC após entrada em vigor das recomendações do BEPS, verifica-se que a legislação CFC brasileira é muito restrita e atinge o objetivo de evitar a erosão da base tributária. Senão vejamos.

Numa síntese, a Lei nº 12.973/14 estabeleceu regimes de tributação distintos para:

(i) Controladas diretas e indiretas, que estão submetidas à consolidação dos lucros, ou ao tratamento individualizado de seus resultados e;

(ii) Coligadas, que estão sujeitas ao regime com transparência ou ao regime sem transparência.

Como dito acima, conforme a Lei nº 12.973/14, devem ser tributados os resultados das controladas diretas e indiretas no exterior, de forma individualizada, no ano calendário em que apurados no balanço, *verbis:*

> Art. 76. A pessoa jurídica controladora domiciliada no Brasil ou a ela equiparada, nos termos do art. 83, deverá registrar em subcontas da conta de investimentos em controlada direta no exterior, de forma individualizada, o resultado contábil na variação do valor do investimento equivalente aos lucros ou prejuízos auferidos pela própria controlada direta e suas controladas, direta ou indiretamente, no Brasil ou no exterior, relativo ao

---

[14] XAVIER, Alberto; ESTRADA, Roberto Duque; EMERY, Renata (Colab.). *Direito tributário internacional do Brasil.* 8. ed. Rio de Janeiro: Forense, 2015.

ano-calendário em que foram apurados em balanço, observada a proporção de sua participação em cada controlada, direta ou indireta.

§1º Dos resultados das controladas diretas ou indiretas não deverão constar os resultados auferidos por outra pessoa jurídica sobre a qual a pessoa jurídica controladora domiciliada no Brasil mantenha o controle direto ou indireto.

§2º A variação do valor do investimento equivalente ao lucro ou prejuízo auferido no exterior será convertida em reais, para efeito da apuração da base de cálculo do imposto de renda e da CSLL, com base na taxa de câmbio da moeda do país de origem fixada para venda, pelo Banco Central do Brasil, correspondente à data do levantamento de balanço da controlada direta ou indireta.

A Lei nº 12.973/14 prevê dois regimes de tributação distintos para as *controladas* diretas e indiretas no exterior: (i) o *regime de tributação separada*, pelo qual os lucros deverão ser adicionados individualmente no lucro real da controladora, nos termos do art. 79 da referida lei, com a possibilidade de creditamento dos tributos pagos individualmente por cada controlada, nos termos do art. 87 e; (ii) o *regime de consolidação*, pelo qual os lucros auferidos por controladas no exterior são consolidados para adição no lucro real da controladora, independentemente de as sociedades integrarem uma cadeia vertical de participações ou não, com a possibilidade de compensação dos tributos pagos no exterior sobre o lucro da consolidação.

O regime de consolidação é aplicável às controladas que (i) estão localizadas em país com o qual o Brasil firmou convenção para evitar dupla tributação – CDT ou para troca de informações, (ii) não estão localizadas em jurisdição de tributação favorecida, nem são beneficiárias de regime fiscal privilegiado; (iii) não são controladas diretamente por pessoa localizada em jurisdição de tributação favorecida, nem por pessoa beneficiária de regime fiscal privilegiado; (iv) aufere renda ativa própria superior a 80%.

O *regime com transparência* tem nítida correlação com outras práticas de *controlled foreign Corporation* (CFC), por sua vez, consiste na tributação de lucros não distribuídos auferidos por uma companhia controlada.[15]

O regime CFC aplica-se também a *coligadas*, quando uma pessoa jurídica residente no Brasil detém, em conjunto com pessoas vinculadas, mais de 50% do capital votante da sociedade residente no exterior. Há, ainda, dois regimes tributários específicos para *coligadas* residentes no exterior: (i) o *regime sem transparência*, no qual são tributados os resultados das coligadas apenas quando efetivamente disponibilizados para a investidora

---

[15] Como bem observou Alberto Xavier, a Lei nº 12.973/14 adota critérios usuais em normas antielusivas (a existência de controle e a localização da sociedade em país de regime fiscal privilegiado), mas prevê distorções no regime de transparência fiscal, ou *Controlled Foreign Corporations*, a saber: "Porém, a Lei nº 12.973/2014 não usa esses critérios com o mesmo fim, já que a tributação automática há sempre, seja qual for o território onde se localiza a controlada estrangeira e a atividade que exerce. Tratando-se de lei genérica, aplicável a todo e qualquer tipo de controlada no exterior, e não de uma lei seletiva com subjetivos de 'antidiferimento' ou 'antiabuso', não reveste a natureza de uma verdadeira CFC, como aliás já ocorria no regime do art. 74 da Medida Provisória nº 2.158-35/01 e do art. 25 da Lei nº 9.249/1995." E prossegue: "Os requisitos de 'qualificação' são utilizados na Lei nº 12.973/2014 para outras finalidades específicas relativas ao gozo de regimes mais vantajosos, a saber: (i) a opção pelo regime temporário de consolidação (art. 78); (ii) a opção pelo regime de caixa por sociedades coligadas (art. 81); (iii) a habilitação para o gozo do crédito presumido; e (iv) a opção pelo diferimento do pagamento do imposto (art. 90)." Para concluir: "Os requisitos de qualificação mais usados na nova lei são: (i) localização da pessoa em país ou dependência com tributação favorecida, regime fiscal privilegiado ou subtributação; (ii) ser essa pessoa controlada, direta ou indiretamente, pelas entidades referidas no item (i) salvo aquelas em regime de subtributação; (iii) ter essa pessoa renda ativa própria igual ou superior a 80% da renda total." XAVIER, Alberto. Aspectos Inconstitucionais da Lei nº 12.973/2014 em Matéria de Tributação de Controladas e Coligadas no Exterior. *Revista Dialética de Direito Tributário*. n. 239. São Paulo: Dialética, 2015, p. 7-8.

residente no Brasil, com o creditamento do imposto retido no exterior; e (ii) o *regime com transparência*, pelo qual os lucros auferidos pela coligada são considerados disponíveis no dia 31 de dezembro do ano no qual foram auferidos.

O *regime sem transparência* será aplicável às coligadas que (i) não estejam sujeitas a modelos de baixa tributação, previsto no inciso III do *caput* do art. 84; e (ii) não estejam localizadas em país ou dependência com tributação favorecida, ou não seja beneficiária de regime fiscal privilegiado, de que tratam os arts. 24 e 24-A, da Lei nº 9.430, de 27 de dezembro de 1996; e (iii) não sejam controladas, direta ou indiretamente, por pessoa jurídica submetida a regime de baixa tributação.

A Lei nº 12.973/14 visa a exigir o IRPJ, no Brasil, sobre lucros de *controladas indiretas*, nos termos dos arts. 78 e 79. Em geral, a base de cálculo para tributação de controladas é o resultado contábil da controlada, apurado conforme a legislação comercial do seu país de domicílio (art. 25, parágrafo 7º, da Lei nº 9.249/95 e arts. 8º, parágrafo 1º, e art. 9º, parágrafo 2º, da IN RFB nº 1.520/14). Em seguida, devem ser feitos alguns ajustes para desconsiderar o efeito da variação cambial e os resultados das *controladas indiretas* (ex: resultado de equivalência patrimonial).

O art. 76, da Lei nº 12.973/14, prevê que o resultado da controlada direta deve excluir somente dos resultados apurados pelas sociedades em relação às quais "a pessoa jurídica controladora domiciliada no Brasil mantenha o controle direto ou indireto". Devem-se desconsiderar os resultados das *controladas indiretas*, com previsão para se deduzir, dos resultados das controladas diretas e indiretas, a parcela referente aos investimentos em controladas *ou coligadas domiciliadas, especificamente, no Brasil.*

Este regime da Lei nº 12.973/14, entretanto, não poderá prevalecer nas relações com países com os quais o Brasil mantenha Convenção para evitar a dupla tributação, nos termos do art. 98, do CTN. Contudo, o entendimento da Receita Federal, até o momento, tem sido de prevalência da lei interna.

O regime de tributação de coligadas localizadas no exterior encontra-se previsto nos arts. 81 e 82, da Lei nº 12.973/14, com presunção da distribuição automática de lucros para as sociedades que (i) estejam sujeitas ao regime de baixa tributação, previsto no inciso III, do *caput*, do art. 84; (ii) localizada em país ou dependência com tributação favorecida, ou não, seja beneficiária de regime fiscal privilegiado, de que tratam os arts. 24 e 24-A, da Lei nº 9.430, de 27 de dezembro de 1996; (iii) seja controlada, direta ou indiretamente, por pessoa jurídica submetida a tratamento tributário previsto no inciso I.

O antigo regime de transparência fiscal do art. 74, da MP nº 2150/01, é substancialmente semelhante ao regime da tributação das coligadas com transparência, previsto no art. 82, da Lei nº 12.973/14, que somente poderia ser aplicado às coligadas residentes em país de tributação favorecida, como reconheceu o STF na ADI nº 2588.

Por fim, a Lei nº 12.973/14 silenciou quanto ao tratamento das coligadas indiretas. Consequentemente, a referida lei não obriga que o resultado das coligadas indiretas seja incluído no lucro real da empresa residente no Brasil, salvo quando verificadas as hipóteses típicas de disponibilização de rendimentos.

2.5 *Action 4 – Interest Deductions and Other Financial Payments*

A Ação 4 visa a evitar a utilização dos juros ou pagamentos equivalentes, dedutíveis, para obtenção de vantagens legais. Para isso, sugere estabelecer uma conexão entre a dedutibilidade de despesas de juros e atividade econômica exercida pela empresa.

No Brasil estão vigentes as regras de preços de transferência, aplicáveis aos pagamentos ou creditamento de juros a pessoas vinculadas, que limitam o valor dos juros remetidos *(i)*, regras de subcapitalização, introduzidas no Brasil pela Lei nº 12.249/2010, que possuem critérios objetivos e limitam o endividamento da pessoa jurídica *(ii)*; pelo que, em princípio, a adoção de qualquer outra regra deveria ser primeiramente objeto de compatibilização com as regras existentes.

2.6 *Action 14*

Outra medida que está em fase de implementação no ordenamento jurídico brasileiro é a Ação 14, relacionadas às *Mainly Treaty-Based Measures*. A referida Ação 14 visa à instituição de um *Mutual Procedure Agreement* (MAP) efetivo e eficiente, para melhor aplicação das convenções em vigor. Para isso, contempla padrões mínimos que devem ser adotados pelos países para que os contribuintes tenham acesso a mecanismos eficazes de soluções de conflitos tributários internacionais que tenham regras das convenções discutidas em litígios.

Os 32 Acordos destinados a evitar a dupla tributação firmados pelo Brasil em vigor[16] preveem o Procedimento Amigável, a permitir a submissão de um caso de tributação em desacordo com o Acordo à apreciação da Autoridade Competente do Estado Contratante de residência.

Somente com as iniciativas do BEPS o procedimento amigável foi regulamentado em norma específica da Receita Federal do Brasil. O Brasil, até o momento, nunca instaurou procedimentos desta natureza a partir de provocação de algum residente, o que pode ter ocorrido em virtude do desconhecimento da forma de requerimento do procedimento.

A Ação 14 do BEPS estimulou a Receita Federal do Brasil a estabelecer o regime processual da medida. E o fez pela Instrução Normativa RFB nº 1669, de 09 de novembro de 2016, que instituiu o Procedimento Amigável no Âmbito das Convenções e dos Acordos Internacionais Destinados a Evitar a Dupla Tributação.

Este texto normativo foi objeto da Consulta Pública RFB nº 008/2016, e a Receita Federal do Brasil disponibilizará um Manual de Perguntas e Respostas sobre o ingresso de MAP.

2.7 *Action 5 and Action 6*

A Ação 5 tem como objetivo evitar as práticas tributárias danosas, a exigir comprovação da *atividade econômica substancial* para permitir que o regime seja mantido. Neste particular, é de se ressaltar o esforço da doutrina sobre a necessária demarcação da causa jurídica no controle da elusão tributária[17] ou do propósito negocial.[18]

---

[16] África do Sul, Argentina, Áustria, Bélgica, Canadá, Chile, China, Coréia, Dinamarca, Equador, Eslováquia, Espanha, Filipinas, Finlândia, França, Hungria, Índia, Israel, Itália, Japão, Luxemburgo, México, Noruega, Países Baixos, Peru, Portugal, República Tcheca, Suécia, Trinidad e Tobago, Turquia, Ucrânia e Venezuela.

[17] Cf. TORRES, Heleno Taveira. *Direito tributário e direito privado*. São Paulo: Revista dos Tribunais, 2003.

[18] Cf. GRECO, Marco Aurélio. *Planejamento tributário*. 3. ed. São Paulo: Dialética, 2011.

O Plano de Ação 6 do BEPS, que trata de abuso de tratados, tem como objetivo estimular o aprimoramento da Convenção Modelo e formular recomendações sobre o emprego de regras domésticas que visam a impedir a concessão de benefícios previstos em acordos para evitar a dupla tributação em circunstâncias inadequadas (i); esclarecer que os acordos de bitributação não se destinam a serem usados para gerar dupla não tributação (ii); e identificar os aspectos de política fiscal que, em geral, os países devem considerar antes de decidir assinar um acordo destinado a evitar a dupla tributação com outro país (iii).

No âmbito dessas duas ações, a Receita Federal do Brasil tem trabalhado intensamente na revisão dos regimes preferenciais, para combater as práticas tributárias danosas, à luz dos princípios da transparência e da substância.

O Brasil também está preparado para trocar informações com outros países sobre os *rullings*, relacionados a regimes preferenciais. Para isso, pretende-se alterar a Instrução Normativa que trata do procedimento de consulta à interpretação da legislação tributária (IN nº 1.396, de 13.9.2013) e criar um sistema de recepção e controle das *rullings* recebidas e enviadas.

O Brasil está apto a trocar informações com os demais países sobre regimes preferenciais.

Como prevenção ao *treaty shopping*, o Brasil deverá incluir nos Acordos uma regra geral antielisiva de *Principal Purpose Test* (PPT). Adicionalmente, haverá modificação do título e preâmbulo dos tratados para que conste que os Estados desejam prevenir a evasão e elisão fiscal e evitar criar oportunidades para *treaty shopping*, com efeito de *dupla não tributação* e outras consequências danosas.

No avanço das práticas antiabusos, o Brasil, desde o ano 2000, com a celebração da nova Convenção com Portugal, tem inserido cláusulas com *Limitation on Benefits* (LOB) nas suas convenções (excetuada a da Ucrânia, de 2002). Nas anteriores, já existiam regimes específicos, como se vê naquelas com Holanda ou Luxemburgo.

Dentre as 32 convenções contra a dupla tributação da renda firmadas pelo Brasil, 24 delas reportam-se ao *beneficiário efetivo* nos Artigos 10, 11 e 12, como critério de repartição da renda entre Estados da residência e da fonte. Em 18 destas, não há definição mais objetiva dos seus contornos. No caso das convenções que apresentam alguma definição estão Israel e Trinidad e Tobago, bem como México, Peru e Turquia.

Os Acordos firmados pelo Brasil, que contêm cláusula LOB, podem ser divididos em: os que contêm regras objetivas (i); os que contêm regras subjetivas (ii); e os que contêm regras objetivas e subjetivas, consideradas cláusulas mistas (iii). No grupo 1 inserem-se as Convenções que contêm cláusulas objetivas de limitação de benefícios, como é o caso de Luxemburgo. No mesmo grupo, pode-se incluir a Convenção com Portugal, aprovado pelo Decreto Legislativo nº 188, de 8.6.2001, e promulgado pelo Decreto nº 4.012, de 13.11.2001, que prevê a não atribuição dos benefícios a pessoa que tenha direito a benefícios fiscais relativos ao imposto sobre o rendimento relacionados às Zonas Francas da Ilha da Madeira, Ilha de Santa Maria, Manaus, SUCAM e SUDENE, ou benefícios similares. Também possuem cláusulas objetivas de LOB do tratado os Acordos firmados com Paraguai (não ratificado), África do Sul, Peru, Trinidad e Tobago.

Em 2001, o Brasil celebrou o Acordo para Evitar a Dupla Tributação com o Chile, aprovada pelo Decreto Legislativo nº 331/2003 e promulgada pelo Decreto nº 4.852/2003.

A partir desse Acordo, houve uma evolução na formulação da Cláusula LOB, que passou a limitar o benefício genericamente, ao estabelecer que as Autoridades Competentes deveriam recomendar modificações específicas nos Acordos, quando avaliado que os Acordos forem usados para conceder benefícios não contemplados no seu texto. Nessa mesma linha estão as cláusulas antiabuso contidas nos Acordos firmados com o México e Turquia. Enquanto o Acordo firmado com o México inclui a faculdade de o contribuinte contestar a limitação do benefício, o Acordo firmado com a Turquia, em ofensa à segurança jurídica, estabelece que a limitação do benefício pode ocorrer, de forma unilateral, a exclusivo critério das autoridades fiscais.

Os Acordos que contêm cláusulas mistas (regras objetivas e subjetivas) são os firmados com Israel, Rússia e Venezuela. Esses são os Acordos que possuem uma cláusula específica de limitação de benefícios. No caso do Acordo firmado com Israel, aprovado pelo Decreto Legislativo nº 931, de 15.9.2005, e promulgado pelo Decreto nº 5.576, de 8.11.20015, o artigo 25 traz uma cláusula objetiva, que limita o benefício do tratado, caso mais 50% da participação da sociedade for detida, direta ou indiretamente, por qualquer combinação de uma ou mais pessoas não residentes em um dos Estados Contratantes, e uma subjetiva, que permite a negativa dos benefícios dos tratados caso constitua um abuso do Acordo. Os Acordos com a Rússia e Venezuela seguem a mesma linha de Cláusula de Limitação de Benefícios.

A Receita Federal realizou a Consulta Pública nº 007/2016, sobre "definição de atividade econômica substantiva para fins de identificação de regimes fiscais privilegiados", entre 31.05.2016 a 10.06.2016. Segundo a Receita Federal, identificou-se a necessidade de estabelecer uma definição para o termo "atividade econômica substantiva" para fins de identificação de regimes fiscais privilegiados regimes fiscais. Segundo as autoridades: "o conceito de substância econômica é fundamental para distinguir entre investimentos produtivos, que geram emprego e renda no país, e investimentos meramente especulativos, que visam apenas auferir ganhos sem contrapartida socioeconômica. Ao estabelecer critérios objetivos de recursos humanos e materiais compatíveis com as atividades realizadas, o conceito de substância econômica permite a extensão de incentivos fiscais a atividades essencialmente gerenciais, que não representam compra ou venda de bens ou serviços."

Na Consulta Pública, no contexto do projeto BEPS, a Receita Federal propõe uma definição de atividade econômica substantiva para fins de identificação de regimes fiscais privilegiados regimes fiscais, nos seguintes termos: "entende-se que a pessoa jurídica legalmente constituída sob a forma de holding exerce atividade econômica substantiva quando possui, no seu país de domicílio, capacidade operacional e instalações adequadas para o exercício da gestão e efetiva tomada de decisões relativas: I - ao desenvolvimento das atividades com o fim de obter rendas derivadas dos ativos de que dispõe, exceto rendas decorrentes da distribuição de lucro e do ganho de capital; ou II - à administração de participações societárias com o fim de obter rendas decorrentes da distribuição de lucro e do ganho de capital." Este regime ainda não foi convertido em ato normativo definitivo.

Com isso, pode-se concluir que o Brasil já vem adotando cláusulas que visam à limitação dos benefícios dos tratados, quando estes são usados de forma abusiva, na linha das disposições de que trata a Ação 6.

2.8 *Action 7*

A Ação 7 tem como objetivo reavaliar a definição de estabelecimento permanente, para evitar sua superação ou não caracterização artificial.

O Brasil somente aplica o conceito de *estabelecimento permanente* nas relações com residentes de países com os quais mantemos convenções para evitar a dupla tributação (art. 5º), como regra típica para distribuição do poder de tributar entre os países de fonte e residência.

A legislação brasileira não define o estabelecimento permanente material, sequer o nomina em suas disposições, a não ser indiretamente. Apenas casos de estabelecimentos permanentes subjetivos são compreendidos pelo Art. 147, do RIR/99, que equipara às pessoas jurídicas (residentes) os seguintes:

i) as pessoas jurídicas de direito privado domiciliadas no País, sejam quais forem seus fins, nacionalidade ou participantes no capital;

ii) as filiais, sucursais, agências ou representações no País das pessoas jurídicas com sede no exterior; e

iii) os comitentes domiciliados no exterior, quanto aos resultados das operações realizadas por seus mandatários ou comissários no País.

Assim, para os países com os quais o Brasil não mantenha tratados contra a dupla tributação internacional, faz-se necessário recorrer às disposições legislativas internas relativas à *equiparação de pessoa jurídica não residente às pessoas jurídicas residentes*, para que seja possível individualizar o tratamento correspondente à instalação, prevalecendo, por isso, os art. 147 e 398, RIR/99 ou o art. 126, do CTN.

Os Acordos firmados pelo Brasil possuem versões diferentes das cláusulas que definem o estabelecimento permanente. Há aqueles que determinam o limite mínimo para caracterização de estabelecimento permanente de *canteiros de obras* o prazo de nove meses, que é inferior ao estabelecido pela OCDE, que é de doze meses (Portugal e Israel). Outros tratam da *empresa seguradora*, com elemento de conexão baseado na cobrança de prêmios no território de outro Estado, ou se segurar riscos, por intermédio de pessoa diversa do agente. Aqui, a Convenção-Modelo da OCDE não contém a mesma disposição expressa (França, Espanha, Dinamarca e outros). Outros mitigam a definição de *agente independente*, para ampliar as situações nas quais o agente será considerado *dependente* para fins de caracterização de EP (Índia, Holanda, China, Chile, México, Venezuela e Trinidad e Tobago).

O Brasil deverá debater a criação do conceito de estabelecimento permanente na legislação interna, a partir das recomendações do BEPS. Ao mesmo tempo, pode dar início a revisões de acordos internacionais para atualizar, caso a caso, suas disposições, além da adoção do regime a ser empregado pelo *instrumento multilateral* (Action 15). O Brasil, nesta tarefa, deverá adotar um padrão mais uniforme na definição do principal critério de repartição da tributação entre os países da fonte e da residência.

2.9 *Actions 8 a 10 – Transfer Pricing Measures (Itens 8-10 and 13)*

As Ações 8 a 10 visam a assegurar que os resultados de preços de transferência estejam de acordo com a agregação de valor na cadeia de negócios, no encontro entre substância e certeza. O que mais chama a atenção é a aproximação das Ações do BEPS com alguns parâmetros dos métodos modelo brasileiro, de margens fixas na determinação do cálculo do preço, o que é uma auspiciosa novidade, ao fomentar o aprimoramento dos métodos de cálculos, sem abrir mão da necessidade de se buscar preços em condições compatíveis com o princípio *arm's length*. É o caso do sistema que tem por base o *formulary aportionment*, que se encontra em bases *arm's length*, mas com elementos pré-fixados.

No Brasil, deu-se preferência a um regime prático e simplificado, com regras de margens fixas para cálculos dos preços de transferência, mediante presunções legais. O princípio *arm's length*, neste regime, é um fim a ser alcançado, mas a previsibilidade, como requisito de determinação prévia dos efeitos na regulação normativa, exige parâmetros objetivos.

As regras sobre preços de transferência alcançaram elevado nível de precisão na legislação tributária brasileira para conter os abusos, após toda a evolução do seu modelo, que não se utiliza com preponderância do princípio *arm's lenght*, em dissonância com os regimes propostos pela OCDE.[19]

As regras brasileiras vigentes para as *commodities* parecem aproximar-se mais do princípio *arm's length* e encontram-se adequadas às orientações da Ação 10 do BEPS, pela sua cotação em bolsa.

As dificuldades sobre a definição dos preços desses bens, serviços ou direitos ampliam-se muito quando diante de operações com ativos intangíveis, pela escassez de bens comparáveis e complexidade para avaliar o preço de cada intangível. E como os métodos existentes não se mostram aptos para permitir soluções satisfatórias no trato dos intangíveis, a OCDE desde 2011 projeta mudanças para a tributação dos intangíveis. A introdução do *hypothetical arm's lenght test*, para o qual se fixa um preço hipotético ao qual se possam aproximar os preços de outras empresas, será esta uma alternativa.

O *formulary apportionment* sugerido pela OCDE consiste na atribuição de lucros para cada uma das empresas vinculadas que compõem o grupo societário transacional por meio da aplicação de uma fórmula matemática, cujas variáveis envolvem informações sobre ativos, custos, pagamentos e vendas realizadas pelo grupo econômico.

Apensar de adotar margens fixas, a legislação brasileira permite que o contribuinte apresente provas de que o preço parâmetro obtido por meio dos métodos estabelecidos na legislação brasileira não atingiram bases *arm's length*.[20] Ademais, pela redação do artigo 20, da Lei nº 9.430/96, permite-se que o Ministro de Estado da Fazenda altere os percentuais pré-estabelecidos de margem de lucro, desde que o contribuinte comprove que as margens que pretende adotar são mais adequadas (§2º, do artigo 21, da referida Lei).

No que se refere às *commodities*, o Brasil foi um dos primeiros países a adotar um método específico. Criados por meio da Lei nº 12.715, de 17.9.2012, os métodos de Preço Sob Cotação na Importação (PCI) e Preço sob Cotação na Exportação (PECEX), mesmo anteriores ao BEPS, determinam a obtenção do preço parâmetro por meio de cotações em bolsa de mercadorias e futuros.

---

[19] Cf. arts. 18 a 24-A e 28 da Lei nº 9.430, de 27 de dezembro de 1996; art. 2º da Lei nº 9.959, de 27 de janeiro de 2000; arts. 3º e 4º da Lei nº 10.451, de 10 de maio de 2002; art. 45 da Lei nº 10.637, de 30 de dezembro de 2002; art. 45 da Lei nº 10.833, de 29 de dezembro de 2003; art. 36 da Lei nº 11.196, de 21 de novembro de 2005; e arts. 48 a 52 da Lei nº 12.715, de 17 de setembro de 2012.

[20] SCHOUERI, Luiz Eduardo. Arm's length: beyond the Guidelines of the OECD. *Bulletin for International Taxation*, IBFD, 2015, v. 69, nº 12, p. 690-716.

A legislação brasileira mostra-se, em grande parte, em conformidade com as Ações do BEPS na medida em que prioriza a praticabilidade, adotando margens fixas, ao mesmo tempo em que fornece meios de o contribuinte questionar as margens fixas. Contudo, seguramente virão mudanças orientadas para aprimoramento da conformidade normativa das leis internas e da prática das nossas CDT.

2.10 *Action 13 – Transfer Pricing and Country-by-Country Reporting*

A Ação 13 busca estabelecer um novo padrão de documentos que serão exigidos das empresas multinacionais, especificamente relacionados a preços de transferência para munir as Administrações Tributárias com informações sobre alocação de renda, atividade econômica substancial, tributos pagos em cada país, de acordo com um *common template*.

No âmbito dessa ação, três são os arquivos que serão objeto de trocas: o *Local File*; o *Master File*; e o *Country-by-Country Report (CbC)*.

A Receita Federal do Brasil disponibilizou a Consulta Pública RFB nº 11/2016, em 4 de novembro de 2016 (para manifestações de 07.11.2016 a 21.11.2016), para estabecer os critérios a serem adotados, a partir de Instrução Normativa que disporá sobre a obrigatoriedade de prestação de informações da Declaração País-a-País.

Na linha do que dispõe a Instrução Normativa, as informações devem ser prestadas por entidade integrante residente para fins tributários no Brasil que seja controladora final de um grupo multinacional *(i)*; seja entidade substituta na hipótese de o controlador final do grupo multinacional ser residente para fins tributário no exterior *(ii)*, e o país de residência não exija a entrega da Declaração, não possua Acordo de Autoridades Competentes com o País, ou seja, objeto de falha sistêmica da jurisdição.

Segundo a Consulta Pública, diz a Receita Federal:

> A Declaração País-a-País consiste num relatório anual por meio do qual esses grupos deverão fornecer à administração tributária da jurisdição de residência de seu controlador final diversas informações e indicadores relacionados à localização de suas atividades, à alocação global de renda e aos impostos pagos e devidos. A declaração também deverá identificar as jurisdições nas quais os grupos multinacionais operam, bem como todas as entidades integrantes do grupo localizadas nessas jurisdições, incluindo estabelecimentos permanentes, e as atividades econômicas que desempenham. Além disso, também foi estabelecido que o documento deverá ser compartilhado entre os países nos quais as entidades do grupo estão presentes, por meio de acordos para a troca automática de informações em matéria tributária." E conclui: "Cabe salientar que caso o Brasil não venha a instituir a declaração, as controladoras finais brasileiras serão obrigadas a entrega-la em cada jurisdição onde possuir unidades de negócio, de acordo com o padrão mínimo acordado no Projeto BEPS, o que representa um aumento de custo para essas entidades.

O Brasil possui um sistema informatizado avançado, por meio do qual a declaração é transmitida ao Sistema Público de Escrituração Digital (Sped). Será a partir deste que as informações serão obtidas, para reportar os dados relativos ao ano fiscal de 2016. Por isso, a primeira Declaração País-a-País deverá ser prestada no ano-calendário 2016, conforme recomenda o padrão mínimo.

No dia 21 de outubro de 2016, do Brasil firmou o *Multilateral Competent Authority Agreement* (MCAA) para o *Country by Country Reporting* (CbC). Essas informações serão compartilhadas com os demais países segundo um único padrão de dados.

As informações que serão solicitadas na declaração envolvem os montantes de receitas totais e das obtidas de partes relacionadas e não relacionadas *(i)*; o lucro ou prejuízo antes do imposto sobre a renda *(ii)*; o imposto sobre a renda pago *(iii)*; o imposto sobre a renda devido *(iv)*; o capital social *(v)*; os lucros acumulados *(vi)*; o número de empregados *(vii)*; e os ativos tangíveis diversos de caixa e equivalentes de caixa *(viii)*. Além disso, exigirá a informação sobre a jurisdição de residência para fins tributários e aquela *sob cujas leis a entidade integrante está estabelecida*, quando diferente da de residência *(i)*; e sobre a natureza das atividades econômicas *(ii)*.

O contribuinte que não apresentar a declaração será submetido a multas que podem alcançar o valor de 3% do valor das transações comerciais ou das operações financeiras omitidas, inexatas ou incompletas.

2.11 *Action 15 – Multilateral Instrument to Modify Bilateral Tax Treaties*

O Brasil comprometeu-se com a adoção do instrumento multilateral, para permitir revisar automaticamente as convenções bilaterais para evitar a dupla tributação (CDT) e garantir a rápida implementação das alterações.

O objetivo primário do *multilateral instrument* será implementar as medidas do BEPS incorporadas ao direito interno dos países e às CDT por eles firmadas, *modifying the existing network of bilateral tax treaties*. Com isso, as CDT continuarão em vigor e serão reforçadas nas suas eficácias de eliminação da dupla tributação e do combate à evasão fiscal internacional, com maior cooperação em matéria tributária.

Nesse contexto, o Brasil examina a possibilidade de aderir às cláusulas que tratam das regras *LOB (i)*; das que esclareçam o direito de tributar seus próprios residentes (*saving clauses) (ii)*; e inclusão de cláusulas que especifiquem que as CDT não podem ser interpretadas para gerar a *dupla não tributação (iii)*.

3 Conclusões

O paradigma do Fisco Global reclama diversas adaptações ao direito interno, bem como às convenções para evitar a dupla tributação. O Brasil, por meio da Secretaria da Receita Federal, está empenhado em cumprir as Ações do BEPS, com a realização de consultas públicas, edições de textos normativos, participação nas atividades dos grupos de trabalho (*working groups*) da OECD e compromisso em atender às demandas dos países parceiros do Fórum Global.

Trata-se de momento histórico para a doutrina e a prática do Direito Tributário Internacional, no combate à evasão fiscal e práticas de planejamentos tributários agressivos. Um passo notável da humanidade para romper os limites estreitos das soberanias com o legítimo propósito de afirmar o dever de todos ao pagamento dos tributos, sem qualquer distinção, como propugnado desde a *Magna Carta*, de 1215.

Os novos tempos de Fisco global definem um renovado modelo de fiscalização, na forma de controle das atividades dos contribuintes, coerente com a complexidade dos negócios, crescente aumento da economia digital e fortalecimento da mútua assistência e trocas de informações. Contudo, não pode se converter em obstáculo ao planejamento tributário legítimo, organizado com o devido propósito negocial, em substância e forma. E igualmente não pode ser um entrave ao desenvolvimento econômico ou mesmo à competividade das empresas no cenário internacional.

Não há dúvidas de que a forma mais eficaz de se evitar as perdas crescentes de arrecadações e a conflitividade em matéria tributária consiste em investir na melhoria da relação entre Fisco e contribuintes, com qualidade do atendimento, orientação e fomento à espontaneidade. Ocorre, porém, que a Fiscalização reclama um conjunto valoroso de pessoas capacitadas e de meios para ser eficiente e assegurar a força necessária do Estado em favor da manutenção do patrimônio público. E, a este fim, o BEPS contribui fortemente, com uma notável rede de cooperação internacional entre as nações, com o mesmo propósito de salvaguardar o patrimônio público e sua capacidade de arrecadação de tributos, para seguir na construção de uma Administração pública eficiente, com serviços de qualidade para seus cidadãos, sem necessitar de aumentos de tributos, ao manter-se uma carga tributária igual para todos.

Informação bibliográfica deste texto, conforme a NBR 6023:2018 da Associação Brasileira de Normas Técnicas (ABNT):

TORRES, Heleno Taveira. O modelo BEPS e sua aplicação no Brasil. *In*: TEIXEIRA, Alexandre Alkmim (Coord.). *Plano BEPS*. Belo Horizonte: Fórum, 2019. p. 23-42. ISBN 978-85-450-0654-1.

BEPS NO BRASIL:
ENCONTROS E DESAFIOS

VALTER DE SOUZA LOBATO

TIAGO CONDE TEIXEIRA

1 Introdução

Muito se debate, hoje em dia, acerca das inovações tecnológicas e os impactos que ocasionam nas estruturas socioeconômicas ao redor de todo o mundo. Um grande exemplo é a utilização de plataformas de *e-commerce*: apenas o último ano, o número de consumidores cresceu oito por cento, gerando uma receita de quase 1,5 trilhão de dólares norte-americanos.[1] Resultados como esse vêm se repetindo em outras atividades como *cloud coumputing*, jogos *online* e *streaming*. Tais operações, assim como tantas outras, compartilham não apenas os meios tecnológicos, mas também a mobilidade entre países de produção, bens, serviços e usuários. Essa característica, por sua vez, impacta o recolhimento de tributos, haja vista a dificuldade de se determinar onde os valores estão sendo criados e onde os bens estão sendo consumidos, bem como a opção, por parte de empresas multinacionais, por regimes tributários mais brandos, em que estão sujeitas à baixa ou nenhuma tributação de seus resultados.

Desde muito tempo se discute a questão dos capitais móveis, ou seja, aqueles que conseguem com facilidade deslocar suas atividades para países com tributação mais favorecida. Essa questão se agravou sobremaneira com os avanços tecnológicos.

Como consequência, alguns países perceberam que o montante de suas arrecadações de tributos se encontrava abaixo do esperado em comparação com a circulação de riqueza e operações em seus territórios. Com o propósito de resolver essa questão e combater os planejamentos fiscais então chamados de abusivos, foi criado o Projeto

---

[1]   Cf. HOOTSUITE. The global state of digital in 2018—from Argentina to Zambia, 2018.

BEPS (*Base Erosion and Profit Sharing*), o qual traz Planos de Ação com orientações aos países para que realizem alterações, dentro de seus ordenamentos, com o intuito de compatibilizar seus regimes de tributação e aumentar a transparência das informações fiscais, através de cooperação e de soluções internas.

Nesse sentido, o presente trabalho pretende tecer breves comentários a respeito da reestruturação da economia mundial, promovida pela globalização e pelas mudanças tecnológicas, dedicando-se, principalmente, a examinar as diretrizes elaboradas pelo projeto, contextualizando-as na realidade brasileira, de acordo com as disposições legislativas e normativas, tangentes à questão.

2 Economia mundial e tributação eletrônica internacional

A economia mundial, ao longo dos últimos anos, vem se reestruturando com o crescimento acelerado de novos setores, a partir de inovações tecnológicas e da crescente acessibilidade aos recursos que vêm sendo desenvolvidos e aprimorados. Como exemplo, tem-se que, em 2018, mais de 04 bilhões de pessoas têm acesso à internet ao redor do mundo,[2] representando um crescimento de sete por cento em relação ao ano anterior. Essa expansão representa novas formas de interação entre indivíduos, empresas e Estados nacionais, demandando novos posicionamentos desses sujeitos e uma reinterpretação de como as relações são compostas, inclusive os negócios, destacando entre eles a prestação de serviços e o comércio.

Esse quadro, em um panorama internacional, constituiu uma nova conjuntura econômica. Atualmente, as cinco empresas mais valiosas do mundo são a Apple, Google, Microsoft, Facebook e Amazon –[3] todas do setor tecnológico com atuação ao redor do globo por meio de operações realizadas virtualmente. Nesse sentido, a globalização, em paralelo ao desenvolvimento tecnológico, proporcionou uma nova dinâmica para o relacionamento econômico entre países, com o engrandecimento do fluxo de capitais, produtos e fatores de produção, atingindo, entre outros fatores, o funcionamento das políticas fiscais. Tal cenário, como é de se esperar, desperta o interesse das autoridades, visto que são atividades extremamente lucrativas e, consequentemente, com grande capacidade contributiva, mas que trazem desafios tributários aos países, posto que a determinação do local no qual se cria o valor e se consomem os bens é uma tarefa de difícil execução, em razão da mobilidade dos bens e serviços, muitas vezes intangíveis, bem como dos usuários.

À face dessa situação, países com sistemas pouco transparentes, recorrendo a regimes tributários *especiais*, com reduzidas exigências de substância econômica ou do nível de atividade, viabilizam a transferência artificial dos lucros em cadeias internacionais de transações financeiras ou comerciais. Assim, algumas empresas multinacionais se sujeitam a baixas tributações de seus resultados gerados, ou ainda à *dupla não tributação*.

---

[2]   *Idem.*

[3]   Cf. FORBES. The world's most valuable brands, 2018.

3 Projeto BEPS

Nessa contextura, a OCDE (Organização para a Cooperação e Desenvolvimento Econômico) e o G-20 (Grupo dos 20, do qual participam as 19 maiores economias do mundo e a União Europeia) perceberam a prática de planejamentos tributários, por parte das multinacionais, cuja finalidade era explorar lacunas e conflitos normativos locais e internacionais de modo a se sujeitarem a baixas ou nenhuma tributação. Visando a combater essas condutas, a OCDE e o G-20 lançaram, em 2013, o Projeto BEPS (*Base Erosion and Profit Shifting*) – Erosão da Base Tributável e Transferência de Lucros. Esse posicionamento de cooperação internacional bem condiz com a exposição de João Francisco Bianco:[4]

> É impossível resolver todos esses problemas somente através de medidas internas, pois a globalização da atividade econômica inviabiliza intervenções legislativas isoladas por parte de cada país. Elas seriam claramente inócuas. Daí por que cresce a importância de organismos supranacionais no estudo da matéria e na formulação de propostas que possam ser implantadas em conjunto pela comunidade internacional.

O BEPS organiza-se enquanto um projeto de reforma tributária internacional com a criação de planos de ação, não normativos, chamados *The BEPS Package*. As ações são, dessa forma, recomendações para os países participantes que objetivam a melhora dos problemas fiscais mais expressivos da economia em um contexto global. Nesses termos, as ações a serem desenvolvidas são pautadas na coerência, na substância e na transparência.

Assim, o objetivo principal pode ser definido como o aprimoramento da cooperação entre os países, atentando-se a abordagens abrangentes por meio do desenvolvimento de soluções arrojadas para os problemas tributários internacionais, esvaziando a competição fiscal negativa. Desse modo, objetiva-se a harmonização da tributação internacional e o compartilhamento de informações entre as autoridades fiscais, promovendo transparência e coerência tributária, bem como clareza na análise da substância econômica, de modo a ordenar o poder de tributar nas jurisdições em que, manifestamente, ocorre a geração de valor.

Nesse contexto, são quinze os planos de ação apontados pelo BEPS para que os governos introduzam, em seus ordenamentos, instrumentos domésticos e internacionais direcionados à erosão da base tributável, cujos efeitos assegurem que os proveitos econômicos sejam tributados onde as atividades econômicas que os geram são realizadas e onde o lucro é criado. Assim, evidencia-se o objetivo de evitar que os resultados auferidos sejam transferidos para outras jurisdições, possibilitando baixa ou nenhuma tributação de determinada operação pelos países envolvidos. Nesse sentido, os planos são:[5]

4 BIANCO, João Francisco. Transparência Fiscal Internacional, 2007, p. 17.
5 Cf. OECD. Plano de ação para o combate à erosão da base tributária e à transferência de lucros. Paris: OCDE, 2014.

Ação 01	Abordagem dos desafios fiscais da economia digital.
Ação 02	Neutralização dos efeitos dos instrumentos híbridos.
Ação 03	Reforço às regras de CFC – Controled Foreign Company.
Ação 04	Limites à erosão da base tributável pela dedução de juros e outros pagamentos financeiros.
Ação 05	Políticas de combate às práticas prejudiciais mais eficientes, com base na transparência e substância.
Ação 06	Prevenção de abuso das convenções.
Ação 07	Prevenção da fuga artificial ao status de estabelecimento permanente.
Ações 08 a 10	Alinhamento das regras de preços de transferência com a criação de valores relativos a intangíveis, alocação de riscos e capital e serviços intragrupo.
Ação 11	Adoção de metodologias para a recolha e análise de informações sobre o BEPS.
Ação 12	Regras de divulgação obrigatória de planejamentos fiscais.
Ação 13	Regras sobre documentação de preços de transferência e relatórios país a país.
Ação 14	Desenvolvimento de mecanismos de resolução de conflitos mais eficazes.
Ação 15	Desenvolvimento de convenção multilateral para implementar medidas relacionadas com tratados tributários para impedir o BEPS.

Tabela de Elaboração Própria

Dentre essas, treze (02 – 14) das ações devem ser desenvolvidas paralelamente, enquanto as outras duas (01 e 15) funcionam como fundamento das demais, pois não apenas as abrangem, como também as estruturam.

Tratando especificamente do plano de ação referente aos desafios fiscais da economia digital (Ação 01), o relatório elaborado pela OECD[6] concluiu que, apesar de suas especificidades, não é possível, tampouco desejável, discriminar parte da economia com a adoção de soluções tributárias internacionais específicas. Isso porque, não somente o setor de alta tecnologia é caracterizado pelo alto valor atribuível aos seus ativos intangíveis e a consequente mobilidade de sua base tributária, como também possui amplo potencial de crescimento, tendendo a ocupar, progressivamente, posições na economia, não sendo viável o individualizar no que tange à legislação tributária. Outrossim, o relatório entende que as demais conclusões do BEPS são aplicáveis para a Economia Digital, por meio da adaptação da legislação tributária, conferindo-lhe a mesma abordagem que as operações *não virtuais*.

---

[6]   Cf. OECD. Addressing the Tax Challenges of the Digital Economy, Action 1. Paris: OECD, 2015.

4 Cenário brasileiro no contexto do Projeto BEPS

Nessa composição, o Brasil se faz presente enquanto membro do G-20 e signatário do acordo do BEPS, embora não integre a OCDE. Todavia, destaca-se que o Brasil é um Parceiro-Chave da OCDE, com quem a Organização mantém cooperação desde início da década de 90. Como um Parceiro-Chave, o país pode participar dos diferentes órgãos da OCDE, aderir aos instrumentos legais, integrar-se aos informes estatísticos e revisões por pares de setores específicos, além de ser convidado a participar de todas as reuniões Ministeriais da Organização desde 1999.[7] Nesses termos, o país vem participando das discussões e implementando pontuais alterações em sua legislação, de modo a concretizar as medidas discutidas, ainda que a implementação destas não seja vinculativa.

Destaca-se que o Brasil foi eleito integrante do *Bureau Plus* do BEPS (na categoria de *non-OECD countries*), grupo encarregado de supervisionar o progresso do Projeto e executar o processo decisório.

A cooperação brasileira é motivada principalmente pela transparência e pela troca de informações internacionais. O país aderiu ao Projeto BEPS de modo a se comprometer com os *minimum standards* das recomendações referentes aos planos de ação 05, 06, 13 e 14. Além disso, se posicionou pela *revision of existing standards* em relação os planos 07, 08, 09 e 10, e pretende-se também assentir a *best practice*, nas ações 12, 13 e 14. Objetiva-se, ainda, concretizar as *common approaches* no que toca às medidas alusivas aos planos 01, 02, 04 e 13. Conforme o relatório concernente à implementação das ações no Brasil,[8] os *minimum standards* e *revision of existing standard* dizem respeito ao compromisso com a implementação consistente, enquanto a *common aproach* busca puramente facilitar a convergência entre as práticas nos diferentes países. Por fim, a *best practice* trata da esquematização de orientação para as melhores condutas.

Ante o exposto, impende expor que muitas das medidas do BEPS já estão presentes, em certa proporção, na legislação do país, e algumas já foram objeto de tentativa de implementação. Nesses termos, cumpre discorrer, nos próximos tópicos, sobre os planos de ação mais evidentes no país, quais são: o 01, 02, 03, 04, 05, 12, 13, 14 e 15.

4.1 Neutralização dos efeitos dos instrumentos híbridos (02)

O Plano de Ação 02 trata sobre as entidades híbridas e sua potencialidade de mitigação indevida do resultado tributável. Isso porque a distinção entre o capital próprio (*equity*) e o capital de terceiros (*debt*) enseja em tratamentos tributários assimétricos para esses instrumentos, que podem ser objeto de planejamentos tributários. Dessa forma, o plano trabalha modelos de tratados e recomendações sobre regras internas para neutralizar os efeitos destes instrumentos híbridos, evitando, por exemplo, a dupla não tributação e dupla dedução.

A legislação tributária brasileira não reconhece estruturas societárias híbridas, não obstante existir a figura dos Juros Sobre o Capital Próprio (JCP).[9] O JCP configura

---

7   Cf. OECD. Brasil: Uma cooperação mutualmente benéfica. Paris: OECD, 2018.

8   Cf. DELOITTE. BEPS Actions Implementation- Brazil. Delloite, 2017.

9   Cf. Lei nº 9.249/95, art. 9º - A pessoa jurídica poderá deduzir, para efeitos da apuração do lucro real, os juros pagos ou creditados individualizadamente a titular, sócios ou acionistas, a título de remuneração do capital

uma remuneração própria distribuída aos acionistas, que possibilita a dedução dos juros para a pessoa jurídica e o tratamento fiscal correspondente a estes.

Com efeito, em operações internacionais, o Plano de Ação 02 repercutiria sobre o JCP. Isso ocorreria na hipótese de dedução do JCP pago para beneficiário no exterior, e não tributação dos juros no Estado de residência do beneficiário.[10]

4.2 Reforço às regras de CFC – *Controled Foreign Company* (03)

O Plano de Ação 03 estabelece recomendações para fortalecimento das regras de tributação das corporações estrangeiras controladas. Ocorre que, no Brasil, antes mesmo da conclusão deste plano de Ação, foi alterada a legislação referente às regras de tributação em bases universais de resultados auferidos por sociedades estrangeiras controladas por sociedades brasileiras, pelo art. 77 da Lei nº 12.973/2014.

Todavia, são notáveis as diferenças entre as diretrizes do plano de ação e a alteração legislativa brasileira. O plano propõe condições para que as regras de CFC sejam aplicáveis, tais como limites mínimos de lucro auferido no exterior e estudo do nível de tributação aplicável no país de origem da renda, enquanto a Lei nº 12.973/2014 propõe que todo e qualquer lucro arrecadado pela controladora brasileira se sujeita à tributação no país, não importando a natureza, tampouco a origem do rendimento.

Sobre o tema, observa Hanna Oliveira Lauar[11] de maneira precisa:

> No entanto, a nova legislação pouco observou as recomendações internacionais de regras de *Controlled Foreign Company* (CFC), objeto de estudo da OCDE especialmente através do Projeto Base *Erosion and Profit Shifting* (BEPS).
>
> O Plano de Ação de número 3 do Projeto BEPS, denominado *Designing Effective Controlled Foreign Company Rules*, afirma que regras CFC devem ter finalidade antielisiva ou caráter excepcional, de forma a ser preservada a livre concorrência.
>
> Nesse sentido, devem ser visadas empresas localizadas em jurisdições com tributação sobre a renda insuficiente em comparação ao país em que reside a empresa controladora. Em adição, as regras CFC devem ter por escopo rendas entendidas como de erosão da base tributária e transferência de lucros, bem como deve ser evitada a dupla tributação. Todavia, o Brasil tributa a totalidade das rendas auferidas por controlada estrangeira, independentemente da jurisdição de residência, por meio de uma metodologia individualizada. Culmina-se em uma dissociação entre o resultado civil do fiscal, além de permitir que a mesma renda seja tributada em mais de uma jurisdição. Neste ponto, ainda ocorre que o novo regime não excepciona a tributação de lucros gerados em jurisdições com as quais o Brasil firmou Acordo contra a Dupla Tributação.
>
> Esses fatores levam a uma conclusão de que o regime brasileiro de Tributação em Bases Universais não se trata de regra CFC propriamente dita, do mesmo modo que representa um desincentivo à internacionalização das empresas brasileiras, tornando-as pouco competitivas.

---

próprio, calculados sobre as contas do patrimônio líquido e limitados à variação, *pro rata* dia, da Taxa de Juros de Longo Prazo – TJLP.

[10] Cf. FERRARI, Bruna Camargo. Negócios Híbridos e Normas CFC: Impactos para as Multinacionais Brasileiras da Incorporação do Projeto BEPS no Direito Brasileiro. São Paulo: FGV, 2016, p. 81.

[11] Cf. LAUAR, Hanna Oliveira. O regime brasileiro de Tributação em Bases Universais e a Ação 3 do Projeto BEPS-*Revista ABRADT Fórum de Direito Tributário*, n. 3. Belo Horizonte: Fórum, 2018.

Dessa forma, entendemos que o Brasil ainda tem muito a evoluir em sua legislação, devendo se aproximar das recomendações concebidas pelo BEPS a fim de se posicionar de forma equânime no mercado internacional.

Desse modo, é preciso dizer que tais regras de CFC vigentes taxam excessivamente o lucro do investimento estrangeiro, não se limitando a dar suporte ao combate à evasão fiscal e prejudicando o investimento internacional de empresas brasileiras.

4.3 Limites à erosão da base tributável pela dedução de juros e outros pagamentos financeiros (04)

O Plano de Ação 04 determina a limitação quantitativa da dedutibilidade de juros pagos, de modo a combater a manipulação abusiva dos resultados. No Brasil, já existe legislação específica quanto ao tema. A Lei nº 12.249/2010 traz regras sobre subcapitalização, limitando o endividamento das empresas sobre o valor do patrimônio líquido e, consequentemente, impondo um limite também para a dedutibilidade da despesa de juros. Paralelamente, a Lei nº 9.430/1996 estabelece regras de preço de transferência sobre as operações financeiras, incluindo aquelas no exterior e determinando o montante de juros máximo e mínimo a serem pagos e recebidos.

Para além disso, em 2015, foi proposta a Medida Provisória nº 694 que determinava que as deduções do JCP, quando da apuração do lucro real, fossem limitadas a cinco por cento ao ano, quando a Taxa de Juros de Longo Prazo (TJLP) fosse superior a esse índice. No entanto, a Medida Provisória não chegou a ser apreciada pelo Senado Federal, dado o esgotamento do tempo previsto para a eficácia da mesma, em virtude de sua não conversão em lei após 120 dias de sua publicação.

4.4 Políticas de combate às práticas prejudiciais mais eficientes, com base na transparência e substância (05)

O Plano de Ação 05, por sua vez, reforça medidas contra práticas fiscais nocivas, buscando mais transparência, através do intercâmbio de informação fiscal e da consideração da substância econômica.

No caso brasileiro, quanto à exigência da substância econômica, a Instrução Normativa nº 1.658/2016, da Receita Federal do Brasil passou a exigir, para as sociedades *holdings* situadas em territórios de regime fiscal privilegiado, provas de capacidade operacional, evidenciada por meio da comprovação de estrutura física nos países de origem, bem como de funcionários próprios.

Ainda, a Instrução Normativa RFB nº 1.689/2017 definiu que serão encaminhadas para as administrações tributárias de outros países as consultas sobre preço de transferência, estabelecimento permanente e sobre o Programa de Apoio e Desenvolvimento Tecnológico da Indústria de Semicondutores (PADIS).

Por fim, tem-se a ratificação pelo Brasil da Convenção sobre Assistência Mútua Administrativa em Matéria Tributária, promulgada pelo Decreto nº 8.842/2016, que fomenta a transparência, cujos impactos também tocam o quinto plano de ação.

4.5 Regras de divulgação obrigatória de planejamentos fiscais (12)

O Plano de Ação 12, no que lhe concerne, traz recomendações sobre a formulação de regras referentes à divulgação obrigatória para regimes de planejamento fiscal agressivo. O governo brasileiro, em 2015, editou a Medida Provisória nº 685, que instituía a Declaração de Planejamento Tributário, direcionada à Receita Federal do Brasil, contemplando tanto as operações de planejamento tributário no Brasil quanto aquelas que envolviam empresas no exterior. A medida foi alvo de críticas e foi retirada do texto que foi convertido em lei.

Não obstante, tudo indica que o tema volte a ser debatido em um novo projeto de lei, visando a combater a criação de estruturas fiscais cujo objetivo seja contornar a tributação. Ademais, nesse contexto, cumpre mencionar que a Comissão de Valores Mobiliários passou a exigir a publicação, nas demonstrações financeiras, de possíveis questionamentos da Receita Federal em decorrência de planejamentos tributários que envolvam os tributos sobre o lucro.[12]

Contudo, a matéria ainda se encontra com um cenário de extrema nebulosidade no país, com teorias oscilando entre a impossibilidade de normas gerais antielisivas até a possibilidade de desconsideração por completo de operações que se mostrem abusivas com base no princípio constitucional da capacidade contributiva. É certo que a matéria teve alguma evolução de critérios na jurisprudência administrativa; contudo, ela vem com algumas premissas que não coadunam com o Ordenamento Jurídico Pátrio, em especial uma ausência de norma geral que fixe os critérios adequados para atuação da fiscalização em tais casos. A discussão administrativa sobre o tema contribuiu para buscar critérios adequados na construção de uma norma antiabuso, mas certamente deixara casos resolvidos que somente aumentaram a insegurança jurídica sobre o tema durante este período de transição.[13]

4.6 Regras sobre documentação de preços de transferência e relatórios país a país (13)

O Plano de Ação 13 compreende orientações sobre a documentação relativa aos preços de transferência, destacando o modelo de elaboração de relatório país a país, tendo em vista a ampliação da transparência em relação às operações internacionais de entidades presentes em mais de uma jurisdição e pertencentes a um mesmo grupo econômico. Seu objetivo visa diretamente a combater as práticas abusivas de erosão de base tributável. O Brasil, por meio da Instrução Normativa RFB nº 1.681/2016, introduziu

---

[12] Cf. Deliberação CVM 804, de 27 de dezembro de 2018.

[13] Sobre o tema: ALVIM, Leonardo de Andrade Rezende. Planejamento Tributário: Os Tribunais Administrativos e Judiciais Estabelecendo os Parâmetros de Atuação do Contribuinte e do Fisco. *In*: FRATTARI, Rafhael; LOBATO, Valter de Souza (coord.). 30 anos da Constituição Federal de 1988: Uma nova era na tributação? *Estudos em homenagem ao Professor Sacha Calmon*. Belo Horizonte: Arraes, 2019; GODOI, Marciano Seabra de; ROCHA, Sergio André. Planejamento Tributário - Limites e Desafios Concretos. Belo Horizonte: D'Plácido, 2018; GRECO, Marco Aurelio. Planejamento Tributário, 4. ed., São Paulo: Dialética, 2011; TÔRRES, Heleno. *Direito Tributário e Direito Privado* – Autonomia Privada, Simulação, Elusão Tributária, São Paulo: Revista dos Tribunais, 2003, p. 363; TORRES, Ricardo Lobo. Elisão abusiva e simulação na jurisprudência do Supremo Tribunal Federal e do Conselho de Contribuintes. *In*: YAMASHITA, Douglas (coord.). Planejamento tributário à luz da jurisprudência, São Paulo: Lex, 2007, p. 334.

e disciplinou a obrigatoriedade de entrega anual da Declaração País-a-País (DPP), a qual deve apresentar para as autoridades fiscais de informações gerais sobre entidades presentes em mais de uma jurisdição e pertencentes a um mesmo grupo econômico, através da Escrituração Contábil Fiscal (ECF).

4.7 Regras sobre mecanismos de resolução de conflitos mais eficazes (14)

O Plano de Ação 14 propõe mecanismos de solução de conflito e acordos de bitributação efetivos, céleres e eficientes, para aumentar a segurança jurídica dos contribuintes. Os principais conflitos que podem surgir em acordos de bitributação estão relacionados à aplicação dos tratados diante das legislações domésticas, interpretação dos fatos e cláusulas convencionais, de dupla residência e de determinação da fonte dos rendimentos.[14]

O Brasil regulamentou o Plano de Ação 14 com a edição da Instrução Normativa RFB nº 1.669/2016, que disciplinou procedimentos amigáveis. Contudo, a referida Instrução não incorporou todas as sugestões do BEPS, deixando de lado a aplicação da arbitragem para controvérsias internacionais.

4.8 Regras sobre a economia digital (01) e instrumentos multilaterais de implementação das medidas BEPS (15)

Com relação ao Plano de Ação 01 – Economia Digital, ainda não se sabe quais são os prognósticos. Embora haja algumas decisões quanto à temática de *download* de *softwares*, ainda não há medidas direcionadas, consolidadas ou em desenvolvimento, além das aplicáveis às demais áreas tributáveis.

Já no que se refere ao Plano de Ação 15 – Instrumentos Multilaterais de Implementação das Medidas BEPS, embora o país tenha participado das discussões que levaram à elaboração da Convenção Multilateral da OECD,[15] optou por não a assinar sob a alegação de que as peculiaridades do tratado poderiam delongar as discussões no Congresso, protelando a entrada em vigor das providências discutidas. Não obstante, destaca-se que o país é signatário de acordos internacionais sobre troca de informações financeiras e tributárias, bem como de tratados contra bitributação.

4.9 Perspectivas gerais sobre os planos de ação

Ante o exposto, embora o Brasil possua posicionamento ativo e orientado para a concretização dos propósitos do BEPS, constata-se que o país peca no quesito coerência, ou seja, no equilíbrio e na harmonia das medidas adotadas. Isso em razão de que algumas posturas do governo se encaminham mais para o aumento da arrecadação fiscal do que para a conformação com o Projeto BEPS, tendo em vista que as medidas

---

[14] Cf. SANTOS, Ramon Tomazela. *Estudos de Direito Tributário Internacional*. Rio de Janeiro: Lumen Juris, 2019.

[15] Cf. OCDE, Multilateral Convention to Implement Tax Treaty Related Measures to Prevent BEPS. Paris: OCDE, 2016.

foram implementadas unilateralmente, sem articulação externa. Assim, não é esperado que o Brasil mude suas regras domésticas, mais restritas e favoráveis aos interesses arrecadatórios, para endereçar essa ação conjunta.

Tratando especificamente do Sistema Tributário Brasileiro, nota-se que o Brasil lidera o *ranking* mundial em tempo despendido pelas empresas para o cumprimento das obrigações tributárias acessórias.[16] Isso se dá em razão da complexidade do sistema, o qual ainda faz com que o custo de apuração e recolhimento dos impostos seja elevado.

Além disso, conforme analisado anteriormente, muitas medidas foram implantadas anteriormente às recomendações o BEPS, caracterizando-se pela falta de coordenação com os demais países. Contudo, em 28 de fevereiro de 2018, o Brasil, juntamente com a OCDE, lançou um projeto para examinar semelhanças e omissões entre a abordagem brasileira e a abordagem da Organização com relação à avaliação das transações internacionais entre empresas associadas para efeitos fiscais.[17]

5 O desafio federalista e a tributação brasileira

Ao se debater a efetivação e consubstancialização de novas medidas do Projeto BEPS, outro fator que bem importa é a estruturação brasileira enquanto uma federação, assim como seus respectivos impactos no arranjo econômico e nas funções tributárias do país. Mais do que isso, buscar as medidas sugeridas no Projeto BEPS é um dos desafios para a realidade brasileira que já convive com um Sistema Tributário bastante complexo.

Consoante com o que diz Weingast, mercados prósperos precisam de uma base política que regule a prerrogativa do Estado de confiscar riqueza. Nesse sentido, o federalismo estrutura a capacidade de elaboração de políticas econômicas ao limitar os critérios de cada ente do governo através da descentralização do poder político.[18] Isso, porque, estando o poder distribuído, a potencialidade de intervenções econômicas desestabilizantes é reduzida, assegurando previsibilidade e segurança para as referidas bases e sustentando o desenvolvimento.

Tal descentralização, entre as diferentes esferas do governo, proporciona, a cada uma, autoridade nas decisões sobre gastos e receitas públicas, além de poder de deliberação sobre auto-organização de suas instituições. Essa composição é pautada na autonomia de cada um dos entes federativos e na soberania atribuída ao governo federal constituído por eles. Isso, por sua vez, incrementa o caráter democrático de um país, ao passo que a divisão local do governo o aproxima da população, de modo a possibilitar que suas vontades e necessidades sejam melhores consideradas no processo de decisão sobre questões de foro eminentemente local, como gastos e receitas, promovendo maior bem-estar e eficiência.

Diante disso, para compreender a base política desse arranjo estrutural é necessário elucidar o papel da Constituição Brasileira, que se pronuncia distribuindo competências legislativas e administrativas entre os entes federados, de modo que nenhum

---

[16] Cf. The World Bank & Price Waterhouse Coopers. Paying Taxes 2018.

[17] Cf. OCDE. A OCDE e o Brasil lançam projeto para examinar as diferenças nas regras fiscais internacionais. Paris: OCDE, 2018.

[18] Cf. WEINGAST, Barry. The Economic Role of Political Institution: Market - Preserving Federalism and Economic Development. *The Journal of Law, Economics & Organization*, 1995, p. 1 a 3.

nível de governo detenha monopólio sobre a regulação econômica. Assim, o sistema de compartilhamento de poderes políticos é um alicerce do próprio compromisso federativo.

Nessa conformidade, tanto a autonomia de cada ente da federação, quanto a limitação de seus deveres e prerrogativas devem ser institucionalizadas com a característica de se autoimporem. Isso posto, destaca-se que, embora na federação brasileira haja proeminência do governo central, trata-se de um modelo de federalismo em que não existe hierarquia entre o direito federal e os demais. Na verdade, as competências de cada esfera do poder são formalmente estabelecidas e não podem adentrar o âmbito reservado às demais, sobrevindo alguns pontos de contato, constitucionalmente definidos, em que devem cooperar e se complementar.

Com relação ao regime tributário brasileiro, as competências, imunidades e limitações do poder de tributar são disposições constitucionais. A Constituição de 1988 reserva o Título VI para tratar especificamente da tributação e do orçamento, iniciando pelo Sistema Tributário Nacional. A princípio, é firmado, pelo art. 145, que:[19]

> A União, os Estados, o Distrito Federal e os Municípios poderão instituir os seguintes tributos:
> I - impostos;
> II - taxas, em razão do exercício do poder de polícia ou pela utilização, efetiva ou potencial, de serviços públicos específicos e divisíveis, prestados ao contribuinte ou postos a sua disposição;
> III - contribuição de melhoria, decorrente de obras públicas.

Em sequência, os artigos estatuem as competências em relação aos tributos que a União, os Estados e Municípios possuem, sendo elas distintas. Nesse contexto, ressalta-se que, no Brasil, são mais de 5.500 municípios, 26 estados, mais o Distrito Federal, além da União, cada um com seus regimes tributários e regulamentos específicos.

Se, por um lado essa divisão pode proporcionar maior alinhamento entre as políticas fiscais e as realidades locais, implicando menores taxas de evasão de impostos e proporcionando menos custos com monitoramento, por outro, tamanha complexidade requer integração tributária e racionalização de recursos, ocasionando um desafio quanto à uniformidade e a consistência, tendo em vista a participação dos Estados no processo de tomada de decisões referentes à legislação tributária.

Por conseguinte, a efetivação do Projeto BEPS, no país, requer a construção de uma base normativa comum, entre os entes da federação, que facilite a tributação de operações virtuais sem prejuízo a suas competências e com economia de recursos. Assim, a complexidade da tributação digital desafia não apenas o governo federal no âmbito de alinhamento com outros países, como também na esfera dos três entes da federação brasileira.

Contudo, este alinhamento na busca de uma base normativa comum na Federação brasileira tem como maior desafio o combate à desigualdade regional latente e um sistema tributário que pouco se alinha com os países que compõem a OCDE.

Um estudo promovido pelo IPEA em 2015, denominado *Tributação sobre empresas no Brasil: comparação internacional*, trouxe interessante comparação da tributação no Brasil

---

[19] Cf. Constituição da República Federativa do Brasil de 1988.

e países de renda alta e baixa. Segundo apontou o estudo, a estrutura de incidência tributária de um país pode trazer melhores respostas a respeito de como a tributação influencia as decisões dos agentes econômicos, especialmente as empresas.[20]

O gráfico abaixo indica as alíquotas máximas por incidência tributária para o Brasil e para as faixas de renda do Banco Mundial. Não obstante os dados acima demonstrem que o Brasil tem tributado pouco a renda em comparação com países desenvolvidos, o gráfico abaixo demonstra que o Brasil se encontra acima da média, inclusive dos países de renda alta, nas alíquotas de renda sobre pessoas jurídicas e na tributação indireta. Veja-se:

GRÁFICO 4

Alíquotas por incidência tributária (2012)
(Em % do PIB)

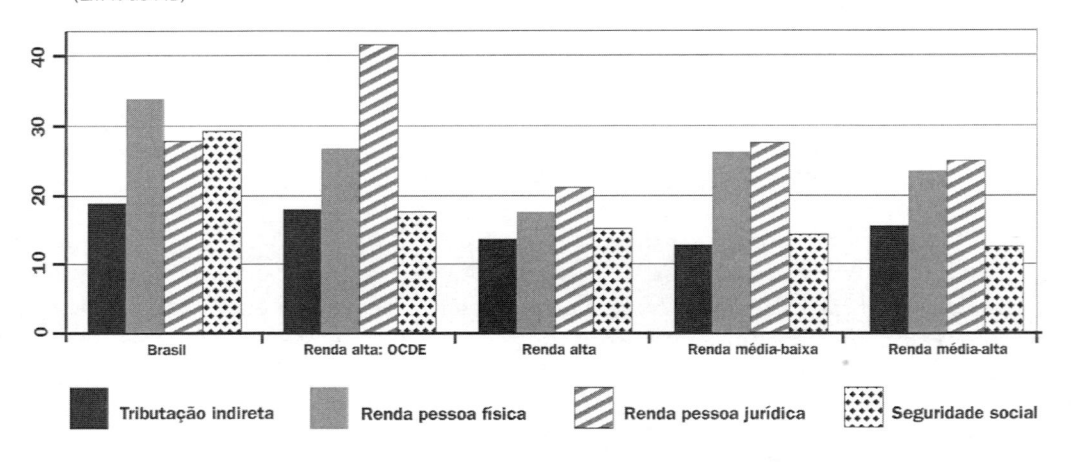

FIGURA 14 – Alíquotas por incidência tributária (2012).
Fonte: RABELLO; OLIVEIRA, 2015.

Portanto, o país deve estar atento às novas diretrizes da OCDE, em especial porque as materialidades a serem tributadas se dispersam e o Sistema Tributário precisa se adequar às novas riquezas ou novas materialidades, bem como ao combate à evasão. Contudo, a adequação somente poderá prevalecer, efetivamente, diante do Federalismo Brasileiro se (a) houver uma grande reestruturação para uma normativa comum interna e (b) o sistema buscar ressalvar as nítidas desigualdades regionais que o país enfrenta, criando mecanismos efetivos para combatê-las.

---

[20] RABELLO, Gabriel; OLIVEIRA, João Maria de. Tributação sobre empresas no Brasil: comparação internacional. *Radar*, n. 4, 2015, p. 33-43.

6 Conclusão

Em virtude dos fatos mencionados, percebe-se que o cenário socioeconômico mundial, cada vez mais, é permeado por inovações e mudanças tecnológicas, bem como a mundialização de bens e serviços, as quais demandam novos posicionamentos de todos os sujeitos que compõem as cadeias de produção, consumo e fiscalização. Nesse contexto, as autoridades precisam se dedicar a solucionar os desafios decorrentes dessa nova realidade, a qual é chamada de Economia Digital.

Conforme exposto, por meio da Organização para a Cooperação e Desenvolvimento Econômico e do G20, diferentes países se uniram para tomar providências internas, em um contexto de cooperação internacional, para mitigar práticas abusivas de erosão de base tributáveis por parte de empresas multinacionais. Com essa intenção, deu-se origem ao Projeto BEPS e suas propostas de reforma tributária. Essas, por sua vez, não são dotadas de força normativa, sendo necessário que os Estados as introduzam em seus ordenamentos jurídicos internos. Destacando-se, assim, a importância do comprometimento dos países para que haja eficácia, combatendo a obtenção de benefícios fiscais indevidos por intermédio da incompatibilidade dos instrumentos adotados em diferentes localidades.

Nesse contexto, pode-se dizer que o Brasil está alinhado com alguns objetivos do Projeto BEPS. Não obstante, cabe apontar que a atividade legislativa e normativa do país, em algumas matérias, parece ter sido elaborada de forma unilateral, sem coordenação com as diretivas almejadas inicialmente. Muito embora o regramento interno brasileiro busque coibir práticas abusivas em uma contextura internacional, questiona-se sua harmonia com os demais países, em razão dos interesses arrecadatórios vigentes, demonstrados pela proatividade do país em combater a erosão da base tributável, alheia, em certos pontos, ao contexto internacional. Assim, salienta-se que o Brasil se destaca por seu engajamento com alguns dos Planos de Ação, não obstante esteja desobrigado de algumas medidas como a Convenção Multilateral da OECD.

Para mais, como supracitado, o país encara desafios internos para a implantação de novas medidas, posto que a repartição de competências tributárias, devido a sua forma federativa, demanda a mobilização de todos os entes federativos, não apenas do Governo Federal. Não obstante, atos como a promulgação da Convenção sobre Assistência Mútua Administrativa em Matéria Tributária são sinais de crescimento da cooperação fiscal brasileira com outros Estados.

Referências

ALVIM, Leonardo de Andrade Rezende. Planejamento Tributário: Os Tribunais Administrativos e Judiciais Estabelecendo os Parâmetros de Atuação do Contribuinte e do Fisco. *In*: FRATTARI, Rafhael; LOBATO, Valter de Souza (coord.). 30 anos da Constituição Federal de 1988: Uma nova era na tributação? *Estudos em homenagem ao Professor Sacha Calmon*. Belo Horizonte: Arraes, 2019.

APPY, Bernard. Por que o sistema tributário brasileiro precisa ser reformado. Disponível em: https://edisciplinas.usp.br/pluginfile.php/4105024/mod_resource/content/0/Appy_Tributa%C3%A7%C3%A3o_Revisado.pdf. Acesso em: 31 jul. 2018.

BIANCO, João Francisco. *Transparência Fiscal Internacional*. São Paulo: Dialética, 2007.

BRIGAGÃO, Gustavo. *O BEPS e os desafios da tributação eletrônica internacional.* Disponível em: https://www.conjur.com.br/2017-dez-06/consultor-tributario-beps-desafios-tributacao-eletronica-internacional. Acesso em:16 jul. 2018.

CHIANG, Gabriel O; COELHO, Renato. *O Projeto BEPS no Brasil.* Comentário sobre alterações legislativas e normativas brasileiras. Disponível em: https://www.jota.info/opiniao-e-analise/colunas/coluna-do-stocche-forbes/projeto-beps-no-brasil-24012017. Acesso em: 16 jul. 2018.

DELOITTE. *Brazil: BEPS Actions implementation.* Deloitte, 2017. Disponível em: https://www2.deloitte.com/content/dam/Deloitte/global/Documents/Tax/dttl-tax-beps-actions-implementation-brazil.pdf. Acesso em: 17 jul. 2018.

DIAS, Cibele Fernandes. Federalismo e "E Pluribus Unum": Dilemas e Conflitos da Experiência Brasileira. *Revista do Instituto de Direito Brasileiro,* Lisboa, n. 4, 2014.

ESTRADA, Roberto Duque. *A Convenção Multilateral da OCDE e o Protocolo de Mendoza.* Disponível em: https://www.conjur.com.br/2018-mai-16/consultor-tributario-convencao-multilateral-ocde-protocolo-mendoza. Acesso em: 18 jul. 2018.

FERRARI, Bruna Camargo. *Negócios Híbridos e Normas CFC:* Impactos para as Multinacionais Brasileiras da Incorporação do Projeto Beps no Direito Brasileiro. Dissertação (Mestrado Profissional em Direito). São Paulo: Fundação Getúlio Vargas, 2016.

FORBES. *The World's Most Valuable Brands.* 2018 Ranking. Disponível em: https://www.forbes.com/powerful-brands/list/. Acesso em: 17 jul. 2018.

GODOI, Marciano Seabra de; ROCHA, Sergio André. *Planejamento Tributário - Limites e Desafios Concretos.* Belo Horizonte: D'Plácido, 2018.

GRANT THORNTON. *Projeto BEPS.* Base Erosion and Profit Shifting. Disponível em: https://www.grantthornton.com.br/globalassets/_markets_/bra/media/arquivos-industrias/estudos/beps_entendendo.pdf. Acesso em: 17 jul. 2018.

GRECO, Marco Aurelio. *Planejamento Tributário,* 4. ed., São Paulo: Dialética, 2011.

HOOTSUITE. *The global state of digital in 2018* – from Argentina to Zambia, 2018. Disponível em: https://hootsuite.com/pt/pages/digital-in-2018. Acesso em: 21 jun. 2019.

LAUAR, Hanna Oliveira. O regime brasileiro de Tributação em Bases Universais e a Ação 3 do Projeto BEPS. *Revista ABRADT Fórum de Direito Tributário,* n. 3. Belo Horizonte: Fórum, 2018.

LIMA, Edilberto Carlos Pontes. Democracia e Federalismo. Uma Intrincada Relação. *Revista de Informação Legislativa,* Brasília, a. 44, n. 175, jul./set. 2007.

MÉLO, Luciana Grassano Gouvêa; PIMENTEL, João Otávio Martins. O Plano de Ação BEPS e as Mudanças de Paradigma na Tributação. *Revista Acadêmica Faculdade de Direito do Recife,* Recife, v. 88, n. 2, 2016.

OECD. *A OCDE e o Brasil lançam projeto para examinar as diferenças nas regras fiscais internacionais.* Paris: OCDE, 2018. Disponível em: http://www.oecd.org/tax/a-ocde-e-o-brasil-lancam-projeto-para-examinar-as-diferencas-nas-regras-fiscais-internacionais.htm. Acesso em: 17 jun. 2019.

OECD. *Plano de ação para o combate à erosão da base tributária e à transferência de lucros.* Paris: OCDE, 2014. Disponível em: https://read.oecd-ilibrary.org/taxation/plano-de-acao-para-o-combate-a-erosao-da-base-tributaria-e-a-transferencia-de-lucros_9789264207790-pt#page1. Acesso em: 19 jun. 2018.
OECD. *Brasil: Uma cooperação mutualmente benéfica.* Paris: OECD, 2018. Disponível em: http://www.oecd.org/latin-america/countries/brazil/brasil.htm. Acesso em: 19 jun. 2018.

OECD. *BEPS Actions. Base Erosion and Profit Shifting.* Paris: OCDE, 2014. Disponível em: http://www.oecd.org/ctp/beps-actions.htm. Acesso em: 16 jun. 2018.

OECD. *BEPS Action 1 Addressing the Challenges of the Digital Economy*. Paris, OCDE, 2015. Disponível em: https://read.oecd-ilibrary.org/taxation/addressing-the-tax-challenges-of-the-digital-economy-action-1-2015-final-report_9789264241046-en#page1. Acesso em: 16 jul. 2018.

OECD. *Multilateral Convention to Implement Tax Treaty Related Measures to Prevent BEPS*. Paris, OCDE, 2018. Disponível em: http://www.oecd.org/tax/treaties/multilateral-convention-to-implement-tax-treaty-related-measures-to-prevent-beps.htm. Acesso em: 16 jul. 2018.

RABELLO, Gabriel; OLIVEIRA, João Maria de. *Tributação sobre empresas no Brasil: comparação internacional*. Radar, n. 4, 2015. Disponível em: http://repositorio.ipea.gov.br/bitstream/11058/5714/1/Radar_n41_tributa%C3%A7%C3%A3o.pdf. Acesso em: 10 jan. 2019.

SANTOS, Ramon Tomazela. *Estudos de Direito Tributário Internacional*. Rio de Janeiro: Lumen Juris, 2019.

TAVARES, Romero J. S. Política tributária internacional: OCDE, BEPS e Brasil Como deve se posicionar o setor industrial brasileiro? Rio de Janeiro: *Revista Brasileira de Comércio Exterior*, n. 121. Disponível em: http://www.funcex.org.br/publicacoes/rbce/material/rbce/121_RJST.pdf. Acesso em: 18 jul. 2018.

The World Bank & Price Waterhouse Coopers. Paying Taxes 2018. Disponível em: https://www.pwc.com/gx/en/paying-taxes/pdf/pwc_paying_taxes_2018_full_report.pdf. Acesso em: 31 jul. 2018.

TÔRRES, Heleno. *Direito Tributário e Direito Privado* – Autonomia Privada, Simulação, Elusão Tributária, São Paulo: Revista dos Tribunais, 2003.

TÔRRES, Heleno Taveira. *O Beps em debate no 71º Congresso da International Fiscal Association (IFA)*. Disponível em: https://www.conjur.com.br/2017-ago-30/consultor-tributario-beps-debate-71-congresso-ifa. Acesso em: 18 jul. 2018.

TORRES, Ricardo Lobo. *Elisão abusiva e simulação na jurisprudência do Supremo Tribunal Federal e do Conselho de Contribuintes*. In: YAMASHITA, Douglas (coord.). Planejamento tributário à luz da jurisprudência, São Paulo: Lex, 2007.

VOIGT, Stefan; BLUME, Lorenz. *The economic effects of federalism and decentralization* – a cross-country assessment. Disponível em: https://core.ac.uk/download/pdf/6352620.pdf. Acesso em: 19 jul. 2018.

WEARESOCIAL. *Digital in 2018:* World's Internet Users Pass the 4 Billion Mark. Disponível em: https://wearesocial.com/blog/2018/01/global-digital-report-2018. Acesso em: 17 jul. 2018.

WEINGAST, Barry. The Economic Role of Political Institution: Market – Preserving Federalism and Economic Development. *The Journal of Law, Economics & Organization*, v. 11, n. 1, 1995.

Referências Jurídico-Normativas

BRASIL. *Constituição da República Federativa do Brasil de 1988*. Disponível em: http://www.planalto.gov.br/ccivil_03/constituicao/constituicao.htm. Acesso em: 20 jul. 2018.

BRASIL. *Decreto nº 8.842*, de 29 de agosto de 2016. Disponível em: http://www.planalto.gov.br/ccivil_03/_Ato2015-2018/2016/Decreto/D8842.htm. Acesso em: 18 jul. 2018.

BRASIL. *Deliberação CVM nº 804*, de 27 de dezembro de 2018. Disponível em: http://www.cvm.gov.br/legislacao/deliberacoes/deli0800/deli804.html. Acesso em: 21 jun. 2019.

BRASIL. *Medida Provisória nº 685*, de 21 de julho de 2015. Disponível em: http://www.planalto.gov.br/ccivil_03/_ato2015-2018/2015/mpv/mpv685impressao.htm. Acesso em: 18 jul. 2018.

BRASIL. *Medida Provisória nº 694*, de 30 de setembro de 2015. Disponível em: http://www.planalto.gov.br/ccivil_03/_Ato2015-2018/2015/Mpv/mpv694.htmimpressao.htm. Acesso em 18 jul. 2018.

BRASIL. *Instrução Normativa nº 1658*, da Receita Federal do Brasil, de 13 de setembro de 2016. Disponível em: http://normas.receita.fazenda.gov.br/sijut2consulta/link.action?visao=anotado&idAto=77307. Acesso em: 18 jul. 2018.

BRASIL. *Instrução Normativa nº 1681*, da Receita Federal do Brasil, de 28 de dezembro de 2016. Disponível em: http://normas.receita.fazenda.gov.br/sijut2consulta/link.action?idAto=79444&visao=anotado. Acesso em: 18 jul. 2018.

BRASIL. *Instrução Normativa nº 1689*, da Receita Federal do Brasil, de 20 de fevereiro de 2017. Disponível em: http://normas.receita.fazenda.gov.br/sijut2consulta/link.action?idAto=80650&visao=anotado. Acesso em: 18 jul. 2018.

BRASIL. *Instrução Normativa nº 1669*, da Receita Federal do Brasil, de 09 de novembro de 2016. Disponível em: http://normas.receita.fazenda.gov.br/sijut2consulta/link.action?visao=anotado&idAto=78559. Acesso em: 21 jun. 2019.

BRASIL. *Lei nº 9.430*, de 27 de dezembro de 1996. Disponível em: http://www.planalto.gov.br/ccivil_03/leis/l9430.htm. Acesso em: 18 jul. 2018.

BRASIL. *Lei nº 12.249*, de 11 de junho de 2010. Disponível em: http://www.planalto.gov.br/ccivil_03/_ato2007-2010/2010/lei/l12249.htm. Acesso em: 18 jul. 2018.

BRASIL. *Lei nº 12.973*, de 13 de maio de 2014. Disponível em: http://www.planalto.gov.br/ccivil_03/_ato2011-2014/2014/lei/l12973.htm. Acesso em 18 jul. 2018.

Informação bibliográfica deste texto, conforme a NBR 6023:2018 da Associação Brasileira de Normas Técnicas (ABNT):

LOBATO, Valter de Souza; TEIXEIRA, Tiago Conde. BEPS no Brasil: encontros e desafios. *In*: TEIXEIRA, Alexandre Alkmim (Coord.). *Plano BEPS*. Belo Horizonte: Fórum, 2019. p. 43-58. ISBN 978-85-450-0654-1.

IMPACTO DEL PLAN BEPS
EN EL SISTEMA TRIBUTARIO BOLIVIANO

1 Introducción

La globalización económica y su expansión mundial a través de vínculos económicos continúa generando preocupación, desde el punto de vista de los negocios y de los gobiernos, con especial énfasis en el hecho de que las normas no necesariamente acompañan ese crecimiento, y considerando también que se presenta cada vez mayor dinamismo y complejidad en la utilización de dichos vínculos, debido a un entorno económico cada vez más moderno.

Para los autores Pedro Enrique Sarmiento y Monica Bolaños[1]

> Las transacciones internas de los grupos multinacionales representan una porción importante del comercio mundial. La relevancia internacional de este tipo de estructuras empresariales es evidente, como lo es también la preocupación de los diferentes Estados por establecer condiciones que garanticen que sus operaciones se desarrollen de la manera que mejor contribuya a la economía global.

> Un elemento importante en el desarrollo de las operaciones comerciales tiene que ver con las cargas impositivas. Los impuestos son relevantes para las empresas que participan del mercado global, en la medida en que afectan decisiones de negocio, y son relevantes también para los diferentes Estados, al ser una de sus principales fuentes de financiación.

En el intento por modular ese desarrollo y proteger las bases imponibles, ya desde el año 2013 se había perfilado lo que sería el Plan de Acción BEPS[2] (Erosión de la Base

---

[1] SARMIENTO PÉREZ, Pedro Enrique; BOLAÑOS CASTRO, Monica. Resultados del Plan de Acción BEPS Y su Aplicación en Colombia. Instituto Colombiano De Derecho Tributario "Acción 8-10: BEPS y la Alineación de los Resultados de Precios de Transferencia con la Creación de Valor. p. 183.

[2] Base Erosionand Profit Shifting-BEPS: La erosión de la base imponible y al traslado de beneficios propiciados por la existencia de lagunas o mecanismos no deseados entre los distintos sistemas impositivos nacionales de los que pueden servirse las empresas multinacionales, con el fin de hacer "desaparecer" los beneficios derivando en escasa o nula rentas obre sociedades.

y Traslado Artificial de Utilidades, por sus siglas en inglés), el cual ha generado, como lo señalan diversos autores, un cambio de paradigma en la tributación internacional.

Para el autor Jesús Alberto Ramos Ángeles[3]

> El dinamismo y cada vez mayor complejidad de las formas de traslado de beneficios, así como un entorno económico cada vez más virtual y digital, han logrado en la última década los más altos niveles históricos de erosión en las bases imponibles (base erosion) de los Estados. En efecto, aunque medir la pérdida recaudatoria provocada por el fenómeno BEPS (Base Erosion and Profit Shifting o Erosión de la Base Imponible y el Traslado de Beneficios) es un reto, debido a la complejidad y las limitaciones de información, la OCDE (Organización para la Cooperación y Desarrollo Económico) estimó en 2014 que anualmente hay una pérdida de entre el 4% y el 10% de la recaudación mundial por impuestos a la renta empresarial, es decir, entre 100 y 240 mil millones de Dólares Americanos cada año y siendo los países en desarrollo los que más financian su presupuesto público con impuestos directos, se estima que el impacto en éstos es aún mayor al promedio.

En ese sentido, en la actualidad, cinco años después desde la concepción del Plan BEPS, podríamos decir que hemos pasado a una era *"post BEPS"* como muchos autores lo han denominado, que implica la necesidad de evaluar de una forma crítica, si se han logrado los objetivos generales del Plan: lograr coherencia, transparencia y sustancia, y si se han logrado también, de manera específica, los objetivos que persiguen cada una de las 15 acciones.

Gráfico Nº 1

Evolución del Plan BEPS

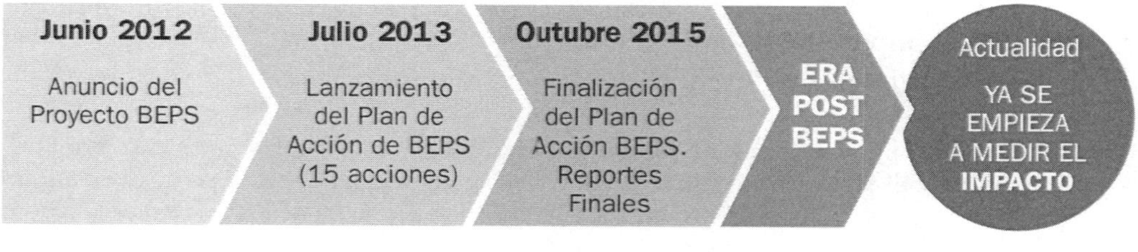

Fuente: Elaboración propia.

En ese sentido, el interés está ahora en los países que han puesto en práctica las diversas recomendaciones de la OCDE, y si es posible determinar cuales han sido los resultados el impacto de aplicarlas y si se han logrado los resultados esperados. Como lo señala el Profesor Fernando Serrano Antón,[4] además de los países miembros de la OCDE, se ha invitado a varios países no miembros de la OCDE en condición de asociados,

---

[3] ÁNGELES, Jesús Alberto Ramos. El Proyecto BEPS de la OCDE y el Mito del Fin de la Planificación Fiscal Internacional: Un Enfoque Crítico a Propósito de los Final Reports. 2015.

[4] SERRANO ANTÓN, Fernando. *La influencia del Plan de acción BEPS en la tributación española*: Impacto en la normativa, incremento de la litigiosidad y el papel de los tribunales. *In* Estudios Financieros. Revista de contabilidad y tributación: comnetarios, casos praticos. Centro de Estudios Financieros, Madrid, 2015. p. 83

como es el caso de Argentina, Brasil, Costa Rica y Perú, Colombia que un inicio fue un país asociado y en la actualidad forma parte de los miembros de la OCDE, y se han organizado reuniones internacionales en distintas regiones para la inclusión de países cooperantes, pues, al menos en teoría, lo que se pretende es un proceso inclusivo y la participación de países en desarrollo.

En ese sentido, en términos generales, se puede señalar que se ha desarrollado una considerable actividad legislativa y fiscal en distintos países, desde que se emitió el Plan de Acción de BEPS en julio de 2013.

En el caso de Bolivia, si bien no forma parte de los países asociados, en el presente trabajo analizaré si ha existido un impacto en el sistema tributario boliviano, que desde ya puedo anticipar, tiene un nivel de desarrollo legislativo muy poco avanzado. Pues si bien existen normas instauradas desde el origen de nuestro ordenamiento tributario para proteger la base imponible (Medidas Anti elusión). Por ejemplo, recién a finales del año 2014 se han incorporado normas relativas a Precios de Transferencia, las cuales justamente pretenden evitar el traslado y dislocación de beneficios a otra jurisdicción, en definitiva, no se han introducido mayores modificaciones al ordenamiento tributario.

En ese contexto, hoy en día existe una creciente expectativa por determinar el impacto que ha tenido el Plan BEPS en los distintos países, y ¿cómo es que se ha ido aplicando? considerando las particularidades de cada sistema tributario y cada país como tal. En esa línea de pensamiento, pretendo efectuar un acercamiento del impacto que han tenido las acciones del Plan BEPS en la actual normativa boliviana, a fin de determinar el grado de compatibilidad que existe, y a su vez identificar los aspectos que deben ser considerados, sin ingresar a comentar detalladamente cada una de las acciones del Plan BEPS, pues mas bien se trata de efectuar una evaluación y crítica general a la viabilidad del proyecto en el caso boliviano, más aun considerando que Bolivia a la fecha es un país importador de capitales y no un exportador de estos, pues se trata de una economía en vías de desarrollo.

2 Sistema juridico adoptado en la legislación boliviana el principio de fuente

El principio de fuente o de territorialidad, conocido también como el del país de origen, grava el capital y las rentas por éste producidas dentro del territorio físico en que ese capital está situado, cualesquiera fueren la nacionalidad, domicilio o lugar de residencia de los titulares o dueños de ese capital, o perceptores de esas rentas, beneficios o ganancias.[5] Bajo este principio, se somete a imposición a toda persona que haya obtenido algún tipo de renta, beneficio o utilidad dentro de dicho territorio.

Este principio es utilizado en mayor o menor grado en los países, dependiendo también del grado de desarrollo y avance de sus economías. Si bien este es el criterio que hasta hace unos años era el más aceptado y generalizado en Latinoamérica, principalmente por el hecho de que estos países eran preponderantemente importadores de capital, en la actualidad y de manera adicional el principio de renta mundial es el más generalizado, y ha sido adoptado por la mayoría de las legislaciones tributarias

---

5   BENÍTEZ RIVAS, Alfredo. *Derecho Tributario*. Azul Editores, La Paz, 2009. p. 413.

del mundo aun considerando el fenómeno de la "Contracción de la soberanía fiscal de los Estados".[6] Sin embargo, su aplicación puede ser un poco más compleja, ya que dicho sistema requiere de la existencia de tratados internacionales de intercambio de información fiscal.

En el caso de Bolivia, nuestra legislación adopta el principio de fuente,[7] y esto tiene un justificativo lógico y se debe a que al ser un país receptor de capitales (inversiones) y no exportador de capitales, le interesa que cuando empresas locales o empresas del exterior obtengan esas ganancias, beneficios, rentas o utilidades, tributen en Bolivia, y no en sus países de origen.

En ese contexto y en virtud a nuestra normativa, se consideran de fuente boliviana aquellas utilidades que provienen de: (1) bienes situados, colocados o utilizados económicamente en la República; (2) de la realización en el territorio nacional de cualquier acto o actividad susceptible de producir utilidades; (3) o de hechos ocurridos dentro del límite de la misma, sin tener en cuenta la nacionalidad, domicilio o residencia del titular o de las partes que intervengan en las operaciones, ni el lugar de celebración de los contratos.

En el caso específico del Impuesto a la Renta y a las Ganancias,[8] este se basa en el principio de la fuente, y de acuerdo a lo señalado, este principio establece que, sin importar la residencia o nacionalidad de los actores, se determinará la fuente de la utilidad en base a la ubicación de los bienes o la locación en la que fue prestado el servicio.

En este orden de ideas y dado que los postulados doctrinarios definen lo que se entiende por el principio de fuente, el Autor Alex Morres Guerinoni realiza un relevamiento y recopila de diferentes autores como Carlos A. Raimondi y Adolfo Atchabaian,[9] definiciones específicas de lo que se entiende por el lugar donde se produce la renta, el de colocación, el de realización y el de utilización:

---

[6] No obstante de lo señalado el trabajo desarrollado por el profesor Fernando Serrano bajo el título "Hacia una reformulación de los principios de sujeción fiscal" Doc. Nº 18/06, señala que resulta interesante (...) poner de manifiesto la tendencia de algunos Estados industrializados hacia una tributación territorial o semiterritorial de las rentas, de tal manera que la doctrina ha denominado a este fenómeno como "contracción de la soberanía fiscal de los Estados" (cita el trabajo de G. MARINO, "L'unificazione del Diritto tributario. Tassazione mondiale verso tassazione territoriale", en *Studi in onore di Victor Uckmar*, vol. II, Cedam, Padova, 1997, p. 844.)

[7] El Art. 42º de la Ley 843 establece: *"En general y sin perjuicio de lo dispuesto en los artículos siguientes, son utilidades de fuente boliviana aquellas que provienen de bienes situados, colocados o utilizados económicamente en la república; de la realización en el territorio nacional de cualquier acto o actividad susceptible de producir utilidades; o de hechos ocurridos dentro del límite de la misma, sin tener en cuenta la nacionalidad, domicilio o residencia del titular o de las partes que intervengan en las operaciones, ni el lugar de celebración de los contratos".* Es evidente que lo que grava la Potestad Tributaria Boliviana, son las rentas, ganancias, utilidades que se generan en la república, en territorio nacional y dentro del límite territorial de Bolivia, la norma tributaria señala, que cuando se genera esta renta, utilidad, beneficio o ganancia en Bolivia, ésta se halla gravada, para lo cual, no es relevante que quienes hayan obtenido esa ganancia, renta o utilidad sean domiciliados en Bolivia o en el extranjero.
Adicionalmente el numeral 2 del parágrafo IV del Art. 323º de la Constitución Política del Estado Plurinacional de Bolivia referido a los límites de la potestad tributaria de Gobiernos Autónomos Departamentales y Municipales, señala:" *No podrán crear impuestos que graven bienes, actividades, rentas o patrimonio localizados fuera de su jurisdicción territorial, salvo las rentas generadas por sus ciudadanos o empresas en el exterior del país...",* donde se incorpora la posibilidad de que los Gobiernos Autónomos apliquen de alguna manera el principio de Renta Mundial, la cual no ha sido desarrollada por la Ley Nº 154 de Ley de Clasificación y Definición de Impuestos y de Regulación para la Creación y/o Modificación de Impuestos de Dominio de los Gobiernos Autónomos y que esperamos sea delimitada en adelante, materia que a los efectos del actual Impuesto a las Ganancias no es relevante en el presente estudio.

[8] Denominado en nuestra legislación como Impuesto sobre las Utilidades de las Empresas (IUE).

[9] RAIMONDI, Carlos A; ATCHABAIAN, Adolfo. *El impuesto a las Ganancias*, 3ra edición, De palma, p. 116.

Lugar de situación: El lugar donde se encuentra localizada físicamente la fuente productora. Bajo este criterio se consideran rentas de fuente nacional los beneficios producidos por bienes muebles o inmuebles y los derechos sobre ellos, incluidos los de su enajenación, situados dentro del territorio nacional.

Lugar de colocación: Se emplea para definir el lugar de fuente de los beneficios generados por préstamos y créditos. Los autores Raimondi y Adolfo Atchabaian se refieren a que colocar un capital "significa confiar o entregar ese bien a cambio de una promesa: es una operación donde prevalece la solvencia del deudor y el concepto moral que este merezca. Tal entrega al colocar el capital se realiza con alguien, o en manos de alguien. Se trata de una colocación que no tiene otro lugar de realización sino el domicilio de ese alguien que no es otro que el deudor". A este respecto, vale la pena aclarar que, para la legislación positiva boliviana, se tendrá siempre el principio de territoriedad, por ello en la legislación nacional, el lugar de imposición en el caso de colocación siempre implica que esté situado o colocado en territorio nacional.

Lugar de realización: Se atribuye la fuente de la renta al lugar en donde se ejecuta o se desarrolla un determinado trabajo o servicio, que sea prestado en territorio nacional.

Lugar de utilización económica: Este criterio se relaciona con el lugar en donde ocurre el aprovechamiento económico. Bajo este criterio se pueden calificar como rentas de fuente nacional, las producidas por bienes o derechos distintos de los inmuebles, las generadas por capitales, préstamos, créditos u otras operaciones financieras, las regalías, las rentas obtenidas en territorio nacional.

Como se puede advertir, en todas las situaciones observadas por la doctrina, el concepto de fuente que se ha delineado, por autorizada opinión de tratadistas, de una forma absolutamente objetiva del rédito y, por ello, no se encuentra afectado de manera alguna por la nacionalidad, domicilio o residencia del beneficiario, ni por ninguna circunstancia de la forma de los contratos que se relacionan con la producción del rédito, es decir que depende exclusivamente del lugar donde la utilidad se ha generado.[10]

Debe recordarse que por tributación territorial de las rentas se entiende el ejercicio, por parte de un Estado, de la soberanía fiscal solo sobre las rentas producidas en su territorio *(Source Income Taxation)*, mientras que por tributación sobre la renta mundial *(World Wide Income Taxation)* se entiende el ejercicio de la soberanía fiscal también sobre las rentas producidas en el extranjero, fuera de su territorio, al existir con el territorio del que es residente o nacional, precisamente un nexo personal,[11] siguiendo lo señalado por el profesor Heleno Taveira Torres el principio de renta mundial o de la universalidad es "un principio de conexión para las rentas de residentes dotados de elementos extraños, frente al constante y creciente movimiento capitales en el mercado de mundial, la necesaria progresión de los impuestos que inciden sobre las categorías de

---

[10] Así también, la normativa boliviana busca diferenciar las utilidades de fuente nacional y las de fuente extranjera estableciendo en el Art. 31º del D.S. 24051 (Reglamentario del IUE) lo siguiente: *El sujeto pasivo sumará o, en su caso, compensará entre sí los resultados que arrojen sus distintas fuentes productoras de renta boliviana, excluyendo de este cálculo las rentas de fuente extranjera y las rentas percibidas de otras empresas en carácter de distribución, siempre y cuando la empresa distribuidora de dichos ingresos sea sujeto pasivo de este impuesto. El monto resultante, determinado de acuerdo al Artículo 7º del presente reglamento, constituirá la Base Imponible del impuesto.*

[11] SERRANO ANTÓN, Fernando. Hacia una reformulación de los principios de sujeción fiscal Doc. Nº 18/06 *Estudios Fiscales*, 2004, p. 8.

renta y, principalmente, para controlar casos de evasión fiscal internacional,[12] sin dejar de lado el criterio de residencia efectiva aplicado por la mayoría de los Estados, como bien lo señala el profesor Fernando Sainz de Bujanda mencionado por Fernando Serrano Antón relativo a su justificación ya que el contribuyente residente usa la infraestructura del Estado, disfruta de la protección que le otorgan las autoridades administrativas y, por tanto, en base a todo ello se justifica el gravamen por renta mundial. Resulta determinante para cualquier tipo de tributación, residentes y no residentes, que el común denominador sea la residencia, bien de personas físicas o de personas jurídicas, y además elemento en común que se encuentra en la mayoría de los sistemas fiscales de forma simultánea, como también de forma simultánea un contribuyente puede encontrarse en ambas situaciones. Así pues, nos encontramos con una simultaneidad activa o pasiva de la residencia.[13] Enarbolando las ideas plasmadas por el profesor Giuliani Fonrouge que señalaba que: *el lugar de producción y utilización de la riqueza caracteriza el derecho a la tributación; es decir, que el impuesto corresponde al Estado donde se halla la fuente productora del bien gravado, donde el medio ambiente y los hombres en acción solidaria, la han creado.*[14]

A este respecto, me es preciso considerar el cuestionamiento efectuado por la realidad actual, en la que resulta que aun siendo participes de la Decisión 40 de la Comunidad Andina de Naciones y su complementación dada por la Decisión 578, muchos de los países que forman parte de este Bloque Subregional Andino, han suscrito en la actualidad Convenios de Doble Imposición (CDI), renunciando en muchos casos a la reglas del principio de fuente (pues así lo establecen dichos acuerdos) y como bien lo constatan los hechos, estos convenios no ameritan ni evidencian flujos de inversiones mayores de los países industrializados que imponen el principio de renta mundial, lo cual, da pie a la pregunta sobre si el avance de los países en vías de desarrollo en materia de gestión fiscal, estructuras tributarias, capacidad de investigación sobre figuras complejas de planificación tributaria, difícil acceso a la información, a diferencia de los instrumentos con los que cuenta la UE, como lo resuelto por la Directiva de Asistencia Mutua, y la dificultad de coerción fiscal, permitirán llevarnos a un debate real y concreto con las nuevas reglas que los BEPS pretenden aplicar, con lo cual, no dejo de considerar, que la discusión en diferentes foros sobre la aplicación del principio de fuente en países en vías de desarrollo que a la fecha ha quedado sin solución, se va a planear nuevamente frente a diferentes problemas de diferentes países por sus diferentes procesos de desarrollo. Nuevamente, queda de manifiesto el arrastre de los países desarrollados a países de poco desarrollo, al cumplimiento de metas que no son reales y resultan en muchos casos, poco aplicables por la propia realidad.

---

[12] TORRES H., Taveira. La territorialidad en los impuestos directos y tributación de no residentes en el Brasil. *Análisis Tributario*, núm. 187/2003, p. 30.

[13] SERRANO ANTÓN, Fernando. Hacia una reformulación de los principios de sujeción fiscal. Doc. Nº 18/06. *Estudios Fiscales*, 2004, p. 10.

[14] FONROUGE, Giuliani. La doble imposición internacional y los modernos criterios de la tributación, *Revista L.L.* número 118, p. 961.

3 Medidas existentes para evitar la erosión de la base tributaria del impuesto a la renta en la legislación boliviana

3.1 Principio de realidad económica

Nuestro ordenamiento jurídico recoge el Principio de la Realidad Económica,[15] el cual tiene su origen en el Reichsagabenordnung (ordenamiento tributario alemán de 1919), en cuyo Art. 4º estableció que en la interpretación de las leyes debía tenerse en cuenta su finalidad, su significado económico y el desarrollo de las circunstancias. La referida norma fue inspirada en el pensamiento de Enno Becker, Albert Hensel, Hans Nawiasky, Thomas Buhler y otros con el objeto de evitar que las administraciones tributarias se vieran impedidas, por la preponderancia de los conceptos del Derecho Civil en la interpretación de las normas de Derecho Tributario, de gravar ciertas situaciones cuando se considerara ello procedente. El principio tuvo acogida en Alemania, Francia, Italia y Suiza, entre otros países.

En el caso boliviano, su fuente se encuentra en el Art. 8º del Modelo de Código Tributario para América Latina (MCTAL), que establece que cuando los contribuyentes abusan de las formas jurídicas, el intérprete está facultado a desarrollar consideraciones económicas para la interpretación de la ley tributaria teniendo en cuenta el espíritu del texto legislativo.

En ese contexto se entiende que el principio de la realidad económica, es de aplicación supletoria sólo para las hipótesis en que las partes hubieran sometido sus negocios a formas o estructuras jurídicas que no sean las que manifiestamente el derecho privado ofrezca o autorice.

En ese sentido, como lo expresa el tratadista Araujo Falcao – citado por Osvaldo Soler –,[16] cuando el contribuyente comete un abuso de las formas jurídicas, el intérprete está facultado a desarrollar consideraciones económicas para la interpretación de la ley tributaria teniendo en cuenta el espíritu del texto legislativo. Para que ello ocurra, sostiene este autor, es necesario que exista una atipicidad de la forma jurídica adoptada con respecto al fin, a la intención práctica contemplada, y agrega que, en el mundo de las relaciones económicas, a cada intención empírica – *intentio facti* – corresponde una intención jurídica – *intentio juris* – adecuada, que se exterioriza mediante una forma jurídica típica. Para que exista la atipicidad de la forma jurídica adoptada con respecto al fin perseguido, el contribuyente debe emplear una forma jurídica anormal, es decir, una forma económicamente inadecuada con el único propósito de provocar la evasión del tributo.

La doctrina de la interpretación de la realidad económica plantea esencialmente dos tipos de problemas: (1) la validez frente al derecho tributario de las definiciones que ofrecen otras ramas jurídicas y (2) de las formas jurídicas adoptadas por los contribuyentes. Es en ese momento que cobra protagonismo el principio de la prevalencia de la realidad económica. El objetivo principal es el de indagar en cualquier discordancia entre la

---

[15] El parágrafo II del Art. 8º (Métodos de Interpretación y Analogía) de la Ley 2492 - Código Tributario Boliviano, establece lo siguiente: *Cuando la norma relativa al hecho generador se refiera a situaciones definidas por otras ramas jurídicas, sin remitirse ni apartarse expresamente de ellas, la interpretación deberá asignar el significado que más se adapte a la realidad económica.*

[16] SOLER, Osvaldo H. Derecho Tributario. 2. ed. Actualizada y Ampliada. La Ley. p. 175.

realidad y las formas adoptadas por los contribuyentes, con el fin de determinar el verdadero alcance de la norma tributaria. Definiciones que ya se habían plasmado en las I Jornadas Latinoamericanas de derecho Tributario celebradas en Montevideo Uruguay en 1956 al tratar el tema I: "Autonomía del Derecho Tributario" contenidas en las recomendaciones 3º y 4º, como también en las II Jornadas Latinoamericanas de Derecho Tributario llevadas a cabo en la ciudad de México en el año 1958 cuyo tema I se refería concretamente a la "Interpretación de la Ley Tributaria", que señalaban *"I. En virtud del principio de legalidad no podrá, por vía de interpretación o integración análoga, crearse obligaciones tributarias ni modificarse las existentes y II. Respetando este principio, son aplicables para fijar el sentido de la norma tributaria, los distintos métodos reconocidos por la ciencia jurídica".*[17] En el caso boliviano, este es un primer acercamiento a lo que sería una medida para evitar la erosión de la base imponible, pues la Administración Tributaria puede prescindir de cualquier figura – siempre que ésta sea esta atípica, exista simulación o abuso de las formas jurídicas- para encontrar el verdadero fin y de esta manera precautelar el menoscabo de la base imponible. A este respecto y en vía de equilibrio e igualdad entre las denominadas exorbitantes facultades de la Administración Tributaria a que, por supuesto el contribuyente exija la misma aplicación del principio de realidad económica, para cuando se pretende la imposición desde un punto de vista estrictamente formal, es decir que se cumpla con la averiguación de la verdad materia en la ruta del contribuyente hacia el Fisco, situación que pocas veces ocurre.

3.2 Referencia a los precios de mercado en operaciones entre empresas vinculadas

Por otra parte, antes de la modificación normativa a la que haré referencia más adelante, nuestro ordenamiento jurídico contempla un apartado específico referido a "Operaciones entre empresas vinculadas"[18] en el cual ya se establecía que las operaciones económicas entre entidades vinculadas con el exterior, debían realizarse a "valores normales de mercado", lo que implica que ya se tenía un soporte normativo para que la Administración Tributaria pueda observar operaciones efectuadas entre partes vinculadas que incumplan este principio, sin embargo no se tenía un tratamiento tributario particular al respecto.

---

[17] Instituto Latinoamericano de derecho Tributario, Estatutos – Resoluciones de las Jornadas, Fundación de Cultura Universitaria, Montevideo 1993.

[18] El Art. 45º de la Ley 843 de 20 de mayo de 1986 (Texto Ordenado aprobado por Decreto Supremo Nº 27947 de 20 de diciembre de 2004) antes de la modificación efectuada a través de la Ley 549 de 23 de julio de 2014, establece lo siguiente: *Las sucursales y demás establecimientos de empresas, personas o entidades del exterior, deben efectuar sus registros contables en forma separada de sus casas matrices y restantes sucursales o establecimientos del exterior, a fin de que los estados financieros de su gestión permitan determinar el resultado impositivo de fuente boliviana.*
Los actos jurídicos celebrados entre una empresa local de capital extranjero y la persona física o jurídica domiciliada en el exterior que, directa o indirectamente, la controle, serán considerados, a todos los efectos, como celebrados entre partes independientes, cuando las condiciones convenidas se ajusten a las prácticas normales del mercado entre entes independientes.
Cuando no se cumplan los requisitos previstos en el párrafo anterior, para considerar las respectivas operaciones como celebradas entre partes independientes, los importes que excedan los valores normales de mercado entre entes independientes no se admitirán como deducibles a los fines de este impuesto.
A los efectos de este artículo se entenderá por empresa local de capital extranjero aquella en que más del 50% (CINCUENTA POR CIENTO) del capital y/o el poder de decisión corresponda, directa o indirectamente, a personas naturales o jurídicas domiciliadas o constituidas en el exterior.

4 Principales modificaciones efectuadas en la normativa tributaria

Recién a mediados del año 2014, nuestra legislación incorporó, a través de la Ley Nº 549 de fecha 23 de julio de 2014, la regulación referida a los Precios de Transferencia, con el objeto de que el valor de las transacciones en operaciones comerciales y/o financieras realizadas entre partes vinculadas sean efectuadas como si se hubieran acordado entre partes independientes (At arm´s lenght). Posteriormente, a finales de diciembre de ese año, se emitió el Decreto Supremo Reglamentario (D.S 2227 de fecha 31 de diciembre de 2014) que tiene por objeto reglamentar la normativa referida a los Precios de Transferencia.

Muchos países en Latinoamérica tienen ya incorporados en sus ordenamientos jurídicos regulaciones referidas a precios de transferencia, que son los primeros avances de las legislaciones y de la propia OCDE, de regular las operaciones entre partes vinculadas, habida cuenta de que dichas operaciones podrían implicar la pérdida de recaudación en determinadas potestades tributarias.

Por lo mismo, la mayoría de las Administraciones Tributarias de los países de la región, tienen más instrucción y más experiencia en el análisis y revisión de este tipo de operaciones, pues ya han llevado a cabo auditorias para el control de los precios de transferencia. En nuestro país, por lo reciente de la normativa, aún no se han dado casos en los que la Administración Tributaria haya efectuado revisiones puntuales, o haya logrado resultados favorables en la recaudación fruto de la aplicación de dicha normativa.

5 Evaluación de la viabilidad del Plan BEPS en Bolivia como medida para evitar la elusión fiscal

El Plan BEPS busca modernizar el sistema tributario internacional y ponerlo a tono con el mundo globalizado de hoy, poniendo un especial énfasis en la pugna contra la *planificación fiscal agresiva* por parte de las grandes empresas multinacionales, la cual puede ser entendida como una estrategia a través de la cual se puede lograr una ventaja fiscal utilizando dos o más jurisdicciones, por las condiciones que éstas pueden implicar en términos de efectos tributarios

En ese contexto, los países que forman parte de la OCDE están en el camino de adecuar sus legislaciones a fin de cumplir con los estándares impartidos por dicha institución, e implementar las recomendaciones del Plan BEPS.

En el caso de Bolivia, que no forma parte de los países miembros de la OCDE y tampoco se constituye en un país asociado, puedo decir que las normas tributarias no han sufrido modificaciones que busquen necesariamente una "*alineación*" con las acciones del Plan BEPS, pues, como lo he señalado, únicamente se han incorporado normas relativas a precios de transferencia.

Ahora bien, para poner en contexto el tipo de economía que presenta Bolivia, y determinar el grado de compatibilidad con las recomendaciones del Plan BEPS, es necesario revisar algunos indicadores relevantes que pueden resultar útiles en el presente análisis.

La base empresarial, al cierre del año 2017 ha crecido en 4% respecto al año 2016, lo cual implicó pasar de 284.271 a 295.829 empresas, con una concentración elevada de empresas unipersonales.[19] Este ultimo dato es importante, pues más allá de la inversión extranjera directa que analizaremos a continuación, existe un gran número de pequeñas y medianas empresas que operan localmente y no forman parte de ningún grupo internacional ni tienen operaciones en el extranjero.

Por otra parte, el Observatorio de Multinacionales de América Latina efectuó el siguiente análisis respecto a la Inversión Extranjera Directa (IED) en Bolivia:

Cuadro Nº 1

IED por país de origen en porcentaje

País	2000-2004	País	2006-2013	2013
Estados Unidos	37	España	37	41
Países Bajos	5	Suecia	32	21
España	13	Reino Unido	12	19
Reino Unido	6	Francia	11	13
Colômbia	1	Perú	8	6
Otros	38			

Fuente: Observatorio de Multinacionales de América Latina

Como se observa, de acuerdo a los porcentajes expuestos en el cuadro, la IED en Bolivia proviene principalmente de España, Suecia, Reino Unido.

Cuadro Nº 2

IED por sector económico de destino, en porcentaje

IED	2000-2005	2006-2013	2013
Recursos naturales	62	67	76
Manufacturas	12	15	16
Servicios	26	18	8

Fuente: Observatorio de Multinacionales de América Latina

En cuanto al sector económico, la incidencia principal con un 76% esta enfocada en los Recursos Naturales.

---

[19] Nota de prensa.

Ahora bien, de acuerdo a la definición del Banco Mundial,[20] la Inversión Extranjera Directa constituye la entrada neta de inversiones para obtener un control de gestión duradero (por lo general, un 10% o más de las acciones que confieren derecho de voto) de una empresa que funciona en un país que no es el del inversionista.

En ese sentido, en los casos en los que la IED genera la constitución de empresas, se presenta la figura de *grupos multinacionales,* que de alguna manera pueden afectar la recaudación global del país pero que por otra parte le agregan dinamismo y movimiento a la economía.

Otro elemento que en el caso de Bolivia es relevante es el rol que juegan las remesas que provienen del exterior. De acuerdo a un informe de la Comunidad Andina de Naciones (CAN), los migrantes bolivianos enviaron más dinero en 2017 con respecto a 2016, así, pasaron de 291 a 311 millones de dólares en el segundo trimestre de 2017, cifra que hasta triplica la Inversión Extranjera Directa. En cuanto al origen de los recursos, estos provinieron principalmente de España (32,5%), EEUU (17%), Argentina (14,4%), Brasil (12,3%) y Chile (9,6%).[21]

De acuerdo al informe emitido por la CAN, el dinero enviado por los migrantes triplica los ingresos que representa la Inversión Extranjera Directa y el Turismo; en tanto que duplica el dinero que genera la exportación de servicios.

Esta información permite establecer que, si bien el dinero que proviene de remesas del exterior, genera dinamismo en la economía, principalmente con relación al consumo interno, por otro lado, y en contraposición con la Inversión Extranjera Directa, refleja el desafío de nuestra economía de atraer más inversión extranjera. En ese escenario, nuevamente cabe preguntarse si vamos por el camino correcto.

Al respecto, es innegable que este tipo de economías enfrentaran distintas dificultades y limitaciones en lo que se refiere a la aplicación de las acciones del Plan BEPS, así lo señala el autor Camilo Francisco Zamara[22]

Al analizar el impacto y las perspectivas de aplicación de las recomendaciones dadas en el Plan BEPS, no debe perderse de vista que la OCDE es una fuente de apoyo y referencia para los sistemas tributarios, en particular para sus administraciones. No obstante, las situaciones y preocupaciones que se enfrenta cada uno de los países son esencialmente diferentes, entre otros porque sus variables económicas también lo son. Esta naturaleza tan diversa se puede apreciar incluso entre países que ya hacen parte de la OCDE, por no señalar la particularidad de varios candidatos que aspiran a ser miembros de esta organización.

Sin duda, un país será tierra más fértil para el Plan BEPS entre más internacionalizado esté su sistema tributario y sus distintos operadores jurídicos, comenzando por los contribuyentes, pasando por la Administración Tributaria y terminando en los jueces, que son, finalmente, los que juegan el rol de cierre del sistema. Por el contrario, países en los que la fiscalidad internacional apenas empieza a introducirse- y cuyas instituciones tributarias no han sufrido el tamiz y el decantamiento del tiempo en sus distintos operadores, presentan mayores incertidumbres, e incluso temores, en cuanto a cómo se interpretan y cómo se van a aplicar estas recomendaciones. Esta situación se convierte en un caldo de cultivo para la especulación.

---

[20]   Banco Mundial https://www.bancomundial.org/.

[21]   Nota de prensa.

[22]   ZAMARA MARTINEZ, Camilo Francisco. Resultados del Plan de Acción BEPS y su Aplicación en Colombia. Instituto Colombiano de Derecho Tributario. Acción 4: Perspectivas de la Aplicación del Plan BEPS Relativa a los Gastos Financieros. ICDT, Bogotá, 2016. p. 90.

Como bien lo señala el autor, una evidente limitación y complejidad está dada por la disparidad en los indicadores económicos de cada país, haciendo evidente que los países como Bolivia, en los cuales la fiscalidad internacional está empezando, el camino se hace más complejo.

Por otra parte, según la Organización Internacional de Lucha Contra la Pobreza y la Desigualdad Oxfam, entre 2001 y 2014, los flujos hacia países con menor o nula imposición fiscal se multiplicaron por 15 en la economía internacional —"al doble de velocidad" que el Producto Interno Bruto (PIB) global — y "casi por cinco en Latinoamérica y el Caribe".

Bolivia no estuvo ajena a este fenómeno, ya que entre 2001 y 2016 el traslado de capitales hacia paraísos fiscales creció casi 20 veces, de unos US$ 50 millones a US$ 989 millones, según información del grupo de 20 ONGs y del Gobierno.[23]

Desde 2010 hasta 2014, los destinos hacia donde más se dirigieron los recursos generados en el país fueron Holanda, Suiza, Panamá y Luxemburgo. Los flujos aumentaron 18 veces al primero, 7,5 veces al segundo, 5,6 veces al tercero y 3,15 veces al último, señala el informe:

Gráfico Nº 1

Flujos desde Bolivia hacia paraísos fiscales

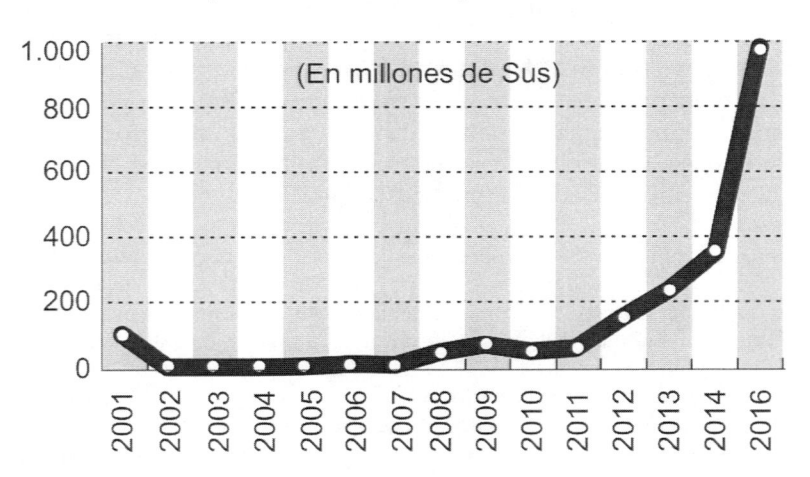

Fuente: Organización Internacional de Lucha Contra la Pobreza y la Desigualdad Oxfam

Ahora bien, son muchos los factores que pueden incidir en esta salida de capitales, no necesariamente fiscales, sin embargo, de todas formas, esta información revela la necesidad de que países como Bolivia, acompañen su normativa y regulación junto con las posibles expansiones económicas de poca o gran escala, a fin de que exista no solo una tributación justa y de conformidad al principio de capacidad contributiva, sino también mayor inversión extranjera.

---

[23] Nota de prensa.

En ese sentido, no se puede dejar de analizar el otro lado de la moneda, así como la OCDE cuestiona las condiciones tributarias que existen en países con baja o nula tributación, también se presentan gobiernos que fijan tasas desproporcionadas, que lógicamente incidirán en las decisiones financieras que tomen las empresas y generarán un desincentivo para la inversión. Bolivia no es ajena a esta situación, por ejemplo, en el sector financiero, en la actualidad se tiene una tasa del 50%, 25% como Impuesto a la Renta y 25% como una Alícuota Adicional. Por lo cual cabe la pregunta, no es está una forma de desincentivo? En lugar de que este grupo económico tribute de forma ecuánime, no estaríamos empujando a que dejen de operar en esta economía? Si a ello le sumamos ciertos factores, poco ventajosos, que existen en economías como la boliviana, referidos a la inseguridad jurídica, inestabilidad social, etc. No es este el rumbo al fracaso?

Y en esa línea, la discusión respecto a la *planificación fiscal agresiva* y lo que ella implica, también reviste vital importancia. Está claro que el traslado de beneficios (profit shifting) es una de las formas de elusión fiscal internacional[24] que ha liderado durante décadas las prácticas de planificación fiscal agresiva por parte de las compañías multinacionales y en cierta medida, ello es lo que ha originado la iniciativa del Plan BEPS.

Sin embargo, en el intento por controlar el uso de estas estrategias, muchas veces las administraciones tributarias, y esto ocurre en Bolivia, caen en el riesgo de observar figuras licitas tachándolas de atípicas o alegando la existencia de una posible simulación, la cual supone que las partes disimulan la existencia o la naturaleza de un elemento del negocio jurídico, con la finalidad de crear para los terceros una situación aparente, que no responde a la situación real. Ésta ocurre en una declaración de voluntad que no es real, para producir la apariencia de un negocio jurídico que no existe o que es distinto de aquel que realmente se ha llevado a cabo, con el propósito de engañar.[25]

En ese sentido, en cierta medida existe un abuso en la catalogación de una operación como "simulada" cuando no hay verdaderos indicios o pruebas, o elementos que demuestren una realidad distinta, y ello se convierte más bien en una "fiscalización agresiva" que desconoce la utilización por parte de las empresas, de mecanismos lícitos y legítimos.

Por lo tanto, en el marco de la aplicación del Plan BEPS, no se debe olvidar que más allá de la protección de la base imponible y la regulación de figuras agresivas, existe la economía de opción o planeamiento tributario que comprende tanto el derecho a no realizar el hecho imponible como el derecho a ir por la vía más económica tributariamente,[26] y como lo señala el profesor Garcia Novoa,[27] *la elusión tributaria empieza donde termina la economía de opción.*

6 Conclusiones y recomendaciones

Es indudable que las medidas del Plan BEPS buscan fortalecer la soberanía tributaria, garantizando que los países puedan proteger sus bases imponibles y evitar

---

[24] OCDE, La lucha Contra la Erosión de la Base Imponible y el Traslado de Beneficios (Adressing BEPS), París: OCDE Publishing, 2013, 8.

[25] ZAVALETA ALVAREZ, Michael. Nueva Fiscalidad. Estudios en homenaje a Jacques Malherbe. *Instituto Colombiano de Derecho Tributario*, Bogotá, 2017. p. 811

[26] *Idem.* Pág. 813

[27] Novoa Garcia, Catedrático de la universidad de Santiago de Compostela- España.

el traslado de beneficios a distintas jurisdicciones, sin embargo, luego de cinco años desde la concepción de dicho plan, se han encontrado óbices en el camino, que de cierta manera han empañado su desarrollo y aplicación.

En el caso de economías en desarrollo, como es el caso boliviano, que no se ha alineado a las recomendaciones del Plan BEPS y que ha efectuado escasas modificaciones normativas para evitar la elusión fiscal, resulta complejo el aplicar ciertos preceptos, que el modelo trata de uniformizar, minimizando las diferencias y particularidades de cada economía.

Al respecto, los autores Pedro Enrique Sarmiento y Monica Bolaños[28] señalan que

> Una premisa fundamental para el éxito del proyecto BEPS es que los resultados que de él se obtengan sean implementados de manera coordinada por el mayor número de jurisdicciones alrededor del mundo. Ello requiere el reconocimiento de las necesidades, no sólo de los países más poderosos que motivaron esta iniciativa, sino también de los países en desarrollo, quienes también sufren las consecuencias de la erosión de la base fiscal y la transferencia de utilidades.
>
> Para ellos, se abordan dos elementos fundamentales que se plantan como las principales fuentes de erosión de la base fiscal y transferencia de utilidades en este tipo de jurisdicciones. Por un lado, los pagos efectuados a casas matrices por concepto de servicios de administración y dirección, cuyos efectos se derivarán directamente de las precisiones generales desarrolladas sobre la apropiada aplicación del principio de plena competencia. Por otro lado, las operaciones que involucran *Commodities*, en relación con los cuales se dan mayores directrices para la aplicación del método de precio comparable no controlado.

Ahora bien, es necesario destacar que el Derecho Tributario Internacional pone de manifiesto la necesidad de evitar la elusión fiscal, y a fin de cumplir este objetivo, se han establecido diferentes instrumentos como el intercambio de información, la colaboración entre las Administraciones Tributarias, la persecución y restricción de regímenes tributarios privilegiados, entre otros, que son mecanismos que pueden ser adoptados en las legislaciones de países como Bolivia.

Sin embargo, de lo anterior, se debe reconocer el hecho de que resulta difícil precisar los límites en un ordenamiento tributario, entre la legítima planificación fiscal y la elusión fiscal. Los negocios jurídicos que tienen como finalidad la consecución de beneficios fiscales, no son por sí mismos ilícitos, siempre que la operación revista de sustancia económica, por ello resulta complejo determinar el límite y levantar el velo jurídico a todas aquellas operaciones que sean únicamente un artífice jurídico sin contenido alguno, efectuadas únicamente para eludir el pago de impuestos. Y en esta disyuntiva, puede también existir un abuso por parte de las administraciones tributaciones, al desconocer operaciones válidas y legitimas, y tildarlas simplemente de elusorias.

Finalmente, el hecho de que las medidas BEPS deban ser aplicadas por países con distintos sistemas jurídicos y distintos contextos económicos desconociendo la realidad y situación particular de los países en vías de desarrollo, como si estos no existieran, pues

---

[28] SARMIENTO PÉREZ, Pedro Enrique; BOLAÑOS CASTRO, Monica. Resultados del Plan de Acción BEPS Y su Aplicación en Colombia. Instituto Colombiano De Derecho Tributario - Acción 8-10: BEPS y la Alineación de los Resultados de Precios de Transferencia con la Creación de Valor. p. 183.

la regulación se enfocaría en los países miembros del G20, implica mayor complejidad y mayores desafíos.

En el caso específico de Bolivia, existe todavía un largo trayecto de adecuación, en el que básicamente se observan ciertas necesidades fundamentales:

a) Cuantificar el rango potencial de beneficios en riesgo;

b) Efectuar un análisis económico y fiscal profundo

c) Monitorear la evolución legislativa a nivel internacional para determinar si existen medidas que se requiera aplicar, en base a indicadores ciertos, de acuerdo a los dos puntos anteriores

d) Garantizar un entorno fiscal de mayor transparencia;

e) Verificar y evaluar, si como país de menor desarrollo económico es o no necesario alinearse a las acciones BEPS y si así lo hiciéramos, cuáles pueden ser los beneficios para los contribuyentes inversores de otros países, considerando que el establecimiento de mayores y exorbitantes regulaciones hace menos atractivo a los mercados en vías de desarrollo, lo que no implica convertirse en un paraíso fiscal ni mucho menos.

Una vez analizados todos aspectos, quedaría pendiente una pregunta a plantearse: "No será que el justificativo de BEPS no reside mas bien en la falta de un adecuado dimensionamiento de la carga fiscal en los países industrializados (G20) que no han advertido, no sin tener el derecho por supuesto, que esta fuente de financiamiento para la cobertura de sus necesidades son excesivas, y por ende, ese desequilibrio, hace que las empresas busquen nuevas formas de minimizar aquella excesiva carga tributaria, encontrando a su vez economías que ofrecen la posibilidad de una expansión real. A su vez, la búsqueda de instrumentos jurídicos "en comunidad global", que obliguen a todos por igual —administraciones de países desarrollados, menos y poco desarrollados— a actuar en esa línea de pensamiento, para cerrar circuitos, que nuevamente son generados por una excesiva carga fiscal, lo cual genere una red de asociados en la búsqueda de nuevos paradigmas de una fiscalización excesiva.

Como lo ha señalado el profesor García Novoa[29]...uno de los principales problemas de BEPS es su adaptación a la realidad de países que pertenecen a ámbitos jurídicos y económicos diferentes a la de la mayoría de Estados OCDE. Singularmente a países de Latinoamérica.

Y quizás bajo todos los cuestionamientos que se advierten en esta era "post BEPS", se podría vislumbrar mas bien la posibilidad de que países en desarrollo amplíen la base de contribuyentes y no asfixien a las (pocas) empresas multinacionales que todavía apuestan en estas economías y no buscar ponerle el *cascabel al gato*, pues como lo señalé, ese puede ser el camino al fracaso, al menos en economías en pleno desarrollo y ansiosas de recibir capitales extranjeros que le aporten dinamismo a la economía.

---

[29] GARCÍA NOVOA, Cesar. Nueva Fiscalidad. *Estudios en homenaje a Jacques Malherbe*. "Aproximaciones al concepto de elusión y evasión tributaria en el actual contexto internacional". Instituto Colombiano de Derecho Tributario, Bogotá, 2017. p. 639.

Referencia

BENÍTEZ RIVAS, Alfredo. *Derecho Tributario*. Azul Editores, La Paz, 2009.

FONROUGE, Giuliani. La doble imposición internacional y los modernos criterios de la tributación. *Revista L. L.* número 118.

GARCÍA NOVOA, Cesar. Nueva Fiscalidad. *Estudios en homenaje a Jacques Malherbe*. Aproximaciones al concepto de elusión y evasión tributaria en el actual contexto internacional. Instituto Colombiano de Derecho Tributario, Bogotá, 2017.

INSTITUTO LATINOAMERICANO DE DERECHO TRIBUTARIO, Estatutos – Resoluciones de las Jornadas, Fundación de Cultura Universitaria, Montevideo 1993.

OCDE, La lucha Contra la Erosión de la Base Imporible y el Traslado de Beneficios (Adressing BEPS), París: OCDE Publishing, 2013.

RAIMONDI, Carlos A; ATCHABAIAN, Adolfo. El impuesto a las Ganancias, 3ra edición, De palma.

RAMOS ÁNGELES, Jesús Alberto. *El Proyecto BEPS de la OCDE y el Mito del Fin de la Planificación Fiscal Internacional*: Un Enfoque Crítico a Propósito de los Final Reports 2015.

SARMIENTO PÉREZ, Pedro Enrique; BOLAÑOS CASTRO, Monica. Resultados del Plan de Acción BEPS y su Aplicación en Colombia. *Instituto Colombiano De Derecho Tributario Acción 8-10*: BEPS y la Alineación de los Resultados de Precios de Transferencia con la Creación de Valor.

SERRANO ANTÓN, Fernando. La influencia del Plan de acción BEPS en la tributación española: Impacto en la normativa, incremento de la litigiosidad y el papel de los tribunales. *In Estudios Financieros. Revista de contabilidad y tributación*: comnetarios, casos praticos. Centro de Estudios Financieros, Madrid, 2015.

SERRANO ANTÓN, Fernando. *Hacia una reformulación de los principios de sujeción fiscal*. Doc. Nº 18/06 Estudios Fiscales, 2004.

SOLER, Osvaldo H. *Derecho Tributario*. 2. Ed. Actualizada y Ampliada. La Ley.

TORRES H, Taveira. La territorialidad en los impuestos directos y tributación de no residentes en el Brasil. *Análisis Tributario*, núm. 187/2003.

ZAMARA MARTINEZ, Camilo Francisco. Resultados del Plan de Acción BEPS y su Aplicación en Colombia. *Instituto Colombiano de Derecho Tributario*. Acción 4: Perspectivas de la Aplicación del Plan BEPS Relativa a los Gastos Financieros. Instituto Colombiano de Derecho Tributario, Bogotá, 2016.

ZAVALETA ALVAREZ, Michael. Nueva Fiscalidad. *Estudios en homenaje a Jacques Malherbe*. Instituto Colombiano de Derecho Tributario, Bogotá, 2017.

Informação bibliográfica deste texto, conforme a NBR 6023:2018 da Associação Brasileira de Normas Técnicas (ABNT):

MÉNDEZ, Adriana Sanjinés. Impacto del Plan BEPS en el sistema tributario boliviano. *In*: TEIXEIRA, Alexandre Alkmim (Coord.). *Plano BEPS*. Belo Horizonte: Fórum, 2019. p. 59-74. ISBN 978-85-450-0654-1.

INCIDENCIA DEL PLAN DE ACCION BEPS EN COLOMBIA

DILIA CASTILLO NOSSA

GLORIA CECILIA DÁVILA GIRALDO

JOHN TAIRO ROMERO BECERRA

1 Introducción

El objetivo de este trabajo investigativo es conocer el origen y causas del Plan BEPS, y su aplicabilidad en Colombia. La Erosión de la base imponible y el traslado de beneficios (BEPS), nace en una economía sin fronteras, como estrategia de las medidas fiscales agresivas originadas en la internacionalización e integración de mercados. A través de la OCDE, se planea contrarrestar las actividades artificiosas de las empresas, para evadir o eludir responsabilidades fiscales en las localidades. El Plan de Acción de las BEPS, se constituye en una medida preventiva para evitar la erosión de la base imponible y el traslado de beneficios y una oportunidad hacia el cambio de las políticas fiscales y tributarias que el gobierno lleva a cabo internamente para evitar las elusiones y evasiones, e implementar medidas que establezcan una recolección de información veraz y confiable de los distintos países, convirtiéndose en la ejecución de medidas equitativas que concluyan en una solución real del problema al que se enfrenta actualmente los países. Colombia ya ha puesto en práctica algunas acciones del Plan BEPS, desde la reforma tributaria del 2012, y lo seguirá realizando, pues fue invitado a formar parte de Organización para la Cooperación y el Desarrollo Económicos (OCDE) desde mayo de 2018. El plan de acción BEPS, en su implementación tiene como fin garantizar la sostenibilidad fiscal en el largo plazo, en cualquier país.

2 Desarrollo

Origen y causas del Plan contra BEPS (Erosión de la base imponible y el traslado de beneficios - *Base Erosion and Profit Shifting*)

La actual globalización económica y empresarial, la expansión de las unidades de negocio a nivel mundial, los convenios multilaterales y los tratados de libre comercio entre los países han generado la expansión del comercio bidireccional y de las transacciones de entidades "intrafirma"; naciendo a su vez una preocupación por la posible evasión fiscal, deterioro del fisco nacional y doble tributación, entre otros efectos.

El origen de las BEPS (Forte & Gadea, 2017), comienza a finales del siglo XX y comienzos del XXI, con la revolución de las TIC`s, la internacionalización de la economía, la deslocalización de las empresas, la elusión y evasión de impuestos, causando la erosión de las bases de tributación de muchos países. Razón por la cual, aparece la OCDE, tras el Plan Marshall, la relación con el grupo de los 7,[1] con el grupo G20, y mediante la encomienda al Comité de Asuntos Fiscales y el informe sobre "competencia Fiscal Perjudicial, una cuestión emergente", en el cual se reconoce "el derecho a la competencia fiscal".

El Plan BEPS es el corolario de un relativo largo proceso evolutivo, mediante el cual se identificó primero los problemas de la elusión fiscal y la planificación fiscal agresiva, lo cual decantó en la formalización de 15 Acciones y una estrategia de lograr su incorporación en los distintos países a través de Instrumentos de los Tratados Multilaterales. Este proceso tuvo su origen en los países miembros de la OCDE y del G20 e intentó dar respuesta al escenario fiscal del Siglo XXI.

Luego de dos años, más de doce mil páginas de comentarios, siete conferencias presenciales y once consultas públicas con compañías, ONG's y el entorno académico, el paquete BEPS conteniendo sus 15 Acciones fueron entregadas en octubre de 2015.

Este nuevo escenario plantea cambios de paradigmas, donde se presentan nuevas necesidades, mejorar la transparencia, la formalidad financiera, estigmatizar la planificación fiscal agresiva, redefinir el alcance del concepto de bien común, revisar los límites del derecho interno y del derecho internacional (FORTE & GADEA, 2017).

La OCDE

La Organización para la Cooperación y el Desarrollo Económicos (OCDE), tiene como misión "promover políticas que mejoren el bienestar económico y social de las personas alrededor del mundo" y "ofrece un foro donde los gobiernos puedan trabajar conjuntamente para compartir experiencias y buscar soluciones a los problemas comunes" (OCDE, 2017); la cual está conformada por 36 países miembros: Alemania, Australia, Austria, Bélgica, Canadá, Chile, Corea, Dinamarca, España, Estados Unidos, Eslovenia, República Eslovaca, Estonia, Finlandia, Francia, Grecia, Hungría, Irlanda, Islandia, Israel, Italia, Japón, Lituania, Letonia, Luxemburgo, México, Noruega, Nueva Zelanda, Países Bajos, Polonia, Portugal, Reino Unido, República Checa, Suecia, Suiza, Turquía. Colombia fue invitado a formar parte de esta Organización en Mayo de 2018, y su adhesión se hará efectiva tras adoptar localmente algunos trámites previos necesarios.

En el tema de Política Fiscal y Administración la OCDE (2017), manifiesta que:

> En una economía globalizada en la que las empresas multinacionales desempeñan un papel preponderante, los precios de transferencia ocupan un lugar destacado en la agenda tanto de las administraciones tributarias como de los contribuyentes. Los gobiernos necesitan asegurarse de que las rentas imponibles de las multinacionales no se desvían artificialmente

---

[1] Lo integran: Alemania, Canadá, Estados Unidos, Francia, Italia, Japón y Reino Unido

fuera de sus jurisdicciones y de que la base imponible que declaran las multinacionales en sus respectivos países refleja la actividad económica efectuada en cada uno de ellos. Para los contribuyentes, es esencial limitar el riesgo de la doble imposición económica que puede tener su origen en una controversia entre dos países respecto de la determinación de la contraprestación de plena competencia correspondiente a sus operaciones internacionales con empresas asociadas.

Así, la OCDE junto con el grupo G20 consideraron la prioridad de "dar soluciones basadas en medidas de carácter multilateral, en la unificación de las políticas internacionales de los Estados, en la cooperación entre las Administraciones tributarias y en una actuación de manera coordinada y armonizada" (PEDROSA LOPEZ, 2015).

El G20, es una organización compuesta por 19 países[2] y la Unión Europea, los cuales se reúnen para tomar decisiones que convergen a la estabilidad financiera internacional. En la Declaración final de la Cumbre de Cannes 2011, estos países se proponen Construir un mundo más estable y resistente Sistema Monetario Internacional y hacen un llamado a instituciones como: "al Banco Mundial, Bancos Regionales de Desarrollo, FMI, UNCTAD, OCDE, el BPI y el FSB a trabajar juntos para apoyar la ejecución de este plan" sin incluir el tema de la fiscalidad. Así mismo, "el Grupo G20 en el año 2011 en la Cumbre de Cannes puso de manifiesto que el intercambio de información fiscal de manera comprensiva y conjunta era necesario" (PEDROSA LOPEZ, 2015).

Fenómenos que ocasionan la erosión de la base imponible y el traslado de beneficios (*Base Erosion and Profit Shifting* BEPS).

De manera proporcional, en la medida que los sistemas tributarios se perfeccionan para evitar los fenómenos que afectan la base imponible; de esa misma forma los mecanismos de erosión o sustracción en las empresas también se han ido perfeccionando, siendo afectadas las mismas por la influencia de las TIC´s en un escenario económicamente cambiante dadas las nuevas formas de organización empresarial.

Los fenómenos que ocasionan efectos negativos en los sistemas tributarios, afectando la base imponible, según (Billardi, 2015) se encuentran:

a) El comercio electrónico y las monedas electrónicas de pago
b) Los precios de trasferencia
c) La existencia de centros off shore y paraísos fiscales
d) Los instrumentos financieros híbridos
e) La planificación fiscal cuyo único objetivo es la procura e ventajas fiscales, también conocidos como "las termitas fiscales".

Adiciona el mismo autor, que los fenómenos erosivos, no solo son externos, sino también se han dado por las múltiples convenciones bilaterales establecidas para eliminar la doble imposición al patrimonio y las rentas (CDI), que pasan la cifra de 3.500 para el año 2015; dando lugar a las planificaciones abusivas por parte de las empresas multinacionales.

---

[2] Se compone de Alemania, Arabia Saudí, Argentina, Australia, Brasil, Canadá, China, Corea del Sur, Estados Unidos, Francia, India, Indonesia, Italia, Japón, México, Reino Unido, Rusia, Sudáfrica, Turquía y la Unión Europea.

Entre otros fenómenos, (Billardi, 2015) resalta también, la subfacturación de exportaciones, el establecimiento de un valor ficticio que disminuye la base imponible o la transferencia de utilidades vía pago royalties o servicios inexistentes; la triangulación, donde la circulación física de los bienes u objetos no coincide con la circulación documental y entre los más modernos el cambio de residencia fiscal de una empresa, únicamente con fines fiscales.

Plan de Acción BEPS

Pedrosa Lopez (2015), considera que el "proyecto BEPS se puede concebir como el producto de un acuerdo alcanzado entre los países de la OCDE y los países participantes no OCDE, sobre lo que deben hacer y lo que se ha establecido que deben hacer".

Este Plan tiene como fin, disminuir o acabar o alinear las estrategias fiscales, creadas por un comercio mundializado o globalizado, en la cual se mantiene un comercio abierto, se introduce una movilidad de factores, innovaciones, informática y manejo de la TICs, y una segmentación o división de la cadena valor, separando la distribución de los beneficios imponibles de la localidad donde éstos han surgido.

Los objetivos perseguidos por el Plan de Acción (FORTE & GADEA, 2017), que surgen del informe BEPS, son:

a) Restauración del sistema fiscal internacional

b) Eliminación de la competencia fiscal perjudicial y la posibilidad de elusión de bases Imponibles

c) Correcta locación de rentas y de las actividades que agregan valor

d) Eliminación de la doble no tributación, doble exención o baja tributación

Según Martín Jiménez y Calderón Carrero (2014) este plan, es un proyecto ambicioso; después de la internacionalización de la economía, pretende la reparación

...del sistema fiscal internacional que toma en cuenta la situación de las empresas multinacionales, fundamentalmente, pero que responde a la presión de determinados Estados (v.gr. Francia y Reino Unido) que consideran injustos los niveles de tributación de los que se vienen beneficiando aquellas en el actual contexto internacional.

En los países hay diversidad de normas y formas de gravamen de las diferentes actividades, aún en los impuestos locales no hay coherencia en las tarifas y procedimiento, al interior de municipios o estados. De igual forma sucede a nivel internacional, no existen unos límites o techos, ni unificación de tarifas o actividades a gravar. Por el contario, cada país, es legalmente autónomo, y de acuerdo a la salud financiera, varía la forma de establecer los diferentes impuestos. Según Pedrosa Lopez (2015), a este fenómeno se le puede añadir:

...las fricciones o lagunas derivadas de la interacción de las normas entre diversas jurisdicciones, las cuales son aprovechadas sobre todo por las entidades multinacionales que amparadas en ciertos tipos de operaciones transnacionales logran disminuir la carga impositiva y los tipos de gravamen hasta alcanzar una tributación mínima o incluso una doble no imposición.

Y en consecuencia, de lo expuesto, el Plan pretende disminuir las acciones por parte de las empresas multinacionales; como lo indica Pedrosa (2015):

El proyecto surgió ante la necesidad de acabar o, al menos disminuir considerablemente, las planificaciones fiscales agresivas. Es decir aquellas operaciones realizadas como norma general por entidades transnacionales que tratan de aprovechar las lagunas jurídicas y fiscales derivadas de las divergencias y fricciones de los ordenamientos jurídicos de cada Estado, a fin de reducir considerablemente su carga impositiva. Incluso en ocasiones hasta alcanzan situaciones de doble no imposición.

Así las cosas, ante esto, (HALLIVIS PELAYO, 2015), la OCDE se ha encargado de reunir refuerzos con el fin de contrarrestar el fenómeno BEPS, así como el desarrollo de herramientas del Plan BEPS en instrumentos que sean prácticos para ser implementados en los países, aunando a las correcciones de las prácticas fiscales agresivas de la empresa multinacionales, trasnacionales o holdings, que han generado ventajas competitivas no conformes a la situación real de otras empresas locales y que "…han permitido al creciente número de entidades multinacionales desarrollar planificaciones cada vez más sofisticadas que consiguen alcanzar posiciones fiscales más favorables" (PEDROSA LOPEZ, 2015); para contrarrestar éste fenómeno a través de la OCDE han diseñado un Plan basado en 15 acciones, las cuales están divididas en 5 grupos: Economía digital (Acción 1), alineación económica y de la base imponible (Acciones de la 2 a la 5), seguridad jurídica y transparencia (Acciones de la 6 a al 10), e instrumento multilateral (Acción 15).

La entidad que le ha hecho frente a este fenómeno es la OCDE, (HALLIVIS PELAYO, 2015) con el fin de contrarrestar la inefectiva recaudación de impuestos a causa de prácticas evasivas por parte de las organizaciones multinacionales, trasnacionales o holdings. Se considera que es necesario la implementación en los países con el fin también de evitar la doble tributación e identificar los casos de muy baja tributación asociadas a prácticas que afectan la base imponible del impuesto ocasionado por las inconsistencias o lagunas en las normas tributarias de algunos países.

Asimismo, "Apoyado por el Grupo G20 es un proyecto compuesto por 15 acciones (ver Tabla Nº 1) cuyo principal objetivo es evitar que las entidades, en especial las entidades multinacionales consigan reducir su tributación considerablemente por medio de sus planificaciones fiscales o que directamente alcancen situaciones de doble no imposición amparándose principalmente en aprovechamiento de las lagunas fiscales, contradicciones normativas, divergencias entre ordenamientos jurídicos para obtener beneficios fiscales que de otro modo no alcanzarían" (PEDROSA LOPEZ, 2015).

Éstas 15 acciones están clasificadas en grupos, de acuerdo a la temática que tratan, como puede observarse en la Tabla Nº 1.

Estas acciones son implementadas en los países miembros de la OCDE, cuyo objetivo era terminar la implementación de las mismas antes de diciembre de 2015. Así mismo,

> …el punto de unión de casi todas ellas es la acción 15, se refiere a un convenio multilateral bajo el cual trata de proponer una serie de recomendaciones a los Estados miembros de la OCDE y no miembros a fin de que implementen medidas colectivas y multilaterales con el objetivo de alcanzar cierta armonización y coordinación entre los sistemas tributarios y evitar medidas unilaterales (PEDROSA LOPEZ, 2015).

Tabla Nº1. Acciones propuestas por la OCDE contra la base imponible
y el traslado de beneficios (BEPS).

ITEM	ACCIÓN	GRUPO
1	Abordar los desafíos fiscales de la economía digital	ECONOMÍA DIGITAL
2	Neutralizar los efectos de los productos híbridos	ALINEACIÓN ECONÓMICA Y DE LA BASE IMPONIBLE
3	Fortalecer las normas relacionadas con la transparencia fiscal internacional (CFC, por sus siglas en ingles)	
4	Limitar la erosión de la base imponible a través del pago de intereses y demás gastos financieros	
5	Contrarrestar más eficazmente las prácticas fiscales perjudiciales, teniendo en cuenta la transparencia y la sustancia	
6	Prevenir el abuso de los tratados y convenios para evitar la doble imposición	SEGURIDAD JURÍDICA Y TRANSPARENCIA
7	prevenir la evasión artificiosa del status de establecimiento permanente	
8	Desarrollar normas de prevención de BEPS cuando se desplazan intangibles entre empresas de un grupo	
9	Desarrollar normas de prevención de BEPS mediante la transferencia de riesgos entre empresas de un grupo	
10	Desarrollar normas de prevención de BEPS a través de operaciones que raramente se producirán (o que ni siquiera se producen) entre terceros.	
11	Establecer metodologías para recopilar y analizar datos sobre BEPS, así como las acciones para tratarlo	TRANSPARENCIA
12	Exigir a los contribuyentes revelar las estrategias de planificación fiscal agresiva	
13	volver a examinar la documentación de precios de trasferencia	
14	Hacer más efectivo los mecanismos de solución de controversias	
15	Desarrollar un instrumento multilateral y modificar los convenios de doble imposición	INSTRUMENTO MULTILATERAL

Fuente: adaptado por los autores (Alvarado, 2015)

Participación en las Acciones BEPS en Colombia

La posición de Colombia frente al plan de las BEPS es la de apoyar las acciones allí propuestas, debido a que se han identificado diversos escenarios de problemas tributarios y donde el principal actor son las transnacionales. Por lo anterior Colombia se postuló de manera voluntaria para llevar a cabo un trabajo conjunto con la OCDE y los demás países, donde incluye su participación en trabajos desarrollados por los subgrupos de riesgos de la OCDE. Actualmente fue invitado a participar en la OCDE, desde mayo de 2018. Con la implementación del plan se observa una igualdad tributaria entre contribuyentes residentes y no residentes en el territorio colombiano.

Las medidas adoptadas en Colombia, comienzan a partir de la reforma tributaria en el año 2012, con la Ley 1607 de 2012; luego con la reforma tributaria de 2014, mediante la Ley 1739 de 2014, y en la Reforma Estructural de 2016, mediante la Ley 1819 de 2016:

Ley 1607 de 2012

En esta Ley (RUIZ, 2015), se adoptan varias medidas para atacar BEPS, como: medidas contra la erosión de la base a través del pago de intereses y demás gastos financieros (Acción 4); prevenir la evasión artificiosa del status de establecimiento permanente (Acción 7); medidas contra la movilidad de intangibles (Acción 8); medidas contra la movilidad de funciones, activos o riesgos de negocio (Acción 8 y 9); medidas para alinear los resultados de los precios de transferencia con nuevos estándares (Acciones 8 al 10); entre otras.

Ley 1739 de 2014

De igual manera, en esta Ley (RUIZ, 2015), aunque es considerada como recaudadora para cubrir el déficit fiscal, ésta se centra en elevar sustancialmente la tributación en sociedades, las cuales han aportado a contrarrestar BEPS, entre ellas: declaración de activos en el exterior (Acción 13); medida anti bloqueo en el impuesto complementario de normalización tributaria, entre otras.

Pero es con la reforma tributaria estructural de la Ley 1819 de 2016 que el Gobierno Nacional incluyó más herramientas que permitirán el control de las situaciones que afectan al Fisco Nacional, esto con el fin de fortalecer la implementación del plan de acción de las BEPS, el cual ha impactado en las actuaciones administrativas, pues el aprendizaje y capacitación de los funcionarios se ha incrementado; siendo la Dirección de Impuestos y Aduanas Nacionales (DIAN) el órgano supervisor encargado de la fiscalización y del cumplimiento del plan de acción, por esto es necesaria la capacitación y actualización de los funcionarios frente a temas como la fiscalidad internacional y las nuevas tecnologías encaminadas hacia el control fiscal y la administración tributaria; así como también es necesario que este organismo lleve a cabo la unión de equipos de trabajo que permitan un inicio adecuado del plan y así se pueda concluir este proceso de cambios fiscales de forma oportuna.

Pero sin lugar a duda lo más importante de este proceso es que la información fiscal y tributaria que se genere sea más segura, clara, concisa pero lo que es más esencial es que esta sea real permitiendo a los inversionistas, consumidores y contribuyente mayor seguridad de la información revelada, sin embargo la implementación del plan de acción para contrarrestar BEPS, trae consigo unas ventajas o desventajas en su implementación, como puede observarse en las Tablas Nº 2 y Nº 3.

Tabla Nº 2. Ventajas de la implementación de las Acciones del Plan BEPS en Colombia

VENTAJAS DE LA IMPLEMENTACIÓN DE LAS ACCIONES BEPS	
1	Para la implementación de las BEPS, Colombia necesita un órgano supervisor que coordine las reglas y normas para el funcionamiento del plan de acción, y un órgano funcional para dicho seguimiento, es por esto que una de las ventajas es aumentar el empleo pues se debe capacitar y organizar dicho grupo de trabajo para iniciar con este proceso de cambios tributarios.
2	Ayuda a evitar el desequilibrio fiscal que existe en nuestro país, pues los contribuyentes crean estrategias para aprovechar los vacíos fiscales existentes y así disminuir la base gravable de los tributos, con esta implementación se debe reportar información económica universal controlando más los hechos generadores de los impuestos, cerrando cada vez más la brecha existente de la evasión fiscal.
3	Hacer que los tributos sean un leguaje global donde ayudaría a que el sistema fiscal de nuestro país se simplifique para un mayor control y mejor recaudo evitando así la erosión, pues como se dijo anteriormente nuestro país cuenta con un complejo recaudo de los tributos y esto dificulta percibir con exactitud lo que le corresponde al Estado.
4	BEPS permite inducir nuevas tecnologías o nuevos procederes al control fiscal, generando información más segura, clara y especialmente información real. Con todo aquello de la globalización es necesario equilibrar cargas fiscales y/o realizar convenios que le permitan al comerciante tener una buena experiencia con el país que realice dicho comercio.
5	Las empresas pymes tendrán mayores oportunidades, [favoreciendo la producción nacional] para competir con grandes empresas, pues las multinacionales ya no podrían trasladan sus utilidades a países con menores impuestos o incluso a tarifa 0.

Fuente: Adaptado por los autores (PERDOMO, RAMIREZ, & RODRÍGUEZ , 2014)

Tabla Nº 3. Desventajas de la Implementación de las Acciones del Plan BEPS en Colombia

DESENTAJAS EL PLAN DE ACCION BEPS	
1	A largo plazo se contará con una disminución en la inversión extranjera, pues las multinacionales preferirán invertir en paraísos fiscales o en países con menor fiscalización y mayores oportunidades de creación de empresa.
2	En la implementación de las BEPS el país tendrá que asumir un alto costo beneficiando los otros países, debido a la [no] existencia de mayor inversión en nuestro país de compañías extranjeras y la poca inversión de nuestras compañías nacionales en otros países; la cantidad de información cruzada será mayor hacia el exterior.
3	Con la implementación de las BEPS se necesita de una alta inversión en cuanto a personal y coordinación en el desarrollo; dando con esto un aumento directo de los impuestos a las empresas existentes para cubrir dichos costos.
4	Colombia con la implementación será sometida a una rigurosa fiscalización en materia tributaria donde a comparación de otros países del mismo desarrollo tendría una desventaja en cuanto a inversión extranjera y creación de empresa nacional.
5	El plan de acción de las BEPS, es un plan rígido que desmotiva y limita la creación de vinculados económicos, pues tiene ideas agresivas como negar la deducción de intereses y gastos financieros por préstamos entre vinculados.
6	Con la implementación de las BEPS, las tarifas de impuestos probablemente aumenten, para estar en concordancia con las tarifas de otros países que pertenecen a la OCDE

Fuente: adaptada por los autores (PERDOMO, RAMIREZ, & RODRÍGUEZ , 2014)

En consecuencia al existir mayor fiscalización se lleva a cabo un aumento del recaudo tributario, en mención a que una de las finalidades del plan de acción es la fiscalización eficiente y eficaz con el fin de conservar una tributación constante y equitativa entre los países pertenecientes a la OCDE.

Se ha estado trabajando para disminuir los vacíos normativos que causan la erosión y el traslado de beneficios económicos, y si bien el plan ha tenido impactos positivos, cabe mencionar que las inversiones extranjeras directas han disminuido por la falta de exenciones económicas y beneficios fiscales que motiven a las compañías extranjeras a invertir, lo cual puede genera consecuencias con la generación de empleos directos, pues al quedar estancada la inversión queda estancada la contratación nacional.

Otra consecuencia es que las empresas extranjeras han traslado sus inversiones a otras jurisdicciones que les brinde mayores incentivos y garantías de inversión, la falta de inversión extranjera directa paraliza la recaudación de más impuestos, por lo cual es importante que el Gobierno Nacional acoja políticas que no se tornen en medidas salvajes y desiguales que pretendan crear nuevas figuras recaudatorias, con el objetivo de cubrir el déficit tributario; sino que por el contrario incentive la inversión extranjera de la mano de una fiscalización correcta entre países, que puedan llevar a cabo el control de la tributación de las empresas transnacionales, y que así mismo permitan el surgimiento de empresas nacionales hacia ámbitos internacionales, estimulando factores como la inversión, el empleo y la buena tributación.

3 Conclusiones

La Erosión de la base imponible y el traslado de beneficios, es una consecuencia de la apertura de los mercados, a través de los diferentes tratados de libre comercio, que en un comienzo no se calculó que podía suceder y los organismos multilaterales no lo estudiaron como un riesgo, dado que la tributación en cada país, se consideraba un problema doméstico.

El plan de acción BEPS, busca implementar convenios bilaterales con el fin de combatir la falta de transparencia en transacciones hechas por entidades multinacionales buscando aplicar tratados más favorables en materia tributaria. Estas medidas nacen de la necesidad de reforzar los estándares impositivos internacionales como contra medida a las malas prácticas que las entidades multinacionales han desarrollado a lo largo del tiempo con el fin de obtener posiciones fiscales favorables.

El plan de acción BEPS, en su implementación pretende garantizar la sostenibilidad fiscal en el largo plazo, en cualquier país. Sin embargo, traerá consecuencias en el corto plazo, como la disminución de la inversión extranjera de países que no han implementado este Plan o que no pertenezcan a la OCDE.

El Instrumento Multilateral propuesto en la acción 15 ofrece un papel innovador hacia el desarrollo global, ya que al implementar acciones en contra de la erosión y evasión fiscal se da el primer paso hacia la solución de problemas fiscales, siendo de gran importancia contar con el aporte de distintos países que han afrontado el problema mediante la adecuación de reglas y normas, y sobretodo buscando los beneficios de contrarrestar los efectos de las BEPS, que se pueden ver reflejados en mayores ingresos para la economía de los estados, fomentando áreas como la inversión y el empleo.

Colombia, a través de sus reformas tributarias, cada vez se está acercando más al cumplimiento de las acciones BEPS planteadas, mediante la implementación de herramientas de control del fisco, y lo seguirá realizando en las futuras reformas, dado que ya fue invitado a pertenecer a la OCDE, desde mayo de 2018.

Los Contadores Públicos siendo los principales autores e influyentes en la recolección de información tributaria, tienen la obligación de añadir los nuevos conceptos referentes a la nueva fiscalidad internacional, en especial los actores de las Entidades Empresariales que realizan transacciones internacionales, ya sea de forma directa o indirecta.

Referencia

ALVARADO, M. Relator Nacional. *Memorias XXVIII Jornadas Latinoamericanas de Derecho Tributario* p. 17-41. México: ILADT. 2015.

BILLARDI, C. Análisis de Compatibilidad de Cláusulas Domésticas con BEPS. *Memorias XXVIII Jornadas Latinoamericanas de Derecho Tributario* p. 42-60. México: ILADT. 2015.

FORTE, J; GADEA, D. Tributación Internacional: el Plan de Accion BEPS. *Memorias XXXII Conferencia Interamericana de Contabilidad 2017 (CIC-2017)* p. 1-32. Lima: CIC. 2017.

HALLIVIS PELAYO, M. Presentación. *Memorias de las XXVIII Jornadas Latinoamericanas de Derecho Tributario,* p. 7-13. México: ILADT. 2015.

MARTÍN JIMÉNEZ, A; CALDERÓN CARRERO, J. M. (25 de Marzo de 2014). El Plan de Acción de la OCDE para eliminar la erosión de bases imponibles y el traslado de beneficios a otras jurisdicciones (BEPS): ¿el final, el principio del final o el final del principio? *El Derecho Diario de Doctrina y Jurisprudencia,* p. 1-16.

MONTOYA, L. E. Análisis de las acciones BEPS, su aplicación en Colombia y. *Revista Instituto Colombiano de Derecho Tributario* 76, 191. 2017.

ORGANIZACIÓN PARA LA COOPERACIÓN Y EL DESARROLLO ECONÓMICOS (OCDE). (31 de 10 de 2017). *La OCDE.* Obtenido de http://www.oecd.org/centrodemexico/laocde/.

PEDROSA LOPEZ, J. C. El Plan de Acción Beps de La OCDE: Pasado, Presente y Futuro. *Actualidad Jurídica Iberoamericana,* 689-706. 2015.

PERDOMO, L; RAMIREZ, M; RODRÍGUEZ, H. *Ventajas y desventajas de la implementación del plan de acción sobre la erosión de la base imponible y traslado de beneficios (beps) en el territorio colombiano.* Bogota, DC, Colombia. 2014.

RUIZ, R. Medidas nacionales para evitar la erosión de la base tributaria- Colombia. *Memorias XXVIII Jornadas Latinoamericanas de Derecho Tributario* (p. 115-131). México: ILADT. 2015.

Informação bibliográfica deste texto, conforme a NBR 6023:2018 da Associação Brasileira de Normas Técnicas (ABNT):

NOSSA, Dilia Castillo; GIRALDO, Gloria Cecilia Dávila; BECERRA, John Tairo Romero. Incidencia del Plan de Accion BEPS en Colombia. *In:* TEIXEIRA, Alexandre Alkmim (Coord.). *Plano BEPS.* Belo Horizonte: Fórum, 2019. p. 75-85. ISBN 978-85-450-0654-1.

BASE EROSION AND PROFIT SHIFTING (BEPS) Y SUS IMPLICACIONES EN AMÉRICA LATINA

I Introducción

La tributación viene experimentando un proceso continuado de cambios que se han hecho especialmente significativos desde la última década del siglo pasado hasta la actualidad. La máxima expresión de ese proceso continuado de mutación es el Informe de la OCDE sobre *Base Erosion and Profit Shifting* (BEPS) con su correspondiente Plan de Acción. Este Proyecto BEPS, como dice su introducción, "marca un punto de inflexión en la historia de la cooperación internacional en materia de tributación".[1] Se trata de Acciones de distinto alcance sustantivo y procedimental) y diversos niveles de aplicación (Modelo Convenio OCDE, Guías de Precios de transferencia, Tratados bilaterales y legislación interna de los Estados) en torno a diversas cuestiones: economía digital, híbridos, transparencia fiscal, limitación a la deducibilidad de intereses, regímenes fiscales preferentes, uso impropio del Convenio y elusión de establecimiento permanente, precios de transferencia, información previa obligatoria sobre estrategias fiscales, procedimiento amistoso, seguimiento del Plan y acción multilateral.[2] El propio Proyecto BEPS, como dice en su introducción, "marca un punto de inflexión en la historia de la cooperación internacional en materia de tributación".[3]

La pequeña intrahistoria de BEPS es fácil de resumir: El fracaso de la política de la OCDE contra los paraísos fiscales que se inicia con el citado informe sobre *Harmful Tax Competition* de 1998, coincide con un embate en los medios de comunicación contra ciertas multinacionales a las que se acusa de no pagar *suficientes impuestos*, especialmente

---

[1]   *Plan de acción contra la erosión de la base imponible y el traslado de beneficios*, versión española, OCDE, Publishing, 2013, p. 31.

[2]   SOLER ROCH, M.T., EU BEPS vs BEPS. Una reflexión crítica, *Nueva Fiscalidad. Estudios Homenaje a Jacques Malherbe*, directores Hoyos Jiménez, García Novoa, Fernández Cartagena, Instituto Colombiano de Derecho Tributario, Bogotá, 2017, p. 232 y ss.

[3]   DELGADO RIVERO, F. J. La estructura tributaria europea: un estudio comparado, *Crónica Tributaria*, nº 133, 2009, p. 84.

en Europa. Destaca sobremanera el caso de Starbucks y la campaña mediática contra esta multinacional.[4]

El origen remoto del documento BEPS se encuentra en la presión social y mediática en torno a este supuesto pago reducido de impuestos por ciertas multinacionales (además de la propia Starbucks; Google, Microsoft, Facebook, Amazon...), ligada a conocidas operaciones como la *doble irlandesa* o el *sándwich holandés*. Ello supuso un excelente caldo de cultivo para un cambio en la estrategia global sobre lo que, desde el Informe del Tercer Foro de la OCDE sobre Administración Tributaria, celebrado en Seúl en 2006, se denomina *planificación fiscal agresiva*.

Así, en Europa ya se había producido un movimiento en este sentido, con la emisión de la Comunicación de la Comisión al Parlamento europeo y al Consejo, que recoge el Plan de acción para reforzar la lucha contra el fraude fiscal y la evasión fiscal (COM(2012) 722/2), y en el ámbito internacional, por la decidida apuesta del G-20 contra la elusión fiscal internacional. En este sentido, cabe destacar el documento BEPS de enfoque global sobre la erosión de bases imponibles y la deslocalización del beneficio, elaborado a partir de las conclusiones de la Declaración de Lough Erne, emitida el 18 de junio de 2013, al término de la reunión del G8. La declaración afirma: "...los países deben cambiar las reglas que permiten a las empresas trasladar sus beneficios a través de las fronteras para evitar los impuestos".

A partir de este documento, la OCDE, a petición del G8, ha recibido el encargo de diseñar una solución que cambie las deficiencias del marco fiscal global, lo que puede suponer una de las mayores revoluciones en el panorama fiscal global de los últimos años.

En virtud de ello, la OCDE ha elaborado, en virtud del mencionado encargo, el Plan de Acción publicado el 19 de julio de 2013, que fija el programa de trabajo para los siguientes tres años, en colaboración con las Administraciones fiscales de los países miembros. En dicho documento se dice que "las normas tributarias nacionales e internacionales deberían ser modificadas para alinear con mayor detalle el destino de las ganancias con la actividad económica que genera esa renta", instando a los Estados a que acuerden cambios específicos en las reglas tributarias internacionales en los próximos años.

El Plan se estructura en tres fases; la primera se ha puesto de manifiesto en la formulación de las acciones que integran el Plan. Así, BEPS contiene 15 acciones, que deben desarrollarse en otros tantos informes. La elaboración de estos informes sería la segunda fase del proyecto, para lo que BEPS fija unos plazos específicos. La mayoría de los informes de desarrollo de las acciones tenían como plazo el mes de septiembre de 2014. Todos los demás informes deberán ser ultimados en septiembre de 2015, aunque para los relacionados con los precios de transferencia se prevé un plazo mayor. De manera que el plan BEPS tiene una fase de concreción de objetivos y otra, ulterior, de incorporación de sus resultados a los ordenamientos domésticos de los distintos Estados.

El 16 de septiembre de 2014 son los referidos a la acción 1 (abordar los retos de la economía digital para la imposición), 2 (neutralizar los efectos de los instrumentos híbridos), 5 (combatir las prácticas tributarias perniciosas teniendo en cuenta la transparencia y la sustancia en lo que concierne al análisis de los regímenes de los países

---

[4] VAN DEN HURK, H. Starbucks contra el pueblo, *Nueva Fiscalidad*, marzo-abril, 2014, p. 34.

miembros), 6 (impedir la utilización abusiva de los Convenios de Doble Imposición) 8 (asegurar que los resultados de los precios de transferencia estén sean acordes con la creación de valor de intangibles, en lo relativo a la modificación de las Directrices de los precios de transferencia y del Modelo OCDE), 13 (reexaminar la documentación sobre precios de transferencia) y 15 en lo relativo a identificar cuestiones relevantes sobre tributación y derecho internacional público en lo referente a desarrollar un instrumento multilateral. Durante el 2015 los relativos a la acción 3 (refuerzo de la normativa sobre transparencia fiscal internacional), 4 (limitar la erosión de la base imponible por vía de deducciones en el interés y otros pagos financieros), 5 (combatir las prácticas tributarias perniciosas, teniendo en cuenta la transparencia y la sustancia), 7 (impedir la elusión artificiosa del estatuto del establecimiento permanente), 11 (establecer metodologías para la recopilación y el análisis de datos sobre la erosión de la base imponible y el traslado de beneficios, y sobre las acciones para enfrentarse a ella), 12 (exigir a los contribuyentes que revelen sus mecanismos de planificación fiscal agresiva) y 14 (hacer más efectivos los mecanismos de resolución de controversias).

El resumen final se incluye en el Informe conclusivo de 5 de octubre de 2015.

Como última fase de este proceso estaría, obviamente, la incorporación de los resultados esperados a los ordenamientos internos de los distintos países, en la medida en que BEPS va a condicionar el poder legislativo de los Estados que se adhieran al Plan. En algunos casos, el resultado esperado se limita a elaborar un informe de identificación de problemas. En otros, se van a formular recomendaciones para el diseño de normas internas (singularmente en la elaboración de cláusulas generales anti-abuso o *General Anti-Abuse Rules* – GAAR). En tal caso, estas recomendaciones serán disposiciones que limiten o condicionen el poder legislativo, erosionando la centralidad de la ley como expresión de soberanía en el diseño del sistema tributario. Y en otros casos, las medidas condicionarán la nueva versión del Modelo de Convenio de Doble Imposición de la OCDE.

Todo este conjunto de medidas tiene, como nota definitoria, el erigirse en reglas que intentan corregir los problemas de la fiscalidad internacional. En algún caso, y con evidente exageración, se ha llegado a decir que BEPS supone la "refundación" del Derecho Internacional Tributario o la inauguración de una "nueva era".[5]

Lo cierto es que el Plan BEPS no cuestiona los aspectos medulares que informan el actual *international tax regime*; no se pone en tela de juicio ni el reparto del poder tributario entre el Estado de residencia y el de la fuente, ni aspectos como la aplicación del principio de independencia o *arm´s length* en los precios de transferencia, ni las bases que fundamentan el concepto de establecimiento permanente, sobre los que se erige el actual sistema de fiscalidad internacional.

Al margen de ello, lo cierto es que BEPS (y ello es una realidad innegable) va a tener una gran importancia en lo concerniente al diseño de los sistemas fiscales en el futuro. En especial en algunas materias, como la definición de la cláusula general anti-abuso, que, en cierto sentido, dejará de ser una expresión de la soberanía fiscal de cada país (nos referiremos más adelante a la nueva cláusula del *test* del propósito principal).

[5] AVI-YONAH, R.S. A Model Treaty for the Age of BEPS, University of Michigan Public Law Research Paper, nº 411, donde se señala que BEPS va a suponer el mayor cambio en la fiscalidad internacional desde los años 20.

También va a adquirir gran importancia la introducción en los distintos países del nuevo estándar de documentación.

En otras cuestiones, como la reformulación del concepto de establecimiento permanente o del principio de independencia, o de la implantación de métodos de *profit split* en el tratamiento de los precios de transferencia, BEPS no será suficiente y habrá que pensar en una acción multilateral mucho más ambiciosa.

En esa tesitura se encuentran todos los Estados soberanos que, hasta ahora, han venido diseñando su política tributaria con relativa independencia. BEPS es un punto de inflexión para todos ellos, tanto para España, miembro de la OCDE y de la Unión Europea y con una amplia red de casi cien convenios de doble imposición, con un conjunto limitado, pero cada vez más creciente, de convenios de doble imposición (16 firmados) y miembro de la Comunidad Andina, con la consiguiente aplicación de la Decisión 578 que impone el gravamen de las actividades económicas allí dónde se localice su fuente productora.

Respecto a los países de América Latina, en su gran mayoría no miembros de la OCDE, BEPS va a suscitar las mismas críticas que se vienen atribuyendo a las reglas dictadas por la OCDE, catalogada como *club de países ricos*. Consciente de esa circunstancia, la OCDE pretende dar un mayor protagonismo en la implementación de las medidas BEPS a las economías en desarrollo, a través del denominado *principio de inclusión*, que intenta la participación de países que no forman parte de la OCDE. Así, se ha invitado a varios países no miembros de la OCDE en condición de asociados, como es el caso de Argentina, Brasil y Colombia. También la OCDE previó la organización de cuatro eventos regionales de consulta sobre BEPS. El de América Latina y Centroamérica tiene lugar en Bogotá el 27 y 28 de febrero de 2014, y fruto del mismo fue la adopción de un interesante documento que resume los debates de la consulta regional y sintetiza las aportaciones de la región al proceso BEPS.

II Hacia unas normas internacionales en materia de tributación: BEPS e intercambio automático de información

El panorama internacional de la fiscalidad actual, fuertemente condicionado por un nivel nunca conocido de mundialización y digitalización de la economía, con la posibilidad de operar en el mercado de un país a través de un *contract manufacturer* o de una filial comisionista o, incluso, sin presencia física, requiere de soluciones que van más allá de la acción individual de los Estados. En el mundo actual, ni siquiera Estados grandes pueden establecer marcos internacionales ni imponer su cumplimiento por sí solos, aunque nos encontramos con normas adoptadas unilateralmente como FATCA, de pretendido alcance internacional. Por otro lado, las soluciones que se busquen no pueden orillar el papel central de los Estados, titulares del poder tributario y protagonistas de la política fiscal, en tanto a ellos les corresponde la distribución de la carga tributaria entre sus contribuyentes de acuerdo a criterios de justicia.

En ese contexto, es evidente que van a seguir produciéndose tensiones entre la soberanía fiscal nacional y el ámbito transfronterizo de los negocios actuales. Se trata de tensiones con las que hay que saber convivir, dado el carácter intrínsecamente nacional del poder fiscal de los Estados. La soberanía fiscal permite que exista competencia fiscal, pero a nivel internacional hay un empeño actual para lograr que esa competencia pueda ser cataloga como justa y excluir la adjetivada como *lesiva*.[6]

No obstante, tales tensiones se pueden mitigar a través del diálogo internacional y unas normas mundiales uniformes; el *international tax regime* del que tanto se habla. Ese régimen fiscal internacional no es imaginable a corto plazo en la medida en que no existe un poder fiscal internacional ni un gobierno global, y no parece que la OCDE sea el sucedáneo más adecuado.[7]

Por eso, el contrapunto de una distribución del poder tributario basado en la residencia y en el *worldwide income*, sólo es admisible en el mundo actual, con el complemento indispensable del intercambio de información. Así lo han percibido los participantes en la reunión del Foro Global sobre Transparencia e Intercambio de Información de Yakarta, celebrada los días 21 y 22 de noviembre de 2013.

Dadas las no muy favorables experiencias en cuanto a la ordenación internacional del intercambio de información habidas hasta ahora y el relativo fracaso del modelo basado en el intercambio previo requerimiento, el principal desafío de la fiscalidad en los albores del siglo XXI es bosquejar un nuevo paradigma del intercambio de información que, progresivamente, avance hacia el intercambio automático.

Así, en el marco del Modelo del Convenio de la OCDE, siempre se había apostado por una vigencia bilateral del intercambio de información, limitada a las partes firmantes del Convenio y a requerimiento (*on request*) de alguna de ellas. Sin embargo, esa vigencia se reveló claramente insuficiente, incluso cuando se modificó el artículo 26 del modelo OCDE en el 2005, para ampliar su contenido, en cuánto estándar internacional de intercambio y transparencia. Así, en la actualidad el modelo permite el intercambio de información para todos los impuestos del sistema tributario. También se establece que la información requerida debe tener "relevancia fiscal", lo que ha propiciado interpretaciones asimétricas de la OCDE y de otros países como Suiza, que venía exigiendo la identificación de la entidad financiera y del contribuyente. Y, sobre todo, se excluyen determinadas excepciones que el Estado requerido podía hasta ahora alegar para negarse a aportar información. A pesar de ello, a finales de los años noventa se puede localizar el deceso del modelo bilateral, una vez superada lo que GIL SORIANO denomina etapa de "esplendor".[8]

El fracaso del intercambio de información basado en mecanismos bilaterales *on request* ha llevado a los Estados a adoptar mecanismos de carácter unilateral. En el caso de Estados Unidos, es de destacar la adopción el 18 de marzo de 2010 de la FATCA

---

[6]   Dice SCHÄUBLE, W., "ésta es la razón por la que debemos acordar unas normas internacionales uniformes para lograr una competencia internacional justa"; "Razones por las que la fiscalidad debe pasar a ser mundial", *El Economista*, sábado 1 de noviembre de 2014.

[7]   Dice CARBAJO VASCO, D., que "sin embargo, las limitaciones que el concepto de la soberanía nacional impone a las AATT, hacen que, aun existiendo incipientes formulaciones de un Derecho Internacional Tributario y de una buena gobernanza fiscal, la ausencia de una Autoridad Tributaria Internacional con competencias, en particular, sobre determinadas bases imponibles conlleve que la única fórmula pragmática para hacer frente a la internacionalización de los obligados tributarios y las bases imponibles con la que cuentan las AATT, sea fomentando los Convenios y Acuerdos Internacionales de asistencia mutua entre las mismas"; "Novedades en el intercambio internacional de información con fines fiscales", *El Derecho*, Francis Lefebvre, 1 de febrero de 2013.

[8]   GIL SORIANO, A. "Toward an automatic but asymmetric exchange of tax information. The U.S. Foreign Account Tax Compliance Act (FATCA) as inflection point", en *Estudios sobre Fraude Fiscal e intercambio Internacional de Información Tributaria*, Atelier, Barcelona, 2012, p. 45.

(*Foreign Account Tax Compliance Act*), incluida en las secciones 1471 a 1475 del *U.S. Treasury Code*. La misma entró en vigor el 1 de enero de 2013, e incluye un sistema de intercambio automático de información vía intermediarios financieros, además de una retención del 30 por 100 sobre pagos de fuente de los Estados Unidos, haya o no ganancia, a ciertas entidades extranjeras, si las mismas no certifican la identidad de sus dueños beneficiarios últimos (*beneficial owners*).

También se detecta que los distintos Estados están aprobando amnistías fiscales para sujetos con rentas no declaradas en países tradicionalmente considerados como no cooperativos o de tributación reducida (*Come Clean Initiatives*), fijando mecanismos para la regularización voluntaria de activos *offshore*.[9] Y no sólo el criticado caso español, sino también el programa de regularización fiscal *Offshore Voluntary Disclosure Program* (OVDP), de la Administración Obama en Estados Unidos.[10] De ahí que, a día de hoy, se hable de un abandono de las fórmulas del *offshore* puro basado en opacidad fiscal, hacia un *on shore* y hacia mecanismos excluyentes de los mecanismos opacos para atraer la inversión extranjera.

Frente a ello, algunos Estados han acompañado sus compromisos de intercambio de información, con la oferta paralela de otras alternativas como pueden ser mecanismos de retención o *withholding tax* en la fuente, excluyentes de la obligación de comunicar información.[11]

Y muy singular es el caso de Suiza con el *Project-Flat Rate Tax on assets held with banks on a cross-border basis*, conocido como *Plan Rubik*. Recordemos que Suiza ha reconsiderado su tradicional concepción del secreto bancario y, en la actualidad, está renegociando sus Convenios, incluyendo versiones del artículo 26 del Modelo OCDE. En estos nuevos Convenios ya no se incluyen las excepciones a facilitar información.[12]

Pero, sin duda, el cambio definitivo del intercambio de información está teniendo lugar a la luz de la combinación de dos factores; la progresiva implantación de mecanismos multilaterales y la aproximación a fórmulas de intercambio automático.

---

[9] En el contexto internacional ello ha alcanzado cifras muy importantes. El volumen de rentas regularizadas alcanzó en Francia el billón de euros, en Italia los cinco billones, en Grecia los treinta billones, mientras que otros países (Argentina, Brasil, India, China, Rusia, Sudáfrica…) sin tener resultados cuantificables, han optado por reducir sanciones y excluir procesos penales. También es significativo el caso español, donde el proceso de regularización cuentas suizas en el HSBC ha permitido la declaración extemporánea sin sanción de rentas por importe de 282 millones de euros.

[10] MALHERBE, J; TELLO, C.P; GRAU RUIZ, M.A. *La revolución fiscal de 2014; FATCA, BEPS, OVDP*; Instituto Colombiano de Derecho Tributario, Bogotá, 2015, p. 220.

[11] Se trata de una retención fiscal definitiva y anónima que es transferida al Estado de residencia del contribuyente, aunque éste puede limitar el alcance la información que se transfiere. Es un mecanismo que no resulta novedoso, pues la alternativa retención/información ya se incluía en la Directiva europea de fiscalidad del ahorro, 2003/48/CE del Consejo de 3 de junio de 2003 y Luxemburgo sigue manteniendo esta posibilidad en los términos de la Directiva.

[12] Por ejemplo, en la reforma del Convenio de Doble Imposición con España por Protocolo de 27 de julio de 2011 (en vigor desde el 24 de agosto de 2013), Suiza se compromete a atender los requerimientos de información formulados por otros Estados con los que tenga suscrito Convenio, incluso cuando el Estado requirente no identifique a la persona o entidad que puede poseer o tener el control de la información requerida. Y aunque el Estado requirente no aluda al contribuyente afectado por su nombre y dirección postal, sino con otros indicios de que disponga e, incluso en casos excepcionales, con un número de cuenta bancaria. Pero además, Suiza ofrece a los Estados que lo deseen, como alternativa, la práctica de retenciones sobre las rentas que se produzcan en Suiza a favor de residentes de dichos Estados. Esta retención la realizarían las entidades financieras helvéticas y se ingresaría en la Hacienda Pública del Estado que suscribiese un acuerdo en estos términos, pero se practicaría sin proporcionar información sobre los titulares de tales rentas. Se trata de un modelo que, a pesar de su indudable atractivo, es escasamente compatible con los principios de la OCDE y, sobre todo, muy complejo en su gestión.

Como muestra de la implantación de acuerdos multilaterales, puede mencionarse el modelo OCDE - Consejo de Europa sobre asistencia mutua e intercambio de información que, a partir del 2010, se abre a países no miembros, y al que se han adherido entre otros, Colombia y Argentina.

El cambio hacia modalidades de intercambio automático tiene un punto de referencia en la Unión Europea, a partir de la aprobación de la Directiva 2003/48/CE, del Consejo, de 3 de junio de 2003, en materia de fiscalidad de los rendimientos del ahorro. Esta norma ha facilitado el impulso al intercambio de información automatizado de datos. Además, el ámbito de la Directiva se ha extendido a países terceros mediante acuerdos con otros Estados y territorios, caso de San Marino, Andorra, Mónaco…lo que ha supuesto ampliar el alcance de la Directiva fuera de las fronteras de la Unión Europea.

Con el modelo FATCA en el horizonte, y los Acuerdos para su aplicación práctica firmados con ciertos Estados (así el concertado por Alemania, Francia, Italia, Reino Unido y España, rubricado el 7 de febrero de 2012), incluyendo en algunos casos compromisos de reciprocidad, se están poniendo las bases para una progresiva implantación de un modelo de intercambio automático.

Por último, acuerdos internacionales como el referido al intercambio automático de información relativa a cuentas financieras, al que se ha llegado en la reunión de Berlín del *Foro Mundial sobre la transparencia y el intercambio de información con fines fiscales* el 29 de octubre de 2014, muestran la tendencia imparable en el contexto actual hacia el intercambio automático, en la que todos los Estados están venciendo sus reticencias a la cooperación internacional.

En este novísimo marco internacional, surgen las Acciones BEPS que, como reacción de las operaciones de planificación fiscal de ciertas multinacionales en Europa (Microsoft o Amazon con la *doble irlandesa,* Google con el *sándwich holandés* o Nestlé con el pago de gastos financieros) están provocando el traslado de beneficios a jurisdicciones de menor tributación.

Así, la Acción 11 (que debería ser la primera) habla de "establecer metodologías para la recopilación y el análisis de datos sobre la erosión de la base imponible y el traslado de beneficios, y sobre las acciones para enfrentarse a ella". Pero las distintas acciones BEPS deben ser objeto de una exposición singularizada.

III   Las Acciones de BEPS

III 1 Acción 1: Abordar los retos de la economía digital para la imposición (septiembre de 2014)

La primera acción de BEPS, que ya cuenta con su informe de desarrollo, hace referencia al tratamiento de los intangibles. Los bienes inmateriales tienen una gran importancia en el derecho tributario internacional actual y forman parte de la economía digital, que constituye una de las grandes preocupaciones manifestada en el documento BEPS.

BEPS expone una de las grandes evidencias del mundo actual a la hora de gravar los productos de la economía digital; la digitalización y el uso de Internet provocan una *desterritorialización* de la actividad económica, afectando al ámbito espacial de la norma tributaria. Quién vende productos digitales, o presta servicios de este tipo, puede operar en cualquier mercado sin presencia física, lo que le permite evitar la incidencia de la normativa doméstica, sobre todo la de carácter fiscal basada en el criterio del territorio. La eficacia territorial de la norma tributaria configura el marco territorial en el que debe desarrollarse el hecho imponible, entendido como una situación sujeta a tributación normativamente definida, fijando lo que se conoce como el elemento territorial del hecho imponible que consiste, precisamente, en la vinculación que las situaciones sujetas tienen con un determinado territorio. Y configura también el propio elemento territorial de la obligación tributaria, que ALTAMIRANO describe como el ámbito espacial de injerencia de la obligación tributaria definida en la ley.[13] Precisamente, la irrupción de Internet como espacio en el que se pueden desarrollar actos, hechos o negocios, trajo consigo un efecto de *desterritorialización* de la fiscalidad.[14]

Y ello, porque en la red se puede generar un tipo de comercio que podríamos calificar de *inmaterial*. Así, esta Acción 1 de BEPS sobre economía digital señala la necesidad de *desarrollar reglas que impidan la erosión de la base imponible y el traslado de beneficios por medio del movimiento de intangibles entre miembros de un grupo*. Ello exigirá la adopción de una definición de intangibles amplia y claramente delineada. Sea cual sea esa definición, lo cierto es que los bienes intangibles están propiciando, de acuerdo con el Borrador de intangibles de la OCDE de julio de 2013, claras líneas de innovación en los paradigmas vigentes de la fiscalidad internacional al propugnar, por ejemplo, un sistema de *profit split* en lugar de la regla *arm´s length* en relación con los precios de transferencia.[15]

Por ello, el documento BEPS, dice en su Acción 1, que "los países deben garantizar que se graven en el territorio la rentas que se obtengan "sin presencia física". A partir de ahí, el tratamiento fiscal de los intangibles plantea múltiples problemas, sobre todo por las diferentes modalidades de activos inmateriales. De hecho, uno de los errores de la Acción 1 de BEPS es tratar los intangibles como un sector que pueda ser objeto de soluciones uniformes.

De ahí, por ejemplo, la diferencia, acuñada en Estados Unidos, entre intangibles de producción (*commercial intangibles)* e intangibles de comercialización (*marketing intangibles)*, a los que hizo referencia la sentencia *Glaxo UK*.[16] De hecho, Interbo USA §1.482-4 (b) del *Internal Revenue Code*, contempla hasta seis grupos de activos susceptibles de ser considerados intangibles con valor económico para la empresa.[17]

---

[13] ALTAMIRANO, A. *Derecho Tributario, Teoría General,* Marcial Pons, Madrid-Barcelona-Buenos Aires-Sao Pulo, 2012, p. 419.

[14] Sobre la cuestión, GUSTAFSON, C. The role of international law and pratice in addressing international tax issues in the global era, *Villanova LAw Review*, v. 56, n. 3, 2011, p. 475; DE JUAN LEDESMA, A. Internet y nuevas tecnologías en telecomunicaciones: nuevos retos de la fiscalidad internacional, *Impuestos*, 1998, II, p. 1192.

[15] CALDERON CARRERO, J. M; MARTIN JIMENEZ A. El plan de acción de la OCDE para eliminar la erosión de bases imponibles y el traslado de beneficios a otras jurisdicciones (BEPS): ¿el final, el principio del final o el final del principio?, *Quincena Fiscal*, nº 1-2, 2014, p. 90.

[16] Vid. OECD Transfer Pricing Guidelines for Multinational Enterprises and Tax Administrations, IBFD, Amsterdam, 2010, p. 151 (parágrafo 6.1. Los demás parágrafos, hasta el 6.39, se ocupan de esta cuestión).

[17] En el primer grupo se integran las patentes, invenciones, fórmulas, procesos, diseños, o *know-how*. El segundo incluye el *copyright* y derechos sobre obras literarias, musicales o artísticas. En el tercero están las marcas y nombres comerciales. En el cuarto las franquicias, licencias y contratos. El quinto se refiere a los métodos, programas, sistemas, procedimientos, listas de clientes, estudios o encuestas realizadas por la empresa y datos técnicos. Por último, el sexto juega a modo de *cajón de sastre*, ya que en el mismo se puede incluir cualquier intangible que no encaje en los cinco grupos anteriores pero que pueda suponer un valor económico para la empresa.

BEPS no prevé un tratamiento diferenciado entre unos intangibles y otros. Por el contrario, insiste en ciertas líneas que van a tener que ser previstas por los Estados a la hora de trasladar estas medidas a sus ordenamientos internos.

En primer lugar, y tal como se pronunció la reunión de Bogotá, es necesario mejorar la tributación de los intangibles, en especial en relación con las regalías.

Así, el primer problema que se suscita en relación con la tributación internacional de los *royalties* es el relativo a la distribución del poder tributario. El Modelo de Convenio para Evitar la doble Imposición sobre la Renta y el Patrimonio de la Organización para la Cooperación y el Desarrollo (MC OCDE), en su artículo 12, determina el gravamen exclusivo de estas rentas en el Estado de residencia, otorgando absoluta preeminencia al Estado exportador de tecnología. El Modelo Naciones Unidas prevé una tributación compartida entre el Estado de residencia y el Estado de la fuente. La práctica convencional se aproxima más a esta segunda solución, pues la mayoría de los Convenios de Doble Imposición que se firman, incluso siguiendo el MC OCDE, disponen el gravamen en el Estado de residencia, pero con una tributación limitada mediante *withholding tax* que se lleva a cabo sobre rendimientos brutos.

Con esta premisa, los Estados de residencia y de la fuente juegan sus respectivas cartas para intentar ensanchar su poder tributario respecto a los cánones o regalías. Así, los Estados de la fuente operan sobre el objeto de los contratos que pueden generar *royalties*, intentando incluir el mayor número posible de supuestos. Por su parte, los Estados de residencia intentan extender el título jurídico, para poder abarcar el mayor número de perceptores de rentas. Los Estados de la fuente intentan ampliar los referentes objetivos de los cánones, esto es, los objetos cuya cesión generan *royalties*, mientras que los Estados de residencian pretenden expandir los vínculos subjetivos.

Pero BEPS no afecta a las cuestiones medulares del reparto del poder tributario, por lo que del documento BEP sólo derivan ciertas medidas.

Así, parece necesario plantearse la superación del gravamen en la fuente de los cánones sobre rentas brutas. Cuando ello es así, en la práctica internacional, el gravamen en la fuente de la regalía pagada se lleva a cabo sobre el rendimiento bruto, lo que determina una tributación excesiva en el país donde se satisface el *royalty*. Al tiempo, el Estado de residencia vuelve a gravar el *royalty*, aunque permite la deducción de los gastos incurridos en su generación, que normalmente suelen ser bastante elevados. Si el país de residencia mitiga la doble imposición a través del método de *credit tax*, seguramente no habrá renta suficiente con cargo a la cual practicar la deducción del crédito de impuesto. Ello supondrá que se consolidará una doble imposición no corregida, que supondrá una sobreimposición. Este exceso de tributación supone una distorsión fiscal, que penaliza la cesión internacional de los resultados de la innovación tecnológica.

Pero el actual régimen de reparto internacional del poder tributario en materia de intangibles no sólo provoca situaciones de doble imposición jurídica no corregida sino situaciones de doble no imposición.

Así, en aquellos casos en que no se prevé el gravamen de los *royalties* en la fuente (en el caso español, Convenios de Doble Imposición con Hungría y Bulgaria), habrá doble no imposición cuando en el país de residencia exista un régimen preferencial de no tributación total o parcial; singularmente un régimen de *patent-box* (no tributación total o parcial de los rendimientos obtenidos por la cesión del intangible). En este sentido, la Acción 1 de BEPS se relaciona directamente con la Acción 4, relativa a los regímenes preferenciales, que se orientan a los intangibles, y enlaza con la filosofía de eliminar la doble no imposición.

En este marco, BEPS plantea reflexiones importantes, por ejemplo en el Informe de diciembre de 2014. Y destaca que, en relación con los intangibles, se manifiesta de forma especialmente incisiva la asimetría entre el flujo de efectivo y la verdadera generación de riqueza o valor, a partir de funciones y riesgos efectivamente asumidos, que es una de las grandes cuestiones que denuncia BEPS cuando habla de desconsiderar la interposición de sujetos de bajo o nulo riesgo. BEPS recomienda estas *desconsideraciones*, pero el recurso a las mismas por los Estados debe hacerse con cautela, en la medida en que pueden afectar negativamente a la seguridad jurídica y capacidad económica (sujetos en idéntica situación pueden acabar sujetos a distinta tributación).

Por último, una cuestión de gran trascendencia es la referida a los precios de transferencia en relación con los intangibles. Así, en el área de precios de transferencia, se deberían mejorar las normas para poner más énfasis en la creación de valor por parte de grupos muy integrados, abordando el uso de intangibles. No se trata de cambiar completamente el sistema internacional de valoración de precios de transferencia, sino de modificarlo, en relación sobre todo, con los intangibles. Y ello porque, si hay un elemento que plasma en toda su plenitud la crisis del método de libre comparable éste es, con toda seguridad, su difícil aplicación a los intangibles. Especialmente, intangibles generados en el seno del grupo, mediante la adopción de *cost-sharing arrangements*, a través de los que existe un reparto de costes mediante aportaciones calculadas de acuerdo con unas reglas previstas en el propio acuerdo, que también suele incluir los costes de adhesión y retirada de partícipes (*buy-in/ buy-out/payment*).[18]

Además, el Informe conclusivo de la Acción 1 menciona las denominadas estrategias y recomendaciones para abordar los problemas de BEPS en el contexto de la economía digital. Estas estrategias incluyen, entre otras, modificar la lista de excepciones a la definición de establecimiento permanente e introducir criterios anti-fragmentación de la actividad en el Estado donde el establecimiento permanente opera, para hacer frente a situaciones como aquéllas en las que "un vendedor en línea de productos tangibles (siendo los componentes esenciales de su modelo de negocio la proximidad de los clientes y la necesidad de realizar las pertinentes entregas con rapidez) posea un almacén local de grandes dimensiones en el que trabaje un número considerable de empleados y utilice dichas instalaciones con fines de almacenamiento y entrega de bienes o mercancías vendidos en línea a dichos clientes". Este sería un supuesto que para el informe BEPS debe ser constitutivo de una modalidad de establecimiento permanente. Además es necesario prever reglas que impidan acogerse a las excepciones al estatus de establecimiento permanente mediante la fragmentación de las operaciones entre las distintas entidades de un mismo grupo. Los países de América Latina deberán mejorar

---

[18] El Internal Revenue Service (IRS) define los *cost-sharing arrangements* como: *an agreement under which costs to develop intangibles are shared in proportion to reasonably anticipated benefits that each entity will reap*. Y, aunque, en países como España, las reglas relativas a los acuerdos de reparto de costes constituyen reglas específicas que no interfieren en la aplicación del principio *arm's length*, no ocurre así en el Derecho Comparado. En Estados Unidos las normas internas en materia de costos compartidos prevalecen sobre el principio *arm's length*, como lo ha afirmado la emblemática resolución *Xilinx. Inc. v. Commissioner* del Noveno Circuito de la Corte de los Estados Unidos, de 27 de mayo de 2009. De manera que la valoración de intangibles en el marco de los *cost-sharing* ha contribuido activamente a la crisis del libre comparable como criterio fundamental en la valoración de operaciones entre partes dependientes.

su definición doméstica de establecimiento permanente, alineándola con estas tendencias internacionales.

Por tanto, esta Acción 1 de BEPS, está directamente relacionada con las acciones previstas para la reordenación internacional de los precios de transferencia.

En Europa y ante el fracaso de una solución común en desarrollo de la Acción 1 de BEPS, que llamaba a afrontar la adaptación de la fiscalidad a la economía digital, Europa ha optado por proponer diversas soluciones en el paquete *Fair Taxation of the Digital Economy de la Unión Europea* aprobado por la Comisión Europea el pasado 21 de marzo de 2018 y que tiene su origen en la Estrategia para el Mercado Único de la Unión Europea de 2017.

En este documento se incluyen dos medidas de enorme importancia. La primera, una propuesta de Directiva sobre establecimiento permanente digital. Este nuevo concepto de establecimiento permanente, parte de la premisa de la existencia de un Hay un *missmatch* o desconexión entre el lugar donde se grava el beneficio y el lugar donde se crea el valor y de que este *missmatch* es especialmente intenso en las actividades digitales. Por eso se propone una nueva idea de establecimiento permanente que arrumbe la tradicional exigencia de lugar fijo de negocios y que se base en la *suficiente presencia económica* (evaluada en término de ingresos, número de usuarios y de contratos) y que supone, arrumbar la idea de que para que se pueda tener establecimiento permanente en otro país hay que tener presencia física mediante un lugar fijo. Y la segunda, otra propuesta de Directiva sobre un impuesto a los servicios digitales (*Google Tax*), de un 3% de ingresos brutos.

La regulación propuesta para este *Digital Services Tax* incluye *nexus rules* y *profit allocation rules*. En concreto, incluye nuevas reglas de localización para el gravamen de rentas generadas en la prestación de servicios por empresas digitales. Así, para consumidores, la localización se fija en el Estado miembro en el que ha sido usado el aparato electrónico utilizado para acceder al "interfaz digital" a través del cual son prestados los servicios, determinado mediante la dirección IP. Y para contratos empresariales, el usuario se considerará localizado en el Estado miembro en el que tenga residencia a efectos corporativos o, en ausencia de residencia fiscal en la Unión Europea, donde esté localizado el establecimiento permanente.

Se trata de un impuesto que grava la renta obtenida por entidades que explotan un mercado digital a partir del valor que aportan los usuarios. Es decir, de lo que se trata es de tener en cuenta un elemento de producción que contribuye al valor añadido de un producto que resulta objeto de remuneración. Ese elemento es la masa de usuarios en una determinada demarcación, circunstancia que afecta a las empresas digitales y que tradicionalmente no se tenía en cuenta.

Los servicios digitales gravados por este novedoso impuesto se definen de forma similar a como se delimitan "los servicios prestados electrónicamente" en el IVA (art.7 Reglamento nº 282/2011, de desarrollo de la Directiva 2006/112). Se gravan los ingresos brutos (sin deducir gastos salvo el IVA y otros gravámenes similares) procedentes de la prestación de determinados servicios digitales caracterizados por la creación de valor por parte del usuario. Esto es, sobre el presupuesto de que la participación del usuario en una actividad digital constituye una contribución esencial para la generación de ingresos.

En concreto, los servicios que son objeto de imposición son, en primer lugar, la puesta a disposición de los usuarios de interfaces digitales multifacéticas que les permitan localizar a otros usuarios e interactuar con ellos, y que puedan facilitar también las entregas de bienes o prestaciones de servicios directamente entre ellos (plataformas de intermediación: p.ej. Uber o Airbnb). En segundo lugar, la transmisión de los datos recopilados acerca de los usuarios que hayan sido generados por las actividades de estos últimos en las interfaces digitales (p.ej. Google, Facebook…). Y, por último, la inclusión en una interfaz digital de publicidad dirigida a los usuarios de dicha interfaz (p.ej. Facebook, Twitter, Instagram…).

Estaríamos ante una solución que pretende frenar la perniciosa tendencia de los Estados a crear unilateralmente impuestos sobre pagos de servicios digitales. De hecho, países como Francia e Italia ya habían anunciado impuestos que siguen la estela del modelo del *tax equalisation* de la India, aunque en el caso francés, el tributo esté suspendido por el Consejo de Estado. La Unión Europea prefiere suministrar unas reglas armonizadas mínimas y adoptar una fórmula propia de países como la India, que son Estados de residencia de consumidores de servicios digitales.

III 2 Acción 2: neutralizar los efectos de los instrumentos híbridos (septiembre 2014)

Cuando se habla de instrumentos híbridos, la Acción 2 de BEPS se está refiriendo a "mecanismo y entidades".

Ello abarca, en primer lugar, los instrumentos financieros que en un país pueden tener el tratamiento de capital y en otro el de préstamos (preferentes, convertibles, préstamos participativos…).[19] Pero también las entidades que, como las *check the box* de Estados Unidos, pueden resultar transparentes en un Estado y no en otro.[20]

Las entidades transparentes son tratadas como entidades híbridas cuando la ley interna del Estado en que son constituidas las califica fiscalmente como personas

---

[19] En el ámbito internacional han destacado el ejemplo de los *juros sobre capital propio* de Brasil que, a pesar de su estructura interna de préstamo, tienen un tratamiento similar a los dividendos, o bien las acciones preferentes australianas, que a pesar de ser calificadas como acciones, tienen un rendimiento fijo y no son negociables en mercados secundarios. Respecto a los *juros de capital propio* brasileños, se ha pronunciado en España el Tribunal Económico-Administrativo Central en resoluciones de 13 de abril de 2011, Vocalía Tercera, RG. 1201/10, 1202/10 y 1884/10 y en la posterior de 26 de abril de 2012, Vocalía Segunda, nº Resolución 00/4085/2010, calificándolos como *intereses* a los efectos de la aplicación del Convenio de Doble Imposición hispano-brasileño. Por su parte, la Audiencia Nacional, en sentencia de 27 de febrero de 2014, entiende que, de acuerdo con la calificación en el Estado de la fuente, deben considerarse dividendos. En cuanto a las preferentes australianas, la sentencia de la Audiencia Nacional de 18 de abril de 2013, califica sus rendimientos como intereses.

[20] Estas entidades se utilizan en estructuras elusivas que han propiciado la adopción de BEPS. Poniendo el ejemplo de la *Double Irish* utilizada por multinacionales como Google, Microsoft, Facebook, Oracle o Pfizer, la misma se basa, en realidad, en el aprovechamiento de una serie de defectos graves en la regulación interna de Irlanda y Estados Unidos, que bastaría con corregir para neutralizar esta operación. Así, por un lado, las multinacionales se acogen a que la legislación Irlandesa, al seguir el criterio de la sede de la dirección efectiva, permite que una sociedad tenga su domicilio fiscal donde reside la entidad que controle a la sociedad Irlandesa (y que puede ser un paraíso fiscal) y no donde desarrolle sus actividades. Se trata de una cuestión que Irlanda, modificará a partir del 1 de enero de 2015. En segundo lugar, que Estados Unidos, al seguir el criterio de lugar de constitución (*law of constitution*), trata a las dos filiales irlandesas de la multinacional americana como una única entidad residente en Irlanda, por lo que las operaciones entre ambas son irrelevantes para el impuesto americano. .Además, al ser una de estas filiales una sociedad de responsabilidad limitada (*Limited Liability Company*) la aplicación del régimen de transparencia es una opción de la sociedad (sistema *check in the box*), por lo que la modificación de este régimen o el cambio legal del régimen americano de las *Controlled Foreing Corporation*, reducirían las posibilidades de acudir al *Double Irirsh*.

jurídicas y la ley del país de residencia de los socios considera a éstos como partícipes de una entidad transparente. Y estaríamos ante un *híbrido inverso* (*reverse hybrid*) cuando el Estado de residencia de la entidad las considera transparentes, pero en el Estado de residencia de sus "socios o miembros (*members* de una LLC)" se considera que tales sujetos son socios o financiadores de una entidad equiparable a una persona jurídica (Recomendación 5 del Informe de Desarrollo de la Acción 2 de BEPS).

Desde la perspectiva de Estados Unidos, sin embargo, impulsora de BEPS, una entidad híbrida es una entidad que es "fiscalmente transparente" para los fines fiscales de los Estados Unidos (*for U.S. tax purposes*), pero no fiscalmente transparente para fines de impuestos extranjeros (*for foreign tax purposes*). Por el contrario el híbrido inverso será la entidad que es fiscalmente transparente para fines impositivos en el exterior, pero no fiscalmente transparente para los fines fiscales de Estados Unidos.[21]

Tanto para instrumentos financieros como para entidades, el Informe de la Acción 2 prevé tres categorías de mecanismos híbridos: deducción/ no inclusión (D/NI), que se daría cuando el pago hecho por el contribuyente genera un gasto deducible sin que la recepción de dicho pago genere un ingreso ordinario gravable en sede del receptor, lo cual puede deberse tanto a reglas domésticas materiales como a disposiciones relativas a la imputación temporal. En segundo lugar, la doble deducción (D/D) donde el resultado híbrido es consecuencia de que el pago realizado se considera fiscalmente deducible en más de una jurisdicción. Finalmente, la Deducción/ No inclusión indirecta (D/NI indirecta), que son situaciones en las que un pago no-híbrido desde una jurisdicción tercera se compensa con una deducción generada por un mecanismo híbrido, de forma tal que no se llega a producir una tributación efectiva en sede del receptor.

Desde la perspectiva de Estados Unidos, la LLC es un híbrido, que puede ser transparente a efectos internos, y calificado como persona jurídica por las legislaciones exteriores.

La existencia de estos híbridos y la posible doble no imposición derivada de su aprovechamiento en dos jurisdicciones, viene siendo objeto de preocupación en diversos foros supranacionales e internacionales. Así, destaca en la Unión Europea el *Tackling double non-taxation for fairer and more robust tax systems*, de 29 de febrero de 2012, de la Comisión y la Resolución del Parlamento Europeo de 19 de abril de 2012 (B7-0203/2012), sobre la necesidad de adoptar medidas concretas para combatir el fraude y la evasión fiscal y prevenir la doble no imposición en relación con el uso de instrumentos híbridos, en el marco de las Directivas 90/435/CEE y 2003/49/CE. Y los trabajos de la OCDE marcan la línea de una tendencia global dirigida a articular una nueva generación de cláusulas antiabuso específicas (*Specific and targeted rules, TARs*) concebidas hacer frente a estrategias de planificación que explotan la interacción entre distintas legislaciones fiscales nacionales, en ocasiones, en combinación con sofisticados esquemas de innovación financiera.[22]

---

[21] Los híbridos invertido son especialmente utilizados en los FIRPTA (*Foreign Investment in Real Property Tax Act*), autorizados por el Congreso de Estados Unidos en 1980, mediante la incorporación de la Sección 897 al *Internal Revenue Code*.

[22] CALDERON CARRERO, J.M. A vueltas con las reglas de interpretación y calificación de los convenios de doble imposición al hilo de una resolución del TEAC sobre híbridos financieros: la reciente reacción de la OCDE frente al arbitraje fiscal internacional, *Quincena Fiscal*, nº 12, 2012, p. 18.

Sobre esta cuestión se pronunció la consulta regional de América Latina y el Caribe, sobre erosión de bases y traslado de beneficios, celebrada en Bogotá, el 27 y 28 de febrero de 2014, en cuyo documento se hace referencia a ciertos híbridos, habituales en la región, como los *swaps* de materias primas, en los que está presente un intercambio futuro de flujos.

¿En qué se traducirá esta Acción en la práctica y, sobre todo, cómo afectará al ordenamiento interno de los países de América Latina?. El Informe BEPS en torno a la Acción 2, prevé que los Estados implementen, singularmente para los supuestos D/NI, una regla primaria que sería la negación de la deducción en sede del pagador y una regla secundaria o defensiva: la jurisdicción del pagador permite la deducción, será la jurisdicción del receptor del pago, en aplicación de la regla defensiva, la que deberá hacer tributar el ingreso. De manera que, para evitar la doble no imposición derivada de estos instrumentos, los Estados de residencia aplicarán una medida defensiva, eliminando la exención de la renta, si la misma no ha tributado en la fuente, o que deniegue la deducción cuando la misma ya se ha aplicado en otro Estado (*double dip o D/D*).

Por su parte, cuando se trate del Estado de la fuente (condición que asumirán los países de América Latina en la mayoría de los casos), se incluirán en la ley medidas primarias, denegando la deducción de un pago si no es renta para el perceptor.

Esta medida propuesta en BEPS es un ejemplo más del alejamiento de las propuestas de la OCDE de la realidad de los países en vías de desarrollo. Y ello porque una medida de limitación de la deducción de costes de ciertos instrumentos financieros, afectará, sin duda alguna, a la política fiscal de los países en desarrollo que habiliten deducciones para atraer inversión.

En lugar de denegar la deducción, la no tributación efectiva en el país de residencia, podría ser utilizada por los países latinoamericanos como "elemento de convicción" para calificar una conducta como elusiva (así, en España, sentencia de la Audiencia Nacional, de 20 de mayo de 2014).

En suma, el tratamiento de los híbridos, y, en concreto, la Acción 2, basada en la obsesión por combatir la doble no tributación y en el conocido *single tax principle o principio de gravamen único,* que sería el contrapunto del rechazo a la doble imposición. Según éste la renta debe ser gravada una vez, no más, pero tampoco menos. Esta Acción va a condicionar de manera significativa el régimen de deducciones, especialmente en los países *de la fuente.*

En cuanto a los híbridos de entidades, también se pueden adoptar medidas similares de limitación de aplicación de regímenes beneficiosos cuando tales entidades no tributan efectivamente en el país de residencia. Y, se pueden modificar los Convenios de Doble Imposición para introducir en los protocolos, en especial la cláusula de exclusión (*exclusion approach*), prevista en el comentario 15 al artículo 1 Modelo OCDE.

III 3 Acción 3: refuerzo de la normativa sobre Controlled Foreing Corporation–CFC- (septiembre de 2015)

BEPS sugiere la introducción de medidas de *Controlled Foreing Corporation* (CFC) o transparencia fiscal internacional. Aunque ello es algo que concierne, preferentemente, a los países de residencia. De hecho, una mala regulación de la transparencia fiscal internacional en Estados Unidos, es lo que ha propiciado estructuras como la *doble irlandesa*, a la que ya nos hemos referido.

La transparencia fiscal internacional es una cláusula especial anti-elusión, que pretende la tributación de las rentas de las sociedades filiales extranjeras controladas en el país de residencia de sus accionistas. La OCDE ha pretendido impulsar la transparencia fiscal internacional desde su Informe de 1998, a efectos de luchar contra el recurso abusivo a *sociedades base*. Así lo ha recogido el parágrafo 23 de los Comentarios al art. 1 del MOCDE, donde se señala que la utilización de sociedades base debe ser combatida con una legislación sobre transparencia fiscal internacional.

El empeño de la OCDE por promover la implantación de cláusulas de transparencia fiscal internacional estaba en la línea de su política de protección del Estado de residencia y de defensa del principio de renta mundial como clave de bóveda del reparto del poder internacional. Y ello, como apuntamos, no resulta sustancialmente alterado por BEPS. La finalidad prioritaria de la transparencia fiscal internacional es proteger el principio según el cual los residentes deben ser gravados por la renta mundial y evitar que este principio se burle mediante la colocación de patrimonios bajo la titularidad de entidades jurídicas no residentes.[23]

Ese empeño a favor de la CFC se ha visto, incluso, en la reafirmación de su implantación, cuando la figura fue cuestionada en algunos países. En este sentido, cabe afirmar que en Francia, el instituto de transparencia internacional, recogido en el artículo 209-B del *Code Général des Impôts*,[24] fue puesto en tela de juicio, por ejemplo, por la resolución de 12 de diciembre de 1996, del Tribunal Administrativo de Estrasburgo, en el caso *Strafor-Facom*; por la resolución de 25 de febrero de 1999, del Tribunal Administrativo de Poitiers, en el caso *Remy-Cointreau,* y por la sentencia del Tribunal Administrativo de Apelaciones de Paris de 30 de enero de 2001, en el supuesto *Schneider*, que ha resuelto la incompatibilidad del art. 209-B del *Code Général des Impôts*[25] con los Convenios suscritos según el Modelo de la OCDE.

Por el contrario, la OCDE ha defendido la compatibilidad de la transparencia fiscal internacional con los Convenios. En tal sentido, en el Modelo de Convenio de 1992 se incluía, por primera vez, una referencia a la compatibilidad de las cláusulas internas en presencia de Convenio, incluyendo una mención a la existencia de una opinión contraria minoritaria. Pero el Modelo 2003 ya no incluye esta referencia a la opinión minoritaria. En tal sentido, los Convenios firmados por España empiezan a incluir cláusulas que disponen que el Convenio no se interpretará en el sentido de impedir a un Estado contratante aplicar las disposiciones de su normativa interna relativas a la

---

[23] SANZ GADEA, E. El régimen especial de transparencia fiscal internacional, *Working Papers*, IEE, Banco Pastor-Fundación Barrié, A Coruña, 2000, p. 47.

[24] El art. 209, B, del *Code* prevé que siempre que un sujeto pasivo del impuesto sobre sociedades francés tenga una participación superior al 10 % - o con un valor superior a 150 millones de francos – en una sociedad exterior, residente en un paraío fiscal, el resultado de tal sociedad debe ser directamente imputado a la sociedad francesa, en proporción al porcentaje de capital detentado. En otros ordenamientos europeos – el caso alemán – no existe propiamente el instituto de la transparencia fiscal.

[25] El art. 209, B, del *Code* prevé que siempre que un sujeto pasivo del impuesto sobre sociedades francés tenga una participación superior al 10 % - o con un valor superior a 150 millones de francos – en una sociedad exterior, residente en un paraío fiscal, el resultado de tal sociedad debe ser directamente imputado a la sociedad francesa, en proporción al porcentaje de capital detentado. En otros ordenamientos europeos – el caso alemán – no existe propiamente el instituto de la transparencia fiscal.

prevención de la evasión fiscal, en la línea de la OCDE de postular que estas cláusulas domésticas forman parte de las reglas internas que determinan los hechos que dan lugar al nacimiento de la obligación tributaria. Convenios suscritos por España con Panamá, Alemania o Argentina establecen expresamente la compatibilidad de la trasparencia fiscal internacional con las disposiciones del Convenio.

A la luz de estas recomendaciones, los países latinoamericanos tendrían que aprobar normas de transparencia fiscal internacional. Es el caso de Ecuador con la Ley para la Equidad Tributaria de 2007, que supere los límites del principio de realidad económica del artículo 17 del Código Tributario Nacional y de las exigencias de registro y declaración del control que un sujeto tenga sobre entidades en el exterior.

Y en este contexto surgen las dudas de la compatibilidad de reglas como la mexicana relativa al Régimen Fiscal Preferente (REFIPRE), contemplado en los artículos 176 a 178 de la Ley del Impuesto sobre la Renta. Este régimen está previsto para sociedades en el exterior que obtengan rentas pasivas, entendiendo por tales intereses, dividendos, cánones, ventas de acciones, uso o goce temporal de inmuebles o ingresos a título gratuito generados con motivo del ejercicio de actividades económicas. Quienes obtengan estas rentas no las imputan pero deben reportarlas a la Hacienda mexicana, a través de una declaración informativa que incluya ingresos totales que genere el contribuyente a través de dichas figuras o entidades, tipo de activos afectados y operaciones realizadas y que aparece regulada en el artículo 178 de la Ley del Impuesto sobre la Renta. Este deber de reportar afecta a quienes realicen operaciones a través de figuras o entidades jurídicas extranjeras transparentes fiscales o a quienes generen ingresos de cualquier clase provenientes de alguno de los territorios señalados en la lista negra del artículo Noveno Transitorio de la Ley del Impuesto sobre la Renta.[26]

En cualquier caso, los países de América Latina como receptores de inversiones, tendrá más interés en aprobar disposiciones que garanticen un gravamen en sus territorios de acuerdo con la regla de "ubicación razonable del beneficio" como criterio de tributación mínima de cada filial en el país en que opere, o reglas como las que rigen en países como Perú la venta indirecta de acciones (artículos 9º, h) y 10 e) de la Ley del Impuesto sobre la Renta). No olvidemos que países desarrollados, y tradicionalmente exportadores de capital como Reino Unido vienen propugnado el gravamen efectivo, allí donde la renta hubiera debido tributar (así se recoge en la regulación del *diverted profit tax* o impuesto sobre beneficios desviados, más conocido como Tasa Google, implantado en Gran Bretaña por la *Finance Act* 2015, desde el 1 de abril de ese año).

III 4 Acción 4: limitar la erosión de la base imponible por vía de deducciones en el interés y otros pagos financieros (septiembre 2015)

BEPS pretende también evitar la erosión de las bases imponibles vía deducción de intereses, limitando tal deducción. Además, la Acción 4 hace referencia a los precios de

---

[26] La lista incluye a países como Aruba, Barbados, Belice, Bahamas, Kuwait, Puerto Rico, Gibraltar, Isla Caimán, Canarias, Islas Malvinas, Islas Salomón, Macao, Andorra, Mónaco, Albania, Angola, Costa Rica, Chipre, Honduras, Mauricio, Panamá, Uruguay...

transferencia en transacciones financieras. Se pone especial énfasis en la transferencia de intangibles en el seno del grupo, lo que exige poner al día las Directrices sobre acuerdos de reparto costes. Pero siempre sobre la base de un continuismo en los criterios de la OCDE, puesto que se indica como documento de referencia el Segundo Borrador de Documento de la OCDE sobre Intangibles de julio 2013.

La financiación entre entidades que forman parte de un grupo multinacional presenta múltiples problemas. Por un lado, la obtención de fondos de fuente vinculada es, sin duda, "la vía más ágil para poder hacer frente a las necesidades financieras".[27] Consecuencia de ello, en los grupos multinacionales no es extraño encontrarse con entidades que desempeñan una función exclusivamente financiera, por ejemplo, mediante acuerdos centralizados de tesorería (*cash pooling*). Los grupos diseñan estructuras para optimizar la fiscalidad, aprovechando la deducibilidad de los pagos de intereses, para concentrar los gastos financieros en jurisdicciones de fiscalidad media y alta, provocando un verdadero *profit shifting*. En esta línea se situaría el fenómeno de la supercapitalización, a que hace referencia el Informe BEPS, de las acciones 8-10, y que es una forma de denominar a las cash boxes: situación en la que una empresa del grupo con un nivel elevado de capital proporciona financiación a otras empresas del grupo sin realizar otras actividades sustantivas.[28]

Las operaciones de financiación en el seno de grupos multinacionales participan de los mismos problemas que se suscitan en relación con todas las operaciones entre partes no independientes, y la necesidad de sujetarlas al principio de independencia que inspira la regulación internacional de los precios de transferencia. Tal principio constituye una regla de localización de la renta entre jurisdicciones (*allocate the income where it belongs*)[29] para el reparto del poder tributario de los Estados, auspiciada por el Comité de Asuntos fiscales de la OCDE, a través de genuinos instrumentos de *soft-law*. Esa regla se sustanciaría en la exigencia de valorar las operaciones entre partes vinculadas de acuerdo con el principio *arm´s length*, para lograr una adecuada distribución de la renta entre las jurisdicciones donde se sitúan las entidades del grupo que intervienen en la operación.[30]

Siendo las operaciones de financiación entre entidades vinculadas operaciones entre partes no independientes que quedarían sujetas a la aplicación del régimen de precios de transferencia , no hay que olvidar que la aplicación de este régimen ha adquirido una nueva dimensión que ha venido a ser confirmada por el documento BEPS y por la filosofía que preside la modificación del Capítulo VI de la Guía de Precios de Transferencia en relación con los intangibles, inspirada en el Informe de 6 de octubre de 2015 relativo a las Acciones 1 y 6 del citado documento BEPS. A través de los precios

---

[27] CENTENO RODRÍGUEZ, B.-MONTES URDÍN, J. "Gastos financieros intragrupo", *Fiscalidad de los precios de transferencia (operaciones vinculadas)*, 2. ed., Ediciones CEF, Madrid, 2016, p. 722.

[28] GONZÁLEZ DE FRUTOS, U. El Proyecto BEPS y la Reforma de los Precios de Transferencia, *Fiscalidad de los precios de transferencia (operaciones vinculadas)*, 2. ed., Ediciones CEF, Madrid, 2016, p. 176.

[29] AVI-YONAH. Analysis of judicial decisions interpreting Sec 482, Transfer Pricing: judicial strategy and outcomes, *Tax Management*, Washington, 1995, p. 102. Véase al respecto también COMBARROS VILLANUEVA, M.V. *Régimen tributario de las operaciones entre sociedades vinculadas en el IS*, Tecnos, Madrid, 1988, p. 24 y ss.

[30] CALDERÓN CARRERO, J. M. *Precios de Transferencia e Impuesto sobre Sociedades (un análisis de la normativa española desde una perspectiva internacional, comunitaria y constitucional)*, Tirant lo Blanch, Valencia, 2005, p. 41 a 43; CAVESTANY MANZANEDO, M.A. Los precios de transferencia en la nueva Ley del Impuesto sobre Sociedades, desde las perspectiva de las directrices de la OCDE de julio de 1995, *Carta Tributaria*, n. 245, 1996, p. 3.

de transferencia en materia de intangibles se puede hacer efectivo el principio de sustancia sobre la forma y "atacar entidades sin sustancia y sin contribuciones esenciales de valor a los propios intangibles, cuando simplemente intermedien en la explotación de éstos".[31]

La figura que tradicionalmente se ha habilitado para limitar esta erosión es la subcapitalización, *infracapitalización*, o capitalización delgada (*thin capitalization*).[32] Consiste en hacer frente al suministro de recursos financieros a una sociedad mediante préstamo cuando por la vinculación existente y la proporción entre los fondos propios y los capitales prestados puede deducirse que el préstamo encubre una verdadera aportación de capital. La cláusula de subcapitalización suele utilizar como presupuesto la existencia de un endeudamiento neto basado en una *ratio fija*, superado el cual, el interés pagado se cataloga por la norma como dividendo ficticio, que no será deducible en la base imponible de la entidad pagadora.

Aunque en la actualidad, especialmente en Europa, la regla de la subcapitalización se está viendo sustituida por un límite general a la deducción de gastos financieros, calculado sobre el EBITDA, (beneficio antes de intereses, impuestos, amortizaciones y deterioro), medida introducida, entre otros países, en España, Portugal, Italia, Alemania, Francia y Holanda. La limitación se refiere a los gastos financieros netos, y éstos han de entenderse como el exceso de gastos financieros respecto de los ingresos derivados de la cesión a terceros de capitales propios.[33]

Informe de la Acción 4 de BEPS, se sigue el modelo de limitación de la deducibilidad de gastos financieros basada en un porcentaje del beneficio operativo (30% del EBITDA), incluyéndose igualmente una excepción con arreglo a la cual se admite la deducibilidad de los gastos financieros por encima de tal ratio allí donde el contribuyente pudiera demostrar que su ratio fondos propios/activos es igual o superior al ratio equivalente del grupo. A su vez, la Comisión indica que las entidades financieras y aseguradoras quedan exceptuadas provisionalmente de la aplicación de este mecanismo, de manera que en el futuro podrían articularse medidas específicas adaptadas a estos sectores de actividad. Como señala CALDERÓN CARRERO, de lo que se trata es de "articular un mecanismo estandarizado objetivo y mecánico de limitación de la deducibilidad fiscal de gastos financieros por los distintos Estados miembros" en tanto una regulación común comunitaria en tal sentido restringiría seriamente las estructuras de planificación fiscal agresiva que pivotan sobre la deducibilidad de los intereses en un Estado miembro y la no o baja tributación en el Estado de residencia del receptor de los pagos.[34]

La propuesta incluye la posibilidad de complementar la norma ratio fijo (sin reemplazarla) con una norma de ratio global de grupo (*group ratio rule*) que permitirá

[31] CALDERÓN CARRERO, J. M. *Precios de Transferencia e Impuesto sobre Sociedades (un análisis de la normativa española desde una perspectiva internacional, comunitaria y constitucional)*, op. cit., p. 45.

[32] CALDERÓN CARRERO, J.M. Estudio de la normativa española sobre subcapitalización de sociedades a la luz del principio de no discriminación: análisis de su compatibilidad con los CDIs y con el ordenamiento comunitario, *Crónica Tributaria*, nº 76, 1995, p. 122.

[33] CALVO VERGEZ, J. La nueva limitación a la deducción de gastos financieros en el Impuesto sobre Sociedades: algunas consideraciones a la luz de la reforma fiscal, *Actum Fiscal- Actualidad Mementos*, nº 95, monográficos 2015, p. 13.

[34] CALDERÓN CARRERO, J.M. La dimensión Europea del Proyecto BEPS: primeros acuerdos del ECOFIN, la aprobación del mecanismo de intercambio automático de *tax rulings*, y el Paquete Anti-Elusión Fiscal 2016, *Quincena Fiscal*, nº 6, 2016, p. 7.

deducir intereses por encima de la ratio fija, atendiendo a la correlación entre el gasto financiero neto y el EBITDA del grupo a nivel mundial (el Informe habla de nivel de la tasa neta de interés/EBITDA del grupo – *level of the net interest/ EBITDA ratio of its worldwide group*). Así, señalaba el Informe que "este enfoque puede complementarse con una norma de ratio global del grupo que permite a una entidad exceder dicho límite en determinadas circunstancias" de 2015. Es decir, se defiende una medida complementaria de limitación de endeudamiento a nivel de todo el grupo, aun siendo conscientes de algunas dificultades que supone (por ejemplo, la inclusión o no dentro del concepto de gastos financieros de ciertos pagos por derivados, los problemas de seguridad jurídica sobre la previsibilidad de los niveles de interés deducible en cada jurisdicción como consecuencia de movimientos anuales de las figuras que impulsan la asignación de interés a través de un grupo (annual *movements in figures that drive interest allocation across a group*). Pero, sobre todo, la posible generación de situaciones de doble imposición, ya que un límite basado en la asignación de interés a nivel global a través de las distintas jurisdicciones nacionales podría suponer que los grupos no dedujesen el monto total de su gasto de interés externo (*full amount of their external interest expense*). Y cualquier posibilidad de compensación del exceso de interés o de la capacidad de deducción de intereses no utilizada, es probable que no mitigue plenamente el riesgo de doble imposición

La propuesta hunde sus raíces en las formulaciones previas del Informe específico de la Acción 4, de 19 de diciembre de 2014. BEPS propone adoptar medidas que limiten la traslación de beneficios vía la deducción de intereses. No obstante no parece que una prohibición de deducir los gastos financieros sea la solución más acertada; por un lado puede generar una doble imposición de intereses cuando los mismos resulten gravados en cabeza del perceptor. Por otra parte, plantea serias objeciones desde el punto de vista de la seguridad jurídica, que requiere el gravamen de la renta neta. De ahí que LODIN haya propuesto sustituir la deducción de los intereses como gasto, por la deducción en cuota del impuesto pagado por la sociedad del grupo perceptora de los intereses, con el límite de lo que se tributaría si los intereses se obtuviesen por la sociedad que los ha pagado.[35]

III 5 Acción 5: combatir las prácticas tributarias perniciosas, teniendo en cuenta la transparencia y la sustancia. Septiembre 2015. Estrategia con otros países. Diciembre 2015

La Acción 5 Así, la Acción 5 propone combatir las prácticas tributarias perniciosas, teniendo en cuenta la transparencia y la sustancia. En función de esta idea, se implementan dos líneas esenciales: la exigencia de que se cuente con act*ividad sustancial* y la nece*sidad* de incrementar la transparencia, incluyendo el intercambio obligatorio y espontaneo de *rulings*. La Acción 5 también hace referencia a la falta de transparencia, mencionando los denominados *regímenes preferenciales*. Se dice que no queda nada clara la concurrencia de sustancia ni la seguridad jurídica en los regímenes privilegiados. Entre estos destacan los

---

[35] LODIN, S.O. *The making of Tax Law. Th Develpoment of Swedish Taxation*, IFBD/Iustus Förlag, Amsterdam, 2011, p. 191 y ss.

regímenes de *holding* (singularmente los de Luxemburgo, Holanda, Suecia y Dinamarca), basados en el *participation exemption regime*. Se incluirían también las ETVE españolas, rechazadas unilateralmente por países como Argentina y Brasil.[36] Deben mencionarse otras medidas que pueden incidir negativamente en la transparencia como los *tax rulings* holandeses o los *comfort letters* de Luxemburgo, sujetos a investigación por la Comisión Europea, desde el 17 de diciembre de 2014. Se trata, en cualquier caso, de medidas que afectan también a los países de residencia, y no tanto a los de la fuente.

Por otro lado, entre los principales instrumentos de lucha contra la elusión y las prácticas perniciosas está la adopción de cláusulas generales anti-abuso (General Anti-Abuse Rules – GAARs).

BEPS no hace una recomendación expresa de que los Estados adopten una cláusula general, salvo en lo relativo a la implementación de una cláusula de salvaguarda para impedir unilateralmente la aplicación abusiva del convenio. Así, el documento publicado por la OCDE en septiembre de 2014 (*Preventing the Granting of Treaty Benefits in Inappropriate Circumstances*) propone una nueva cláusula general anti-abuso, que incluye el *test del propósito principal* que, no obstante, se limita en su aplicación al *treaty shopping,* cuando la obtención del beneficio del convenio sea "uno de los principales propósitos del negocio".

Sin embargo, está claro que la transposición de BEPS en los ordenamientos internos llevará a que los distintos países, en especial de América Latina, dispongan la inclusión de cláusulas generales anti-elusión en sus ordenamientos. En esta línea están México y Chile, miembros de la OCDE, siguiendo la estela de otros países latinoamericanos que ya tienen estas medidas generales contra la elusión, como Brasil, Argentina, Colombia o Perú.[37]

---

[36] Las ETVE propiciaron la denuncia por Argentina del Convenio de Doble Imposición con España de 1992 y la firma del nuevo vigente desde 1 de enero de 2013. Por su parte, Brasil ha negado que estos dividendos se pueden beneficiar de la exención prevista en el artículo 23.4 del Convenio para evitar la Doble Imposición entre España y Brasil, y lo ha hecho a través de una disposición interpretativa interna de ínfimo rango, el *Acto Declaratorio Interpretativo* Nº 6, de 6 de junio de 2002 de la *Receita Federal Brasileña,* que se pronuncia sobre la no aplicabilidad del Convenio a los dividendos procedentes de entidades acogidas al régimen ETVE. La Administración ha rechazado la interpretación realizada por las autoridades brasileñas en el citado Acto Declaratorio, considerando que no se corresponde ni con la letra ni el espíritu del Convenio firmado entre ambos Estados. En efecto, como señala la respuesta a Consulta Vinculante de 14 de julio de 2003, el artículo 23.4 del Convenio España-Brasil firmado el 14 de noviembre de 1974. (BOE, 31-diciembre-1975), no exige que se graven efectivamente los dividendos en España, sino que España tenga derecho a hacerlo de acuerdo con el Convenio. Esto último ocurre en el caso de la ETVE, con independencia de la renuncia a tributación que se produce en nuestra Ley interna. Por tanto, el artículo 23.4 sería plenamente aplicable a los dividendos distribuidos por la ETVE a un residente en Brasil, por lo que Brasil debería eximir de gravamen esos dividendos.

[37] Ello contrasta con el modelo de cláusula europea, en la Unión Europea, donde la Comisión, en su propuesta de modificación de la Directiva Matriz-Filial de 25 Noviembre 2013 (COM(2013)814final), propone una cláusula anti-abuso común europea que estarían obligados a introducir en sus respectivos ordenamientos todos los Estados miembros y basada en la jurisprudencia del Tribunal de Justicia de la Unión Europea sobre *práctica fiscal abusiva.* La cláusula tipo se basa, por un lado, en la Recomendación de medidas frente a la planificación fiscal agresiva de 6/12/2012, y por otro en la jurisprudencia del Tribunal de Justicia de la Unión Europea, como *Cremer* de 11 de octubre de 1977 -125/76-, *Emsland-Stärke GmbH* de 14 de diciembre de 2000 –C-110/99 -, *Halifax,* de 21 de febrero de 2006 (As. C-255/02) o *Cadbury-Schweppes* de 12 de septiembre de 2006 (C-196/04).

III 6 Acción 6: impedir la utilización abusiva de convenio

El abuso de convenio es la expresión más básica de la elusión tributaria internacional, en la medida en que la norma *abusada* es una típica norma de Derecho internacional, como un convenio de doble imposición. Y sobre el abuso de convenio se pronuncia expresamente BEPS, en su Acción 6, titulada *prevención del abuso de convenios*. Sin embargo, será difícil que las medidas previstas se puedan articular en la práctica mientras no se defina un estándar común de abuso.[38] De hecho, ya existe un arsenal de medidas contra el abuso de convenios, en los comentarios al artículo 1 del Modelo OCDE que incluyen las cláusulas de transparencia, tránsito y sujeción efectiva, así como el uso del beneficiario efectivo como mecanismo indirecto de lucha contra el abuso de convenio. Si se pretende reforzar estas cláusulas, los países latinoamericanos deberían renegociar sus convenios para incluirlas en los respectivos protocolos.

En esta línea se introduce una cláusula de limitación de beneficios (LOB – *Limitation On Benefits*) y la cláusula del propósito principal (PPT – *Principal Purpose Test*), según la cual no resultarán de aplicación los beneficios de un convenio cuando el principal propósito de una persona o entidad o transacción sea precisamente acceder a los beneficios de dicho convenio. Mediante las cláusulas LOB se proporciona una serie de test objetivos que permiten determinar si un residente puede considerarse persona calificada (*qualified resident*) a efectos de tener derecho al acceso al Convenio. Por su parte, la cláusula de propósito principal responde al esquema de las cláusulas de motivo económico válido y permite denegar los beneficios del Convenio basándose en una conclusión razonable de la motivación de la transacción.[39]

BEPS propone en este sentido, una solución peculiar, pues postula que los Estados adopten en sus ordenamientos internos una cláusula de salvaguarda (*saving clause*). Por medio de esta cláusula, los Estados se reservarían el derecho a implicar unilateralmente el tratado a sus propios residentes. Por tanto, los Estados podrían excepcionar la primacía del Convenio frente a la legislación doméstica, cuando apreciasen que la invocación del tratado se hace en condiciones abusivas. Dicha cláusula, finalmente, adoptó la forma de una cláusula de propósito principal (*principal purpose test* o PPT).También se prevé la inclusión de cláusulas de *limitación de beneficios* (*limitations of benefits, LOB*), propias del modelo USA de Convenio, basadas en la idea de que un Convenio se firma con un país, no con todo el orbe (*we are not signing an Convention with the World*), y que implementan un test preventivo de idoneidad de una sociedad que pretenda ser beneficiaria de un convenio con Estados Unidos.

Esta novedad es muy importante porque supone incorporar a las medidas contra el abuso de convenio el contraste tradicional entre cláusulas generales anti-abuso o *General Anti-Abuse Rules* – GAAR) y cláusulas especiales (*Special Anti-Abuse Rules –SAAR*).

---

[38] Mientras la misma no exista es difícil que tal acción se materialice en un proyecto coherente y que aporte certeza y seguridad jurídica. A estos efectos, el actual estándar de definición contenido en los Comentarios al art. 1 MC OCDE, y muy especialmente en el párrafo 9.5. (el llamado *guiding principle*), no contribuye a conocer qué conductas son abusivas y cuáles no; CALDERÓN CARRERO, J. M; MARTIN JIMENEZ, A. El plan de acción de la OCDE para eliminar la erosión de bases imponibles y el traslado de beneficios a otras jurisdicciones (BEPS): ¿el final, el principio del final o el final del principio?", *op. cit.*, p. 90.

[39] LANG, M. BEPS, Action 6. Introducing an antiabuse rule in tax treatties, *Tax Notes International*, v. 74, nº 7, may 19, 2014, p. 656; DE BROE, I; LUTS, J. BEPS. Action 6. Tax treaty abuse, *Intertax* v. 43, iusse 2, 2015, p. 131.

Como veremos, ello plantea serios problemas en términos de seguridad jurídica, dado el espectro excesivamente amplio de la cláusula PPT. La cláusula se basa en que la obtención de un beneficio derivado del convenio sea simpemente, uno de los propósitos principales de la operación. A ello hay que unir que los Comentarios aclaran que éste no tiene que ser el único motivo del contribuyente ni tampoco el propósito principal de la operación, desvirtuando de esta manera la razón de ser de la propia cláusula. Por eso es importante tener en cuenta el contenido de los Comentarios, a afectos de una interpretación racional de los mismos. Según éstos, "no se considerará que un propósito es principal si es posible concluir, teniendo en cuenta todos los hechos y circunstancias pertinentes, que la obtención de dicho beneficio ni fue uno de los motivos principales ni serviría para justificar la operación". Debe, quedar claro, en todo caso, que la PPT no puede aplicarse cuando existe algún motivo además del pramente fiscal, bastando a nuestro juicio, que la sociedad creada en el país parte del convenio tenga sustancia económica y no sea puramente artificial.

Al margen de la adopción de una cláusula de salvaguarda, BEPS hace referencia también a la necesidad de evitar situaciones de *doble no imposición*. Pero la condena generalizada de la existencia de situaciones sobrevenidas de doble imposición demuestra una vez más que las medidas de BEPS son resultado de una concepción del reparto del poder tributario que favorece a los Estados *de residencia*, ya que tal condena generalizada puede afectar, por ejemplo, a la posibilidad de adoptar cláusulas de *tax sparing* (incluidas en Convenios como el España-Brasil y propugnadas por el Modelo de Convenio del ILADT). Estas cláusulas, en tanto contemplan la deducción por doble imposición en el país de residencia por impuestos no pagados, son especialmente importantes para la política de incentivos a la inversión de los países de América Latina.[40]

III 7 Acción 7: impedir la elusión artificiosa del estatuto del establecimiento permanente (septiembre de 2015 para cambios en el EP)

Sin duda alguna, una de las cuestiones clave para reformar las bases en las que se asienta la distribución actual del poder fiscal internacional, es el cambio en el modelo de establecimiento permanente, una institución fundamental para garantizar la tributación en el territorio de los Estados donde se generan las rentas.[41]

En los últimos años, muchas han sido las modificaciones que ha experimentado la figura del establecimiento permanente, como consecuencia de los sucesivos informes de la OCDE. Así el Informe sobre Atribución de Beneficios a Establecimientos Permanentes de 2006 del Comité de Asuntos Fiscales, que postula la deducción de cargas financieras, a través de la figura del *capital free*; el Informe de 17 de julio de 2008 sobre *nuevo enfoque autorizado* de atribución de beneficios a establecimientos permanentes, o los Comentarios

---

[40] Sobre la conveniencia del *tax sparing*, CAHN-SPEYER WELLS, P. El método de imputación de impuestos no pagados (*tax sparing*) en un mundo globalizado, en *El tributo y su aplicación. Perspectivas para el siglo XXI*, Marcial Pons, Madrid-Barcelona-Buenos Aires, 2008, p. 1995.

[41] LANG, M. *Introducción al Derecho de los Convenios para Evitar la Doble Imposición* (trad. Diego Quiñones), Ed. Temis-IBFD, Amsterdam-Bogotá, 2014, p. 107; CALIENDO, P. *Establecimientos Permanentes em Direito Tributario Internacional*, Revista dos Tribunais, São Paulo, 2005, p. 473.

al Modelo OCDE del mismo año sobre criterios de atribución de renta del artículo 7,2, a tener en cuenta por el Estado de residencia o sobre deducibilidad de pagos a la casa central (que incluye la aplicación del principio *arm's length* y replantea el principio de empresa separada). También la introducción en los Comentarios al artículo 5, párrafos 42,11 a 42,48 de la denominada *cláusula alternativa de tributación de servicios* que permite gravar como si fuera establecimiento permanente cierta presencia física de personas en un Estado en el que desarrollan un servicio. O la modificación de 2010 de las referencias. Y sobre todo, la posibilidad, también en 2010, de potenciar criterios de *profit split*, mediante la progresiva implantación de técnicas de distribución del beneficio.

Sin embargo, BEPS se centra *desarrollar modificaciones en la definición de EP para impedir la elusión artificiosa del estatuto de EP en relación a la erosión de la base imponible y el traslado de beneficios, incluso mediante la utilización de mecanismos de comisionista y exenciones de actividad específica. Al trabajar en estas cuestiones, se abordarán también las relacionadas con la atribución de beneficio.*

Este es un punto extremadamente importante, pues enlaza con la política de *atribución razonable del beneficio* que están impulsando a nivel internacional, en especial los BRIC (Brasil, Rusia, India y China). Estos países están defendiendo que se haga frente a prácticas como la conversión de filiales fabricantes y distribuidoras en *contract manufacturer* de bajo riesgo para otras entidades del grupo no residente o como agentes promotoras de las ventas de otras empresas del grupo, retribuidas con comisiones, aunque tengan capacidad para vincular a la empresa matriz.[42] Se trata, en suma, de la reestructuración para convertir filiales con actividad sustancial en meras comisionistas. Frente a la curiosa interpretación de estas situaciones en sentencias como *Dell Noruega* de 2 de diciembre de 2011 o *Zimmer*, del *Conseil de Etat*, de Francia, de 31 de marzo de 2010, destaca el giro propiciado por la sentencia *Roche* del Tribunal Supremo de España de 12 de enero de 2012, que considera establecimiento permanente al comisionista con capacidad de vinculación *de facto* a la casa central.[43]

Además, es necesario profundizar en el contenido de los comentarios a los artículos 10,11, 12, 21 y 22 del Modelo OCDE, a efectos de habilitar mecanismos que contrarresten la práctica consistente en atribuir determinadas rentas (dividendos, intereses, cánones, otras rentas y patrimonio) a un establecimiento permanente situado en el territorio de un Estado que prevé una tributación más favorable de dichas rentas.

En cualquier caso, a la hora de plantear una reformulación del concepto de establecimiento permanente o del principio de independencia, o de la implantación de métodos de *profit split* en el tratamiento de los precios de transferencia, BEPS no será suficiente y habrá que pensar en una acción multilateral mucho más ambiciosa.

---

[42] Cuestión en la que entra por primera vez la Guía de Precios de Transferencia de la OCDE de 2010, que requiere el análisis de si la distribución de riesgos en una operación vinculada se ajusta al principio de libre competencia, disponiendo que la redistribución contractual de riesgos entre empresas relacionadas será respetada únicamente en la medida en que tenga "sustancia económica" (*economic substance*).

[43] Esta sentencia inaugura lo que se conoce como cláusula española de establecimiento permanente o *spanish approach*. Entiende esta resolución del Tribunal Supremo la comisionista de Roche en España no tiene un lugar fijo de negocios en España, ni tiene un agente dependiente con poderes para vincularle. Sin embargo, el alto tribunal interpreta que a la redacción actual del Modelo de Convenio de la OCDE permite contemplar en la figura del agente otras actividades distintas de la de "concluir contratos en nombre de la empresa" incluidas las que hubiera podido realizar directamente a través de un lugar fijo de negocios (como precisamente, la fabricación). Véase CARMONA FERNANDEZ, N. "La noción de establecimiento permanente en los tribunales: las estructuras operativas mediante filiales comisionistas", *Crónica Tributaria*, nº 145, 2012, p. 4º y ss.

Los países de Latinoamérica, por su parte, pueden aprovechar las directrices de esta Acción BEPS para promover una mejora en sus respectivas regulaciones internas del establecimiento permanente, e impulsar la traslación de ese cambio a la Decisión 40 de la Comunidad Andina de Naciones.[44]

III 8 Acciones 8, 9 y 10: asegurar que los resultados de los precios de transferencia están en línea con la creación de valor

Las Acciones, 8, 9 y 10 de BEPS están unidas por un hilo conductor común, que no es otro que la necesidad de replantear la ordenación global de los precios de transferencia. La Acción 8 pretende "poner freno al traslado del beneficio mediante el movimiento de activos intangibles entre miembros del grupo", y la 9 que una "empresa del grupo acumule un capital que no sea parejo a su nivel de riesgo". Por su parte, la Acción 10 propone luchar contra otras transacciones de alto riesgo que buscan reducir la base imponible. Estas acciones deben ser puestas en relación con la Acción 4, que hace referencia a los precios de transferencia en transacciones financieras. Además, se pone especial énfasis en la transferencia de intangibles en el seno del grupo, lo que exige poner al día las Directrices sobre acuerdos de reparto costes. En ese sentido, se ha aprobado ya el Informe sobre la Acción 8, que pretende asegurar que los resultados de los precios de transferencia estén sean acordes con la creación de valor de intangibles.

BEPS pretende sentar las bases para cambiar el paradigma de precios de transferencia, profundizando en la línea marcada por la revisión de la Guía de Precios de Transferencia, publicada el 22 de julio de 2010. Como principales novedades de la misma hay que incluir que los métodos de ganancia transaccional (margen neto de la transacción (*TransactionalNet Margin Method*) y el método de división de ganancias (*Profit Split Method*) ya no son considerados métodos de último recurso. Sólo se mantiene la preferencia por el método de *precio comparable entre partes no controladas*, pero, en todo caso, se aplicará el método que, atendiendo a cada situación particular, sirva mejor al objetivo de determinar el verdadero precio de mercado.

La gran novedad, sin duda, es la apuesta por los precios de transferencia como un mecanismo antielusivo, en tanto se pretende asegurar que los resultados de los precios de transferencia estén sean acordes con la creación de valor de intangibles. Ello ha dado lugar a la modificación de la Guía de Precios de Transferencia con la inclusión del nuevo Capítulo VI en relación con los intangibles, inspirada en el Informe de 6 de octubre de 2015 relativo a las Acciones 1 y 6 del citado documento BEPS. A través de los precios de transferencia en materia de intangibles se puede hacer efectivo el principio de sustancia sobre la forma y "atacar entidades sin sustancia y sin contribuciones esenciales de valor a los propios intangibles, cuando simplemente intermedien en la explotación de éstos".[45]

---

[44] En el caso de Ecuador, dice MONTAÑO GALARZA C., que el concepto de establecimiento permanente de la legislación interna ecuatoriana es amplio, pero convendría aprovechar la asunción de una nueva definición del mismo en el ámbito internacional, para promover una modificación en los Convenios firmados por Ecuador con países exportadores de capital; "El establecimiento permanente en los países miembros de la Comunidad Andina y en el Modelo de Convenio de la Organización para la Cooperación y el Desarrollo Económico", https://www.google.es/webhp?sourceid=chrome-instant&ion=1&espv=2&ie=UTF-8#q=Ecuador+establecimiento+permanente

[45] CALDERÓN CARRERO, J. M. *Precios de Transferencia e Impuesto sobre Sociedades* (*un análisis de la normativa española desde una perspectiva internacional, comunitaria y constitucional*), *op. cit.*, p. 45.

Ello supone un cambio muy importante en el rol del principio *arm´s length* y de los *transfer pricing*. Su función ya no es sólo la de constituir un instrumento de reparto del poder tributario entre las jurisdicciones implicadas en las operaciones de las entidades o independientes, sino la de valorar la realidad y racionalidad de tales operaciones.[46] Y sobre todo, se ha propiciado la revisión de la Guía de Precios de Transferencia de 2014, en relación con intangibles, y ejecutando las previsiones de la Acción 8 de BEPS (y, parcialmente, de las 9 y 10) se ha actualizado con la intencionalidad de asignar las utilidades asociadas con la transferencia y el uso de activos intangibles, de acuerdo con la creación de valor. A partir de esta finalidad esencial, las directrices disponen la prevalencia de la sustancia sobre la forma y facultan la *recaracterización* de operaciones y de la titularidad y localización de intangibles. En relación con esta última cuestión se intenta hacer prevalecer el análisis de funciones y riesgos por encima propiedad legal de los intangibles.

Además, se intentan resolver, con éxito desigual, algunos problemas técnicos importantes que venían planteando la búsqueda de comparables, perfilando los criterios que se deben seguir a la hora de seleccionar o rechazar un comparable. En este sentido, la Guía de 2010 sugiere mayores orientaciones, por ejemplo, facultando a que no se tome en en consideración todo el comparable sino sólo una parte, a través de técnicas de *rango intercuartil*, o fijando los aspectos del comparable a rechazar, a través de los resultados atípicos o extremos.

En cualquier caso, BEPS que, como hemos dicho, proclama su voluntad de no incidir sobre el actual consenso relativo al reparto de bases imponibles a nivel internacional, tiende una *línea roja*: "en ocasiones se proponen sistemas alternativos para la distribución de los ingresos, incluyendo los sistemas basados en fórmulas. Sin embargo, la importancia de una acción concertada y las dificultades prácticas para lograr un acuerdo sobre el nuevo sistema y para una implementación consistente en todos los países se traduce en que, más que intentar sustituir el sistema actual de precios de transferencia, la mejor opción es abordar directamente los defectos en el sistema actual…". Esto es; no se contempla una alternativa al principio *arm's-length* transaccional, ni una transición a sistemas más orientados al reparto de beneficios sobre claves que asignen los mismos a cada jurisdicción (*allocation keys*).

De todas formas, el Documento de julio de 2013 de la OCDE acepta el *profit-split*, por lo que puede ser considerado un primer paso hacia un cambio de sistema, al igual que parece serlo el enfoque de la documentación de las operaciones vinculadas "país por país" (*country by country*), que se desprende de las acciones 12 y 13, orientadas a reexaminar la documentación sobre precios de transferencia.

Esto es, BEPS apunta hacia un método *profit-split* global o de un sistema de reparto de beneficios para cada jurisdicción implicada, tanto en cuestiones como la información territorializada como en ciertas acciones sobre intangibles, pero es evidente que el Informe BEPS reconoce que no es el lugar más adecuado para un replanteamiento del

---

[46] En todas estas consideraciones late la idea una visión de las operaciones intragrupo como operaciones simuladas – los *dealings* no serían verdaderos contratos –, la prevalencia de la realidad económica (jurídicamente dos sociedades del mismo grupo son distintas pero desde el punto de vista económico son los mismo) y la clara preferencia de la real actuación de las partes sobre los términos contractuales, demostrando un evidente preferencia del fondo sobre la forma.

régimen de precios de transferencia. Aunque una reflexión sobre su modificación es una auténtica necesidad en el actual panorama internacional.

En suma, las acciones de BEPS, aun cuando se orienten a la definición de unas normas internacionales, no plantean una recomposición de la distribución del poder tributario internacional, que sigue basado en el Modelo de la OCDE, ni propugnan una reforma de los aspectos claves de ese Modelo.

Pero también en esto, como en tantas otras cosas, prevalece el interés de los países miembros de la OCDE, frente a los Estados receptores de inversión extranjera; singularmente para los países latinoamericanos que no son miembros de la OCDE. Así la reunión de Bogotá para el Área de América Latina y el Caribe propuso tomar en consideración el Sexto Método para *commodities* (intentando un concepto armonizado de *commodity*), definir el papel del *profit split* o valoración de los servicios de apoyo a la gestión y otorgar más seguridad jurídica y corregir las actuaciones arbitrarias (mediante regímenes de *safe harbour* para pequeñas empresas) y, en materia de procedimiento, regular los llamados *comparables ocultos*.

Los países de Latinoamérica, en esta línea, tendrían que modificar las medidas relativas a los precios de transferencia. Así, por ejemplo, deberían suprimirse los supuestos en que se determinan casos de partes relacionadas mediante técnicas presuntivas sin posibilidad de aportar prueba en contra. O deberían adoptarse normas que eviten prácticas funestas, como la adopción de técnicas que utilizan comparables internacionales para valorar operaciones internas. Se trataría de adoptar medidas legales para desterrar prácticas, como la señalada por TRON de "comparar los márgenes de utilidad locales (por ejemplo) con los resultados globales publicados en las bolsas de valores del mundo, sin tomar en cuenta que esos resultados no son, por su propia naturaleza, comparables".[47]

En este sentido, va a ser trascendente la incorporación de esta obligación a los procedimientos domésticos de comprobación, a efectos de determinar el tratamiento de la misma por cada Administración, por lo que es muy importante fijar las exigencias de notificación, de carga de la prueba, derecho de audiencia del contribuyente y de formulación de alegaciones y derecho a ser notificado. Y especialmente relevante será el régimen sancionador que se prevea, en lo relativo al respeto a los principios de tipicidad y proporcionalidad. También habrá que armonizar este nuevo deber de las empresas multinacionales con las exigencias de confidencialidad en el tratamiento de la información y en la previsión de vías para que los obligados a facilitar esta información puedan instar el derecho a la privacidad.

De manera que la implantación de esta nueva obligación formal es una excelente oportunidad para volver a recordar lo ya dicho: en cualquier replanteamiento de la fiscalidad internacional los derechos y garantías del contribuyente deben adquirir un protagonismo del que hoy carecen. Es necesario configurar una verdadera Carta de Derechos del Contribuyente a nivel internacional, que fije los derechos de notificación, audiencia y recurso como garantías mínimas en todos estos procedimientos internacionales. Y en tal sentido es de destacar los trabajos de la Comisión encargada por el Instituto Latinoamericano de Derecho Tributario, en sus XXVI Jornadas de Santiago

---

[47]   TRON M. BEPS, la lucha contra la erosión…de la legalidad, *Arena Pública*, 18 de octubre de 2017.

de Compostela en 2012, para formular una propuesta de Carta de los Derechos del Contribuyente en el ámbito latinoamericano.[48]

III 9   Acción 12: exigir a los contribuyentes que revelen sus mecanismos de planificación fiscal agresiva

En esta línea, la Acción 12 de BEPS prevé regular la obligación de los contribuyentes de revelar sus esquemas de *planificación fiscal agresiva*, fijándose como fecha límite para formular recomendaciones sobre el diseño de legislaciones internas, el mes de septiembre de 2015. Como señala el propio Informe BEPS, con esta acción se busca, entre otras cosas, "desarrollar mecanismos de intercambio de información sobre esta materia entre administraciones tributarias", por lo que será imprescindible coordinar las medidas de desarrollo de esta Acción 12 con el incipiente régimen de intercambio automático de información, "a fin de no crear nuevas obligaciones formales allí donde las exigencias de transparencia ya se deriven de otras obligaciones y documentación que deban elaborar las empresas".[49]

Los precedentes más destacables se encuentran en el régimen DOTAS (*Disclosure of tax avoidance schemes*) del Reino Unido, existente desde 2004 y que ha experimentado una innovación, muy gravosa para los contribuyentes que no cumplan con el deber de comunicar esquemas. También los *tax shelters* (comunicación a la Administración de los negocios fiscales agresivos comercializados al por mayor por grandes firmas o entidades financieras), surgidos en Estados Unidos y que se contemplan en el artículo 6111,c) del *Internal Revenue Code*, dedicado a la obligación de información y registro y sirven para fijar la posición oficial del IRS.

Frente a ello, la OCDE no tiene una política definida, ya que el Comité de Asuntos Fiscales empieza a preocuparse desde 2005. Será en el Foro sobre Administración Tributaria de la OCDE de 2005 de Dublín, cuando se proponga que la información sobre estos esquemas sea objeto de intercambio de información. Mientras tanto, la comunicación de estas estrategias de planificación fiscal por las multinacionales puede tener lugar a través de los Códigos de Buena Conducta y la responsabilidad social corporativa, algo a lo que ya se está refiriendo la OCDE, mediante sus trabajos sobre *enhanced relationship* y sus programas de cooperación reforzada de las empresas con las administraciones públicas, basados en un Documento del Centro de Política y Administración Fiscal de la OCDE de 13 de noviembre de 2010.

Se trata de una medida que se pretendía introducir en la reforma tributaria de Colombia de 2016, a través de la denominada *revelación obligatoria de la planeación tributaria*, que finalmente no se incorporó a la Ley.[50]

---

[48] Un paso importante se ha dado en Europa con la *European Tax Payer's Code*, proyecto que se enmarca dentro de los esfuerzos que la Unión Europea está llevando a cabo en su lucha contra la evasión fiscal (de hecho se concibe como contrapunto a la Comunicación contra el fraude de 27 de junio de 2012) y en pro de incentivar el cumplimiento voluntario. Contiene 34 medidas de protección de los derechos del contribuyente y es un documento abierto al debate público.

[49] CALDERÓN CARRERO, J. M; MARTIN JIMENEZ, A. El plan de acción de la OCDE para eliminar la erosión de bases imponibles y el traslado de beneficios a otras jurisdicciones (BEPS): ¿el final, el principio del final o el final del principio?, *op. cit.*, p. 91.

[50] Véanse las duras críticas al proyecto en SANÍN, J. E. Revelación obligatoria de la planeación tributaria, *La República*, 9 de noviembre de 2016.

En Europa la perspectiva de las obligaciones de revelación de esquemas fiscales se ha focalizado en los llamados *intermediarios fiscales*. Ello ha tenido lugar con la aprobación de la Directiva de Cooperación Administrativa (DAC) 2018/822 de 25 de mayo de 2018 que modifica la Directiva 2011/16/UE de intercambio automático y obligatorio de información, conocida como DAC 6.

La Directiva impone la comunicación de información relativa a mecanismos trasfronterizos comercializados o diseñados por intermediarios fiscales. Por mecanismos se entienden negocios, operaciones o estructuras. Como veremos, la Directiva se centra en los que resulten potencialmente elusivos, a partir de ciertos indicios, denominados *señas distintivas*.

Son *intermediarios fiscales* cualquier persona que diseñe, comercialice, organice, ponga a disposición para su ejecución un mecanismo transfronterizo sujeto a comunicación de información, o que gestione su ejecución. Son mecanismos afectados por la Directiva, los contenidos en el Anexo IV. Entre estos se incluyen los que se aprecian en función de distintas *señas distintivas* entendiendo por tales una característica o particularidad de un mecanismo transfronterizo que supone una indicación de un riesgo potencial de elusión fiscal.

Las señas distintivas tenidas en cuenta son: en primer lugar las señas distintivas generales vinculadas al criterio del *beneficio principal*. Serán estas la inclusión en los respectivos contratos de cláusulas de confidencialidad, que los honorarios se hayan pactado en relación con el mecanismo, fijados en función del beneficio fiscal obtenido o bien que el mecanismo cuente con una documentación o estructura sustancialmente normalizada y que esté a disposición de más de un contribuyente interesado sin que sea necesario adaptarlo sustancialmente para su ejecución.

En segundo lugar, son señas específicas vinculadas al mecanismo que éste se base en medidas artificiosas consistentes en la adquisición de una sociedad con pérdidas, el cese de la actividad principal de dicha sociedad y la utilización de las pérdidas para reducir sus obligaciones tributarias, en particular mediante la transferencia de dichas pérdidas a otra jurisdicción o mediante la aceleración de su utilización. O convertir la renta en capital o que se incluyan operaciones circulares que dan lugar a la *ida y vuelta* de fondos, en particular a través de entidades interpuestas.

En tercer lugar se incluyen las señas distintivas específicas vinculadas a las operaciones transfronterizas. Se refieren éstas a mecanismos que implican la deducibilidad de los pagos transfronterizos efectuados entre dos o varias empresas asociadas cuando se cumple, como mínimo, una de las siguientes condiciones: a) que el destinatario no reside a efectos fiscales en ninguna jurisdicción fiscal; b) que, aunque el destinatario reside a efectos fiscales en una jurisdicción determinada, ésta no aplica ningún impuesto de sociedades o aplica el impuesto de sociedades al tipo cero o casi cero, o figura en una lista de jurisdicciones de terceros países que han sido calificadas conjuntamente por los Estados miembros o en el marco de la OCDE como no cooperadoras. También cuando el pago se beneficia de una exención total del impuesto en la jurisdicción en que el destinatario reside o se beneficia de un régimen fiscal preferente. Además, cuando se reclaman deducciones por la misma depreciación del activo en más de una jurisdicción o una deducción por doble imposición en relación con una misma renta o capital en más de una jurisdicción.

En cuarto lugar se incluyen las señas distintivas específicas relativas al intercambio automático de información y la titularidad real, que se dará cuando el mecanismo esté orientado a menoscabar la obligación de comunicar información. Por ejemplo, porque se utilizan cuentas que no son o no pretenden ser cuentas financieras pero que presente características sustancialmente similares a las mismas, o cuando se reclasifiquen rentas o capital en productos o pagos que no están sujetos al intercambio automático de información sobre *cuentas financieras*. También cuando se acuda a entidades que eliminan o pretenden eliminar la notificación de uno o varios titulares de cuentas o personas que ejercen el control de tales entidades. En relación con las señas referidas a la titularidad real, estaremos ante las mismas cuando exista una cadena de titularidad formal o real no transparente, mediante la participación de personas, instrumentos o estructuras jurídicas que no realizan una actividad económica sustantiva respaldada por personal, equipos, activos e instalaciones adecuadas. También cuando las entidades estén constituidas, gestionadas, domiciliadas, controladas o establecidas en una jurisdicción distinta de la jurisdicción de residencia de uno o varios de los titulares reales. O, en suma, cuando los titulares reales de dichas personas, instrumentos o estructuras jurídicas no sean identificables.

Por último, se habla de señas distintivas específicas relativas a los precios de transferencia. Se dará esta circunstancia cuando nos encontremos ante un mecanismo que conlleva la utilización de un régimen de protección unilateral o un mecanismo que conlleva la transmisión de activos intangibles difíciles de valorar, lo que incluye intangibles respecto a las cuales no existen activos comparables fiables, o respecto a los cuales son muy inciertas las proyecciones relativas a los flujos de caja o los ingresos futuros que se prevé obtener del activo o, en suma cuando el mecanismo conduce a una transferencia transfronteriza, entre sociedades del mismo grupo, de funciones, riesgos o activos. En este último caso, cuando el resultado de explotación (EBIT) anual previsto, durante los tres años posteriores a la transferencia, del ordenante resulte inferior al 50 % del EBIT anual previsto de ese ordenante de no haberse realizado la transferencia.

Por último, señalar que son transfronterizos estos mecanismos cuando afectan a más de un Estado miembro o a un Estado miembro y un tercer país cuando se cumpla, como mínimo, una de las condiciones siguientes: que no todos los participantes en el mecanismo son residentes a efectos fiscales en la misma jurisdicción, o que uno o varios de los participantes en el mecanismo son simultáneamente residentes a efectos fiscales en más de una jurisdicción. O bien, que uno o varios de los participantes en el mecanismo ejercen una actividad económica en otra jurisdicción a través de un establecimiento permanente situado en esa jurisdicción, o que uno o varios de los participantes en el mecanismo ejercen una actividad en otra jurisdicción sin ser residente a efectos fiscales o sin crear un establecimiento permanente que esté situado en dicha jurisdicción.

Y respecto a los mismos, la información a comunicar comprenderá la identificación de los intermediarios y de los contribuyentes interesados, incluido su nombre, fecha y lugar de nacimiento (en el caso de una persona física), residencia fiscal, NIF y, en su caso, las personas que sean empresas asociadas al contribuyente interesado. Se reportará también la información pormenorizada sobre las señas distintivas y un resumen del contenido del mecanismo transfronterizo sujeto a comunicación de información, que incluya una referencia a la denominación por la que se le conozca comúnmente, en su caso, además de una descripción en términos abstractos de las actividades económicas o mecanismos pertinentes. Además, la fecha en la que se ha realizado o se va a realizar la primera fase de la ejecución del mecanismo transfronterizo sujeto a comunicación de información, la información pormenorizada de las disposiciones nacionales que constituyen la base del mecanismo transfronterizo sujeto a comunicación de información, el valor del mecanismo transfronterizo sujeto comunicación de información, la determinación del Estado miembro del contribuyente y de cualesquiera otros Estados miembros a los que pueda afectar el mecanismo transfronterizo sujeto a comunicación de información. Por último, también se informará de la determinación de cualquier otra persona de un Estado miembro que pudiera verse afectada por dicho mecanismo transfronterizo sujeto a comunicación de información, con indicación de los Estados miembros a los que está vinculada dicha persona.

Se trata de previsiones normativas por medio de las cuales Europa se sitúa más allá de las tendencias BEPS. Nos referimos, en primer lugar, a la aprobación en el Ecofin de marzo de 2018 de la modificación de la Directiva de Cooperación Administrativa que establece una nueva obligación de información para los que se conocen, desde el Foro de Seul de la OCDE de 2006, como *intermediarios fiscales*. Quienes tengan esta condición (entre otros, abogados y asesores fiscales) vendrán obligados a informar a las administraciones tributarias sobre aquellos esquemas transfronterizos que sean calificados de fiscalmente agresivos. Se trata de una medida que se inspira en la Acción 12 de BEPS y en algunas iniciativas domésticas como las *disclosure policies* birtánicas, y que Europa asume en su vertiente más rigurosa.

III 10 Acción 14: hacer más efectivos los mecanismos de resolución de controversias

La Acción propone avanzar claramente hacia la implantación de fórmulas arbitrales de resolución de conflictos, con la vista puesta en el Informe de septiembre de 2015, que debe avalar el cambio de criterio de la OCDE, que siempre se manifestó contraria a un arbitraje obligatorio. Será, por tanto, necesario corregir la cláusula arbitral del art. 25,5 del MOCDE, para privarle de su carácter subsidiario.

Corresponderá a los Estados desarrollar la fase interna del procedimiento arbitral, articulando los mecanismos para la incorporación de esta vía de resolución de conflictos a los procedimientos internos. Los Estados, en este punto deberán tener especial cuidado en llevar a cabo este desarrollo, de acuerdo con los principios que rigen su derecho procedimental tributario.

III 11 Acción 15: desarrollar un instrumento multilateral sobre doble imposición

Aunque existen antecedentes de acuerdos multilaterales sobre doble imposición, como el Convenio OCDE/Consejo de Europa, y, en cierta medida, la Decisión 578 de la Comunidad Andina de Naciones, BEPS incluye una medida, en cierto sentido revolucionaria, que es la de un convenio multilateral, aunque orientado a una finalidad específica: evitar la renegociación individual de los convenios bilaterales que los distintos países han firmado entre sí. Y ello porque la incorporación de las medidas BEPS a través de negociaciones bilaterales eternizaría el proceso de implementación del Plan de Acción.

En concreto, la Acción 15 de BEPS dispuso el desarrollo de un convenio multilateral, al que se conoce como Instrumento Multilateral (*Multilateral Instrument* o MLI). Se trata de un convenio al que los Estados podrán adherirse y que pretende evitar la renegociación singular de cada convenio vigente. A partir de la firma, cada Estado desarrollará el proceso interno y el Convenio Multilateral entrará en vigor cuando, al menos, cinco Estados hayan finalizado tales procesos internos.

Dicho Instrumento Multilateral es ya una realidad. Fue aprobado el 24 de noviembre de 2016, por más de cien Estados. El 7 de junio de 2017 se firmó en Paris por 68 países. Entre los firmantes se encuentran varios estados de Latinoamérica. Entró en vigor el 1 de julio de 2018, tras la ratificación por Eslovenia (que es la quinta exigida, tras las de Isla de Man, Austria, Jersey y Polonia).

Se trata de un instrumento multilateral que fija estándares mínimos, que los Estados abrazarán a través de una especie de adhesión. En concreto, son estándares mínimos las disposiciones relativas a mecanismos híbridos (Acción 2), abuso de tratados (Acción 6), exclusión artificial del estatuto de establecimiento permanente (Acción 7) y resolución de controversias y arbitraje (Acción 14). De todas ellas, la de más peso es, sin duda, la relativa al *treaty shopping*, con la posibilidad de incluir una cláusula de *Limitation of Benefits* (LOB) o de *Principal Purpose Test* (PPT).

Sobre la base de estas reglas mínimas, los países fijan su posición nacional, decantándose por las distintas opciones a las que el Instrumento les faculta (por ejemplo, una cláusula LOB, una PPT, o una versión simplificada de LOB como complemento a la regla PPT). Además, pueden hacer reservas para excluir la aplicación de disposiciones específicas del Instrumento Multilateral en sus tratados. Las reservas pueden ser de alcance general o limitarse a determinados convenios de doble imposición bilateral cubiertos, de entre los que el Estado tenga concertados.

La modificación de los convenios bilaterales se producirá en función de cómo tengan encaje (*matching* en inglés) las posiciones de cada Estado contratante. Esto es; si la opción de dos Estados firmantes del Instrumento Multilateral y que tienen entre ellos un convenio bilateral es simétrica y coincidente, en el futuro, cuando se aplique el convenio bilateral de doble imposición, habrá que tener en cuenta tanto el texto del tratado bilateral como el del Instrumento bilateral en cuanto a las posiciones coincidentes.

Como señala Serrano Antón, la alternativa por la que se ha optado ha sido, finalmente, la de la convivencia del Convenio Multilateral BEPS con los convenios bilaterales, "dejando al criterio de cada país la modificación de su red de CDIs a través de la multilateralidad, evitando la renegociación de los 3.000 CDIs existentes y sin crear nuevas obligaciones entre países no convenidos".[51] Precisamente por ello, el instrumento multilateral establece una serie de cláusulas en una propuesta de estándar mínimo, ya que su único objetivo es implementar las medidas que sean necesarias para ejecutar el plan BEPS. Ello supone modificar ciertas normas de los tratados bilaterales, pero mantener la vigencia de todas las disposiciones que no tengan ninguna relación con las medidas BEPS.

---

[51] SERRANO ANTON, F. El Instrumento Multilateral de la OCDE para la ejecución del Plan de Acción BEPS: Interpretación y Aplicación", *Nueva Fiscalidad-New Taxation, Libro Homenaje a Jacques Malherbe*, Instituto Colombiano de Derecho Tributario, Bogotá, 2017, p. 697.

El Instrumento incorpora normas de compatibilidad para establecer la relación entre el articulado del Instrumento y los convenios vigentes. La metodología consisten en la identificación de la disposición que se quiere sustituir y la incorporación de una disposición, si no existe, en el citado convenio.

Pero, la gran novedad de este Instrumento es la firma en que articula su relación con los convenios bilaterales entre los Estados firmantes. Recordemos que, de acuerdo con el artículo 30,3 de la Convención de Viena de 1969, las disposiciones sobre la misma materia incluidas en los convenios bilaterales entre países que sean parte del acuerdo multilateral, quedarán suspendidas o derogadas. Recuérdese que el artículo 59 de la citada Convención de Viena determina la prevalencia del tratado posterior sobre el anterior sobre la misma materia cuando se desprenda del tratado posterior, o conste de otro modo que ha sido intención de las partes que la materia se rija en el futuro por el acuerdo multilateral. Obviamente, este efecto no se producirá cuando, de las dos partes de un convenio de doble imposición bilateral, sólo una se adhiera al multilateral. En ese caso, y de acuerdo con las reglas de la Convención de Viena, el tratado multilateral no tendrá el efecto de prevalecer frente al bilateral. Así se desprende del artículo 30,4 de la Convención de Viena, según el cual, en las relaciones entre un Estado que sea parte en ambos tratados y un Estado que sólo lo sea en uno de ellos, los derechos y obligaciones recíprocos se regirán por el tratado en el que los dos Estados sean parte.

Pues bien, el Instrumento Multilateral inaugura una relación novedosa con los convenios bilaterales y supone un cambio a la hora de articular la relación entra tratados internacionales multilaterales y bilaterales. A diferencia de lo que dispone el artículo 30,3 sobre la derogación del tratado bilateral por el multilateral posterior, que verse *sobre la misma materia,* el Instrumento Multilateral opera, más que como un Convenio Multilateral que derogue al general, como un protocolo interpretativo. Lo que se prevé es la aplicación del Instrumento Multilateral conjuntamente junto con los convenios bilaterales a partir del *matching* o coincidencias en las posiciones de los Estados en relación con los estándares del Instrumento Multilateral que se hayan seleccionado en la posición común.

Surge también el problema de la modificación del Instrumento Multilateral. En este sentido, señala MALHERBE que "la modificación de un tratado multilateral es un procedimiento lento como prueban las modificaciones que se han realizado en 2011 al tratado multilateral del Consejo de Europa y de la OCDE sobre intercambio de información de 1988. A este respecto, podría preverse un procedimiento ya aplicado en Derecho internacional y previsto por el artículo 11 del Convenio de Viena sobre el Derecho de los Tratados: el acuerdo de un Estado miembro puede expresarse no sólo por su firma sino también por todos los demás medios convencionales previstos. En varios campos, como el del medioambiente, el transporte, la salud o el Derecho del trabajo, los Estados se han sometido a la decisión mayoritaria de un órgano designado por el Tratado o de una organización internacional". Y sigue diciendo que, "la OCDE, pese a su trabajo de iniciativa, no parece ser el órgano ideal: sólo representa las administraciones fiscales de sus Estados miembros. Valdría la pena crear un órgano independiente, en ausencia del Tribunal de Justicia".[52]

---

[52] MALHERBE, J. The Issues of Dispute Resolution and Introduction of a Multilateral Treaty, *Intertax,* v. 43, n. 1, 2015, p. 94.

De todas las cláusulas incluidas en el instrumento multilateral, destacan las que tienen como objeto luchar contra el abuso de convenio. Se prevén diversas medidas para evitar *treaty shopping*, que ya fueron anunciadas en el documento elaborado en relación con la Acción 6 de BEPS. En esta línea se introduce una cláusula de limitación de beneficios (LOB - *Limitation On Benefits*) y la cláusula del propósito principal (PPT – *Principal Purpose Test*), según la cual no resultarán de aplicación los beneficios de un convenio cuando el principal propósito de una persona o entidad o transacción sea precisamente acceder a los beneficios de dicho convenio. Mediante las cláusulas LOB se proporciona una serie de test objetivos que permiten determinar si un residente puede considerarse persona calificada (*qualified resident*) a efectos de tener derecho al acceso al Convenio. Por su parte, la cláusula de propósito principal responde al esquema de las cláusulas de motivo económico válido y permite denegar los beneficios del Convenio basándose en una conclusión razonable de la motivación de la transacción.[53]

Esta novedad es muy importante porque supone incorporar a las medidas contra el abuso de convenio el contraste tradicional entre cláusulas generales anti-abuso o *General Anti-Abuse Rules* – GAAR) y cláusulas especiales (*Special Anti-Abuse Rules –SAAR-*). Como veremos, ello plantea serios problemas en términos de seguridad jurídica, dado el espectro excesivamente amplio de la cláusula PPT. La cláusula se basa en que la obtención de un beneficio derivado del convenio sea simpemente, uno de los propósitos principales de la operación. A ello hay que unir que los Comentarios aclaran que éste no tiene que ser el único motivo del contribuyente ni tampoco el propósito principal de la operación, desvirtuando de esta manera la razón de ser de la propia cláusula. Por eso es importante tener en cuenta el contenido de los Comentarios, a afectos de una interpretación racional de los mismos. Según éstos, "no se considerará que un propósito es principal si es posible concluir, teniendo en cuenta todos los hechos y circunstancias pertinentes, que la obtención de dicho beneficio ni fue uno de los motivos principales ni serviría para justificar la operación". Debe, quedar claro, en todo caso, que la PPT no puede aplicarse cuando existe algún motivo además del pramente fiscal, bastando a nuestro juicio, que la sociedad creada en el país parte del convenio tenga sustancia económica y no sea puramente artificial.

IV BEPS y perspectivas de futuro en la fiscalidad internacional

Por mucho empeño que se ponga en diluir la distinción entre derecho tributario interno y derecho tributario internacional, el ordenamiento tributario sigue siendo expresión del poder tributario de los Estados y sigue estando ordenado por las respectivas Constituciones, que incorporan principios de justicia y derechos fundamentales de los contribuyentes. El sistema fiscal es, en suma, una cuestión de cada Estado.

El documento BEPS es un avance importante en la búsqueda de reglas inter-nacionales, aunque su alcance puede y debe ser más limitado de lo que se pretende. Su vocación internacional encuentra, como ya se dijo, un problema de legitimidad; a pesar de que surge del impulso del G-20, la OCDE sigue adoleciendo de falta de legitimidad

---

[53] LANG, M. BEPS, Action 6. Introducing an antiabuse rule in tax treatties, *Tax Notes International*, v. 74, nº 7, may 19, 2014, p. 656; DE BROE, I; LUTS, J. BEPS. Action 6. Tax treaty abuse , *Intertax* v. 43, iusse 2, 2015, p. 131.

internacional al representar sólo a una parte de los Estados del orbe.[54] Consciente de esta limitación, la propia OCDE ha pretendido abrir el procedimiento de desarrollo del Plan BEPS, tanto en la fase de concreción de los objetivos como de ejecución, involucrando a los principales actores fuera de la OCDE y, singularmente, a los países del G-20 no miembros OCDE o a los países en vías desarrollo con la participación de la ONU en el Plan, así como abrir una fase de consulta en la que participen empresas y sociedad civil a través del BIAC (empresas) y TUAC (sindicatos), pero también de *think-tanks* y académicos y, singularmente, las Organizaciones No Gubernamentales que tanta influencia tienen en la opinión pública y en la deriva *moralista* del cumplimiento de las obligaciones tributarias.

Sin embargo, y como se ha dicho ya en más de una ocasión, BEPS no cuestiona los aspectos medulares que informan el actual *international tax regime*. Y si bien una política de creación de reglas internacionales de tributación puede tener en la lucha contra la elusión fiscal o planificación fiscal agresiva, uno de sus principales objetivos, no debemos olvidar que, probablemente, haya que replantearse algunos aspectos esenciales de la distribución del poder tributario que rigen la actual fiscalidad internacional.

Referencia

ALTAMIRANO, A. *Derecho Tributario, Teoría General*, Marcial Pons, Madrid-Barcelona-Buenos Aires-Sao Pulo, 2012.

AVI-YONAH, R. S. *A Model Treaty for the Age of BEPS*, University of Michigan Public Law Research Paper, n° 411.

AVI-YONAH. Analysis of judicial decisions interpreting Sec 482, Transfer Pricing: judicial strategy and outcomes, *Tax Management*, Washington, 1995.

CAHN-SPEYER WELLS, P. El método de imputación de impuestos no pagados (*tax sparing*) en un mundo globalizado, en *El tributo y su aplicación. Perspectivas para el siglo XXI, Marcial Pons*, Madrid-Barcelona-Buenos Aires, 2008.

CALDERÓN CARRERO, J. M. A vueltas con las reglas de interpretación y calificación de los convenios de doble imposición al hilo de una resolución del TEAC sobre híbridos financieros: la reciente reacción de la OCDE frente al arbitraje fiscal internacional, *Quincena Fiscal*, n° 12, 2012.

CALDERÓN CARRERO, J. M. Estudio de la normativa española sobre subcapitalización de sociedades a la luz del principio de no discriminación: análisis de su compatibilidad con los CDIs y con el ordenamiento comunitario, *Crónica Tributaria*, n° 76, 1995.

CALDERÓN CARRERO, J. M. *Precios de Transferencia e Impuesto sobre Sociedades (un análisis de la normativa española desde una perspectiva internacional, comunitaria y constitucional)*, Tirant lo Blanch, Valencia, 2005.

CALDERÓN CARRERO, J. M. La dimensión Europea del Proyecto BEPS: primeros acuerdos del ECOFIN, la aprobación del mecanismo de intercambio automático de tax rulings, y el Paquete Anti-Elusión Fiscal 2016, *Quincena Fiscal*, n° 6, 2016.

CALDERÓN CARRERO, J. M; MARTIN JIMENEZ, A. El plan de acción de la OCDE para eliminar la erosión de bases imponibles y el traslado de beneficios a otras jurisdicciones (BEPS): ¿el final, el principio del final o el final del principio?, *Quincena Fiscal*, n° 1-2, 2014.

---

[54] SERRANO ANTON, F. El Programa BEPS: LA OCDE contra la erosión de bases imponibles y la traslación de beneficios en el marco internacional", *Fiscalidad en tiempos de crisis*, Aranzadi, Pamplona, 2014, p. 500.

CALIENDO, P. *Establecimientos Permanentes em Direito Tributario Internacional*, Revista dos Tribunais, São Paulo, 2005.

CALVO VERGEZ, J. La nueva limitación a la deducción de gastos financieros en el Impuesto sobre Sociedades: algunas consideraciones a la luz de la reforma fiscal, Actum Fiscal. *Actualidad Mementos*, nº 95, monográficos 2015.

CARBAJO VASCO, D. Novedades en el intercambio internacional de información con fines fiscales, *El Derecho*, Francis Lefebvre, 1 de febrero de 2013.

CARMONA FERNANDEZ, N. La noción de establecimiento permanente en los tribunales: las estructuras operativas mediante filiales comisionistas, *Crónica Tributaria*, nº 145, 2012.

CAVESTANY MANZANEDO, M. A. Los precios de transferencia en la nueva Ley del Impuesto sobre Sociedades, desde las perspectiva de las directrices de la OCDE de julio de 1995, *Carta Tributaria*, nº 245, 1996.

CENTENO RODRÍGUEZ, B; MONTES URDÍN, J. Gastos financieros intragrupo, *Fiscalidad de los precios de transferencia (operaciones vinculadas)*, 2. ed., Ediciones CEF, Madrid, 2016.
COMBARROS VILLANUEVA, M.V. *Régimen tributario de las operaciones entre sociedades vinculadas en el IS*, Tecnos, Madrid, 1988.

DE BROE, I; LUTS, J. BEPS. Action 6. Tax treaty abuse, *Intertax* v. 43, iusse 2, 2015.

DE JUAN LEDESMA, A. Internet y nuevas tecnologías en telecomunicaciones: nuevos retos de la fiscalidad internacional, *Impuestos*, 1998, II.

GIL SORIANO, A. Toward an automatic but asymmetric exchange of tax information. The U.S. Foreign Account Tax Compliance Act (FATCA) as inflection point, en *Estudios sobre Fraude Fiscal e intercambio Internacional de Información Tributaria*, Atelier, Barcelona, 2012.

GONZÁLEZ DE FRUTOS, U. El Proyecto BEPS y la Reforma de los Precios de Transferencia, *Fiscalidad de los precios de transferencia (operaciones vinculadas)*, 2. ed., Ediciones CEF, Madrid, 2016.

GUSTAFSON, C. The role of international law and pratice in addressing international tax issues in the global era, *Villanova LAw Review*, v. 56, n. 3, 2011.

LANG, M. *Introducción al Derecho de los Convenios para Evitar la Doble Imposición* (trad. Diego Quiñones), Ed. Temis-IBFD, Amsterdam-Bogotá, 2014.

LANG, M. BEPS, Action 6. Introducing an antiabuse rule in tax treatties, *Tax Notes International*, v. 74, n. 7, may 19, 2014.

LODIN, S. O. *The making of Tax Law. Th Develpoment of Swedish Taxation*, IFBD/Iustus Förlag, Amsterdam, 2011.

MALHERBE, J; TELLO, C.P; GRAU RUIZ, M. A. *La revolución fiscal de 2014; FATCA, BEPS, OVDP*; Instituto Colombiano de Derecho Tributario, Bogotá, 2015.

MALHERBE, J. The Issues of Dispute Resolution and Introduction of a Multilateral Treaty, *Intertax*, v. 43, n. 1, 2015.

MONTAÑO GALARZA, C. El establecimiento permanente en los países miembros de la Comunidad Andina y en el Modelo de Convenio de la Organización para la Cooperación y el Desarrollo Económico. https://www.google.es/webhp?sourceid=chrome-instant&ion=1&espv=2&ie=UTF8#q=Ecuador+establecimiento+permanente.

SANÍN, J. E. Revelación obligatoria de la planeación tributaria, *La República*, 9 de noviembre de 2016.

SANZ GADEA, E. El régimen especial de transparencia fiscal internacional, *Working Papers*, IEE, Banco Pastor-Fundación Barrié, A Coruña, 2000.

SCHÄUBLE, W. Razones por las que la fiscalidad debe pasar a ser mundial, *El Economista*, sábado 1 de noviembre de 2014.

SERRANO ANTON, F. El Programa BEPS: LA OCDE contra la erosión de bases imponibles y la traslación de beneficios en el marco internacional, *Fiscalidad en tiempos de crisis*, Aranzadi, Pamplona, 2014.

SERRANO ANTON, F. El Instrumento Multilateral de la OCDE para la ejecución del Plan de Acción BEPS: Interpretación y Aplicación, *Nueva Fiscalidad-New Taxation, Libro Homenaje a Jacques Malherbe*, Instituto Colombiano de Derecho Tributario, Bogotá, 2017.

TRON M. BEPS, la lucha contra la erosión…de la legalidad, *Arena Pública*, 18 de octubre de 2017.

VAN DEN HURK, H. Starbucks contra el pueblo, *Nueva Fiscalidad*, marzo-abril, 2014.

Informação bibliográfica deste texto, conforme a NBR 6023:2018 da Associação Brasileira de Normas Técnicas (ABNT):

NOVOA, Cesar Garcia. *In*: Base Erosion and Profit Shifting (BEPS) y sus implicaciones en América Latina. TEIXEIRA, Alexandre Alkmim (Coord.). Plano BEPS. Belo Horizonte: Fórum, 2019. p. 87-122. ISBN 978-85-450-0654-1.

INCIDENCIAS DEL PLAN BEPS EN EL MARCO LEGAL TRIBUTARIO DE REPUBLICA DOMINICANA

ANA ISABEL TAVERAS LOIS

I Introducción

Referirse al plan sobre la Erosión de la Base y Traslado de Beneficios (*Base Erosión and Profit Shifting*, en lo adelante "Plan BEPS") de la Organización para la Cooperación y Desarrollo Económico (en lo adelante "OCDE") y sus incidencias en el sistema tributario de República Dominicana (en lo adelante "RD") implica compartirles, de manera introductoria, sobre la RD, su sistema tributario, así como su efectivo involucramiento con la OCDE y sus iniciativas.

La RD es una nación caribeña con 48,442km^2 y una población estimada de 10,000,000 de habitantes. Tiene un régimen democrático representativo, con 3 poderes:[1] (i) poder legislativo; (ii) poder ejecutivo; y, (iii) poder judicial. El poder legislativo constituye el primer poder del Estado[2] y tiene a su cargo proponer y elaborar las leyes las cuales una vez aprobadas son enviadas al poder ejecutivo para su promulgación (a su vez, la ratificación de los acuerdos internacionales y contratos nacionales que el poder ejecutivo contrae con organismos extranjeros le corresponde al poder legislativo), entre otras funciones.

Disponemos de un sistema de tributación principalmente territorial con algunas excepciones de origen, técnicamente, en lo que respecta a capital "movible", como las inversiones y ganancias financieras, indistintamente donde estas se generen.

---

[1] En resumen, (i) el Presidente es quien dirige el poder ejecutivo y ejecuta las leyes que son aprobadas por el Congreso Nacional; (ii) la legislatura nacional es bicameral, compuesta por un Senado; y la Cámara de Diputados; y, (iii) la Suprema Corte de Justicia resulta la autoridad judicial.

[2] Representado por el Senado de la República o Cámara Alta y por la Cámara de Diputados o Cámara Baja. El Senado lo conforman 32 legisladores, que representan a las 31 provincias del país y al Distrito Nacional. Por su parte, la Cámara de Diputados está conformada por 150 congresistas. Lo primordial del organismo bicameral, que se denomina Congreso Nacional, es legislar a favor de los diferentes sectores de la nación. En este Poder se encuentran representados los principales partidos políticos de la nación.

Además de preceptos constitucionales,[3] el sistema de tributación dominicano está basado en la Ley No. 11-92 de abril de 1992, o el comúnmente denominado el Código Tributario Dominicano (en lo adelante "CTD") que establece el proceso legal y administrativo del sistema tributario que se aplica en el país relacionado con los impuestos internos, junto con sus modificaciones y varias leyes, reglamentos y decretos tributarios. Son parte de los principios constitucionales en los que se fundamenta nuestro el régimen tributario el de la legalidad (reserva de ley) así como otros como el de justicia y debido proceso, razonabilidad, igualdad y equidad tributaria, principios que actúan como reguladores de las libertades del Gobierno Dominicano para la adopción de medidas (o directrices) propuestas, tanto en el contexto nacional como el internacional (y, cabe destacar que la importación de legislaciones originarias de otras jurisdicciones, resulta relativamente común en RD).

La administración de los impuestos internos y la aplicación de las leyes y reglamentos tributarios es responsabilidad de la Dirección General de Impuestos Internos (en lo adelante "DGII"), institución con personalidad jurídica propia, autonomía funcional, presupuestaria, administrativa, técnica y sus propios activos, la cual junto con la Dirección General de Aduanas (en lo adelante "DGA"), a cargo de los impuestos externos, pues conforman la Administración Tributaria de la RD, bajo la supervisión y supervisión del Ministerio de Hacienda.

No cabe duda que el Estado Dominicano, a través de su órgano administrativo correspondiente, como es la DGII, ha manifestado sus intenciones de adherirse y alinearse a directrices de la OCDE, lo cual ha venido considerando y aconteciendo paulatinamente, puede decirse que en unos aspectos más que en otros. Una de esas evidencias la hemos visto en hechos como la adherencia de la RD, para el año 2013, al Foro Global de Transparencia e Intercambio de Información para Fines Fiscales de la OCDE, actuación que la DGII no perdió oportunidad de destacar como un impulso del compromiso de respetar las normas internacionales de transparencia e intercambio de información y del sometimiento a la evaluación por los demás países miembros del organismo.

Otra actuación al respecto, se podría apreciar también del enfoque dado a las modificaciones más recientes al CTD por la Ley No. 253-12 del 12 de noviembre de 2012 (en lo adelante la Reforma Fiscal de 2012"),[4] orientadas al rescate y la ampliación sobre las disposiciones del artículo 281 en materia de precios de transferencia (en lo adelante "PT") entre otras de carácter anti-elusivo o anti-abuso, denotando sobre la empatía de la RD de acoger iniciativas de la OECD como las que promueve el Plan BEPS; tratando que el país cumpla con estándares y mejores prácticas internacionales.[5]

---

[3] La Constitución Dominicana en el numeral 6) del artículo 75 establece como uno de los deberes fundamentales de las personas: *"Tributar, de acuerdo con la ley y en proporción a su capacidad contributiva, para financiar los gastos e inversiones públicas. Es deber fundamental del Estado garantizar la racionalidad del gasto público y la promoción de una administración pública eficiente"*.

[4] En especial, modificó de manera absoluta el artículo 281 del Código Tributario, para la ampliación del espectro de aplicación de las reglas de precios de transferencia no sólo a entidades dominicanas de capital extranjero en más de un 50%; sino a las entidades residentes, indistintamente fuesen de capital extranjero o no.

[5] Por su parte, para el año 2017, la planificación estratégica de la DGII incluyó como parte de la agenda de Gobierno, desde su rol, objetivos propios de un enfoque de adherencia, tales como: a) adecuarnos a las mejores prácticas y estándares internacionales y de la OCDE; b) mejorar las acciones de control en las transacciones intercompañías; c) desincentivar la planificación internacional nociva; d) evitar la doble imposición y la doble no imposición; e) desincentivar la competencia desleal; y, d) garantizar mayor seguridad jurídica a los contribuyentes.

En la actualidad, no es posible negar la existencia del Plan BEPS de la OCDE, como propuesta integral de referencia internacional (diréctrices), a modo de recomendaciones (15 acciones) macros aceptadas y consensuadas por los participantes de dicha organización, con el objetivo de que funjan como pautas (estándares) para impedir la evasión fiscal, controlar la planificación fiscal agresiva y los mecanismos de elusión. Esto encuentra su motivación en la realidad de que la interacción de diferentes conjuntos de normas de tributación aplicadas por países soberanos puede crear ciertas fricciones o distorsión respecto de una doble imposición para entidades con operación en más de un país; y también, al hecho de que las lagunas entre los sistemas impositivos nacionales podrían dar pie al diseño de estructuras artificiosas que logren una baja o nula imposición de la mano de la erosión de la base o del traslado de ganancias a otras jurisdicciones.

Vista la apertura de la DGII, y por consiguiente del Estado Dominicano, de acoger directrices de la OCDE, pues las recomendaciones del Plan BEPS podrían ser incorporadas al sistema tributario dominicano, al menos paulatinamente, aunque en los últimos años, ese discurso declarativo de referencias y visión de adhesión a la OCDE y, por consecuente, a su Plan BEPS. Ahora bien, tratándose de propuestas y directrices, se deberá entender que en la RD tendrían que ejecutarse cambios y ajuste al ordenamiento jurídico dominicano para efectiva inclusión de medidas como las que promueve dicho Plan (en todo o parte), según resulte conveniente para el país, tanto para efectos locales, como para los de transcendencia internacional (como resultan las prácticas orientas a precios de transferencia), de acuerdo con las reglas de legalidad y debido proceso que nos rigen, en lo cual también incide la voluntad política (más en países como el nuestro).

Por tanto, en lo adelante tratare de referirme a esos progresos de adhesión de la RD al Plan BEPS y, dado los diversos elementos que abarca el plan, procuraré hacerlo de forma resumida, según los aspectos de relevancia desde la perspectiva del sistema tributario de la RD.

II Posición de la RD frente al Plan BEPS

A pesar de la entendida apertura por parte de la DGII, como ente del Estado Dominicano, a directrices de la OCDE, al menos hasta el momento, tampoco disponemos de una declaratoria o posición concreta del Gobierno Central que permita sustentar una posición desde la perspectiva de la RD frente a su Plan BEPS, ni proyectar sobre incidencias en el corto, mediano o largo plazo.

Para el año 2012, fueron implementadas en la RD modificaciones sustanciales a la legislación tributaria que mostraron un enfoque desde la perspectiva de los tiempos de BEPS, como por ejemplo, las relativas a la legislación sobre PT, cuyas reglas aunque existen desde la concepción del CTD, no fue hasta el año 2011 cuando tomó relevancia observar sobre su aplicación,[5] resultando estas ampliadas y reforzadas en su alcance a partir de la Reforma Fiscal del 2012, la cual también incorporó otras medidas anti-abuso, en especial, sobre la sub-capitalización, limitaciones a la deducción de intereses y la definición de establecimiento permanente ("EP"), entre otras.[7]

---

[6]   A partir de la publicación de la Norma General No. 04-2011 (que incluyó en sus motivaciones referencias a las normas de la OCDE), ya derogada.

[7]   Por ejemplo, el párrafo I del artículo 281 *quarter* del Código Tributario en cuanto a la OCDE hace referencia expresa de que independientemente de la consideración por parte de la DGII respecto de la clasificación de

No obstante, durante los últimos años (2017 y 2018) la DGII ha mostrado un enfoque más centrado en otros aspectos[8] que, aunque pueden relacionarse con objetivos de consistencia, sustancia y transparencia como los que promueve el Plan BEPS, realmente se aprecian relacionados más con el cambio y animo recaudador que se percibe en la actual Administración Tributaria (por demás, en tiempos pre-electorales).

Definitivamente, las sociedades y las economías evolucionan, cambian y, en esa misma medida, las legislaciones los países deben procurar ir adaptándose a esos cambios. En el caso particular de la RD, otras situaciones podrían motivar o no dichos cambios, como por ejemplo los cambios del Gobierno Central (llamados a suceder al menos cada 4 años), un fenómeno cíclico que podría ocasionar cambios de mando en la Administración Tributaria del país y, a su vez, la oportunidad de replanteo de sus planes estratégicos.

Es el entorno cambiante el que precisamente dicta la necesidad de mantenerse en constante proceso de revisión, análisis y actualización de las disposiciones legales que rigen los sistemas de tributación de los países, según ameriten y logren identificarse propuestas que puedan (o no) incidir (positiva o negativamente) en el sistema tributario del país y en su relacionarse con otros sistemas del ámbito internacional (operaciones transfronterizas).

El Plan BEPS entendido como el paquete integral de recomendaciones (directrices) que es, a modo de plan de acción, pretende orientar sobre los cambios necesarios en ámbitos como (i) los retos de la economía digital (acción 1); (ii) la consistencia (acciones 2, 3, 4, 5 y 6);[9] (iii) la sustancia (acciones 7, 8, 9 y 10);[10] (v) la transparencia (acciones 11, 12, 13 y 14)[11] y sobre la concepción de un instrumento multilateral (acción 15) y, consecuentemente, tratar de contrarrestar sobre la erosión de la base imponible y el traslado de ganancias. Lo anterior sin obviar las potestades de los países (soberanía fiscal) respecto de su adherencia o no al mismo.

En síntesis, en el ámbito de la tributación global (nacional e internacional), las normas y de las propuestas de planificación fiscal, es mandatorio considerar la existencia del Plan BEPS como la realidad con la cual se convive.

---

ciertas jurisdicciones como de bajo o nula tributación, además estarán incluidas bajo esta categoría aquellas jurisdicciones consideradas como tales por el Foro Global para la Transparencia y el Intercambio de Información Tributaria, o el órgano que haga a sus veces.

[8] Por el momento apreciamos a la DGII, y por consiguiente el Estado Dominicano, más enfocada en trabajos tendentes al cumplimiento del mandato establecido en convenios internacionales sobre la prevención del lavado de activos, financiamiento del terrorismo y proliferación de armas de destrucción masiva, con la finalidad de que los contribuyentes (como sujetos obligados y supervisados), tengan pleno conocimiento de la función supervisora atribuida a la DGII, en especial, en el marco de la Ley No. 155-17 contra el Lavado de Activos y Financiamiento del Terrorismo del 1ro. de junio del 2017, que introdujo modificaciones sustanciales en lo referente a deberes formales de los contribuyentes sobre el suministro de información respecto de sus actividades y beneficiarios finales de las mismas.

[9] Respectivamente con relación a 2) mecanismos híbridos; 3) normas anti-diferimiento (CFC); 4) deducibilidad de intereses; 5) prácticas tributarias perjudiciales; y, 6) prevención de abuso de convenios fiscales.

[10] Relativos a 7) elusión artificiosa de EP; y en el ámbito de precio transferencia se refiere a 8) los intangibles; 9) riesgos y capital; y, 10) Transacciones de alto valor, respectivamente.

[11] En cuanto a 11) análisis de información y BEPS; 12) revelación de información; 13) documentación de precios de transferencia; 14) resolución de conflictos, respectivamente.

III Aspectos generales del Plan BEPS en la RD

Como destaca la introducción, las modificaciones a la legislación tributaria más reciente en la RD (2012), incorporaron estándares y recomendaciones previstos en el Plan BEPS. Sin embargo, muchas otras de las directrices de dicho Plan tienen aún oportunidad de considerarse para la adecuación de las normas internas.

Acción 1: Economía Digital

Respecto de la acción 1) del Plan BEPS sobre abordar los retos de la economía digital para la imposición, sin duda el tema representa uno de los más grandes desafíos desde la perspectiva tributaria, en especial, para sistemas tributarios concebidos, esencialmente, de fuente (es decir, según la determinación del ingreso en sí) y con un alcance muy limitado de origen,[12] como resulta el caso del sistema tributario dominicano. Elementos de dicha acción 1 del Plan, como la denominada "presencia digital significativa", tendrán que considerar la evolución de un EP en el contexto fiscal y, en particular, en el caso de RD el arraigado criterio de atar la existencia de un EP a presencia física.

A efectos tributarios el criterio de EP se relaciona con la caracterización de ubicación física de una entidad (o individuo), como puede verificarse en su definición, según el párrafo II del artículo 270 del CTD:

> […] un lugar fijo de negocios en el que una persona física, jurídica o entidad del extranjero, efectúa toda o parte de su actividad, tales como: sedes de dirección, oficinas, sucursales, agencias comerciales, fábricas, talleres, minas, pozos de petróleo o de gas, canteras o cualquier otro lugar de extracción de recursos naturales, proyectos de ensamblaje, incluyendo las actividades de supervisión de los mismos; actividades de construcción o supervisión derivadas de la venta de maquinarias o equipos cuando su costo exceda el 10% del precio de venta de dichos bienes, servicios de consultaría empresarial, siempre que excedan de seis meses dentro de un período anual, y representantes o agentes dependientes o independientes, cuando estos últimos realizan todas o casi todas sus actividades en nombre de la empresa[…].

Ese criterio de arraigo físico en la determinación de presencia en el país para efectos fiscales, puede también verificarse en la definición de residente para persona física establecida por el párrafo I del artículo 12 del CTD:

> […] Son residentes en el país, para los efectos tributarios, las personas que permanezcan en él más de 182 días, en forma continua o discontinua, en el ejercicio fiscal [...].

Otro aspecto con relación a la acción 1) del Plan BEPS sería el objetivo de lograr una recaudación del Impuesto a la Transferencia de Bienes Industrializados y Servicios (en lo adelante "ITBIS" o "IVA", como suele denominarse en otras jurisdicciones) más efectiva en lo que concierne a operaciones que en la actualidad puedan ser consideradas como no aplicables o no sujetas, debido a la utilización de medio electrónico utilizado.

---

[12] Todos los ingresos de fuente dominicana son gravados por el sistema dominicano, pero, además, algunos ingresos de fuente extranjera son gravados cuando son recibidos por residentes en RD.

Se podría destacar que la legislación dominicana ha tenido ciertas aproximaciones sobre la tributación de actividades realizadas por vía electrónica, como la incluida en el artículo 7 de la Ley No. 139-11 de junio de 2011, estableciendo la aplicación de un impuesto del 10% sobre la base de las operaciones o ventas brutas provenientes de todos los juegos que se realicen por internet.[13]

No obstante, la definición de EP existente en la legislación dominicana definidamente se encuentra desfasada y precisaría de una revisión profunda para fines de adaptarse a los medios electrónicos de realización de negocios de los tiempos e incluso para optimizar el alcance de los objetivos de recaudación de parte del fisco dominicano en el mismo contexto de su sistema de tributación territorial.

Acción 2: Mecanismos Híbridos

La acción 2 del Plan BEPS sobre la necesidad de *"neutralizar los efectos de los mecanismos híbridos"*, propone recomendaciones tendentes a velar por discrepancias de las normas domésticas y aquellas generadas por la aplicación de los Convenios de Doble Imposición (en lo adelante "CDIs"). De esta deriva la sugerencia de que las normas domésticas diseñen reglas que neutralicen el efecto (como por ejemplo la doble exención, la doble deducción o el diferimiento a largo plazos) de los mecanismos y de las entidades híbridas en la planeación fiscal de operaciones de transcendencia internacional.

En lo respecta a la RD y a sus normas domésticas una de las modificaciones que podría tener relativa adherencia al Plan BEPS en este sentido resulta ser la implementada por el párrafo II del artículo 308 del CTD a partir de la Reforma Fiscal de 2012, sobre la aplicación de la retención del Impuesto Sobre la Renta (en lo adelante "ISR") a:

> [...] Los establecimientos permanentes situados en el país deberán retener e ingresar esta misma suma cuando remesen cantidades a su casa matriz por este concepto o uno similar.

A partir de dicha disposición, las transacciones entre la matriz de una entidad extranjera y su sucursal en la RD implican considerar la aplicación de dicha retención del 10% del ISR en ocasión de la remesas de cantidades a su casa matriz.[14]

En ese tenor, la Reforma Fiscal de 2012 previó la inclusión del párrafo III del citado artículo 308 del CTD, referente a que:

> [...] Las disposiciones previstas en este artículo se aplicaran a las empresas de zonas francas cuando cualquier país signatario del Acuerdo de Libre Comercio suscrito con Estados Unidos de América, conjuntamente con los países del Mercado Común Centroamericano (DRCAFTA, por sus siglas en inglés), haya aprobado un impuesto de la misma naturaleza para personas jurídicas acogidas a regímenes fiscales similares [...].

---

[13] *"Artículo 7: Impuesto a los juegos por internet. Se establece un impuesto de diez por ciento (10%) mensual sobre la base de las operaciones o ventas brutas provenientes de todos los juegos que se realicen por internet, el cual deberá ser pagado por el propietario del juego, tomando en consideración la dirección de internet (web site) autorizada por el Ministerio de Hacienda, sin tomar en consideración la localización en donde se desarrolle la actividad".*

[14] Es decir, que la sucursal en la RD estaría sujeta al ISR sobre la base de una tasa de tributación del 27% sobre su renta neta imponible con relación a su actividad como EP en RD y que la remesa de sus resultados (utilidades) a casa matriz, a su vez, se sujeta a la aplicación de una retención del 10% de ISR.

Así, para mayo de 2016, la DGII publicó un aviso informativo con relación a que:

[…] … Al respecto, se ha confirmado que el Salvador y Honduras, signatarios del citado Acuerdo, han aprobado impuestos de la misma naturaleza a partir del 2013. Por tanto, esta obligación tributaria se hace exigible a las empresas de zonas francas acogidas a la Ley Núm. 8- 90. En ese sentido, al realizar cualquier pago de dividendos o utilidades las empresas de zonas francas deberán declarar, retener e ingresar a la Administración Tributaria el diez por ciento (10%) del monto pagado o acreditado […].

La disposición antes citada surtiría efecto para los dividendos pagados o acreditados a partir de octubre de 2016, lo cual ha causado cierto revuelo para el sector de las zonas francas en la RD (precisamente, como sector que opera bajo régimen de incentivos fiscales) e incluso, el replanteo del establecimiento efectivo de alguna en la RD. A partir del aviso, la DGII procuró aclarar lo relativo a la aplicación del ISR en cabeza del beneficio de dividendos provenientes de la zona franca.

Otra de las acciones que pueden relacionarse con la acción 2 del Plan BEPS, serían las modificaciones orientadas a limitar la deducción de intereses, no sólo estableciendo la regla general de sub-capitalización,[15] sino también en el caso de intereses que sean (i) pagados a personas físicas; o, (ii) remesados a favor de un ente residente o domiciliado en una jurisdicción de baja o nula tributación.[16] Estas medidas, resultan en un desincentivo para los financiamientos a ser tomados a personas físicas residentes y en algunos casos al exterior.

En otro orden, la acción 2 del Plan BEPS propone cambios en el Modelo de Convenio Tributario de la OCDE para asegurar que no se utilizan mecanismos y entidades híbridas (así como entidades con residencia dual) para obtener indebidamente ventajas derivadas de los tratados (*treaty shopping*), lo cual también involucraría más de una jurisdicción.

Ahora bien, al menos por el momento, la RD sólo ha suscrito 2 convenios para evitar la doble imposición (CDI),[17] siendo el más antiguo el suscrito entre la RD y Canadá[18] (ratificado y en vigor en el año 1976) y el más reciente el suscrito entre la RD y el Reino de España[19] (ratificado y en vigor para el año 2014), luego de haber sido el mismo objeto de un examen de control preventivo por el Tribunal Constitucional de la RD. Ambos siguen un formato en principio diferente al modelo OCDE; o más bien, podemos decir un modelo OCDE modificado por los Estados Contratantes.

Sobre lo anterior destacar que la actuación de la RD en materia de CDIs resulta limitada y sus precedentes en la aplicación e interpretación de los mismos, casi nulos o inexistentes, realmente no sólo respecto de las disposiciones de los CDIs, sino para clarificar elementos controvertidos entre las mismas normas internas.

---

[15] Al valor resultante de: a) Intereses Devengados (I); b) por 3 veces la relación existente entre el *saldo promedio anual del capital contable* (C); y, c) el *saldo promedio anual de todas las deudas* que devenguen intereses (D) = Fórmula: I*3 (C/D).

[16] Cabe destacar que el pago de intereses de fuente dominicana a favor de no residentes o domiciliados en RD están a su vez sujetos a la aplicación de una retención del ISR en base a una tasa del 10% como pago único y definitivo.

[17] El artículo 26 de la Constitución Dominicana (2015), dispone que las normas vigentes de convenios internacionales rigen desde su ratificación con igual jerarquía que las leyes nacionales.

[18] Con relación al ISR y el patrimonio.

[19] Aplica, por igual, con relación al ISR.

Eventualmente, la RD tendrá que revisar y quizás considerar la posibilidad de incrementar su numero de CDIs y, consecuentemente, en esa oportunidad tendría también que considerar bajo cual modelo de Convenio lo haría o, por ejemplo, también si el modelo de su elección tendría ya incorporadas normas tendentes a neutralizar los efectos de los mecanismos híbridos.

De entrada, podrían destacarse como novedosas las medidas antes indicadas con relación al ISR y la limitación a deducciones; o sujeción a retenciones, que podrían resultar disuasivas y desalentar actuaciones y actividades entre entes residentes y no residentes, directa o indirectamente.

Acciones 3 y 4: Normas Anti-Diferimiento (CFC) y Deducibilidad de interese.

Las Acciones 3 y 4 del Plan BEPS relativas al refuerzo de la normativa sobre CFC y sobre limitar la erosión de la base imponible por vía de deducciones de intereses y otros pagos financieros, podrían considerarse las iniciativas que han incidido en la RD, al menos en lo que respecta a evitar la deducción de intereses y gastos financieros, así como a partir de transacciones respecto de entidades matrices y su sucursales (como EP), actividades estas vistas como algunas de las relevantes que podrían apoyar erosiones de la base imponible o el traslado de beneficios a otras jurisdicciones, fiscalmente más convenientes.

Entonces, como destaca la sección introductoria, mediante la Reforma Fiscal de 2012, con la introducción a la legislación tributaria dominicana medidas destinadas especialmente a fortalecer las normativas CFC y limitar la deducción de la base imponible, fuera posible concluir que la RD ha adoptado recomendaciones del Plan con relación a las acciones 3 y 4 del mismo, pero sólo aplica considerarlo en cuanto a algunos ajustes.

En este sentido resulta lo relativo a la implementación de la retención del 10% del ISR para el EP situado en el país, cuando remesen a su casa matriz sumas o cantidades por concepto de dividendos o uno similar, como dispone el párrafo II del artículo 308 del CTD. La disposición también fue reforzada de manera reglamentaria, a partir del Decreto 50-13, el cual introdujo clarificaciones sobre el concepto de dividendos, estableciendo su artículo 10 que se considera dividendos:

[…] cualquier distribución de utilidades o reservas realizadas por una persona moral o entidad sin personalidad jurídica, a un accionista, socio o participe de la misma […]

De hecho, en virtud del párrafo I del citado artículo 10 del Decreto No. 50-13, en particular también se incluyo en el concepto de "participación en utilidades":

[…] a) Las cuentas por cobrar o fórmulas similares que la persona morral o entidad mantenga con accionistas, socios o participes, que no surjan de una operación comercial y en las que no se hayan producido pagos de principal o intereses por un plazo mayor a 90 días calendarios[…];
y,
"[…]c) Las reducciones de capital social, cuando tengan por finalidad la devolución de aportaciones, ya sea en dinero, a través de compensaciones, o en especie, en la parte de aquella devolución que corresponda a la capitalización de reserva o utilidades por distribuir. A estos efectos se considerara que las primeras cantidades devueltas corresponden a este concepto, hasta agotar la cuantía de las reservas o utilidades por distribuir[…]".

Como podemos apreciar, las disposiciones han estado orientada a clarificar sobre transacciones entre las partes relacionadas que podrían resultar esquemas o fórmulas (con accionistas, socios o participes) de las que deriven traslados de beneficios hacia jurisdicciones con sistemas de tributación más convenientes; o, actuaciones para apoyar la omisión de la retención del ISR (10%), como las que aplican al pago de dividendos.

En lo que respecta a reducir la posibilidad de efectuar *profit shifting*, resulta la medida introducida en la Reforma Fiscal 2012, por el literal a) del párrafo II del artículo 287 del CTD, estableciendo que gastos de intereses serán deducible en RD en la proporción que surja de aplicar al gasto el cociente entre: a) la potencial tasa resultante de la retención a ser aplicada al pago de intereses,[20] más la tributación por el pago de dichos intereses aplicable en el extranjero;[21] y b) la tasa aplicable para las sociedades en la RD (en la actualidad un 27%).[22]

Medidas de este tipo pueden disuadir esquemas de la planificación y de movimiento de beneficios a otras jurisdicciones más ventajosas fiscalmente, en consistencia con la noción apreciables en las directrices contenidas en las acciones 3 y 4 del Plan BEPS.

Acción 5: Prácticas Tributarias Perjudiciales

Sobre la acción 5 del Plan BEPS orientada a combatir prácticas tributarias perniciosas, teniendo en cuenta la transparencia y la sustancia, cabe destacar que dicha acción estuvo basada en trabajos previos de la OCDE (para el año 1998), anteriores al Plan BEPS, sobre prácticas tributarias perjudiciales, el cual en su momento resaltó la tendencia de *igualación a la baja*, donde los tipos impositivos aplicables a ciertas rentas móviles se igualarían a cero en todas las jurisdicciones.

En ocasión del Plan BEPS la tendencia se mantiene, pero se concentra sólo a unos cuantos sectores o áreas, siendo algunos ejemplos los ingresos de actividades financieras, así como los provenientes de cesión de intangibles, entre otros. Al respecto, el Plan aboga por un mayor énfasis en transparencia y resalta la importancia de que exista una actividad sustancial efectiva como requisito para aplicar cualquier régimen preferencial. La propuesta es la realización de un análisis generalizado de los regímenes fiscales correspondientes (incluyendo a los no miembros de la OCDE) para fines de evaluar la sustancia o realidad de los mismos.

En la RD, a la fecha, no existe una iniciativa relevante en este sentido, aunque si han habido recientemente bastantes cuestionamientos respecto diversos sectores beneficiarios de gracias fiscales sectorizadas, en especial, respecto su motivación o justificación real. En este sentido por parte de distintos actores en la economía nacional, incluyendo algunos organismos internacionales, el Gobierno ha comentado en diversas ocasiones

---

[20] Artículo 306 bis del CTD: *"Intereses Pagados o Acreditados a Personas Físicas Residentes. Quienes paguen o acrediten intereses a personas físicas residentes o domiciliadas en el país deberán retener e ingresar a la Administración Tributaria, como pago único y definitivo, el diez por ciento (10%) de ese monto".*

[21] Artículo 306 del CTD: *"Intereses Pagados o Acreditados al Exterior. Quienes paguen o acrediten en cuenta intereses de fuente dominicana a personas físicas, jurídicas o entidades no residentes deberán retener e ingresar a la Administración, con carácter de pago único y definitivo el impuesto de diez por ciento (10%) de esos intereses".*

[22] Por ejemplo, en caso de que una sociedad pague intereses a su casa matriz ubicada en un país de nula imposición, la sociedad ubicada en RD deberá aplicar una retención del 10% sobre el pago de intereses, mientras que en la jurisdicción de origen de la entidad acreedora no se pagará impuesto de ningún tipo. De acuerdo a dicha proporción la entidad dominicana sólo podrá deducirse el 37% del pago efectuado.

la necesidad de revisión de los sectores privilegiados fiscalmente, sin embargo no ha habido un cambio significativa en términos macro en las condiciones de los mismos.

En el orden práctico, incluso la Reforma Fiscal del 2012, en sus disposiciones tomó en cuenta establecer sobre la exigencia de que:

> […] las instituciones gubernamentales que administren leyes que contemplen exenciones o exoneraciones a favor de determinados sectores o grupos sociales deberán someter al Ministerio de Hacienda, previo el conocimiento de la solicitud de clasificación, el estudio de factibilidad para que se elabore un análisis costo beneficio de los incentivos que se otorgarán. El Ministerio de Hacienda deberá otorgar la no objeción para la clasificación de los beneficiarios de incentivos.

Asimismo estableció que: *"[…] todo proyecto de ley que establezca una exención, exoneración o reducción de impuesto, deberá identificar la fuente de compensación del gasto tributario que ésta represente […]"*.

A pesar de las precitadas disposiciones, algunos de los incentivos han sido ampliados, como ha sido el caso de la Ley No. 158-01 de fomento al desarrollo turístico, aumentando el alcance de los incentivos a otras zonas geográficas, así como la creación de otras figuras bajo regímenes especiales de tributación como es el caso de la Ley No. 189-11 para el Desarrollo del Mercado Hipotecario y el Fideicomiso en la RD, con la cual si bien dimos la bienvenida a una figura jurídica que esperábamos, también se han precipitado ciertas distorsiones sobre la figura y los beneficios fiscales conferidos a la misma, a pesar de no ser de la esencia del fideicomiso.[23]

En resumidas cuentas, en lo que concierne a la acción 5 del Plan BEPS, queda por hacerse en términos de adherencia a dicho Plan y de la adecuación de la legislación tributaria dominicana.

Acción 6: Prevención de abuso de convenios fiscales

La acción 6 del Plan BEPS versa sobre impedir la utilización abusiva de los CDIs. Es un hecho entendible que la suscripción de CDIs se lleva a cabo esencialmente para evitar la doble tributación con relación a operaciones que se realicen entre contribuyentes en distintas jurisdicciones, así como para establecer seguridad y certeza fiscal en las relaciones comerciales de los participantes de cada nación.

Sin embargo, la implementación de ciertas estructuras, que pueden incluir la interposición de terceras jurisdicciones, se han utilizado también para lograr un aprovechamiento abusivo de los CDIs, las cuales están lejos de cumplir con el objetivo inicial del CDI, en tanto conllevan la disminución (y a veces la eliminación) de la base imponible, así como el traslado de beneficios a otras jurisdicciones con regímenes fiscales más convenientes. De las prácticas profesionales más importantes identificables en este sentido es el denominado *treaty-shopping*, elemento que ha alentado medidas anti-abuso existentes en los CDIs y, a su vez, en las legislaciones nacionales correspondientes.

En lo que respecta a la RD, al menos por el momento, el abuso de CDIs no revierte gran importancia, debido a que la misma sólo tiene vigente 2 (Canadá y España).

---

[23] El sistema ha debido limitarse a garantizar paridad fiscal y neutralidad fiscal en ocasión de la figura. Las exenciones podrían generar distorsiones de mercado y problemas de administración recaudatoria que terminarían afectando el desarrollo de la figura.

Sin embargo, los esfuerzos de integración de la RD al comercio internacional podrían motivar que en un futuro, aunque no se tiene la certeza del cuando, el número de CDIs suscritos por la RD aumente.[24]

En ese caso, la RD tendrá que definir sobre el modelo de convenio que estará dispuesto a firmar, aunque como destaco antes, ambos CDIs firmados siguen un formato en principio diferente al modelo OCDE; o, más bien, un modelo OCDE modificado por los Estados Contratantes.

También es entendible que el modelo de CDI de OCDE ya integra medidas anti-abuso a las que hace mención el Plan BEPS y, a modo complementario, pues también en su momento la legislación interna de la RD se ajustaría a las medidas que sean aplicables.

Acción 7: Elusión artificiosa de EP

La acción 7 del Plan BEPS orientada a recomendaciones para impedir la elusión artificiosa de PE, plantea de forma generalizada modificar la definición o parámetros clásicos con los cuales se definen los EP. Mediante el Plan BEPS, la OCDE justifica dicho cambio alegando que por vía de estructuras diseñadas se elude, de forma deliberada, la existencia de un EP, para esa forma evitar el pago de los impuestos correspondientes.

En el caso de la RD, como se ha comentado ya, el concepto de EP incluido en la legislación dominicana se encuentra íntimamente ligado a la presencia física de una entidad o persona física. Dicho esquema facilita la elusión de consideración de EP, debido a la facilidad con la que en la actualidad pueden realizarse actividades comerciales en un país sin la necesidad de encontrarse presente, como por ejemplo mediante avanzados medios electrónicos hasta por simple sub-contratación de personal.

Por igual, tomando en consideración el gran desarrollo y evolución de la economía digital, así como de la utilización masiva de medios electrónicos, la globalización y despersonalización de las actividades comerciales, la definición y concepto existente de EP basado en un elemento puramente físico se mantiene desfasada y debe ser revisada para su actualización a estos tiempos esencialmente virtuales.

Sin duda, de todos los aspectos tratados por el Plan BEPS, estos son de los elementos más críticos en los cuales la legislación tributaria dominicana debe revisarse, adecuarse, modernizarse a los tiempos "virtuales", en los cuales están desarrollándose los negocios.

Acciones 8, 9 y 10: Intangibles, Riesgos y Capital, Transacciones de Alto Valor con relación a PT

Las acciones 8, 9 y 10 del Plan BEPS contienen recomendaciones orientadas a asegurar que los resultados de los precios de transferencia están en línea con la creación de valor.

En esencia, el Plan BEPS establece que aún y la aplicación de reglas de PT ha resultado exitosa en distribuir de forma equitativa los ingresos obtenidos por las empresas entre las jurisdicciones correspondientes, existen entidades multinacionales que han sido capaces de abusar de las normas y han podido separar el ingreso de las actividades económicas en las cuales están involucradas y desviar dichos ingresos a jurisdicciones de menor imposición.

---

[24] En efecto, somos del entendimiento que el país ha recibido recomendaciones de la OCDE de ampliar su red de tratados.

La propuesta de la OCDE es la de que sean adoptadas medidas orientadas a corregir los posibles defectos del sistema enfocados en 3 aspectos principales: (i) activos intangibles; (ii) riesgo y capital; y, (iii) otras transacciones de alto riesgo. Las iniciativas están enfatizan sobre impedir el movimiento de intangibles entre miembros de un mismo grupo que produzcan la erosión de la base imponible, evitar la asignación excesiva de capital a miembros del grupo de compañías; y, desarrollar reglas que impidan una erosión de la base y el traslado de beneficios por la participación en transacciones, bajo condiciones que no podrían ocurrir con terceros.

En cuanto al Plan BEPS y sus influencias de cara a las normas de PT del sistema tributario dominicano, podría decirse que ciertos elementos son identificables pero, por igual, existen aún oportunidades de adhesión a sus recomendaciones por parte de la legislación tributaria interna. El planteamiento de una revolución de las reglas de PT, no sólo conllevaría la necesidad de una profunda reforma de la legislación relevante, sino en la preparación y conocimiento de los profesionales técnicos que administran la ley, incluyendo los nuevos aspectos antes indicados.

En el caso de la RD, el CTD tradicionalmente ha incluido medidas de PT.[25] En principio, las disposiciones de su artículo 281 contenían lo siguiente: "[...] Los actos jurídicos celebrados entre una empresa local de capital extranjero y una persona física o jurídica domiciliada en el exterior, que directa o indirectamente la controle, se considerarán, en principio, efectuados entre partes independientes cuando sus disposiciones se ajustan a las prácticas normales del mercado entre entes independientes".

Posteriormente, para el año 2016 se introdujeron diversos párrafos que matizaban la aplicación del artículo antes citado, haciendo una mención directa al término "precio de transferencia" y estableció algunas medidas para contrarrestar la misma, incluyendo: (a) posibilidad de tomar parte de la contabilidad de la casa matriz para determinar la renta local; (b) posibilidad de impugnar las transacciones cuando los precios no se ajusten a valores a valores asumidos por operaciones similares con terceros (incluyendo las relaciones con su casa matriz); (c) los gastos corporativos de la matriz asignada a sus sucursales deberán ajustarse a valor de mercado y responder a una realidad de prestación de servicios; (d) facultad de impugnar gastos relacionados al pago de intereses, comisiones y otros pagos a la casa matriz; y, (e) establecimiento de acuerdos de precios anticipados (en lo adelante "APA"), en esta oportunidad, limitados al sector hotelero.

Luego, mediante norma de carácter general emitida por la DGII (actualmente derogada),[26] fueron dispuestas otras reglas sobre el cumplimiento de obligaciones y los deberes formales con relación a la presentación de una declaración de transacciones con relacionadas (en lo adelante "DIOR"), así como la potencial preparación de un informe-estudio de precio de transferencia con relación a las mismas. Para entonces, la obligatoriedad de cumplimiento estuvo limitada a las entidades dominicanas con capital extranjero de más de un 50%.

Finalmente, a partir de la Reforma Fiscal de 2012 se modificó el artículo 281 del CTD, incluyendo de manera más formal reglas al sistema de PT, siendo el aspecto de mayor trascendencia incluido la variación del alcance de dichas reglas, dado que amplio el cumplimiento a un residente realice operaciones comerciales o financieras con (i) un

---

[25] Artículo 281 del CTD.
[26] Norma General No. 04-2011 emitida por la DGII (actualmente derogada).

relacionado residente (según los distintos supuestos de vinculación); o con (ii) personas físicas, jurídicas o entidades domiciliadas, constituidas o ubicadas en Estados o territorios con regímenes fiscales preferentes, de baja o nula tributación o paraísos fiscales, sean o no sean estas últimas relacionadas, siendo las últimas consideradas como relacionadas a tales fines.

Finalmente, y no obstante las recientes modificaciones, nuestra reglas vigentes de PT reflejan el régimen clásico referente a dichas medidas, por lo que cabe considerar que en la RD sería una candidata voluntaria a adoptar nuevas reglas conceptuales que revolucionarán la aplicación de las reglas de PT.

Por ejemplo, la legislación y regulación dominicana específica de PT, no existe una definición de activo intangible. No obstante, dentro de la legislación tributaria el concepto más cercano que podemos encontrar estaría incluido en la sección del ITBIS[27]. Al respecto, el artículo 3, numeral 3 del reglamento para la aplicación de dicho impuesto se define a la prestación o locación de servicio como: "[…] la realización de una actividad que no conlleve la producción o transferencia de un bien o producto tangible, cuando se reciba un pago en dinero o especie, comisión, prima, tarifa o cualquier otra forma de remuneración o sin contraprestación […]". A su vez, más adelante en el literal j) del numeral 3, se establece que será considerado como un servicio de forma general: "… las obligaciones de hacer, no hacer y dar, que no constituyan importaciones o transferencias de bienes".

Por otra parte, los literales c) y d) del artículo 4 del citado reglamento indica que se encontrarán no sujetos a la aplicación de ITBIS: "c) las transferencias de derecho de autor, propiedad industrial, permisos, licencias y otros derechos que no impliquen la transmisión de un bien corporal", y "d) el arrendamiento de derechos o de bienes intangibles."

Por consiguiente, de lo anterior podrían tenerse 2 interpretaciones. Una que establece que esas definiciones sólo aplican para el ITBIS y, por ende, no podrían extenderse al régimen de PT. Bajo ese escenario, la RD estaría muy distanciada de la aplicación de las recomendaciones de la OCDE (inclusive anteriores al Plan BEPS).

Otra interpretación, de carácter menos restrictiva, sería que ante la inexistencia de una determinación precisa de "bienes intangibles" para la aplicación de PT, se puede considerar la amplia definición ofrecida por el citado reglamento del ITBIS. Es decir, bajo ese escenario se concluiría que toda operación relacionada a bienes intangibles podrían ser consideradas como un servicio por la legislación interna y, por ende, alcanzable a las actividades relacionadas a dichos bienes. La interpretación se fortalece aún más considerando la facultad indicada en el artículo 2 del CTD[28] sobre la posibilidad de la DGII interpretar el fondo sobre la forma de las operaciones.[29]

---

[27]   Como hemos indicado, equivalente al IVA de la mayoría de países en Latinoamérica.

[28]   Artículo 2 del CTD: *Formas Jurídicas*. Las formas jurídicas adoptadas por los contribuyentes no obligan a la Administración Tributaria, la cual podrá atribuir a las situaciones y actos ocurridos una significación acorde con los hechos, cuando de la ley tributaria surja que el hecho generador fue definido atendiendo a la realidad. En cambio, cuando el hecho generador es definido atendiendo a la forma jurídica, deberá atenerse a esta. Párrafo I. Cuando las formas jurídicas sean manifiestamente inapropiadas a la realidad de los hechos gravados y ello se traduzca en una disminución de la cuantía de las obligaciones, la ley tributaria se aplicará prescindiendo de tales formas.

[29]   Es decir, que la legislación permiten a la DGII realizar una interpretación bastante amplia respecto de ciertas operaciones objeto de fiscalización u objeción fiscal por su parte.

Ahora bien, dado el hecho de que en el mejor de los casos la definición de intangible consistiría en un derivado de un impuesto en particular, la naturaleza restrictiva de interpretación del derecho tributario y la no cobertura de forma específica de ciertas operaciones, afirmaríamos que la legislación dominicana actual no contiene diversos elementos claves recomendados a incluir por el Plan BEPS, por ende, el alcance de estas no cubren las situaciones establecidas por la OCDE al respecto, incluyendo los beneficios derivados de sinergias corporativas, permisos otorgados por el Estado, entre otros. Sin embargo, vista la posición de apertura expuesta por la DGII de alinearse con las directrices de la OCDE, acoger las recomendaciones del Plan BEPS podrían suceder paulatinamente. En la práctica, se debe tomar en cuenta que aunque los principios están incluidos en legislación tributaria dominicana desde hace tiempo, es sólo hasta reciente que las obligaciones y deberes formales están siendo exigidos y, debido a ello, no existen suficientes situaciones con resultados definitivos que puedan establecer una línea de interpretación jurisprudencial sobre estos aspectos. Sin embargo, se entiende no se tardará mucho tiempo en contar con las mismas debido a las diferencias que han surgido a la fecha entre la DGII y las entidades que reportan, pero que aún no han llegado a los tribunales, o bien no han sido fallados.

En lo relativo a los aspectos de riesgos y capital sobre los que trata la acción 9 del Plan BEPS, como en el caso de la acción 8, el artículo 2 del CTD otorga a la DGII la facultad de interpretar las operaciones de hecho indistintamente de la forma en la que estas sean pactadas. La DGII ha realizado un extenso y amplio uso de su facultad interpretativa, recurriendo a hechos comprobables, pero también alegando comprobar el fondo de ciertas estructuras con elementos insuficientes y con poco rigor.

Se entiende que la facultad que le asiste a la DGII (existente desde la aprobación del CDT en el año 1992) puede habilitarla para realizar interpretaciones o impugnaciones de estructuras que obedezcan a algunos de los supuestos que se quieren combatir conforme lo descrito por la acción 9 del Plan BEPS. No obstante, la amplitud del citado artículo 2 del CTD lo hace un instrumento débil para los propósitos de comprobación de estructuras organizadas con objetivos de disminuir la base imponible o la transferencia de beneficios. Debido a que la carga de la prueba que se trasladaría a DGII para comprobar estructuras de ese tipo, le sería cuesta arriba asumir estos casos.

Dadas las circunstancias, haría falta la adecuación de la legislación tributaria, así como otorgarles a las autoridades tributarias los instrumentos que les permitirían tipificar las estructuras elusivas, pero sobre todo definir esquemas preestablecidos que eviten de entrada el diseño de dichas estructuras, en consistencia, con los objetivos del Plan BEPS. Por ejemplo, un esquema preestablecido que tiene efecto preventivo, lo constituye la medida introducida en la Reforma Fiscal 2012, la cual trata de reducir la posibilidad de realizar el *profit shifting*, es la establecido por el literal a) del párrafo II del artículo 287 del CTD, sobre las limitaciones con relación a los intereses como gastos deducible en RD antes comentadas, que podrían ser disuasivas para la planificación y el movimiento de beneficios a otras jurisdicciones más ventajosas fiscalmente; que resultan consistentes con la noción de las directrices como las contenidas en el Plan BEPS.

Sobre la acción 10 del Plan BEPS en cuanto a las otras transacciones de alto riesgo, cuyas recomendaciones promueven desarrollar reglas que impidan la erosión de la base imponible y el traslado de beneficios por medio de la participación en transacciones que no ocurrirían o que ocurrirían sólo muy raramente, entre terceros. A tales fines, invita a los países a adoptar normas sobre PT o medidas especiales para clarificar: (i) las circunstancias en las que se pueden reclasificar las transacciones; (ii) la aplicación de los métodos de precios de transferencia, en particular, el de división de beneficios, en el contexto de las cadenas globales de valor; y (iii) proporcionar protección contra los tipos más comunes de erosión de la base mediante pagos tales como gastos de gestión y los correspondientes a la sede principal.

El ordenamiento jurídico y normativo en materia de precios de transferencia, desde el primer esfuerzo de la norma general, se han acogido los métodos tradicionales para determinación del precio de libre competencia de las operaciones entre partes relacionadas y con un enfoque de prelación para la utilización de los mismos. Ahora bien, en el caso particular de las transacciones transfronterizas sobre importación y/o exportación de materias primas, o los comúnmente denominados *commodities*, la legislación vigente ha dispuesto sobre la aplicación de la metodología denominada *sexto método* de valoración de precios de transferencia, también adoptado por otros países como Argentina (pionero), Uruguay, Perú, Guatemala y Ecuador.

La Reforma Fiscal de 2012 que modificó el artículo 281 del CTD para la inclusión de las reglas de precios de transferencia, de manera expresa, dispone que:

> […] Párrafo IX: En los casos de importación de bienes con cotización conocida en mercados transparentes se aplicará el método de precios comparables entre partes independientes, considerándose tal, a los efectos de este artículo, el valor de cotización del bien en el mercado transparente del día de la declaración del despacho de importación, cualquiera sea el medio de transporte utilizado. Los precios internacionales podrán ser ajustados por el hecho de ser importados los bienes a la República Dominicana, considerando las características del bien, la modalidad y los términos de la operación, así como otros factores que influyen en el precio.
>
> Párrafo X. En los casos de exportación de bienes, con cotización conocida en mercados transparentes, se aplicará el método de precios comparables entre partes independientes, considerándose tal, a los efectos de este artículo, el valor de cotización del bien en el mercado transparente del primer día de la carga de la mercancía, cualquiera sea el medio de transporte utilizado […].

Como vemos se incluye la aplicación del método de valoración para las operaciones de importación y exportación de productos con cotización en mercados transparente,[30] cualquiera sea el medio de transporte utilizado, según el valor de cotización del bien: (i) en la importación, del día de la declaración del despacho de importación; y, (ii) en caso de exportación, según del primer día de la carga. De igual modo, dispone la aplicación de dicha metodología:

> […] cuando en la exportación intervenga un intermediario no relacionado que no sea destinatario efectivo de la mercancía y del que el contribuyente no pueda probar, de acuerdo a lo dispuesto normativamente, que tiene presencia real y efectiva en su país de residencia o que se dedica de forma mayoritaria a esta actividad de intermediación.

---

[30] A estos fines, son mercados transparentes todos aquellos mercados de materias primas, organizados por normas del país que los acoge, donde la negociación de la materia prima sea relevante para la RD, por tratarse del precio de referencia internacional o bien por ser donde se negocien las materias primas originarias de la RD.

Los precios internacionales podrán ser ajustados por el hecho de ser exportados los bienes desde la República Dominicana, considerando las características del bien, la modalidad y los términos de la operación, así como otros factores que influyen en el precio [...].

En efecto, la legislación dominicana ha dispuesto sobre el "*sexto método*" para la valoración de las operaciones transfronterizas de compra y venta de productos primarios entre sujetos vinculados; y ha previsto su aplicación cuando en la exportación intervenga un intermediario no relacionado que no sea destinatario efectivo de la mercancía y del que el contribuyente no pueda probar, que tiene presencia real y efectiva en su país de residencia o que se dedica de forma habitual a esta actividad de intermediación.[31]

En lo concerniente a la existencia efectiva de intermediación, si el contribuyente suministra un instrumento con fines de cobertura total del riesgo de cambio de precio respecto de los bienes exportados cuyo resultado declare, no se considerarían aplicables las exigencias dispuestas sobre la existencia del intermediario internacional.

Las principales diferencias de esta metodología con la propuesta contenida en la acción 10 del Plan BEPS, se destacan el hecho de que la OCDE descarta su aplicación y, técnicamente, sugiere el uso de valores según la fecha de embarque, únicamente en aquellos casos en que los contratos que respalden esas operaciones no permitan con exactitud determinar la fecha de la transacción a la que se refiere o, en general, no expresen una transacción bajo práctica normal de mercado. Se le considera como una opción o más bien, una medida anti-abuso a ser considerada, independientemente de la participación de intermediarios internacionales o no.

La propuesta del Plan BEPS en este sentido considera que el "*sexto método*", ignora las prácticas del mercado y, muy especialmente, la práctica usual de operar con contratos a futuro, como resultan en el caso de las operaciones transfronterizas de *commodities*. A juicio de la acción 10 del Plan "[...] las cotizaciones de los commodities suelen reflejar el acuerdo, entre compradores y vendedores independientes en el mercado, sobre el precio de un tipo y una cantidad específica del commodity, negociado en base a unas condiciones concretas en un momento determinado [...]". A su vez, contempla que "[...] la fecha de fijación de precio será la fecha de envío justificada mediante el conocimiento de embarque u otro documento equivalente, en la que se tomará el precio cotizado, incorporando cualquier ajuste de comparabilidad".

La problemática que encaran las jurisdicciones que, como la RD, han acogido esta metodología para la valoración de operaciones con relacionadas y de precios cotizados o disponibles al público; es el dilema para fines del análisis de comparabilidad, y poder contar con una clara y cierta referencia de los mercados internacionales que deben considerarse y de la fuente de información para identificar primas o descuentos vigentes en el mercado de embarque.

---

[31] Por su parte, el artículo 9 del Reglamento No. 78-14 Sobre Precios de Transferencia, se refiere a que los ajustes a bienes exportados y dispone que: "[...] Para las operaciones de importación entre partes relacionadas, que tengan por objeto bienes respecto de los cuales pueda establecerse el precio internacional de público y notorio conocimiento a través de mercados transparentes, deberá utilizarse el mayor de dichos precios a los fines de la determinación de la renta neta de fuente dominicana, siempre que sea inferior al precio pactado y salvo prueba en contrario[...]". Esto, para operaciones de importación relativas a mercancías embarcadas a partir del citado Reglamento. En virtud del Párrafo II del citado artículo, se establece que: "[...] La Dirección General de Impuestos Internos no podrá computar un valor de adquisición inferior al valor en aduanas cuando la Dirección General de Aduanas haya efectuado un ajuste a los precios de importación declarados por un contribuyente y se demuestre que el precio así ajustado cumple con el principio de plena competencia[...]".

El principal problema que se aprecia de cara a la seguridad jurídica de los contribuyentes, se deberá apreciar desde la pretendida fijación de un precio, a partir del valor de cotización del bien en el mercado transparente según los parámetros que fija respecto de la importación (el día de la declaración de despacho) y de la exportación (el primer día de la carga de la mercancía), respectivamente. Lo anterior se interpretaría como una intromisión en la fijación de precios entre las partes, como parte de la libertad de acción, a lo que además, se suma la cierta incertidumbre impositiva.

En definitiva, respecto de la acción 10 del Plan BEPS desde la perspectiva de la RD queda mucho por hacer, analizar, considerar e incluir con relación a la directrices de la OCDE.

En otro orden, sobre los servicios intragrupos, la ya citada Reforma Fiscal de 2012, consideró previsiones específicas para las operaciones de servicios.

Al respecto, el párrafo XII del artículo 281 del CTD, estipuló los criterios bajos los cuales se entenderán dichos servicios han correspondido con precios de mercado, tales como: (i) que el servicio ha sido efectivamente prestado; (ii) que el servicio que se presta proporciona un beneficio económico; y, (iii) que el valor o monto pactado corresponde al que hubiera sido acordado por servicios comparables entre empresas independientes. Estos preceptos serían los preliminares para referirse a los servicios bajo plena competencia, entre partes vinculadas y, en consecuencia, se requiere la verificación a dichos criterios.

A su vez, el reconocimiento de gastos, digamos que sean estos intragrupos o no, la legislación y normativa tributaria vigente en la RD ha sido categórico en las previsiones de los requisitos generales de deducibilidad de que: **(1)** los gastos necesarios efectuados para obtener, mantener y conservar la renta gravada; y, **(2)** que se consideran gastos necesarios para obtener, mantener y conservar la renta gravada, aquellos que revistan las siguientes características: **(a)** que sean propios o relacionados con la actividad o giro del negocio; y, **(b)** de no existir comprobante fehaciente, que mantenga relación razonable con el volumen de operaciones del negocio, atendiendo a las características de este.

Tampoco existe un tratamiento diferenciado en sí, por tipo de servicios, según sean por ejemplo, de administración, técnicos, de distribución, en términos de PT. La diferenciación más bien, puede obedecer a la aplicación o no de los impuestos o de retenciones en la fuente, pero no en el contexto de las normas de PT.

Sin duda, muchos países de Latinoamérica, suelen ser elegidos por empresas multinacionales (casas matrices), para el establecimiento de centros de costos regionales, operaciones éstas que sin duda, se ejecutan muchas veces en ausencia de un acuerdo de servicios y que, de cara a la normas de PT (y otras disposiciones relativas a la deducibilidad de los gastos), pues no estarían exceptuadas de la estipulación de alguna remuneración o *mark up arm´s length*.

Ante la realidad, y como parte de sus objetivos de alinearse a las directrices de la OCDE, en la RD la regulación y normativa en materia de PT ha previsto reglas con relación a la distribución de gastos corporativos, así como sobre los acuerdos de reparto de costos.

Asimismo, cuando sean distribuidos gastos corporativos durante un ejercicio fiscal deberá remitirse o notificarse a la DGII, el acuerdo, previo a la ejecución del gasto. Las mismas disposiciones resultan aplicables para aquellas personas físicas, jurídicas o entidades que acuerden distribuir gastos corporativos con residentes o en regímenes fiscales preferentes o territorios de baja o nula tributación. En este sentido, se establece que la DGII contará con un plazo no mayor de 3 meses para emitir su autorización.[32]

A su vez, el artículo 4 del precitado Reglamento No. 78-14, se refiere a que "[…] cuando la distribución de gastos corporativos obedezca a un Acuerdo de Reparto de Costos, los contribuyentes deberán remitir a la Administración Tributaria, antes de iniciar el año fiscal, el acuerdo debidamente registrado de conformidad con las leyes vigentes, que sustente las aportaciones previstas para cada participante […]".

A estos fines, el acuerdo a ser provisto a la DGII, deberán contener varios elementos, destacándose entre los mismos la necesidad de claridad en la revelación de los criterios para (i) cuantificar cuotas de participación en los beneficios esperados correspondientes a cada participante; (ii) de aplicar los principios contables de forma homogénea a todos los participantes para la determinación de los gastos y del valor de las aportaciones; (iii) atribución razonable de las responsabilidades y las obligaciones asociadas a la actividad; (iv) los procedimientos de adhesión o retirada; y, (v) de pagos compensatorios o que permitan ajustar los términos del acuerdo para reflejar las modificaciones de las circunstancias económicas. Se hace énfasis en que la aportación de cada persona, deberá tener en cuenta la previsión de beneficios o ventajas que cada uno de ellos espera obtener del acuerdo de distribución de gastos en atención a criterios de razonabilidad.

A su vez, prevé que si las actividades que están siendo financiadas conjuntamente por las relacionadas, no producen ningún beneficio efectivo a los participantes residentes, representando disminuciones recurrentes de la renta imponible más allá de un período de hasta 3 años (que se puede extender a 5, dependiendo el caso) la DGII podrá impugnar dichos gastos tanto en el ejercicio corriente como en los ejercicios no prescritos.

Por tanto, la inclusión de las previsiones sobre la autorización de distribución de gastos corporativos, los acuerdos de reparto de costos, sigue las directrices de que los PT estén en la línea de la creación de valor, las exigencias de relevación de informaciones y de procurar criterios de razonabilidad.

Acciones 11, 12 y 13: Análisis de informaciones y BEPS; Revelación información y Documentación de PT y CbC

Respecto de la acción 11 del Plan BEPS sobre establecer metodologías para la recopilación y el análisis de datos sobre la erosión de la base imponible y el traslado de beneficios y las acciones para enfrentarse a ellas, el Plan se centra en 2 aspectos esenciales: (1) la obtención de información más específica; y, (2) la disminución de costos para los contribuyentes cumplir con sus obligaciones de provisión de información. Asimismo, hace mención de evitar costos excesivos en la obtención de información por parte de las administraciones tributarias. Además se hace énfasis en la utilización de información

---

[32]   Al respecto, el artículo 3 del Reglamento No. 78-14, sobre PT, dispone que: " […] sin perjuicio de la obligación de practicar retenciones y del cumplimiento de los demás requisitos materiales y formales para entender la existencia de un gasto deducible, las personas físicas, jurídicas o entidades que se consideren partes relacionadas según lo establecido en el articulo 281, del Código Tributario, y a las que les sean distribuidos gastos corporativos, deberán remitir a la Administración Tributaria, el acuerdo que sustente las aportaciones previstas para cada participante, a los fines de que estas sean consideradas gastos deducibles. El mencionado acuerdo deberá contener: a) una lista de participantes; b) los gastos específicos cubiertos por el acuerdo; c) la duración del acuerdo; d) los criterios para cuantificar las cuotas de participación en los gastos corporativos correspondientes a cada participante; y, e) el valor de las aportaciones de cada participante [...]"

relevante para poder hacer una mejor correlación entre el lugar donde se perciben los ingresos y donde se agrega valor de forma efectiva. Dicho nexo constituye una de las principales preocupaciones de la OCDE.

Las afirmaciones anteriores, abren un espacio para replantear las informaciones solicitadas a los contribuyentes, su relevancia y sobre todo su utilidad frente a los objetivos perseguidos por las autoridades tributarias.

En cuanto a la documentación relativa a PT se procura que las naciones cuenten con un espectro de información más amplio respecto las asignación mundial de los ingresos y donde los mismos tributan. Esto así, dado que las administraciones sólo cuentan con las informaciones sobre la operación local, desconociendo el espectro mundial de sus actividades, lo cual puede incidir en una menor calidad de fiscalización por su parte.

En la RD existe una carga muy importante de obligaciones sobre remisión de informaciones y datos por parte de los contribuyentes. La cantidad y complejidad de reportes y formularios que deben ser remitidos periódicamente hacen difícil en ocasiones el efectivo cumplimiento de las obligaciones formales (declaraciones, pagos y otros).

Además, el volumen de reportes y formularios a cargo del contribuyente de RD incrementa cada vez más y, consecuentemente, en la misma medida, los costos de las empresas en detrimento de la eficiencia de los negocios, entre otros aspectos (como por ejemplo, del principio de capacidad contributiva).

Al respecto, una revisión de la información solicitada por la DGII, incluyendo lo relativo a los mecanismos de comunicación de las mismas, es necesaria especialmente con la finalidad de facilitar al Contribuyente el cumplimiento de sus obligaciones, disminuyendo el costo de cumplir dichos deberes formales, además de procurar mejoras incluso por parte de la autoridad, a partir del cruce de información y de los procesos de fiscalización a su cargo.

En lo que respecta a la acción 12 del Plan BEPS, sobre el exigir a los contribuyentes que revelen sus mecanismos de planificación agresiva, el Plan busca el estudio mecanismos de detección temprana de estructuras que hagan más eficiente la administración tributaria y ofrecer mayor certeza al contribuyente.

En la RD no existe una regla precisa en este sentido, sin embargo, es posible afirmar que en los últimos años se ha constituido en una costumbre el presentar a la DGII las transacciones que conlleven cierta importancia en lo referente al impacto fiscal de la misma.

De los elementos que dieron inicio a esta costumbre lo constituyó un caso relacionado con la venta de acciones de un conjunto empresarial, que era propietario indirecto de una sociedad dominicana (Caso Verizon – América Móvil), respecto de la cual la DGII consideró que dicha transacción, no obstante convenida en extranjero (según varios niveles) constituía en realidad una venta de la sociedad localizada en el país y, por efecto de la misma, debía tributar en RD por su ganancia de capital.[33] El caso se resolvió vía un acuerdo amigable suscrito por las partes involucradas y motivó la modificación del CTD en la sección relativa al ISR y el tratamiento de la ganancia de capital.

---

[33] La solución aplicó el principio de realidad económica e implicó para VERIZON el pago de impuestos sobre la ganancia de capital obtenida por la venta de sus activos situados en el territorio dominicano, aun cuando la forma jurídica de la transacción fue la venta de acciones de una sociedad canadiense.

La amplia difusión de dicho proceso, la modificación del CTD con relación al ISR por efecto de ganancia de capital y la posible combinación de probabilidades de disposiciones vigentes con relación a "sustancia sobre forma" y "realidad económica", han motivado que en la planificación de la estrategia relacionadas a transacciones que involucren activos situados en la RD, se considere la posible mediación previa con la DGII de las potenciales de implicaciones fiscales de dicha operación y de obtención de una opinión vinculante (*ruling*) respecto de su tributación. El accionar ante la DGII en relevación de informaciones sobre una determinada transacción también puede encontrar su motivación en el interés de la parte compradora, de limitar la posible responsabilidad solidaria que lo involucraría con relación al ISR y la ganancia de capital atribuible a la transacción, mediante la notificación de la misma a la DGII al tenor de lo dispuesto por el artículo 11 del CTD, en su literal k).[34]

Considerando lo anterior, vemos que el concepto planteado por la OCDE respecto la "detección temprana" o revisión previa no debe resultar muy ajeno en la RD. Sin embargo, deberá procurarse no configurar una sobrerregulación o exceso en control que pueda llegar a afectar el dinamismo natural de la economía y de sus agentes, así como de planes de inversión en el país.

En el contexto de documentación de PT y CbC conforme la acción 13 del Plan, pues cabe destacar que la citada Reforma Fiscal de 2012, en consistencia con la legislación preexistente, dispuso la obligatoriedad de que: "[...] los contribuyentes deben tener, al tiempo de presentar la declaración del Impuesto Sobre la Renta, la información y el análisis suficiente para valorar sus operaciones con partes relacionadas, de acuerdo con las disposiciones de este Código. La Dirección General de Impuestos Internos (DGII), determinará la forma y los plazos para la remisión de estas informaciones [...]".[35]

---

[34] Artículo 11 del CTD "[...] Responsables solidarios de su cumplimiento. Son solidariamente responsables de la obligación tributaria de los contribuyentes [...]" "[...] k) En la proporción correspondiente, los adquirientes de bienes afectados por la ley a la deuda tributaria y los adquirientes de establecimientos, de empresas, de entes colectivos con personalidad jurídica o sin ella, comprendiéndose en aquellos a los socios y accionistas de las sociedades liquidadas, así como los adquirientes de los activos y pasivos de ellas. Cesará, sin embargo, la responsabilidad del adquiriente en cuanto a la obligación tributaria no determinada: 1) Tres meses después de operada la transferencia, siempre que el adquiriente hubiese comunicado la operación a la Administración Tributaria no menos de quince días antes de efectuarla. 2) En cualquier momento en que la Administración Tributaria reconozca como suficiente la solvencia del cedente en relación con el tributo que pudiere adeudarse. La responsabilidad de los administradores, mandatarios, liquidadores o representantes, de los adquirientes de empresas o de activos y pasivos se limita al valor de los bienes que administren o que reciban respectivamente, a menos que hubiesen actuado con dolo, caso en el cual responderán con sus bienes propios del total de la obligación [...]".

[35] Al respecto, la Reforma Fiscal del 2012 dispuso que: "[...] Cuando un contribuyente incumpliese con las disposiciones anteriores relativas a la documentación de precios de transferencia dentro del plazo establecido o cuando aportare datos falsos o manifiestamente incompletos, incurre en una violación a los deberes formales y será pasible de hasta el triple de las sanciones y multas descritas en el artículo 257 del presente Código. Párrafo I. Si un contribuyente no cumple con las disposiciones de la parte capital de este artículo, relativas a la documentación de sus precios de transferencia, dentro del plazo establecido, y se confirma un ajuste, se le impondrán, las sanciones previstas en el artículo 250 de este Código, en, adición al impuesto debido [...]". El artículo 257 del CTD establece que: "[...] El incumplimiento de los deberes formales será sancionado con multa de cinco (5) a treinta (30) salarios mínimos. Párrafo I. Esta sanción es independiente de las sanciones accesorias de suspensión de concesiones, privilegios, prerrogativas y ejercicio de actividades o clausura de locales, según se establezcan las circunstancias agravantes en el caso. Párrafo II. En los casos de incumplimientos de los deberes formales referentes a la remisión de información a la Administración Tributaria, en adición a la multa establecida en la parte principal de este artículo, podrá aplicarse una sanción de un cero punto veinticinco por ciento (0.25%) de los ingresos declarados en el período fiscal anterior [...]".

Posteriormente, el artículo 18 del Reglamento No. 78-14, sobre las obligaciones de información y documentación y, en consistencia, con la normativa preexistente (la Norma) y lo dispuesto en el articulo 281ter, se refirió a las obligaciones de información y documentación de las operaciones entre partes relacionadas, estableciendo básicamente, los deberes de la DIOR, que deberá ser presentada anualmente, dentro los 180 días posteriores a la fecha de cierre, por los contribuyentes alcanzados por la regulación; y, el estudio de precios de transferencia (o Informe), para su entrega a la DGII cuando así le sea requerido y salvo excepciones específicas.

En la actualidad, estas son las obligaciones básicas establecidas en el contexto de documentación en la RD, y precios de transferencia. Por tanto, para hacer exigible en la RD otras obligaciones de documentación, como resultaría de la adhesión a la propuesta de la acción 13 del Plan BEPS, definitivamente se precisaría de un cambio sustancial al menos, reglamentario, vía la modificación del Reglamento No. 78-14, a su requerimiento, vista la facultad conferida al mismo en el artículo 281ter del CTD en la "[…] determinación de la forma y los plazos para remisión de [...]" las informaciones sobre valoración de operaciones con partes relacionadas. Esto implicaría al menos involucrar al Poder Ejecutivo. El interés de la DGII de adherirse a las directrices de la OCDE, no descartamos que se motiven acciones tendentes a la inclusión de propuestas como las que plantea la acción 13 del Plan BEPS, incluso apoyándose en su facultad normativa. Sin embargo, debería ser al menos vía modificación al Reglamento de aplicación de PT.

En cuanto al nivel de detalle de las informaciones sobre distribución de ingresos o de gastos, que propone el Plan BEPS, cabe destacar, que de la adherencia en otras jurisdicciones podría tener cierta repercusión para filiales de multinacionales en la RD, según se verifique obligatoriedad de intercambios de información, en ocasión de acuerdos suscritos por la jurisdicción de casa matriz y, a su vez, de que se verifiquen inconsistencias con las informaciones que hubiesen sido provistas por dicha filial o subsidiaria en RD.

En otro orden, ante el volumen de datos que procura el Plan BEPS, consideramos que se podrían cruzar una línea sensible respecto de la injerencia en operaciones ejecutadas en otras jurisdicciones que no atañen a la RD, pero que sin duda podrían resultar del interés de la DGII, a modo de acceso a informaciones de su escasa o nula probabilidad de determinación, de cara a nuestro sistema de tributación combinado en el renglón de rentas de fuente extranjera[36] (rentas que deriven de ganancias financieras por parte de un residente de la RD).

En cuanto a intercambios de información para fines de PT, independientemente de adherencia o no al Plan BEPS, la RD tiene en vigor CDIs con Canadá[37] y España (reciente)[38] que prevén que los Estados Contratantes intercambiarán informaciones que sean necesarias para el cumplimento de los mismos y de las leyes domésticas; bajo la consecuente reserva de discrecionalidad y resguardo de las informaciones. A su vez, existe un acuerdo con los Estados Unidos de América para el intercambio de información

---

[36] El artículo 269 del CTD dispone que: "[…]salvo disposición en contrario de la presente ley, toda persona natural o jurídica, residente o domiciliada en la República Dominicana, y sucesiones indivisas de causantes con domicilio en el país, pagarán el impuesto sobre sus rentas de fuente dominicana, y de fuentes fuera de la República Dominicana proveniente de inversiones y ganancias financieras".

[37] Artículo 26 del CDI entre la RD y Canadá.

[38] Resolución No. 115-14, que aprueba el CDI entre la RD.

tributaria,[39] entre otros de cooperación técnica entre la DGII y Dirección de Finanzas Públicas en distintos países, para fines de colaboración.[40]

En resumidas cuentas, la legislación interna prevé sanciones en el contexto del incumplimiento de la obligación de documentación de las valoraciones sobre precios de transferencia y los posibles ajustes de cara a precios podrían tener repercusión económica para las empresas, en tanto a la determinación de un ingreso subvaluado o un gasto no admitido, a partir de lo cual podría estar ante la aplicación de sanciones pecuniarias que pueden resultar significativas dependiendo del caso.

Por su parte, lo propuesto por la acción 13 del Plan BEPS podría implicar costos significativos para las empresas y en caso de grupos empresariales de importante capacidad y volumen, este impacto podría resultar relevante. En ese sentido, en la RD tampoco hay una disposición interna que limite la carga económica que en términos de administración pueda imponer la DGII, mas allá de los principios de razonabilidad y capacidad contributiva que deben primar en materia tributaria.

Desde la perspectiva de adherencia a la acción 13, en la RD se precisaría de modificaciones relevantes de su regulación interna que podrían encontrar oposición de sectores empresariales y multinacionales, según el alcance y volumen de las medidas que conformen la propuesta.

Acciones 14 y 15: Resolución de Conflictos e Instrumento Multilateral

Las acciones 14 y 15 sobre hacer más efectivos los mecanismos de resolución de controversias y lo relativo a desarrollar un instrumento multilateral, resultan acciones de trascendental importancia para garantizar el éxito de la implementación del Plan BEPS.

Lo anterior ya que aún con las reglas existentes, los mecanismos de resolución de controversias no resultan efectivos, más cuando sean introducidas nuevas medidas que deban ser interpretadas, entendidas y aplicadas por todos. Al respecto, se debe considerar que los mecanismos de resolución de controversia se puedan aplicar, inclusive alcanzar procesos ya iniciados, y no sólo limitarlos a iniciativas derivadas del Plan.

En lo que concierne a la acción 15 del Plan BEPS relativa al Convenio Multilateral (en lo adelante "MLI") suscrito en junio de 2017 en Paris, como instrumento para modificar los convenios fiscales bilaterales, no me aventuraría a concluir en que habría un objetivo o móvil relevante de adhesión en el caso de la RD (ni de que no tampoco), sino que por el momento, realmente esto no ha sucedido y que, de parte del Estado Dominicano, no se conoce una posición concreta.

Al respecto, a pesar de la cierta postura de la DGII (en especial, bajo la administración anterior) de que RD firmaría el MLI, pues en Junio 2017 no lo hizo y a la fecha tampoco existe una declaración concreta desde el Gobierno Central que permita llegar a una conclusión de que RD lo firmaría (o no) a futuro. La posición de la RD sobre este particular ha sido pasiva y, por ejemplo, sus actuaciones, en el último año, se han centrado en otros aspectos.[41]

---

[39] Publicado en Gaceta Oficial No. 9768 del 30 de Septiembre de 1989.

[40] Por ejemplo, con la República Francesa, con del Departamento del Estado Libre Asociado de Puerto Rico y de Colaboración Interinstitucional con la República de Ecuador, en los contextos de la labor administrativa del Dirección, entre otros.

[41] Por el momento se aprecia una DGII más enfocada en trabajos de cara al cumplimiento del mandato establecido en los Convenios Internacionales sobre la prevención del lavado de activos, financiamiento del terrorismo y

En este sentido, también cabe considerar que (i) el objetivo del MLI es aplicar rápidamente las medidas BEPS relativas a los tratados tributarios; y, (ii) que éste operaría para modificar tratados tributarios entre 2 o más partes, no de la misma manera que un protocolo de enmienda a un único tratado existente, que modificaría el texto del tratado tributario cubierto, sino que, se aplicará junto con los tratados tributarios existentes, modificando su aplicación para implementar las medidas BEPS y siendo posible también que las jurisdicciones contratantes acuerden posteriormente modificaciones a su tratado tributario cubierto distintas de las previstas en el MLI.[42]

Tomando en cuenta el objetivo y el propósito del MLI, a su vez, destacar que la RD sólo ha suscrito 2 CDIs, por lo que la actuación del país en la aplicación e interpretación de los mismos resulta limitada, reservada y pasiva; y, en el orden jurisprudencial, sus precedentes casi nulos o inexistentes; y, de cara al propósito del MLI, es posible entender que RD tendría poca o escasa motivación de avocarse a la firma del MLI, sin embargo, a la fecha tampoco disponemos de una posición oficial al respecto. Siendo el objetivo del MLI el aplicar rápidamente las medidas BEPS relativas a los tratados tributarios, en especial, respecto de los estándares mínimos previstos para la prevención de abusos de los tratados (acción 6 *treaty shopping*) y de mejora de la solución de controversias en el ámbito de los CDIs (acción 14), pues en la RD es una jurisdicción con precedentes casi nulos en el abuso de CDI (consistente con su limitado espectro de CDI en vigor).

Por ejemplo, a modo de antecedentes relevantes de *treaty shopping* en la RD, se podría reiterar quizás el caso de la venta de la empresa de telecomunicaciones entonces denominada Verizon en RD a América Móvil, utilizando una estructura corporativa con sociedades incorporada bajo las leyes de Canadá, sin que podamos hacerlo como un precedente jurisprudencial que agregue valor a la discusión de aplicación e interpretación de CDI, dado que la solución de dicha controversia concluyó mediante acuerdo transaccional entre el contribuyente y la DGII. En ese tenor es que se considera a la RD una jurisdicción más marcada por la necesidad de velar por la concesión y uso apropiado de exenciones fiscales como *praxis* en términos de política económica, como incentivo a la inversión nacional y extranjera en el país, que una que se sienta preocupada por abusos en la aplicación de CDI y de solución de controversias más expeditas en la aplicación de los mismos.

Así, vemos también que las necesidades de adherencia a estándares mínimos y mejores prácticas internacionales por parte de la RD,[43] han estado más centradas en la

---

[42] Aunque para fines internos, algunas partes pueden elaborar versiones consolidadas de sus tratados tributarios cubiertos modificadas por el MLI.

[43] Así lo expresa la DGII en su Plan Estratégico 2017-2020: "[…] Adoptamos la firme decisión de replantear el Plan Estratégico Institucional 2017-2020 para trazar el rumbo de la institución durante los años venideros. Cabe destacar que este replanteamiento está inspirado además por una mayor transparencia interna y calidad de los servicios prestados por la DGII. Para el logro de ese gran objetivo, en el Plan Estratégico Institucional 2017-2020 se han planteado tres ejes centrales: apoyo al cumplimiento voluntario, el control del cumplimiento y desarrollo institucional. De estos ejes se desprenden las directrices y lineamientos de trabajo que guiarán las acciones de la institución en los próximos cuatro años, siempre teniendo como norte las buenas prácticas y los más altos

proliferación de armas de destrucción masiva, con la finalidad de que los contribuyentes, como sujetos obligados y supervisados, tengan pleno conocimiento de la función supervisora atribuida a la DGII, especialmente, en el marco de la Ley No. 155-17 contra el Lavado de Activos y Financiamiento del Terrorismo del 1ro. de junio del 2017, que introdujo modificaciones sustanciales a la legislación y normativa tributaria vigente en lo referente a deberes formales de los contribuyentes sobre el suministro de información respecto de sus actividades y beneficiarios finales de las mismas.

adopción de medidas con relación a PT y medidas anti-elusivas o anti-abusos, según las reglas que han logrado convertirse en leyes, así como en la actualidad, más influenciadas por el ánimo de la DGII de posicionar y consolidar su rol supervisor en el ámbito de aplicación de otras reglas y deberes formales por parte del contribuyente, a su vez, de transcendencia internacional,[44] qateria sdicción de casa matriz; ue en el marco de la acción 15 del Plan BEPS relativa al MLI.

No obstante, no se ha publicado razón política ni técnica que permita justificar o hacer previsible la posición del país respecto del MLI (ni en el corto, ni mediano o largo plazo), ni documento oficial publicado que permita prever la posición de la RD en lo referente al marco multilateral del MLI y los CDIs por ésta suscritos. Sólo la intuición práctica nos lleva a pensar sobre la ausencia de un propósito relevante para la RD, en materia tributaria (así como en el acontecer político nacional de la RD).

En síntesis, el objetivo de crear un instrumento para la modificación de cada CDIs suscrito por cada jurisdicción contratante, logrando preservar principios fundamentales de soberanía fiscal y de supremacía de la actuación de las leyes y el orden constitucional por parte de los Estados, cualquier opción de adherencia a la acción 15 del MLI, precisaría de la conciliación entre las Partes sobre las modificaciones que apliquen a los CDIs suscritos.

El caso de RD, los efectos asociados a la adopción del MLI por parte de otras jurisdicciones podrían estar por venir (visto el país como Estado Contratante) ya que tanto Canadá como España si han firmado el MLI de junio de 2017 (presentado sus reservas y notificaciones en el momento de la firma), por lo que, incidencias o efectos derivados del MLI podrían ser cuestión de tiempo, aunque precisamente en ausencia de posiciones oficiales del Gobierno Central, no es posible proyectar cuando.

IV Conclusiones

Desde la perspectiva de RD, no cabría duda que el Estado Dominicano, a través de su órgano administrativo correspondiente, como resultar ser la DGII, desde el rescate de las disposiciones del 287 y del 281 del CTD, tanto en materia de deducciones como de PT respectivamente; según las modificaciones introducidas por la Reforma Fiscal de 2012, dejó clara su empatía de acoger iniciativas del Plan BEPS, así como de que RD cuente con una legislación interna que cumpla con ciertos estándares internacionales para fines fiscales.

Ahora bien, si apreciamos el enfoque del Plan Estratégico de DGII 2017-2020, el objetivo destacado es "[…]fortalecer y reorientar los quehaceres de la institución hacia más altos niveles de desempeño y efectividad en términos de control de la evasión y la elusión, y la facilitación del cumplimiento tributario, pilares centrales del rol y

---

estándares internacionales en materia de Administración Tributaria. En adición a los objetivos generales, en el plan estratégico han sido contemplados la redefinición y automatización de procesos y el fortalecimiento de áreas de apoyo, tales como tecnología y el manejo del talento humano, con lo cual se pretende potenciar la efectividad y eficacia del accionar de la DGII" atería sdicción de casa matriz; Conflictos [http://www.dgii.gov.do/transparencia/planEstrategico/Documents/PlanEstrategico2017-2020.pdf] P

[44] Como resulta de la Ley No. 155-17 sobre la prevención del lavado de activos, financiamiento del terrorismo y proliferación de armas de destrucción masiva.

de la identidad ontológica de la DGII[…]"; destacando el mismo que "[…] este plan estratégico es el resultado de un proceso dinámico y participativo, a partir de diferentes metodologías, análisis y procedimientos que permitieron recabar la información necesaria para consensuar sus elementos fundamentales[…]." Entonces, podríamos apreciar una reducción significativa de referencias a OCDE en su discurso que en otras ocasiones.

Al respecto, como comente se aprecia una Administración Tributaria más enfocada en otros trabajos de cara al mandato de dar cumplimiento a Convenios Internacionales sobre la prevención del lavado de activos, financiamiento del terrorismo y proliferación de armas de destrucción masiva; y de que los contribuyentes, como sujetos obligados, tengan pleno conocimiento de la función supervisora atribuida a la DGII, así como la implementación de modificaciones sustanciales a la legislación tributaria en cuanto al suministro de información sobre sus actividades y beneficiarios finales, como deber formal (modificándose a estos fines el CTD), siendo aún relevantes las obligaciones y los deberes formales que tendrían oportunidad de ser modificadas o introducidas en el marco del Plan BEPS.

Por demás, en la práctica el contribuyente dominicano no es dado a sostener procesos por ante los Tribunales de justicia que permitan, a su vez, enriquecer la práctica, así como constatar posiciones de orden interpretativo y aplicativo en el contexto jurídico tributario (-ya sea nacional o internacional-).

Intentos y procederes de la DGII como órgano administrativo, -especialmente en el ámbito de aplicación de las reglas y normativas sobre precios de transferencia- permitirían considerar el interés y objetivo de la RD como país de seguir evolucionando y avanzando en el sentido de las adherencia a estándares y tendencias de carácter internacional tributario. Sin embargo, la actividad judicial o jurisdiccional administrativa de la RD, presenta aún muchos retos y oportunidades como país. Es otra de las realidades de la RD, la poca o ausente experiencia práctica y jurisprudencial que permita aclarar posturas y tratamientos, así como la creación de precedentes sustanciales y relevantes en áreas de gris interpretación, lo cual mantiene abierta la brecha de interpretación de los contribuyentes e incluso, de parte de la Administración Tributaria.

Destacar también que la realidad del carácter de reserva de las consultas vinculantes de la DGII, la preferencia por soluciones transaccionales de los conflictos tributarios, sumado a lo reciente que resultan las últimas modificaciones legislativas y normativas más relevantes a efectos anti-abusos o anti-elusión, hacen relativamente nula o casi inexistente la disponibilidad de precedentes contundentes y relevantes que sustenten (o refuercen) sobre la aplicación y administración de decisiones en materia tributaria (ya sea en su contexto básico y ordinario, como en el extraordinario derivable de la innovación en la ejecución de transacciones y negocios de la actualidad), que permitan mejores estadísticas sobre la evolución y adherencia de RD a la aplicación e interpretación de estándares internacionales para fines fiscales.

En conclusión, no cabe duda de que en la RD (en especial, en los últimos años), ha avanzado en la introducción de importantes adecuaciones de la legislación tributaria interna, sin embargo, aún queda camino por andar para lograr una efectiva revolución de la legislación tributaria dominicana y lograr cubrir situaciones establecidas por OCDE en toda la dimensión del Plan BEPS (como por ejemplo, los beneficios derivados de sinergias corporativas, permisos otorgados por el Estado, entre otros), para poder referirnos a una adhesión al Plan BEPS de forma certera, relevante y concluyente.

Informação bibliográfica deste texto, conforme a NBR 6023:2018 da Associação Brasileira de Normas Técnicas (ABNT):

LOIS, Ana Isabel Taveras. Incidencias del Plan BEPS en el marco legal tributario de Republica Dominicana. *In*: TEIXEIRA, Alexandre Alkmim (Coord.). *Plano BEPS*. Belo Horizonte: Fórum, 2019. p. 123-148. ISBN 978-85-450-0654-1.

AÇÃO 1 DO PLANO BEPS A TRIBUTAÇÃO DIRETA E INDIRETA NA ECONOMIA DIGITAL NO CONTEXTO BRASILEIRO

PEDRO HENRIQUE LISBOA TRENTO

ROGÉRIO ABDALA BITTENCOURT JÚNIOR

1 Introdução

Em setembro de 2013 os países membros da OCDE e G20, dentre outros, adotaram 15 pontos do Plano de Ação do BEPS (*Base Erosion and Profit Shifting Project*, ou "erosão da base tributária" e "deslocamento de lucros"), escolhidos mediante três pilares: i) impor coerência às normas tributárias domésticas que afetem atividades internacionais; ii) reforçar requisitos de substância de padrões internacionais já existentes; iii) melhorar a transparência e certeza no plano internacional.

Depois de dois anos de trabalhos do Plano BEPS, foram divulgados em 2015 os Relatórios finais das ações do Plano. Por meio de tais ações, a serem concretizadas via mudanças no ordenamento jurídico interno de cada país e nos tratados internacionais, inclusive com ações que já tomam corpo, como a divulgação recente da Convenção Multilateral (MLI – *multilateral instrument*) com o objetivo de consolidar de maneira geral tais mudanças,[1] a OCDE pretende que os lucros sejam declarados onde as atividades econômicas deles geradoras efetivamente ocorrem, e onde seus valores são criados.

1.1 A Ação 1 do Plano BEPS – A Economia Digital

A Ação 1 do Plano BEPS, da OCDE, denominada *Addressing the Tax Challenges of the Digital Economy,* focaliza tanto tributos diretos quanto indiretos, e tem como principal

---

[1] A Convenção Multilateral foi apresentada pela OCDE diante de 100 países em evento realizado em 21 de novembro de 2016, e teve como focos temáticos os seguintes: (i) Ação 2 sobre instrumentos híbridos, (ii) Ação 6 sobre abuso de tratados; (iii) Ação 7 sobre evasão artificial do status de estabelecimento permanente; e (iv) Ação 14 sobre resolução de disputas entre países.

preocupação o estudo de como os ordenamentos jurídicos dos países podem coibir a evasão tributária e os planejamentos tributários agressivos relacionados à contínua introdução de novas tecnologias na economia.

É consenso nas discussões levadas a cabo no âmbito do Plano BEPS que as legislações nacionais e tratados não oferecem soluções completas aos problemas de tributação criados pelas novas tecnologias, na medida em que, estando estas em contínua mutação, muitas vezes fogem do alcance das normas jurídicas internas e externas, bem como muitas vezes não compõem a base fática da interpretação atribuída a tais normas, o que prejudica a aplicação do direito às transações realizadas no âmbito da economia digital. Por "economia digital", tem-se o resultado de um processo de transformação das relações econômicas resultante dos avanços verificados na tecnologia da informação e comunicação, que produziram tecnologias mais baratas, mais poderosas, largamente padronizadas, melhorando processos de negócios e reforçando a inovação de todos os setores da economia. O contexto atual da tecnologia é conhecido como *internet das coisas*, que requer interação humana e tem como características a facilidade de coleta e divulgação de dados por meio de poderosos sistemas de informação conectados a bilhões de aparelhos, sensores e componentes de computação em nuvem.

O intuito do Plano BEPS com a Ação 1 foi identificar quais são as características dos negócios digitais que aumentam os riscos de planejamentos tributários agressivos, os quais implicam em erosão de base tributária e deslocamento de lucros. Uma vez cumprido esse primeiro objetivo, realizado principalmente durante os dois primeiros anos de trabalhos da OCDE, a entidade propôs medidas que propiciam ou facilitam a tributação das operações empreendidas no meio eletrônico.

A OCDE destacou no relatório final de 2015 sobre o plano de Ação 1 que, como a economia digital tem se tornado a própria economia e com ela se confundido, seria difícil, se não impossível, pinçá-la, para fins tributários, da economia como um todo. A saída encontrada foi identificar suas características-chave que são potencialmente mais relevantes sob a perspectiva tributária. Tais características, que dificultam o trabalho fiscalizatório, são principalmente a mobilidade que hoje têm os negócios, lucros e bens intangíveis, a existência de dados protegidos entre estruturas digitais, o estabelecimento de redes de negócios interligados, o espalhamento de modelos de negócio multifacetários, a tendência ao monopólio ou oligopólio por meio da interdependência entre os negócios, estruturas e sistemas digitais, e a volatilidade. Tais características são primordialmente encontradas, por exemplo, em: comércio eletrônico, lojas de aplicativos, publicidade *online*, computação em nuvem, plataformas de rede participativas, transações em alta velocidade, moedas digitais e serviços de pagamento *online*.

No relatório da Ação 1, a OCDE ainda destaca que a economia digital acelerou e alterou a difusão global de redes de valor pelas quais as multinacionais integram suas operações internacionais, o que tem sido um dos principais motivos de preocupação dos governos. Há também, na economia digital, dificuldades de se eleger o Estado competente para tributar, devido à existência de modelos de negócios multifacetários e do desafio de se precisar onde ocorre a geração de valor de operações e negócios.

Já em 2001, uma força-tarefa da OCDE se reuniu em conferência em Ottawa, Canadá, na qual definiu alguns princípios da tributação internacional do comércio eletrônico. Foram eles: neutralidade, eficiência, certeza e simplicidade, efetividade, justiça, flexibilidade e equidade. No relatório final da ação ora tratada, no âmbito do BEPS, a organização dispõe que ainda os considera relevantes e aplicáveis à economia digital.[2] O relatório da Ação 1 descreve, também, que a determinação da fonte de um rendimento é um ponto chave para a tributação, e que pode ser difícil para um país tributar certas fontes de renda derivados de empresas não residentes, assim como conhecer em quais despesas um não residente incorreu em relação a um rendimento. Por essa razão, a tributação de alguns tipos de rendimentos costuma se dar na fonte (ex: juros, *royalties*, dividendos). Contudo, isso usualmente ocorre sob alíquotas menores do que as habituais, ou "padrão", aplicáveis à tributação da renda de pessoas jurídicas.[3]

O completo mapeamento do alcance dos possíveis impactos tributários das novas tecnologias não é tarefa fácil, sobretudo pela vastidão delas. Há, dentre eles: o *bitcoin* e outras moedas digitais, ferramentas de intermediação de pagamentos (*paypal*, *bcash*, etc), *crowdfunding* ("financiamento coletivo" – doações, investimentos, empréstimos), serviços de computação em nuvem (como armazenamento de arquivos, servidores), apostas *online* (jogos de cartas, apostas em resultados de esportes), aquisição de softwares (*downloads*, lojas de aplicativos), compra e venda de bens tangíveis *online* (lojas virtuais), *streaming* de vídeos e músicas (Spotify, Netflix), publicidade *online*, *fintechs* (investimento *online*, opção binária), dentre outros.

A intenção da OCDE, na Ação 1, assim como em todas as 15 ações do Plano BEPS, é criar regras internacionais que permitam a tributação de atividades econômicas onde são de fato exercidas, e, com isso, mitigar a erosão das bases tributárias e transferências de lucros tão presentes nas últimas décadas. Como se notará, esta primeira ação do plano é, dentre todas, a mais abrangente, por capturar e relacionar diversos dos problemas especificamente enfrentados em outras ações do relatório, tais como aqueles relacionados a preços de transferência, a abuso de tratados, a instrumentos híbridos e a estabelecimentos permanentes, apenas para citar alguns. A força-tarefa pelo item 1 responsável, portanto, aglutinou esforços e indicações dos demais grupos de estudos e buscou aperfeiçoa-los ou particulariza-los aos interesses e efeitos próprios da economia digital.

A fim de explorar e a aproximar da realidade brasileira de tais esforços, envidados no âmbito da OCDE, o presente artigo se estrutura partindo da apresentação inicial dos desafios e problemas encontrados pela força-tarefa da Organização; segue com a pontuação das soluções sugeridas pela própria OCDE para mitigação dos imbróglios por ela identificados; e, por fim, aproxima todo este conteúdo da realidade jurídico-tributária brasileira, perseguindo o objetivo de verificar se o país comunga dos desafios encontrados e se as soluções propostas já existem ou são viáveis no ordenamento jurídico pátrio. Por fim, refletindo o arranjo do próprio relatório final do BEPS 1, o presente estudo traz todo o conteúdo acima posto segregado entre desafios da tributação direta e da tributação indireta.

---

[2] OECD (2015), *Addressing the Tax Challenges of the Digital Economy, Action 1 - 2015 Final Report*, OECD/G20 Base Erosion and Profit Shifting Project, OECD Publishing, Paris. http://dx.doi.org/10.1787/9789264241046-en p. 21 BEPS Final Report 2015 – Action 1 – e-book. p.21

[3] OECD (2015), *Addressing the Tax Challenges of the Digital Economy, Action 1 - 2015 Final Report*, OECD/G20 Base Erosion and Profit Shifting Project, OECD Publishing, Paris. http://dx.doi.org/10.1787/9789264241046-en p. 21 BEPS Final Report 2015 – Action 1 – e-book. p. 28.

2 Tributação Direta

2.1 Desafios/problemas (*Challenges/Issues*) apontados pela OCDE na Ação 1 do Plano BEPS

Com efeito, no seio do mercado de tecnologia há diversas possibilidades de geração de receitas, tais como: i) download de *softwares* pagos; ii) acesso de *softwares* e conteúdo *online* (na nuvem) mediante pagamento; iii) comercialização de mercadorias *online*; iv) financiamento de campanhas, investimentos e doações *online (crowdfunding)*; v) prestação de serviços de armazenamento de dados em nuvem; vi) prestação de serviços de assistência técnica; vii) prestação de serviços intelectuais diversos. Ademais, tais possibilidades estão constantemente se multiplicando, devido ao fato de o "número de dispositivos móveis conectados à internet segue aumentando, formando uma estrutura interconectada coloquialmente referida como a Internet das Coisas.",[4] e ainda porque "objetos e dispositivos conectados facilitam a venda de bens e serviços intangíveis.".[5] O relatório final da Ação 1 do Plano BEPS está não só focado em tais espécies, mas também na criação de regras que se apliquem a tecnologias emergentes e as passíveis de surgimento no futuro.

Quanto aos tributos diretos, o relatório aponta como os principais objetivos e efeitos buscados por corporações multinacionais, que levam à erosão de bases tributárias e transferência de lucros, no âmbito negócios digitais, os seguintes:

(i) Evitar uma *presença tributável*: as normas domésticas da maioria dos países requerem uma presença física ostensiva para haver tributação. Da mesma forma, os conceitos atuais de "estabelecimento permanente" de tratados bilaterais para fins de deslocamento da tributação da renda a um determinado Estado permitem arranjos artificiais, incluindo-se separação de atividades, criação artificial de atividades *meramente auxiliares*, etc. Isto, somado a estratégias de não pagamento de tributos no *país de residência* da empresa, é capaz de gerar BEPS;

(ii) Reduzir os rendimentos alocáveis a funções, ativos e riscos em determinados países: também diz respeito à separação de atividades, criação artificial de atividades "meramente auxiliares", para evitar a tributação do rendimento por determinado Estado, contratualmente e de forma contrária à realidade material do negócio. Ocorre, por exemplo, com a alocação de propriedade de direitos de autor, marcas e patentes em países de baixa tributação;

(iii) Aumentar as deduções nas bases de cálculo de tributos sobre a renda em países onde a atividade é realizada: no caso de haver de fato uma presença tributável no país, por meio de um estabelecimento permanente para fins de tratados bilaterais ou tributáveis sob a legislação doméstica, é comum a criação antinatural de meios de dedução do valor a pagar de tributos sobre a

---

[4] OECD (2015), *Addressing the Tax Challenges of the Digital Economy, Action 1 - 2015 Final Report*, OECD/G20 Base Erosion and Profit Shifting Project, OECD Publishing, Paris. http://dx.doi.org/10.1787/9789264241046-en p. 21 BEPS Final Report 2015 – Action 1 – e-book. p. 41

[5] OECD (2015), *Addressing the Tax Challenges of the Digital Economy, Action 1 - 2015 Final Report*, OECD/G20 Base Erosion and Profit Shifting Project, OECD Publishing, Paris. http://dx.doi.org/10.1787/9789264241046-en p. 21 BEPS Final Report 2015 – Action 1 – e-book. p. 41

renda em tais países. Eles aparecem sob a forma de juros, royalties e demais custos, o que é feito principalmente em relação a pagamentos realizados entre empresas *afiliadas*, os quais são maximizados para fins de dedução nos países de tributação normal. No caso de empréstimos, uma empresa multinacional pode (i) tomar empréstimos a juros baixos, (ii) emprestar a suas subsidiárias localizadas em países de alta tributação sob alto índice de juros, e então deduzir os juros pagos por estas à sua controladora ou "coligada", reduzindo o valor dos tributos sobre a renda;

(iv) Evitar tributação na fonte, efetivada por meio de um agente – normalmente financeiro – que realiza a retenção (*witholding tax*): é comum que legislações de países de tributação tida como normal sejam afastadas para a aplicação de tratados bilaterais antibitributação, e com isso se deixe de recolher tributos retidos na fonte sobre transferências de royalties, juros e dividendos a países de baixa tributação;

(v) Valer-se de *países intermediários* para reduzir ou eliminar o valor de tributos a pagar, o que se faz, por exemplo, com a utilização de estruturas baseadas em abuso de tratados bilaterais (*treaty-shopping)*, e a alocação proposital de riscos, lucros e ativos em países de baixa tributação da renda. Especialmente na economia digital, "por exemplo, os direitos sobre intangíveis e seus rendimentos podem ser transferidos e concedidos entre empresas coligadas, e podem ser transferidos, às vezes por um preço menor que o valor do arm's lenght";[6]

(vi) Eliminar ou reduzir o tributo no país de residência da controladora real (*ultimate parent)*, em relação a países que não possuem regras de CFC (*controlled foreing companies*) bem desenvolvidas. Isso representa um deslocamento dos lucros e erosão da base tributável no país da empresa controladora.

Sendo estes os principais efeitos buscados por grandes contribuintes para redução de suas respectivas cargas tributárias, segundo a OCDE, convém agora, antes de centrar a análise nas soluções propostas pela organização para mitigação do BEPS, apontar como tais efeitos se traduzem mais comumente em estratégias corporativas fiscais. Em outros termos, adentrar e vislumbrar as principais estratégias e medidas utilizadas pelos conglomerados empresariais multinacionais com o fim de alcançar as repercussões acima dispostas, assim como outros fatores inerentes à economia digital que acabam privilegiando e facilitando tais cursos de ação.

2.1.1 Transferência de intangíveis entre empresas de mesmo grupo

a) Uso de estruturas de treaty shopping

Uma das maneiras comumente utilizadas para negócios digitais de se efetivar aquilo que a OCDE chama de *planejamento tributário agressivo*, é o chamado *treaty shopping*, ou *abuso de tratados*, que consiste no uso de tratados internacionais bilaterais e de pontos

---

[6]   Versão original: "for example, the rights in intangibles and their related returns can be assigned and transferred among associated enterprises, and may be transferred, sometimes for a less-than-arm's length price". OECD (2015), *Addressing the Tax Challenges of the Digital Economy, Action 1 - 2015 Final Report*, OECD/G20 Base Erosion and Profit Shifting Project, OECD Publishing, Paris. http://dx.doi.org/10.1787/9789264241046-en p. 21 BEPS Final Report 2015 – Action 1 – e-book. p. 85

de incongruência entre eles, por exemplo, em relação ao conceito de "residência" para fins de tributação da renda. A partir dessas lacunas, opera-se o planejamento do negócio segundo a estrutura mais eficiente, do ponto de vista fiscal, formalmente possível.

b) Transferência de receitas de bens intangíveis e direito relativos a eles entre empresas do mesmo grupo, gerando valores dedutíveis e renda não tributável em países de tributação favorecida

Outra maneira de transferir lucros com para geração de baixa ou nenhuma tributação da renda e reduzir ou eliminar a base de tributação em outra jurisdição é a transferência de receitas de bens intangíveis, direitos (marcas, patentes, direitos autorais de livros ou de *softwares*, por exemplo) a entidades do mesmo grupo residentes em locais onde se tributa pouco ou não se tributa tal rendimento. Há também erosão fiscal nos casos em que há previsão legal permissiva de dedutibilidade de pagamentos relativos a direitos relacionados a intangíveis (as mesmas marcas, patentes e direitos autorais) na jurisdição onde efetivamente ocorre a realização da sua atividade econômica ostensiva e, em contrapartida, não há previsão de tributação do reconhecimento de tais valores no país destino, receptor dos recursos.

Casos emblemáticos recentes que representam com clareza o uso deste artifício, já bastante difundidos na mídia mundial, sobretudo a europeia, são os casos Google e Starbucks, que se valeram de transferências de intangíveis intragrupo para evitar o pagamento de tributos sobre a renda onde houve real geração de valor (ou atividade econômica ostensiva) dos negócios realizados. É ver.

I – O caso Google

Primeiramente tem-se o caso Google, cuja unidade do Reino Unido, que teve volume de negócios (receita bruta) de 395 (trezentos e noventa e cinco) milhões de libras em 2011, e recolheu 6 (seis) milhões em imposto de renda ao país – o que chamou a atenção das autoridades fiscais,[7] por representar uma alíquota efetiva final por eles considerada como baixa (cerca de 1,5%). O arranjo feito pela empresa, cuja sede é nos Estados Unidos, compreendeu o seguinte:

---

[7]   Ver mais em: http://www.bbc.com/news/magazine-20560359. Acesso em: 02 mar. 2017.

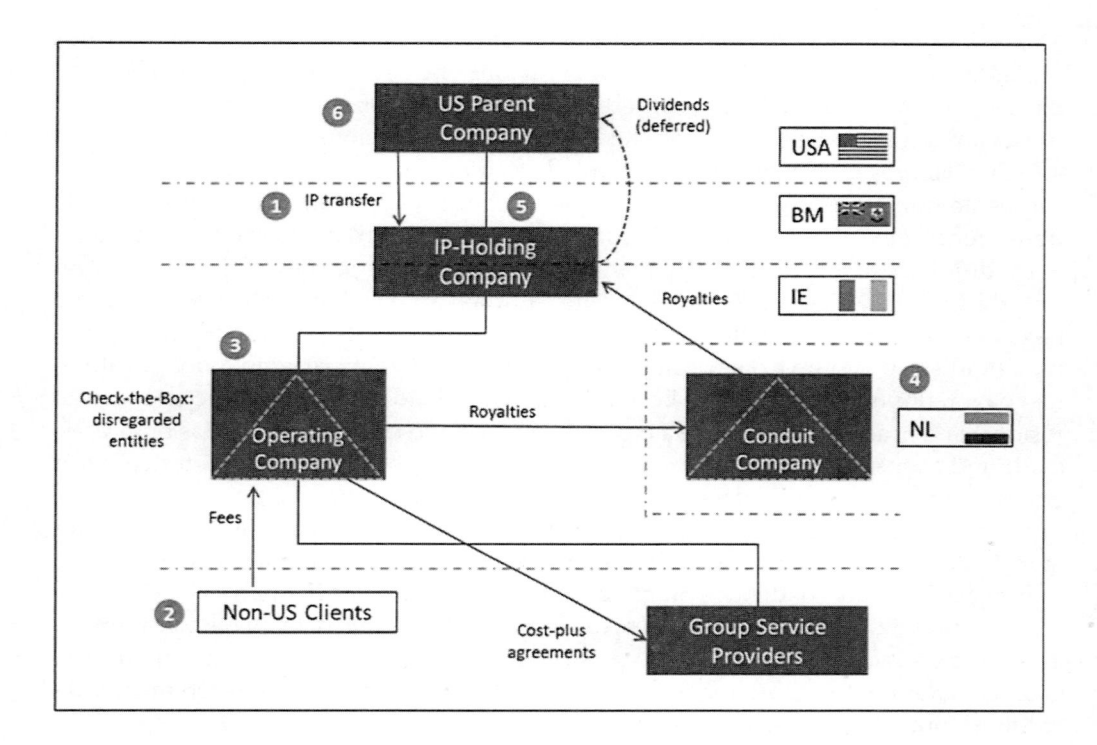

i) Criação de duas entidades legais na Irlanda – uma *holding*, detentora da propriedade intelectual (cujo direito de uso foi transferido pela Google norte-americana) –, que era subsidiária direta da sede norte-americana; e uma operacional, cuja acionista era a holding;

ii) Criação de uma entidade legal na Holanda, de propriedade da *holding* irlandesa;

iii) Controle e administração da *holding* exercido pela entidade legal de Bermuda, e portanto considerada na Irlanda residente de Bermuda para fins tributários, uma vez que a Irlanda utiliza o critério de "onde está situada a administração da empresa", para fins de configuração de residência fiscal;

(iv) Tratamento das entidades legais irlandesas, pelos Estados Unidos da América, como residentes da Irlanda, pois a residência tributária é definida pelo país norte-americano com base na jurisdição onde a empresa foi constituída (critério da incorporação);

(v) Pagamento de valores a título de remuneração por serviços, pelos clientes não norte-americanos, à empresa operacional estabelecida na Holanda;

(vi) Pagamentos, pela empresa operacional irlandesa, a prestadores de serviços espalhados pelos países onde o Google atua, além do pagamento de valores elevados de royalties à filial holandesa que, por sua vez, transfere os *royalties* à *holding*, sua controladora, sediada na Irlanda;

(vii) Por fim, pagamento, pela *holding*, de dividendos à entidade legal sede norte-americana.

Com isso, a Google obteve desonerações tributárias, principalmente em face dos seguintes pontos: i) houve baixa tributação no país onde se encontra *o consumidor final* da Google, em face da ausência de presença física (*estabelecimento permanente*); ii) houve drástica redução na tributação da renda da empresa operacional e da holding, devido aos altos valores dedutíveis pagos a título de *royalties*, não minorados pelas regras de preços de transferência – sobretudo porque a Irlanda só instituiu regras de preços de transferência em 2010, as quais são válidas somente para contratos e negócios firmados a partir de julho de 2010; iii) como o pagamento de royalties não se sujeitou à tributação em virtude de previsão legal de Diretiva da União Europeia, e a Holanda não tributa na fonte pagamentos de royalties feitos a empresas situadas fora da UE, não houve tributação; iv) a holding, por sua vez, situada na Irlanda, que era beneficiária final dos royalties, não pagou imposto de renda em Bermuda, nem na Irlanda, devido à caracterização de residência de cada país (Bermuda é paraíso fiscal e não tributa a renda das empresas, e a Irlanda considera a holding não residente para fins tributários em virtude de seu critério de residência, que leva em conta onde está situada a administração da empresa); v) as regras de preços de transferência dos Estados Unidos também se demonstraram ineficientes, já que os EUA não tributam a renda de não residente, desde que não redistribuída como dividendos ou qualificada como renda da "Subparte F".[8]

Para evitar a tributação nos EUA, o Google fez um arranjo para que se considerasse a empresa operacional irlandesa e a empresa holandesa como uma só para fins tributários. O único rendimento tributado nos EUA foi o valor correspondente aos recebimentos de consumidores estrangeiros diretamente pela sede.

Noticia-se que a estratégia utilizada pela Google tenha resultado em alíquota real de imposto de renda de todo o lucro fora dos Estados Unidos de apenas 6%. A repercussão negativa na mídia, que gerou posteriores repercussões internacionais aptas a afetar a reputação da empresa, fez a Google negociar acordos de complementação de tributos com o Reino Unido e outros países. Ao Reino Unido, pagou 130 milhões de libras esterlinas a título de *imposto de renda* complementar.[9]

c) Arranjos híbridos usados para alcançar dupla não tributação ou diferimento tributário de longo prazo

A utilização de arranjos e instrumentos híbridos (endereçados mais especialmente na Ação 2 do Plano BEPS) se conecta primordialmente às *entidades híbridas* e aos *instrumentos financeiros híbridos*, senão veja-se a definição do relatório final da Ação 2 do BEPS, divulgada pela OCDE em 2015:

> Um arranjo híbrido de incompatibilidade é um arranjo que explora a diferença no tratamento tributário de uma entidade ou instrumento sob as leis de duas ou mais jurisdições para produzir uma incompatibilidade nos resultados tributários quando essa incompatibilidade tenha o efeito de reduzir a carga tributária agregada das partes incluídas em tal arranjo.[10]

---

[8]   Campo da Declaração de imposto sobre a renda norte-americano destinado à inclusão de rendimentos obtidos como acionista ou sócio de pessoa jurídica estrangeira, ainda que não tenha sido distribuído ou repatriado, desde que o residente nos EUA detenha participação relevante no capital social da empresa estrangeira.

[9]   Ver mais em: http://fortune.com/2016/03/11/apple-google-taxes-eu/. Acesso em: 02 mar. 2017.

[10] Versão original: "A hybrid mismatch arrangement is an arrangement that exploits a difference in the tax treatment of an entity or instrument under the laws of two or more tax jurisdictions to produce a mismatch

Esses arranjos híbridos, portanto, dizem respeito à estruturação de empresas, grupos empresariais e negócios específicos que tenham qualificação não congruente nos mais diversos Estados, e aos quais se aplicam regras distintas de tributação e dedutibilidade. Isto pode resultar em "dupla não tributação", assim como diferimentos de tributos de longo prazo, a serem efetivados, por exemplo, por meio: a) da criação de duas deduções para uma única despesa, b) da geração de despesas em uma jurisdição, sem a devida contraposição de receitas em outra; e c) do uso indevido de créditos fiscais estrangeiros.[11]

2.1.2 Utilização da dupla não residência e consequente não tributação – o *stateless income*

Uma estratégia bastante e mais facilmente utilizada em negócios digitais é a caracterização do rendimento sem Estado, por meio de planejamento tributário que implica na transferência de lucros e do qual decorre a não tributação, ou a baixa tributação de rendimentos em quaisquer jurisdições.

As principais formas de se fazer isto, identificadas pela OCDE, são as seguintes:

a) Uso de estruturas de *treaty shopping* para evitar a caracterização de residência ou estabelecimento permanente

Por meio do estudo detalhado de tratados bilaterais entre os países, empresas do setor de tecnologia encontram lacunas ou incongruências de caracterização da "residência", conforme critérios aplicáveis de um país para outro, e, com isso, evitam ser consideradas residentes para fins fiscais de qualquer jurisdição, com resultado de economia de tributação da renda por vezes total.

A título exemplificativo, o Modelo de Convenção da OCDE Antibitributação da Renda, adotado por grande parte dos países que firmaram tratados bilaterais, prevê como estabelecimento permanente (ou *estável*) e critérios de exclusão do conceito, os seguintes:

> Artigo 5º
> Estabelecimento estável
> 1. Para efeitos da presente Convenção, a expressão *estabelecimento estável* significa uma instalação fixa, através da qual a empresa exerça toda ou parte da sua actividade.
> 2. A expressão *estabelecimento estável* compreende, nomeadamente:
> a) um local de direcção;
> b) uma sucursal;
> c) um escritório;
> d) uma fábrica;
> e) uma oficina;
> f) uma mina, um poço de petróleo ou gás, uma pedreira ou qualquer local de extração de recursos naturais.

---

in tax outcomes where that mismatch has the effect of lowering the aggregate tax burden of the parties to the arrangement." BEPS Action 2 Final Report p.29 – e-book, OECD, 2015.

[11] Ver melhor em CARDOSO, Eduardo Monteiro. *O BEPS e o Tratamento Tributário dos Instrumentos Financeiros Híbridos no Brasil. In*: Revista de Direito Tributário Atual. v. 36. Instituto Brasileiro de Direito Tributário. São Paulo: 2016. p. 325-335.

3. Um estaleiro de construção ou de montagem só constitui um "estabelecimento estável" se a sua duração exceder doze meses.

4. Não obstante as disposições anteriores deste artigo, a expressão *estabelecimento estável* não compreende:

a) as instalações utilizadas unicamente para armazenar, expor ou entregar mercadorias pertencentes à empresa;

b) um depósito de mercadorias pertencentes à empresa, mantido unicamente para armazenar, expor ou entregar;

c) um depósito de mercadorias pertencentes à empresa, mantido unicamente para serem transformadas por outra empresa;

d) uma instalação fixa, mantida unicamente para comprar mercadorias ou reunir informações para a empresa;

e) uma instalação fixa, mantida unicamente para exercer, para a empresa, qualquer outra actividade de carácter preparatório ou auxiliar;

f) uma instalação fixa, mantida unicamente para o exercício de qualquer combinação das actividades referidas nas alíneas a) a e), desde que a actividade de conjunto da instalação fixa desta combinação seja de carácter preparatório ou auxiliar.

5. Não obstante o disposto nos n.ºs 1 e 2, quando uma pessoa – que não seja um agente independente, a quem é aplicável o n.º 6 – actue por conta de uma empresa e tenha e habitualmente exerça num Estado contratante poderes para concluir contratos em nome da empresa do outro Estado contratante será considerado que esta empresa tem um estabelecimento estável no primeiro Estado mencionado relativamente a qualquer actividade que essa pessoa exerça, a não ser que as actividades de tal pessoa se limitem às indicadas no n.º 4, as quais, se fossem exercidas através de uma instalação fixa, não permitiriam considerar que esta instalação fixa como um estabelecimento estável, de acordo com as disposições desse número.

6. Não se considera que uma empresa tem um *estabelecimento estável* num Estado contratante pelo simples facto de exercer a sua actividade nesse Estado por intermédio de umcorretor, de um comissário-geral ou de qualquer outro agente independente, desde que essapessoa actue no âmbito normal da sua actividade.

7. O facto de uma sociedade residente de um Estado contratante controlar ou ser controlada por uma sociedade residente do outro Estado contratante ou que exerça a sua actividade nesse outro Estado (quer seja através de um estabelecimento estável, quer de outro modo) não é, por si só, bastante para fazer de qualquer dessas sociedades estabelecimento estável da outra.

Com efeito, empresas multinacionais têm ao longo das décadas se válido da estruturação de estabelecimentos não considerados permanentes sob a ótica dos tratados bilaterais, na maioria pautados pelo *modelo OCDE*, e são, portanto, caracterizadas como meramente *auxiliares*, apesar de, comumente, exercerem atividade econômica ostensiva nos países. A erosão tributária por meio desta medida tem, nos negócios digitais, numerosos casos de aplicação.

a1 Estabelecimento de estruturas meramente *auxiliares* para evitar a caracterização de estabelecimento permanente

Segundo o mais difundido modelo de convenção bilateral de tributação (da OCDE), acima cidado, a tributação se dá, em regra, pelo país de residência (critério da residência). No entanto, há uma regra específica que desloca a competência tributária para o país onde a empresa realiza sua atividade econômica efetiva (critério da fonte), por meio da configuração de um conceito chamado de *estabelecimento permanente*, que identifica características de uma presença ostensiva do negócio em determinada jurisdição, permitindo que esta o tribute.

Contudo, devido ao fato de esse conceito ter sido criado há várias décadas e estar desatualizado para o contexto atual de tecnologia, segundo apurado pela força-tarefa, as empresas do meio digital conseguem facilmente se instalar em países de tributação elevada e realizar sua atividade sem ter configurados estabelecimentos permanentes e, com isso, sem neles sofrer tributação. Em outras palavras, manter sua atividade empresarial sem presença física ou jurídica ostensiva em determinada jurisdição, ou com o uso de estruturas consideradas pela legislação como meramente *auxiliares* – como fez a Amazon em diversos países da Europa em outro emblemático caso, criando depósitos de mercadorias em diversas localidades, e sendo tributada (ou pouco tributada) em sua sede – situada em Luxemburgo, um país de tributação mais favorável.

Se o país de residência da empresa é um de tributação favorecida ou paraíso fiscal, e não se caracteriza um estabelecimento permanente no país onde a atividade econômica se realiza de fato, essa estratégia passa a ser uma clara e simples para que empresas de tecnologia evitem a tributação da renda.

II – O Caso Amazon

No notório mencionado caso da Amazon, uma gigante multinacional do varejo virtual, o arranjo feito pela empresa compreendeu, em suma, o seguinte:

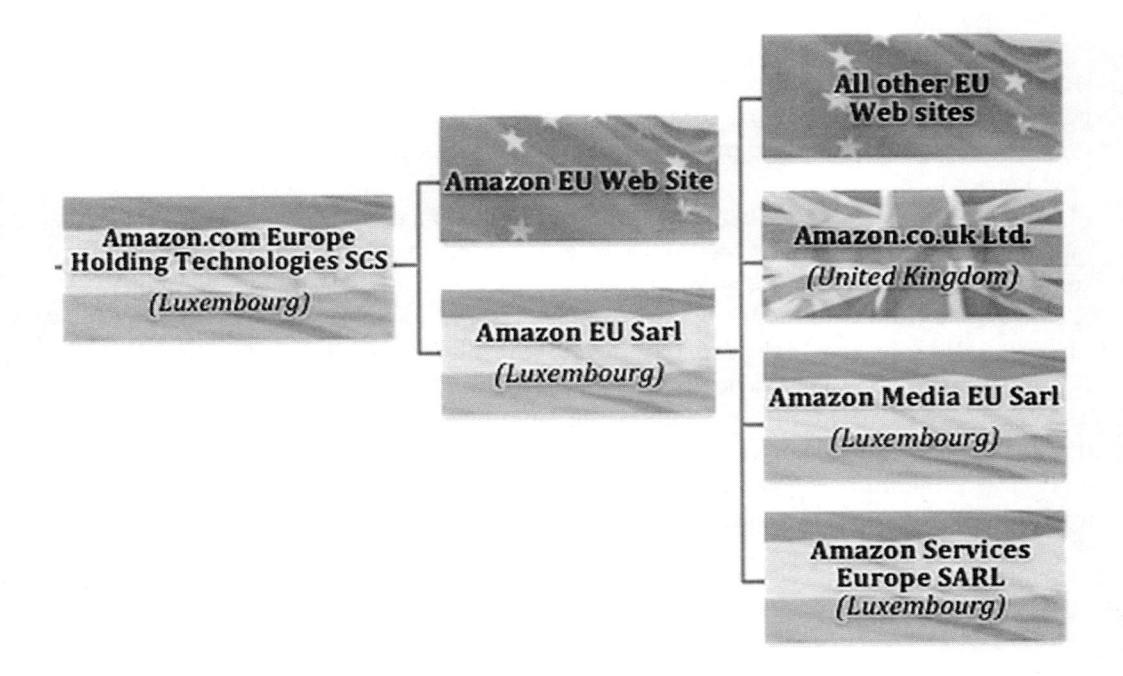

(i) A entidade legal sede na Europa se situava em Luxemburgo (regime fiscal privilegiado), por meio da qual todos os pedidos dos sites da Amazon na Europa eram feitos, com emissão correspondente de *invoice*. Tal documento de cobrança era emitido em favor da empresa em Luxemburgo, que recebia todos os pagamentos decorrentes de vendas realizadas em diversos países europeus;

(ii) Em cada país, a Amazon contava somente com centros de armazenamento para entrega de produtos, que não eram considerados estabelecimentos permanentes para fins de aplicação dos tratados antibitributação ou pelas legislações internas, em face de serem estes considerados como estabelecimentos meramente auxiliares;

(iii) Como Luxemburgo tem baixa tributação da renda das pessoas jurídicas, a Amazon era beneficiada por esse arranjo, porquanto pagava imposto de renda somente para uma jurisdição, em montantes considerados como baixos, enquanto operava em toda a Europa.

O Fisco britânico detectou que a receita bruta oriunda de vendas da Amazon no país em 2013 foi de 5,86 bilhões de libras esterlinas, ao passo que 4,2 milhões de libras foram pagas a título de imposto sobre a renda, o que despertou a atenção das autoridades fiscais, que consideraram a alíquota efetiva final como muito baixa, e a levou a investigar eventual evasão fiscal promovida pela empresa.[12]

a2 Necessidade de criação de conceito que permita a tributação da renda onde de fato ocorre a atividade econômica

Diante disso, a OCDE, no relatório ora estudado, identificou a premente necessidade de se rever mundialmente nos tratados bilaterais o conceito de estabelecimento permanente, devido ao fato de ser possível aquilo que consideraram como equívoco: utilizar estabelecimentos não meramente auxiliares para que, com isso, seja evitada a devida tributação.

Com apoio na Ação 7 (mais específica para *prevenir que seja artificialmente evitado o status de estabelecimento permanente*), a OCDE deseja fazer com que atividades consideradas como *principais* sejam capturadas, reduzindo as exceções ao estabelecimento permanente e, com isso, a utilização de arranjos artificiais. E assim o fez por meio da Convenção Multilateral (da sigla em Inglês *MLI*),[13] utilizada para alterar as mais de 3.000 Convenções Bilaterais em vigor, publicada no final de novembro de 2016, cujas assinaturas passaram a ser colhidas a partir de 2017, que atualmente conta com 83 jurisdições signatárias, e que traz consigo as seguintes modificações (em verdade, atualizações) no referido conceito de estabelecimento permanente (aqui são referidas notadamente as regras que estão mais aptas a gerar efeitos na economia digital):

---

[12] Ver mais em: http://fortune.com/2016/03/11/apple-google-taxes-eu/. Acesso em: 02 mar. 2017.

[13] Ver mais em: http://www.oecd.org/tax/treaties/multilateral-convention-to-implement-tax-treaty-related-mea sures-to-prevent-beps.htm - *Multilateral Convention to Implement Tax Treaty Related Measures to Prevent BEPS*. Acesso em: 14 ago. 2018.

(i) O Artigo 10 da Convenção Multilateral prevê regras antiabuso de status de estabelecimentos permanentes situados em jurisdições "terceiras": o artigo define como regra geral que, sempre que uma empresa, situada em determinado país, atribui a titularidade da renda a um estabelecimento permanente situado em um terceiro país, onde esta renda é isenta ou cuja carga tributária é menor do que 60% do tributo que seria pago no primeiro país, os benefícios do tratado bilateral não se aplicarão a quaisquer itens de renda. Em tal caso, todo o rendimento permanecerá tributável de acordo com as regras domésticas do primeiro país. O artigo também prevê regras especiais, para quando não deve se aplicar a regra do *caput* e parágrafo 1.

(ii) O Artigo 12 da Convenção Multilateral, por sua vez, descreve regras antiabuso de status de estabelecimentos permanentes com base em arranjos de "comissionário" e estratégias similares, e dispõe, em resumo que: (i) pessoas situadas em um país e que habitualmente celebram contratos, ou habitualmente realizam a tarefa principal de liderar a celebração de contratos que são rotineiramente firmados sem modificação material pelo empreendimento,[14] e estes contratos são a) em nome do "empreendimento", b) para a transferência de propriedade, ou da concessão do direito de uso, de bens pertencentes ao empreendimento ou dos quais este tenha direito de uso, c) para a prestação de serviços pelo empreendimento, será considerada um estabelecimento permanente naquele Estado contratante, relativos a quaisquer atividades que tal pessoa (física ou jurídica) realiza para o empreendimento, a menos que tal empreendimento constitua um estabelecimento permanente no outro Estado, conforme definido no tratado bilateral aplicável (sujeito a modificações pela Convenção Multilateral). Tal não se aplica a agentes do empreendimento residente no outro Estado contratante, realizando atos de maneira independente no curso ordinário do negócio, salvo se de maneira exclusiva ou quase exclusiva.

(iii) O Artigo 15 traz, ainda, critérios para caracterização de pessoas consideradas estabelecimentos permanentes para os fins do Artigo 12, segundo os quais: (i) uma pessoa é considerada estritamente relacionada a um empreendimento se, (ii) baseando-se em fatos e circunstâncias relevantes, uma entidade tem controle da outra ou ambas estão sob controle de mesmos empreendimentos ou pessoas; (iii) em qualquer caso, se uma possuir mais de 50% de participação social da outra, ou mais de 50% dos votos ou do valor das ações/quotas da outra, ou se (iii) uma outra pessoa possua direta ou indiretamente mais de 50% da participação societária, votos ou valor de quotas/ações, de uma outra pessoa ou empreendimento.

Pode-se observar que as regras antiabuso do status de estabelecimento permanente (sobretudo as adições ao conceito previstas no Artigo 12, e as regras de caracterização de controle do Artigo 15) podem se amoldar perfeitamente aos negócios da economia digital, sobretudo se forem considerados estabelecimentos permanentes para fins de tributação na fonte do rendimento o local onde são celebrados contratos (na compra e

---

14 Tradução livre de "enterprise", como "empresa" ou "empresário" ou "negócio" de maneira genérica

venda de intangíveis ou mercadorias, por exemplo), ou concedido o direito de uso de alguma propriedade (de natureza intelectual, por exemplo).

Vale destacar que o Brasil não assinou a *MLI* (assim como os Estados Unidos da América), sob o argumento de que as discussões da Convenção Multilateral no Congresso Nacional atrasaria muito a implementação da Convenção, e, ainda, manifestou que faria as modificações sugeridas na "MLI" por meio de negociações bilaterais.[15]

2.1.3 A falta de alcance dos textos e interpretações dos tratados frente aos avanços tecnológicos

Como discorrido acima, o principal atraso do texto e interpretação dos tratados bilaterais frente à volatilidade do século XXI é relativo ao conceito de estabelecimento permanente, mas também diz respeito à falta de previsão de regras específicas sobre todos os assuntos que possam envolver negócios digitais, como a remuneração de direitos de autor, marcas, patentes, a solução da regra geral de residência, e não somente do conceito de estabelecimento permanente.

A OCDE fornece, ainda, exemplos de fatores que aumentam a dificuldade de alcance legal ou de tratados dos avanços tecnológicos, quais sejam: (i) nexo geográfico: o aumento crescente do potencial de tecnologias digitais e a reduzida necessidade de presença física para realizar uma atividade ostensiva nos mais diversos países; (ii) dados: devido ao aumento de número de dados disponíveis e utilizados pelas empresas digitais, fica difícil estabelecer qual o grau de valor agregado da atividade de oferta de serviços e produtos digitais; (iii) caracterização: o desenvolvimento de cada vez mais produtos digitais e novos meios de entrega de serviços gera incertezas na correta caracterização de pagamentos feitos e dos próprios negócios (serviço/comércio/cessão de direitos) no contexto desses novos modelos de negócios, por exemplo: computação em nuvem, financiamento coletivo, dentre outros.

2.1.4 Dificuldade de acesso aos dados de transações realizadas no âmbito da economia digital

Outro ponto colocado pela OCDE como um problema que provoca a geração a erosão tributária nos negócios digitais diz respeito à dificuldade de acesso a dados de transações realizadas no meio eletrônico.

Quanto a essa questão, enxerga-se especificamente no mercado de tecnologia as seguintes barreiras, relacionadas com os pontos já abordados, que provocam maior prejuízo para a tributação nos planos interno e internacional: (i) a ausência de previsão legal específica de tributação de determinadas novas materialidades típicas do meio digital, o que prejudica o enquadramento de novos negócios no trabalho de fiscalização e autuação, em parte devido a imprecisões de conceitos como mercadoria, serviço e cessão de direitos; (ii) a dificuldade de se precisar geograficamente, na prática, conceitos como

---

[15] Ver mais em: http://kluwertaxblog.com/2017/09/05/brazils-absence-multilateral-beps-convention-new-amen ding-protocol-signed-brazil-argentina/; https://www.conjur.com.br/2018-mai-16/consultor-tributario-conven cao-multilateral-ocde-protocolo-mendoza. Acesso em: 14 ago. 2018.

residência, domicílio, sede, filial e estabelecimento; e, por fim, (iii) a grande dificuldade de fiscalização de negócios digitais e de coerção por obrigações tributárias principais e acessórias, por limitações técnicas governamentais ou geográficas. Parte dessas questões já foi, inclusive, objeto de ação específica visando sua resolução por parte da OCDE, por meio da Convenção Multilateral da organização, divulgada no final de novembro de 2016, como abordado em item anterior.

No mais, é de se ter presente as principais formas, trazidas pela força-tarefa, sob as quais estas dificuldades se materializam.

a Uso de *crowdfunding* e moedas digitais

O *crowdfunding*, ou "financiamento coletivo" consiste no financiamento de projetos e doações pelo meio digital, e muitas vezes se apresenta de maneira mista. Quanto a esse negócio, além da dificuldade de sua caracterização como doação, empréstimo, ou investimento, observa-se o óbice de acesso pelas autoridades fiscais a operações realizadas por pessoas e empresas, seja por limitações técnicas ou pela dificuldade de acesso a servidores de hospedagem e de domínio dos *sites* que oferecem tal ferramenta.[16]

Não bastasse, há, por exemplo, a possibilidade de utilização do *crowdfunding* para o financiamento de organizações terroristas e criminosas em geral, *caixa dois* de campanhas políticas, ou até mesmo de empréstimos ou investimentos ilegais (fora de entidades financeiras regulamentadas), o que obviamente ultrapassa as preocupações do âmbito tributário. Instrumento comum utilizado para estas práticas delituosas é a chamada *deep-web* – a parcela do conteúdo digital inacessível ao público em geral, que possibilita com maior facilidade o anonimato.

Já as moedas digitais, cujo maior exemplo é o *bitcoin*, comumente não são consideradas pelas legislações como moedas formais, e podem criar às autoridades fiscais os mesmos problemas diagnosticados acima. Por isso, merece especial esforço internacional no sentido de ter reduzidas as possibilidades de esconder ou ignorar sua materialidade, ou a efetiva realização de negócios a elas relacionados.[17]

Nesse sentido, vale menção ao que discorrem Paulo Henrique de Souza Freitas e Talita Fernanda Ritz Santana ao Valor[18] sobre a atual visão da Receita Federal do Brasil acerca do *bitcoin* e o acréscimo patrimonial sujeito à tributação pelo Imposto de Renda como ganho de capital, em caso de variações de sua cotação:

> Para efeitos da incidência do IR a verificação do acréscimo patrimonial da criptomoeda pode se dar com o ganho de capital decorrente de sua alienação, com fulcro no artigo 3º, 2º, da Lei nº 7.713/88.

---

[16] *Crowdfunding* – a popularmente conhecida "vaquinha virtual" – pode ser considerada doação (portanto, objeto de ITCD, IR, e/ou PIS/COFINS, CSLL), empréstimo (com parcela passível de IOF, IR, e/ou PIS/COFINS, CSLL) ou investimento (com parcela passível de IOF, IR, e/ou PIS/COFINS, CSLL), a depender do tipo de operação específica realizada.

[17] Quanto ao bitcoin, este foi objeto de discussão na Corte europeia sobre a eventual tributação pelo IVA - considerada *tax-free* por equiparação, devido à isenção dada ao câmbio de moedas no âmbito europeu. Pode ser considerada prestação de serviços (ISSQN – câmbio de moedas – está na lista anexa da LC 166?) – Ver mais em: http://thenextweb.com/eu/2015/10/22/bitcoinisofficiallytaxfreeineurope/. Acesso em: 03 jan. 2017.

[18] Bitcoins: tributação no sistema brasileiro, Valor Econômico, edição virtual 16.06.2016. Disponível em: http://alfonsin.com.br/bitcoins-tributao-no-sistema-brasileiro/. Acesso em: 04 jan. 2017.

A Receita Federal do Brasil, inclusive, passou a disponibilizar campo no seu formulário de declaração do Imposto de Renda a possibilidade de se declarar as criptomoedas de que é proprietário, e se for o caso, pagar o valor do imposto equivalente. Doravante, deve-se selecionar o código "Outros bens e direitos" e descrever as quantidades das diferentes moedas digitais que o contribuinte tenha.

Como não existe uma cotação considerada oficial para o bitcoin e sua emissão não é controlada por nenhum órgão do governo, a saída será usar cotações como a do Mercado Bitcoin para o cálculo dos ganhos. Para efeitos da incidência do Imposto de Renda, segundo a Receita Federal, quando as vendas em um mês são maiores que R$ 35 mil, os ganhos de capital devem ser tributados em 15% e o pagamento do imposto deve ser feito até o último dia do mês seguinte ao da transação.

Para que seja feito o recolhimento, o ideal é que seja usado o Programa de Apuração dos Ganhos de Capital (GCAP). Mesmo quem não obteve ganho de capital está obrigado a informar o saldo da moeda bitcoin na declaração, na ficha de Rendimentos Isentos e Não Tributáveis. Outras operações com bitcoins podem ter efeitos tributários, tais como doações das criptomoedas (que seriam sujeitas ao ITCMD), intermediações de compra de venda (tributáveis pelo ISS), sendo necessária uma análise em cada caso concreto.

É possível ir além: é comum que prestadores de serviços a plataformas de moedas digitais recebam como pagamento tais moedas, o que, neste caso, poderia ser considerado um acréscimo patrimonial tributável (remuneração *in natura* – em bens), ou ao menos uma variação patrimonial a descoberto.

Mais adiante serão tratadas as possíveis estratégias que podem ser adotadas interna ou internacionalmente pelos países para alcançar pela tributação tais negócios.

b Uso de serviços de intermediação de pagamentos *online*

Outro foco de atenção da OCDE foi o uso de serviços de intermediação de pagamentos *online*, ferramentas sigilosas e/ou desreguladas de realização de transações no meio digital. Tais ferramentas são foco de atenção por se caracterizarem pela ausência de intervenção de instituições financeiras, o que prejudica a fiscalização das transações para fins de tributação.

Crê-se que seja necessária a equiparação dos serviços de intermediação de pagamentos aos serviços típicos de instituição financeira, de forma que os negócios desenvolvidos sejam objeto de regulação estatal, inclusive para fins de tributação e entrega obrigações acessórias (retenções de tributos, prestação de informações), a fim de que se obtenha a necessária isonomia entre as operações realizadas por meio de instituições financeiras e aquelas realizadas por tais meios.

2.1.5 Caráter misto das plataformas digitais (de comércio e serviço) e a dificuldade de tributar – Evolução dos servidores a provedores de conteúdo e de serviços *online*

No contexto dos tributos diretos, é também um ponto de atenção na economia digital a existência de um novo meio de geração de valor: a transmissão de dados e direitos relativos a negócios digitais entre indivíduos e empresas. Nesse sentido, preocupa o tratamento jurídico dos intangíveis quanto aos preços de transferência e erosão da base tributária no plano internacional, e a dupla não tributação da renda, por meio de estruturas planejadas no contexto da economia digital (abordagem de nexo com determinada jurisdição – presença física reduzida).

Devido ao caráter misto das plataformas digitais – que abraçam materialidades mistas de serviço, comércio, cessão de direitos, etc. –, fica prejudicado o acesso a informações relativas a transações realizadas no contexto de publicidade *online*, serviços de pagamentos *online*, moedas digitais, lojas de aplicativos, vendas dentro de aplicativos e *crowdfunding*, que, além de afetar o conhecimento das transações realizadas no meio digital, provocam erosão da base tributária, trazidas pelo desafio da caracterização, diante de incertezas relacionadas a esses novos meios.

Preocupa também a evolução dos servidores de conteúdo, que são plataformas digitais *online* que veiculam informações, anúncios de produtos e serviços de terceiros, e, por serem meras intermediárias na veiculação, são entendidas como não responsáveis pelo conteúdo nelas constantes, o que também gera problemas de ordem tributária de caracterização e localização geográfica do sujeito passivo.

2.2 Possíveis soluções assinaladas pela OCDE na Ação 1 do Plano BEPS

Colocados, portanto, os principais desafios, parte-se para a disposição das sugestões propostas pela força-tarefa responsável pela Ação 1. Primeiramente, convém pontuar que, com o apoio das nações que mais se beneficiam da dificuldade de regulação jurídico-tributária no meio digital,[19] a tarefa de encontrar soluções para esse problema se torna mais simples. Como próximo passo da adoção da Ação 1, a OCDE pretende seguir o trabalho de monitoramento do desenvolvimento da economia digital. É prevista ainda a publicação de um relatório de resultados da Ação 1 em 2020.

Segundo o Relatório da Ação 1, no que diz respeito aos tributos diretos, os desafios tributários levantados pela economia digital vão além da necessidade de por fim à dupla não tributação, mas também se relacionam à questão de como os direitos de tributar os rendimentos gerados em atividades desenvolvidas internacionalmente devem ser distribuídos entre os países.[20] Neste contexto, a OCDE buscou listar as opções de resolução dos problemas tributários da economia digital por meio de quatro princípios conjugados: (i) neutralidade: contribuintes em situações similares e realizando transações similares devem estar sujeitos a níveis similares de tributação; (ii) eficiência: os benefícios de qualquer reforma devem compensar os custos de sua adoção, inclusive custos de transição e implementação; (iii) certeza e simplicidade: as normas tributárias devem ser simples, de forma com que os contribuintes conheçam mais facilmente as consequências das transações realizadas, e que as administrações tributárias consigam melhor avaliar o cumprimento das obrigações tributárias; (iv) efetividade e justiça: o tributo deve ser de valor correto e imposto no momento correto; (v) flexibilidade e sustentabilidade: as mudanças devem ser adaptáveis a desenvolvimentos tecnológicos

---

[19] É importante destacar que a OCDE, de fato, foi eficiente no sentido de incluir, dentre as 15 ações prioritárias do Plano BEPS, a Ação 1, relativa à economia digital, sobretudo pelo fato de os Estados Unidos, país membro da OCDE, serem a nação que mais abriga empresas de tecnologia em seu território, com destaque para o Vale do Silício (situado no Estado da Califórnia).

[20] OECD (2015), *Addressing the Tax Challenges of the Digital Economy, Action 1 - 2015 Final Report*, OECD/G20 Base Erosion and Profit Shifting Project, OECD Publishing, Paris. *http://dx.doi.org/10.1787/9789264241046-en* p. 21 BEPS Final Report 2015 – Action 1 – e-book. p. 136

e comerciais futuros; e (vi) proporcionalidade: deve ser avaliado não só a eficiência das novas medidas, mas o impacto *macro* das opções a serem adotadas para combater BEPS na economia digital.

Dentre as soluções genericamente apontadas pelos Relatórios da OCDE a respeito da Ação 1, se encontram, individual ou conjuntamente, as dispostas a seguir.

2.2.1 Estabelecer tributo sobre operações digitais no plano interno – O *digital tax*

A primeira solução, tida como salvaguarda e apontada pela OCDE como meio para dirimir os efeitos da evasão tributária ou planejamentos tributários agressivos no meio digital, seria a criação de tributo sobre operações realizadas neste meio. Tributo este que vise transações remotas de bens e serviços digitais, tanto domésticas quanto internacionais, e abarque a robótica, a "internet das coisas", impressões em 3D e a "economia do compartilhamento", dentre outros. Espera-se que, no ano de 2025, este mercado movimentará na economia de quatro a onze trilhões de dólares.[21] A OCDE defende que a criação de salvaguardas não deve, porém, significar o desrespeito a obrigações de tratados internacionais firmados pelos países. Aliás, a Organização entende que soluções tributárias como esta poderiam estar previstas inclusive em tratados.

Quanto ao tributo retido na fonte de transações digitais (o *bit tax*, a ser melhor explorado mais adiante), a expectativa da OCDE é que este conte com maior facilidade de fiscalização e imposição nas transações B2B (*business-to-business*), e maior dificuldade nas transações B2C (*business-to-consumer*) e C2C (*consumer-to-consumer*). Ainda segundo a OCDE, o que pode contribuir para o equilíbrio na tributação é a necessidade de presença de um intermediário para realizar a retenção na fonte, que seja residente do país do usuário/consumidor.

Indica-se que o valor da alíquota seja baseado na margem relativa de lucro das transações com produtos e serviços similares no mercado interno, em respeito ao *tratamento nacional* do GATT.

2.2.2 Rever as orientações e convenções modelo da OCDE e os tratados antibitributação dos países

A Convenção Multilateral da OCDE,[22] recentemente publicada e já citada, trouxe diversas alterações no modelo padrão de tratados da OCDE, para modificação multilateral dos acordos bilaterais existentes. No que diz respeito aos assuntos relacionados à Ação 1, de maneira mais específica, duas foram as modificações mais contundentes realizadas: a que visa a neutralização dos efeitos de arranjos híbridos, e a que busca aperfeiçoar as regras antiabuso do conceito de estabelecimento permanente.

---

[21] OECD (2015), *Addressing the Tax Challenges of the Digital Economy, Action 1 - 2015 Final Report*, OECD/G20 Base Erosion and Profit Shifting Project, OECD Publishing, Paris. *http://dx.doi.org/10.1787/9789264241046-en* p. 21 BEPS Final Report 2015 – Action 1 – e-book. p. 142

[22] Ver mais em: http://www.oecd.org/tax/treaties/mu_tilateral-convention-to-implement-tax-treaty-related-mea sures-to-prevent-beps.htm. Acesso em: 02 mar. 2017.

Espera-se, com isso, que a atualização de tratados baseados no modelo da OCDE consiga coibir as mais recentes práticas lesivas de planejamento tributário internacional abusivo, inclusive no que toca à economia digital.

2.2.3 Rever regras internacionais relativas a acordos artificiais de vendas de bens ou serviços dentro de um grupo multinacional, alterando-se o conceito do local considerado estabelecimento permanente para fins de tributação

A OCDE propôs ainda a revisão das orientações, convenções modelo e dos tratados anti-bitributação dos países no sentido de adaptá-los aos avanços tecnológicos, sobretudo quanto ao conceito de estabelecimento permanente. Ato contínuo, adaptação das regras de equiparação, tendo-se em vista a melhor gestão do conceito de entidades preparatórias e auxiliares, da lista de exceções ao tratamento geral, e visando à ampliação de regras antifragmentação dos negócios. Uma das particulares mudanças propostas pela OCDE é a de que o estabelecimento onde há depósito de bens destinados à venda *online* poderia considerado estabelecimento permanente – uma resposta direta ao caso Amazon, portanto.

A OCDE ainda demonstrou preocupação a respeito de arranjos e acordos artificiais intragrupo, em que se manipula o conceito de estabelecimento permanente, de forma a evitar a caracterização deste para deslocamento de lucros de uma jurisdição para outra, baseado em cargas tributárias.

2.2.4 Impor modificações na legislação interna dos países para coibir práticas de BEPS por meio do uso de negócios digitais. Tributação na fonte de transferências relativas a royalties de intangíveis e criação de um tributo sobre as transferências de dados (o *bit tax*)

Outra solução apontada pela OCDE foi a imposição de tributos incidentes na fonte (*withholding tax*) internamente em cada país, a incidir sobre transferência de valores no meio digital, como relativas a royalties e intangíveis (direitos de marcas, patentes, de autor), como forma de coibir práticas que provoquem erosão da base tributária ou transferência indevida de lucros, a serem operacionalizados por instituições financeiras envolvidas nos pagamentos. Seria o caso, por exemplo, do IRRF – imposto de renda retido na fonte vigente no Brasil, cobrado sobre remessas de royalties para o exterior e normalmente exigido pelas instituições financeiras em pagamentos ou transferências a não residentes.

Além disso, propõe-se a criação de um tributo sobre a transferência de dados (*banddithtaxbased* ou *bit tax*), baseado na quantidade de *bytes* usados por websites, e creditável em relação ao imposto de renda das pessoas jurídicas, como despesa.

2.2.5 Maior detalhamento de regras de preços de transferência a respeito da exploração de intangíveis

A OCDE, em seu relatório final, propõe também um maior detalhamento de regras de preços de transferência a respeito da exploração de intangíveis, que hoje não possuem regras específicas relativas a valores tipicamente relacionados a transações do meio digital.

A intenção da organização é a de que as regras de preços de transferência (domésticas e de tratados) garantam que o valor de intangíveis transferidos intragrupo seja de fato refletido nas operações, e os rendimentos de bens intangíveis alinhados com a atividade econômica que o produzem. Além disso, devem guiar de maneira mais clara a aplicação de métodos de preços de transferência, incluindo a alocação de lucros no contexto da rede global de valor.

2.2.6 Melhorar a identificação das regras de CFC, quanto aos rendimentos tipicamente auferidos na economia digital

A força-tarefa, ainda, considerou que é necessário modificar a regras de CFC quanto aos rendimentos tipicamente auferidos na economia digital, principalmente no que diz respeito à tributação de coligadas e controladas em paraísos fiscais e em estruturas de *treaty shopping*.

Segundo a OCDE, deve ser considerada a hipótese de adaptação das regras de CFC à economia digital.

2.2.7 Implementação de salvaguardas domésticas pelos países

Primeiramente, tais salvaguardas poderiam ter a forma de *nexus approach* (abordagem de *nexo*), presença econômica significativa, retenção na fonte (com manutenção do crédito do tributo já pago) para certos tipos de transações digitais, dentre outras medidas, desde que se respeitem os tratados já existentes.

Além do que já foi abordado nos subitens anteriores, para fins de possibilitar a tributação das operações digitais, propõe-se o critério da "presença econômica significativa", dividido ou combinado de acordo com os seguintes subcritérios:

1) Critério da receita auferida: medem-se as receitas geradas de transações digitais realizadas com consumidores por meio de uma plataforma digital de determinada empresa, o que depende da capacidade de o país identificar e medir as transações;

2) Critério do endereço de domínio local: uso de nome de domínio específico de determinado país, que é um critério inseguro e incompleto;

3) Critério da plataforma digital local: estabelecimento de *sites* locais ou plataformas digitais para apresentar produtos e serviços direcionados especificamente a certo país, inclusive com idioma específico;

4) Critério de uso de ferramentas de pagamentos locais: identificação das ferramentas de pagamento utilizadas e verificar se alguma tem residência no país, para tornar possível a tributação;

5) Critério do número de usuários logados mensalmente: mensuração do número de usuários logados (cadastrados e que tenham feito *login)* em determinado mês;

6) Critério da formação de contratos *online*: contratos firmados com usuários de determinado país em certo período;

7) Critério dos dados coletados: volume de dados de conteúdo criado por usuários de determinado país – revisão de produtos, comentários, históricos de busca, etc.;

8) Critério do *lucro presumido digital*: classificação por ramo de atividade e aplicação de uma percentagem específica para cada ramo, de acordo com a receita.

Ademais, foi proposta a criação de tributos de *equalização*, com o intuito de igualar o custo da tributação nos diversos países, entre nações de tributação favorecida e as de tributação normal, desde que se respeitem os tratados já existentes.

Como próximo passo na implementação da Ação 1, a OCDE pretende seguir com o trabalho de monitoramento do desenvolvimento da economia digital. Detalhamentos da ação foram publicados em 2016 e serão complementados em um relatório de resultados em 2020, buscando a mitigação da erosão das bases de tributos e do deslocamento indevido de lucros no âmbito da economia digital.

2.3 A realidade do Brasil perante os problemas identificados e as sugestões propostas pela OCDE – Tributos diretos

Sob o ponto de vista do sistema tributário brasileiro, a perspectiva inicial da implementação das medidas propostas pela OCDE na Ação 1 do BEPS, à medida em que alcancem sucesso, é de que a economia digital ocasione no acréscimo na receita derivada, com o consequente incremento na participação da tributação da renda perante a carga tributária nacional como um todo. Com isto, se privilegiaria a diminuição da regressividade do sistema tributário, e traria maior isonomia entre as empresas de tecnologia que se utilizam de estruturas internacionais de planejamento tributário e as que não o fazem, o que pode vir a estimular o exercício das atividades de tecnologia no mercado interno.

Quanto às medidas já adotadas e que dizem respeito a este relatório do BEPS, pode-se esperar uma menor erosão da base tributária e deslocamento de lucros entre países no âmbito de transações realizadas por residentes brasileiros no contexto da economia digital, já que algumas das salvaguardas contidas no Plano BEPS já foram adotadas pelo Brasil. Ademais, é razoável esperar eficiência por parte da administração tributária brasileira na cobertura dessas transações, o que leva o país a visualizar um futuro promissor, nesse sentido.

Lado outro, os principais desafios são o acesso a informações de transações realizadas pelo meio digital, e a fiscalização de empresas que detenham estabelecimentos permanentes no país, por conceito, mas estejam irregularmente estabelecidas somente fora do Brasil, valendo-se de presença econômica significativa no país e não tributada por este.

2.3.1 Harmonização do direito interno às sugestões da OCDE

No que tange às sugestões de direito interno da OCDE para a Ação 1, a legislação do Brasil se encontra da seguinte maneira quanto a cada ponto.

2.3.1.1 Estabelecimento de tributo sobre operações digitais (*bit tax*) no plano interno

Em relação ao *bit tax*, tributo a incidir sobre a transferência de dados em transações digitais, não há expressa previsão constitucional do tributo – algo natural, dada a idade do Texto Magno brasileiro vigente – o que impediria a mais fácil instituição de tal tributo, por meio de lei ordinária por algum dos entes federativos tributantes. De toda forma, há a possibilidade de instituição, por meio de lei complementar, de um imposto de competência da União, desde que este fosse não cumulativo e não tivesse fato gerador ou base de cálculo próprios dos discriminados na Constituição, com base na competência residual que tem o ente federal (art. 154, I da CF).

Nada obstante, mister salientar um ponto que coloca Brasil em posição mais vantajosa do que a da maior parte dos países, quando se defrontam a este desafio em particular da economia digital: o país possui a figura do IOF – Imposto sobre Operações Financeiras, previsto na Lei nº 5.143/1996 e regulamentada pelo Decreto nº 6.306/2007, que onera aquisição de bens e serviços no exterior, feitos mediante a utilização de cartão de crédito ou débito.

O IOF é um tributo cuja competência pertence à União, e é incidente sobre o valor das transações envolvendo crédito, câmbio, títulos mobiliários e seguros. A alíquota estabelecida pelo Poder Executivo Federal, e as alíquotas de câmbio atuais são conforme a seguir:

IOF sobre transações de câmbio	Alíquota
Alíquota máxima	25%
Câmbio em geral	0,38% do valor da transação
Pagamentos com cartão de crédito ou débito no exterior.	6,38% do valor da transação

No contexto da Ação 1 do BEPS, o IOF pode ser entendido como um substituto parcial ao *bit tax* recomendado pela OCDE, pois incide sobre transações financeiras internacionais feitas em cartão de crédito ou débito, seja no meio digital ou fisicamente.

Diante disso, sempre que a operação digital envolver um cartão de crédito ou débito emitido no Brasil e uma transação remota internacional, ou uma operação de câmbio por meio, por exemplo, de boleto bancário, haverá a incidência do IOF, o qual, de certa forma, funciona com o fim de salvaguarda desejado pela OCDE, e garante ao país pelo menos alguma arrecadação sobre estas operações com intangíveis.

Vale destacar que o aumento do IOF por meio de decretos, com fins meramente arrecadatórios e sem justificativa relativa às políticas monetária, cambiária e fiscal, já teve sua constitucionalidade questionada perante o Supremo Tribunal Federal, na ADI nº 4.002,[23] o que pode eventualmente prejudicar a utilização desse tributo, de maneira mais elástica ou efetiva.

---

[23] Ver mais em: http://www.conjur.com.br/2008-fev-14/alteracao_cobranca_iof_csll_inconstitucional. Acesso em: 05 jan. 2017.

Aliás, como é cediço, o IOF não alcança, em tese, transações com cartões de crédito e débito emitidos no exterior, a despeito de pertencerem a residentes do Estado Brasileiro, sob o mascaramento da real residência deste, por uma medida de planejamento tributário. E isso, por óbvio, cria um problema de materialidade na aplicação desse tributo a transações digitais.

Outro tema que deve ser considerado no que diz respeito à efetividade ou não do IOF diz respeito ao *bitcoin*, ou outra moeda digital (o que também se aplica às ferramentas de intermediação de pagamentos). Isso porque, imaginando-se a situação em que um portador de cartão de crédito brasileiro obtenha *bitcoins* (troque dinheiro real por dinheiro virtual), sem que haja uma operação de câmbio imediata (isto é, sem incidência de IOF), e posteriormente troque esses *bitcoins* por serviços ou bens de não residentes e sem a nova utilização de cartão de crédito ou boleto (sem a participação de uma ferramenta de pagamentos), não estaria alcançado pela tributação no Brasil.

Por isso, deve ser pensada também uma estratégia para evitar a lacuna tributária desse tipo de operação, o que passa, sobretudo, pelo incremento da fiscalização tributária em operações digitais. Aliás, quanto a este ponto, já se observam iniciativas no Brasil de se utilizar da tecnologia para melhor fiscalizar, senão veja-se:

> (...) a intensificação do processo inicia-se em 1996 com a realização do Seminário *Informação e Informática na Administração Pública Federal*. Nesse evento, foi elaborado o Projeto SRF 21, com as diretrizes para modernização da SRF (Secretaria da Receita Federal), e este serve de base para a contratação de um empréstimo junto ao BID com a finalidade de aprimorar os procedimentos de arrecadação.[24]

Como discorre Alexandre Alkmim,

> No relatório de fiscalização da Receita Federal do Brasil para o ano de 2014, é possível identificar um aumento na capacidade de fiscalização e cobrança de tributos, alcançado, em grande parte, em razão dos processos fiscalizatórios direcionados pelas informações obtidas pelo sistema eletrônico da RFB.[25]

2.3.1.2 Outras modificações na legislação interna dos países, para coibir práticas de BEPS por meio do uso de negócios digitais

Além da existência atual do IOF, válido para transações que impliquem o câmbio de moedas estrangeiras com o real, e, portanto, também aplicável ao mundo digital, em contemporaneidade com o Plano BEPS e atento à desregulamentação de transações do meio digital, o Brasil passou a regular os serviços de pagamento *online*, por meio da Lei 12.865/2013, e estabeleceu seu controle pelo Banco Central do Brasil (BCB). Dentre suas

---

[24] MORA, Monica. Governo Eletrônico e Aspectos Fiscais: A experiência brasileira. IPEA, Rio de Janeiro, 2005. p. 15. Disponível em: http://portal2.tcu.gov.br/portal/pls/portal/docs/2063226.PDF.

[25] TEIXEIRA, Alexandre Alkmim. MEMORIAS – XXVIII JORNADAS LATINOAMERICANAS DE DERECHO TRIBUTARIO. Medidas nacionales para evitar la erosion de la base tributaria. ILADT MÉXICO 2015. p. 81-100. (tradução livre)

competências, disciplina a fiscalização e limitações à atividade, o que inclui, inclusive, necessidade de autorização para alterações societárias e transparência na prestação de serviços.

Contudo, verifica-se que não há equiparação desses serviços aos das instituições financeiras, o que pode prejudicar a imposição de obrigatoriedade de apresentação da e-Financeira, declaração que passou a ser obrigatória às instituições financeiras do país em setembro de 2015, depois da adesão ao FATCA, e que traz consigo um histórico de transações bancárias de cidadãos e empresas e está prevista na IN RFB Nº 1571 de 02 de julho de 2015.

Ademais, o Brasil não alterou, no âmbito de seus tratados, o conceito de estabelecimento permanente de forma a alcançar as estruturas típicas da economia digital para fins de tributação, tampouco se tem noticias de regras antifragmentação de negócios com enfoque na economia digital, ou da ampliação do conceito de estabelecimento permanente para hipóteses de presença econômica significativa.[26] De toda maneira, isso pode ser resultado do esforço unilateral da OCDE da Convenção Multilateral para alterar os tratados bilaterais, como já destacado neste trabalho.

Quanto às demais questões levantadas pela Ação 1, outro grande desafio brasileiro é proporcionar a devida fiscalização, tanto no plano interno, quanto no meio internacional – sobretudo por meio da troca de informações entre países e a especialização de sua fiscalização interna) – das transações realizadas no meio digital. O Chile, membro da OCDE, possui um grupo de fiscalização (rastreabilidade) desde setembro de 2014 voltado para sistemas informáticos, dentro do *Servicio de Impuestos Internos*, o que pode ser um ponto de atenção do Estado Brasileiro, como um bom exemplo.

Quanto à tributação da renda, o Brasil já adotava desde a Lei nº 9.249/1995 a tributação dos lucros auferidos no exterior por residentes no país. Ademais, em termos de esforços contra o planejamento tributário abusivo, explica Alexandre Alkmim que

> Nesse sentido, foi editada a lei complementar nº 104, de 2001, que alterou o Código Tributário Nacional no parágrafo único do art. 116, com anunciado objetivo de positivação de uma norma geral anti-elisiva no direito brasileiro:

> Art. 116 do CTN. (...)
> Parágrafo único. A autoridade administrativa poderá desconsiderar atos ou negócios jurídicos praticados com a finalidade de dissimular a ocorrência do fato gerador do tributo ou a natureza dos elementos constitutivos da obrigação tributária, observados os procedimentos a serem estabelecidos em lei ordinária.

> No entanto, referido dispositivo legal não foi devidamente regulamentado, pois que não definidos, no direito brasileiro, os critérios válidos para desconsideração dos negócios jurídicos praticados pelos contribuintes. Por esse motivo, considera-se que, até o presente momento, não houve implementação de norma geral anti-elisiva no país.

---

[26] O Brasil possui tratado para evitar a dupla tributação com 30 países, quais sejam:
Argentina (1981), Áustria (1975), Bélgica (2007), Canadá (1985), Chile (2003), China (1993), República Tcheca (1991), Dinamarca (1974), Equador (1986), Finlândia (1998), França (1972), Hungria (1991), Índia (1992), Israel (2005), Itália (1981), Japão (1967), Coreia do Sul (1991), Luxemburgo (1980), México (2006), Noruega (1981), Peru (2009), Portugal (2001), Espanha (1976), Eslováquia (1991), África do Sul (2006), Suécia (1975), Holanda (1991), Filipinas (1991), Turquia (2013) Ucrânia (2006).

Todavia, a evolução da análise de casos de planejamento tributário no âmbito do Conselho Administrativo de Recursos Fiscais – CARF permite seja o chamado planejamento tributário abusivo afastado.[27]

Mais recentemente, por meio da Lei nº 12.973, em seu art. 77, o Brasil passou a tributar a parcela do ajuste do valor do investimento (lucro), com enfoque em controladas no exterior e coligadas em paraísos fiscais. A polêmica atualização da tributação da renda no Brasil em bases universais poderá contribuir para que o País combata os planejamentos tributários típicos da economia digital que se valham do deslocamento de lucros a paraísos fiscais ou a regimes fiscais privilegiados, assim como a utilização de instrumentos e entidades híbridos, inclusive por meio de *treaty-shopping*.

2.3.1.3 Tributação na fonte de transferências relativas a *royalties* de intangíveis

Quanto às pessoas localizadas no exterior, o Brasil prevê a tributação de remessas relativas a *royalties* (a qualquer título) por meio da CIDE-Royalties, prevista na Lei nº 10.168/2000, sob a alíquota geral de 10%.

Destaca-se que a própria lei prevê, no entanto, que para haver a incidência da CIDE-royalties relativamente à cessão do direito de uso de programas de computador (*softwares*), é necessária a transferência de tecnologia, assim entendida o fornecimento do código fonte do programa. Por outro lado, firmou-se o entendimento de que não basta, para configurar transferência de tecnologia, a mera adaptação do programa às necessidades do cliente.

Quanto ao imposto de renda que incide na fonte sobre pagamentos de *royalties* e outras espécies de rendimentos, nos termos do disposto no artigo 28 da Lei nº 9.249/95 e Art. 710 do RIR/99,[28] o imposto possui alíquota atual de 15%.

O Art. 685, II, "b" do RIR/99,[29] que regulamenta o disposto nos artigos 18 a 24 da Lei nº 9.430 de 1996, prevê o acréscimo de 10% – indo ao total de 25%, em caso de pagamento feito a pessoa física ou jurídica residente ou situada em país com tributação favorecida, assim considerados os Estados que tributem esse rendimento em alíquota inferior a 20%, e que, assim como a CIDE-*royalties* – quando há transferência de tecnologia – alcança os intangíveis que são objeto de preocupação da Ação 1 do Plano BEPS.

Em relação aos *royalties*, da maneira do que recomenda a OCDE, já existiam antes da evolução do Plano BEPS limitações quanto à não possibilidade de dedução

---

[27] TEIXEIRA, Alexandre Alkmim. MEMORIAS – XXVIII JORNADAS LATINOAMERICANAS DE DERECHO TRIBUTARIO. Medidas nacionales para evitar la erosion de la base tributaria. ILADT MÉXICO 2015. p. 81-100. (tradução livre)

[28] *Lei 9.249/95* Art. 28. A alíquota do imposto de renda de que tratam o art. 77 da Lei nº 3.470, de 28 de TEIXEIRA, Alexandre Alkmim novembro de 1958 e o art. 100 do Decreto-Lei nº 5.844, de 23 de setembro de 1943, com as modificações posteriormente introduzidas, passa, a partir de 1º de janeiro de 1996, a ser de quinze por cento. *RIR-99* Art. 710. Estão sujeitas à incidência na fonte, à alíquota de quinze por cento, as importâncias pagas, creditadas, entregues, empregadas ou remetidas para o exterior a título de royalties, a qualquer título.

[29] Art. 685. Os rendimentos, ganhos de capital e demais proventos pagos, creditados, entregues, empregados ou remetidos, por fonte situada no País, à pessoa física ou jurídica residente no exterior, estão sujeitos à incidência na fonte. (...)
II - à alíquota de vinte e cinco por cento:

de pagamentos realizados a beneficiários no exterior, como regra (art. 353, RIR/99), ressalvadas despesas relativas ao uso de patentes e marcas, e por assistência técnica, científica, administrativa ou semelhante, as quais somente poderão ser deduzidas como despesas operacionais até o limite máximo de 5% da receita líquida das vendas do produto fabricado ou vendido, ou 10%, se titulares de PDTI (contrato de transferência de tecnologia registrado no INPI) – RIR/99 – art. 501.

De acordo com as soluções apontadas pela OCDE na Ação 1, é importante que haja uma instituição financeira, intermediária de transações no mundo virtual, para realizar a retenção do tributo retido na fonte. No caso brasileiro essa função é cumprida pela instituição financeira que realiza a operação de câmbio, o que está de acordo com as sugestões da OCDE, e também está, no entanto, sujeita às limitações relativas a operações que evitam artificialmente a realização de uma operação de câmbio tributada (mesmo caso do IOF), o que pode e costuma ser feito por meio de *bitcoins* e ferramentas de intermediação de pagamentos *online*.

2.3.1.4 Maior detalhamento de regras de preços de transferência a respeito da exploração de intangíveis

O Brasil não possui, em seu ordenamento jurídico, o detalhamento de regras de preços de transferência a respeito da exploração de intangíveis, apesar de conter regras gerais rígidas a esse respeito.[30]

---

[30]   Alexandre Alkmim traça detalhadamente a estrutura de normas de preços de transferência no Brasil: "Quando a pessoa residente no Brasil realiza transações comerciais com parte relacionada, os valores pagos ou recebidos passam a sofrer controle das normas de preços de transferência previstas na Lei nº 9.430/96. A empresa residente no Brasil que realiza pagamentos por aquisição de bens e serviços à pessoa relacionada somente poderá deduzir referida despesa no limite do valor encontrado pela aplicação de um, dos três, métodos oferecidos pela legislação, à escolha do contribuinte nas importações. O primeiro método – PIC, Preços Independentes Comparados – leva em conta a média aritmética da importação de bens tomados no exterior em condições de livre mercado, no mesmo período e sob as mesmas condições de pagamento. O segundo método – PRL, Preço de Revenda menos Lucro – é apurado mediante a decomposição do preço de revenda do produto no Brasil, com margem de lucro fixada em 20%, 30% ou 40% de acordo com o ramo de atividade. O terceiro método – CPL, Custo de Produção mais Lucro – é encontrado mediante a composição do custo de produção no país de origem, acrescido de margem de lucro de 20%. (...) Nesse sentido, os métodos adotados pela legislação brasileira para o controle dos preços nas importações seguem a metodologia traçada pela OCDE. Por outro lado, quando a empresa no Brasil apura recebimentos de valores por exportação de produtos à pessoa vinculada, haverá controle pela Autoridade Fiscal brasileira quando o valor utilizado na exportação for inferior a 90% do preço de venda do mesmo produto no mercado interno – preço de transferência nas exportações. Caso seja identificada essa subavaliação do preço dos bens exportados, o valor da venda de referidos produtos poderá ser ajustado de acordo com a legislação brasileira, presumindo-se o recebimento de valores que alcancem o montante definido por um, de quatro, método oferecido pela legislação. Aquele que for mais benéfico ao contribuinte deverá ser respeitado. O primeiro método – PVEx, Preço de Venda nas Exportações – é apurado pela média aritmética da venda de mesmos produtos ou similares em condições de livre mercado, no mesmo período e sob as mesmas condições de pagamento. O segundo e o terceiro métodos, que se confundem na sua técnica, são encontrados pela decomposição do valor de revenda do bem exportado no país de destino. Se a venda no país de destino for feita no atacado, aplica-se o PVA – Preço de Venda no Atacado, com a utilização de uma margem de lucro de 15%. Por outro lado, caso a venda no país de destino ocorra no varejo, aplica-se o PVV – Preço de Venda no Varejo, com a aplicação de uma margem de lucro de 30%. O quarto método – CAP, Custo de Produção mais Lucro – é encontrado mediante a composição do custo de produção no Brasil, acrescido de margem de lucro de 15% (...) Veja-se, a título de exemplo, que, em se aplicando o método CAP, qualquer empresa multinacional pode realizar preços de transferência, descolando seu lucro para o exterior, desde que mantenha, para fins de tributação no Brasil, uma margem de lucro de 15%. Com isso, setores produtivos que tenham margem de lucro superior a esse patamar poderão remeter seus lucros para o exterior por meio de negócios entre partes relacionadas, reduzindo a base de tributação do lucro no Brasil." – Ver mais em TEIXEIRA, Alexandre Alkmim.

Nesse sentido, sobre a ausência de regras específicas de acordo com o ramo de negócios atingido pelas normas de preços de transferência, discorre Alexandre Alkmim que

> os percentuais de margem de lucro que não diferenciam mais detidamente cada ramo de atividade acabam por permitir, em maiores ou menores níveis, conforme o produto importado, a erosão da base de tributação da renda no Brasil, ou a ineficiência do método para encontrar o real *arm's length price*.[31]

2.3.1.5 Melhorar a identificação das regras de CFC quanto aos rendimentos tipicamente auferidos na economia digital

O Brasil também não detém regras específicas de CFC, a respeito da exploração de intangíveis. Acerca do tema, leciona Alexandre Alkmim a respeito das novidades trazidas pela Lei nº 12.973/2014 em relação à normatização anterior, que foi julgada parcialmente inconstitucional pelo STF:

Nesse contexto, foi editada a Lei nº 12.973/2014, que estabeleceu os seguintes critérios de tributação:

> (i) O resultado das empresas controladas por empresas brasileiras e de empresas coligadas de empresas brasileiras no exterior, localizadas em paraísos fiscais, deverá ser adicionado na tributação do lucro no Brasil, na data do fechamento do balanço, ainda que não tenha havido a efetiva disponibilização ou pagamento dos dividendos;
> (ii) O resultado das empresas controladas por empresas brasileiras no exterior, não localizadas e não sujeitas a controle de empresas localizadas em paraísos fiscais, deverá ser adicionado na tributação do lucro no Brasil, na data do fechamento do balanço, ainda que não tenha havido a efetiva disponibilização ou pagamento dos dividendos, podendo diferir o pagamento dos tributos em até oito anos contatos da edição da lei nº 12.973/2014;
> (iii) O resultado das empresas coligadas de empresas brasileiras no exterior, não sediadas não sujeitas a controle de empresas localizadas em paraísos fiscais, será tributado quando da sua efetiva distribuição.

> Verifica-se que o critério adotado pela legislação brasileira é até mais rígido que as CFC Rules recomendadas pela OCDE, uma vez que prevê a tributação das controladas em países de tributação normal.
> Por outro lado, foram implementadas medidas legislativas de aprimoramento das normas de tributação, de forma a restringir planejamentos tributários considerados agressivos, a saber:

> (i) As normas de controle de preços de transferência foram aprimoradas para restringir os chamados preços de transferência das importações;
> (ii) As normas de restrição aos paraísos fiscais enrijeceram-se, tornando indedutíveis os pagamentos de operações consideradas fictícias;

MEMORIAS – XXVIII JORNADAS LATINOAMERICANAS DE DERECHO TRIBUTARIO. Medidas Nacionales para Evitar la Erosion de la base tributaria. ILADT MÉXICO 2015. p. 81-100. (tradução livre)

[31] TEIXEIRA, Alexandre Alkmim. MEMORIAS – XXVIII JORNADAS LATINOAMERICANAS DE DERECHO TRIBUTARIO. Medidas nacionales para evitar la erosion de la base tributaria. ILADT MÉXICO 2015. p. 81-100. (tradução livre)

Um ponto sensível que deve ser ressaltado é a ausência de uma norma geral antielisiva. Isso porque, apesar de o entendimento do CARF permitir um controle relativamente eficaz no combate do planejamento tributário abusivo, a ausência de critérios legais objetivos provoca insegurança jurídica junto aos contribuintes.[32]

Como se vê, mesmo com a edição de legislação nova acerca do assunto, o Brasil ainda carece de regras específicas relativas a atividades diversas, dentre elas as atividades típicas da economia digital.

2.3.1.6 Implementação de salvaguardas domésticas

A legislação brasileira tampouco prevê a implementação do chamado *nexus approach* relativo à presença econômica significativa, especificamente quanto aos negócios digitais, com critérios diferenciados de residência para fins fiscais na economia digital.

O mesmo ocorre com relação a regras específicas de equalização e retenção na fonte de acordo com algumas transações digitais, apesar de o IRRF e o CIDE-Royalties parcialmente cumprirem esse papel, sem, no entanto, se direcionarem à economia digital em todas as suas nuances.

Este seria, também, um ponto a ser desenvolvido pelo ordenamento jurídico brasileiro, sobretudo para se estabelecer regras de alocação de rendimentos entre países, de acordo com a presença digital em cada um deles, o que proporcionaria neutralidade e eficiência na tributação internacional dos rendimentos produzidos na economia digital.

3   Tributação indireta

3.1 Principais problemas identificados pela OCDE

Operações comerciais internacionais de bens, serviços e bens intangíveis (aqui incluídas as transferências eletrônicas de dados, ou *downloads*) criam desafios para sistemas de tributação indireta, principalmente quando os adquirentes são pessoas físicas e consumidores finais. A economia digital amplifica esses desafios, na medida em que os avanços tecnológicos aumentam de forma substantiva a capacidade de consumidores particulares de comprar *online*, assim como a capacidade de empresas comerciais de vender para todo o mundo sem ter presença física em seus mercados consumidores. Essa realidade tem causado o não recolhimento, ou o recolhimento ínfimo, de tributos indiretos em parte das operações comerciais transnacionais, o que, além de levar à queda de arrecadação, acaba trazendo um descompasso tributário anti-isonômico porquanto permite diferenças de carga tributária entre vendedores residentes e não residentes.

Segundo o grupo de estudos que se dedicou ao primeiro ponto da iniciativa BEPS, dois são os principais desafios trazidos pela digitalização da economia, no que diz respeito à tributação do consumo. São eles: (i) a importação de bens de baixo valor oriundos do *e-commerce* e suas corriqueiras isenções; e (ii) o forte crescimento no comércio

---

[32] TEIXEIRA, Alexandre Alkmim. MEMORIAS – XXVIII JORNADAS LATINOAMERICANAS DE DERECHO TRIBUTARIO. Medidas nacionales para evitar la erosion de la base tributaria. ILADT MÉXICO 2015. p. 81-100. (tradução livre)

internacional de serviços e intangíveis, sobretudo quando adquiridos por pessoas físicas (operações *B2C*).

Preliminarmente, importante esclarecer que a OCDE defende, de maneira cada vez mais incisiva,[33] a existência de um imposto sobre o valor agregado – comumente conhecido como IVA. Diferentemente da maioria dos países, que seguem fiéis a esse modelo, o Brasil optou por ter sua própria estrutura de tributação do consumo – marcada pela divisão de competências tributárias e pela presença de vários tributos que contam com essa função, cada um à sua maneira, sem serem, verdadeiramente, o IVA tal como idealizado. Apesar disso, por partirem do mesmo princípio que o IVA parte, a não-cumulatividade,[34] não há dificuldade em reproduzir os estudos e as conclusões do grupo de estudos do BEPS à realidade brasileira neste quesito.

3.1.1 Importação de bens de baixo valor por particulares

O primeiro desafio com relação à tributação do consumo, assim, surge do crescimento que teve o *e-commerce*, materializado de forma latente pelas compras diretas por consumidores finais de fornecedores situados em outra jurisdição.

No que diz respeito à tributação do IVA nestas operações, é comum que jurisdições cobrem seus tributos indiretos sobre elas incidentes quando da importação dos itens, marcadamente no momento do desembaraço aduaneiro.[35] Ocorre, no entanto, que é também amplamente difundida a concessão de isenções fiscais nestas mesmas operações, quando os bens ora importados têm um valor considerado como baixo. Estas desonerações obedecem a limites específicos que variam de país para país – *thresholds*, como são intitulados no relatório do BEPS e igualmente conhecidos no âmbito internacional –, conforme se depreende do documento da OCDE. Tais variações têm considerável amplitude, havendo tetos de isenção tão altos quanto 861 Dólares Americanos (USD) – no caso da Austrália –, outros tão baixos quanto 13 USD (Dinamarca) ou mesmo zero (França, Brasil). Aqui vale a reprodução de parte do resultado da pesquisa feita pelo órgão, que traz de maneira clara e resumida os *thresholds* de diversos países ao redor do mundo – membros ou não membros da organização:

---

[33] A organização vem, nos últimos anos, fomentando a tributação do consumo como fonte de receita estatal. Em vista dos desafios trazidos pela mobilidade do capital, a OCDE chegou relativizar, em relatório publicado em dezembro de 2014, o caráter regressivo deste tipo de taxação, conforme verificado por MOREIRA, André Mendes; SENA, Roberto Miglio, em (In)justiça na tributação do consumo: o que a OCDE tem a nos dizer. *Revista de Finanças Públicas, Tributação e Desenvolvimento*, v. 4, p. 1-27, 2016.

[34] À exceção do ISS, tributo municipal indireto que incide sobre prestações de serviço de maneira cumulativa.

[35] A tributação do consumo na jurisdição importadora deriva da regra da tributação no destino, detalhado mais adiante no presente trabalho.

País	Threshold em USD
Austrália	861
Argentina	25
Áustria	28
Bélgica	28
Brasil	0
Canadá	18
Chile	0
República Tcheca	28
Costa Rica	0
Dinamarca	13
Estônia	28
Finlândia	28
França	0
Alemanha	28
Grécia	28
Hungria	28
Islândia	16
Irlanda	28
Israel	75
Itália	28
Japão	87
Coreia do Sul	138
Letônia	28
Luxemburgo	28
México	300
Holanda	28
Nova Zelância	309
Noruega	29
Polônia	0
Portugal	28
Russia	0
Arábia Saudita	N/A
Cingapura	310
República Eslováquia	28
Eslovênia	28
África do Sul	9
Espanha	28
Suécia	28
Suíça	65/208
Turquia	0
Reino Unido	24
Estados Unidos	N/A
Uruguai	50/200

Tais isenções, de maneira ampla e simples, têm uma principal razão de existir: os custos administrativos associados à fiscalização e cobrança do IVA nos casos de importação de bens de baixo valor ultrapassam sua arrecadação potencial. Neste pensar, seria ineficiente e irracional, do ponto de vista administrativo-financeiro, submeter estas operações aos procedimentos aduaneiros padrão utilizados nas importações de maior vulto. Outrossim, a tributação indireta na importação destes itens de valor baixa seria, isoladamente, uma operação deficitária e ocasionaria em prejuízo aos cofres públicos, motivo pelo qual tem-se tão comumente optado por não tributá-las. Segundo a OCDE, entretanto, as consequências que derivam desta decisão se agravam, principalmente em virtude:

(i) da capacidade das empresas em estruturar deliberadamente seus negócios para tirar proveito dos *thresholds* de baixo valor de um país e vender bens aos consumidores sem o pagamento do IVA; e

(ii) do aumento crescente na representatividade das operações de *e-commerce* nos últimos anos.

Sobre o primeiro ponto, a isenção para as mercadorias de baixo valor abre portas à concorrência desleal, uma vez que possibilita àquelas empresas que têm capacidade para tanto, a estruturação de sua operação de forma a abusar de tal desoneração. O racional é elementar: para uma empresa doméstica, as vendas de bens de baixo valor feitas para os consumidores de sua própria circunscrição nacional estão sujeitas à tributação integral das exações incidentes sobre o consumo. Com isso, uma empresa que naturalmente se estabeleceria em sua jurisdição de mercado, poderia decidir estruturar seus negócios em uma jurisdição *offshore,* de modo que os bens de baixo valor passassem a ser enviados aos seus consumidores desta outra origem e, com isso, adquirir uma vantagem econômica e concorrencial considerada como inadequada. Ademais, como reflexos conexos haveria também a redução de empregos na jurisdição original, de consumo, causada pela mobilização tendenciosa das atividades, e redução consequente de arrecadação também dos tributos que oneram a renda e que incidem sobre a geração de riqueza que foi deslocada – além de efeitos menos diretos, como a redução da economia e arrecadação tributária geradas em cadeia.

Somada a esta distorção de mercado está a própria queda na arrecadação estatal do IVA que, conectada ao segundo ponto, se mostra cada vez mais relevante. Uma parcela crescente das vendas de bens de consumo no mundo se dá pelas vias eletrônicas e esse aumento, por si só, seria suficiente para que o modelo de isenções de bens de baixo valor fosse repensado. Se antes tais operações podiam ser relevadas ou deixadas de lado por não representarem grande volume e expressiva geração de riqueza, hoje o cenário é outro e a nova realidade traz consigo novas exigências.[36] Ignorar o potencial arrecadatório deste tipo de mercancia, nos dias de hoje, é renúncia cara demais aos Estados.

As isenções para as importações de baixo valor, portanto, têm se tornado cada vez mais controversas no contexto da economia digital ascendente. A dificuldade está em encontrar o equilíbrio entre, de um lado, a necessidade de proteger as receitas e evitar

---

[36] Vale aqui um paralelo com a própria realidade brasileira, no que diz respeito à tributação do *e-commerce*. O grande aumento de representatividade de transações desta natureza exigiu que a taxação que afeta operações domésticas desta natureza fosse alterada – o que foi feito pela Emenda Constitucional nº 87 de 2015, que mudou a repartição do ICMS entre as Unidades Federativas de origem e destino.

distorções de competição mercadológica – fatos que favorecem *thresholds* isentivos mais baixos –, e, de outro, a necessidade de manter o custo administrativo proporcional ao real potencial de arrecadação de IVA – o que historicamente favoreceu *thresholds* isentivos em patamares mais altos.

Certo é que a grande diferença no volume destas operações entre quando as isenções foram criadas, décadas atrás, e os anos de 2010, bem como as facilidades trazidas pela tecnologia às atividades administrativas de fiscalização tributária, são argumentos suficientemente fortes para que o *status quo* destas desonerações seja questionado e reavaliado – como ora provocado pela OCDE no relatório BEPS.

3.1.2 Comércio internacional de serviços e intangíveis em operações com consumidores finais

O outro desafio identificado pela OCDE relativo à tributação indireta deriva do aumento das operações transnacionais do tipo B2C quando seus objetos são serviços prestados remotamente ou bens intangíveis. Como exemplos destas prestações, tem-se a disponibilização de conteúdo *online* para utilização via *streaming* – método comumente utilizado para filmes e músicas –, venda de *apps* em lojas virtuais (inclusive por aparelhos celulares), venda de softwares sem suporte físico, *games,* etc.

Conforme apurado, a economia digital tem possibilitado que empresas mantenham atuação global sem que, para isso, contem com qualquer presença física direta ou indireta nas jurisdições onde se dá o consumo de suas prestações. Deste fenômeno, assim como no primeiro desafio posto retro, têm derivado oportunidades de concorrências anti-isonômicas em mercados domésticos mundo afora, além de um grande vácuo de arrecadação no que diz respeito ao IVA.

Consumidores de todo o mundo podem ter acesso a estes produtos, independentemente de onde estiverem situados os servidores responsáveis por hospedar os dados ou a pessoa jurídica por trás de sua disponibilização. Se, de um lado, o prestador está instalado na mesma jurisdição do consumidor, é natural que haja a incidência e recolhimento do tributo que incide sobre o consumo – o IVA (isso não é necessariamente verdade no caso do Brasil, como se verá mais adiante). Se, por outro lado, a empresa prestadora está localizada em país diverso de seu consumidor, é comum que nenhum IVA seja recolhido, pelos motivos dispostos a seguir.

Para a melhor compreensão deste ponto, primeiramente, é mister ter-se em mente a regra que impera na maior parte do mundo quando se trata de taxação indireta – e que provém de diretriz da própria OCDE – que é a da tributação no destino. Segundo ela determina, em operações internacionais o IVA será devido ao país onde ocorra o consumo – a exemplo do que ocorre no Brasil, vale lembrar, onde são desoneradas as operações de exportação. Este critério é também recomendado pela Organização Mundial do Comércio (OMC), para quem a tributação no destino privilegia o princípio da neutralidade no comércio internacional, já que eliminaria vantagens de se comprar bens em países onde a tributação é mais baixa ou desvantagens no caso de compras de países com maior carga tributária. Para complementar o ponto, as palavras de Alberto Xavier:

Os impostos de consumo sobre as transações são geralmente lançados no país consumidor, revertendo em benefício dos Estados nos quais são consumidos os bens sobre que incidem. Precisamente por isso, o país de origem, isto é, o país no qual o bem foi produzido, procede normalmente à restituição ou isenção do imposto no momento da exportação; e, por razões simétricas, o país de destino, onde o bem irá ser consumido, institui um encargo compensatório sobre as mercadorias importadas, em ordem a colocá-las ao menos em pé de igualdade com os produtos nacionais.[37]

Apesar de não ser esta diretriz refletida em todo o globo, sua aplicação é majoritária e, segundo os relatórios especializados da OCDE, recomendada, inclusive nas prestações que envolvam bens intangíveis: deve, como regra, ser privilegiada a jurisdição onde ocorre o consumo.

Em que pese, assim, haver regras que internalizam a diretriz da tributação indireta no destino, o IVA tem sido erodido nas operações ora em comento, principalmente em virtude das sérias restrições operacionais que dificultam sobremaneira o cálculo, o pagamento e a fiscalização do tributo. Tais restrições e suas complicações giram em torno da falta de visibilidade, controle, poder coercitivo e mesmo de sistemas informáticos próprios para suportar as operações.

No relatório da OCDE são postas duas hipóteses genéricas e comuns a alguns países, para melhor visualização, debate e deslinde dessas barreiras de ordem prática. São elas:

(i) A primeira delas, considerada mais razoável, prega que o IVA seja recolhido pelas empresas fornecedoras não residentes. O grande desafio ligado a esta opção gira em torno do fato de que os prestadores, neste contexto, não têm qualquer presença ou relação formal com a jurisdição de consumo. Sob a ótica da administração pública, esta ausência intrinca sobremaneira a fiscalização e coercibilidade por parte das autoridades fiscais, sobre estes fornecedores. Afinal, que poderes ou meios teria a União Federal brasileira, por exemplo, para exigir o PIS e a COFINS de uma empresa chinesa que não tem CNPJ ou qualquer cadastro e inscrição no Brasil, enquanto da China disponibiliza remotamente conteúdo via *streaming online* para um consumidor brasileiro?

Sob a ótica do contribuinte de direito, empresa não residente que deseja adimplir e quitar suas obrigações fiscais no país destino de suas vendas, para que esta hipótese seja viável há necessidade de haver sistemas administrativos e meios operacionais que possibilitem tal apuração e recolhimento – o que ainda é pouco usual no mundo como um todo. Carência esta exemplificada pelo próprio Brasil, novamente: não há meios para uma empresa estrangeira, sem CNPJ ou qualquer registro local, apurar e quitar tributos como o PIS ou a COFINS, ainda que deseje fazê-lo.

(ii) A segunda hipótese, menos plausível, gira em torno de legislações que obriguem o consumidor final à apuração e recolhimento do IVA incidente na operação. Depende, assim, de lançamento, preenchimento de obrigação acessória e guias de recolhimento pela pessoa física que adquire, de empresa estrangeira, o serviço remoto ou bem intangível – a assinatura do Netflix, por exemplo. A OCDE logo reconhece, entretanto, que esta opção tem se demonstrado muito ineficaz já que, como é de se imaginar, a adesão e colaboração das pessoas físicas ocorre em níveis baixíssimos.

---

[37] XAVIER, Alberto. *Direito Tributário Internacional do Brasil*. 6. ed. Forense: Rio de Janeiro, 2007. p. 264-265.

Os exemplos acima ilustram bem este segundo desafio que circunda a tributação indireta na era da economia digital. Tal qual no primeiro caso, as dificuldades aqui descritas também levam aos dois mesmos problemas anteriormente descritos: ao desequilíbrio de mercado – sedimentado enquanto houver tributação integral nas prestações de serviços remotos e vendas de intangíveis por fornecedores domésticos e tributação nula nas mesmas prestações quando oriundas de entidades não residentes; e à ausência de arrecadação sobre toda uma parcela da economia que se torna cada vez mais relevante no mundo.

3.1.3 Fechamento

Assim, com o latente crescimento de importância dos bens digitais – capazes de mover crescente parcela da economia global –, o grupo de estudos da OCDE se pôs a avaliar as principais alternativas para enfrentamento dos desafios encontrados e delimitados. Nesta tarefa, se valeu de experiências práticas vivenciadas por diversos países e, nelas, muitas vezes encontrou soluções ou ideias que desencadearam nas sugestões finais.

Nestas propostas, dessarte, os países encontram as melhores chances de adequarem seus sistemas tributários e normas conexas e, com isso, se habilitarem às novas demandas dos anos atuais e futuros. É vê-las.

3.2 Recomendações da OCDE para lidar com os desafios identificados

Em face, pois, dos dois principais desafios levantados pelo grupo de estudos da OCDE dedicado à economia digital, foram avaliadas e estudadas maneiras de reequilibrar o mercado pelo pareamento de fornecedores estrangeiros e domésticos, bem como preservar a arrecadação de IVA das jurisdições mundo afora. Cada um dos problemas, então, foram endereçados separadamente. É o que se depreende.

3.2.1 Arrecadação de IVA em importação de bens de baixo valor por particulares

Quando da definição dos *thresholds* isentivos na importação de bens pelo mundo, os entes tributantes, de forma geral, buscaram encontrar o equilíbrio entre os custos administrativos vinculados à fiscalização e a receita tributária potencial deste tipo de operação. Estas definições, todavia, se deram geralmente em épocas em que a economia digital estava longe de ter o corpo que tem hoje, nos anos de 2010. Por isso, os novos tempos trazem a necessidade de revisitação e reanálise destas regras, uma vez que muito evoluiu não só no mercado eletrônico, mas também nos meios fiscalizatórios à disposição das administrações tributárias.

Frente à possibilidade, portanto, de se aumentar a eficiência na fiscalização aduaneira de bens de pequeno valor e, com isso, reduzir os limites isentivos existentes, a força-tarefa da OCDE se pôs a avaliar os métodos mais viáveis de fazê-lo, principalmente baseados em experiências esparsas encontradas nas jurisdições estudadas. Quatro foram os principais modelos identificados para servir a este fim. São eles:

(i) O modelo de arrecadação tradicional: aquele no qual o IVA é calculado na aduana pelas autoridades fiscais para cada item importado, individualmente. Este método foi considerado como ineficiente, de maneira geral, principalmente em jurisdições com grande presença de trabalho manual e em papel nas rotinas aduaneiras. É o modelo mais corriqueiro e, portanto, aquele mais atrelado aos *thresholds* existentes. A OCDE considera este modelo viável na hipótese da existência de aparatos eletrônicos fiscalizatórios mais robustos (como é o caso do Brasil, segundo se detalhará mais à frente).

(ii) O modelo de arrecadação pelo comprador: dependente de identificação, cálculo e pagamento pelo próprio importador. Considerado como pouco eficiente pela OCDE, uma vez que a expectativa de *compliance* é bastante baixa em se tratando de aquisição por pessoas físicas, aliada a limitados meios de controle pelas autoridades fazendárias.

(iii) O modelo de arrecadação pelo vendedor: método em que a empresa não-residente deve calcular, embutir no preço e arrecadar o IVA em favor do país de destino. Este modelo cria mais obrigações e exige mais esforços das empresas transnacionais, mas estes podem ser mitigados pela criação de um registro e declaração simplificados na jurisdição de consumo, pelas pessoas jurídicas vendedoras. Esta opção está em sintonia com a sugestão da OCDE para o próximo ponto, sobre arrecadação de IVA no fornecimento de bens intangíveis ou prestação de serviços remotos a consumidores finais, como se verá adiante.

(iv) O modelo de arrecadação por intermediário: um modelo no qual os tributos indiretos devem ser recolhidos por pessoas intermediárias da relação de consumo, em nome dos vendedores não residentes. Vários são estes responsáveis tributários levados em consideração, sendo que devem ser preferidos aqueles que têm residência no país de destino. Os principais, pontuados pela força-tarefa, são:

a) Operadores postais: segundo a organização, atualmente estes operadores não têm informações suficientes para atuar de maneira eficaz, como um todo. A maior parte dos operadores postais trabalha com documentos em papel além de não contar com dados suficientes para um cálculo correto e confiável do IVA. Carecem, portanto, de melhores processos eletrônicos e de mais dados.

b) Transportadores expressos: no caso destes transportadores, empresas especializadas em frete internacional, os dados eletrônicos e detenção de maior riqueza de informações são mais comuns. Sua atribuição como intermediários tributários já funciona de maneira satisfatória em algumas jurisdições e é tida como comum.

c) Plataformas de *e-commerce* transparentes: são aquelas plataformas que funcionam como intermediárias nas operações de compra e venda internacionais. No estudo, a OCDE concluiu que elas comumente têm dados suficientes para atuar como responsáveis tributários, mas alguns pontos de dificuldade também surgem, como: muitas vezes tais plataformas também não têm presença na jurisdição de destino, e um sistema apropriado para que atuem como intermediários fiscais precisaria ser melhor desenvolvido.

d) Intermediários financeiros: estes, para a força-tarefa, não têm dados suficientes das operações para que atuem como responsáveis tributários. Na avaliação da organização, muitas alterações precisariam ser feitas nos processos financeiros atuais para que esta atuação fosse viável – o que torna a hipótese mais remota.

Da análise dos quatro modelos acima dispostos, concluiu-se no relatório que diversas e variadas estratégias podem ser utilizadas para que se aumente a eficiência na arrecadação de IVA na importação de bens de baixo valor em operações B2C. A depender de suas circunstâncias particulares, as jurisdições podem implementar algum ou mesmo a combinação de alguns destes métodos, se já não o fazem, como por exemplo a junção do modelo de arrecadação pelo vendedor com o modelo de arrecadação por intermediário, com determinação de obrigações acessórias simples e pouco custosas para as partes envolvidas – ainda que não residentes.

Para este desafio identificado, portanto, a OCDE pretendeu dispor, de maneira ampla, ideias de modelos que podem funcionar ou que têm funcionado, no sentido de aumentar a eficiência fiscalizatória para que, com isso, as isenções de IVA na importação de bens de consumo sejam reduzidas.

3.2.2 Arrecadação de IVA no comércio internacional de serviços e intangíveis em operações com consumidores finais

Como resposta ao segundo desafio identificado no âmbito da tributação indireta, a OCDE aponta as direções e orientações contidas em seu manual de tributação internacional de impostos sobre o consumo (*International VAT/GST Guidelines*). Este documento, já publicado quando da formação da força-tarefa do BEPS, não tratou especificamente das dificuldades trazidas pela economia digital, mas definiu diretrizes para a tributação de transações com serviços prestados remotamente e bens intangíveis. Como o *guideline* é mais abrangente do que exige o desafio ora em questão, portanto, ele trata não apenas das operações B2C – aqui em foco – mas também das operações B2B. Em face do escopo ora presente, no entanto, o grupo de estudos do BEPS priorizou seus esforços e atenção às partes do *guideline* que tratam do primeiro tipo de comércio mencionado – aquele que tem como destino consumidores finais particulares.

As orientações tributárias para a taxação do consumo em operações internacionais, como já mencionado, giram em torno da regra da tributação no país de destino – o que valerá também para o caso do comércio de intangíveis. Para a OCDE, esta prática busca a equalização e equilíbrio nos mercadores consumidores, uma vez que a carga tributária a eles particular deverá ser aplicada no fornecimento destas prestações tanto por empresas domésticas quanto por empresas não residentes.

A partir deste pilar, ao detalhar o que diz respeito ao desafio da erosão das bases tributáveis de IVA nas operações de intangíveis em comércio com consumidores particulares, a OCDE conclui que as estratégias para sua mitigação não devem ser as mesmas aplicadas ao combate à erosão nas operações entre empresas – B2B. São necessárias medidas diferenciadas, uma vez que os obstáculos ao *compliance* em operações com pessoas físicas são muito maiores.

Como exemplo disso, veja-se a orientação das *guidelines* para operações com intangíveis, quando firmadas entre pessoas jurídicas. Nestes eventos, para a OCDE o método de arrecadação mais eficaz é o chamado *Reverse Charge Method*, que prega a obrigação de apurar e recolher o tributo ao adquirente importador – metodologia utilizada no Brasil, vale lembrar, e bastante funcional. Ora, enquanto é bastante plausível exigir que empresas importadoras de serviços ou bens imateriais sejam obrigadas à apuração e recolhimento do IVA sobre eles incidentes, são baixíssimas as expectativas de cumprimento fiscal quando a obrigação tributária está a cargo de consumidores particulares, como já exposto no item anterior.

A maneira mais efetiva para combater a erosão fiscal nas operações B2C na visão da OCDE, assim, é a de atribuir a obrigação da apuração e recolhimento do IVA às empresas vendedoras não residentes. Para tanto, sugere a criação de um cadastro simplificado e de uma obrigação acessória também simples a ser transmitida regularmente, contendo apenas as informações essenciais para o *compliance* fiscal.

Esta prática, como a organização aponta, já existe no mundo – inclusive no âmbito da União Europeia –, e tem tido algum sucesso em reduzir o vácuo arrecadatório. Ela tem alcançado prioritariamente e principalmente, vale ressaltar, grandes empresas multinacionais, e o motivo é claro: são mais fáceis de fiscalizar por seu reduzido número e, além disso, as próprias corporações têm interesse em cumprir com obrigações fiscais transparentes como estas, que envolvem o pagamento do IVA, por questões de reputação.

Se vários dos países que compõem a OCDE já têm esta obrigatoriedade, de registro e pagamento do IVA na jurisdição de consumo pelo vendedor não residente, e se já garantem a conformidade de grandes conglomerados empresariais como o da Amazon, Facebook, Google etc, por que, para a organização, este persiste como um dos dois grandes desafios que giram em torno da economia digital, quando se fala de tributação indireta?

Em suma, como resposta tem-se que a OCDE busca, além de difundir esta prática entre aqueles que ainda não a têm estabelecida, capturar a arrecadação de todo o restante do mercado, composto por empresas médias e pequenas que se tornam cada vez mais numerosas e relevantes no contexto da década de 2010 e da economia digital. Abrir mão de todo o IVA potencial que seria gerado nas operações destes outros *players* já não soa razoável hoje em dia, assim como ocorre com as isenções nas importações de bens de baixo valor.

Por fim, o grande entrave que vem sendo vivido por aqueles que já contam com esta exigência, a exemplo da União Europeia, é a falta de poder fiscalizatório e coercibilidade para exigir a conformidade tributária daqueles que não efetuam o registro e não fazem as apurações obrigatórias. Muito importante será, assim, a cooperação internacional entre administrações fazendárias para que, conectadas, as jurisdições consigam ter seu IVA adimplido. É, certamente, um dos fins últimos almejados por aqueles que participam da iniciativa BEPS.

3.3 A realidade do Brasil perante os problemas identificados e as sugestões propostas pela OCDE

Dispostos os desafios identificados pela OCDE ligados à erosão da base tributável do IVA no âmbito da economia digital, bem como suas propostas, resta a indagação sobre como se coloca o Brasil, um país não membro da organização mas participante da iniciativa BEPS, frente a eles. Cumpre analisá-los individualmente.

3.3.1 Importação de bens de baixo valor por particulares

Primeiramente, no que tange à não tributação na importação de bens de baixo valor, principalmente quando se trata de aquisição por particular – operações B2C, trabalha, o Brasil, com limites/*thresholds* isentivos nestas operações? A resposta dada pela própria força-tarefa do BEPS, ao avaliar o país, foi de que "não", mas, como se verá adiante, a questão não é tão simples quanto pode parecer. É a conclusão que se extrai da legislação pátria vigente e pertinente.

3.3.1.1 Tributos indiretos federais – II, IPI, PIS e COFINS

A norma que regula tais operações, no âmbito federal do ordenamento jurídico brasileiro, é o Decreto-Lei nº 1.804 de 1980, que instituiu o Regime de Tributação Simplificado (RTS) para remessas postais internacionais. O RTS, em breves palavras, simplifica o processo de importação atribuindo aos bens por ele abrangidos a alíquota de 60% de II, enquanto isenta-os de IPI, PIS e COFINS. A carga tributária será sempre de 60%, portanto, sem haver a necessidade de se verificar alíquotas com base na classificação de código NCM do bem ou considerar incidências distintas e mais complexas, como ocorre no desembaraço padrão de bens importados. Complementarmente, há também a possibilidade de isenção tributária total, fazendo desaparecer também o II normalmente cobrado à alíquota de 60%, mas esta só se aplicará nos casos de bens de muito baixo valor.

Com relação ao Decreto-Lei, sem dispor muitos detalhes neste ato legislativo, o poder executivo se preocupou principalmente em determinar alguns limites para o regime, como o teto de alíquota do Imposto de Importação a incidir sobre as operações e o valor máximo das mercadorias que se beneficiariam da isenção tributária total – precisamente o *threshold* ora em cotejo. É ver:

> Art. 1º Fica instituído o regime de tributação simplificada para a cobrança do imposto de importação incidente sobre bens contidos em remessas postais internacionais, observado o disposto no artigo 2º deste Decreto-lei.
> §1º Os bens compreendidos no regime previsto neste artigo ficam isentos do imposto sobre produtos industrializados.
> §2º A tributação simplificada poderá efetuar-se pela classificação genérica dos bens em um ou mais grupos, aplicando-se alíquotas constantes ou progressivas em função do valor das remessas, não superiores a 400% (quatrocentos por cento).
> §4º Poderão ser estabelecidos requisitos e condições para aplicação do disposto neste artigo.
> *Art. 2º O Ministério da Fazenda, relativamente ao regime de que trata o art. 1º deste Decreto-Lei, estabelecerá a classificação genérica e fixará as alíquotas especiais a que se refere o §2º do artigo 1º, bem como poderá:*
> I - dispor sobre normas, métodos e padrões específicos de valoração aduaneira dos bens contidos em remessas postais internacionais;
> *II - dispor sobre a isenção do imposto de importação dos bens contidos em remessas de valor até cem dólares norte-americanos, ou o equivalente em outras moedas, quando destinados a pessoas físicas. (Redação dada pela Lei nº 8.383, de 1991)*
> Parágrafo Único. O Ministério da Fazenda poderá, também, estender a aplicação do regime às encomendas aéreas internacionais transportadas com a emissão de conhecimento aéreo.

O Decreto-Lei prevê, portanto, isenção na remessa de bens cujo valor não ultrapasse 100 USD quando o destinatário brasileiro é pessoa física. É este o limite estabelecido no Brasil, no que diz respeito à isenção dos tributos federais incidentes na operação. Ademais, o ato normativo atribuiu ao Ministério da Fazenda o poder de estabelecer classificação genérica aos itens que se sujeitarão ao RTS.

O Ministério da Fazenda exerceu tal direito e editou portarias ao longo dos anos, sendo que a que vige atualmente é a de nº 156, editada em 1999. Vale ter presente seus dispositivos que tratam da isenção criada pelo DL 1.804/80, para itens de baixo valor:

> Art. 1º O Regime de Tributação Simplificada (RTS), instituído pelo Decreto-Lei Nº 1.804, de 3 de setembro de 1980, poderá ser utilizado no despacho aduaneiro de importação de bens integrantes de remessa postal ou de encomenda aérea internacional no valor de até US$ 3,000.00 (três mil dólares dos Estados Unidos da América) ou o equivalente em outra moeda, destinada a pessoa física ou jurídica, mediante o pagamento do Imposto de Importação calculado com a aplicação da alíquota de 60% (sessenta por cento), independentemente da classificação tarifária dos bens que compõem a remessa ou encomenda.
>
> §1º Fica reduzida para 0% (zero por cento) a alíquota de que trata o caput incidente sobre os produtos acabados pertencentes às classes de medicamentos no valor limite de até US$ 10.000,00 (dez mil dólares dos Estados Unidos da América) ou o equivalente em outra moeda, importados por remessa postal ou encomenda aérea internacional, por pessoa física para uso próprio ou individual, desde que cumpridos todos os requisitos estabelecidos pelos órgãos de controle administrativo. (Redação dada pelo(a) Portaria MF nº 72, de 03 de março de 2016)
>
> §2º *Os bens que integrem remessa postal internacional no valor de até US$ 50.00 (cinqüenta dólares dos Estados Unidos da América) ou o equivalente em outra moeda, serão desembaraçados com isenção do Imposto de Importação, desde que o remetente e o destinatário sejam pessoas físicas.*
>
> §3º Os bens submetidos a despacho aduaneiro com base no RTS estão isentos do Imposto sobre Produtos Industrializados.

Nota-se, assim, que a classificação genérica escolhida pelo ministério para enquadramento no regime foi o valor máximo de 3.000,00 USD para a mercadoria. Qualquer bem importado que valha mais do que isso se sujeitará ao regime de apuração normal e observará as alíquotas habituais tanto do II quanto do IPI, PIS e COFINS. Em se restringindo a esse limite, no entanto, o bem estará sujeito à tributação fixa de 60% de Imposto de Importação, acompanhada de isenção do IPI e das contribuições sociais. Até aqui, o órgão do poder executivo se manteve dentro dos limites e determinações do Decreto-Lei.

Com relação, contudo, à isenção adicional para a compra de bens de valor muito baixo, do Imposto de Importação, normalmente cobrado pela alíquota de 60% dentro do RTS, o Ministério da Fazenda adotou outra postura: ultrapassou os ditames do ato legislativo superior ao acrescentar dois novos requisitos não existentes no DL 1.804/80 para gozo da desoneração. O primeiro deles foi a redução do valor máximo do bem importado para 50 USD, frente aos 100 USD da norma instituidora do regime, e o segundo foi ditar que a isenção só poderá ser usufruída caso o remetente *e* o destinatário sejam pessoas físicas – enquanto o DL se restringe à qualificação do destinatário. Também vale nota a Instrução Normativa de nº 96 de 1999, vigente e editada pela Receita Federal com o fim de disciplinar o assunto, que seguiu o disposto na Portaria do Ministério da Fazenda.

De forma sintética, em vista da Portaria e da IN, o regime tributário simplificado ficou assim definido: no caso de remessas postais internacionais cujo valor não ultrapasse 3.000 USD, a carga tributária federal a ser aplicada será a de 60% de II, com isenção de IPI e PIS/COFINS, sendo que se o valor não ultrapassar 50 USD e o remetente e destinatário forem pessoas físicas, haverá isenção também do II, tornando a operação totalmente desonerada.

Quis o poder executivo, com isso, anular completamente a desoneração em operações de *e-commerce* – casos em que o remetente é, como regra geral, pessoa jurídica. Não é por outra razão que a OCDE, quando avaliou a realidade brasileira durante a iniciativa BEPS, concluiu que no Brasil não há *threshold* isentivo para estas operações e, ato contínuo, não há IVA – ou, no caso brasileiro, tributos indiretos federais e estaduais – deixando de serem recolhidos. Isto pode ser visualizado de maneira cristalina no quadro extraído do relatório do Plano de Ação 1, já reproduzido retro, em que a força-tarefa resume os limites dos países pesquisados pelo mundo e dispõe "0" (zero) para o Brasil.

A conclusão da OCDE com relação à não existência de limite de valor isentivo no Brasil, desta feita, decorre de previsão infralegal mas é, como já se vê, uma conclusão superficial que ignora aspectos essenciais para o deslinde da questão, tal como a legalidade dos dispositivos que reduzem a margem de isenção dos tributos indiretos federais para operações de *e-commerce*. Apesar de ainda viger, a aplicação dos dispositivos da Portaria do Ministério da Fazenda de nº 156/99 e da IN nº 96/99 que buscaram efetivar tal redução, tem sido afastada de maneira consistente por parte do judiciário brasileiro. É o caso do TRF 4, que já uniformizou seu posicionamento neste sentido. Como exemplo, alguns julgados recentes:

> Processo: 5023772-93.2016.404.0000 – TRF4
> Data da Decisão: 13/09/20016
> Órgão Julgador: Segunda turma
> Relator: Romulo Pizzolatti
> Ementa: AGRAVO DE INSTRUMENTO. MANDADO DE SEGURANÇA. REMESSA POSTAL. IMPOSTO DE IMPORTAÇÃO. 100 DÓLARES. ISENÇÃO. Nos termos da jurisprudência deste Tribunal, as remessas do exterior de mercadorias de até US$ 100,00 (cem dólares) são isentas do Imposto de Importação.

> Processo: 5044645-03.2015.404.7000 - TRF4
> Data da Decisão: 06/07/20016
> Órgão Julgador: Primeira turma
> Relator: Maria de Fátima Freitas Labarrére
> Ementa: TRIBUTÁRIO. MANDADO DE SEGURANÇA. IMPOSTO DE IMPORTAÇÃO. ISENÇÃO. REMESSA POSTAL. DECRETO-LEI N.º 1.804/1980. PORTARIA MF N.º 156/1999 e IN/SRF N.º 096/1999. ILEGALIDADE. 1. Conforme disposto no Decreto-Lei nº 1.804/1980, art. 2º, II, as remessas de até US$ 100,00 (cem dólares), quando destinadas a pessoas físicas, são isentas do Imposto de Importação. 2. A Portaria MF nº 156/1999 e a IN/SRF nº 096/1999, ao exigir que o remetente e o destinatário sejam pessoas físicas, restringiram o disposto no Decreto-Lei nº 1.804/1980. 3. Não pode a autoridade administrativa, por intermédio de ato administrativo, ainda que normativo (portaria), extrapolar os limites claramente estabelecidos em lei, pois está vinculada ao princípio da legalidade. 4. Apelação e remessa oficial desprovidas.

Dessa forma, da análise de como se coloca o Brasil perante o primeiro desafio posto pela OCDE em seu relatório, ainda no âmbito da tributação indireta federal, se conclui que para fins de administração e política tributária, a erosão tributária de fato não existe. A Receita Federal do Brasil não reconhece qualquer *threshold* isentivo quando se fala de operações B2C, aceitando apenas o limite de 50 USD quando de remessas postais do tipo C2C – operação esta, de pessoa física para pessoa física, bastante limitada e que não está no foco das preocupações internacionais.

É também de se ressaltar o comunicado veiculado recentemente pela Receita Federal brasileira, em reação às comuns decisões que afastaram as restrições à isenção prevista no DL 1.804/80, taxando a Portaria do Ministério da Fazenda e a Instrução Normativa de ilegais, e que ganharam destaque na mídia. Nele, o órgão fiscalizador toca diversos dos pontos trazidos pela OCDE no relatório do BEPS ora em estudo, demonstrando alinhamento de mentalidade frente às conclusões da organização e, ainda, deixando claro especificamente que sabe dos custos administrativos por trás deste esforço, de taxar a totalidade das operações B2C internacionais. Com isso, revela indiretamente que tem um aparato satisfatoriamente eficiente que lhe dá poder bastante para não abrir mão de fiscalizar nenhuma operação. Vale a leitura:

> A Subsecretaria de Tributação e Contencioso (Sutri) e a Subsecretaria de Aduana e Relações Internacionais (Suari) informam que notícias recentes sobre a suposta isenção do II de bens contidos em remessas de valor US$ 100,00, baseadas em decisões judiciais isoladas não geram efeito vinculante sobre a Administração Tributária. A tese acatada naquelas decisões, de que a autoridade administrativa, ao fixar o valor de isenção em US$ 50,00, haveria restringido o alcance da lei, não se coaduna com a literalidade do art. 2º do Decreto-Lei nº 1.804, de 3 de setembro de 1980, que determina:
>
> (...)
>
> Dessa forma, o que fez o Decreto 1.804/80 foi delegar ao Ministro da Fazenda a faculdade de dispor sobre a isenção em remessas entre pessoas físicas da maneira que melhor convier aos interesses da Fazenda Nacional e da economia do país. Ao fixar o valor em US$ 50,00, respeitou-se o teto estabelecido pela Lei, que é de cem dólares dos Estados Unidos da América ou o equivalente em outra moeda, o qual não deve ser confundido com o valor da própria isenção.
>
> Ressalte-se que os critérios para a fixação desse limite levam em conta diferentes fatores, dentre os quais se destacam:
>
> - *o volume de mercadorias desembaraçadas nessa condição e o consequente impacto dessa entrada na economia nacional;*
> - *a concorrência que esses produtos exercem sobre os produtores nacionais de mercadorias similares, que pagam regularmente seus tributos;*
> - *o impacto dessa renúncia na arrecadação; e*
> - *o custo de fiscalização e cobrança de tributos sobre cada volume.*
>
> Portanto, não resta dúvida de que a regulamentação dessa isenção por parte do MF é dotada de perfeita legalidade e legitimidade. *Trata-se, ainda, de medida necessária e importante na prevenção da concorrência desleal, proteção e regulação da economia nacional.*[38]

Dentre os modelos de arrecadação sugeridos pela OCDE e pontuados no item 3.2.1, portanto, no Brasil o mais ortodoxo *Modelo de Arrecadação Tradicional* vai bem e, sabemos, muito se deve ao grau de inovação tecnológica que há nos entes fiscais brasileiros e em suas repartições administrativas e fazendárias. Não pode ser outra a conclusão, assim, se não a de que o Brasil está à frente da maior parte dos países pesquisados pela OCDE

---

[38] Disponível em: http://idg.receita.fazenda.gov.br/noticias/ascom/2016/junho/limite-de-isencao-em-remessas-de-pequeno-valor-e-de-us-50-00. Acesso em: 06 out. 2016.

e já tem efetivados e em bom funcionamento os melhores prospectos visualizados pela força-tarefa, de utilização de recursos tecnológicos em favor da eficiência administrativa.

O que não deve ser relevado, contudo, é o caráter precário dos atos infralegais que colocam o país nesta posição. Por experiência, sabe-se que o Brasil tem os meios para não abrir mão da arrecadação de tributos indiretos nas operações aqui tratadas mas, para que possa exercer sua capacidade arrecadatória de maneira legítima e tranquila, carece de determinação legislativa adequada.

3.3.1.2 Tributo indireto estadual – ICMS

No que diz respeito ao imposto indireto brasileiro de competência dos Estados e do Distrito Federal, o ICMS, a legislação difere em alguns pontos da federal já analisada, mas, como se demonstrará, acaba a ela vinculada.

A principal norma vigente sobre o tema é o Convênio ICMS de nº 18 de 1995. Logo em sua Cláusula Primeira, as Unidades Federativas, no âmbito do CONFAZ, concordaram que:

> Cláusula Primeira. Ficam isentas do ICMS as seguintes operações:
>
> (...)
>
> IV - recebimento de bens contidos em encomendas aéreas internacionais ou remessas postais, destinados a pessoas físicas, de valor FOB não superior a US$ 50,00 cinquenta dólares dos Estados Unidos da América) ou equivalente em outra moeda;
>
> §1º O disposto nesta cláusula somente se aplicará quando não tenha havido contratação de câmbio e, nas hipóteses dos incisos I, II, III, IV, V e VI, a operação não tenha sido onerada pelo Imposto de Importação.

Leitura clara do inciso IV, então, leva à inferência de que haverá isenção do ICMS em casos de importação de bens de até 50 USD quando o destinatário for pessoa física, não importando a qualificação do remetente (o que abrange operações C2C e B2C, portanto). Há no §1º, contudo, um outro requisito muito importante para que a regra isentiva do imposto se aplique: só haverá isenção do ICMS quando houver também a isenção do Imposto de Importação, já tratada.

Com isso, apesar de contar com norma mais clara e menos problemática do que aquelas da seara federal – que passam por questionamentos de legalidade e têm sido reprovadas – a tributação do ICMS se encerra refém da mesma discussão. Enquanto viger a Portaria do MF nº 156/99, a isenção do imposto federal só se aplicará em operações entre pessoas físicas, respeitado também o limite de 50 USD. Afastada a aplicação desta norma do Poder Executivo Federal, o *threshold* estadual permanecerá o mesmo (50 USD), mas a desoneração poderá ser aplicada também em operações B2C, ou de *e-commerce*.

Ademais, apesar de carecer o Convênio de acolhida pelas legislações internas das Unidades da Federação para que suas determinações tenham validade – o que acaba tornando sua efetiva tributação menos linear e constante do que a federal – de maneira geral têm, os Estados, tal disposição reproduzida em suas legislações ordinárias internas, como é o caso do Estado de Minas Gerais.[39]

---

[39] Anexo I, itens 47 e 49 do Decreto nº 43.080/2002, o Regulamento de ICMS de Minas Gerais.

3.4 Fechamento

Como fechamento ao primeiro desafio, assim, tem-se que, apesar do claro problema de legalidade dos atos federais que tratam da matéria e restringem a isenção – e que acabam influenciando também na taxação indireta por parte dos Estados –, este é um ponto que o Brasil, como ente arrecadador, tem sob controle. O país tem as ferramentas e condições para nada deixar passar ao largo da tributação, como já o tem feito enquanto aplica as restrições da Portaria do Ministério da Fazenda.

3.4.1 Comércio internacional de serviços e intangíveis em operações com consumidores finais

Com relação, agora, ao segundo desafio identificado pela primeira força-tarefa da iniciativa BEPS, é de se destacar *ab initio* que, diferentemente do ponto anterior, no Brasil ele representa um grande imbróglio. Como se esmiuçará adiante, o atual cenário legislativo tributário brasileiro permite que nenhum ou quase nenhum tributo indireto seja arrecadado nas operações de aquisição, por pessoa física, de serviços prestados remotamente ou de bens intangíveis vendidos diretamente por fornecedores estrangeiros.

Ademais, particularidades do sistema tributário brasileiro umbilicalmente ligadas ao pacto federativo do país tornam o desafio ainda maior no caso pátrio. É por isso que antes de adentrar nas importações por pessoa física, importante refletir e passar brevemente pelas regras de tributação indireta brasileiras que tocam as prestações ora em análise – mormente a venda de bens intangíveis, oriundos da economia digital.

3.4.1.1 Principais aspectos da tributação de bens digitais no Brasil

3.4.1.1.1 O convívio dos diferentes tributos indiretos e suas incidências

O desafio ora enfrentado se agrava no caso brasileiro, primeiramente, pelo simples fato de que no país não há um IVA tal como sugerido pela OCDE e encontrado em diversas partes do mundo, mas "vários". Já houve oportunidade neste trabalho de adentrar na segregação da taxação do consumo no Brasil e, aqui mais do que antes, a repartição da competência tributária tal como posta torna a solução deste obstáculo exageradamente complexa.

Enquanto a OCDE centraliza seus esforços, com razão, especificamente em torno das operações de importação por particular, no Brasil a preocupação se coloca um passo atrás: com a tributação destes bens intangíveis e digitais de maneira mais ampla, mesmo em operações domésticas, e quaisquer que sejam os consumidores. Afinal, quais tributos brasileiros incidem sobre estas prestações?

A melhor resposta disponível atualmente é de que parte das operações se sujeita ao ISS, parte ao ICMS e parte a nenhum dos dois. No âmbito federal, o PIS e a COFINS são os tributos que alcançarão as operações de maneira mais padronizada, enquanto o IPI não é gerado por motivo de não incidência. Merecem mais atenção, assim, o ISS, municipal e o ICMS, estadual.

Neste ensejo, para que alguma diretriz seja alcançada, uma questão já recorrente para os estudiosos do direito tributário brasileiro deve ser respondida a cada transação comercial da economia digital ou, na melhor das hipóteses, a cada *categoria* de transação. Deve ser avaliado:

a) Se se trata de serviço "genérico" – caso em que haverá alinhamento com a incidência do ISS;

b) Se se trata de serviço de comunicação – caso em que haverá alinhamento com a incidência do ICMS;

c) Se não se trata de serviço algum, como é o caso da locação de bem móvel ou imóvel –[40] hipótese em que a operação não se sujeitará ao ISS[41] e nem ao ICMS.

Adicionalmente, caso se conclua pela primeira hipótese, deverá ser enfrentada ainda a questão de enquadramento do serviço na lista anexa à Lei Complementar nº 116 de 2003 – até 2016 carente de atualização por não contemplar todas as hipóteses daquilo que alguns legisladores e especialistas consideram como serviços digitais, como a disponibilização de conteúdo *online* para consumo via *streaming* ou a compra e venda de *apps* e *games* em lojas virtuais.

Fato é que, sem um tributo do consumo único, como o IVA, não será possível enquadrar todas as prestações já existentes e vindouras do mercado digital em uma única regra fiscal brasileira o que, por óbvio, manterá aceso o constante conflito entre os entes tributantes que buscam sempre atrair para si a arrecadação, a despeito da *zona cinzenta* existente e marcante.

3.4.1.1.2 Projeto de Lei Complementar nº 366 de 2013 – Lei do Netflix

Uma das mais importantes iniciativas legislativas atuais que se estreitam ao tema posto é o Projeto de Lei Complementar de nº 366, que ficou conhecido como *Lei do Netflix*. No projeto, buscou-se precisamente preencher lacunas que existem na lei complementar que regulamenta o Imposto sobre Serviços, a de nº 116 de 2013.

O legislador procura a alteração de alguns itens e a inclusão de outros na lista anexa à LC nº 116/03. Dos que dizem respeito ao assunto, tem-se:

Art. 3º A lista de serviços anexa à Lei Complementar nº 116, de 2003, passa a vigorar com as seguintes alterações:

[...]

1.03 – Processamento, armazenamento ou hospedagem de dados, textos, imagens, vídeos, páginas eletrônicas, aplicativos, sistemas de informação, entre outros formatos, ou congêneres.

1.04 – Elaboração de programas de computadores, inclusive de jogos eletrônicos, independentemente da arquitetura construtiva da máquina em que o programa será executado, incluindo tablets, smartphones e congêneres.

[...]

1.09 – Disponibilização de aplicativos em página eletrônica.

1.10 – Disponibilização de conteúdos de áudio, vídeo, imagem e texto em páginas eletrônicas, exceto no caso de jornais, livros e periódicos.

---

[40] Há diversos recursos atualmente que se baseiam na ideia de compartilhamento de bens móveis ou imóveis, a exemplo do Airbnb.

[41] Conforme Súmula Vinculante nº 31 do Supremo Tribunal Federal.

Com a recente ratificação final da Lei do Netflix, foi somente em 2017 que os serviços acima dispostos, que compõem a base comum da economia digital, passam a estar sujeitos à tributação municipal e, com isso, parte daquilo que configura o problema do Brasil frente aos desafios da economia digital aparentemente resta remediado.

Como mencionado alhures, todavia, o preenchimento deste vácuo legislativo terá méritos para solucionar apenas uma porção do quesito – particularmente a que toca as prestações que contam com caráter precípuo de serviço, uma definição por vezes controversa e que continuará a ser questionada pelos Estados, distrito federal e também alguns contribuintes.

3.4.1.1.3 A tributação do *software* no Brasil, com ou sem suporte físico

Um outro aspecto que mora no âmago da questão ora discutida é a tributação de *softwares*[42] que, no Brasil, conta com um capítulo à parte no contexto de conflitos de competência entre os Estados e Municípios – capítulo este ainda não finalizado, mas já sedimentado por importantes e paradigmáticas decisões da Suprema Corte.

De maneira sumária, a construção jurisprudencial[43] acerca do enunciado trouxe a questão a depender de uma classificação técnica. Nesta avaliação especializada, com amparo na Lei nº 9.609/08, o aplicador do direito tributário deve realizar discriminação dos *softwares* entre:

a) *Software* "de prateleira" ou padronizado – caso em que terá caráter de merca-doria e portanto estará sujeito à tributação do ICMS;

b) *Software* personalizado ou customizado – caso em que terá caráter de serviço, devendo se sujeitar à incidência do ISS.

Complementarmente, apesar de ser ainda uma discussão incipiente, as primeiras sinalizações sobre a necessidade de haver ou não suporte físico para que o *software* de prateleira seja considerado mercadoria, sujeita ao ICMS, apontam no sentido de que tal necessidade não há. Pautados primordialmente na ideia de que a interpretação da lei e da Constituição não deve parar no tempo, mas se adequar às novas realidades do mundo fático, a maioria dos Ministros do Supremo Tribunal Federal, liderados pelos Ministros Nelson Jobim e Gilmar Mendes, acertadamente permitiu, em caráter liminar, seguir vigente lei estadual do Mato Grosso que pretendeu tributar a venda de *softwares* inclusive por *download*.[44]

A partir desta decisão, precipuamente, diversos outros Estados passaram a determinar o mesmo, tendo eles discutido a questão no âmbito do CONFAZ e sedimen-tado a ideia por meio do Convênio de ICMS nº 181 de 28 de Dezembro de 2015. Neste documento, reconhecem o direito de tributar operações efetuadas por transferência eletrônica de dados e autorizam vários Estados a conceder metodologia simplificada de tributação para tais operações, podendo tais Unidades Federativas aliviar a base

---

[42] Nas palavras de Aires Barreto, softwares "são elaborações intelectuais de programas que possibilitam o funcionamento e a utilização de um equipamento, consistente em um sistema de rotinas e funções que permite disseminar ideias através do seu suporte físico". BARRETO, Aires F. *Curso de Direito Tributário Municipal.* 2. ed. São Paulo: Saraiva, 2009.

[43] RE 176626/SP, Relator Ministro Sepúlveda Pertence, Primeira Turma, Julgamento 10/11/1998, Diário 11/12/1998.

[44] ADI 1945 MC/MT, Relator Ministro Gilmar Mendes, Tribunal Pleno, Julgamento 26/05/2010, Diário 14/03/2011.

de cálculo do imposto em até 95%. Vale pontar que São Paulo e Rio de Janeiro estão autorizados a tal, e Minas Gerais não está,[45] como exemplo, seguindo os termos literais do documento.

3.4.2 A importação dos intangíveis de fornecedores estrangeiros, por particulares

Feitas as breves considerações preambulares e gerais acerca da realidade legistativo-tributária brasileira na matéria, resta facilitado o deslinde do ponto, marcado pela avaliação daquilo que foi especificamente problematizado pela OCDE: as operações digitais internacionais do tipo B2C.

Primeiramente, mister ter claro que aquelas barreiras mais amplas – caracterizadas por conflitos de competência e lacunas nas leis aplicáveis – que levam à erosão parcial das bases tributárias do consumo no país em operações domésticas, também são oportunas aqui. Avançando, contudo, para as operações transnacionais com consumidores finais – o problema que aflige todo o mundo –, o imbróglio é ainda maior. É seguro dizer que, se não por completo, quase a integralidade destas operações passam ao largo da tributação indireta no Brasil.

Enquanto em algumas jurisdições componentes da OCDE, a exemplo das que compõem a União Europeia,[46] parte da arrecadação do IVA nestas operações é garantida – mormente aquelas oriundas de grandes conglomerados multinacionais como tratado anteriormente, no Brasil o mesmo não ocorre nem mesmo com essas. Há bastante espaço, assim, para que o país explore as sugestões propostas pelo grupo de estudos do BEPS 1, assim como se beneficie da maior cooperação internacional que vem se fortalecendo e se fazendo presente na era pós-BEPS.

Não há, na Constituição Federal do Brasil ou no Código Tributário Nacional, normas que impeçam que no país seja adotada a metodologia mais indicada pela organização, qual seja, a atribuição da obrigação do cálculo e pagamento dos tributos indiretos aos fornecedores não residentes, com operacionalização por meio de registro e obrigação acessória simplificados. A legislação pátria é generosa no que diz respeito à atribuição de responsabilidade tributária a terceiros, *vis-a-vis* o art. 128 do Código Tributário e, exemplificativamente, a vasta amplitude de sua aplicação que há nos dias atuais: retenção na fonte por tomadores de serviços, retenção na fonte por empregadores, substituição tributária do ICMS, etc.

Ademais, por todo o aparato eletrônico fiscalizatório disponível às autoridades fiscais brasileiras, é de se supor que não haveria dificuldades de implementar tais medidas. Vale o alerta, entretanto, para eventuais excessos – algo muito presente nas demandas e processos das administrações tributárias brasileiras.[47] O grupo de estudos

---

[45] Até outubro de 2015, vigia no Estado de Minas Gerais norma que reduzia a base de cálculo do ICMS nas operações com software a um valor baseado no preço da mídia física – geralmente irrisório, frente ao potencial valor do software. Por meio do Decreto de nº 46.877 de 3 de novembro de 2015, entretanto, o benefício foi revogado e a base de cálculo destas operações passou a ser o valor total da operação.

[46] Na União Europeia, a questão foi regulamentada por meio da Diretiva nº 2002/38/CE.

[47] É notório o grande volume de informações solicitadas pelos Estados e pela União, principalmente, de seus contribuintes. Obrigações eletrônicas como Escrituração Fiscal Digital, Contábil, GIA, DAPI, DAMEF, DCTF entre outras, além de complexas, resultam muitas vezes em redundâncias entre si.

da OCDE foi enfático ao estressar a importância da simplicidade que deve dar forma aos sugeridos registros e deveres instrumentais – sob pena de se verem ineficazes. O próprio fato de existirem tributos indiretos nas três esferas do poder público brasileiro poderia levar à criação de três obrigações acessórias – o que já representaria o triplo de complexidade pretendida e indicada pela organização. Soa adequado, portanto, que haja boa integração entre os entes tributantes para que, desta forma, consigam atingir o fim almejado, de implementar satisfatoriamente uma sistemática de tributação até então inexistente, capaz de mitigar o vácuo de arrecadação hoje existente no comércio internacional de intangíveis.

4 Conclusão

Uma avaliação holística da realidade fiscal brasileira perante o segundo desafio identificado pela OCDE, elimina qualquer dúvida de que o país precisa se adequar à nova economia, à nova indústria, ao novo comércio, à nova realidade digital. Adequação necessária, primeiramente, pelo simples fato de que um grande volume de operações passa ao largo da tributação, enquanto as lacunas de uma legislação tributária ultrapassada permanecerem permitindo. Adequação essencial, também, no sentido de ter superadas as tantas idiossincrasias satélites aos já tão datados conflitos de competências, por exemplo.

Ao mesmo tempo em que tem o Brasil como diferencial seu robusto aparato e capacitação fiscalizatória – que permitem que a criação de novas e diferentes obrigações fiscais eletrônicas não represente barreira alguma –, tem como desvantagem a complexidade, tão arraigada ao sistema tributário e fiscal, em todos os seus níveis.

Há amplo espaço, portanto, para que o país se beneficie dos estudos feitos pela força-tarefa do BEPS 1, bem como do ambiente de maior cooperação internacional que se fortalece a partir da iniciativa. Em sabendo usar de maneira inteligente e correta as ferramentas e influências internacionais que surgirão e se fortalecerão crescentemente, terá sem suas mãos a oportunidade de não só reaver como de passar a ter arrecadação tributária jamais capturada e, ainda, manter um mercado propício para investimento e equilibrado para a saudável competição mercadológica.

Informação bibliográfica deste texto, conforme a NBR 6023:2018 da Associação Brasileira de Normas Técnicas (ABNT):

TRENTO, Pedro Henrique Lisboa; BITTENCOURT JÚNIOR, Rogério Abdala. Ação 1 do Plano Beps – A Tributação direta e indireta na economia digital no contexto brasileiro. *In*: TEIXEIRA, Alexandre Alkmim (Coord.). *Plano BEPS*. Belo Horizonte: Fórum, 2019. p. 149-195. ISBN 978-85-450-0654-1.

ECONOMIA DIGITAL: A AÇÃO Nº 1 DO BEPS E A TRIBUTAÇÃO DE *SOFTWARE AS A SERVICE* NO BRASIL

FELIPE TOLEDO SOARES DE ALMEIDA

1 Introdução

O Projeto BEPS (*Base Erosion Profit Shifting*) foi concebido pela OCDE (Organização para a Cooperação e Desenvolvimento Econômico), sob solicitação do G-20, em função da preocupação do grupo em combater a erosão das bases tributárias e a transferência de lucros para jurisdições de tratamento fiscal favorecido. O projeto congrega um abrangente conjunto de estudos e medidas acerca do tema, a serem adotadas em âmbito doméstico ou por meio de tratados, de maneira coordenada, com base em monitoramento específico e fortalecimento da transparência.

O objetivo geral do programa é o de combater determinadas estruturas de negócios que visam à diminuição da carga tributária pelo aproveitamento de assimetrias e falhas nos sistemas tributários de diferentes países, pela utilização abusiva de acordos para evitar a dupla tributação, pelo envio de lucros para países com tributação favorecida, entre outros. Com o combate desse tipo de estrutura, o programa espera fomentar a criação de um ambiente internacional de negócios em que o fator tributário é minimizado por ocasião da tomada de decisões de investimento. E a magnitude dos números envolvidos impressiona: de acordo com o *Explanatory Statement* do Projeto BEPS, publicado em conjunto com os relatórios finais das ações, a perda global de arrecadação de imposto de renda corporativo é estimada entre 4 e 10% anualmente, o que significa algo entre 100 e 240 bilhões de dólares a menos para os cofres públicos a cada ano.[1]

De acordo com Yariv Brauner, professor de direito tributário internacional da Universidade da Flórida e um dos maiores críticos do BEPS, o projeto se assenta sob três bases principais. Em primeiro lugar, a necessidade de criação de um ambiente internacional baseado na cooperação, ao invés da competição. Em segundo lugar, a importância da adoção de uma abordagem holística na reforma da tributação

---

[1] OECD (2015), *Explanatory Statement*, OECD/G20 Base Erosion and Profit Shifting Project, OECD Publishing, Paris, www.oecd.org/tax/beps-explanatory-statement-2015.pdf, p. 4.

internacional, tendo em vista a intrínseca dependência entre os vários tipos de normas de direito tributário internacional. E, em terceiro lugar, a necessária aceitação de que apenas novas soluções podem resolver os novos problemas, o que traz a necessidade de se afastar o tradicional conservadorismo do direito tributário internacional.[2]

O projeto é dividido em uma série de ações, cada uma com temas específicos, tais como a neutralização dos efeitos de arranjos híbridos (Ação nº 2), o fortalecimento de regras de CFC (Ação nº 3), a prevenção ao abuso de tratados (Ação nº 6), preços de transferência (Ações nº 8 a nº 10) e o desenvolvimento de um tratado multilateral (Ação nº 15). A Ação nº 1, ao invés de focar em algum desses fenômenos específicos, busca enfrentar os desafios da economia digital a partir da constatação de que os modelos de negócio típicos desse setor não criam riscos únicos de erosão das bases tributárias ou transferência de lucros, mas apenas intensificam os já existentes.

Essa característica tem origem em um aspecto que o relatório da ação aponta e que já dá conta do tamanho do desafio ali proposto: a economia digital tem se tornado a própria economia, de modo que é muito difícil, senão impossível, separá-la do resto da economia para fins tributários.[3] Com efeito, a economia digital é o resultado da transformação gerada pelo que a OCDE chama de revolução das tecnologias de informação e comunicação, fato que torna o acesso à tecnologia mais barato, mais eficiente, largamente padronizado e impulsiona a inovação por todos os setores da economia.[4] Isto se vê não apenas pelo crescimento exponencial de *start-ups* que oferecem novas soluções para antigos problemas (como são as que criam aplicativos para venda de roupas usadas *online*), mas também pela ampliação do uso da tecnologia por setores tradicionais (como é o uso de aplicativos em *smartphones* para a realização de operações bancárias).

Ao sumarizar as características dos modelos de negócios inerentes à economia digital, a Ação nº1 conclui ser a primeira delas a mobilidade, seja em relação aos intangíveis, sobre os quais a economia digital se sustenta, ou em relação aos próprios usuários. A segunda é a dependência de dados, armazenados de forma massiva em razão do aumento da capacidade e do decréscimo do custo desse tipo de manutenção. A terceira se liga aos efeitos do estabelecimento de uma rede, aspecto que se vincula ao fato de que as decisões de certos usuários têm impacto direto nos benefícios percebidos por outros usuários. Em quarto lugar, a propagação de modelos de negócios multifacetários, em que grupos de pessoas distintos interagem por meio de uma plataforma comum e as decisões de cada grupo afetam os resultados das decisões de outros grupos. A quinta característica é a tendência ao monopólio ou oligopólio em certos tipos de negócios. E, por fim, a volatilidade, o que se dá em função das menores barreiras de acesso a novos mercados e o rápido desenvolvimento de novas tecnologias, bem como a facilidade com que clientes podem escolher adotar novos produtos em substituição a antigos.[5]

Dentre os vários novos modelos de negócios que vêm surgindo em razão da economia digital estão as utilidades oferecidas por meio da computação em nuvem

---

[2] BRAUNER, Yariv. What the BEPS? *Florida Tax Review*, v. 16, n. 2, 2014, p. 55-115 (58-59).

[3] OECD (2015), *Addressing the Tax Challenges of the Digital Economy, Action 1 - 2015 Final Report*, OECD/G20 Base Erosion and Profit Shifting Project, OECD Publishing, Paris, https://doi.org/10.1787/9789264241046-en, p. 5.

[4] Cf. OECD, *op. cit.* (nota 3), p. 142.

[5] Cf. OECD, *op. cit.* (nota 3), p. 143.

(*cloud computing*), o que é propiciado pela crescente disponibilidade de redes de internet de alta capacidade e pelo decréscimo no custo de computadores e outros dispositivos conectados à internet.[6] Nesse cenário, o presente trabalho buscará analisar as conclusões da Ação nº 1 alcançadas em relação a um tipo específico de utilidade oferecida por meio da computação em nuvem, o *Software as a service* (SaaS),[7] bem como o cenário brasileiro sobre o assunto, em especial a Solução de Consulta Cosit nº 191/2017.

2 Os desafios impostos pela economia digital: a classificação dos rendimentos de *software as a service*

Embora o Projeto BEPS tenha ganhado corpo apenas recentemente, as questões por ele abordadas não são exatamente novas para governantes e autoridades fazendárias. O trabalho adotado como ponto de partida da Ação nº 1, por exemplo, foi a análise dos resultados na Conferência Ministerial da OCDE sobre comércio eletrônico realizada em 1998, em Ottawa, no Canadá, na qual se concordou em estabelecer princípios gerais aplicáveis ao comércio eletrônico.[8] Naquela época, o desenvolvimento do comércio eletrônico, impulsionado pelo crescimento do acesso à internet e a computadores pessoais, aumentou também a demanda por *softwares* de proteção de rede (antivírus), que eram comercializados (e vários ainda o são hoje em dia) por meio do que se convencionou chamar, no direito tributário, de *softwares* de prateleira.

No Brasil, a definição de *software* de prateleira, em oposição ao conceito de *software* customizável, surgiu no contexto da discussão sobre a incidência ou não de ICMS. De acordo com CASTRO,[9] a jurisprudência do STF, em especial o RE nº 176.626 e o RE nº 199.464, firmou a seguinte distinção entre as modalidades de *software*:

> De fato, nos julgados do STF sobre o tema, cujo entendimento é até hoje seguido, foram estabelecidas duas distinções para qualificação do *software* como uma mercadoria ou como um serviço, qual seja:
> (i) *softwares* produzidos em série e vendidos com abrangência ao público geral seriam tratados, para fins tributários, como mercadorias, eis que a obrigação envolveria uma obrigação de dar (*software* de prateleira); e
> (ii) *softwares* produzidos de maneira personalíssima e sob demanda de um consumidor específico representariam uma obrigação de fazer, consistente com o desenvolvimento do programa (*software* por encomenda).
> [...]
> Como se observa, a distinção fundamental para fins de configuração do *software* como uma mercadoria ou como um serviço, de acordo com o Poder Judiciário brasileiro, reside no conteúdo de customização presente no *software*. Em outras palavras, *softwares*

---

[6] Cf. OECD, *op. cit.* (nota 3), p. 41.

[7] Fazemos referência a essa matéria específica porque, como da Ação nº 1 aborda assuntos relacionados a todas as outras ações, qualquer trabalho que busque falar de todos os assuntos nela compreendidos deve ser objeto de estudo muito maior do que um artigo comporta.

[8] Cf. OECD, *op. cit.* (nota 3), p. 16.

[9] CASTRO, Leonardo Freitas de Moraes. "Tributação na Importação de Software de Prateleira e Software por Encomenda Via Meio Físico e Via Download – Novos Desenvolvimentos da Economia Digital no Cenário Pós-BEPS". *In*: SANTOS, Edgar; SAUNDERS, Ana Paula (orgs). *Estudos de Tributação Internacional*. Rio de Janeiro: Lumen Juris, 2016, p. 337-372 (342-344).

padronizados, denominados comumente de *software de prateleira*, sofrem tributação distinta dos personalizados ou customizados (*software por encomenda*), uma vez que os primeiros elevados à categoria de mercadorias (consequentemente, sujeitos ao ICMS) e o segundos a de serviços (consequentemente sujeitos ao Impostos Sobre Serviços – ISS, nos termos do Artigo 156, III da CF e da Lei Complementar nº 116/2003).

Dessa forma, a importação de *softwares* de antivírus, classificados como de prateleira, sempre os submeteu aos tributos inerentes a essa atividade, que atualmente correspondem ao Imposto de Importação (II),[10] ao Imposto sobre Produtos Industrializados (IPI),[11] à Contribuição para o Financiamento da Seguridade Social e à Contribuição ao Programa de Integração Social devidas na importação (PIS/Cofins-Importação)[12] e ao Imposto sobre a Circulação de Mercadorias e Serviços (ICMS).[13] O programa de antivírus comercializado desse modo é visto, portanto, como uma mercadoria.

Nesse contexto, vale notar que o Direito Tributário Internacional objetiva, em suma, delimitar o âmbito de incidência e o âmbito de eficácia das leis tributárias no espaço em relação a situações que possuem um elemento de conexão com mais de um ordenamento jurídico.[14] No caso de importação de programas de antivírus, o elemento de conexão possui nitidamente um aspecto físico: os importadores têm de trazer as mercadorias (físicas) ao país e efetuar remessas ao exterior.

Antes da computação em nuvem, as empresas necessitavam ter seus próprios servidores para poder usar o *software*, o que se fazia por meio da instalação via CD. Isto é, o *software* ficava instalado em um *hardware* (parte física de um computador, formada por seus componentes eletrônicos), de modo que só podia ser utilizado naquele computador ou grupo de computadores. Mas com a computação em nuvem, o *software* passou a poder ser armazenado em um servidor remoto, no qual os dados do usuário são armazenados e processados. E os servidores do provedor do *software* podem estar em qualquer lugar do planeta, bastando acesso à internet para que se possa utilizá-lo.

A Ação nº 1 do BEPS trata a computação em nuvem como um gênero, do qual o SaaS, além de *Infrastructure-as-a-Service* (IaaS), *Platform-as-a-Service* (PaaS), *Content-as-a-Service* (CaaS) e *Data-as-a-Service* (DaaS) são espécies. A computação em nuvem é definida como o fornecimento de serviços padronizados, configuráveis, sob demanda e *online* que podem incluir computação, armazenamento de dados, uso de *softwares* e gerenciamento de dados por meio do compartilhamento de recursos virtuais

---

[10] O II tem como fato gerador a entrada de produtos estrangeiros no território nacional, como define o art. 19 do Código Tributário Nacional (CTN):
"Art. 19. O imposto, de competência da União, sobre a importação de produtos estrangeiros tem como fato gerador a entrada destes no território nacional."

[11] Na importação, o IPI tem como fato gerador o desembaraço aduaneiro do produto industrializado de procedência estrangeira, como define o art. 46, I, do CTN:
"Art. 46. O imposto, de competência da União, sobre produtos industrializados tem como fato gerador: I - o seu desembaraço aduaneiro, quando de procedência estrangeira;"

[12] O PIS/Cofins-Importação tem como fato gerador a entrada de bens estrangeiros no território nacional, conforme determina o art. 3º, I, da Lei nº 10.865/2004:
"Art. 3º O fato gerador será: I - a entrada de bens estrangeiros no território nacional; ou"

[13] O ICMS devido na importação encontra dua previsão no art. 155, II, da Constituição Federal:
"Art. 155. Compete aos Estados e ao Distrito Federal instituir impostos sobre: (...) II - operações relativas à circulação de mercadorias e sobre prestações de serviços de transporte interestadual e intermunicipal e de comunicação, ainda que as operações e as prestações se iniciem no exterior;

[14] XAVIER, Alberto. *Direito Tributário Internacional do Brasil*. 7. ed. atualizada. Rio de Janeiro: Forense, 2010, p. 3-9.

e físicos, o que inclui redes de internet, servidores e aplicativos. E exatamente porque o serviço é fornecido de forma *online*, utilizando o servidor do fornecedor, os usuários podem ter acesso ao serviço a partir de qualquer lugar no planeta que tenha conexão de internet,[15] sem a necessidade de que o *software* esteja instalado no *hardware* do usuário.

Já o Saas é definido como o fornecimento de acesso a um aplicativo ou *software* por meio do navegador de internet, passível de ser fornecido a outras empresas (transações *business-to-business* – B2B) ou a consumidores finais (transações *business-to-consumer* – B2C), geralmente em contrapartida a uma subscrição mensal pelo uso. A Ação destaca como uma das vantagens em relação à antiga forma de venda de *softwares* o fato de que como o aplicativo é executado remotamente, nos servidores do fornecedor, as atualizações são feitas automaticamente para o usuário, sem a necessidade de que ele precise fazer o *upgrade* em seu computador. Ademais, o usuário geralmente não gerencia a infraestrutura da nuvem, o que inclui a rede, servidores, sistemas de operação, armazenamento.[16]

E dentre as diversas modalidades de *softwares* que são oferecidos como Saas encontram-se programas de proteção contra vírus. O fornecimento desse tipo de programa evidencia a tendência identificada pela Ação nº 1, de que os *softwares* deixem de ser mercadorias e passem a ser serviços.[17] O *software* que era de prateleira passa a ser oferecido como um serviço.

Ocorre que casos como o do fornecimento de programas de antivírus por meio de Saas desafiam as soluções tradicionais do Direito Tributário Internacional em repartir a tributação entre a fonte e a residência dos rendimentos exatamente por diminuir ou eliminar a necessidade de presença física do fornecedor no país em que situado o consumidor. Fala-se em diminuir, porque a própria Ação nº1, ao trazer exemplos de modelos de negócios típicos da economia digital específicos de *cloud computing*, trata de uma multinacional em que, embora toda a tecnologia (localização dos servidores, métodos de pagamento, proteção de dados, etc.) seja desenvolvida em um determinado país, concentrando globalmente esse aspecto da atuação da empresa, atividades de venda e *marketing* são desenvolvidas a nível regional, por meio de subsidiárias de menor porte, em retorno a taxas de gerenciamento acrescidas de um *mark-up*.[18]

Em todo caso, o elemento de conexão que se estabelece em uma relação B2B ou B2C, nesse caso, é visivelmente mais sutil do que no modelo anterior, em que o comércio eletrônico se dava por meio de *softwares* de prateleira. Por exemplo, basta imaginar o fornecimento de programas de antivírus por meio de Saas por empresa com sede nos Estados Unidos a usuário no Brasil. No exterior estarão os servidores a partir dos quais o serviço é realmente prestado. No Brasil, estará somente o usuário do serviço ou, no máximo, serão realizadas atividades de vendas ou *marketing*, que possuem caráter nitidamente auxiliar.

Mas há claramente nesse exemplo uma manifestação de riqueza e, sem sombra de dúvida, um elemento de conexão entre o ordenamento jurídico brasileiro e o norte-americano. Nesse aspecto, vale notar que é uma orientação clara do Projeto BEPS o

---

[15] Cf. OECD, *op. cit.* (nota 3), p. 59-60.

[16] Cf. OECD, *op. cit.* (nota 3), p. 60.

[17] Cf. OECD, *op. cit.* (nota 3), p. 41.

[18] Cf. OECD, *op. cit.* (nota 3), p. 175-177.

alinhamento da tributação com o local de geração de valor econômico, sendo certo que o mercado consumidor é componente essencial da geração desse valor.

Sobre o assunto, Brauner, ao examinar a Ação nº 1, identifica que embora seja difícil se determinar onde o valor é criado, o mesmo não vale para se identificar onde ele não é criado. Por exemplo, valor não é criado onde atividades de pesquisa e desenvolvimento não ocorrem; não é criado onde pessoas físicas não estão presentes para tomarem decisões importantes sobre a exploração de intangíveis, independente da distinção entre decisões estratégicas e do dia a dia; e também não é criado onde não é significativamente explorado para a melhoria das condições de um grande número de pessoas.[19]

De acordo com relatório da Ação nº 1, em 1999, o Comitê de Assuntos Fiscais (*Comittee of Fiscal Affairs*) da OCDE decidiu que os estudos sobre comércio eletrônico seriam levados a cabo por seus órgãos subsidiários (*technical advisory groups* – TAGs), dentre os quais estava o *Treaty Characterisation TAG*, que buscou examinar e formular recomendações sobre a caracterização de vários tipos de pagamentos no âmbito de tratados contra a bitributação. Embora o grupo tenha formulado soluções sobre hospedagem de aplicativos, os aspectos relacionados ao *cloud computing* foram deixados de fora – até porque a ampliação do fornecimento de softwares por meio de nuvem é, de certa forma, recente –, de modo que nenhuma recomendação específica sobre o assunto consta dos Comentários à Convenção Modelo da OCDE.

E a questão que a Ação nº 1 põe agora é se tais pagamentos devem ser considerados como *royalties*, taxas pela remuneração de serviços técnicos ou lucros das empresas,[20] consideração que é de suma relevância para fins de enquadramento nos tratados contra a bitributação, mas não se restringe a eles. Mas falhando em seu propósito, a Ação nº 1 deixa de traçar recomendações específicas sobre a caracterização desse tipo de pagamento, afirmando, somente, que pode ser necessário examinar os motivos subjacentes a normas que definem essa caracterização, de modo a determinar se produzem resultados apropriados na economia digital e se diferenças no tratamento de transações substancialmente similares são justificáveis em termos de política tributária.[21] Ao final, o relatório final da Ação nº 1 se limita a incluir o problema na lista de desafios amplos de política tributária trazidos pela economia digital,[22] além de afirmar que consenso foi alcançado no sentido de que o Programa de Trabalho nº 1 do Comitê de Assuntos Fiscais da OCDE deve esclarecer a caracterização dos mencionados pagamentos.[23]

A conclusão, portanto, foi a de não traçar qualquer recomendação quanto a este ponto. A justificativa, em suma, foi a de que a OCDE espera que as medidas propostas nas outras ações do BEPS já tenham impacto substancial nos desafios amplos gerados pela economia digital, de modo que medidas específicas não seriam recomendadas no momento.[24] Vale relembrar que a OCDE considera que os modelos de negócios da economia digital não criam riscos únicos do setor, mas apenas ampliam os já existentes.

---

[19] BRAUNER, Yariv. BEPS: an interim evaluation. *World Tax Journal*. February 2014, p. 10-39 (16).
[20] Cf. OECD, *op. cit.* (nota 3), p. 104-105.
[21] Cf. OECD, *op. cit.* (nota 3), p. 106.
[22] Cf. OECD, *op. cit.* (nota 3), p. 147.
[23] Cf. OECD, *op. cit.* (nota 3), p. 149.
[24] Cf. OECD, *op. cit.* (nota 3), p. 148.

Além disso, concluiu-se que o aspecto dinâmico da economia digital demanda que o setor seja objeto de contínuo monitoramento.

O relatório final da Ação nº 1 foi entregue em 2015, sendo que o assunto foi objeto de nova consulta pública e novas submissões, o que levou à publicação, em 2018, de um relatório provisório acerca dos novos desenvolvimentos dos estudos, concretizando a promessa de contínuo monitoramento.[25] Como explica o relatório provisório, os artigos 10 (dividendos), 11 (juros) e 12 (*royalties*) da Convenção Modelo da OCDE criam uma regra distributiva que permite ao estado da fonte impor uma retenção nos casos de rendas passivas, permitindo ao estado de residência a tributação residual do rendimento. Mas os estudos recentes têm demonstrado o aumento do uso de tais exceções para o caso de produtos e serviços digitais. O objetivo da ampliação das hipóteses de exceção é o de assegurar a tributação no estado da fonte mesmo quando a empresa não residente não possui presença física naquela jurisdição.

Com efeito, o que se tem visto é o obscurecimento da distinção entre lucros das empresas, *royalties* e remuneração por serviços técnicos, o que ocorre no caso de computação em nuvem.[26] Basta ver que certos países modificaram a legislação doméstica para deslocar a classificação de pagamentos pelo uso ou direito de explorar softwares como royalties, ao invés de lucros de empresas, como é o caso, por exemplo, da Grécia e das Filipinas.[27]

O relatório provisório destaca, ainda, que as normas de classificação dos rendimentos de *cloud computing* têm sido adotadas para fins de legislação doméstica, mas que não foram traduzidas em aditivos para ao menos um número razoável de convenções contra a bitributação, valendo dizer que os comentários à Convenção Modelo da OCDE ainda não lidam com a exceção desse tipo de pagamento. O relatório destaca, ainda, que a Convenção Modelo das Nações Unidas já foi atualizada para constar essa nova hipótese de retenção na fonte, o que se fez pelo Artigo 12º.[28] A inclusão se fez em razão do reconhecimento de que, atualmente, é possível que a empresa residente em um estado contratante esteja substancialmente envolvida na economia do outro estado contratante sem precisar estabelecer ali uma presença física relevante.

O relatório final dessa nova parte da Ação nº 1 está previsto para ser entregue em 2020. Espera-se que a OCDE forneça então alguma orientação sobre o problema da classificação dos rendimentos de *cloud computing*, tanto para fins de legislação doméstica quanto para aplicação em tratados contra a dupla tributação, tendo em vista o objetivo do Projeto BEPS de propor medidas coordenadas para solucionar os problemas identificados. Até porque, os países não deixam de tomar atitudes unilaterais para combatê-los, fato que pode abrir espaço para assimetrias entre diferentes ordenamentos jurídicos.

---

[25] OECD (2018), *Tax Challenges Arising from Digitalisation – Interim Report 2018: Inclusive Framework on BEPS*, OECD/ G20 Base Erosion and Profit Shifting Project, OECD Publishing, Paris, https://doi.org/10.1787/9789264293083-en.

[26] Cf. OECD, *op. cit.* (nota 26), p. 139.

[27] Cf. OECD, *op. cit.* (nota 26), p. 161.

[28] Cf. OECD, *op. cit.* (nota 26), p. 161.

3 O posicionamento do Brasil

Como visto acima, a Ação nº 1 deixou de formular recomendação específica sobre o problema da classificação dos rendimentos de *cloud computing*. No Brasil, a RFB foi instada a se manifestar sobre a questão por meio da Solução de Consulta Cosit nº 191/2017, cuja ementa segue abaixo:

> ASSUNTO: IMPOSTO SOBRE A RENDA RETIDO NA FONTE – IRRF
> EMENTA: SOFTWARE AS A SERVICE. SERVIÇO TÉCNICO. TRIBUTAÇÃO. Incide imposto de renda na fonte, à alíquota de quinze por cento, sobre as importâncias pagas, creditadas, entregues, empregadas ou remetidas ao exterior a título de remuneração de Software as a Service (SaaS), considerados serviços técnicos, que dependem de conhecimentos especializados em informática e decorrem de estruturas automatizadas com claro conteúdo tecnológico.
> DISPOSITIVOS LEGAIS: Art. 7º da Lei nº 9.779, de 1999; art. 3º da Medida Provisória nº 2.159-70, de 2001; art. 17 da Instrução Normativa RFB nº1.455, de 2014.
> ASSUNTO: CONTRIBUIÇÃO DE INTERVENÇÃO NO DOMÍNIO ECONÔMICO – CIDE
> EMENTA: SOFTWARE AS A SERVICE. SERVIÇO TÉCNICO. TRIBUTAÇÃO. Incide a Contribuição de Intervenção no Domínio Econômico – Cide, à alíquota de dez por cento, sobre os valores pagos, creditados, entregues, empregados ou remetidos, a cada mês, a residentes ou domiciliados no exterior, decorrentes de autorizações de uso e acesso a Software as a Service (SaaS), considerados serviços técnicos, que dependem de conhecimentos especializados em informática e decorrem de estruturas automatizadas com claro conteúdo tecnológico.
> DISPOSITIVOS LEGAIS: Art. 2º da Lei nº 10.168, de 2000 (alterado pelo art. 20 da Lei 11.452, de 2007, e pela Lei nº 10.332, de 2001).

A consulta foi formulada por contribuinte que comercializa autorizações de acesso e uso de um *software* que oferece proteção de rede contra vírus e de outro que permite a realização de conferências, realização de reuniões e compartilhamento de dados. As autorizações são feitas de forma remota, pela internet, sendo que o usuário acessa o *software* que fica hospedado na nuvem – isto é, nos servidores do fornecedor do programa. O contribuinte deixou claro também que os softwares não são de cópias múltiplas e que não ficam instalados nos próprios servidores da empresa, mas na nuvem.

Em resposta, a Fazenda Nacional considerou que as remessas para a empresa sediada no exterior não eram feitas como remuneração ao *direito de comercializar* os *softwares*, mas pela aquisição de autorização de acesso e uso, que são posteriormente revendidas a usuários no Brasil. Afirmou a Fazenda que não há uma venda tradicional de *softwares*, mas a comercialização do direito de os clientes acessarem o *software* que está hospedado na nuvem (Saas). O usuário não instala o *software* em sua própria máquina.

Ressaltou a Fazenda que, no caso, os direitos autorais dos *softwares* não são objeto de comercialização. Outra característica ressaltada pela Fazenda é a de que o usuário não tem ingerência sobre a infraestrutura dos recursos computacionais. Assim, estar-se-ia diante de uma típica prestação de serviço:

> 13. Assim, não há uma venda dos *softwares* para os usuários no Brasil. Os *softwares* permanecem sob a administração da empresa estrangeira, que recebe pagamentos mensais como prestação decorrente do uso dos programas à distância, por meio da *internet*. O tratamento das informações é feito pela empresa que desenvolve os *softwares* no exterior

e permanece responsável por todas as funcionalidades desenvolvidas. Do relato da consulente nota-se que os contratos que determinam esse novo tipo de modelo de negócio são feitos de maneira padronizada, semelhante a um contrato de adesão, em que, através do pagamento de uma mensalidade, são oferecidos diversos serviços de acordo com o "pacote de utilidades" escolhido pelo cliente. Constata-se que os *softwares* comercializados pela consulente, oferecem, dentre outros serviços, rede de proteção contra vírus e demais ameaças, acesso remoto a banco de dados, participações em conferências, reuniões e projetos através de serviço da internet, com acesso e uso personalizado, o que se pode confirmar como típicas operações de prestação de serviço.

Concluiu então o Fisco que as remessas se dão como remuneração a serviços técnicos, que decorrem de *estruturas automatizadas com claro conteúdo tecnológico*, com o que estão sujeitas à retenção de 15% na fonte. O uso dessa expressão encontra justificativa no fato de que corresponde à definição de serviços técnicos contida no art. 17, 1º, II, "a", da Instrução Normativa nº 1.455/2014, segundo a qual considera-se serviço técnico *a execução de serviço que dependa de conhecimentos técnicos especializados ou que envolva assistência administrativa ou prestação de consultoria, realizado por profissionais independentes ou com vínculo empregatício ou, ainda, decorrente de estruturas automatizadas com claro conteúdo tecnológico*. De acordo com a Fazenda, a norma regulamentar encontra fundamento no art. 7º da Lei nº 9.779/1999[29] e no art. 3º da MP nº 2.159-70/2001.[30]

De acordo com a Solução de Consulta Cosit nº 191/2017, o mesmo raciocínio conduz à conclusão pela incidência da Contribuição de Intervenção no Domínio Econômico – Cide sobre as remessas para exterior pelo pagamento de acesso e uso de programas de computador, em observância ao art. 2º, §2º da Lei nº 10.168/2000.[31] O seguinte trecho do documento elucida bem o raciocínio adotado pelo Fisco:

18. Observe-se que, no presente caso, os usuários não adquirem o *software* para uso mediante licença do fornecedor, de modo que não se aplica o parágrafo 1º-A, pois não há remuneração pela licença de uso ou de direitos de comercialização ou distribuição de programa de computador, situações que ocorrem quando o cliente efetivamente adquire o *software* do fornecedor. Como se viu, no caso dos *Software as a Service (SaaS)* mencionados pela consulente, o usuário dos serviços sequer sabe onde se encontra instalada a base tecnológica dos sistemas informatizados. O que acontece é a prestação de um serviço consistente em

---

29   Art. 7º Os rendimentos do trabalho, com ou sem vínculo empregatício, de aposentadoria, de pensão e os da prestação de serviços, pagos, creditados, entregues, empregados ou remetidos a residentes ou domiciliados no exterior, sujeitam-se à incidência do imposto de renda na fonte à alíquota de 25% (vinte e cinco por cento).

30   Art. 3º Fica reduzida para quinze por cento a alíquota do imposto de renda incidente na fonte sobre as importâncias pagas, creditadas, entregues, empregadas ou remetidas ao exterior a título de remuneração de serviços técnicos e de assistência técnica, e a título de royalties, de qualquer natureza, a partir do início da cobrança da contribuição instituída pela Lei nº 10.168, de 29 de dezembro de 2000.

31   Art. 2º Para fins de atendimento ao Programa de que trata o artigo anterior, fica instituída contribuição de intervenção no domínio econômico, devida pela pessoa jurídica detentora de licença de uso ou adquirente de conhecimentos tecnológicos, bem como aquela signatária de contratos que impliquem transferência de tecnologia, firmados com residentes ou domiciliados no exterior. [...];
§2º A partir de 1o de janeiro de 2002, a contribuição de que trata o *caput* deste artigo passa a ser devida também pelas pessoas jurídicas signatárias de contratos que tenham por objeto serviços técnicos e de assistência administrativa e semelhantes a serem prestados por residentes ou domiciliados no exterior, bem assim pelas pessoas jurídicas que pagarem, creditarem, entregarem, empregarem ou remeterem royalties, a qualquer título, a beneficiários residentes ou domiciliados no exterior.

autorizações de acesso para que os usuários localizados à distância possam, por meio de uma senha, conectar qualquer computador com os computadores do fornecedor, utilizando a tecnologia da Internet, com a finalidade de acessar programas e bancos de dados que se encontram hospedados em locais indeterminados, chamados de *nuvem*.

A primeira observação a ser feita é a de que a raciocínio adotado pela Fazenda parece ter sido elaborado com o cuidado de não conflitar com o que se afirmou no Ato Declaratório Interpretativo nº 7/2017,[32] na Solução de Divergência nº 18/2017[33] e na Solução de Consulta nº 154/2016.[34] Nesses casos, a Fazenda aponta que a remuneração pelo direito de comercialização ou distribuição de software, para revenda a consumidor final, deve ser considerada como *royalty* e igualmente submetida à alíquota de 15% de IRRF.

E a segunda observação é a de que tudo leva a crer que, adotado o mesmo raciocínio, as operações descritas na Solução de Consulta Cosit nº 191/2017 estariam sujeitas também ao PIS e à Cofins devidos na importação,[35] que têm como fato gerador "o pagamento, o crédito, a entrega, o emprego ou a remessa de valores a residentes ou domiciliados no exterior como contraprestação por serviço prestado" (art. 3, II, da Lei nº 10.685/2004).

Mas se é certo que a Fazenda entende que se está diante de uma remuneração pela prestação de serviço técnico no caso da Solução de Consulta Cosit nº 191/2017, em que o provedor do SaaS está nos Estados Unidos, país com o qual o Brasil não celebrou acordo contra a bitributação, então certo é que a classificação deve ser a mesma nos casos em

---

[32] Art. 1º As importâncias pagas, creditadas, entregues. empregadas ou remetidas a residente ou domiciliado no exterior em contraprestação ao direito de distribuição ou comercialização de software enquadram-se no conceito de royalties e estão sujeitas à incidência do Imposto sobre a Renda Retido na Fonte (IRRF) à alíquota de 15% (quinze por cento).
Parágrafo único. No caso de o beneficiário dos pagamentos ser residente ou domiciliado em país ou dependência com tributação favorecida, nos termos do art. 24 da Lei nº 9.430, de 27 de dezembro de 1996, aplica-se a alíquota de 25% (vinte e cinco por cento).

[33] Assunto: Imposto sobre a Renda Retido na Fonte – IRRF
EMENTA: LICENÇA DE COMERCIALIZAÇÃO OU DISTRIBUIÇÃO DE SOFTWARE. PAGAMENTO, CRÉDITO, ENTREGA, EMPREGO OU REMESSA PARA O EXTERIOR. ROYALTIES. TRIBUTAÇÃO.
As importâncias pagas, creditadas, entregues, empregadas ou remetidas a residente ou domiciliado no exterior em contraprestação pelo direito de comercialização ou distribuição de software, para revenda a consumidor final, o qual receberá uma licença de uso do software, enquadram-se no conceito de royalties e estão sujeitas à incidência de Imposto sobre a Renda na Fonte (IRRF) à alíquota de 15% (quinze por cento).
SOLUÇÃO DE DIVERGÊNCIA QUE REFORMA A SOLUÇÃO DE DIVERGÊNCIA Nº 27, DE 30 DE MAIO DE 2008.
DISPOSITIVOS LEGAIS: Arts.1º e 2º da Lei nº 9.609, de 19 de fevereiro de 1998; art. 7º, inciso XII, da Lei nº 9.610, de 2 de fevereiro de 1998; art. 710 do Decreto nº 3.000. de 26 de março de 1999.

[34] ASSUNTO: IMPOSTO SOBRE A RENDA RETIDO NA FONTE – IRRF
EMENTA: REMESSA AO EXTERIOR - PROGRAMAS DE COMPUTADOR
As remessas para o exterior efetuadas em contraprestação pelo direito de duplicação e comercialização de software, a partir de uma fita master fornecida pelo seu autor, para revenda ao cliente, que receberá uma licença de uso do software copiado, enquadram-se no conceito de royalties e estão sujeitas à incidência de Imposto sobre a Renda na Fonte (IRRF).
DISPOSITIVOS LEGAIS: Arts.1º e 2º da Lei nº 9.609, de 19 de fevereiro de 1998; art. 7º, inciso XII, da Lei nº 9.610, de 2 de fevereiro de 1998; art. 710 do Decreto nº 3.000, de 26 de março de 1999.

[35] SILVEIRA, Ricardo Debatin; REZENDE, Gabriel Caldiron (2017), "Levy of IRRF and CIDE on the remuneration of software as a service (SaaS)", *International Tax Review*. Disponível em: http://www.internationaltaxreview. com/Article/3730083/Levy-of-IRRF-and-CIDE-on-the-remuneration-of-software as a service-SaaS.html. Acesso em: 26 jul. 2018.

que há o tratado. Isto porque, de acordo com o STJ, ao julgar o REsp nº 1.161.467/RS,[36] a remessa feita ao exterior como contraprestação por serviços prestados, nos casos em que não há transferência de tecnologia, deve submeter-se ao Artigo 7º dos tratados,[37] que abrange o *Lucro das Empresas* e reserva a tributação para o país de residência, a não

---

[36] TRIBUTÁRIO. CONVENÇÕES INTERNACIONAIS CONTRA A BITRIBUTAÇÃO. BRASIL-ALEMANHA E BRASIL-CANADÁ. ARTS. VII E XXI. RENDIMENTOS AUFERIDOS POR EMPRESAS ESTRANGEIRAS PELA PRESTAÇÃO DE SERVIÇOS À EMPRESA BRASILEIRA. PRETENSÃO DA FAZENDA NACIONAL DE TRIBUTAR, NA FONTE, A REMESSA DE RENDIMENTOS. CONCEITO DE "LUCRO DA EMPRESA ESTRANGEIRA" NO ART. VII DAS DUAS CONVENÇÕES. EQUIVALÊNCIA A "LUCRO OPERACIONAL". PREVALÊNCIA DAS CONVENÇÕES SOBRE O ART. 7º DA LEI 9.779/99. PRINCÍPIO DA ESPECIALIDADE. ART. 98 DO CTN. CORRETA INTERPRETAÇÃO.
1. A autora, ora recorrida, contratou empresas estrangeiras para a prestação de serviços a serem realizados no exterior sem transferência de tecnologia. Em face do que dispõe o art. VII das Convenções Brasil-Alemanha e Brasil-Canadá, segundo o qual "os lucros de uma empresa de um Estado Contratante só são tributáveis nesse Estado, a não ser que a empresa exerça sua atividade em outro Estado Contratante por meio de um estabelecimento permanente aí situado", deixou de recolher o imposto de renda na fonte.
2. Em razão do não recolhimento, foi autuada pela Receita Federal à consideração de que a renda enviada ao exterior como contraprestação por serviços prestados não se enquadra no conceito de "lucro da empresa estrangeira", previsto no art. VII das duas Convenções, pois o lucro perfectibiliza-se, apenas, ao fim do exercício financeiro, após as adições e deduções determinadas pela legislação de regência. Assim, concluiu que a renda deveria ser tributada no Brasil - o que impunha à tomadora dos serviços a sua retenção na fonte -, já que se trataria de rendimento não expressamente mencionado nas duas Convenções, nos termos do art. XXI, *verbis*: "Os rendimentos de um residente de um Estado Contratante provenientes do outro Estado Contratante e não tratados nos artigos precedentes da presente Convenção são tributáveis nesse outro Estado".
3. Segundo os arts. VII e XXI das Convenções contra a Bitributação celebrados entre Brasil-Alemanha e Brasil-Canadá, os rendimentos não expressamente mencionados na Convenção serão tributáveis no Estado de onde se originam. Já os expressamente mencionados, dentre eles o "lucro da empresa estrangeira", serão tributáveis no Estado de destino, onde domiciliado aquele que recebe a renda.
4. O termo "lucro da empresa estrangeira", contido no art. VII das duas Convenções, não se limita ao "lucro real", do contrário, não haveria materialidade possível sobre a qual incidir o dispositivo, porque todo e qualquer pagamento ou remuneração remetido ao estrangeiro está - e estará sempre - sujeito a adições e subtrações ao longo do exercício financeiro.
5. A tributação do rendimento somente no Estado de destino permite que lá sejam realizados os ajustes necessários à apuração do lucro efetivamente tributável. Caso se admita a retenção antecipada – e, portanto, definitiva – do tributo na fonte pagadora, como pretende a Fazenda Nacional, serão inviáveis os referidos ajustes, afastando-se a possibilidade de compensação se apurado lucro real negativo no final do exercício financeiro.
6. Portanto, "lucro da empresa estrangeira" deve ser interpretado não como "lucro real", mas como "lucro operacional", previsto nos arts. 6º, 11 e 12 do Decreto-lei nº 1.598/77 como «o resultado das atividades, principais ou acessórias, que constituam objeto da pessoa jurídica», aí incluído, obviamente, o rendimento pago como contrapartida de serviços prestados.
7. A antinomia supostamente existente entre a norma da convenção e o direito tributário interno resolve-se pela regra da especialidade, ainda que a normatização interna seja posterior à internacional.
8. O art. 98 do CTN deve ser interpretado à luz do princípio *lex specialis derrogat generalis*, não havendo, propriamente, revogação ou derrogação da norma interna pelo regramento internacional, mas apenas suspensão de eficácia que atinge, tão só, as situações envolvendo os sujeitos e os elementos de estraneidade descritos na norma da convenção.
9. A norma interna perde a sua aplicabilidade naquele caso específico, mas não perde a sua existência ou validade em relação ao sistema normativo interno. Ocorre uma "revogação funcional", na expressão cunhada por Heleno Torres, o que torna as normas internas relativamente inaplicáveis àquelas situações previstas no tratado internacional, envolvendo determinadas pessoas, situações e relações jurídicas específicas, mas não acarreta a revogação, stricto sensu, da norma para as demais situações jurídicas a envolver elementos não relacionadas aos Estados contratantes.
10. No caso, o art. VII das Convenções Brasil-Alemanha e Brasil-Canadá deve prevalecer sobre a regra inserta no art. 7º da Lei 9.779/99, já que a norma internacional é especial e se aplica, exclusivamente, para evitar a bitributação entre o Brasil e os dois outros países signatários. Às demais relações jurídicas não abarcadas pelas Convenções, aplica-se, integralmente e sem ressalvas, a norma interna, que determina a tributação pela fonte pagadora a ser realizada no Brasil.
11. Recurso especial não provido.
(REsp 1161467/RS, Rel. Ministro CASTRO MEIRA, SEGUNDA TURMA, julgado em 17/05/2012, DJe 01/06/2012)

[37] O referido artigo determina que os "lucros de uma empresa de um Estado Contratante só são tributáveis nesse Estado, a não ser que a empresa exerça sua atividade no outro Estado Contratante por meio de um estabelecimento permanente aí situado."

ser que a empresa possua um estabelecimento permanente no estado da fonte, o que certamente não é o caso do SaaS, cuja presença física pode ser dispensada.

O julgamento do REsp nº 1.161.467/RS se deu no contexto da discussão da validade do Ato Declaratório Cosit nº 1/2000, que, em suma, buscava classificar tais rendimentos no artigo de "Rendimentos não Expressamente Mencionados",[38] com o que a remessa era submetida a uma alíquota de 25% de IRRF (art. 685, II, "a", do Regulamento do Imposto de Renda).[39] Mas segundo o STJ, a remessa como contraprestação ao serviço submete-se ao Artigo 7º dos tratados, já que a aparente antinomia da norma brasileira que determina a retenção na fonte (art. 685, II, "a", do Regulamento do Imposto de Renda) e da norma do tratado que reserva a tributação para o país da residência da empresa deve ser resolvida à luz da regra *lex specialis derrogat generalis*, em respeito ao art. 98 do CTN.[40]

Mas note-se que a Corte entende que o que ocorre no caso é apenas uma "revogação funcional", válida somente para a hipótese em que há o tratado. Já quanto "às demais relações jurídicas não abarcadas pelas Convenções, aplica-se, integralmente e sem ressalvas, a norma interna, que determina a tributação pela fonte pagadora a ser realizada no Brasil". Em outras palavras, a prevalência da norma internacional não implica a revogação da legislação interna, mas a suspensão da eficácia da norma tributária doméstica especificamente em relação às hipóteses abrangidas pelo tratado.

O Ato Declaratório Cosit nº 1/2000 foi posteriormente revogado pelo Ato Declaratório Interpretativo RFB nº 5/2014, que a pretexto de se adequar ao entendimento do STJ, passou a classificar os rendimentos em referência como royalties quando o tratado contiver previsão de que os serviços técnicos e de assistência técnica recebam igual tratamento, na hipótese em que o Acordo ou a Convenção autorize a tributação no Brasil (art. 1º, I).[41] Ausente tal previsão, aplica-se o Artigo 7º (art. 1º, III).[42] A determinação vale

---

[38] I - As remessas decorrentes de contratos de prestação de assistência técnica e de serviços técnicos sem transferência de tecnologia sujeitam-se à tributação de acordo com o art. 685, inciso II, alínea "a", do Decreto Nº 3.000, de 1999.
II - Nas Convenções para Eliminar a Dupla Tributação da Renda das quais o Brasil é signatário, esses rendimentos classificam-se no artigo Rendimentos não Expressamente Mencionados, e, consequentemente, são tributados na forma do item I, o que se dará também na hipótese de a convenção não contemplar esse artigo.
III - Para fins do disposto no item I deste ato, consideram-se contratos de prestação de assistência técnica e de serviços técnicos sem transferência de tecnologia aqueles não sujeitos à averbação ou registro no Instituto Nacional da Propriedade Industrial - INPI e Banco Central do Brasil."

[39] Art. 685. Os rendimentos, ganhos de capital e demais proventos pagos, creditados, entregues, empregados ou remetidos, por fonte situada no País, a pessoa física ou jurídica residente no exterior, estão sujeitos à incidência na fonte (Decreto-Lei nº 5.844, de 1943, art. 100, Lei nº 3.470, de 1958, art. 77, Lei nº 9.249, de 1995, art. 23, e Lei nº 9.779, de 1999, arts. 7º e 8º):
(...)
II - à alíquota de vinte e cinco por cento:
a) os rendimentos do trabalho, com ou sem vínculo empregatício, e os da prestação de serviços;

[40] Art. 98. Os tratados e as convenções internacionais revogam ou modificam a legislação tributária interna, e serão observados pela que lhes sobrevenha.

[41] Art. 1º O tratamento tributário a ser dispensado aos rendimentos pagos, creditados, entregues, empregados ou remetidos por fonte situada no Brasil a pessoa física ou jurídica residente no exterior pela prestação de serviços técnicos e de assistência técnica, com ou sem transferência de tecnologia, com base em acordo ou convenção para evitar a dupla tributação da renda celebrado pelo Brasil será aquele previsto no respectivo Acordo ou Convenção:
I - no artigo que trata de royalties, quando o respectivo protocolo contiver previsão de que os serviços técnicos e de assistência técnica recebam igual tratamento, na hipótese em que o Acordo ou a Convenção autorize a tributação no Brasil;

[42] III - no artigo que trata de lucros das empresas, ressalvado o disposto nos incisos I e II.

tanto para os casos em que há transferência de tecnologia, quanto para os casos em que não há, o que deve ser objeto de críticas.[43]

Em conclusão, o que se defende aqui é que se as remessas feitas pelo uso de SaaS são classificadas como remuneração por serviços técnicos, segundo o que definiu a Solução de Consulta Cosit nº 191/2017, então a consequência deve ser a aplicação do Artigo 7º nos casos em que a relação estiver no âmbito de um tratado contra a bitributação celebrado pelo Brasil. Isto porque, a concretização do princípio da segurança jurídica depende de uma postura por parte das autoridades fiscais que evite contradições.

Ademais, como reconhece a OCDE, o *cloud computing* parece obscurecer as distinções entre o que são royalties e o que são remunerações pela prestação de serviços técnicos, de modo que a conclusão alcançada pela RFB no Solução de Consulta Cosit nº 191/2017 deve ser vista com reservas. Isto porque, no Brasil, o *software* é protegido como direito autoral, segundo o que definem o art. 7º, XII, da Lei nº 9.610/1998[44] e o art. 2º da Lei nº 9.609/1998,[45] e deve ser objeto apenas de contrato de uso ou de comercialização, nos termos do art. 9º da Lei nº 9.609/1998.[46] No caso descrito na Solução de Consulta Cosit nº 191/2017, o que a empresa brasileira adquire é uma autorização de acesso e uso do *software*, que posteriormente é revendida – o que não se confunde com a aquisição do direito à comercialização. Mas ainda assim, a atividade praticada pelo contribuinte brasileiro é o comércio de uma licença de uso adquirida por ele, não do *software* em si. E se o usuário paga uma subscrição mensal pelo uso do *software*, que é protegido por direito autoral, então se abre espaço para que o pagamento seja classificado como *royalty*, como decorrência da definição contida no art. 22, "c", da Lei nº 4.506/1964,[47] que enquadra nessa hipótese os rendimentos pelo *uso ou exploração de invenções, processos e fórmulas de fabricação e de marcas de indústria e comércio*.

É válida, portanto, a afirmativa da RFB de que "não há uma venda dos *softwares* para os usuários no Brasil", já que o que se comercializa é a autorização de uso do *software* por usuário no Brasil. E como explica o Ministro Sepúlveda Pertence, no julgamento do RE nº 176.626, ao tratar do *software* de prateleira, "os contratos de licenciamento e cessão são ajustes concernentes aos direitos de autor, firmados pelo titular desses direitos – que não é necessariamente, o vendedor do exemplar do programa – e o usuário do software."

A distinção entre remuneração por serviços técnicos ou royalties pode não fazer diferença para o IRRF e para a CIDE, já que ambos incidirão à alíquota de 15% e 10%, respectivamente, posto que o art. 3º da MP nº 2.159-70/2001 e o art. 2º, §2º da Lei

---

[43] Cf. ESTRADA, Roberto Duque; GRECCO, Maria Carolina. "A Indevida Ampliação do Conceito de 'Serviço Técnico' por Atos Administrativos e a Violação das Normas de Competência Exclusiva Fixadas nos Tratados Contra Dupla Tributação". *In*: SANTOS, Edgar; SAUNDERS, Ana Paula (orgs). Estudos de Tributação Internacional. Rio de Janeiro: Lumen Juris, 2016 , p. 283-306.

[44] Art. 7º São obras intelectuais protegidas as criações do espírito, expressas por qualquer meio ou fixadas em qualquer suporte, tangível ou intangível, conhecido ou que se invente no futuro, tais como:
XII - os programas de computador;

[45] Art. 2º O regime de proteção à propriedade intelectual de programa de computador é o conferido às obras literárias pela legislação de direitos autorais e conexos vigentes no País, observado o disposto nesta Lei.

[46] Art. 9º O uso de programa de computador no País será objeto de contrato de licença.
Parágrafo único. Na hipótese de eventual inexistência do contrato referido no *caput* deste artigo, o documento fiscal relativo à aquisição ou licenciamento de cópia servirá para comprovação da regularidade do seu uso.

[47] Art. 22. Serão classificados como "royalties" os rendimentos de qualquer espécie decorrentes do uso, fruição, exploração de direitos, tais como: [...];
c) uso ou exploração de invenções, processos e fórmulas de fabricação e de marcas de indústria e comércio;

n° 10.168/2000 abarcam ambas as hipóteses (salvo nos casos em que há incidência do Artigo 7° dos tratados, para os serviços técnicos). Mas a distinção é importante para o caso de PIS/Cofins-importação, tendo em vista que as contribuições não incidem sobre o pagamento de *royalties* ao exterior. Em contrapartida, abre-se espaço para a hipótese de retenção na fonte mesmo quando há tratado contra a bitributação celebrado pelo Brasil, tendo em vista a previsão contida no Artigo 12 dos tratados, que trata de *royalties*.

4 Conclusão

A questão da classificação dos rendimentos de *cloud computing* tanto para fins de aplicação na legislação doméstica quanto para aplicação nos tratados contra a bitributação é um tema em relação à qual o próprio Projeto BEPS assumidamente deixa de tratar recomendações. De fato, os pagamentos feitos como remuneração a utilidades oferecidas na nuvem obscurecem a distinção entre lucros das empresas, *royalties* e remuneração por serviços técnicos.

Ocorre que na disponibilização do uso de um *software* por meio de SaaS, o usuário acessa remotamente o serviço, sem que haja a necessidade de importação de um software de prateleira ou mesmo da presença física do fornecedor no país de fonte do rendimento. Mas se o Projeto BEPS busca alinhar a tributação ao local de criação de valor, certo é que, a se seguir essa lógica, alguma parte da tributação deve permanecer com o estado da fonte.

Nesse sentido, o que os Estados passaram a prever foi a extensão das hipóteses de retenção na fonte para além dos casos clássicos previstos na Convenção Modelo da OCDE, que são os de dividendos, juros e royalties. Seguindo essa recomendação é que a ONU incluiu em sua convenção modelo o Artigo 12A, que trata de royalties, o se fez em razão do reconhecimento de que, atualmente, é possível que a empresa residente em um estado contratante esteja substancialmente envolvida na economia do outro estado contratante sem precisar estabelecer ali uma presença física relevante.

No Brasil, a tomada de posição pela RFB se deu por ocasião da Solução de Consulta Cosit n° 191/2017, segundo a qual a disponibilização de uso de um SaaS corresponde à prestação de um serviço, de forma que a remessa feita por ocasião da subscrição mensal está sujeita ao IRRF e à CIDE – além de PIS/Cofins-Importação, o que não afirmado pela RFB. Mas a classificação como remuneração por prestação de serviços atrai a aplicação do Artigo 7° dos tratados contra a bitributação, nos casos em que existente a convenção, o que reserva a competência para tributar para o estado de residência, segundo o que entende o STJ.

Mas como apontado pelo relatório da Ação n° 1, a distinção não é tão clara, nem fácil de se fazer, de forma que a defesa da classificação das remessas de remuneração pelo uso de SaaS como royalties é possível. Nesse caso, embora o IRRF e a CIDE incidam igualmente (mesmo nos casos em que há tratado contra a bitributação celebrado pelo Brasil, em função do Artigo 12), a tributação pelo PIS/Cofins-Importação deve ser afastada.

Referências

BRAUNER, Yariv. BEPS: an interim evaluation. *World Tax Journal*. February 2014, p. 10-39.

BRAUNER, Yariv. What the BEPS? *Florida Tax Review*, v. 16, n. 2, 2014, p. 55-115.

CASTRO, Leonardo Freitas de Moraes. Tributação na Importação de *Software* de Prateleira e *Software* por Encomenda Via Meio Físico e Via Download – Novos Desenvolvimentos da Economia Digital no Cenário Pós-BEPS. *In*: SANTOS, Edgar; SAUNDERS, Ana Paula (orgs). *Estudos de Tributação Internacional*. Rio de Janeiro: Lumen Juris, 2016, p. 337-372.

ESTRADA, Roberto Duque; GRECCO, Maria Carolina. "A Indevida Ampliação do Conceito de 'Serviço Técnico' por Atos Administrativos e a Violação das Normas de Competência Exclusiva Fixadas nos Tratados Contra Dupla Tributação". *In*: SANTOS, Edgar; SAUNDERS, Ana Paula (orgs). *Estudos de Tributação Internacional*. Rio de Janeiro: Lumen Juris, 2016, p. 283-306.

OECD (2015), *Addressing the Tax Challenges of the Digital Economy, Action 1 - 2015 Final Report*, OECD/G20 Base Erosion and Profit Shifting Project, OECD Publishing, Paris, https://doi.org/10.1787/9789264241046-en.

OECD (2015), Explanatory Statement, OECD/G20 Base Erosion and Profit Shifting Project, OECD. www.oecd.org/tax/beps-explanatory-statement-2015.pdf.

OECD (2018), *Tax Challenges Arising from Digitalisation – Interim Report 2018: Inclusive Framework on BEPS*, OECD/G20 Base Erosion and Profit Shifting Project, OECD Publishing, Paris, https://doi.org/10.1787/9789264293083-en.

SILVEIRA, Ricardo Debatin; REZENDE, Gabriel Caldiron (2017), "Levy of IRRF and CIDE on the remuneration of software as a service (SaaS)", *International Tax Review*, http://www.internationaltaxreview.com/Article/3730083/Levy-of-IRRF-and-CIDE-on-the-remuneration-of-software as a service-SaaS.html. Acesso em: 26 jul. 2018.

XAVIER, Alberto. *Direito Tributário Internacional do Brasil*. 7. ed, atualizada. Rio de Janeiro: Forense, 2010.

Informação bibliográfica deste texto, conforme a NBR 6023:2018 da Associação Brasileira de Normas Técnicas (ABNT):

ALMEIDA, Felipe Toledo Soares de. Economia digital: a Ação nº 1 do BEPS e a tributação de *Software As A Service* no Brasil. *In*: TEIXEIRA, Alexandre Alkmim (Coord.). *Plano BEPS*. Belo Horizonte: Fórum, 2019. p. 197-211. ISBN 978-85-450-0654-1.

PROJETO *BASE EROSION AND PROFIT SHIFTING* (BEPS) E OS DESAFIOS DA TRIBUTAÇÃO ELETRÔNICA INTERNACIONAL

GUSTAVO BRIGAGÃO[1]

Introdução

A acelerada evolução da chamada *economia digital* tornou incerta e, muitas vezes, de difícil aplicação as regras de tributação originalmente concebidas exclusivamente para ambientes em que estabelecimentos físicos realizam operações por meio das quais bens tangíveis circulam fisicamente de um canto a outro.

Com múltiplas possibilidades, as operações realizadas em âmbito virtual, especialmente no contexto da *Internet*, permitem que empresas, ou mesmo pessoas físicas, forneçam bens e serviços a clientes situados nas mais diversas jurisdições, sem que seja necessário, para tanto, o estabelecimento de qualquer presença física nessas localidades.

Cloud computing, *e-commerce*, jogos online, *streaming*, entre tantos outros, são exemplos de atividades realizadas na *Internet*, que, ao longo dos últimos anos, movimentaram cifras bilionárias, a ponto de as cinco empresas mais valiosas do mundo (Google, Amazon, Apple, Facebook e Microsoft) serem, todas, pertencentes ao setor. Essas empresas geraram, em conjunto, mais de 25 bilhões de dólares de lucro líquido, só no primeiro semestre de 2017. Tal circunstância levou a prestigiosa publicação *The Economist* a afirmar que essas atividades são o *petróleo* da era digital,[2] em alusão à *commodity* que exerceu papel predominante na economia global ao longo do século XX.

---

[1] Agradeço a indispensável colaboração dos meus colegas e amigos Eduardo Muniz e Pedro Grillo na elaboração deste artigo.

[2] *A NEW commodity spawns a lucrative, fast-growing industry, prompting antitrust regulators to step in to restrain those who control its flow. A century ago, the resource in question was oil. Now similar concerns are being raised by the giants that deal in data, the oil of the digital era. These titans—Alphabet (Google's parent company), Amazon, Apple, Facebook and Microsoft—look unstoppable. They are the five most valuable listed firms in the world. Their profits are surging: they collectively racked up over $25bn in net profit in the first quarter of 2017.* Disponível em: http://economist.com/news/leaders/21721656-data-economy-demands-new-approach-antitrust-rules-worlds-most-valuable-resource. Acesso em: 01 out. 2017.

No Brasil, o crescimento da *Internet* foi igualmente vertiginoso. Estima-se que, em 2014, mais da metade da população brasileira já possuía acesso à internet.[3] O comércio varejista *online* (*e-commerce*) apresentou crescimento real de 290,4% no período compreendido entre 2007 e 2014.[4]

Em razão desse notável desempenho, as operações realizadas em âmbito virtual, no Brasil e no mundo, chamaram a atenção das autoridades fiscais, pois, além de imensamente lucrativas, e, portanto, demonstradoras de elevada capacidade contributiva, essas atividades, por sua intangibilidade, ampliaram sensivelmente as possibilidades de realização de planejamentos fiscais agressivos. E, desses planejamentos, resultaram baixa ou nenhuma tributação dos resultados positivos gerados por esses grandes empreendimentos.

Como consequência, em anos recentes, conglomerados de grande porte, como os das já citadas Amazon, Apple, Google, Microsoft, entre tantos outros, tiveram que enfrentar litígios tributários decorrentes de autuações lavradas por jurisdições que se viam insatisfeitas com o montante de tributos que lhes eram recolhidos, desproporcionais, no entender delas, à riqueza que circulava em seus territórios.

Em suas alegações, afirmavam as autoridades fazendárias que, por meio da exploração de lacunas normativas, os grupos multinacionais conseguiam reduzir substancialmente a tributação incidente sobre as suas atividades, seja pela má utilização do conceito de *não residente* em diferentes jurisdições, seja pela fragmentação de atividades com o objetivo de evitar a caracterização de estabelecimento permanente, ou mesmo pela realização de operações *intercompany* que, pelo descasamento do tratamento fiscal aplicável (*mismatches*), permitiam a transferência artificial de lucros para jurisdições com baixa ou nenhuma tributação.

Nesse contexto, foi marcante a audiência realizada, em 2012, no *Public Account Committee* do Parlamento Inglês, em que Margaret Hodge, então líder do referido comitê, em intenso debate com Matt Brittin, representante da Google, acusou a companhia de ser *imoral*, proferindo a célebre frase: *"We are not accusing you of being illegal, we are accusing you of being immoral."*.[5]

E, efetivamente, muitos desses planejamentos foram realizados em estrita observância às normas fiscais existentes, o que acabou por evidenciar que as regras tributárias internacionais, construídas ao longo do século passado, haviam se tornado insuficientes para combater as crescentes possibilidades de planejamentos fiscais geradas pela globalização dos grupos econômicos, especialmente no contexto da economia digital.

Surgiu, assim, como um movimento de resistência aos planejamentos fiscais abusivos, o denominado Projeto BEPS (*Base Erosion and Profit Shiting*), consubstanciado em planos de ação destinados ao combate à erosão das bases tributárias e à transferência artificial de lucros, capitaneados pela Organização para Cooperação e Desenvolvimento Econômico (OCDE) e pelo G-20, grupo formado por representantes das 19 maiores economias do mundo e da União Europeia.

---

[3] Disponível em: http://www.valor.com.br/brasil/4513070/mais-da-metade-da-populacao-brasileira-acessa-internet-aponta-ibge. Acesso em: 01 out. 2017.

[4] Disponível em: http://agenciabrasil.ebc.com.br/economia/noticia/2016-08/comercio-movimentou-r-3-trilhoes-e-ocupou-107-milhoes-de-pessoas-em-2014. Acesso em: 01 out. 2017.

[5] Disponível em: http://www.bbc.com/news/business-20288077. Acesso em: 01 out. 2017.

BEPS – Histórico e objetivos

Os esforços da OCDE no combate à erosão de bases tributárias não são recentes. Em 1998, a instituição já havia publicado relatório denominado *Harmfull Tax Competition*, em que analisou os malefícios gerados pelos chamados paraísos fiscais, jurisdições de baixa transparência que aplicavam alíquotas reduzidas ou nulas de imposto de renda.

Entendeu-se que essas práticas geravam competição fiscal predatória entre países, que, com o objetivo de atrair capital, lançavam mão de instrumentos para a redução da carga tributária, o que, em escala global, resultava em jogo de "soma negativa" (*negative sum game*), no sentido de que, ao final, todos perderiam, inclusive as jurisdições criadoras dos referidos atrativos fiscais.

Com o avançar da globalização e da tecnologia digital, verificou-se a necessidade de um esforço coordenado entre países para intensificar, ainda mais, o combate à competição tributária nociva entre países, e também coibir planejamentos fiscais agressivos decorrentes da falta de harmonização da legislação tributária internacional.

Esse aspecto é muito bem observado pelo saudoso mestre Alberto Xavier, quando acentua que um dos aspectos mais relevantes do Projeto BEPS foi a verificação de que "(...) os fenômenos do planejamento fiscal agressivo, bem como da elisão e da evasão fiscal, não mais se encontram exclusivamente associados aos paraísos fiscais, *mas sim* às *lacunas e espaços resultantes das discrepâncias existentes nas normas tributárias internacionais*".[6]

Por sua absoluta relevância, o Projeto BEPS, o seu histórico e a sua evolução foram objeto de sessão plenária do Congresso da *International Fiscal Association*, realizado no Rio de Janeiro entre 27 de agosto e 1º de setembro de 2017. O tema da plenária foi *Assessing BEPS: Origins, Standards and Responses*.

Além da presença de renomados especialistas estrangeiros, notadamente Pascal Saint-Amans (OCDE), Allison Christians (Canadá), Stephen Shay (EUA), Robert Danon (Suíça), Sjoerd Douma (União Europeia), Akhilesh Ranjan (Índia), Sam Sim (Cingapura) e Jacob Heyka (Canadá), este último na qualidade de secretário, o painel também contou com a valiosa participação da brasileira Marienne Coutinho.

No que se refere ao histórico do Projeto BEPS, narraram os painelistas que, especialmente a partir de 2010, houve crescente pressão popular e midiática contra os planejamentos fiscais agressivos praticados por multinacionais, que, aproveitando-se de lacunas na legislação tributária, reduziam de forma substancial a tributação devida às diferentes jurisdições em que atuavam.

Artigos como *The Tax Haven That's Saving Google Billions*,[7] publicado, em outubro de 2010, pela Bloomberg, evidenciaram a insatisfação de diferentes setores da sociedade com a baixa carga tributária efetivamente arcada pelas corporações multinacionais.

Como resposta, em junho de 2012, os líderes do G-20, então reunidos em Los Cabos, no México, manifestaram apoio formal[8] às iniciativas que começavam a ser

---

[6] Em Direito Tributário Internacional do Brasil, 8ª Edição, reformulada e atualizada até setembro de 2015 com a colaboração de Roberto Duque Estrada e Renata Emery, Editora Forense, São Paulo, p. 284-285.

[7] Disponível em: https://www.bloomberg.com/news/articles/2010-10-21/the-tax-haven-thats-saving-google-billions. Acesso em: 04 out. 2017.

[8] Veja-se trecho da declaração divulgada pelos líderes do G-20 por ocasião da reunião de cúpula do G-20 em Los Cabos: *We reiterate the need to prevent base erosion and profit shifting and we will follow with attention the ongoing work of the OECD in this area*. Disponível em: https://www.oecd.org/g20/summits/los-cabos/2012-0619-loscabos.pdf. Acesso em: 01 out. 2017.

implementadas pela OCDE no sentido de combater a erosão da base tributável e a transferência de lucros, inclusive no que se refere à maior transparência e colaboração entre as diferentes jurisdições.[9]

Em fevereiro de 2013, a OCDE emitiu o relatório inicial do Projeto BEPS, denominado *Addressing Base Erosion and Profit Shifting*.[10] A versão final do projeto foi divulgada no ano de 2015, sob o título *BEPS 2015 Final Reports*.

Como observa Yariv Brauner,[11] catedrático da Universidade da Flórida, o Projeto BEPS se fundamenta em três pilares básicos, quais sejam: (i) aprimoramento da cooperação entre países, afastando-se a competição fiscal predatória; (ii) substituição das abordagens pontuais por um plano de ação mais abrangente, que abordasse o problema em todas as suas facetas (*holistic approach*); e, (iii) liberdade para o desenvolvimento de soluções inovadoras para os novos e complexos problemas tributários internacionais, ainda que, de alguma forma, elas pudessem conflitar com os fundamentos tradicionais do direito tributário internacional.

No relatório final do Projeto BEPS, a OCDE apontou quinze planos de ação, que se fundamentam na tríade *coerência, substância* e *transparência*, como destacado na mencionada sessão plenária do Congresso da IFA realizado no Rio de Janeiro.

Em relação à *coerência*, o que se busca é a harmonização da tributação internacional, eliminando-se as lacunas normativas que permitem a baixa ou nula tributação de empreendimentos lucrativos. Nessa categoria, se enquadram os *Action Plans 2* (neutralização de arranjos híbridos), 3 (fortalecimento das regras de CFC – *controlled foreign corporations*), 4 (limites à dedutibilidade de despesas financeiras) e 5 (combate às práticas tributárias nocivas).

Sob o prisma da *substância*, objetiva-se garantir que a tributação se dê nas jurisdições em que há efetiva manifestação de capacidade contributiva, isto é, criação de valor, mediante implementação dos *actions plans* 6 (prevenção da utilização abusiva de tratados), 7 (combate à descaracterização artificial do *status* de estabelecimento permanente) e 8 a 10 (alinhamento da legislação de preços de transferência com com o objetivo de permitir que a tributação da renda ocorra nas jurisdições em que há efetiva geração de valor)

Quanto à *transparência*, busca-se assegurar que haja maior lisura e troca de informações nas relações entre diferentes jurisdições e, também, entre administrações fazendárias e contribuintes. Enquadram-se nesse objetivo os *Action Plans 11* (avaliação e monitoramento do Projeto BEPS), 12 (regras mandatórias de revelação de planejamentos fiscais abusivos), 13 (documentação relativa a preços de transferência) e 14 (mecanismos eficazes de resolução de conflitos).

Por fim, temos os *actions plans* 15 (instrumento multilateral) e 1 (desafios tributários da economia digital). Interessante notar que o primeiro *action plan*, que será analisado em maiores detalhes na próxima seção deste artigo, dedica-se justamente à

---

[9] Disponível em http://www.oecd.org/ctp/exchange-of-tax-information/G20_Progress_Report_June_2012.pdf. Acesso em: 01. out. 2017.

[10] Disponível em: http://www.oecd.org/tax/addressing-base-erosion-and-profit-shifting-9789264192744-en.htm. Acesso em 01 out. 2017

[11] "What the BEPS", BRAUNER, Yariv, UFA Law Faculty Publications, 2014. Disponível em: http://scholarship.law.ufl.edu/cgi/viewcontent.cgi?article=1652&context=facultypub. Acesso em: 02 out. 2017.

problemática da tributação das operações digitais, tarefa essa que, como visto, tem-se mostrado imensamente desafiadora.

Muito embora o Brasil não seja membro efetivo da OCDE, somente tendo solicitado ingresso na instituição em maio de 2017,[12] o país tem se demonstrado, desde o início dos anos 90, imensamente cooperativo em matéria tributária.

De fato, o Projeto BEPS recebeu forte apoio do governo brasileiro, e a Secretaria da Receita Federal do Brasil (SRFB) tem sido o órgão responsável pela coordenação dos grupos de trabalho para a implementação dos planos de ação do Projeto BEPS no plano doméstico.

No que se refere aos pontos prioritários sob a perspectiva brasileira, vale citar breve trecho de recente artigo publicado por Heleno Torres, relator nacional do tema BEPS no Congresso da IFA no Rio de Janeiro:[13]

> Dentre as prioridades do momento estão as medidas tendentes a ampliar a transparência entre Fisco e contribuinte (...) entrou em vigor a Convenção Automatic Exchange of Financial Information in Tax Matters (Aeoi), pela qual o Brasil obriga-se a promover a troca de informações a partir de setembro de 2018, o que poderá até mesmo alcançar dados financeiros de 2016 e 2017, caso sejam firmados acordos específicos. O Brasil mantém seu compromisso de colocar em vigor as ações 5, 13, 14 e 15 como padrão mínimo até 2018. Preponderam no momento a atualização e melhoria dos atos normativos. As convenções internacionais, porém, começam a receber as primeiras ações para atualização e conformidade com os novos padrões do BEPS.

Nesse contexto, observou também Heleno Torres que algumas das mudanças sugeridas pelos *actions plans* do Projeto BEPS já são adotadas, em certa medida, pela legislação brasileira, tais como a tributação universal da renda gerada por coligadas ou controladas no exterior, independentemente da sua localização ou da natureza do rendimento (artigos 76 a 92 da Lei nº 12.973/14 e artigo 96 da Lei nº 13.043/14).

Os desafios da economia digital e o Action Plan 1

A OCDE se tornou um dos organismos internacionais precursores da definição de regras sobre o comércio eletrônico, quando realizou, em novembro de 1997, a conferência internacional de Turku, Finlândia, na qual representantes dos governos dos países membros e grupos empresariais debateram sobre o impacto do comércio eletrônico em suas respectivas economias. Estabeleceu-se, nessa conferência, que a OCDE ficaria encarregada de elaborar proposta para estruturação da tributação do comércio eletrônico.

A referida proposta foi apresentada na conferência de Ottawa, em outubro de 1998, e, entre outras medidas, estabeleceu princípios básicos a serem aplicados ao comércio eletrônico:[14]

---

12 Como bem demonstrado por Pascal Saint-Amans, diretor de Política Fiscal da OCDE, em entrevista concedida à Bloomberg, uma das principais barreiras ao ingresso no Brasil como membro efetivo da OCDE se refere às especificidades do nosso sistema tributário, pouco alinhado com o restante do mundo. Reportagem disponível em: https://www.bna.com/brazils-tax-system-n73014463878/. Acesso em: 04 out. 2017.

13 Disponível em: http://www.conjur.com.br/2017-ago-30/consultor-tributario-beps-debate-71-congresso-ifa?imprimir=1. Acesso em: 02 out. 2017.

14 "Eletronic Commerce: Taxation Framework Conditions". OCDE. Disponível em: https://www.oecd.org/ctp/consumption/1923256.pdf. Acesso em: 02 out. 2017.

Neutralidade - a tributação deve procurar ser neutra entre as formas de comércio eletrônico e entre o comércio tradicional; a decisão empresarial deve ser muito mais motivada por questões econômicas do que por questões tributárias; contribuintes em situações equivalentes em relação às transações que efetivam devem ser submetidos aos mesmos níveis de tributação;

Eficiência - o custo da administração tributária e do cumprimento das obrigações tributárias pelo contribuinte deve ser minimizado tanto quanto possível;

Certeza e simplicidade - as leis tributárias devem ser claras e simples, de modo que os contribuintes possam compreender as consequências da tributação na transação comercial, inclusive no que diz respeito a quando, como e onde o tributo deve ser contabilizado;

Efetividade e justiça - a tributação deve trazer para o Estado o valor correto no tempo correto; o potencial de evasão e sonegação deve ser minimizado;

Flexibilidade - a tributação do comércio eletrônico deve ser flexível e dinâmica para assegurar que as leis possam acompanhar o desenvolvimento comercial e tecnológico do setor.

Durante a conferência, além da definição dos princípios acima, foram criados 5 *Technical Advisory Groups* (TAGs), com o objetivo de aprofundar os estudos sobre temas específicos relacionados ao comércio eletrônico internacional.

Um dos TAGs, responsável por *Consumption Taxes* (tributos sobre o consumo) apresentou, em fevereiro de 2001, o estudo *"Consumption Tax Aspects of Electronic Commerce"*,[15] que, entre outras recomendações relativas à tributação do consumo, determinava que a tributação das operações transfronteiriças deveria ocorrer no local de consumo.

Essas recomendações foram confirmadas com a edição, em fevereiro de 2006, do estudo *International VAT/GST Guidelines,*[16] que visava a estabelecer linhas mestras para a tributação do consumo em transações internacionais, especialmente aquelas que envolviam bens intangíveis. Além de confirmar as premissas acima, o referido documento esclareceu que:

(i) em operações B2B (ou seja, entre empresas contribuintes do imposto), "o local de consumo" para efeitos de tributação deve ser entendido como o local em que o tomador possui presença negocial (*business presence*); e

(ii) em operações B2C (ou seja, entre empresa contribuinte e o consumidor final), o *local de consumo* para efeitos de tributação deve ser entendido como o local em que o tomador possui residência habitual.

Em relação aos tributos incidentes sobre a renda, os membros do TAG relativo à matéria apontaram problemas envolvendo a caracterização de estabelecimentos permanentes e a aplicação dos tratados para evitar a dupla tributação da renda no que se refere às operações desenvolvidas em âmbito virtual.

Inspirada nesse modelo, a OCDE instituiu, no contexto do Projeto BEPS, a Força Tarefa sobre Economia Digital (*Task Force on the Digital Economy – TFDE*), órgão vinculado ao Comitê de Assuntos Fiscais (CFA), com o objetivo de identificar os principais

---

[15] Disponível em: http://www.oecd.org/ctp/consumption/2673667.pdf. Acesso em: 04 out. 2017.

[16] Disponível em: http://www.oecd.org/tax/consumption/36177871.pdf. Acesso em: 04 out. 2017.

desafios existentes no que concerne à tributação das manifestações de riqueza geradas na economia digital.[17]

Os princípios gerais estabelecidos na Convenção de Ottawa, bem como o trabalho desenvolvido pelos TAGs, em especial o do grupo que analisou a tributação de lucros empresariais (*business profits*), foram muito aproveitados na elaboração do *Action Plan 1*.[18]

Em novembro de 2013, a OCDE abriu consulta pública sobre o conteúdo desse *action plan*, e as contribuições então recebidas foram discutidas em reunião da TFDE realizada em fevereiro de 2014.

As conclusões alcançadas pela TFDE foram consolidadas em relatório inicial publicado em setembro de 2014, cuja versão final foi incorporada ao texto completo do Projeto BEPS, divulgado em 2015 (*Action Plan 1 – Adressing the Tax Challenges of the Digital Economy*).[19]

Recentemente, a OCDE elaborou novo relatório sobre os desafios tributários oriundos da economia digital, publicado em março de 2018 (*Tax Challenges Arising from Digitalison – Interim Report 2018*).[20]

Encomendado pelo G-20 no contexto do "quadro inclusivo" (*inclusive framework)*[21] do Projeto BEPS, esse novo relatório é provisório, tendo sido fixada a meta de que o relatório definitivo sobre o tema será produzido até 2020.

Como bem observado pela OCDE nos referidos relatórios, a economia digital é caracterizada por sua estreita ligação com bens intangíveis, transferência massiva de dados cibernéticos e soluções tecnológicas, aparentemente *gratuitas*, cujo retorno financeiro é obtido pelo desenvolvedor a partir de externalidades dessa atividade (*marketing*, gerenciamento de dados etc.).

Além disso, em razão da sua própria essência, ela envolve atividades que se caracterizam pela descentralização e pelo fato de prescindirem de presença física efetiva em qualquer localidade específica.

Não obstante as particularidades da economia digital, é interessante notar que o *Action Plan 1* não recomenda a adoção de soluções que lhe sejam específicas, mas, sim,

---

[17] The Task Force on the Digital Economy (TFDE), a subsidiary body of the Committee on Fiscal Affairs (CFA) was established in September 2013 to carry out the work, with the aim of developing a report identifying issues raised by the digital economy and possible actions to address them by September 2014. (página 25 do relatório final do *Action Plan 1* - Addressing the Tax Challenges of the Digital Economy. Disponível em: http://www.oecd.org/ctp/addressing-the-tax-challenges-of-the-digital-economy-action-1-2015-final-report-9789264241046-en.htm. Acesso em: 04 out. 2017).

[18] These principles are still relevant today and, supplemented as necessary, can constitute de basis to evaluate options to address the tax challenges of the digital economy. In addition, the Task Force discussed the post-Ottawa body of work and in particular the work of the Technical Advisory Group on Business Profit (TAG BP) relating to the attribution of profits to permanent establishments (PEs), the place of effective management concept and treaty rules in the context of e-commerce. (página 17 do relatório final do *Action Plan 1* - Addressing the Tax Challenges of the Digital Economy. Disponível em: http://www.oecd.org/ctp/addressing-the-tax-challenges-of-the-digital-economy-action-1-2015-final-report-9789264241046-en.htm. Acesso em: 04 out. 2017).

[19] Disponível em: https://read.oecd-ilibrary.org/taxation/addressing-the-tax-challenges-of-the-digital-economy-action-1-2015-final-report_9789264241046-en#page1. Acesso em: 25 jul. 2018.

[20] Disponível em: http://www.oecd.org/ctp/tax-challenges-arising-from-digitalisation-interim-report-9789264293083-en.htm. Acesso em: 25 jul. 2018.

[21] Em julho de 2016, o G-20 aprovou um "quadro inclusivo" (*inclusive framework*) para a implementação e monitoramento do Projeto BEPS, com o objetivo de estender as medidas previstas em seus planos de ação a um número abrangente de jurisdições, com especial ênfase nos países em desenvolvimento. Atualmente, 113 países, representativos de 93% do Produto Interno Bruto (PIB) mundial, fazem parte dessa iniciativa.

a adaptação da legislação tributária de forma que essas transações recebam o mesmo tratamento fiscal das operações *não virtuais*.[22]

Alega-se que, em razão do seu imenso potencial de crescimento e natural inserção na nossa vida cotidiana, a economia digital, provavelmente se tornará a própria economia, de forma que será simplesmente impossível segregar as operações *digitais* das demais transações.

Essa assertiva é extremamente realística, na medida em que desenvolvemos hoje tecnologias absolutamente revolucionárias, como o *blockchain* (onde, entre vários, outros são realizados negócios com criptomoedas) e a chamada *Internet das coisas* (*Internet of things*), que permite a conexão de praticamente qualquer objeto à Internet, desde geladeiras até outros itens cotidianos, como tênis e peças de vestuário em geral!

Some-se a isso o fato de que, além dos tradicionais modelos de negócio B2B e B2C (acima descritos), tornou-se comum a realização de transações entre os próprios consumidores, fenômeno conhecido como C2C (*consumer to consumer*). Nesse caso, as empresas atuam como meras intermediárias, no auxílio a consumidores individuais na conclusão de negócios entre si (por exemplo, venda de bens usados), ou mesmo na realização de intercâmbio de dados (músicas, filmes etc.).

Interessante notar que, justamente por seu alto grau de abstração, o *action 1* não define o que se deve entender por economia digital, optando por destacar as características centrais desse mercado.

A primeira delas é a mobilidade de bens intangíveis, usuários e até mesmo do negócio em si, que podem se fazer presentes em diferentes jurisdições, com imensa volatilidade. Decorre daí o primeiro grande desafio da economia digital, que é a determinação do local em que a criação de valor e o consumo desses bens intangíveis devem efetivamente se considerar ocorridos.

Outro ponto importante é a alta relevância das informações geradas pela participação, normalmente gratuita e voluntária, dos usuários que, com o uso contínuo da ferramenta tecnológica correspondente, permitem a geração de bancos de dados de alto valor agregado sobre a mais variada gama de questões.

Como determinar o valor, e até mesmo o local, em que se deve tributar a criação desse ativo intangível de alto valor?

Com relação às estratégias utilizadas pelos contribuintes, o *action 1* observa que a principal delas é a de evitar presença tributável nos mercados de atuação. Com efeito, as legislações fiscais usualmente exigem a incorporação formal da empresa, ou certo nível de presença física, para caracterizar a sujeição passiva, o que pode ser evitado pela atuação remota através da Internet e pela contratação, quando necessário, de agentes locais independentes.

Nos casos em que há presença efetiva, o planejamento mais comum é a maximização de deduções fiscais, por meio de pagamentos a empresas relacionadas, com o objetivo de erodir a base tributável. Usualmente, tais pagamentos adquirem a forma de despesas financeiras, juros, preço de serviço, entre outras.

---

[22] O relatório final do *Action Plan 1* pontuou que, no que se refere à erosão da base tributável e transferência de lucros entre jurisdições, na maioria dos casos, os modelos de negócio proporcionados pela economia digital tão somente exacerbam as oportunidades já previamente existentes nos modelos negociais tradicionais. Precisamente por esse esse motivo, o *action plan* optou por não analisá-los de forma isolada, avaliando em que medida a economia digital potencializa essas oportunidades.

Outra forma de reduzir a base tributável se dá pela interposição artificial de pessoas jurídicas em jurisdições intermediárias com amplas redes de tratados, de forma que pagamentos que estariam usualmente sujeitos à tributação, caso fossem realizados diretamente entre origem e destino, são acobertados por disposições das convenções existentes entre as referidas jurisdições.

Para combater os problemas acimas referidos, a OCDE formulou algumas recomendações específicas, entre as quais destacamos as seguintes:

Combate ao abuso de tratados - ampliação do combate ao *treaty shopping*, isto é, planejamentos em que contribuintes se utilizam de estruturas artificiais para se aproveitar de benefícios previstos em tratados, seguindo-se as práticas recomendadas por meio do relatório *Preventing the Granting of Treaty Benefits in Inappropriate Circumstances* (OCDE, 2015);

Exceções ao conceito de estabelecimento permanente (art. 5, §4º, alíneas "a" a "f" da Convenção Modelo da OCDE) – entre outras medidas, sugeriu-se a alteração da redação atual, de modo a assegurar que essas exceções digam respeito apenas a atividades de natureza *materialmente* preparatória ou auxiliar; esse tema é tratado em maiores detalhes no *Action Plan 7*;

Regras antifragmentação – introdução de nova regra "antifragmentação", para assegurar que a fragmentação de atividades entre partes vinculadas não leve ao aproveitamento abusivo das referidas exceções ao conceito de estabelecimento permanente;

Neutralização de arranjos híbridos – eliminação das discrepâncias entre normas de direito tributário internacional que permitem que contribuintes se aproveitem de descasamentos existentes entre as legislações internas dos países para, por exemplo, maximizar deduções fiscais; as recomendações práticas para tanto constam do *Action Plan 2*;

Limitação à *dedutibilidade de despesas financeiras* – outro instrumento comumente utilizado em planejamentos internacionais é a contratação de empréstimos *intercompany*, gerando despesas financeiras elevadas que podem erodir a base tributável em determinado país; esse tema é objeto do *Action Plan 4*;

Combate às *práticas tributárias nocivas* – a OCDE recomenda a adoção de medidas mais eficazes no combate às práticas tributárias nocivas entre países, especialmente nas atividades com intangíveis; essa matéria é tratada no *Action Plan 5*;

Preços de transferência e criação de valor – alteração das normas de preços de transferência com o objetivo de permitir que a tributação da renda ocorra nas jurisdições em que há efetiva geração de valor, na forma dos *Action Plans 8 a 10*.

Em razão de seu teor genérico, o *action 1* em muito se baseia nas medidas previstas nos demais *action plans* (ou mesmo em outros relatórios previamente emitidos pela OCDE). Isso nos parece natural, na medida em que, como visto, a expectativa é a de que a economia digital se torne a própria economia, de forma que as recomendações práticas previstas para os contribuintes em geral devem também englobar os desafios da economia digital.

Vale registrar que outras medidas foram analisadas e descartadas, tais como:

(a) criação de novo elemento de conexão para fins de caracterização de estabelecimento permanente (*presença econômica significativa*);

(b) tributação na fonte de certas transações digitais; e

(c) criação do *equalization levy,* tributo cujo objetivo seria o de equalizar a carga tributária entre os países de origem e destino, minimizando-se eventuais distorções ou oportunidades para não tributação.

A adoção dessas iniciativas não foi recomendada no relatório final, uma vez que, no entender da OCDE, as demais ações previstas já seriam suficientes para atenuar as tensões atualmente existentes entre as diferentes jurisdições.

Além disso, o relatório externou preocupações no sentido de que a implementação de alterações mais drásticas poderiam ter impacto imprevisível sobre a distribuição das competências tributárias entre os Estados de residência e fonte.

Não obstante, conferiu-se liberdade aos países para que venham a adotar, caso entendam necessário, medidas alternativas, desde que não levem ao descumprimento de obrigações assumidas em tratados internacionais. É o caso, por exemplo, da Índia, que recentemente implementou o *equalization levy.*[23]

Em sentido similar, em março de 2018, a Comissão Europeia apresentou o seu *Digital Tax Package,*[24] proposta legislativa que pretende criar um imposto indireto provisório sobre certas atividades econômicas que atualmente escapam à tributação, tais como a venda de espaço publicitário online, a intermediação digital entre usuários e a vendas de dados gerais a partir de informações fornecidas por usuários.

Esse imposto provisório vigoraria enquanto não sobreviesse uma reforma mais abrangente nas regras tradicionais de tributação que permitisse aos países europeus tributar os lucros gerados em seus territórios por multinacionais que neles não possuíssem presença física relevante. Esse segundo passo envolveria a criação de um conceito objetivo de *presença digital* para a caracterização de estabelecimento permanente, cuja existência, segundo as regras atuais, ainda depende fortemente da presença física.

É de se observar, contudo, que o relatório provisório de 2018 elaborado pela OCDE detalhou diversos efeitos nocivos que podem decorrer da adoção de medidas unilaterais como essas.

Um dos cenários negativos vislumbrados pela OCDE seria aquele em que a medida unilateral é desvirtuada e deixa de atender ao seu propósito de alcançar atividades digitais transfronteiriças que atualmente não se encontram sujeitas à tributação na "jurisdição de mercado" *(market jurisdiction)*, passando a onerar indevidamente aqueles contribuintes que não contarão com mecanismos de crédito para abater esse novo tributo do valor já recolhido a título de imposto de renda.

Em razão disso, a OCDE entende que medidas como a da União Europeia devem ser implementadas com bastante parcimônia e observar os seguintes requisitos: (i) não acarretar descumprimento das obrigações previstas na rede de tratados internacionais da jurisdição que o adota; (ii) ser temporário, não podendo servir como obstáculo na busca por um consenso global a respeito do tema; (iii) ser direcionado, abarcando apenas

---

[23] Sobre o tema, vale citar breve citação de reportage divulgada pela Price Waterhouse Coopers: "The Indian government on February 29, 2016 introduced an equalization levy on online advertising revenue by non-resident e-commerce companies earned in India, which became effective on June 1, 2016. The Indian government also introduced Equalization Levy Rules, 2016 (Rules), which provide procedural guidance such as prescribing filing forms and appeals processes.". Disponível em: https://www.pwc.com/us/en/tax-services/publications/insights/india-introduces-new-equalization-levy-on-online-advertising-rev.html. Acesso em: 06 out. 2017.

[24] Uma contextualização dos motivos que levaram a Comissão Europeia a propor esse pacote de medidas se encontra disponível em: http://europa.eu/rapid/press-release_MEMO-18-2141_en.htm. Acesso em: 25 jul. 2018.

alguns serviços digitas específicos, e não toda e qualquer transação celebrada em âmbito virtual; (iv) minimizar possibilidade de dupla tributação econômica; (v) minimizar o impacto no desenvolvimento de *start-ups* e pequenas empresas; e (vi) minimizar custo de conformidade e complexidade.

Perspectiva brasileira em matéria de tributação eletrônica internacional e desafios de ordem interna

Como é notório, o Brasil adota política bastante conservadora em matéria fiscal internacional, e raramente abre mão de exercer o seu poder de tributar, na condição de Estado fonte.[25]

Nesse contexto, o país é comumente acusado por jurisdições estrangeiras de violar convenções internacionais, na medida em que as interpretações adotadas pelo governo brasileiro tendem a ser imensamente restritivas no que se refere à aplicação de benefícios previstos em tratado.

A título ilustrativo, vale citar o caso da Alemanha, que denunciou a convenção com o Brasil por entender que a interpretação adotada pela RFB no que se refere à controvérsia da qualificação dos rendimentos derivados de serviços técnicos sem transferência de tecnologia (lucros empresariais x rendimentos "não expressamente mencionados") atentava contra os fundamentos norteadores da aplicação dos tratados internacionais.[26]

De fato, sob o pretexto de supostamente resguardar as bases tributárias brasileiras, as interpretações excessivamente restritivas adotadas pela RFB chegam ao ponto de violar o próprio espírito das normas que regem as convenções, que se destinam primordialmente a evitar a dupla tributação da renda.

Nesse contexto, a RFB chegou a negar a aplicação de benefícios previstos em tratados à Contribuição Social sobre o Lucro Líquido (CSLL), tributo cujas bases de incidência são praticamente idênticas às do imposto de renda, como observa Roberto Duque Estrada.[27]

Essa questão só veio a ser equacionada em 2015, com a edição da Lei nº 13.202/15, que estabeleceu que, para "(...) efeito de interpretação, os acordos e convenções internacionais celebrados pelo Governo da República Federativa do Brasil para evitar dupla tributação da renda abrangem a CSLL" (art. 11).

Ou seja, foi necessária a edição de lei formal para que as autoridades fiscais se abstivessem de restringir direitos dos contribuintes sob a justificativa, legítima, porém inaplicável ao caso, de proteção das bases tributárias brasileiras.

De fato, embora louvável o esforço desempenhado pelo governo no incremento da arrecadação brasileira, tal finalidade não pode ser alcançada com o sacrifício de

---

[25] FILHO, Paulo César Teixeira Duarte. Os Acordos para Evitar a Dupla Tributação - Considerações sobre as Políticas Brasileiras. *In*: Estudos de tributação internacional. Org. SAUNDERS, Ana Paula; GOMES, Edgar Santos; MOREIRA, Francisco Lisboa; MURAYAMA, Janssen. Prefácio de Sergio André Rocha. Rio de Janeiro: Lumen Juris, 2017, p. 155-174.

[26] OEPEN, Wolfgang. "A Alemanha denuncia seu tratado de Dupla Tributação com o Brasil – Razões e Consequências da Denúncia do Tratado sob um ponto de vista alemão". *Revista de Direito Tributário Internacional*, Ano 1, nº 1, p. 209-219.

[27] Disponível em: http://www.conjur.com.br/2012-mar-07/consultor-tributario-csll-tratados-dupla-tributacao. Acesso em: 06 out. 2017.

direitos legítimos dos contribuintes, mas sim pelo combate aos planejamentos fiscais verdadeiramente abusivos.

Outro aspecto que merece atenção, conforme apontado por Sérgio André Rocha,[28] é a ausência de definição, na legislação interna brasileira, do que se deva entender por *estabelecimento permanente*, conceito esse mencionado apenas nas convenções assinadas pelo Brasil[29] e em legislações esparsas, como a Lei nº 12.350/10, que, ao tratar dos benefícios fiscais aplicáveis à FIFA e outras entidades, mencionou, de forma ampla, que eventuais bases temporárias de negócios estabelecidas no país não configuram "estabelecimento permanente para efeitos de aplicação da legislação brasileira" (art. 7º, §4º).

Justamente por sua política já extremamente protetiva é que o governo brasileiro vem se dedicando à implementação dos *action plans* que tratam de maior transparência e intercâmbio de informações.

Contudo, no contexto brasileiro, parece-nos que a economia digital apresenta desafios ainda mais complexos no que se refere à definição do correto tratamento fiscal a ser dispensado às operações virtuais, incluindo a comercialização de softwares e outras soluções digitais, como *cloud computing*.

De fato, o Poder Legislativo, ao tentar esclarecer a correta forma de tributação das novas operações virtuais, invariavelmente atua a reboque do avanço tecnológico, sem, no mais das vezes, observar fielmente a rígida repartição de competências estabelecida constitucionalmente.

Com efeito, acometidos por irrefreável sanha arrecadatória, os entes tributantes atribuem-se, muito comumente e de forma equivocada, competência para tributar essas operações virtuais, em completo descompasso com as disposições constitucionais tributárias aplicáveis.

É precisamente nesse cenário que se encontram atualmente inseridas as operações de aquisição de software efetuadas mediante transferência eletrônica de dados (*download*). Há profundo grau de incerteza quanto ao seu adequado tratamento fiscal, na medida em que tanto estados quanto municípios se consideram competentes para tributá-las.

No que se refere à pretensa competência estadual, recentemente, o Conselho Nacional de Política Fazendária (CONFAZ), constituído pelos Secretários da Fazenda dos Estados e do Distrito Federal, editou dois Convênios que partem da equivocada premissa de que o ICMS deveria incidir sobre o *download* de *softwares*.

De fato, no final de 2015, por meio do Convênio ICMS 181, de 28.12.2015, o CONFAZ autorizou 19 estados a conceder redução na base de cálculo do ICMS incidente em operações com *softwares*, disponibilizados por qualquer meio, "inclusive nas operações efetuadas mediante transferência eletrônica de dados (*download*)". Já o Convênio ICMS 106, de 29.09.2017, que começou a produzir efeitos em 01.04.2018, disciplinou os procedimentos[30] relativos à cobrança do ICMS sobre essas mesmas operações, estabelecendo, em sua cláusula terceira, que o ICMS será devido ao Estado em que se encontre domiciliado ou estabelecido o adquirente do bem ou mercadoria digital.

---

[28] ROCHA, Sérgio André. "Tributação Internacional". São Paulo: Lumen Juris, 2013, p. 174.

[29] Os tratados assinados pelo Brasil trazem a definição padrão do conceito de estabelecimento permanente, assim entendido como a "instalação fixa de negócios em que a empresa exerça toda ou parte de sua atividade" (artigo 5, item 1).

[30] Certas disposições do Convênio CONFAZ 106/17 parecem-nos violar o disposto no art. 146 da CF/88, porque versam sobre matérias reservadas à lei complementar.

No entanto, como já tivemos a oportunidade de demonstrar com maior profundidade em outro artigo da nossa autoria,[31] parece-nos inviável a cobrança do ICMS sobre o *download* de softwares, uma vez que o aspecto material da sua hipótese de incidência somente alcança operações das quais decorra circulação jurídica de mercadoria, ou seja, negócio jurídico de que resulte a transmissão da titularidade de mercadorias.

Diversamente, os *softwares* são explorados economicamente por meio do licenciamento e cessão do seu direito de uso, em que não se verifica a transferência ao cessionário da propriedade intelectual dos direitos imateriais que lhe são inerentes. Em outras palavras, a disponibilidade do "bem incorpóreo" atrelado ao *software* se mantém com o cedente, sendo permitido ao consumidor simplesmente utilizá-los em qualquer poder de disposição.

Ainda que superada a ausência de circulação jurídica, os *softwares* licenciados via transferência eletrônica de dados não podem ser consideradas *mercadorias*, seja pela intangibilidade[32] que caracteriza o *download*, seja porque, como demonstrado acima, não se destinam ao comércio, isto é, à venda ou revenda.

Não obstante os argumentos que conduzem à conclusão de que não há fato gerador do ICMS no *download* de softwares, a questão ainda é controvertida no Supremo Tribunal Federal (STF).

De fato, a Primeira Turma do Tribunal, ao julgar o Recurso Extraordinário (RE) 176.626,[33] decidiu que, para que o ICMS possa incidir sobre a comercialização de software de prateleira (aquele produzido em série e comercializado no varejo), é imprescindível a utilização de um "*corpus mechanicum*" (suporte físico) que permita a sua circulação. *A contrario sensu*, extrai-se a conclusão de que, não estando presente o referido suporte físico, como ocorre no *download*, não incidirá o imposto estadual.

Por outro lado, em 26.05.2010, ao apreciar medida cautelar na Ação Direta de Inconstitucionalidade (ADI) 1.945,[34] o Plenário do STF se manifestou, por maioria apertada de votos, pela necessidade de equiparar o tratamento conferido ao software objeto de *download* na Internet àquele relativo ao software contido em suporte físico. De toda forma, essa decisão não representa uma posição firme do STF sobre o assunto, seja por ter sido proferida em sede de cognição sumária, seja pelas mudanças significativas na composição do tribunal, desde então.

Portanto, enquanto não sobrevier decisão definitiva[35] da Corte quanto ao tema, os estados continuarão a exigir o ICMS sobre as operações de *download* de *softwares*, dando

---

[31] BRIGAGÃO, Gustavo. ICMS não incide sobre o *download* de *softwares*. Consultor Jurídico. Publicado em 24.02.2016. Disponível em: http://www.conjur.com.br/2016-fev-24/consultor-tributario-icms-nao-incide-download-softwares.

[32] Destaque-se que há entendimento doutrinário no sentido de que o conceito de mercadoria estar adstrito a bens corpóreos. Nesse sentido, cite-se: MACHADO, Hugo de Brito. *Aspectos Fundamentais do ICMS*. São Paulo: Dialética, 1999, p. 28; COSTA, Alcides Jorge. *ICMS na Constituição e na Lei Complementar*. São Paulo: Resenha Tributária, 1978, p. 99; SOUSA, Rubens Gomes de. *Alienação Fiduciária em Garantia*. Revista dos Tribunais 423/71, p. 45; MELO, José Eduardo Soares de. *ISS — Aspectos teóricos e práticos*, 3. ed. São Paulo: Dialética, 2003, p. 37.

[33] Rel. Min. Sepúlveda Pertence, DJ 11.12.1998.

[34] ADI 1945 MC, Tribunal Pleno, Rel. Min. Octavio Gallotti, Rel. p/ Acórdão Min. Gilmar Mendes, DJ 14.03.2011

[35] Espera-se que essa definição ocorra no julgamento de mérito da ADI 1.945, que, até o fechamento deste artigo (ocorrido em 19.08.2018), havia sido incluída na pauta da sessão plenária de 22.08.2018. Note-se, no entanto, que, recentemente, foram ajuizadas as ADIs 5576, 5659 e 5958, que versam sobre o mesmo assunto e também aguardam apreciação.

margem à ocorrência de bitributação dessas transações em ambiente virtual, na medida em que os municípios vêm demonstrando interesse crescente[36] em tributá-las com o ISS.

Ocorre que, muito embora o "licenciamento ou cessão de direito de uso de programas de computação" esteja previsto no subitem 1.05 da lista anexa à Lei Complementar 116/03 como atividade sujeita ao ISS, há grande controvérsia[37] quanto à adequação desse subitem ao arquétipo constitucional do referido imposto.

De fato, por expressa determinação legal,[38] os softwares são classificados como "bens móveis", de forma que o seu licenciamento ou cessão de direito de uso em muito se assemelha à locação de bens móveis, em relação à qual, segundo entendimento pacífico dos tribunais superiores, não incide ISS.

Em que pese a intensa controvérsia demonstrada acima a respeito da correta forma de tributação das operações de *download* de software, relembramos que, no plano doméstico, essa é apenas uma das inúmeras atividades impulsionadas pela economia digital que vêm sendo embaraçadas pela imprevisibilidade do seu correto tratamento fiscal.

Somente para fins de ilustração, mencionamos o conflito que se instaurou com a edição da Lei Complementar nº 157/16 e do Convênio Confaz 106/17, quando ambas as normas atribuíram, aos estados e municípios, competência simultânea e concorrente para a tributação das atividades de streaming, daí decorrendo inegável e inadmissível bitributação.

Conclusão

A eclosão, o desenvolvimento e o crescente protagonismo das novas tecnologias no âmbito da economia digital possibilitaram o surgimento de arranjos empresariais até então inimagináveis. A intangibilidade sem precedentes tornou progressivamente dispensável a presença física em determinada jurisdição para que, nela, fosse possível alcançar o mercado consumidor. As operações passaram a ocorrer de forma remota.

O advento dessas inovadoras estruturas empresariais potencializou oportunidades de planejamentos fiscais agressivos que colocaram em xeque as regras tradicionais aplicáveis à tributação do comércio internacional de mercadorias e serviços. Consequentemente, intensificaram-se as disputas entre os Estados da residência e de fonte quanto à correta forma de tributação das atividades decorrentes da economia digital.

Nesse contexto, tornaram-se evidentes as dificuldades relativas à qualificação e à alocação de rendimentos oriundos de operações digitais transfronteriças, especialmente

---

[36]   A título ilustrativo, cite-se o Parecer Normativo 01, de 18.07.2017, editado pela Secretaria de Finanças do Município de São Paulo, que concluiu pela incidência do ISS sobre o licenciamento ou cessão de direito de uso de programas de computação por transferência eletrônica de dados (download de software), independentemente de se tratar de software de prateleira ou de software por encomenda.

[37]   Vale mencionar que o Plenário do STF reconheceu repercussão geral à discussão relativa à incidência do ISS sobre a cessão ou licenciamento de programas de computador (*software*) desenvolvidos para clientes de forma personalizada (RE nº 688.223, Plenário Virtual, Rel. Min. Luiz Fux, DJ 04.10.2012).

[38]   Segundo o art. 2º da Lei nº 9.609/98 , "o regime de proteção à propriedade intelectual de programa de computador é o conferido às obras literárias pela legislação de direitos autorais e conexos vigentes no País". Já o art. 3º da Lei nº 9.610/98 dispõe que "os direitos autorais reputam-se, para os efeitos legais, bens móveis.".

nos casos em que determinado empreendimento possuísse presença econômica em determinada jurisdição, mas nela não fosse constatada a existência de estabelecimento permanente ao qual os referidos rendimentos pudessem ser imputados, para fins de tributação no Estado fonte.

A OCDE, que, na década de 90, já havia demonstrado pioneirismo na definição de princípios e regras aplicáveis ao comércio eletrônico, foi novamente protagonista, ao enfrentar os desafios tributários da economia digital a partir do Projeto BEPS, o que culminou, em 2015, na publicação do relatório final do *Action Plan 1*.

Atualmente, as medidas sugeridas pelo referido plano de ação estão em fase de implementação pelas diferentes jurisdições. Há, também, a expectativa de que a rede de tratados seja alterada de forma coordenada e sistemática para incorporar adequadamente as providências recomendadas pela OCDE.

É absolutamente necessário e relevante o esforço brasileiro no sentido de harmonizar a sua legislação com as novas tendências internacionais em matéria de tributação eletrônica.

De fato, como bem observou Pascal Saint-Amans, diretor do Centro de Política e Administração Fiscal da OCDE, em entrevista concedida à Agência Brasil[39] durante o Congresso da IFA realizado no Rio de Janeiro, o ingresso do Brasil na referida organização como membro efetivo depende da implementação de reformas importantes no que se refere ao nosso sistema de tributação, que hoje apresenta especificidades que dificultam imensamente a sua conciliação com os modelos tributários apresentados pelas demais jurisdições.

Portanto, é de suma importância que a integração brasileira ao novo paradigma de tributação internacional, surgido a partir da economia digital, seja acompanhada do enfrentamento, no plano doméstico, das crescentes controvérsias relativas à tributação das operações virtuais.

Informação bibliográfica deste texto, conforme a NBR 6023:2018 da Associação Brasileira de Normas Técnicas (ABNT):

BRIGAGÃO, Gustavo. Projeto *Base Erosion And Profit Shifting* (BEPS) e os desafios da tributação eletrônica internacional. *In*: TEIXEIRA, Alexandre Alkmim (Coord.). *Plano BEPS*. Belo Horizonte: Fórum, 2019. p. 213-227. ISBN 978-85-450-0654-1.

---

[39] Disponível em:http://agenciabrasil.ebc.com.br/economia/noticia/2017-08/diretor-diz-que-pais-tem-muito-avancar-para-se-tornar-membro-da-ocde. Acesso em: 09 out. 2017.

BEPS E OS DESAFIOS DA ECONOMIA DIGITAL: PROPOSTAS E A EXPERIÊNCIA BRASILEIRA

SILVANIA CONCEIÇÃO TOGNETTI

THIAGO BELANI RIBEIRO

1 Introdução

Trazemos neste trabalho considerações sobre as propostas da OCDE (Organização para a Cooperação e o Desenvolvimento Econômico) para os desafios da Economia Digital no contexto de combate às estratégias das multinacionais que se valem das diferenças entre os sistemas tributários dos diversos países onde atuam para reduzir a tributação com planejamentos tributários muitas vezes abusivos.

As ações propostas pela OCDE para mitigar a redução indevida de base de cálculo dos tributos e permitir adequada tributação das atividades das multinacionais na economia global, conhecidas como ações do projeto BEPS (*Base Erosion and Profit Shifting*), trarão mudanças significativas nas relações internacionais entre os países no propósito de evitar a bitributação da renda, mas também de afastar a indesejada não tributação do valor gerado na atuação dessas empresas em diversos países.

Dentre as ações do projeto BEPS propostas, destaca-se a Ação 1(*Adressing The Tax Challenges of the Digital Economy)* que enfrenta o desafio da tributação da economia digital com dois enfoques: (i)identificação nas demais ações do BEPS de soluções que tenham aplicação na economia digital e (ii) apresentação de iniciativas específicas necessárias para que as multinacionais que atuam neste setor não sejam indevidamente favorecidas com a não tributação de suas atividades.

Consideramos que o trabalho da OCDE (Organização para a Cooperação e o Desenvolvimento Econômico), neste tema em particular, é acompanhado por todos os países porque ainda não se encontrou a forma adequada de lidar com esta nova realidade. Alguns países acreditam que seja necessário criar soluções especificas para os negócios digitais. Outros veem a necessidade de aperfeiçoar, alterar e criar uma nova tributação internacional porque a economia digital e globalização cria uma nova realidade que não se limita a alguns negócios específicos. Há outros ainda que estão satisfeitos com o sistema atual e que acreditam que ainda não é possível prever os impactos das ações do BEPS, sugerindo que não seria o caso de mudanças drásticas.[1]

O tema no Brasil ainda ganha contornos mais interessantes porque as soluções que estão sendo apresentadas no direito doméstico para a economia digital geraram intenso debate e muitas perplexidades, em especial, quanto à incidência do ICMS e do ISS. Entretanto, especificamente quanto à tributação da renda de não residentes, a solução de tributação na fonte de serviços permitiu a apropriação de parte da riqueza decorrente destas atividades no país, o que manteve o tema ainda em aberto.

É fato que o imposto de renda retido na fonte aplicado pelo Brasil também é polêmico por contrariar a interpretação internacional do conceito de *business profit*. Mesmo assim, dentre as diversas alternativas pensadas pela OCDE, a tributação pelo imposto de renda na fonte na jurisdição onde está o comprador do serviço ou produto está sendo considerada.

É interessante observar que a resistência dos países desenvolvidos a uma tributação de fonte ampla para os bens e serviços digitais não traduz uma convicção de que outra solução seria mais adequada, mas reflete o receio de que venham alterações na distribuição dos lucros tributáveis entre países de residência e de fonte da renda.

As diferenças entre os países desempenham um papel relevante no contexto das ações do BEPS. Na discussão sobre o aperfeiçoamento da tributação internacional proposta no BEPS as diferenças entre os países inevitavelmente ficam expostas e criam, eventualmente, entraves para o consenso. Os interesses dos países desenvolvidos e os em desenvolvimento tendem a colidir, visto que critérios de alocação da tributação podem favorecer e prejudicar de forma diferente estes grupos. Da mesma maneira, a visão de países de sistema legal anglo-saxão e os de sistema romano-germânico (*Common Law* e *Civil Law*) trazem necessidades distintas porque enquanto para um grupo a evolução da interpretação é suficiente, para o outro a alteração legislativa é imprescindível.

E neste cenário, onde estariam os interesses do Brasil? O Brasil, apesar das suas multinacionais e do seu momento de desenvolvimento, ainda tem mais interesse em tributar na fonte a renda gerada pelos não residentes no país do que garantir proteções para a redução indevida de lucro tributável pelos seus residentes. Portanto, alinha-se aos interesses dos países em desenvolvimento. É verdade que, ao criar um sistema de tributação de lucro de subsidiárias no exterior tão amplo, as possibilidades de planejamento tributário já se reduziram, embora tornem as atividades de algumas multinacionais inviáveis no Brasil.

---

[1] "The different perspectives on these issues among the 113 members of the Inclusive Framework can generally be described as falling into three groups. The first group considers that the reliance on data and user participation may lead to misalignments between the location in which profits are taxed and the location in which value is created. However, the view of this group of countries is that these challenges are confined to certain business models and they do not believe that these factors undermine the principles underpinning the existing international tax framework. Consequently, they do not see the case for wide-ranging change.
A second group of countries take the view that the ongoing digital transformation of the economy, and more generally trends associated with globalisation, present challenges to the continued effectiveness of the existing international tax framework for business profits. Importantly, for this group of countries, these challenges are not exclusive or specific to highly digitalised business models.
Finally, there is a third group of countries that consider that BEPS package has largely addressed the concerns of double non-taxation, although these counties also highlight that it is still too early for fully assess the impact of all the BEPS measures. These countries are generally satisfied with the existing tax system and do not currently see the need for any significant reform of the international tax rules." OECD, The Tax Challenges arising from Digitalisation: interim report 2018. p.3

Será que a tributação na fonte de atividades da economia digital seria a solução? A controvertida experiência brasileira com a tributação de serviços prestados por não residentes no país, que se estende aos softwares e outros serviços em plataforma digital, pode ser uma indicação para a OCDE dos riscos da opção pela simplicidade com a tributação na fonte.

O relatório apresentado em 2015 e o relatório provisório de 2018 trazem propostas, mas ainda são muito incipientes para enfrentar o tema. Nosso objetivo é, ao apresentar os interesses em disputa na tributação internacional, avaliar a efetividade da proposta de tributação na fonte como uma solução para a flexibilidade intrínseca da economia digital globalizada.

Não temos a pretensão de fechar a questão no âmbito deste artigo. Mesmo porque não estamos no momento das soluções definitivas, mas do debate de ideias e troca de experiências. Nossa contribuição neste estudo será fomentar o debate da Ação 1 do BEPS em contraponto com a tributação na fonte como aplicada pelo Brasil.

2 Múltiplas visões e interesses no BEPS

Obter consenso é uma tarefa árdua em qualquer situação. Buscar este consenso em um cenário mundial de disputa por receitas tributárias das empresas multinacionais pode ser impossível. As ações do BEPS só conseguirão combater a redução indevida do lucro tributável e permitir uma melhor divisão do lucro gerado pela economia entre os diversos países de atuação das multinacionais se houver colaboração e interesse comum. Os interesses comuns e consensos podem ser relativamente imagináveis entre os países desenvolvidos que compõe a OCDE, mas a ambição do BEPS de propor novos parâmetros para a tributação internacional global precisará também do apoio dos países ainda não desenvolvidos.

Apesar de todos os esforços com atualizações e comentários, o modelo de acordo para evitar a bitributação da renda da OCDE mostrou-se insuficiente para enfrentar as empresas multinacionais altamente globalizadas e informatizadas que se organizaram para reduzir a carga tributária de suas atividades com muita agilidade. É intuitivo que algo diferente é necessário e não será produzido em tratativas bilaterais, caso a caso. Apenas um consenso maior poderá viabilizar um novo paradigma para tributação internacional.[2]

Sabemos que uma mentalidade de cooperação entre os países, apesar de todos os esforços históricos ainda está longe de acontecer. O regime tributário internacional sempre se pautou pela competição entre os países, não pela colaboração. As situações em que há colaboração geralmente ocorrem para aperfeiçoar a competição, seja através da remoção de falhas de mercado ou facilitação do livre comércio.[3]

---

[2] "Members agreed to undertake a coherent and concurrent review of the "nexus" and "profit allocation" rules - fundamental concepts relating to the allocation of taxing rights between jurisdictions and the determination of the relevant share of the multinational enterprise's profits that will be subject to taxation in a given jurisdiction. They will work towards a consensus-based solution, noting that at present, there are divergent views on how the issue should be approached. It was agreed that the Inclusive Framework would carry out this work with the goal of producing a final report in 2020, with an update to the G20 in 2019. The Inclusive Framework's Task Force on the Digital Economy will meet next in July 2018." OECD, The Tax Challenges arising from Digitalisation: interim report 2018. p. 01.

[3] BRAUNER, p. 64-65.

Uma harmonia mais ampla é necessária para evitar a bitributação e a não tributação da renda, ambas indesejadas tanto na cooperação quanto na competição entre os países.

Sob uma perspectiva otimista, o trabalho da OCDE, em parceria com a comunidade internacional, deveria ser feito seguindo-se mais uma ideia de isonomia[4] do que de igualdade. Em outras palavras, as medidas a serem implementadas para evitar a erosão de bases tributárias e impedir a transferência de lucros deveria levar em consideração as diferenças entre todos os países, não somente os associados da OCDE. Como a efetividade das ações depende de colaboração da comunidade global é fundamental uma política fiscal internacional inclusiva.

A OCDE, neste momento, trabalha para criar um sistema mais equitativo para tributação da renda das multinacionais pelas diversas jurisdições, uma racionalização que afaste a bitributação e impeça a não tributação da riqueza gerada. Apesar do objetivo, o debate até este momento, como é de se esperar, ainda privilegia os interesses dos seus membros, os países mais ricos.

Os países não desenvolvidos assistem com curiosidade e desconfiança os debates que até aqui se concentram em uma evolução no critério de residência com conceitos de agregação de valor e "presença fiscal" que podem dificultar a obtenção de receitas tributárias pelos países em desenvolvimento.

Assim, não se pode negar a existência de interesses opostos no posicionamento de países desenvolvidos e países em desenvolvimento.[5] As divergências sobre tributação na fonte ou na residência se acirram à medida que as alternativas realmente eficientes para tributação da economia digital ainda não foram totalmente construídas.

Os países emergentes – acuados sob a pressão de verem suas bases tributáveis afetadas – tendem a se distanciar das recomendações da OCDE, como sempre fizeram, fazendo prevalecer tributações orientadas pelo critério da fonte.

Sob a ótica, portanto, de participação e contribuição, os países em desenvolvimento, salvo poucas exceções (a organização faz menção a algumas poucas colaborações de

---

[4] Nessa linha, vale lembrar a lição de "isonomia" do saudoso Rui Barbosa: "A regra da igualdade não consiste senão em aquinhoar desigualmente aos desiguais, na medida em que se desigualam. Nesta desigualdade social, proporcionada à desigualdade natural, é que se acha a verdadeira lei da igualdade. O mais são desvarios da inveja, do orgulho, ou da loucura. Tratar com desigualdade a iguais, ou a desiguais com igualdade, seria desigualdade flagrante, e não igualdade real". BARBOSA, Rui. *Oração aos Moços*. 5. ed. – Rio de Janeiro: Fundação Casa de Rui Barbosa, 1997. p. 26.

[5] Embora a neutralidade seja uma condição para que um sistema tributário e em especial um sistema internacional tributário sejam adequados, ainda não se pode dizer que ela seja alcançada de forma uniforme no cenário global. Neste sentido: "A central feature of international tax policy is that the policy choice is framed as picking one of the competing neutralities. As is well known, unless tax rates and the tax base are the same in all countries, it is impossible to achieve both capital export and capital import neutrality at the same time. Because they are incompatible, tax policy is sometimes thought to involve choosing among them. For example, Grith, Hines and Sorensen (2010), in a review of the international tax policy literature state that when tax rates are not harmonized so that a choice between the two forms of neutrality has to be made, it has usually been argued that from a global perspective, CEN (capital-export neutrality) should take precedence of CIN (capital-import neutrality)..." (emphasis added) Graetz (2001 p. 272) reports, many economists regard the choice between CEN and CIN as essentially empirical, turning on the relative elasticities of savings and investment. Since investment is thought to be more responsive to changes in levels of taxation, a policy of CEN predominates." (emphasis added) Desai and Hines (2003) argue CON (capital-ownership neutrality) should be used instead of CEN." Weisbach, David A. "The use of Netralities in Internacional Tax Policy . In: Coase-Sandor Institute for Law & Economics Working Paper No. 697, 2014. p.4.
https://chicagounbound.uchicago.edu/cgi/viewcontent.cgi?article=2383&context=law_and_economics .

países emergentes, tais como Brasil, Índia e China)[6] contribuem pouco para os debates em relação à criação de um modelo fiscal internacional. Muitos dos temas, porém, impactam negativamente as receitas dos países não desenvolvidos por pretenderem restringir as possibilidades de planejamento fiscal que lhes favoreciam na disputa por investimentos produtivos.[7]

O resultado, porém, pode ser ajustes no ordenamento interno desses países para neutralizar efeitos indesejados, criando futuros desalinhamentos com o sistema de tributação internacional idealizado pela OCDE. Não será produtivo afastar a discussão sobre alocação de renda entre fonte e residência porque ela é parte do problema da inadequada tributação das multinacionais nas diversas jurisdições em que atuam.

Mas, por que é tão difícil equilibrar a competência para tributar do país onde está a fonte que gera a renda e do país onde reside o produtor da renda?

3 Fonte e residência – bases da repartição internacional de tributação da renda

Em seus Direitos Internos, em regra, todos os países essencialmente tomam como base o critério de *residência* para tributar seus residentes e o critério de *fonte* para tributar estrangeiros que, mesmo sem presença física na sua jurisdição, ali obtenham resultados de suas atividades econômicas. XAVIER ressalta que, se prevalecesse o princípio da territorialidade em sua acepção restrita de critério territorial ou territorialidade real, o direito de tributar em operações internacionais recairia exclusivamente sobre o país da fonte, cabendo ao país de residência isentar (ou declarar não tributável) os rendimentos produzidos fora de seu território, "ainda que auferidos pelos seus residentes".[8]

Por outro lado, sob a perspectiva do país de residência, também pode-se inferir que houve produção de renda neste país, e que não a tributar seria uma ofensa à igualdade entre os contribuintes nele estabelecidos, cuja renda global em regra é tributada nos casos em que auferida internamente. Se o quinhão recebido em transações internas é normalmente tributado, por que não o seria também o recebido de fonte no estrangeiro?

A esse respeito, Xavier ainda acrescenta que eventuais benefícios na tributação fornecidos pelo país da fonte – em geral, países em desenvolvimento na sanha de atrair capital estrangeiro – culminariam em uma injustificada "evasão" tributária. Além disso, somado ao fato de representar perda de arrecadação para o país-residência, haveria também o estímulo à exportação de capitais para países-fonte com tributação mais favorável que o de residência.

Como se vê é impossível pensar sobre as ações do BEPS sem refletir sobre repartição de competência tributária entre os países de residência e de fonte. Não se trata de tema

---

[6]   Algumas dessas iniciativas que, vale ressaltar, contribuíram para frear a tendência à maximização da adoção do critério da residência na tributação internacional, abrindo um pouco mais o caminho para adoção do critério de fonte. Cf. BRAUNER, Yariv. p. 63.

[7]   O papel de países desenvolvidos e em desenvolvimento se assemelha, então, ao "Xeque-mate do Pastor", jogada no Xadrez baseada em irrisórias contribuições do perdedor (no caso, os emergentes), que culmina em vitória com apenas 4 movimentos por parte do vencedor (os desenvolvidos) Cf. CARVALHO, Lucas de Lima. Le Coup du Berger – A critique of the contribution of emerging economies to the OECD BEPS Action Plan.

[8]   XAVIER, Alberto. *Direito Tributário Internacional do Brasil*. 8. ed. rev. e atual. Rio de Janeiro: Forense, 2015. p. 216.

novo, mas o que sempre justificou a necessidade de acordos entre os países para tratar da bitributação da renda.

Os tratados internacionais trazem como principal regra a de que os lucros de uma empresa serão tributados exclusivamente na jurisdição de residência desta empresa, a menos que a empresa também tenha um estabelecimento permanente onde exerce a sua atividade em outro país. Mesmo na hipótese de estabelecimento permanente o país onde esteja situado poderá tributar apenas a renda que possa ser atribuída a este estabelecimento. Apenas em algumas exceções há a possibilidade de tributar a renda na fonte, quando estão em determinadas categorias: dividendos, juros, royalties ou ganhos de capital.[9]

Delimitados esses conceitos, amplamente utilizados pela experiência internacional, faz-se ainda necessário para evitar a dupla tributação (ou dupla não tributação) que ambos os países envolvidos se orientem pelo mesmo elemento de conexão. E mais ainda, que haja alinhamento com o alcance da interpretação de cada país sobre tais elementos. Qualquer divergência pode resultar em tributação (ou não tributação) nos dois países.

Quando um acordo para evitar a bitributação da renda é negociado entre países no mesmo estágio de desenvolvimento a reciprocidade nas concessões torna muito mais fácil a adoção dos mesmos critérios e elementos de conexão para determinação da tributação dos residentes no próprio país e da renda dos residentes no outro país. Quando os estágios de desenvolvimento são distintos é mais comum haver distanciamentos e desalinhamentos nos elementos de conexão para a tributação adotados pelos países.

Somado a isto, a própria interpretação para os elementos de conexão escolhidos pode sofrer influência dos sistemas legais dos países. Em um país de *Common Law* a inflexibilidade de interpretações seria mais comum do que em uma jurisdição de *Civil Law*, onde apresentado o texto da norma, a interpretação é construída pelos diversos operadores demandando mais tempo para a cristalização de uma interpretação amplamente aceita. Neste contexto, quando os Estados contratantes adotam o mesmo sistema de direito é muito mais fácil se ajustarem quanto aos limites interpretativos do que quando os países se pautam por sistemas legais distintos.

No século XX, tudo isto era ajustado em tratativas e negociações que customizavam o modelo OCDE (ou o modelo da Organização das Nações Unidas) para evitar a bitributação da renda de acordo com as necessidades identificadas pelos países em negociação. Por alguns anos foi bastante eficiente e fomentou as atividades econômicas transnacionais.

O século XXI trouxe desafios diferentes. Hoje, não é possível justificar tão facilmente que a riqueza foi gerada em uma dada jurisdição, porque poderá estar distribuída em várias jurisdições. Além disso, a determinação do local onde foi gerada a renda poderá ser diferente dependendo do critério que se escolha para determinar como a renda foi produzida.

Em especial na economia digital, torna-se difícil identificar onde é possível capturar a parcela da riqueza gerada em uma jurisdição. Os critérios para determinar

---

[9] "Risking over-simplification, the existing regime of international taxation has two prominent pivots of permanent establishment("PE") and withholding tax, respectively applicable for active business profits and passive investment income." LEE, Chang Hee; YOON, JI-Hyun. Cahiers de droit fiscal international. v. 103 B: Withholding tax in the era of BEPS, CIVS and the digital economy. IFA:2018. p. 5

a residência ou para identificar a fonte, assim como para afirmar se há ou não um estabelecimento permanente, não foram ainda adequadamente criados para a economia digital. Os critérios atuais são insuficientes à medida que uma empresa multinacional na era digital pode obter muito valor em um mercado onde não tenha presença física ou realize propriamente transações financeiras o que deixa a efetividade da cobrança dos tributos comprometida.

A tributação internacional no que se refere às atividades desenvolvidas pelas grandes multinacionais da economia digital não consegue contar mais com os seus esteios mais tradicionais: os conceitos de residência e fonte. Neste contexto que se reconheceu que os conflitos constantes entre fonte e residência, entre interpretações e elementos de conexão precisarão ser resolvidos de modo multilateral com uma interpretação que seja aceita e reconhecida em múltiplas jurisdições.

4 BEPS - Ação 1 - Propostas

Quando se trata de evoluir um sistema de tributação internacional anterior, torna-se importante identificar quais eram os objetivos desejados quando se pretendeu estabelecer tal sistema. Podemos reconhecer que esses objetivos não se alteraram propriamente, apenas se adaptaram a um novo momento histórico.

A OCDE construiu um consenso do que seriam os princípios para a tributação internacional: neutralidade, eficiência, certeza e simplicidade, efetividade e justiça e flexibilidade.[10]

---

[10] "...Although most of the new business models identified in Chapter 4 did not exist yet at the time, these principles, with modification, continue to be relevant in the digital economy, as discussed in Chapter 8. In addition to these well-recognised principles, equity is an important consideration for the design of tax policy. *Neutrality*: Taxation should seek to be neutral and equitable between forms of business activities. A neutral tax will contribute to efficiency by ensuring that optimal allocation of the means of production is achieved. A distortion, and the corresponding deadweight loss, will occur when changes in price trigger different changes in supply and demand than would occur in the absence of tax. In this sense, neutrality also entails that the tax system raises revenue while minimising discrimination in favour of, or against, any particular economic choice. This implies that the same principles of taxation should apply to all forms of business, while addressing specific features that may otherwise undermine an equal and neutral application of those principles. *Efficiency*: Compliance costs to business and administration costs for governments should be minimised as far as possible. *Certainty and simplicity*: Tax rules should be clear and simple to understand, so that taxpayers know where they stand. A simple tax system makes it easier for individuals and businesses to understand their obligations and entitlements. As a result, businesses are more likely to make optimal decisions and respond to intended policy choices. Complexity also favours aggressive tax planning, which may trigger deadweight losses for the economy. *Effectiveness and fairness*: Taxation should produce the right amount of tax at the right time, while avoiding both double taxation and unintentional non-taxation. In addition, the potential for evasion and avoidance should be minimised. Prior discussions in the Technical Advisory Groups (TAGs) considered that if there is a class of taxpayers that are technically subject to a tax, but are never required to pay the tax due to inability to enforce it, then the taxpaying public may view the tax as unfair and ineffective. As a result, the practical enforceability of tax rules is an important consideration for policy makers. In addition, because it influences the collectability and the administrability of taxes, enforceability is crucial to ensure efficiency of the tax system. *Flexibility*: Taxation systems should be flexible and dynamic enough to ensure they keep pace with technological and commercial developments. It is important that a tax system is dynamic and flexible enough to meet the current revenue needs of governments while adapting to changing needs on an ongoing basis. This means that the structural features of the system should be durable in a changing policy context, yet flexible and dynamic enough to allow governments to respond as required to keep pace with technological and commercial developments, taking into account that future developments will often be difficult to predict." (OCDE, Action 1 – Adressing the Tax Challenges of the Digital Economy – 2015 Final Report. p. 20)

Esses princípios foram definidos quando os negócios ainda não tinham evoluído para plataformas digitais com atuação global, mas continuam como o que a comunidade internacional gostaria de obter ao estabelecer um conjunto de regras e interpretações para a tributação internacional. No contexto da Ação 1 do projeto BEPS são esses mesmos princípios que se afirmam acrescidos de uma necessidade de garantir equidade entre as jurisdições no que diz respeito à repartição de receitas tributárias entre a residência e a fonte.

Esses princípios também devem pautar a análise das propostas de modelos de tributação para a economia digital.

A tributação deve buscar a neutralidade e a equidade entre os diversos negócios, não pode ser a causa de diferenças entre atividades econômicas desenvolvidas na internet e as exercidas na economia tradicional. Os mesmos princípios de equidade na tributação devem ser observados entre os negócios na internet e no modelo tradicional.

Um modelo tributário não pode criar uma situação em que o valor a ser arrecadado seja menor que o custo que gera para o cumprimento das obrigações tributárias, contrariando a eficiência. Ao mesmo tempo deve ser simples para garantir certeza aos contribuintes e aos governos sobre as obrigações tributárias: o contribuinte deve saber quando e quanto pagar. Um sistema muito complexo favorece planejamentos tributários agressivos.

A tributação deve ser efetiva e justa permitindo que os contribuintes paguem tributos quando se apropriam de valores gerados pela economia de uma jurisdição. Deve ser evitada a bitributação e a não tributação, mas precisa ser considerada a possibilidade de arrecadação efetiva. Não será efetiva ou justa a situação de um contribuinte ter que pagar tributo e não o fazer porque a administração pública não tem como cobrar.

Acima de tudo a tributação precisa ser flexível e adaptável aos diversos contextos de evolução da economia. No caso da economia digital que é muito flexível e dinâmica, a flexibilidade ganha muita importância.

Tendo esses princípios em mente podemos examinar as propostas até aqui em avaliação no bojo da Ação 1. Conforme o relatório final apresentado em 2015, as propostas da Ação 1 eram:

a) Modificações das exceções ao status de estabelecimento permanente.
b) Alternativas para os critérios de determinação de existência de estabelecimento permanente, com o conceito de significativa presença econômica.
c) Imposição de Imposto de Renda na Fonte em alguns tipos de transações digitais.
d) Introdução de um imposto específico sobre a atividade digital para fins de equalização da carga tributária com as demais atividades econômicas.

O primeiro e segundo pontos foram abordados e estão sendo desenvolvidos no contexto da Ação 7.

Propõe-se a inclusão de algumas atividades antes consideradas preparatórias ou auxiliares como parte das atividades principais a serem consideradas para definição da existência de um estabelecimento permanente, desde que identificado que essas atividades são relevantes para a substância de um determinado modelo de negócio. Nos estudos feitos até aqui no âmbito da Ação 7, vislumbrou-se como fundamental que seja analisado o modelo de negócios de cada atividade. Algumas atividades que antes tinham apenas um caráter preparatório podem ser a única atividade desempenhada por uma empresa em seu modelo de negócios. Portanto, o conceito de estabelecimento permanente não pode trazer exceções genéricas de que atividades preparatórias não o caracterizam. Precisam avaliar o modelo de negócios e nele verificar o papel que essas atividades desempenham.

Ainda nas propostas da Ação 7, surge o conceito de presença econômica. O conceito de significativa presença econômica é pensado como uma forma de tributação sobre a renda líquida sobre um lucro presumido a partir de métodos de alocação do lucro considerando o modelo de negócio. Novamente, o foco não é mais a atividade desenvolvida em uma dada jurisdição, mas como as atividades ali desenvolvidas contribuem para o objetivo previsto no plano de negócios de uma dada empresa. Com isto, um país poderia tributar uma empresa sem presença física, apenas considerando que existe a presença econômica, definindo de forma presumida o valor da presença econômica naquela jurisdição para o negócio.

Ao tratar de economia digital fica mais evidente a necessidade de estabelecer um nexo para tributação com base na presença econômica significativa. Das diversas propostas pensadas nos trabalhos de definição do BEPS para a Ação 1 está a proposta de se utilizar elementos que mostrem uma interação com a economia daquele país de forma consistente, via tecnologia ou ferramentas automatizadas.

Em uma plataforma que permite a aproximação entre prestadores de serviços e usuários, ainda que o detentor da plataforma esteja em uma determinada jurisdição seria injusto não permitir que a jurisdição do prestador de serviços também venha a tributar a riqueza gerada na atividade. Afinal, a plataforma só atingiu seu objetivo porque em uma dada jurisdição estava a demanda tanto do prestador quanto do consumidor.

Com a diversidade de ofertas da economia digital, para definir a presença significativa torna-se necessário determinar quais seriam os elementos de conexão a serem utilizados para atribuir uma determinada renda a uma jurisdição específica. Que elementos indicariam que há uma presença econômica substancial?

A residência de quem faz o pagamento poderia ser o critério para reconhecer receitas que podem indicar uma presença significativa.

Pode-se considerar que quando receitas são geradas de forma consistente em uma jurisdição há claro sinal de que existe a presença significativa. A receita gerada pelos consumidores de um determinado país poderia potencialmente determinar que há presença do fornecedor. Ao utilizar este critério poderia se simplificar a atividade de coleta de impostos: há recursos financeiros fluindo daquele determinado país.

Mesmo assim, algumas considerações apontam que a tarefa não é exatamente fácil. Se a definição de geração de receita for o pagamento eletrônico em determinada plataforma, as empresas poderiam direcionar a finalização da compra para um *call center* e evitar que a transação se conclua em meio digital.

Outro ponto seria avaliar a criação de um valor mínimo de receita para justificar a presença significativa. A ideia seria escolher um valor mínimo que permitisse o controle tanto da administração pública quanto dos contribuintes com atuação multinacional. Algumas questões surgem pelo fato de que este valor mínimo poderia ser ocasional e o contribuinte em alguns casos não estaria preparado para cumprir as obrigações fiscais naquele país. Ou ainda dependendo do tamanho do mercado de um dado país, este valor poderia ser muito pequeno (embora relevante para aquela jurisdição), tornando a atividade de apuração e arrecadação muito mais custosas do que o valor que possa ser arrecadado. Sem mencionar que o grau de incerteza seria muito alto porque a condição de contribuinte somente seria conhecida a partir de um determinado volume de receita. Além disso, teria que considerar o grupo econômico e não a empresa individualmente, porque a fragmentação poderia frustrar a tributação por considerar a receita gerada em cada jurisdição por cada entidade menor que o limite mínimo determinado na legislação doméstica.

Fica claro que mesmo com o conhecimento do fluxo financeiro e determinando a tributação no país de residência dos que efetuam o pagamento, ainda restariam espaços indesejáveis de planejamento.

Outros critérios também foram pensados, considerando principalmente a ideia de usuários ativos (utentes) que ao usar uma determinada plataforma contribuem para a sua evolução porque alimentam com seus dados, seus comentários e suas observações em tempo real a própria plataforma permitindo que ele aumente sua utilidade e importância para os demais usuários. A coleta de dados poderia ser um elemento de conexão.

A coleta de dados como elemento de conexão traz o desconforto de que, em muitos casos, a entrega de informações é gratuita. Aquele que cede a informação não recebe nada por ela. Na economia tradicional não haveria dúvidas de que não há atividade econômica com potencial de geração de renda. Mais, não há previsão de que a entrega/coleta de informações seja um elemento de conexão para determinar residência em um negócio típico da economia tradicional.

Da economia tradicional ainda se pode ver nos negócios digitais a necessidade de insumos e aquisição de bens, a criação ou agregação de valor e a venda para o cliente como etapas necessárias para gerar lucro. É possível analisar diversos negócios típicos da economia digital e identificar a presença destes elementos. O que mudou foi a forma como esses elementos se reúnem. Os intangíveis para essas empresas são o principal valor, os insumos podem ser obtidos com os próprios usuários e muitos deles são os que agregam valor ao serviço ou plataforma (como plataformas digitais que aproximam prestadores de serviços e clientes, em que os usuários atuais tornam a plataforma mais atraente para novos usuários. O número de colaboradores é reduzido ao mínimo porque muitas das atividades são desenvolvidas por computadores, dispensando a mão de obra humana. Mesmo para aumentar a base de clientes em um país, pode não ser necessária qualquer presença física e tudo ser feito pela internet, sem representante comercial, sem distribuidor, sem meio físico (como vislumbramos nos serviços de streamings de música e filmes, por exemplo). E todos estes elementos – intangíveis, colaboradores, agregação de valor – podem estar simultaneamente em vários países.

Portanto, os elementos de conexão da economia tradicional não fazem sentido para as empresas digitalizadas. E mesmo os que foram identificados até aqui podem ainda não ser adequados e suficientes para alguns dos negócios da economia digital.

Mesmo com a imposição de um elemento de conexão eficiente para a tributação internacional, os negócios digitais são muito flexíveis. Eles têm um novo formato, onde uma empresa pode migrar de um país para outro sem que isto gere qualquer dificuldade para manter seus clientes ou colaboradores (que trabalham colaborativamente em múltiplas jurisdições de forma virtual).

Tanto na proposta de alteração do conceito de estabelecimento permanente, quanto na criação do conceito de significativa presença econômica, o problema é o mesmo: na economia digital não é tão simples identificar onde a empresa cria valor para seus clientes. Outrossim, é possível que muito valor seja criado em uma jurisdição sem que nesta jurisdição haja qualquer fluxo financeiro ou presença física que possa garantir a efetividade da tributação.

Seguimos assim para as duas alternativas que dispensam entender os critérios de criação de valor: a tributação pelo imposto de renda na fonte de algumas transações digitais e a tributação específica para as atividades digitais.

A primeira alternativa é amplamente utilizada pelo Brasil que opta pela tributação na fonte, deixando de buscar a geração de valor de vários negócios na internet para os quais não há um pagamento relacionado.

A segunda alternativa também é avaliada com muita atenção para a criação de uma contribuição que venha a incidir sobre atividades no ambiente digital. A discussão está posta no Brasil para o mercado doméstico, mas certamente afetará as empresas internacionais que oferecerem seus serviços, produtos e funcionalidades digitais no país.

A ampliação do imposto de renda retido na fonte encontra dificuldade na definição das operações abrangidas, o que pode gerar incertezas quanto à tributação causadas por diferentes interpretações. Com a dinâmica evolução dos produtos e serviços oferecidos não seria possível uma listagem dos produtos e serviços que seriam tributados. Seria necessário definir transações efetivadas *on line*, por exemplo, para permitir uma identificação das operações.[11]

Outro desafio é a definição do responsável pela retenção, sendo uma das alternativas a atribuição da responsabilidade a um intermediário financeiro que participe da operação, mas os custos envolvidos no cumprimento das obrigações tributárias e na fiscalização delas podem não justificar o que será arrecadado em uma determinada jurisdição.

O relatório de 2015 da Ação 1 do BEPS destaca que uma tributação na fonte sobre produtos e serviços comprados *on line* de um não residente foi considerada. Afastou-se, porém, a sua utilização como tributação definitiva sobre uma receita bruta obtida pelo fornecedor. O que se avista é uma tributação provisória[12] que seria objeto de dedução do valor do imposto de equalização a que se refere a segunda alternativa (um imposto específico sobre atividades no ambiente digital).[13]

Existe alguma semelhança entre o que se pretende com o imposto de renda retido na fonte da proposta da Ação 1 do BEPS com a forma como o Brasil aplica a tributação na fonte de serviços prestados por não residentes?

5 Tributação na fonte sob a perspectiva brasileira: o tema dos serviços técnicos

O Brasil utiliza o imposto de renda retido na fonte para tributar os serviços internacionais, dentre os quais aqueles da economia digital. Entretanto, como sabemos,

---

[11] OCDE, Action 1 – Adressing the Tax Challenges of the Digital Economy – 2015 Final Report. p. 113.

[12] "Atendendo aos constrangimentos identificados à utilização do mecanismo de retenção na fonte como uma solução por si só, o relatório da Acção 1 do BEPS, acaba por concluir que a opção mais viável será utilizá-lo em conjugação com o elemento de conexão definido pela determinação de uma presença económica significativa. E, em complemento, considerar a retenção na fonte, não como uma imposição definitiva, mas como um pagamento por conta do imposto devido final, nos casos em que as empresas não residentes escolham pelo registo e declaração das suas operações (OCDE, 2015a:115)." NOGUEIRA, Rute. Os Desafios da Economia Digital à Tributação do Rendimento. Dissertação de Mestrado. Instituto Politécnico de Lisboa. Lisboa, 2017.

[13] OCDE, Action 1 – Adressing the Tax Challenges of the Digital Economy – 2015 Final Report. p. 114-115.

não é porque o país anteviu o presente momento histórico das empresas digitais, mas um posicionamento antigo que amplia o conceito de royalties do artigo 12 da Convenção Modelo OCDE e esvazia o seu artigo 7º.

Revisitar o entendimento brasileiro sobre a tributação dos serviços internacionais permitirá identificar eventuais semelhanças e, possivelmente, avaliar a efetividade da forma de tributação que está em discussão na Ação 1 do BEPS.

a) O Brasil e a convenção modelo

O Brasil adota o *princípio do país de destino*, segundo o qual o bem ou serviço é submetido à tributação onde consumido e não onde é produzido.[14]

Outrossim, o Brasil tributa a importação de serviços, mas não a exportação, porquanto a entrada ou saída do resultado ou utilidade gerado pelos serviços prestados no território brasileiro é que determina a incidência tributária.[15] Embora esta definição seja clara para o ISS, o Brasil exige o imposto de renda também sobre o resultado das prestações de serviços internacionais, seja este: lucro, transferência de tecnologia, juros ou dividendos.

A Convenção modelo da OCDE para evitar a bitributação sobre a renda e o patrimônio estabelece em seu artigo 7º[16] que o lucro auferido com a atividade de uma empresa deve ser tributado pelo país dessa empresa ou onde a atividade for exercida,

---

[14] A sistemática do Brasil de tributação direta sobre serviços internacionais é tratada nos artigos 1º, §1º (importação) e 2º, inciso I e Parágrafo único da Lei Complementar nº 116/2003: Art. 1º O Imposto Sobre Serviços de Qualquer Natureza, de competência dos Municípios e do Distrito Federal, tem como fato gerador a prestação de serviços constantes da lista anexa, ainda que esses não se constituam como atividade preponderante do prestador. §1º O imposto incide também sobre o serviço proveniente do exterior do País ou cuja prestação se tenha iniciado no exterior do País. (...) Art. 2º O imposto não incide sobre: I – as exportações de serviços para o exterior do País; (...) Parágrafo único. Não se enquadram no disposto no inciso I os serviços desenvolvidos no Brasil, cujo resultado aqui se verifique, ainda que o pagamento seja feito por residente no exterior.

[15] Em nada importa se o tomador do serviço reside no exterior, para fins de incidência do ISS, o que realmente importa é se aqui se concretizou o seu resultado (o ente tributante é o município da parte que aproveita o resultado da prestação), mesmo que a prestação tenha se iniciado no exterior.

[16] OCDE 2000/2005 – Convenção Modelo "Artigo 7º Lucros das empresas 1. Os lucros de uma empresa de um Estado contratante só podem ser tributados nesse Estado, a não ser que a empresa exerça a sua atividade no outro Estado contratante por meio de um estabelecimento estável aí situado. Se a empresa exercer a sua atividade deste modo, os seus lucros podem ser tributados no outro Estado, mas unicamente na medida em que forem imputáveis a esse estabelecimento estável. 2. Com ressalva do disposto no nº 3, quando uma empresa de um Estado contratante exercer a sua atividade no outro Estado contratante por meio de um estabelecimento estável aí situado, serão imputados, em cada Estados contratante, a esse estabelecimento estável os lucros que este obteria como se fosse uma empresa distinta e separada que exercesse as mesmas atividades ou atividades similares, nas mesmas condições ou em condições similares, e tratasse com absoluta independência com a empresa de que é estabelecimento estável. 3. Na determinação do lucro de um estabelecimento estável é permitido deduzir as despesas que tiverem sido feitas para realização dos fins prosseguidos por esse estabelecimento estável, incluindo as despesas de direção e as despesas gerais de administração, efetuadas com o fim referido, quer no Estado em que esse estabelecimento estável estiver situado quer fora dele. 4. Se for usual, num Estado contratante, determinar os lucros imputáveis a um estabelecimento estável com base numa repartição dos lucros da empresa entre as suas diversas partes, a disposição do nº 2 não impedirá esse Estado contratante de determinar os lucros tributáveis de acordo com a repartição usual; o método de repartição adotado deve, no entanto, conduzir a um resultado conforme os princípios enunciados neste Artigo. 5. Nenhum lucro será imputável a um estabelecimento estável pelo simples facto de este se limitar a comprar bens ou mercadorias para a empresa. 6. Para efeitos dos números precedentes, os lucros a imputar ao estabelecimento estável serão calculados, em cada ano, segundo o mesmo método, a não ser que existam motivos válidos e suficientes para proceder de forma diferente. 7. Quando os lucros compreendam elementos do rendimento tratados separadamente noutros artigos da Convenção, as respetivas disposições não serão afetadas pelas deste Artigo."

mas apenas se a atividade for realizada por um estabelecimento permanente da empresa no local onde a atividade é exercida.

Por outro lado, o artigo 12[17] da Convenção modelo da OCDE que define o conceito de *royalties* e trata de sua tributação, determina que os proventos advindos de *royalties* são tributados no país da parte que recebe tais valores ou, no país que paga os royalties, se a parte beneficiária tiver estabelecimento permanente no local e o objeto dos royalties provierem desse estabelecimento.

O que se verifica dos dispositivos da Convenção modelo da OCDE é que existe o intuito de privilegiar o país de onde a atividade se origina, tributando os proventos de quem exporta serviços e dos direitos relativos aos royalties. Excepcionalmente, podem-se tributar tais proventos no país de destino dos serviços e dos direitos relativos aos royalties se a parte os prover por meio de um estabelecimento permanente situado no país do contratante.

O Brasil, tal como os demais países em desenvolvimento, é notadamente importador de capital tecnológico de empresas situadas em países desenvolvidos. Por essa razão, nas negociações com outros países,[18] com base no modelo de convenção das Nações Unidas, distanciam do disposto no artigo 12º da convenção modelo da OCDE, para permitir que o país contratante onde reside quem paga os *royalties* tribute tais rendimentos pela retenção na fonte.

Na interpretação das autoridades brasileiras, os serviços técnicos e de assistência administrativa e semelhantes recebem o mesmo tratamento tributário que os contratos de transferência de tecnologia, portanto, são tratados como *royalties*.[19]

---

[17] OCDE 2000/2005 – Convenção Modelo "Artigo 12º *Royalties* 1. Os royalties provenientes de um Estado contratante e pagos a um residente do outro Estado contratante só podem ser tributados nesse outro Estado. 2. O termo *royalties* usado neste Artigo, significa as retribuições de qualquer natureza atribuídas pelo uso ou pela concessão do uso de um direito de autor sobre uma obra literária, artística ou científica, incluindo os filmes cinematográficos, de uma patente, de uma marca de fabrico ou de comércio, de um desenho ou de um modelo, de um plano, de uma fórmula ou de um processo secreto, ou por informações respeitantes a uma experiência adquirida no sector industrial, comercial ou científico. 3. O disposto no nº 1 e 2 não é aplicável se o beneficiário efetivo dos *royalties*, residente de um Estado contratante, exercer atividade no outro Estado contratante de que provêm os *royalties*, por meio de um estabelecimento estável aí situado, e o direito ou bem relativamente ao qual os royalties são pagos estiver efetivamente ligado com esse estabelecimento estável. Neste caso, são aplicáveis as disposições do artigo 7º. 4. Quando, devido a relações especiais existentes entre o devedor e o beneficiário efetivo dos *royalties* ou entre ambos e qualquer outra pessoa, o montante dos *royalties*, tendo em conta o uso e o direito ou as informações pelas quais são pagos, exceder o montante que seria acordado entre o devedor e o beneficiário efetivo, na ausência de tais relações, as disposições deste Artigo aplicar-se-ão apenas a este último montante. Neste caso, o excesso pode continuar a ser tributado de acordo com a legislação de cada Estado contratante, tendo em conta as outras disposições desta Convenção."

[18] Por exemplo, o tratado Brasil e Argentina para evitar a dupla tributação, assim como a grande maioria dos demais, tem o artigo 12º com a seguinte inclusão destacada: "ARTIGO XII '*Royalties*' 1. Os " royalties" provenientes de um Estado Contratante e pagos a um residente do outro Estado Contratante são tributáveis nesse outro Estado. 2. *Todavia, esses "royalties" podem ser tributados no Estado Contratante de que provêm e de acordo com a legislação desse Estado. (...)*"

[19] Art. 17. §1º, inciso II da Instrução Normativa da RFB nº 1.455/2014: "Art. 17. As importâncias pagas, creditadas, entregues, empregadas ou remetidas a pessoa jurídica domiciliada no exterior a título de royalties de qualquer natureza e de remuneração de serviços técnicos e de assistência técnica, administrativa e semelhantes sujeitam-se à incidência do imposto sobre a renda na fonte à alíquota de 15% (quinze por cento). §1º Para fins do disposto no *caput*: (...) II - considera-se: a) serviço técnico a execução de serviço que dependa de conhecimentos técnicos especializados ou que envolva assistência administrativa ou prestação de consultoria, realizado por profissionais independentes ou com vínculo empregatício ou, ainda, decorrente de estruturas automatizadas com claro conteúdo tecnológico; e b) assistência técnica a assessoria permanente prestada pela cedente de processo ou fórmula secreta à concessionária, mediante técnicos, desenhos, estudos, instruções enviadas ao País e outros serviços semelhantes, os quais possibilitem a efetiva utilização do processo ou fórmula cedido."

Na interpretação dos tratados internacionais[20] o Brasil utiliza os conceitos da legislação tributária interna que dispõe sobre a CIDE-*Royalties*.[21]

Um aspecto relevante que se nota na diferente visão brasileira em relação aos próprios modelos de convenção é de os tratados assinados provocarem o esvaziamento do conceito de estabelecimento permanente, pois se tributam as prestações de serviços como royalties, retendo o imposto de renda diretamente na fonte, de forma que, dificilmente há aplicação do artigo 7º da convenção.[22]

Sobre o afastamento da aplicação do artigo 7º da convenção da OCDE, Sergio André Rocha[23] pontua que "As convenções assinadas pelo País possuem outros mecanismos para afastar a aplicação do artigo 7º, como, por exemplo, a caracterização de serviços técnicos como royalties na grande maioria das convenções do País. Portanto, se a tributação de fonte já está garantida, não se faria necessária a inclusão de regras a respeito da caracterização de estabelecimento permanente em decorrência da prestação de serviços."

Note-se ainda, que ao reter diretamente na fonte o imposto sobre a renda de serviços técnicos e de assistência administrativa e semelhantes, o Brasil tributa não só o acréscimo patrimonial, mas toda a contraprestação devida em razão do serviço prestado, ou seja, a renda bruta.

Esse posicionamento que contraria tratados assinados pelo Brasil tem sido objeto de litígios entre a Fazenda Nacional e os contribuintes. Há jurisprudência firmada na Segunda Turma do Superior Tribunal de Justiça, que ao julgar o tema no REsp nº 1.161.467/RS[24] decidiu que o artigo 7º dos tratados brasileiros com a Alemanha e com o Canadá não permitem a tributação na fonte de serviços técnicos sem transferência de tecnologia, que não tenham sido prestados por meio de um estabelecimento permanente.[25]

---

[20] "Em linha com esses comentários, vale observar que o Brasil possui as seguintes posições em relação à Convenção Modelo da OCDE: o País se reserva o direito de tributar royalties na fonte; o Brasil se reserva o direito de incluir na definição de royalties os rendimentos decorrentes do aluguel de equipamentos industriais, comerciais e científicos; o País se reserva o direito de incluir no conceito de *royalties* os pagamentos por serviços técnicos e de assistência técnica; o Brasil se reserva o direito de incluir no conceito de royalties os pagamentos por transmissões por satélite, cabo, fibra ótica ou tecnologia similar; e o País se reserva o direito de incluir um dispositivo definindo a fonte dos *royalties*, em linha com o artigo 11 (5) da Convenção Modelo da OCDE." ROCHA, Sergio André. *Política Fiscal Internacional Brasileira*. Rio de janeiro: Lumen Juris, 2017, p. 67

[21] (art. 2º, §2º da Lei nº 10.168/2000)

[22] Excepcionalmente, o Brasil assinou tratados em que não iguala os tratamentos dos serviços técnicos e de assistência técnica aos Royalties, são eles os firmados com a Suécia, Japão, França, Finlândia e Áustria. Nesses casos, não há tributação na fonte desses serviços, conforme orientação da Procuradoria Geral da Fazenda Nacional, formalizada no Parecer PGFN/CAT nº 2.363/13 e no Ato Declaratório Interpretativo da RFB nº 5/14.
"Art. 1º O tratamento tributário a ser dispensado aos rendimentos pagos, creditados, entregues, empregados ou remetidos por fonte situada no Brasil a pessoa física ou jurídica residente no exterior pela prestação de serviços técnicos e de assistência técnica, com ou sem transferência de tecnologia, com base em acordo ou convenção para evitar a dupla tributação da renda celebrado pelo Brasil será aquele previsto no respectivo Acordo ou Convenção: I - no artigo que trata de royalties, quando o respectivo protocolo contiver previsão de que os serviços técnicos e de assistência técnica recebam igual tratamento, na hipótese em que o Acordo ou a Convenção autorize a tributação no Brasil; II - no artigo que trata de profissões independentes ou de serviços profissionais ou pessoais independentes, nos casos da prestação de serviços técnicos e de assistência técnica relacionados com a qualificação técnica de uma pessoa ou grupo de pessoas, na hipótese em que o Acordo ou a Convenção autorize a tributação no Brasil, ressalvado o disposto no inciso I; ou III - no artigo que trata de lucros das empresas, ressalvado o disposto nos incisos I e II.'

[23] ROCHA, Sergio André. *Política Fiscal Internacional Brasileira*. Rio de janeiro: Lumen Juris, 2017, p. 46.

[24] REsp 1.161.467/RS, Rel. Ministro CASTRO MEIRA, SEGUNDA TURMA, julgado em 17/05/2012, DJe 01/06/2012

[25] No mesmo sentido, um recente acórdão da Terceira Turma do Tribunal Regional Federal da 3ª Região sobre o tema,

b) Serviços digitais

O tratamento da tributação internacional da renda dos serviços digitais no Brasil acompanha o previsto para os royalties, não havendo na legislação e na jurisprudência uma solução para a adequada tributação da economia digital.

O precedente mais importante sobre o tema data de 1998. Nele o Supremo Tribunal Federal (RE 176.626-3/SP) apreciou a incidência de ISS ou ICMS sobre licenças de software e concluiu que os softwares de prateleira eram mercadorias e como tal sujeitas ao ICMS e os softwares feitos especialmente para o cliente seriam tributados pelo ISS. Na esteira deste entendimento, a Receita Federal passou a exigir Imposto de Renda Retido na Fonte sobre os contratos internacionais de licença de software quando estes fossem por encomenda ou customizados, afastando a tributação sobre o software de prateleira porque seria hipótese de importação de mercadoria.[26]

---

dispôs o seguinte: INTERNACIONAL PRIVADO E TRIBUTÁRIO. PRELIMINARES REJEITADAS. TRATADOS INTERNACIONAIS CONTRA A BITRIBUTAÇÃO. PRESTAÇÃO DE SERVIÇOS SEM TRANSFERÊNCIA DE TECNOLOGIA. INEXISTÊNCIA DE ROYALTIES NA ESPÉCIE. RENDIMENTOS AUFERIDOS POR EMPRESAS ESTRANGEIRAS PELA PRESTAÇÃO DE SERVIÇOS À EMPRESA BRASILEIRA. PRETENSÃO DA FAZENDA NACIONAL DE TRIBUTAR, NA FONTE, A REMESSA DE RENDIMENTOS. CONCEITO DE "LUCRO DA EMPRESA ESTRANGEIRA" NO ART. 7º DA CONVENÇÃO. EQUIVALÊNCIA A "LUCRO OPERACIONAL". PREVALÊNCIA DO TRATADO SOBRE O ART. 7º DA LEI 9.779/99. PRINCÍPIO DA ESPECIALIDADE. ART. 98 DO CTN. CORRETA INTERPRETAÇÃO. APELAÇÃO E REMESSA OFICIAL IMPROVIDAS. 1 – (...) 2 – A alegação de que os valores remetidos ao exterior pela impetrante se enquadrariam no conceito de royalties, e, portanto, poderiam ser tributados no Brasil, conforme previsto no art. 12 da Convenção Modelo da OCDE, não merece acolhida. Com efeito. *os serviços técnicos e de assistência técnica prestados pela impetrante não implicam em transferência de tecnologia*, razão pela qual os respectivos contratos não necessitam de averbação junto ao INPI, nos termos do art. 211 da Lei 9.279/96, e tampouco se encontram registrados no Banco Central do Brasil, conforme Portaria MF nº 287/72. 3 – (...) 4 – Não houve revogação dos tratados internacionais pelo artigo 7º da Lei nº 9.779/1999, pois o tratamento tributário genérico, dado pela lei nacional às remessas à prestadores de serviços domiciliados no exterior, qualquer que seja o país em questão, não exclui o específico, contemplado em lei convencional, por acordos bilaterais. Embora a lei posterior possa revogar a anterior (lex posterior derogat priori), o princípio da especialidade (*lex specialis derogat generalis*) faz prevalecer a lei especial sobre a geral, ainda que esta seja posterior, como ocorreu com a Lei nº 9.779/1999. 5 – Acordos internacionais valem entre os respectivos subscritores e possuem caráter de lei específica, que não é revogada por lei geral posterior. Esta interpretação privilegia o entendimento de que, embora não haja hierarquia entre tratado e lei interna, não se pode revogar lei específica anterior com lei geral posterior. Ademais, estando circunscritos os efeitos de tratados às respectivas partes contratantes, possível e viável o convívio normativo da lei convencional com a lei geral, esta para todos os que não estejam atingidos pelos tratados, firmados com o objetivo de evitar a dupla tributação. 6 – A remessa de valores para o exterior para pagamento de serviços prestados por empresa estrangeira constitui despesa para a empresa remetente e não rendimento. Já o rendimento obtido pela empresa estrangeira com a prestação de serviços à contratante brasileira, examinado à luz da legislação pátria, compõe o lucro daquela, respeitada a sistemática específica de apuração prevista em lei. A Convenção Internacional refere-se a lucro, que abrange toda receita ou rendimento que o integra, e não ao lucro real ou similar calculado. *Assim, a receita operacional, de que é parte o valor recebido em pagamento pela prestação de serviços, integra o lucro. Portanto, resta evidente que a receita obtida pelo serviço prestado integra o lucro, devendo ser assim considerada nos termos do art. 7º das Convenções Internacionais.* 7 – (...) 9 – As normas prescritas em acordos internacionais para evitar a dupla tributação prevalecem, no que concerne aos Estados contratantes, uma vez que é regra específica (critério da especialidade), diferente da lei ordinária que regula a matéria de maneira genérica (art. 98, do CTN). Demonstrada a existência de contrato firmado com pessoa jurídica situada no exterior relativo à prestação de serviço, não se pode compelir o contribuinte à dupla tributação, devendo haver incidência do imposto sobre a renda somente no país de destino. Assim, é possível concluir que os valores remetidos pela impetrante às empresas estabelecidas no exterior, em razão da prestação de serviços sem transferência de tecnologia, não sofrem a incidência do IRRF. 10 – Apelação e remessa oficial improvidas. (TRF 3, APELAÇÃO/REMESSA NECESSÁRIA - Processo nº 0004166-76.2012.4.03.6130/SP, Rel. Des. Antonio Cedenho da Terceira Turma, julgado em 16 de agosto de 2017 – grifou-se).

[26] Solução de Divergência nº 27/2008

Posteriormente, em 2016, a Receita Federal na Solução de Consulta nº 154 mudou entendimento por entender que não havia a transferência do código fonte e se tratava de cessão de direitos mediante pagamento de royalties.

Em 2017, ao analisar um caso em que era cedido o acesso e uso de software mediante senha que permitia uso de base de dados, sem customização para o cliente, concluiu que se tratava de cessão de uso com prestação de serviços técnicos e, portanto, sujeito ao imposto de renda retido na fonte.

Como se vê, apenas em razão da elasticidade na interpretação de royalties das autoridades brasileiras, alcançando serviços técnicos e neles inserindo serviços e produtos digitais que o Brasil é precursor na aplicação do imposto de renda retido na fonte como forma de alcançar as atividades da economia digital.

A tributação da economia digital no Brasil ainda se utiliza dos modelos tradicionais de tributação, o que gera no direito interno muita polêmica sobre a competência tributária de Estados ou Municípios para os serviços e produtos digitais. Quando este debate é correlacionado com a tributação internacional pelo imposto de renda, a perplexidade aumenta.

A legislação do imposto de renda interpreta de maneira muito ampla o conceito de royalties e busca inserir como "remuneração por cessão de direitos" todo e qualquer serviço ou produto digital para assim garantir a incidência do imposto de renda. De outro lado, Estados e Municípios não aceitam que se trate de cessão de direitos, o que lhes retiraria a competência tributária e produzem argumentos para individualizar cada atividade econômica nas categorias mercadoria e serviço.

O Brasil tem muito a evoluir com os debates da Ação 1 do BEPS e, possivelmente, tornar a tributação da renda (assim como do ISS e do ICMS) mais eficiente e justa. Atualmente as empresas multinacionais não conseguem vislumbrar consistência no tratamento da economia digital em nosso país.

6 Conclusão

Sem pretender oferecer uma solução definitiva para o desafio presente que é a obtenção de um consenso entre os diversos países, membros ou não da OCDE, sobre as bases de tributação sobre as atividades das empresas multinacionais na atual economia globalizada e, sobretudo, sobre as inovações da economia digital, podemos retirar algumas conclusões dos impactos das Ações do BEPS no Brasil.

Os próximos anos ainda serão de estudo e de difícil composição entre os países, em razão das divergências verificadas entre países emergentes e desenvolvidos, assim como entre aqueles com sistema jurídico *common law* e os de *civil law*. Vemos que é uma dificuldade enorme, mas o tempo exige soluções porque a transformação da economia só se amplia para alcançar diariamente novas atividades que eram conduzidas pelas empresas de forma tradicional.

A ordem internacional ainda não sabe como lidar com a complexidade da economia digital para atingir os objetivos da tributação internacional (neutralidade, eficiência, certeza e simplicidade, efetividade e justiça e flexibilidade) e manter um dos seus principais pilares que é a atribuição de tributação da renda de forma equilibrada entre os países onde residem os produtores da renda (Residência) e os que residem os que pagam a renda (Fonte). Certamente o consenso internacional não será obtido se o que vier a ser proposto não parecer aperfeiçoar o modelo atual ou se contrariar o tênue equilíbrio entre os países de fonte e de residência.

A simplificação para uma tributação específica ou para ampliação na utilização do imposto de renda retido na fonte é uma tentação, mas também não é fácil porque algumas situações não serão alcançadas se apenas considerado o fluxo financeiro nos serviços e produtos da economia digital. Ou seja, ainda restará amplo espaço para planejamento fiscal das empresas multinacionais digitais de modo a reduzir a tributação de suas atividades.

O Brasil, apesar de sua tributação na fonte da renda na importação de serviços de tecnologia, não pode ser um exemplo a ser seguido. A simplificação para alcançar com a tributação parcela da renda gerada na economia digital advém de uma interpretação que favorece os interesses brasileiros. Ela não contribui para uma repartição internacional da renda tributável da economia digital mesmo porque as atividades das multinacionais do mundo digital ainda não foi objeto de estudo, legislação e jurisprudência apropriadas. E, principalmente, se afasta do ideal isonômico que deveria permear as tratativas entre os países, no contexto das ações do BEPS.

O Brasil poderia evoluir bastante se adotasse em seu sistema tributário os princípios que há anos informam as propostas da OCDE para a tributação internacional: neutralidade, eficiência, certeza e simplicidade, efetividade e justiça e flexibilidade. Entretanto, este é tema para a tão necessária e longamente esperada Reforma Tributária Brasileira. Com certeza a aproximação do Brasil da OCDE pode inspirar os responsáveis no país pela política tributária.

Dado que o enrijecido e antiquado sistema tributário nacional é incapaz de definir as bases para tributação de software em nosso próprio terreno, não pode pretender o Brasil servir de modelo de ação a ser adotada no projeto do BEPS como solução às atividades de economia digital globalizada.

Em nossa opinião, a solução para a tributação internacional (e doméstica) das atividades de multinacionais no mundo digital e globalizado virá do equilíbrio entre as propostas atuais. A relativização do conceito de estabelecimento permanente e inserção da análise do modelo de negócio indicarão potenciais elementos de conexão. De outro lado, a retenção de imposto de renda na fonte e a tributação especial da renda na economia digital cobrirão os espaços que ainda sobrarão em razão da flexibilidade dessas empresas.

Informação bibliográfica deste texto, conforme a NBR 6023:2018 da Associação Brasileira de Normas Técnicas (ABNT):

TOGNETTI, Silvania Conceição; RIBEIRO, Thiago Belani. BEPS e os desafios da economia digital: propostas e a experiência brasileira. *In*: TEIXEIRA, Alexandre Alkmim (Coord.). *Plano BEPS*. Belo Horizonte: Fórum, 2019. p. 229-245. ISBN 978-85-450-0654-1.

A AÇÃO 2 DO PROJETO BEPS. UMA AÇÃO OU (RE)AÇÃO AOS INCENTIVOS CONCEDIDOS PELOS PAÍSES DESENVOLVIDOS. OS JUROS SOBRE CAPITAL PRÓPRIO ENQUANTO HÍBRIDO TROPICAL

MARCOS ANDRÉ VINHAS CATÃO

VERÔNICA MELO DE SOUZA

I Introdução

Em outubro de 2015, a Organização para a Cooperação e Desenvolvimento Econômico (OCDE) publicou a versão final do Projeto BEPS,[1] dividido em quinze planos de ação (*Actions*).

O projeto é, sem sombra de dúvidas, o mais ambicioso trabalho feito pela OECD, tendo em vista o seu claro viés estruturante. Paradoxalmente, apesar de sua dimensão, o projeto BEPS tem como gênesis objeto e desenvolvimento restrito a uma temática única: o combate ao planejamento tributário, ou, em suas próprias palavras, criar normas para combater a erosão das bases tributáveis e a transferência artificial de lucros para jurisdições de baixa ou nenhuma tributação.

Passados quase três anos desde o que se poderia chamar da fase de constituição do projeto BEPS (com os chamados *deliveries* dos *actions*), encontramo-nos hora em sua fase mais aguda: a aderência de suas proposições às jurisdições que, com maior ou menor intensidade, patrocinaram o projeto. Assim, resta-nos verificar a implementação de tais ações pelos países, especialmente aqueles que, de fato, podem afetar diretamente o planejamento tributário internacional envolvendo sociedades brasileiras, especialmente se implementadas pelos países onde estão domiciliadas suas controladoras, controladas e/ou coligadas.

---

[1] Os Relatórios Finais de todas as ações do Projeto BEPS podem ser encontrados no seguinte endereço eletrônico: http://www.oecd.org/ctp/beps-2015-final-reports.htm.

Nesse contexto, destaca-se a Ação 2 do Projeto BEPS – *Neutralising the Effects of Hybrid Mismatch Arrangements* – que traz uma série de recomendações para a instituição das chamadas normas *anti-híbridas*, na legislação interna dos países, com o intuito de neutralizar descompassos nos efeitos fiscais decorrentes de estruturas envolvendo instrumentos e entidades híbridas.

Adicionalmente, e em linha com o Projeto BEPS, a Comissão da União Europeia apresentou seu pacote antielisão, do qual resultou nas Diretivas 2016/1164 e 2017/952, e que deverão ser internalizadas pelos Países-Membros até o ano de 2020.

No presente artigo, pretendemos apresentar um breve resumo do conteúdo do Relatório Final do Projeto BEPS e das Diretivas da União Europeia (*Subseção II*); analisar a problemática da qualificação dos Juros sobre Capital Próprio (JCP) no âmbito dos Acordos para Evitar a Dupla Tributação firmados pelo Brasil (*Subseção III*) diante do contexto da Ação 2, focando especificamente na Espanha (*Subseção III.1*) e na Holanda (*Subseção III.2*) e suas normas de *participation exemption*; e, por fim, abordar algumas conclusões a respeito do tema (*Subseção IV*).

Diante de tais considerações, pretende-se demonstrar a forma com que a implementação de normas mais rígidas atinentes aos instrumentos híbridos pode afetar o planejamento tributário das sociedades brasileiras na distribuição dos lucros para suas controladoras e para seus acionistas no exterior, notadamente no que se refere aos juros sobre capital próprio, instrumento híbrido por essência.

II Normas de combate aos efeitos fiscais decorrentes dos instrumentos híbridos: a Ação 2 do Plano BEPS e a *AntiAvoidance Directive* da União Europeia - Breves comentários

II.1 Relatório Final da Ação 2 do Projeto BEPS

A Ação 2 do Projeto BEPS[2] dedica-se ao tratamento dos efeitos fiscais decorrentes de estruturas que fazem uso de instrumentos híbridos (*Hybrid Mismatch Arrangements*), com o intuito de neutralizar descompassos decorrentes desses arranjos que envolvam pagamentos realizados sob tais instrumentos.

Embora a questão dos híbridos já fosse assunto de intenso debate tanto no plano teórico quanto normativo/jurisprudencial, a ação 2 parametriza, no clássico estilo do *soft law*, os efeitos e formas de se minimizar a questão dos híbridos. E aqui uma peculiaridade. O Brasil é multicitado pela existência em nosso regime de um típico híbrido, nosso chamado Juros sobre o Capital próprio (JCP).

Mas qual a relação de causalidade entre híbridos e a necessidade de um regramento multilateral como se pretende com a ação 2 ? Essencialmente combater algo que do ponto de vista da alocação tributária se assimila às clausulas de *tax sparing*. Trata-se de uma figura, a qual, segundo seus detratores, transferem créditos tributários não cobrados no país de fonte, que acabam por erodir a base tributável dos países de residência.

---

[2] OECD. *Neutralising the Effects of Branch Mismatch Arrangements, Action 2: Inclusive Framework on BEPS. OECD/ G20 Base Erosion and Profit Shifting Project.* Paris: OECD Publishing, 2017. Disponível em: http://dx.doi. org/10.1787/9789264278790-en.

E nesse contexto, a comparação com as clausulas conveniais do *tax sparing*, trazem um sinal distintivo claro em relação à questão (problema) dos híbridos. Enquanto cláusulas de *tax sparing* decorrem de uma aceitação entre os estados contratantes, os híbridos nascem e se aplicam a partir de medidas unilaterais, que acabam por afetar o estado de residência, em virtude de um crédito que se mostra, senão fictício, mas que no conjunto da obra (tributação na sociedade e na distribuição dos juros/dividendos) um crédito que se envia ao país de residência cujo valor nocional não é equivalente a carga imposta. Isso de *per se*, explica a reação contrária de países tradicionalmente liberais em matéria de tributação (vg. Holanda), a qual se insurgiu contra os híbridos, entre eles o JCP, conquanto acabavam por prejudicar o regime de *participation exemption*. Guerra fiscal internacional (*tax competition*), enrustida sob o manto do ataque ao planejamento fiscal.

Assim, os descompassos ocorriam porque não existe nem uniformidade na forma quanto na aplicação tributária dos instrumentos híbridos. Recebiam ou ainda recebem tratamento diferente (*debt* ou *equity*) a depender do país em que resida as sociedades atuantes na operação, ocasionando uma dupla dedução ou dupla não tributação.

O relatório final, divulgado em outubro de 2015, inclui recomendações específicas direcionadas às modificações na legislação interna dos países e no desenvolvimento de modelos de dispositivos nos tratados, para tratamento das operações envolvendo instrumentos híbridos a fim de buscar o alinhamento no tratamento fiscal a eles conferido.

Ainda segundo o relatório, tais tipos de operações, além de serem praticadas em demasia, resultam em uma substancial erosão da base tributável dos países, impactando negativamente na competição, eficiência e transparência entre eles.[3]

As recomendações, presentes nos Capítulos de 3 a 8 do relatório, têm como alvo operações envolvendo instrumentos híbridos que originem uma das três situações seguintes:

(i) *Deduction/no inclusion (D/NI) outcomes*: ocorre quando o pagamento é dedutível sob as regras/legislação da jurisdição pagadora, mas não é incluído na renda de quem recebe o pagamento;

(ii) *Double deduction (DD) outcomes:* ocorre quando o pagamento possibilita duas deduções, via de regra envolvendo entidades híbridas;

(iii) *Indirect deduction/no inclusion (indirect D/NI) outcomes:* ocorre quando a renda originária de um pagamento dedutível não é incluída na renda de quem recebe o pagamento, em razão de um mecanismo híbrido.

A ação 2 do BEPS, portanto, ao tratar das três hipóteses elencadas acima, objetiva reduzir a frequência dessas situações, ajustando as consequências fiscais no âmbito da jurisdição pagadora ou da jurisdição que recebe o pagamento, a fim de neutralizar os mecanismos híbridos, mas sem causar distorções a outros resultados fiscais, comerciais ou regulatórios.[4]

Nesse sentido, o Relatório Final da Ação 2 do BEPS divide-se em duas partes. A primeira contém recomendações de alterações nas legislações domésticas, ao passo que a segunda dispõe sobre alterações recomendadas no âmbito da Convenção Modelo da OCDE.

---

3   *Op. Cit.* p. 11.
4   *Op. Cit.* p. 14.

Assim, segundo a OCDE, uma vez que tais recomendações estejam incorporadas no campo doméstico e dos tratados, elas serão capazes de neutralizar os efeitos das operações envolvendo instrumentos financeiros híbridos, colocando fim às várias deduções para um único gasto e que não originam uma correspondente tributação.

A primeira recomendação presente no relatório, inserida na Parte 1, consiste na negativa da dedutibilidade de um pagamento no Estado de origem, no caso de o Estado destinatário do pagamento não reconhecer a inclusão dessa renda na base tributável daquele que recebeu o rendimento, ou se esse Estado também entender tal recebimento como dedutível.

Assim, a OCDE enfatiza a importância de que haja uma coordenação na implementação e aplicação das regras concernentes aos instrumentos híbridos, a fim de assegurar que tais regras se tornem efetivas e diminuam os custos despendidos pelos Estados no combate a tais arranjos.

No que se refere à Parte 2, essa objetiva assegurar que instrumentos e entidades híbridos não sejam utilizados a fim de obter, de forma indevida, os benefícios previstos nos Tratados para Evitar a Dupla Tributação. Nesse sentido, essa Parte do Relatório Final da Ação 2 trata da aplicação dos tratados para entidades híbridas, aquelas não são tratadas como contribuintes por um ou por ambos os Estados que firmaram tais tratados.

Ademais, o Relatório apresenta a proposta de inclusão, na Convenção Modelo da OCDE, de uma nova previsão e um comentário detalhado, que assegurarão que os benefícios dos tratados estejam garantidos à renda dessas entidades, mas também que tais benefícios não estejam garantidos quando nenhum dos Estados, no âmbito de sua legislação doméstica, entenda a renda dessas entidades como uma de seus residentes.

Em síntese, o propósito do Relatório é que haja uma harmonia entre pagamentos realizados por meio de instrumentos financeiros híbridos que envolvam jurisdições distintas. Para tanto, um pagamento considerado dedutível na jurisdição de origem deve corresponder a uma receita tributável na jurisdição de destino, e a forma de se ter conhecimento disso ocorre a partir da análise e qualificação de tal instrumento de acordo com as regras aplicáveis em um determinado país, bem como considerar de que forma tal qualificação pode conduzir a um descompasso na esfera tributária, levando em consideração como a outra jurisdição qualifica tal instrumento em sua legislação doméstica.

II.2 Diretivas da União Europeia: ATAD e ATAD II – hybrid mismatches

Na esteira da publicação dos relatórios finais do Projeto BEPS, em janeiro de 2016, a Comissão Europeia apresentou sua proposta de *Anti-Avoidance Directive* (ATAD), como parte de um pacote antielisivo, o qual resultou na *EU Directive* 2016/1164. Tal diretiva foi emendada pela *EU Directive* 2017/952 (ATAD II), publicada em maio de 2017, e que trata apenas de instrumentos híbridos, completando, assim, o conjunto de medidas propostas pela Comissão Europeia.[5]

O objetivo da ATAD 2 é estabelecer regras para neutralizar os efeitos fiscais provocados pela utilização de entidades e instrumentos híbridos, não apenas entre os Estados-Membros da União Europeia, mas também entre Estados-Membros e países

---

5 Disponível em: https://ec.europa.eu/taxation_customs/business/company-tax/anti-tax-avoidance-package_en.

fora do grupo econômico (*third countries*). Além disso, a Diretiva objetiva criar normas consistentes e não menos efetivas do que as normas propostas pelo Relatório Final da Ação 2 da OCDE.[6]

A ATAD II traz regras mais detalhadas para combater os efeitos fiscais decorrentes dos instrumentos híbridos, dando nova redação ao artigo 9 da ATAD, que tratava do assunto muito brevemente, além de incluir novos dispositivos, que deverão ser implementados pelos respectivos Estados-Membros da União Europeia.

Resumidamente, as normas preveem a glosa de dedução fiscal no Estado-Membro onde resida o investidor (ou se for o caso, no Estado Membro da fonte pagadora) em caso de dupla-dedução, inclusão dos rendimentos na base tributável da entidade investidora/recebedora quando houver uma dedução no país em que resida a fonte pagadora, e limitação dos benefícios fiscais pelos Estados-Membros em que resida a fonte pagadora.

Os Estados-Membros da União Europeia têm até o dia 1º de janeiro de 2020 para internalizar em suas legislações nacionais o conteúdo da ATAD II. Importante ressaltar que alguns países já apresentaram suas propostas de normatização interna da Diretiva, dentre os quais Holanda e Luxemburgo, importantes *hubs* de investimentos na Europa.

Nesse sentido, considerando a implementação de normas mais rígidas para neutralizar os efeitos fiscais da utilização de instrumentos híbridos, seja por meio da Ação 2 do Projeto BEPS, seja pela Diretiva da União Europeia, institutos como os JCP perdem o atrativo do qual dispunham anteriormente, ante a sua característica híbrida, conforme será tratado a seguir.

III Qualificação dos juros sobre capital próprio no âmbito dos acordos para evitar a dupla tributação celebrados pelo Brasil

Conforme acima ressaltado, a questão dos híbridos foi tropicalizada a partir da figura do JCP. Como se sabe, os juros sobre o capital próprio representam a remuneração decorrente de uma participação societária, conforme tratamento conferido pela Lei nº 9.249/1995. Além disso, são passíveis de dedução do Lucro Real, reduzindo a base tributável da pessoa jurídica. Essa característica torna os "JCP" um típico instrumento de natureza híbrida, vez que apresentam natureza de dividendos, retorno do capital (*equity*) – no que se refere à remuneração – e de juros (*debt*) – redução da base tributável da fonte pagadora.

Ante as considerações acima, questiona-se qual o tratamento dos "JCP" no âmbito dos Acordos para Evitar a Dupla Tributação. Encaixam-se nos artigos 10 (dividendos) ou 11 (juros)?

A maioria dos Acordos para Evitar a Dupla Tributação firmados pelo Brasil não apresenta disposição sobre a natureza dos JCP, até porque foi assinada anteriormente à Lei nº 9.249/1995. Alguns acordos assinados e promulgação após a instituição dos JCP já possuem disposição definindo esta qualificação –[7]ressalta-se, todos eles definindo pela natureza de juros. A estes obviamente não haverá discussão quanto à qualificação dos JCP.

---

[6] Conforme item 5 dos "considerandos" da Diretiva. Disponível em: https://eur-lex.europa.eu/legal-content/EN/TXT/?uri=uriserv:OJ.L_.2017.144.01.0001.01.ENG.

[7] Chile, Peru, Portugal, Ucrânia, Israel, África do Sul e Rússia.

No entanto, a maioria não dispõe – e nem poderia, a não ser por meio de uma emenda – acerca da qualificação dos JCP. Incluem-se neste rol acordos historicamente relevantes para fins de investimentos sob a ótica brasileira – *inbound* e *outbound* – tais como Espanha e Países Baixos (Holanda).

Nesse sentido, tendemos a concordar com Alberto Xavier,[8] que partilha do entendimento de que não se verifica nos juros sobre o capital próprio um crédito preexistente, haja vista se referirem a lucros distribuíveis aos titulares do capital social, razão pela qual se qualificariam como a natureza de dividendos nas Convenções em referência.

A qualificação como dividendos (artigo 10) ou juros (artigo 11) é importante, pois cada artigo irá conferir tratamento específico para a tributação dos rendimentos de JCP. Tanto dividendos quanto juros – assim como *royalties* (artigo 12) – constituem renda passiva, sobre as quais os acordos internacionais celebrados pelo Brasil permitem a tributação na fonte à alíquota de até 15%.

Não obstante, a importância é maior em relação ao tratamento tributário conferido aos rendimentos no país de residência, já que países como Espanha e Holanda possuem o chamado benefício de *participation exemption*, que constitui a isenção dos dividendos recebidos pelos investidores em sociedades no exterior e que tem como objetivo principal eliminar a dupla tributação nos lucros recebidos pelos acionistas.

Via de regra, é necessário o preenchimento de alguns requisitos para que os dividendos sejam enquadrados nas normas de *participation exemption*, tais como percentual mínimo de participação na sociedade investida e que esta não esteja domiciliada em país com tributação favorecida, para citar alguns exemplos.

Ocorre que os JCP, uma vez enquadrados como dividendos, ainda que ocorrida a dedução das bases tributáveis de IRPJ e CSLL da sociedade pagadora no Brasil, podem se beneficiar desta isenção no país onde reside a sociedade recebedora. Neste caso, para empresas que apresentam Lucro Tributável no Brasil, a vantagem do pagamento de JCP, frente aos dividendos, está não apenas na redução da base de cálculo da empresa brasileira, mas também na isenção de tais rendimentos na investidora. Se qualificados como juros, perde-se a isenção no país de residência do recebedor dos JCP.

De todo modo, o que se vê é que, com a implementação de normas mais rígidas para a tributação de rendimentos decorrentes de instrumentos/estruturas de característica híbrida, o atrativo do JCP perde a força, já que serão tributados no Estado de residência. Deste modo, é salutar a análise de como tais normas serão implementadas nos países, notadamente naqueles de maior tradição de investimentos brasileiros. Sendo assim, passamos agora a examinar como tal tema está sendo tratado na Espanha e na Holanda.

III.1 Instrumentos híbridos - Espanha

O Acordo para Evitar a Dupla Tributação celebrado entre Brasil e Espanha (Acordo Brasil-Espanha), assinado em novembro de 1976, foi promulgado pelo Decreto nº 76.976, de 02 de janeiro de 1976 e teve como base a Convenção Modelo OCDE de 1963.

Seu artigo 10 (dividendos) não possui disposições diferentes da maioria dos demais tratados celebrados pelo Brasil. Atribui competência para tributar os rendimentos

---

8   XAVIER, Alberto. *Direito Tributário Internacional do Brasil*. Rio de Janeiro: Forense, 2010.

qualificados como dividendos no Estado da Residência (parágrafo 1) e permite a tributação pelo Estado da Fonte da sociedade pagadora até a alíquota limite de 15% (parágrafo 2), embora o Brasil atualmente não tribute os dividendos remetidos ao exterior.

Para fins desse estudo, o parágrafo 4 possui maior relevância por trazer o conceito de dividendos para fins de aplicação do Acordo, novamente não distante da Convenção Modelo na qual se baseou à época, *in verbis*:

> 4. O termo *dividendos* usado no presente artigo designa os rendimentos provenientes de ações, ações ou direitos de fruição, partes de empresas mineradoras, ações de fundador ou outros direitos que permitam participar dos lucros, com exceção de créditos, bem como rendimentos de outras participações de capital assemelhados aos rendimentos de ações pela legislação tributária do Estado Contratante em que a sociedade que os distribuir seja residente.

O mesmo pode ser dito a respeito do Artigo 11, o qual também divide a competência para tributação dos rendimentos de juros entre Estado da Residência e Estado da Fonte, esta última igualmente limitada à alíquota máxima de 15%, com tratamento específico a juros pagos a instituições financeiras em decorrência de empréstimos concedidos com o prazo de 10 anos, hipótese na qual a alíquota está limitada à 10%.

Novamente aqui se destaca a definição de juros para fins do Acordo, presente no Artigo 5, qual seja:

> 5. O termo *juros* usado no presente artigo compreende os rendimentos da Dívida Pública, dos títulos ou debêntures, acompanhados ou não de garantia hipotecária ou de cláusula de participação nos lucros, e de créditos de qualquer natureza, bem como qualquer outro rendimento que, pela legislação tributária do Estado Contratante de que provenham, seja assemelhado aos rendimentos de importâncias emprestadas.

Nesse sentido, considerando que o próprio acordo apresenta a definição dos termos *dividendos* e *juros*, seguindo a norma do Artigo 3 (Definições Gerais) e da Convenção de Viena sobre interpretação dos tratados internacionais, são estas as definições que devem prevalecer.

Conquanto, o que torna a discussão atinente aos JCP e à Ação 2 do BEPS tão relevante no contexto do Acordo Brasil-Espanha é a previsão contida do Artigo 23 ("Métodos para Eliminar a Dupla Tributação"), parágrafo 3 deste Acordo, que prevê a isenção dos rendimentos qualificados como dividendos recebidos por um residente (pessoa física ou jurídica) na Espanha. Confira-se:

> 3. Quando um residente da Espanha receber dividendos que, de acordo com as disposições da presente Convenção, sejam tributáveis no Brasil, a Espanha isentará de imposto estes dividendos, podendo, no entanto, ao calcular o imposto incidente sobre os rendimentos restantes desse residente, aplicar a alíquota que teria sido aplicável se tais dividendos não houvessem sido isentos.

O grande *chamariz* do Acordo Brasil-Espanha é, sem dúvida, a isenção aplicada aos dividendos recebidos por residentes em um dos Estados Contratantes, pagos por residentes do outro Estado Contratante. Isso porque o parágrafo 4 também isenta os rendimentos qualificados como dividendos recebidos da Espanha por residentes no Brasil.

Desta feita, é natural que o contribuinte brasileiro, ao estabelecer seus investimentos no exterior, leve em consideração a economia fiscal originada pela isenção dos dividendos pagos da Espanha para o Brasil, além de ser um estímulo para o investimento de origem espanhola no nosso país.

É neste sentido que a qualificação dos Juros sobre Capital Próprio encontra relevo para o Acordo Brasil-Espanha, haja vista que, uma vez que tais rendimentos sejam qualificados como dividendos, aplicar-se-á a regra do Artigo 23 (3) do Acordo, e estarão isentos na Espanha os JCP distribuídos por sociedade brasileira a residentes daquele país.

Além da isenção dos dividendos recebidos por entidade brasileira, prevista no artigo 23(3) do Acordo entre os dois países, a legislação espanhola possui uma norma de *participation exemption* (artigo 21 do *Texto Refundido de la Ley del Impuesto sobre Sociedades* – TRILS), pela qual os dividendos recebidos de investimentos no exterior são isentos, mediante o preenchimento de determinados requisitos.

A qualificação dos rendimentos de JCP recebidos de entidade brasileira já foi enfrentada pelas autoridades espanholas. No ano de 2011, o tribunal administrativo da Espanha (*Tribunal Económico-Administrativo Central*) negou a qualificação de dividendos aos JCP,[9] decisão essa que foi reformada, em 2014, pelo Tribunal Superior (*Audiência Nacional*), que deu provimento a recurso interposto pelo contribuinte.[10]

Finalmente, em março de 2016, o *Tribunal Supremo* confirmou o entendimento do Tribunal Superior,[11] no sentido de que os JCP devem ser qualificados como dividendos para fins de aplicação do benefício de *participation exemption* espanhol, mas não enfrentou a isenção prevista no artigo 23(3) do Acordo Brasil-Espanha, embora as demais decisões o tenham feito.

Em suma, a decisão se concentrou no argumento de que os JCP não podem ter a natureza de juros, uma vez que não constituem remuneração decorrente de empréstimos e não são calculados sobre o principal pendente de um crédito. Ao contrário, os JCP decorrem de existência de um benefício da subsidiária brasileira e da participação no capital social desta empresa.

Adicionalmente, a dedutibilidade dos JCP estaria condicionada a uma premissa não aplicável aos juros, que é a existência de resultados no exercício ou reservas acumuladas suficientes para sua distribuição. Nesse sentido, as sociedades com resultado negativo e sem reservas não podem se beneficiar da dedutibilidade das despesas de JCP. Por fim, a decisão conclui que a legislação fiscal brasileira (Lei nº 9.249/1995) admite a dedutibilidade dos JCP, mas não equipara o seu regime fiscal ao de juros.

Não obstante a decisão do Tribunal Supremo, a Espanha alterou sua legislação interna[12] do Imposto sobre Sociedades, com efeitos a partir de janeiro de 2015, a fim de limitar a *participation exemption* para rendimentos decorrentes de instrumentos híbridos, que tenham sido deduzidos da base tributável da fonte pagadora, já em linha com a Ação 2 do BEPS, conforme explícito na exposição de motivos, além da internalização da Emenda à *Parent-Subsidiary Directive* (*Council Directive 2014/86/EU*), nesta mesma linha, para o âmbito da União Europeia.

---

9   Casos 1201/2010, 1202/2010 e 1884/2010.

10   Caso 232/2011.

11   STS 1108/2016.

12   Artigo 15j da Lei nº 27/2014.

Por fim, e não menos importante, como Estado-Membro da União Europeia, a Espanha deverá, até 31 de dezembro de 2019, para efeitos a partir de janeiro de 2020, implementar, em sua legislação nacional, as normas da ATAD e ATAD II, esta última, como visto, atinente aos mecanismos para combater a dupla não tributação provocada pela utilização de instrumentos híbridos.

Diferentemente de alguns vizinhos de grupo, a Espanha ainda não apresentou sua proposta de internalização das Diretivas, no entanto, tal fato não tardará a ocorrer considerando o prazo imposto pela Comissão Europeia, e é com base em todo esse contexto pós-BEPS que a Espanha provavelmente deixará de aplicar a norma interna de *participation exemption* para os JCP recebidos de empresas brasileiras. Contudo, ainda inexistem respostas se haverá margem para a aplicação do artigo 23(3) do Acordo Brasil-Espanha para tais rendimentos recebidos por residentes daquele país.

III.2 Instrumentos híbridos – Holanda

A Holanda é o país que sempre encabeça a lista de países com o maior volume de investimento direto no Brasil, divulgada pelo censo do Banco Central, tendo ocupado o primeiro lugar nos últimos cinco anos,[13] notadamente pela rede de tratados que a Holanda possui com outros países. O inverso também é verdadeiro, já que grande parte dos grupos multinacionais brasileiros constitui uma sociedade naquele país sobre a forma de B.V., também pelo benefício de *participation exemption*.

Mais recente que o da Espanha, mas ainda anterior à Lei nº 9.249/1995, o Acordo para Evitar a Dupla Tributação celebrado entre o Brasil e o Reino dos Países Baixos (*Acordo Brasil-Holanda*) foi promulgado pelo Decreto nº 355, de 2 de dezembro de 1991.

Seu artigo 10 também atribui competência para o Estado de Residência tributar os rendimentos qualificados como dividendos e permite a retenção do Imposto de Renda, pelo Estado da Fonte, até a alíquota de 15% de seu montante bruto (parágrafo 2).Quanto à definição, relevante para o tema aqui tratado, o parágrafo 3 do artigo 10 do Acordo Brasil-Holanda traz a redação idêntica a do Acordo Brasil-Espanha, reproduzido na *Subseção III.1* supra.

No que diz respeito aos juros, a definição prevista no artigo 11, parágrafo 4, do Acordo Brasil-Holanda também é a mesma do Acordo Brasil-Espanha. Os artigos se diferem em relação à alíquota a ser aplicada à retenção do imposto pelo Estado da Fonte. O artigo 11, parágrafo 2, item "b" também limita a tributação à 15%, mas o item "a" traz a alíquota de até 10% para os casos de em que quem receber os juros for um banco e se o empréstimo for concedido a um prazo mínimo de 7 anos e relacionado com a compra de equipamento industrial.

O artigo 23 do Acordo Brasil-Holanda – *Métodos para Evitar a Dupla Tributação* – prevê o método de isenção, na Holanda, de alguns rendimentos que podem ser tributados pelo Brasil, dentre eles os dividendos (artigo 10) e juros (artigo 11), além do método do crédito, este também conferido pelo Brasil aos rendimentos recebidos de um residente holandês. Confira-se abaixo o dispositivo que trata da isenção:

[13] Conforme "Censo de Capitais Estrangeiros no País" divulgada pelo Banco Central do Brasil. Disponível em: https://www.bcb.gov.br/Rex/CensoCE/port/resultados_censos.asp?idpai=CAMBIO.

2.Todavia, quando um residente na Holanda receber rendimentos que, nos termos do que dispõem o Artigo 6, o Artigo 7, o parágrafo 4 do Artigo 10, o parágrafo 5 do Artigo 11, o parágrafo 4 do Artigo 12, os parágrafos 1 e 2 do Artigo 13, o Artigo 14, o Artigo 15, o Artigo 16 e o Artigo 19 desta Convenção, podem ser tributados no Brasil e integram a base de cálculo de que trata o parágrafo 1, a Holanda isentará de impostos tais rendimentos, conforme as acima mencionadas disposições desta Convenção, e nos termos das normas relativas à forma de aplicação, inclusive as relativas à compensação de prejuízos, constantes de seus regulamentos internos destinados a evitar a dupla tributação.

A isenção contida no parágrafo 2 do Artigo 10 do Acordo Brasil-Holanda está condicionada à tributação dos rendimentos no Brasil. Como os dividendos não são tributados pela legislação brasileira, para fins de aplicação do Acordo, esses rendimentos não estão abarcados pela isenção. No entanto, assim como a Espanha, a Holanda possui uma norma de *participation exemption*, que permite a isenção dos dividendos recebidos no exterior, da qual as investidoras holandesas em sociedades brasileiras largamente se beneficiam.

Diferentemente da Espanha, a Holanda não adotou medida unilateral para adoção das recomendações da Ação 2 do BEPS, mas internalizou a Emenda à *Parent-Subsidiary Directive*, no âmbito da União Europeia, com a limitação de benefícios para rendimentos que forem deduzidos na base tributável da subsidiária.

Em fevereiro de 2018, o Ministro de Finanças Holandês apresentou ao Parlamento a Proposta para implementação da ATAD e ATAD II,[14] para efeitos a partir de janeiro de 2020, e incluindo uma previsão sobre entidades híbridas nos Acordos para Evitar a Dupla Tributação firmados pela Holanda, por meio do Instrumento Multilateral (MLI).

A proposta enfatiza que o possível efeito da utilização de instrumentos híbridos é a dedução dos custos mais de uma vez, em dois ou mais países, ou são deduzidos em um país sem que o rendimento correspondente seja tributado no outro país. Nesse sentido, a implementação da ATAD II neutralizaria as vantagens tributárias decorrentes de tais estruturas, concluindo que, dessa forma, estruturas envolvendo uma *limited partnership – CV* e uma *private limited company – BV* perderão seus atrativos.[15]

Dada a complexidade do tema e por envolver diferentes tipos de instrumentos híbridos, o governo pretende submeter um Projeto de Lei ao Parlamento no começo de 2019.

Assim, a distribuição de lucros de empresas brasileiras para investidoras na Holanda igualmente precisa ser reavaliada, haja vista que os dividendos podem ser a solução mais vantajosa, de ponto de vista de economia fiscal, considerando a dupla tributação sobre os rendimentos de JCP gerada pelas normas anti-híbridas, rendimentos estes que passam a ser menos atrativos.

IV Conclusões

Diante de todo o exposto, está claro que normas mais rígidas, que visam a eliminar os efeitos fiscais da utilização de instrumentos híbridos, está no topo das discussões e

---

[14] Disponível em: https://www.government.nl/government/members-of-cabinet/menno-snel/documents/policy-notes/2018/02/27/policy-letter-on-tackling-tax-avoidance-and-tax-evasion.

[15] *Op. Cit.* 8

das medidas antielisivas, decorrentes da implementação das recomendações contidas na Ação 2 do BEPS e também nas Diretivas da União Europeia.

A economia fiscal mais perseguida com a utilização de instrumentos híbridos é a dedução das despesas no país da fonte pagadora e a não inclusão da receita na base tributável da recebedora, na qual se encaixa perfeitamente a fórmula juros sobre capital próprio + *participation exemption*.

Nesse sentido, a qualificação dos JCP como dividendos, para fins de aplicação dos Acordos para Evitar a Dupla Tributação, era relevante, pois garantia a isenção de tais rendimentos no âmbito de tratado.

Atualmente, com a implementação das normas antielisivas e da internalização da ATAD II da União Europeia, a questão da qualificação perde a relevância. Isso porque tais normas, mais do que focar na natureza dos rendimentos, se concentram no resultado da utilização dos instrumentos híbridos, se resultantes em uma dedução seguida de uma não inclusão, uma dupla dedução, ou uma dedução indireta seguida de não inclusão.

É dizer, independentemente de serem qualificados como dividendos (artigo 10) ou juros (artigo 11), os efeitos provocados pelos JCP são a dedução da base tributável da empresa brasileira e a não tributação dos rendimentos na investidora, tomando por base Espanha e Holanda, países que mereceram a atenção deste artigo. Consequente, os JCP são alvos das normas implementadas por esses dois países, tendo em vista sua natureza híbrida e os resultados advindos de sua característica.

Neste contexto, como já dito, os JCP perdem seu atrativo no planejamento fiscal das empresas que possuem investidoras e/ou controladoras nesses países. Os dividendos passam a ser opção mais eficiente, já que permanecerão com o benefício de *participation exemption*. O pagamento de JCP continua interessante se o foco for apenas a redução da carga tributária investida, mas pede força em termos de grupo.

Por fim, não há como negar que se trata de um dos *actions* mais polêmicos. Primeiramente, porque não há como deixar de convir que são uma contrarresposta a regimes de incentivos fiscais de países exportadores de capital. Ou seja, uma reprimenda a algo que já deveria ser combatido que são os sistemas de isenção de CFC ou de *participation exemption*. E aqui não há como deixar de registrar que a Ação 2 parece pender em favor dos países desenvolvidos e exportadores de capitais, ou geradores de rendas passivas.

Informação bibliográfica deste texto, conforme a NBR 6023:2018 da Associação Brasileira de Normas Técnicas (ABNT):

CATÃO, Marcos André Vinhas; SOUZA, Verônica Melo de. A Ação 2 do Projeto BEPS. Uma ação ou (re)ação aos incentivos concedidos pelos países desenvolvidos. Os juros sobre capital próprio enquanto híbrido tropical. *In*: TEIXEIRA, Alexandre Alkmim (Coord.). *Plano BEPS*. Belo Horizonte: Fórum, 2019. p. 247-257. ISBN 978-85-450-0654-1.

A AÇÃO 3 DO PROJETO BEPS, AS RECOMENDAÇÕES DA OCDE E AS REGRAS BRASILEIRAS DE TRIBUTAÇÃO DE LUCROS NO EXTERIOR

BRUNA FURTADO VIEIRA MACHADO

MÁRCIO PEDROSA JÚNIOR

1 Considerações iniciais

O desenvolvimento das tecnologias de comunicação e de transporte, a mundialização do capital e a desregulamentação do mercado financeiro nas últimas décadas propiciaram as condições ideais para que as empresas e os grupos multinacionais maximizassem seus ganhos por meio da adoção de estratégias elisivas redutoras ou eliminadoras da tributação sobre a renda.

Com efeito, as empresas e os grupos transnacionais detêm a possibilidade de organizar os seus negócios de forma a promover uma distribuição eficiente de receitas e despesas em âmbito internacional, aproveitando-se das diferenças entre os níveis de tributação para reduzir custos fiscais. Como consequência, verifica-se a separação entre o local onde a atividade econômica é efetivamente realizada ou onde o valor é criado e o local onde os lucros gerados são levados à tributação. Esse tipo de planejamento tributário costuma ser objeto de preocupação das autoridades fiscais e, especialmente depois da crise econômica de 2008, tem ocupado um espaço relevante no debate público travado nos foros internacionais.

Ao se tratar da proliferação de estratégias de elisão fiscal, costuma-se mencionar as suas consequências nocivas à sociedade, a exemplo da erosão das bases de financiamento dos Estados Tributários,[1] o comprometimento da capacidade contributiva enquanto critério-medida para repartição do ônus fiscal[2] e a indução a alterações nos sistemas de

---

[1] Cf. BATISTA JÚNIOR, Onofre. Por que a "guerra fiscal"? Os desafios do Estado na modernidade líquida. *Revista Brasileira de Estudos Políticos*, n. 102, jan./jun. 2011. Belo Horizonte: 2011.

[2] Cf. PREBBLE, Zöe M; PREBBLE, John. The Morality of Tax Avoidance. *Victoria University of Wellington Legal Research Papers*, Wellington, v. 2. ed. 2, set. 2012, p. 726.

tributação, pelo deslocamento da carga tributária de bases móveis para bases imóveis e da renda para o consumo, tudo em prejuízo à realização da justiça distributiva pela progressividade da tributação.[3]

Pode-se mencionar também a ocorrência de distorções na alocação de recursos no mercado, que o afastam do ponto ótimo: os contribuintes envidam tempo e dinheiro na elaboração de estratégias elisivas que, de outra forma, poderiam ser empregados em atividades produtivas, gerando peso morto e reduzindo o excedente total da sociedade.[4] No que respeita à concorrência no mercado, observa-se que nem todos os *players* dispõem das mesmas condições para se valer de esquemas sofisticados de planejamento tributário. Em geral, são os agentes dotados de mais recursos – máxime os grupos transnacionais – os que se encontram em posição de se valer das lacunas e das descontinuidades dos sistemas de tributação. Isso resulta em perda de competitividade das empresas menores que, nas economias modernas, respondem pela maior parte dos empregos gerados.[5] Outrossim, a profusão da elisão fiscal resulta em perda de confiança nos sistemas de tributação, podendo dar azo a um ciclo vicioso: com a queda da confiança, decresce também a vontade pública de cumprir com voluntariedade a legislação tributária.[6]

Um fenômeno comumente associado a essa realidade é a existência dos chamados *free riders*: os contribuintes ou *usuários da jurisdição*[7] que se beneficiam das prestações de uma dada jurisdição fiscal, sem contribuírem para o seu financiamento. Na contraface, são também *free riders* os governos e os residentes de paraísos fiscais, que se beneficiam diretamente dos bens e riquezas gerados em outros países.[8] Esse uso dos sistemas de tributação conduz a uma frustração das expectativas emergentes das relações dos contribuintes uns para com os outros, consubstanciando-se em um problema de igualdade horizontal, no reconhecimento de que alguns contribuintes terão de contribuir mais do que outros para o financiamento da vida em comum.[9]

A percepção pública – evidenciada nos desdobramentos de planejamentos tributários levados a cabo por grandes multinacionais como a Google, a Amazon ou a

---

[3] OCDE, *Harmful Tax Competition*: an emerging global issue. Paris: OECD Publications, 1998, p. 14.

[4] Na teoria dos jogos, essa situação pode ser ilustrada na forma de um dilema do prisioneiro: em uma determinada comunidade em que a elisão seja uma conduta permitida, o equilíbrio de estratégia dominante (equilíbrio de Nash) resultaria na profusão de estratégias de planejamento. A contrapartida seria o aumento das alíquotas nominais, resultando em que ninguém se beneficiaria dessa situação.

[5] SMITH-NILSEN, Christian. Regulating International Debt Shifting: A Comparison of New Norwegian Regulation with Traditional Thin-Capitalization Rules. *Norwegian School of Economics*. Bergen: 2014, p. 7.

[6] PREBBLE, Zöe M; PREBBLE, John. *Ob. cit.*, p. 726.

[7] O termo *usuários da jurisdição* se refere às pessoas que, sendo residentes ou não, aplicam recursos móveis em uma jurisdição, na forma de capital financeiro, bens de capital, capital humano, etc. Cf. PREBBLE, Zöe M; PREBBLE, John. *Ob. cit.*, p. 100.

[8] Cf. OCDE, supra nota 5, 1998, p. 14-15.

[9] Cf. HEMELS, Sigrid J. C. Fairness and Taxation in a Globalized World. *Erasmus University Rotterdam (EUR)* – Erasmus School of Law, Rotterdam, fev. 2015. A propósito dos *free riders*, é devida a menção ao princípio do *fair play*, desenvolvido por John Rawls, na esteira do princípio das restrições mútuas de H. L. A. Hart, segundo o qual os esquemas cooperativos impõem obrigações mútuas aos seus participantes, de sorte que a sujeição a restrições na liberdade individual atribui ao sujeito passivo um direito de exigir dos demais participantes, que se beneficiam dessas restrições, uma sujeição semelhante. Trata-se de uma questão de justa partilha de benefícios e responsabilidades dentro da vida em comunidade. Cf. RAWLS, John. Justice as Fairness. *The Philosophical Review*, v. 67, n. 2. abr. 1958, p. 179-80. O conceito de *fair share* implícito na teoria conduz à negação do princípio do "*Duke of Westminster*", segundo o qual os contribuintes teriam o direito a organizar os seus negócios de maneira a pagar o mínimo de tributo quanto possível.

Starbucks (*the great corporate tax dodge*) – é a de que alguns agentes econômicos não estão contribuindo para o financiamento das estruturas governamentais de que se beneficiam. No plano internacional, fenômeno do BEPS (*base erosion and profit shifting*) emerge das interações entre os diferentes regimes fiscais, conduzindo a casos de dupla não tributação da renda ou a níveis de tributação inferiores aos desejáveis, em desconformidade com os princípios do benefício e da tributação singular (*single tax principle*).[10] Tudo isso põe em questão o papel do Estado na proteção da sociedade contra os *free riders* que se beneficiam da estrutura cooperativa, sem contribuir para a sua manutenção ou financiamento.

Nesse contexto, as legislações de muitos países trazem a previsão de regras gerais antielisivas (*statutory general anti-avoidance rules*) prevendo a desqualificação, para fins tributários, dos arranjos negociais artificial ou abusivamente concebidos pelos contribuintes para economizar tributos. Nos países da tradição do *common law*, teorias judiciais (*judge-made general anti-avoidance rules*) como a predominância da substância sobre a forma (*substance over form*) ou o teste do propósito negocial (*business purpose*) – que têm sido enxertadas na prática tributária brasileira, ainda que de forma assistemática – permitem ao aplicador da lei a repressão dos planejamentos tributários abusivos.[11] Em acréscimo, os Países adotam regras antielisivas específicas, para frustrar a exploração dos regimes fiscais de maneiras não desejadas pelo legislador – esse é exatamente o caso das regras de CFC (*Controlled Foreign Companies*), ao menos em seu conceito típico.

Em geral, os sistemas domésticos de tributação partem do princípio de que as entidades que compõem um grupo multinacional devem ser tratadas como unidades separadas, de forma que a renda obtida por uma pessoa jurídica investida no exterior só seja tributada no país de residência dos investidores depois de efetivamente disponibilizada (*tax deferral*). Este princípio está consubstanciado também no artigo 7º, dos tratados contra a dupla-tributação (modelos ONU e OCDE), segundo o qual os lucros de uma sociedade domiciliada em um Estado-contratante devem ser tributados apenas nesse Estado, a não ser que a sociedade exerça a sua atividade no outro Estado-contratante, por meio de um estabelecimento permanente ali situado.[12]

Diante desse quadro, os agentes privados, em especial os grupos transacionais, dispõem da possibilidade da utilização de sociedades subsidiárias, controladas ou

---

[10] Cf. AVI-YONAH, Reuven S. Who invented the Single Tax Principle?: An Essay on the History of US Treaty Policy. *New York Law School Review*, 59, n. 2, 2015, p. 305-15.

[11] Conquanto se possa dizer que a aplicação de cláusulas gerais antielisivas apresente zonas de certeza positiva e negativa, que permitem a afirmação *a priori* da existência de planejamentos tributários admitidos e não admitidos, há sempre uma zona intermediária de imprecisão ou de indefinição semântica (zona de legalidade fraca), a oportunizar a sua rejeição sob a invocação do sobreprincípio do Estado do Direito e dos direitos individuais negativos. A toda evidência, trata-se de uma questão vinculada à tensão entre liberdade e igualdade nos sistemas de tributação, envolvendo, como assinala PRATES, "um inequívoco conflito ideológico, um choque entre uma concepção de direito individualista e libertária e uma outra, social e igualitária (PRATES, Renato Martins. *Interpretação Tributária e a Questão da Evasão Fiscal*. Belo Horizonte: Del Rey, 1992, p. 119). No Brasil, a doutrina majoritária tem adotado uma "tese descritivista da Ciência do Direito", dentro de um paradigma científico empirista, preconizando, por conseguinte, a incompatibilidade das cláusulas gerais antielisivas com o sobreprincípio da segurança jurídica e seus desdobramentos no sistema constitucional tributário (cf. ÁVILA, Humberto. Função da Ciência do Direito Tributário: do Formalismo Epistemológico ao Estruturalismo Argumentativo. *Revista Direito Tributário Atual*. Coord.: Ricardo Mariz de Oliveira, Luís Eduardo Schoueri e Fernando Aurélio Zilveti. São Paulo, n. 29, 2013).

[12] Sobre o conceito de estabelecimento permanente, como uma ficção jurídica, que permite a equiparação de não residentes a residentes, cf. TÔRRES, Heleno Taveira. *Pluritributação internacional sobre as Rendas de Empresas*. 2. ed. São Paulo: Revista dos Tribunais, 2001, p. 214-217.

coligadas[13] no exterior, para a concentração e o represamento de lucros em jurisdições de baixa tributação, com resultado na postergação ou na eliminação da incidência dos tributos sobre a renda corporativa no País de residência da investidora. A exploração das assimetrias entre os sistemas de tributação dos Países de residência da investidora e das investidas, com o deslocamento da riqueza tributável para as localidades de baixa pressão fiscal (*profit shifting*), permite a redução ou eliminação da alíquota efetiva suportada pelo grupo transnacional a nível global.[14]

Nesse contexto, as regras de CFC possibilitam ao país de residência do investidor tributação da renda auferida por intermédio das entidades investidas no exterior, derrogando o princípio do diferimento, em casos de abuso. Note-se que a materialidade alvejada pelas regras de CFC não são propriamente os lucros auferidos pela pessoa não residente, que escapam ao alcance abstrato das normas do país de residência do investidor, jungido aos limites de sua soberania fiscal. O que se tributam são os lucros dos sócios residentes, que são buscados no balanço de suas investidas no exterior, porque para ali foram artificialmente deslocados. Trata-se, nesse sentido, de regras de caráter antielisivo, domésticas e específicas, adotadas contra as estruturas artificiais forjadas pelos grupos multinacionais.

As regras de CFC, diante disso, constituem um instrumento importante dentro do contexto do projeto BEPS, da OCDE, ao permitirem a neutralização de planejamentos tributários abusivos, mediante a inclusão, na base de tributação do país de residência dos investidores, dos lucros represados ou artificialmente deslocados para o exterior, por intermédio de entidades investidas residentes em outros países. Trata-se de alinhar, pois, os locais onde o valor é criado e aqueles nos quais os lucros são levados à tributação.

Em que pese a existência de várias diferenças entre os regimes concretamente adotados pelos países, as regras de CFC, em geral, podem ser aplicadas de duas formas: (i) mediante a desconsideração da personalidade jurídica da "entidade CFC" (*look through approach*), caso em que a *entidade CFC* é tratada como fiscalmente transparente, ou; (ii) mediante a distribuição ficta de lucros (*deemed profit distribution approach*), em que os lucros não distribuídos são considerados distribuídos em um determinado momento.

No seu âmbito de atuação, as regras de CFC podem ser aplicáveis (i) a toda e qualquer renda de uma "entidade CFC", determinada pelo método da entidade (*entity approach*), ou, (ii) pelo método transacional (*transactional approach*), no qual são tributados de forma automática os capitais tidos como "contaminados" (*tainted income*), em especial, rendas passivas[15] (e.g., juros, *royalties*, dividendos e prêmios de seguros).

---

[13] As regras de CFC também podem ser aplicadas para a atribuição à investidora da renda auferida por meio de estabelecimentos permanentes ou outras entidades transparentes, mormente nos casos de entidades ou instrumentos híbridos. Cf. OCDE. *Designing Effective Controlled Foreign Companies*, Action 3 – 2015 Final Report. OECD/G20 Base Erosion and Profit Shifting Project. Paris: OECD Publishing, 2015.

[14] Cf. PREBBLE, John. *The Taxation of Controlled Foreign Corporations*. Wellington [Nova Zelândia]: Victoria University Press for the Institute of Policy Studies, 1987.

[15] Sobre o conceito de rendas passivas, é modelar a definição de Manuel Lucas Durán, citado por Sérgio André Rocha: "Uma das principais questões no âmbito da fiscalidade internacional é o gravame das assim denominadas 'rendas passivas', isto é, os dividendos, juros e cânones, quando tais pagamentos se realizam em um marco supranacional. Sua caracterização como rendas passivas se deve provavelmente a que, diferentemente de outros tipos de renda, não implicam tanto em uma atividade de ordenação de meios de produção no outro Estado (como seria, por exemplo, a criação de um estabelecimento permanente), mas sim unicamente a cessão de um numerário (financiamento próprio, por meio de ações, ou alheia, por meio de empréstimos), ou também a cessão de uma determinada tecnologia (v. g., patentes). que produzirão um fluxo periódico de rendas a favor do

A explicação para a segregação dessas categorias redituais reside em que elas possuem uma maior mobilidade, podendo ser mais facilmente deslocadas de um país para outro, por motivos fiscais.

Ademais, as regras de CFC podem ser aplicáveis a (i) entidades CFC estabelecidas em países de baixa tributação (abordagem jurisdicional), ou, (ii) a todas as "entidades CFC", independentemente do país em que domiciliada ou incorporada (abordagem global). Em regra – e com a notável exceção do Brasil, cujas regras de tributação em bases universais vão além do escopo antielisivo das regras de CFC típicas – os países formulam os seus regimes de CFC por meio de uma combinação entre os métodos jurisdicional e transacional, com diferenças de grau.[16]

Segundo o trabalho desenvolvido pela OCDE, sob o mandato da ação 3 do Projeto BEPS, muitos países não adotam regras de CFC ou as adotam em níveis inadequados à atual complexidade dos negócios internacionais. Isso justificou a elaboração de um relatório com recomendações de *best practices* para a adoção ou para o aprimoramento das regras de CFC, no sentido de um combate mais efetivo aos planejamentos tributários que erodem as bases de tributação nacional por meio da transferência de lucros para países de baixa tributação.

Em relação ao problema do BEPS, se regras de CFC bem estruturadas fazem parte da solução, regras de CFC lenientes, por outro lado, constituem parte fundamental do problema. A propósito, basta citar as regras de CFC norte-americanas (*sub-part F rules*), ou, mais propriamente, a facilidade com que as empresas norte-americanas evitavam a sua aplicação, valendo-se das lacunas criadas pelas regras de *check-the-box*.[17] Essas lacunas, decerto, desempenharam um papel fundamental na viabilização de estruturas como o "sanduíche" Holanda-Irlanda (*double-irish dutch sandwich*),[18] que esteve no centro dos escândalos que mobilizaram a vontade política necessária à criação do projeto BEPS.

Nesse contexto, o presente artigo visa a apresentar as recomendações da OCDE quanto à configuração dos regimes domésticos de CFC e a fazer uma avaliação do regime brasileiro de tributação em bases universais, com a identificação de eventuais pontos de distanciamento ou de convergência relativamente às melhores práticas apontadas pelo relatório final da ação 3 do Projeto BEPS.

Para fins de clareza terminológica, cumpre esclarecer, de antemão, que as expressões "residência" e "fonte" são utilizadas, ao longo do texto, para se referir ao Estado de residência dos sócios da "entidade CFC" e ao Estado de domicílio ou de localização da "entidade CFC", respectivamente.

---

cedente". DURÁN, Manuel Lucas. Las Rentas Pasivas en La Fiscalidad Internacional (Dividendos, Intereses y Canones). *Fiscalidad Internacional*. Coord.: Fernando Serrano Antón. Madri: Ediciones Estudios Financeiros, 1999, p. 321-2 *apud* ROCHA, Sérgio André. *Tributação de Lucros Auferidos no Exterior* (Lei nº 12.973/14). São Paulo: Dialética, 2014, p. 114.

16 PICONEZ, Matheus Bertholo. Lucros no Exterior, Equivalência e Tributação da "Parcela do Ajuste do Valor do Investimento" à Luz dos Acordos de Bitributação Brasileiros. *Controvérsias Jurídico-Contábeis* (Aproximações e Distanciamentos). 6. v. MOSQUERA, Roberto Quiroga; LOPES, Alexsandro Broedel (Coord.). São Paulo: Dialética, 2015, p. 398.

17 Cf. SHAVIRO, Daniel M. *Fixing U.S. International Taxation*. Oxford: Oxford University Press, 2014, p. 96-8.

18 Para uma descrição mais detalhada dessa estrutura, cf. MOREIRA, Francisco Lisboa. O Projeto de Combate à Erosão das Bases Tributárias e Movimentação de Lucros (BEPS) da OCDE e a Política Tributária Internacional Brasileira: Algumas Reflexões. *Direito Tributário Internacional*: Homenagem ao Professor Alberto Xavier. São Paulo: Quartier Latin, 2016, p. 208-12.

2 Objetivos e considerações de política fiscal

O primeiro capítulo do relatório final na ação 3, do plano BEPS, trata dos objetivos e das considerações de política fiscal que orientam os Estados na introdução de regras de CFC. Conquanto reconheça que há objetivos específicos que variam em função das características dos sistemas de tributação e das necessidades e preocupações refletidas na política fiscal de cada país, o relatório assume a existência de propósitos e considerações comuns inerentes ao conceito ou à racionalidade das regras de CFC.

Os objetivos comuns e as considerações gerais de política fiscal enumerados pelo relatório são: (i) a redução, por meio da dissuasão, da transferência internacional de riqueza tributável, (ii) a complementação das regras de preços de transferência, (iii) o equilíbrio entre a eficiência da tributação e os custos administrativos e de conformidade envolvidos na aplicação das regras de CFC e (iv) o equilíbrio entre a eficiência da tributação e a busca da prevenção ou da eliminação da dupla tributação.

O primeiro objetivo comum reflete o entendimento do funcionamento das regras de CFC como um fator de dissuasão aos grupos e empresas multinacionais, no que respeita à adoção de estruturas para o diferimento da tributação ou a manipulação dos elementos de localização de lucros. Com efeito, ao permitir que os lucros auferidos por entidades investidas no exterior sejam tributados no país de residência do investidor, antes de sua disponibilização, as regras de CFC acabam por neutralizar os benefícios decorrentes do deslocamento da localização dos rendimentos para o exterior.

Note-se, nessa medida, que as regras de CFC, em sua configuração típica, não pretendem constituir um entrave à globalização ou aos fluxos internacionais de bens, serviços e capital. Igualmente, a função das regras de CFC não é afetar a alocação internacional de poder de tributar nas redes de tratados para evitar a dupla tributação. Não se busca ampliar, mas proteger, a base de arrecadação do país de residência. O efeito dissuasivo (*deterrent effect*) dirige-se contra os planejamentos adotados pelos agentes privados para o aproveitamento das diferenças entre os níveis e regimes de tributação dos países, mediante a neutralização de suas vantagens fiscais.

Nesse ponto, cabe esclarecer que a adoção de regras de CFC não depende de que o país utilize um sistema de tributação da renda em bases universais (*worldwide income*) ou que tenha uma política fiscal voltada à neutralidade da exportação de capitais. Como bem esclarece Ramon Tomazela Santos,[19] as regras de CFC podem ser adotadas, inclusive, por países com sistemas de tributação territorial ou com políticas fiscais inclinadas à neutralidade na importação de capitais. As diferenças entre os dois casos estão no foco e na abrangência de regras de CFC. Nos países que optam pelo princípio da universalidade da tributação da renda, as regras de CFC são estruturadas para evitar que os lucros sejam represados no exterior, diferindo a tributação no país de residência (*tax deferral*). O foco reside, pois, na questão temporal. Por outro lado, para um país que adote um sistema de tributação territorial, as regras de CFC são utilizadas para alcançar os lucros que são artificialmente localizados no exterior, mas que teriam origem no território do respectivo país. Considerando que, no sistema de tributação territorial, os lucros produzidos por fontes externas não se sujeitam à tributação no país de residência, a abrangência das regras de CFC, neste caso, é mais limitada.

---

[19] SANTOS, Ramon Tomazela. *O Regime de Tributação dos Lucros Auferidos no Exterior na Lei nº 12.973/2014*. Rio de Janeiro: Lumen Juris, 2017, p. 349.

Ainda tratando do efeito dissuasivo das regras de CFC, cumpre destacar que o beneficiário de sua aplicação nem sempre é apenas o Estado de residência (i.e., o Estado de aplicação das regras de CFC). Ao mesmo tempo em que previnem a erosão da base tributável do país de residência (*residence stripping*), as regras de CFC podem trazer benefícios a outros Estados, prevenindo a transferência de riqueza tributável para terceiros países de baixa pressão fiscal (*foreign-to-foreign stripping*). Tome-se o exemplo de uma companhia "P", residente no Estado "EP", que tem uma subsidiária "S1", no Estado "ES1", que, por sua vez, tem uma subsidiária "S2", no Estado "ES2". O Estado "ES1" é um Estado de baixa pressão fiscal relativamente a "EP" e a "ES2". Assuma-se, ainda, que "S2" tenha pago juros a "S1", deslocando parte dos seus lucros para "ES1". A dedutibilidade dos juros na base tributável do País "ES2" e a sujeição a um regime tributário mais favorável em "ES1" implicam a redução dos custos fiscais suportados pelo grupo a nível global. Contudo, os benefícios econômicos dessa transação seriam eliminados caso o Estado "EP" tivesse regras de CFC que atribuíssem a "P" os juros recebidos pela subsidiária "S2", em "ES2". Neste caso, as regras de CFC estariam não apenas protegendo a base tributável do país de residência "EP", mas também eliminando o incentivo à erosão da base do Estado "ES2". Assim, muito embora as regras de CFC objetivem, essencialmente, proteger a base tributável do estado de residência, elas também apresentam efeitos indiretos sobre os países de fonte, reduzindo o incentivo aos agentes econômicos para a transferência de lucros para terceiros países de baixa pressão fiscal.[20]

O segundo objetivo comum das regras de CFC, na ordem enunciada pelo relatório, é servir de complemento para as regras de controle fiscal dos preços de transferência. Como cediço, as regras de preços de transferência prescrevem, para fins de alocação da riqueza tributável entre as jurisdições de localização de duas partes relacionadas que realizem transações entre si, o valor mínimo tributável, nas exportações, e o valor máximo dedutível, nas importações. Busca-se, com isso, evitar a manipulação dos preços nas transações entre partes relacionadas. As regras de transferência prescrevem ajustes nos preços praticados, para fins de tributação, a partir de sua comparação com os preços parâmetros, tidos como os preços que seriam praticados entre partes não relacionadas em condições normais no mercado aberto (*at arm's lenght*). Neste particular, as regras de CFC podem servir como uma forma de capturar a renda da entidade residente que não foi capturada pelas regras de preços de transferência. Há de se ressaltar, contudo, que a relação entre as regras de CFC e de preços de transferência não é de correspondência ou de continência, muito embora possa haver pontos de interseção. Enquanto as regras de preços de transferências se aplicam genericamente ao controle dos preços nas transações entre partes relacionadas, as regras de CFC, em sua formulação típica, aplicam-se apenas a certas categorias redituais dotadas de maior mobilidade (método transacional) ou a relações privilegiadas com investidas localizadas em jurisdições de baixa tributação (método jurisdicional). Essas características das regras de CFC serão mais bem analisadas nos capítulos seguintes.

A terceira consideração de política fiscal decorre da necessidade de se balancear a efetividade das regras de CFC com os custos administrativos e de conformidades

---

[20] Cf. KANE, Mitchell A. The Role of Controlled Foreign Company Legislation in the OECD Base Erosion and Profit Shifting Project. *Bulletin for International Taxation*. jun./jul., 2014, p. 323-324.

necessários à sua aplicação. Essa questão perpassa pela decisão acerca do grau de flexibilidade dos requisitos de aplicação das regras de CFC. A adoção de requisitos mais flexíveis implica maior subjetividade e, por conseguinte, maiores custos administrativos e de conformidade. Lado outro, requisitos de aplicação mais mecânica, conquanto sejam mais econômicos e praticáveis, podem reduzir a efetividade das regras de CFC. O exemplo dado pelo relatório é o da definição dos tipos de rendimentos considerados para fins de tributação. A adoção de uma análise categórica com base na forma jurídica dos rendimentos (e.g., dividendos, juros, *royalties*, etc.) confere mais praticabilidade, enquanto uma análise baseada na substância econômica pode ser mais eficiente na identificação dos planejamentos tributários encobertos pelas formas das estruturas adotadas, mormente nos casos de instrumentos ou entidades híbridas.

Conquanto no relatório da OCDE essa questão seja tratada como um problema econômico, de ajustamento de custos de conformidade e de aplicação, ela pode carregar também um problema jurídico de conflito entre as concepções generalista e particularista de igualdade. As presunções e ficções encartadas nas análises mecânicas e puramente formalistas reduzem a complexidade do mundo fático, permitindo à administração-fiscalização a aplicação em massa da norma tributária, sem descer às particularidades do caso concreto.[21] O método simplificador permite a execução econômica da norma, operando em favor da igualdade geral, que "propõe a desconsideração de elementos particulares em favor da avaliação das propriedades existentes na maioria dos casos".[22] Com isso, busca-se reduzir a discricionariedade do aplicador da norma, na seleção das propriedades a serem consideradas em cada decisão individual, com aumento de previsibilidade e redução de custos no dimensionamento dos conflitos sociais.

No Brasil, essas abstrações generalizantes são adotadas com fundamento no princípio constitucional da praticidade, para tornar a norma exequível, cômoda e viável, e são especialmente visíveis na formulação das regras tributárias antielisivas específicas. É o caso, por exemplo, das regras de controle fiscal de preços de transferência, trazidas pelo artigo 18 e seguintes, da Lei nº 9.430, de 27.12.1996, que se utilizam de presunções e ficções para a determinação do preço máximo nas importações e do preço mínimo nas importações, distanciando-se do preço que seria efetivamente praticado em condições normais no mercado aberto (*at arm's lenght*).[23] É o caso, também, das regras brasileiras de subcapitalização, que preveem percentuais fixos determinantes das proporções máximas da dívida (*debt capital*) em relação ao capital próprio (*equity*), para o fim da verificação da dedutibilidade fiscal dos juros pagos a partes relacionadas no exterior. A previsão de percentuais fixos significa um afastamento relativamente aos níveis de endividamento que estariam efetivamente acessíveis à pessoa jurídica em condições de livre-concorrência no mercado aberto.[24]

[21] DERZI, Misabel de Abreu Machado. Direito Tributário, Direito Penal e Tipo. São Paulo: *Revista dos Tribunais*, 1988, p. 36.

[22] ÁVILA, Humberto. *Teoria da Igualdade Tributária*. São Paulo: Malheiros, 2009, p. 82.

[23] GREGORIO, Ricardo Marozzi. *Preços de Transferência*: Arm's Lenght e Praticabilidade. São Paulo: Quartier Latin, 2011, p. 234-59. POLIZELLI, Victor Borges. Diálogos entre o Fisco e o Contribuinte em Torno da Escolha dos Métodos de Preços de Transferência e da Fixação das Margens de Lucro. *Tributos e Preços de Transferência*. 4. v. Coord. Luís Eduardo Schoueri. São Paulo: Dialética, 2013, p. 386-99.

[24] PEDROSA JUNIOR, Marcio. Planejamento Tributário Internacional com Subcapitalização: o conceito de renda e as regras brasileiras de subcapitalização. *Concorrência, Globalização e Governança Tributária*: contribuições ao XVIII Congresso Internacional da ABRADT. Coord.: SANTIAGO, Igor Maules *et al*. Belo Horizonte: Fórum, 2015.

O afastamento em relação às propriedades do caso concreto revela um conflito com a concepção individualista da igualdade, que "sugere a consideração de elementos particulares mediante o afastamento do padrão legal".[25] No Brasil, esse conflito pode significar a existência de vícios de constitucionalidade, na hipótese de serem utilizadas presunções absolutas ou ficções para sujeitar à tributação fatos que não denotam capacidade contributiva do sujeito passivo. Neste particular, a importância do balanceamento entre a efetividade e os custos administrativos e de conformidade vai além do plano estritamente econômico, para acolher problemas relacionados à própria validade jurídica das regras de CFC, que assumem dimensões diversas conforme as características dos sistemas jurídicos de cada país.

O último objetivo comum proposto no relatório é evitar a dupla tributação. Com efeito, a aplicação das regras de CFC, ao permitir a tributação, no país de residência da sociedade investidora, dos rendimentos auferidos por suas investidas qualificadas no exterior, pode conduzir a situações de dupla tributação (jurídica ou econômica) da renda, caso os rendimentos auferidos pela entidade CFC sejam também tributados no exterior. Neste caso, surge a necessidade da previsão de mecanismos de alívio à dupla tributação, pelos métodos da isenção ou do crédito. Esse ponto será tratado com maior vagar abaixo, quando da apresentação das recomendações da OCDE acerca da formulação de regras para evitar a dupla tributação.

Os regimes de CFC compreendem, sob título comum, uma variedade de construções jurídicas diversas elaboradas pelos Estados para tributar a renda auferida por seus residentes em decorrência de seus investimentos no exterior. Nesse sentido, e para além dos objetivos comuns acima mencionados, o relatório da OCDE reconhece que as diferenças entre os sistemas jurídicos e as políticas fiscais de cada país alimentam a existência de objetivos específicos relativamente à adoção de regras de CFC. Nesse ponto, o relatório menciona duas diferenças fundamentais que podem influenciar as motivações ou os objetivos de cada país. A primeira dessas diferenças, como já antecipado, consiste na adoção, ou não, de um sistema de tributação em bases universais (*worldwide income*). A segunda diferença decorre de o país ser ou não um membro da União Europeia (UE) ou do Espaço Econômico Europeu (EEC), haja vista as limitações impostas pela jurisprudência da Corte Europeia (ECJ) à configuração de regras antielisivas específicas aplicáveis a transações internacionais.

Como visto, nos países que adotam um sistema de tributação em bases universais, as regras de CFC buscam evitar os abusos no *tax deferral*. O foco, aqui, é a questão temporal. No caso dos países com regimes de tributação territorial, por outro lado, o escopo de aplicação das regras de CFC é reduzido, aplicando-se apenas aos lucros que são artificialmente deslocados para o exterior, mas que teriam origem em fontes domésticas.

As diferenças de abrangência dos regimes de CFC adotados por países com sistemas de tributação em bases universais, de um lado, e países com sistemas de tributação territorial, de outro, espelham o *trade off* enfrentado pelos Estados quando da definição de suas políticas fiscais, no contexto da competição fiscal internacional. Como observa Webber,[26] se por um lado, é claro que os agentes privados buscam alíquotas

---

[25] ÁVILA, Humberto, supranota 24, p. 82.

[26] WEBBER, Stuart. Thin Capitalization and Interest Deduction Rules: a Worldwide Survey. *Tax Notes International*, v. 60, n. 9, nov. 2010, 683-708. Tax Analysts, 2010, p. 688.

efetivas mais baixas, por outro, não se pode afirmar inequivocamente qual é a melhor política, sob a perspectiva das administrações fiscais, no que respeita à adoção de regras específicas contra o planejamento tributário internacional. A adoção de regras de CFC mais abrangentes, apesar de preservar a base de arrecadação no curto prazo, pode desencorajar o investimento internacional. A eleição de regras de CFC de espectro mais restrito, lado outro, apesar de expor a base de tributação, pode atrair investimentos, gerar empregos e, até mesmo, aumentar a arrecadação, no longo prazo. A definição da política fiscal mais adequada perpassa pela consideração da realidade econômica e da posição de cada país no cenário internacional. A rigor, os países que percebem a si mesmos como importadores de capital tendem a uma política voltada à neutralidade fiscal às importações (*capital import neutrality*), dentro de sistemas de tributação territorial. Os países exportadores de capital, ao revés, privilegiam a neutralidade fiscal às exportações (*capital export neutrality*),[27] o que resulta na adoção de regras de CFC mais abrangentes, dentro de sistemas de tributação em bases universais.

Em princípio, as multinacionais residentes em países que adotam regras de CFC mais robustas encontram-se em desvantagem competitiva relativamente às multinacionais residentes em países que não têm regras de CFC ou que as adotam com uma menor abrangência. Nesse contexto, a busca da redução da alíquota efetiva suportada a nível global pode influenciar as decisões dos grupos e das empresas multinacionais na escolha da jurisdição de localização de seus investimentos, como forma de escapar à aplicação de regimes de CFC mais severos ou abrangentes. Nesse contexto, os países precisam balancear a necessidade de atração de investimentos com as preocupações ligadas à evitação dos abusos no *tax deferral* e ao *profit shifting*.

Segundo Brauner,[28] o paradigma da tributação internacional é o da competição – os países competem entre si -, e não o da cooperação. A percepção dos regimes de CFC como regimes "domésticos" de tributação dos rendimentos de residentes decorrentes de seus investimentos no exterior resulta na sua percepção como uma solução unilateral e, portanto, limitada, do problema do BEPS. Esse tipo de medida não consegue dar cabo das diferenças entre os regimes de tributação que potencialmente resultam em situações de dupla tributação ou criam oportunidades de dupla não tributação. Essas considerações revelam, em que pesem os esforços da OCDE quanto à formulação de *best practices* que permitam certo nível mínimo de harmonização, a utilidade limitada dos regimes de CFC enquanto medida de combate ao BEPS. Como observa Batista Júnior, as medidas unilaterais, sobre representarem visões sempre parciais da realidade, acabam por perpetuar o "jogo de quem dá mais" da "guerra fiscal internacional".[29]

Ainda quanto à definição da abrangência dos regimes de CFC, uma segunda consideração a ser levada em conta pelos países na formulação de suas regras diz respeito à inclusão ou não de casos de erosão da base tributável de terceiros países (*foreign-to-*

---

[27] A adoção do princípio da neutralidade fiscal à exportação significa a concessão, aos sujeitos residentes que produzam rendimentos no exterior, do mesmo tratamento tributário que é dado aos residentes que produzam renda exclusivamente no interior do Estado. O princípio da neutralidade fiscal às importações, por outro lado, significa a concessão, aos sujeitos residentes que produzem rendimentos no exterior, o mesmo tratamento fiscal que vigora no Estado dentro do qual tais rendimentos são produzidos, aplicável aos sujeitos que operam exclusivamente no âmbito daquele Estado. Cf., TÔRRES, Heleno Taveira, supra nota 14, p. 427.

[28] BRAUNER, Yariv. What the Beps? *Florida Tax Review*, v. 16, n. 2, 2014, p. 86-7.

[29] Cf. BATISTA JÚNIOR, Onofre Alves. supranota 3, p. 305-341.

foreign stripping). Como evidenciado anteriormente, o efeito dissuasivo das regras de CFC pode tomar por referência não apenas a base tributável do país de residência, mas também as de outros países, protegendo-os contra a transferência internacional de riqueza tributável para terceiros países de baixa tributação. Nessa senda, na formulação de suas regras de CFC, os países podem optar por centrar-se na proteção apenas de sua própria base de tributação, excluindo do seu escopo os rendimentos que foram separados de atividades realizadas em outros países. Um exemplo é o caso dos Estados Unidos, onde as chamadas *check-the-box rules* permitem aos contribuintes escolher se as suas investidas no exterior são tratadas como *disregarded entities* (transparentes) ou como entidades corporativas (opacas), permitindo a exclusão, do escopo das regras de CFC, dos casos de *foreign-to-foreign stripping*.[30]

Segundo o relatório da OCDE, as regras de CFC que focam exclusivamente na erosão da base tributável do Estado de residência não são tão efetivas na concretização dos objetivos do Projeto BEPS quanto regras que alcançam também a erosão das bases de outros países. Essa falta de efetividade decorre tanto da existência de situações nas quais não se pode determinar com precisão qual é a base de tributação que está sendo erodida quanto da consideração do próprio objetivo do Projeto BEPS, que é evitar a erosão das bases de tributação como um todo e não apenas das bases dos países de residência. Essa consideração se mostra particularmente relevante para os países em desenvolvimento que, enquanto importadores de capital, geralmente assumem a posição de Estados de fonte.

Como visto acima, para além da questão do sistema de tributação adotado por cada país, se territorial ou em bases universais, um dos fatores potencialmente determinantes de diferenças na configuração das regras de CFC são as limitações impostas pela jurisprudência da Corte Europeia de Justiça (ECJ). Pois, no caso *Cadbury v. Schweppes*, a Corte Europeia de Justiça decidiu que o escopo das regras de CFC e de outras regras antielisivas específicas aplicáveis a transações internacionais deveria se limitar aos "arranjos inteiramente artificiais que não refletem a realidade econômica e cujo propósito é a obtenção de uma vantagem tributária".[31] Essa limitação é imposta a todos os casos nos quais a tanto a investidora quanto a entidade CFC sejam residentes de países membros da União Europeia (EU) ou do Espaço Econômico Europeu (EEE).

Neste ponto, é importante esclarecer que o objetivo do relatório da OCDE é traçar recomendações que possam ser implementadas por todos os países, independentemente dos sistemas jurídicos adotados ou dos objetivos específicos da política fiscal de cada país, individualmente considerado. Isso implica a necessidade de que as recomendações da OCDE sejam moldadas levando em conta não as particularidades de países com regimes de tributação territorial ou em bases universais, mas também as limitações a que se sujeitam os países alcançados pela jurisprudência da Corte Europeia. Notadamente, a apresentação de recomendações inconsistentes com o Direito Europeu implicaria a impossibilidade de adesão dos países europeus, o que resultaria em uma potencial

---

[30] KANE, Mitchell A. supra nota 22, p. 321. Cf. também: RACHIFSY, David J. Overview of the U.S. Tax Consequences of Disregarded Entities. *Bulletin for International Taxation*. set./out., 2001, p. 388-396.

[31] Cf. MALHERBE, Jacques. *Controlled Foreign Corporations*: Revisitadas à Luz dos Tratados de Bitributação e do Direito Comunitário Europeu. Traduzido por SILVEIRA, Ricardo Maitto da. *Direito Tributário Atual*, n. 21. São Paulo: Dialética, 2007, p. 117-18.

desvantagem competitiva às multinacionais localizadas fora desses países, que estariam sujeitas a regras de CFC relativamente mais robustas.

3 Breve histórico da tributação em bases universais no Brasil

No presente trabalho, para além da exposição das recomendações da OCDE quanto à configuração dos regimes domésticos de CFC, pretende-se fazer uma avaliação do regime brasileiro de tributação em bases universais (TBU), com a identificação e a revisão crítica de eventuais pontos de distanciamento ou de convergência relativamente às melhores práticas apontadas pelo relatório final da Ação 3 do Projeto BEPS. Para tanto, a fim de identificar as principais características do regime vigente no País, faz-se necessária breve exposição acerca do histórico da tributação das pessoas jurídicas em bases universais no Brasil, desde a sua adoção, em 1995, até culminar na Lei nº 12973, de 13.5.2014, que traz a disciplina atual da matéria.

Com efeito, até meados da década de 90, o Brasil adotava, em relação às pessoas jurídicas,[32] um sistema de tributação territorial, tributando apenas as pessoas residentes ou domiciliadas no País, pelos rendimentos de fonte nacional. Nessa época, assim, a tributação brasileira não alcançava os rendimentos produzidos no exterior, no âmbito de atuação das empresas multinacionais (filiais e sucursais) ou dos grupos transnacionais (subsidiárias, controladas ou coligadas). Tratava-se de solução adequada à percepção do País como importador de capital, na tentativa de atrair investimentos por meio da neutralidade das importações.[33]

A primeira tentativa de alteração das bases de tributação brasileira se deu em 1987, por meio do Decreto-lei nº 2937, de 21.12.1987, que previa, em seu artigo 7º, o dever do cômputo, no lucro real, dos resultados obtidos no exterior, por meio de filiais, sucursais, agências ou representações. Em fevereiro de 1988, houve nova modificação legislativa, definindo-se que o lucro obtido por subsidiárias estrangeiras de sociedades residentes também seria gravado pelo IRPJ (artigo 8º, do Decreto-lei nº 2413, de 10.2.1988). Contudo, alguns meses após as inovações, em abril daquele ano, a legislação retornou ao critério da territorialidade (artigo 11, do Decreto-lei nº 2429, de 14.4.1988).

Em 1995, e seguindo a tendência global, o Brasil passou a adotar a tributação em bases universais, por meio da Lei nº 9249, de 26.12.1995. Como anota Godói, a adoção do critério da renda mundial refletiu a tendência do capitalismo brasileiro de se tornar também um exportador de capital.[34] Pelo critério da renda mundial, busca-se garantir a neutralidade na exportação de capitais, a fim de que tanto o capital investido no exterior quanto o capital investido domesticamente tenham seus rendimentos gravados à mesma intensidade.

---

[32] Em relação às pessoas físicas, o princípio da universalidade já havia sido acolhido pelo artigo 21 do Regulamento do Imposto de Renda consolidado em 1980 (RIR/80), segundo o qual "entrarão no cômputo do rendimento bruto, nas cédulas em que couberem (...) VIII – os rendimentos recebidos no exterior transferidos ou não para o Brasil, ainda que decorrentes de atividade desenvolvida ou de capital situado no exterior (...)".

[33] O artigo 268 do Regulamento do Imposto de Renda consolidado em 1980 (RIR/80), na linha do que determinava o artigo 63 da Lei nº 4.506/1964, dispunha que "o lucro proveniente de atividades exercidas parte no país e parte no exterior somente será tributado na parte produzida no país".

[34] GODÓI, Marciano Seabra de. A Nova Legislação sobre Tributação de Lucros Auferidos no Exterior (Lei 12.973/2014) como Resultado do Diálogo Institucional Estabelecido entre o STF e os Poderes Executivo e Legislativo da União. *Grandes Questões Atuais do Direito Tributário*, 18. v. São Paulo: Dialética, 2014, p. 278.

O artigo 25 da Lei nº 9249/95 dispunha que "os lucros, rendimentos e ganhos de capital auferidos no exterior" seriam computados na determinação do "lucro real das pessoas jurídicas correspondente ao balanço levantado em 31 de dezembro de cada ano". Segundo os parágrafos 2º e 3º desse artigo, o imposto de renda brasileiro alcançaria o lucro auferido por filiais, sucursais, controladas e coligadas no exterior, de pessoas jurídicas domiciliadas no Brasil. Foi adotado o critério da renda mundial, em versão ampliada, atingindo não apenas as filiais e sucursais (formas de atuação direta da empresa brasileira no exterior), mas também os lucros de pessoas jurídicas estrangeiras (subsidiárias, controladas e coligadas), distintas das pessoas jurídicas residentes no Brasil. Esse alargamento do âmbito de incidência do IRPJ passou a atingir também a CSLL, a partir da Medida Provisória nº 1838-7, de 29.7.1999.

O artigo 25, da Lei nº 9249/95, que previa a tributação dos "lucros" por pessoas jurídicas estrangeiras, independentemente de qualquer evento de disponibilização, foi reputado inconstitucional pela maioria da doutrina.[35] O argumento era de que a lei ordinária não poderia imputar à investidora, de forma automática, os lucros auferidos por controladas e coligadas no exterior, sob pena de se tributar um acréscimo patrimonial em relação ao qual a sociedade residente ainda não havia adquirido disponibilidade econômica ou jurídica, nos termos do artigo 43, do Código Tributário Nacional (CTN). Nesse contexto, a Instrução Normativa SRF nº 38, de 27.6.1996, primeiro, e, depois, a Lei nº 9532, de 10.12.1997,[36] determinaram que o imposto brasileiro somente alcançaria o lucro das controladas e coligadas estrangeiras no período-base de sua efetiva disponibilização. A materialidade tributável continuou sendo os "lucros auferidos no exterior" (artigo 1º, da Lei nº 9532/97).

No dia 11.1.2001, foi publicada a Lei Complementar nº 104 (LC nº 104/01), de iniciativa do Poder Executivo Federal. Entre outras providências, a aludida lei incluiu um parágrafo 2º, no artigo 43, do CTN, segundo o qual "na hipótese de receita ou de rendimento oriundos do exterior, a lei estabelecerá as condições e o momento em que se dará sua disponibilidade, para fins de incidência do imposto referido neste artigo". Baseando-se nessa modificação legislativa, o Poder Executivo considerou que teria sido delegada ao legislador ordinário a competência para determinar o aspecto temporal da hipótese de incidência do imposto, abrindo a margem de discricionariedade legislativa necessária à determinação da tributação automática dos lucros auferidos por intermédio das pessoas investidas no exterior.

Após a modificação do CTN, o Executivo Federal editou a Medida Provisória nº 2158-35, de 24.8.2001, a qual, em seu artigo 74, estabeleceu que "os lucros auferidos por controlada ou coligada no exterior serão considerados disponibilizados para a controladora ou coligada no Brasil na data do balanço no qual tiverem sido apurados". Dessa forma, não mais seria necessária a disponibilização pelo crédito ou pagamento dos lucros para a incidência da tributação correspondente, bastando o seu reconhecimento na apuração contábil da pessoa jurídica brasileira. Para alguns, o artigo 74, da

---

[35] Cf. e.g., SCHOUERI, Luís Eduardo. Tributação dos Lucros Auferidos por Controladas e Coligadas no Exterior: um Novo Capítulo no Direito Tributário Internacional do Brasil? *Imposto de Renda*: Aspectos Fundamentais. Coord.: OLIVEIRA, Valdir de. São Paulo: Dialética, 1996, p. 145.

[36] A Instrução Normativa não era o veículo normativo adequado para alterar o aspecto temporal da tributação dos lucros no exterior, haja vista a exigência constitucional de lei para a especificação conceitual dos critérios da hipótese de incidência tributária (artigo 150, I, da CR/88).

MP nº 2158-35/01 teria utilizado o método da distribuição ficta de dividendos (visto que, na dicção da lei, consideram-se "disponibilizados").[37] Contudo, para a maioria, a sistemática adotada é a da desconsideração da personalidade jurídica (*look-through approach*), visto que o critério quantitativo adotado não correspondia aos dividendos (lucro *local GAAP* após o imposto de renda e outras deduções), mas, sim, ao valor bruto dos lucros apurados.[38]

Novamente, a pretensão da tributação automática dos lucros externos foi reputada inconstitucional pela maior parte da doutrina, por ausência de renda disponível, com contrariedade ao conceito de renda plasmado no antecedente das regras constitucionais atributivas de competência tributária e refletido no artigo 43, do CTN.[39] O argumento é o de que o parágrafo 2º, do artigo 43, do CTN (incluído pela LC n. 104/01), não poderia ser interpretado de forma dissociada do *caput* do dispositivo, a fim de que a incidência do tributo pudesse prescindir da necessária disponibilidade sobre os lucros auferidos no exterior. Decerto, a Constituição (artigo 153, III) exige, como fato imponível, renda efetivamente realizada (renda adquirida com o qualificativo de sua disponibilidade econômica ou jurídica) e não renda possível ou potencial, a partir de uma visão meramente prospectiva.

Visando a regulamentar a matéria, a Receita Federal do Brasil (RFB) publicou a Instrução Normativa nº 213, de 7.10.2002, estabelecendo, em seu artigo 7º, que os resultados positivos dos ajustes de equivalência patrimonial dos valores dos investimentos no exterior em filial, sucursal, controlada ou coligada deveriam ser computados na apuração do lucro contábil da pessoa jurídica brasileira.

O método da equivalência patrimonial é uma técnica contábil de consolidação, em uma linha do balanço individual, do patrimônio líquido das controladas e coligadas (*one line consolidation*). O investimento em participação em outra entidade é registrado inicialmente pelo custo, mas ajustado pelo valor do patrimônio líquido da entidade investida proporcionalmente à participação da sociedade investidora.[40] Na legislação brasileira, o MEP passou a ser exigido, nas demonstrações individuais da investidora, a partir da Lei das Sociedades por Ações (artigo 248 da Lei nº 6.404, de 15.12.1976, na redação original).

O artigo 67, inciso XI, do Decreto-lei nº 1598, de 26.12.1977, recepcionou as previsões da Lei nº 6404/76 para a apuração do IRPJ e da CSLL (Parecer Normativo CST nº 107, de 27.12.1978). Os seus arts. 22 e 23 dispunham que o resultado de equivalência patrimonial seria neutro para fins tributários, não podendo ser computado na apuração

---

[37] Cf. MACIEL, Taísa Oliveira. *Tributação dos lucros das coligadas e controladas estrangeiras*. Rio de Janeiro: Renovar, 2007, p. 162.

[38] PICONEZ, Matheus Bertholo. *Ob. cit.*, p. 401.

[39] Cf., e.g., COÊLHO, Sacha Calmon Navarro; DERZI, Misabel de Abreu Machado. Tributação pelo IRPJ e pela CSLL de lucros auferidos por empresas controladas ou coligadas no exterior – inconstitucionalidade do artigo 74 da Medida Provisória nº 2.158/01. *Revista Dialética de Direito Tributário*, n. 130. São Paulo: Dialética, 2002, p. 87-91; OLIVEIRA, Ricardo Mariz de. O Imposto de Renda e os Lucros Auferidos no Exterior. *Grandes Questões Atuais do Direito Tributário*. Coord.: Valdir de Oliveira. 7º v. São Paulo: Dialética, 2003, p. 345; ÁVILA, Humberto. O Imposto de Renda e a Contribuição Social sobre o Lucro e os Lucros Auferidos no Exterior. *Grandes Questões Atuais do Direito Tributário*. Coord.: OLIVEIRA, Valdir de. 7. v. São Paulo: Dialética, 2003, p. 239. ROCHA, Sérgio André. Transparência Fiscal Internacional no Direito Tributário Brasileiro. *Revista Dialética de Direito Tributário*, n. 99. São Paulo: Dialética, 2003, p. 123.

[40] IUDIBUCIUS, Sérgio de et al. *Manual de Contabilidade Societária*. São Paulo: Atlas, 2010, p. 169-174.

do resultado tributável da sociedade investidora. O artigo 7º, da Instrução Normativa nº 213, de 7.10.2002, pois, rompeu com a neutralidade fiscal dos ajustes contábeis, para impor o cômputo dos resultados positivos de equivalência patrimonial na apuração do lucro real e da base de cálculo da CSLL.

A constitucionalidade do parágrafo 2º, do artigo 43, do CTN, e do artigo 74 da Medida Provisória nº 2158-35, foi questionada ao Supremo Tribunal Federal (STF), objeto da Ação Direta de Constitucionalidade nº 2588 (ADI nº 2588), cuja tramitação se alongou por mais de uma década até o seu julgamento definitivo, em 2013. As posições adotadas pelos Ministros, que encerram grandes diferenças entre si, podem ser consolidadas em quatro grandes grupos: (i) *constitucionalidade total* (Nelson Jobim, Eros Grau, Ayres Britto, César Peluzo); (i) *inconstitucionalidade total* (Sepúlveda Pertence, Celso de Mello, Marco Aurélio e Ricardo Lewandowski); (ii) *inconstitucionalidade condicionada (critério jurisdicional)* – inconstitucionalidade quando a regra é aplicada em países não considerados paraísos fiscais (Joaquim Barbosa); (iv) *inconstitucionalidade condicionada (critério societário)* – inconstitucionalidade quanto às coligadas e constitucionalidade quanto às controladas (Ellen Gracie).

O voto do Ministro Nelson Jobim, partiu, fundamentalmente, de uma suposta distinção entre *disponibilidade econômica* e *disponibilidade financeira*, para, afirmando haver *disponibilidade econômica* sobre os resultados de equivalência patrimonial (como consequência do regime de competência), concluir pela constitucionalidade da tributação automática, no Brasil, dos lucros das controladas e coligadas no exterior. Como anota Godói,[41] a obrigação do registro dos resultados de equivalência patrimonial "interfere diretamente no cálculo e na distribuição dos dividendos obrigatórios acionistas, implica a valorização imediata e, portanto, interfere no valor de mercado das ações da empresa investidora". Assim, a imputação à investidora brasileira dos lucros auferidos pelas suas controladas ou coligadas no exterior seria baseada nos efeitos patrimoniais específicos emergentes da aplicação do método de equivalência patrimonial na avaliação do valor dos investimentos, suficientes para caracterizar a existência de disponibilidade econômica sobre esses lucros. O voto do Min. Nelson Jobim foi acompanhado pelo Ministro Eros Grau (sem voto escrito) e influenciou os votos dos Ministros Ayres Britto e Cezar Peluso, que, em que pesem suas particularidades, adotaram a mesma senda argumentativa, pela existência de disponibilidade da investidora residente sobre os lucros das investidas no exterior.

Em sentido oposto, o voto do Ministro Marco Aurélio capitaneou o entendimento, seguido pelos Ministros Sepúlveda Pertence, Ricardo Lewandowski e Celso de Mello (que não proferiu voto escrito), segundo o qual seria inconstitucional a previsão da tributação automática dos lucros auferidos no exterior, antes de ocorrida a sua efetiva distribuição, sob pena de violação aos arts. 146, inciso III, 'a' e 153, inciso III, da Constituição de 1988. Antes da efetiva distribuição, haveria apenas "expectativa de direito", que não supriria a exigência de disponibilidade para desencadear a incidência dos tributos sobre a renda corporativa.

A Ministra Ellen Gracie, em seu voto, adotando o critério societário, sustentou que a regra de tributação automática seria constitucional para as controladoras e

---

41 GODOI, Marciano Seabra de. *Ob. cit.*, p. 288

inconstitucional para as coligadas (inconstitucionalidade condicionada – critério societário). O argumento utilizado para sustentar esse posicionamento foi o de que a controladora residente, tendo preponderância nas deliberações sociais da controlada, teria poder para decidir o destino dos lucros auferidos no exterior, consubstanciando-se esse poder em hipótese de verdadeira disponibilidade jurídica, nos termos do artigo 43, do CTN. Diferentemente, no caso das coligadas, a ausência de poder para determinar a distribuição dos lucros apurados pela coligada no exterior resultaria na impossibilidade jurídica da tributação automática desses lucros no Brasil.

O Ministro Joaquim Barbosa, por fim, votou pela constitucionalidade da tributação automática dos lucros auferidos no exterior apenas nos casos em que a empresa investida estivesse situada em paraíso fiscal ou países com tributação favorecida, hipótese na qual seria possível presumir o caráter abusivo do investimento da empresa brasileira no exterior (critério jurisdicional).

Diante da pluralidade de posicionamentos manifestados pelos Ministros do STF, a decisão foi obtida pela utilização do sistema do voto-médio continência, tendo resultado na declaração da constitucionalidade do artigo 74 da MP nº 2588 para as controladas situadas em paraísos fiscais, e na declaração da inconstitucionalidade do dispositivo, nos casos das coligadas residentes em países de tributação normal. Segundo a decisão do STF, apenas nesses dois casos teria havido maioria de seis votos para um pronunciamento acerca da inconstitucionalidade do dispositivo examinado.

Posteriormente, o STF julgou o Recurso Extraordinário nº 611.586 (Coamo) – para o qual havia sido reconhecida a repercussão geral -, no qual se decidiu pela constitucionalidade do artigo 74 da MP nº 2.158-35/2001 às controladas situadas em paraíso fiscal (meramente aplicando-se o entendimento consolidado no julgamento da ADI nº 2.588), e o Recurso Extraordinário nº 541.090 (Embraco) – para o qual não havia sido reconhecida a repercussão geral–,[42] que analisava a situação de empresa controlada em País de tributação normal, decidindo-se, no caso, pela constitucionalidade da tributação automática.

Finalmente, a Lei Federal nº 12973/14, que resultou da conversão da Medida Provisória nº 627, de 11.11.2013, revogou o artigo 74 da MP nº 2.158-35/01, e estabeleceu, em seus arts. 76 e seguintes ("Da Tributação em Bases Universais"), um novo regime jurídico que visou à adaptação das pretensões tributárias da União em matéria de lucros no exterior às diretrizes traçadas pelo STF, no julgamento da ADI nº 2.588/2001.

Expressando esse diálogo interinstitucional, a nova lei trouxe regimes distintos para a tributação, de um lado, das sociedades controladoras ou a ela equiparadas – que é de tributação automática dos lucros das controladas diretas e indiretas –, e, de outro, das sociedades coligadas, que é o de tributação apenas quando da efetiva disponibilização dos lucros.

Como registrado acima, as regras típicas de CFC são regras específicas antielisivas, de caráter excepcional, direcionadas ao combate à erosão da base tributável por meio de

---

[42] A tributação automática no Brasil dos lucros auferidos por controlada residente em País de tributação normal foi reputada constitucional por uma maioria de cinco Ministros (Gilmar Mendes, Cármen Lúcia, Dias Toffoli, Rosa Weber e Teori Zavascki). Restaram vencidos os Ministros Joaquim Barbosa, Ricardo Lewandowski e Celso de Mello. Assim, como a declaração de inconstitucionalidade com efeitos *erga omnes* depende da deliberação da maioria absoluta dos Ministros da Corte (seis votos), não poderia ser atribuída repercussão geral a esta decisão.

abusos no *tax deferral* ou pela transferência artificial de riqueza tributável para jurisdições de menor pressão fiscal. O caráter excepcional das regras de CFC se manifesta na redução de seu espectro de atuação aos casos de abuso presumível, por meio da eleição de propriedades seletivas, na definição dos requisitos de localização das entidades CFC e dos tipos de renda sujeitos a controle (métodos jurisdicional e transacional). Contrariando esse sentido das regras de CFC, a lei brasileira adotou um regime de escopo amplo, refletida na utilização do método da entidade (tributação no Brasil das rendas passivas e ativas, indistintamente) e da abordagem global (quaisquer controladas no exterior, independentemente da alíquota cobrada no país de residência da sociedade investida).

Como registra a obra do Prof. Alberto Xavier,[43] os requisitos de qualificação atrelados aos métodos jurisdicional e transacional não são utilizados, no Brasil, para conferir-lhe caráter antielisivo, mas outras finalidades específicas relativas ao gozo de regimes mais vantajosos, a saber, (i) a opção pelo regime temporário e excepcional de consolidação dos ajustes nos valores dos investimentos equivalentes ao lucro de controladas no exterior (artigo 78); a opção pelo regime de caixa por sociedades coligadas, com tributação apenas quando da efetiva disponibilização de lucros (artigo 81); (iii) a habilitação para o gozo do crédito presumido, e; (iv) a opção pelo diferimento em 08 (oito) anos do pagamento do imposto (artigo 90). Com efeito, ainda que essas previsões possam ter mitigado a regra de tributação imediata em determinados casos, não são capazes de retirar-lhe o caráter de não antielisivo.[44]

A amplitude das regras de tributação de lucros do exterior adotadas no Brasil, para além de prejudicar desnecessariamente a competitividade das sociedades residentes que efetuam investimentos em atividades genuínas no exterior, é apontada pela OCDE como contrária às normas dos tratados internacionais celebrados para evitar a dupla tributação.[45] Nos comentários ao artigo 1º, parágrafo 26, da Convenção-Modelo, a OCDE assinalou que as regras de CFC somente podem ser tidas como válidas se tiverem a finalidade exclusiva de coibir abusos. Dessarte, a aplicação de uma regra CFC, quando ambos os países envolvidos possuem cargas tributárias equivalentes, revela-se desproposital, sendo contrária aos objetivos dos tratados. Essas diferenças ficarão mais claras na comparação das regras brasileiras de tributação universal com o conceito das regras de CFC expresso nas recomendações do relatório da Ação 3, abaixo.

4 A estruturação do relatório em blocos de construção

O relatório da Ação 3 do Projeto BEPS foi estruturado na forma de "blocos de construção" (*building blocks*), nos quais foram veiculadas as recomendações da

---

[43] XAVIER, Alberto. Aspectos Inconstitucionais da Lei nº 12.973/2014 em Matéria de Tributação de Controladas e Coligadas no Exterior. *Revista Dialética de Direito Tributário*, n. 239. São Paulo: Dialética, 2014, p. 8.

[44] Cf. ainda, MOREIRA, André Mendes; FONSECA, Fernando Daniel de Moura. A Tributação dos Lucros Auferidos no Exterior sob a Perspectiva Brasileira. Uma Análise Crítica da Doutrina e da Jurisprudência. *Direito Tributário Internacional*: Homenagem ao Professor Alberto Xavier. São Paulo: Quartier Latin, 2016, p. 93-97.

[45] Cf. Comentários da OCDE 2014 (versão compacta), p. 73. Do original: "*states that adopt controlled foreign companies provisions or the anti-abuse rules referred to above in their domestic tax laws seek to maintain the equity and neutrality of these laws in an international environment characterized by very different tax burdens, but such measures should be used only for this purpose. As a general rule, these measures should not be applied where the relevant income has been subject to taxation that is comparable to that in the country of residence of the taxpayer.*"

OCDE acerca de cada um dos elementos chave a serem considerados pelos países na configuração ou na modernização de suas regras de CFC. Veja-se:

i   definição da entidade CFC;
ii limites e exceções na definição do escopo de aplicação das regras de CFC;
iii definição dos rendimentos abrangidos pelas regras de CFC;
iv regras para o cálculo da renda da entidade CFC;
v   regras para a atribuição da renda de uma entidade CFC;
vi regras para prevenir e eliminar a dupla tributação.

A estruturação do relatório em "blocos de construção" ostenta o mérito de identificar os principais pontos constitutivos dos regimes de CFC e de dar-lhes tratamento analítico, evidenciando os melhores caminhos a serem adotados pelos países em função das respectivas políticas fiscais e das características dos respectivos sistemas jurídicos.

Nas linhas abaixo, passamos à apresentação das principais recomendações da OCDE relativamente a cada "bloco de construção", com a identificação dos pontos mais relevantes de convergência e de divergência relativamente às regras brasileiras de tributação de lucros no exterior, na forma como previstas na Lei nº 12973/14.

5   Regras para definição da entidade CFC

5.1 Recomendações da OCDE

O primeiro dos "blocos de construção" apresentados no relatório trata do problema da definição das "entidades CFC", i.e., das entidades investidas no exterior cujos resultados devem ser computados na base tributável na jurisdição da investidora. A formulação de uma resposta a esse problema perpassa pela consideração da finalidade das regras de CFC, consistindo na seleção das situações nas quais uma entidade, que tem direito a participação nos lucros de outra entidade, é capaz de influenciar a decisão de sua investida quanto ao momento no qual esses lucros serão distribuídos.

No relatório da OCDE, essa seleção se dá em dois passos: (i) a definição dos *tipos de entidades* que devem ser considerados, e (ii) a definição dos *tipos e dos níveis de controle* que permitem a vinculação dos resultados auferidos pela investida à jurisdição da entidade investidora.

Quanto aos *tipos ou formas* das entidades alcançadas, a recomendação é pela adoção de uma definição ampla e aberta, que seja capaz de evitar que os grupos multinacionais escapem à aplicação das regras de CFC, no país de residência da investidora, por meio da manipulação das formas jurídicas das entidades investidas constituídas no exterior.

Nesse sentido, a definição das entidades CFC deve incluir não apenas as "companhias" (entidades dotadas de personalidade jurídica e sujeitas a tributação), mas também outras entidades *non-corporate*, como as sociedades de pessoas ou *partnerships*, que são transparentes (*flow-through*) em algumas jurisdições, não sendo tratadas como entidades separadas, distintas dos seus sócios, além de fundos ou clubes de investimentos e de estabelecimentos permanentes, nas hipóteses em que essas entidades possam ser utilizadas para o represamento de lucros no exterior (*tax deferral*), incluindo casos de entidades ou instrumentos híbridos.

No caso dos estabelecimentos permanentes, o relatório distingue duas hipóteses: (i) a dos estabelecimentos permanentes das pessoas jurídicas investidas no exterior e, (ii) a dos estabelecimentos permanentes da própria investidora no exterior, cujos lucros não são tributados na jurisdição de residência. Ambas as situações podem gerar preocupações BEPS, motivo por que é recomendada a sua inclusão no escopo das regras de CFC.

Quanto aos níveis de influência ou de controle, a recomendação é que as legislações não se limitem à definição de controle do direito societário (controle legal), incluindo também um teste de controle econômico, no mínimo, e um teste suplementar de controle de fato, residual, capaz de evitar a evasão dos testes anteriores.

Os testes de controle devem prever formas de agregação de participações minoritárias, para evitar a fragmentação do controle como estratégia elisiva. Eles também devem alcançar tanto o controle direto quanto o indireto, evitando-se a utilização de entidades interpostas e o *treaty shopping* como estratégias capazes de afastar a aplicação das regras de CFC sobre os lucros produzidos por controladas indiretas nos níveis inferiores da cadeia de investimentos.

A definição do controle exige a *determinação* tanto do *tipo* quanto dos *níveis* de controle exigidos para desencadear a incidência das regras de CFC. Quanto ao *tipo* de controle, a recomendação é pela combinação de diferentes testes, incluindo, no mínimo, um teste de controle legal e um teste de controle econômico.

O controle legal consiste na titularidade de direitos de sócio que assegurem ao investidor a preponderância nas deliberações sociais ou o poder para a eleição do corpo que dirige ou administra a entidade investida no exterior. O teste de controle legal, sozinho, oferece grande abertura aos grupos transnacionais para a formatação de sua cadeia de investimento, permitindo a utilização de estruturas artificiais ou de instrumentos financeiros para evitar a caracterização do controle. O controle econômico, que complementa o controle legal, foca nos direitos econômicos da sociedade investidora, seja a uma participação nos lucros produzidos pela entidade investida ou a uma participação no seu acervo líquido no caso de dissolução ou de liquidação.

Os testes de controle legal e econômico podem ser suplementados por um teste de controle de fato (controle externo), que visa a investigar a existência de vínculos contratuais ou de circunstâncias especiais que permitam a uma entidade exercer controle sobre outra, independentemente de controle acionário. A instituição de um teste de controle de fato, conquanto possa preencher as lacunas deixadas pelos testes de controle legal e econômico, demanda uma análise mais circunstanciada dos fatos e aumenta a subjetividade na aplicação das regras de CFC, com potencial prejuízo ao pretendido equilíbrio entre efetividade e custos administrativos e de conformidade.

Uma alternativa apresentada pela OCDE ao teste controle de fato, enquanto teste suplementar, seria o teste do controle baseado na consolidação, que reconhece a existência de situações de controle nos casos em que as regras contábeis determinam a consolidação dos resultados da investida na contabilidade da investidora.

Depois de definidos os *tipos* de controle, há de se cogitar dos *níveis* de controle que autorizam a incidência das regras de CFC. Neste ponto, a recomendação da OCDE é de que as regras de CFC capturem todas as situações em que a investidora detenha um controle societário ou econômico de 50% ou mais, sendo possível a adoção de percentuais menores, dentro de conceitos de controle mais abrangentes, para captar todas as situações nas quais uma entidade exerça influência significativa sobre a outra.

A aferição dos níveis de controle deve levar em conta a possibilidade de que investidores minoritários atuem em conjunto para exercer influência significativa sobre uma entidade investida no exterior, devendo haver, para esses casos, a previsão de regras de agregação de participações minoritárias, a fim de evitar a fragmentação ou pulverização das participações societárias dentro dos grupos econômicos como estratégia redutora de tributos a nível global.

O relatório da OCDE cogita de três métodos distintos para a agregação de participações minoritárias: (i) o *acting-in-concert test*, que consiste em uma investigação fática da atuação em conjunto de acionistas minoritários, relacionados ou não, residentes ou não; (ii) o *teste das partes relacionadas* (*related-party test*), que soma as participações de partes relacionadas, residentes ou não, na aferição dos níveis mínimos de controle na jurisdição de aplicação das regras de CFC, e; (iii) o *concentrated ownership requirement*, que soma as participações de partes relacionadas ou não relacionadas, residentes ou não. Em todos os métodos indicados, a consideração das participações de entidades não residentes na jurisdição de aplicação das regras de CFC é uma possibilidade, muito embora isso implique maiores custos administrativos e de conformidade.

O relatório da OCDE recomenda também que a definição de controle alcance sempre tanto o controle direto quanto o indireto, evitando-se, assim, a possibilidade da constituição de *holding companies* ou entidades interpostas para o represamento de lucros no exterior, por meio da aquisição de benefícios de tratados para evitar a dupla tributação (*treaty shopping*). Neste caso, os níveis mínimos de controle devem ser aferidos em cada nível da cadeia de investimento societária, muito embora o montante da renda atribuído à investidora deva respeitar a proporção de sua participação na controlada indireta, resultante da multiplicação de sua participação na controlada direta pela participação desta na controlada indireta.

Assim, tome-se o exemplo de uma empresa em um país A, que tem uma participação de 70% no capital da controlada direta no país B, que, por sua vez, tem 60% de participação no capital da controlada no país C. As regras de CFC no país A exigem uma participação mínima de 50% para serem aplicadas. No caso, as participações de 70% e 60% por cento em cada nível da cadeia superam o limite mínimo de 50%, permitindo a tributação, no país A, dos lucros auferidos pela controlada indireta no país C. O montante dos lucros da controlada indireta atribuíveis à investidora no primeiro nível, contudo, é de 42%, percentual resultante da multiplicação das participações nos dois níveis da cadeia (70% x 60% = 42%). Note-se que a inclusão da controlada indireta no teste de controle pode ensejar a dupla tributação jurídica dos seus lucros no país A, caso esses lucros tenham sido consolidados nos resultados da controlada direta no país B. Essa situação deverá ser corrigida por regras específicas de eliminação da dupla tributação, descritas no último "bloco de construção" (capítulo 7, *infra*).

5.2 Brasil

No Brasil, quanto ao *tipo* da entidade, a Lei nº 12973/14 prevê a aplicação das regras de tributação em bases universais relativamente a filiais, sucursais e agências (formas de atuação direta º empresa multinacional) e a pessoas jurídicas no exterior (forma de atuação indireta – grupos transacionais). Note-se que as sociedades de pessoas ou *partnerships* são tratadas no Brasil como entes personalizados, para fins de definição da aplicabilidade dos acordos de bitributação.[46] Adotando-se esse mesmo racional, é possível entender também pela aplicabilidade das regras brasileiras de tributação em bases universais.

De um lado, é possível perceber que a recomendação da OCDE, quanto à definição de entidade CFC, é mais aberta do que o conceito adotado pela legislação brasileira, por alcançar também estruturas como *trusts*,[47] além de estabelecimentos permanentes. É importante destacar que o conceito de estabelecimento permanente – tal como adotado no artigo 5º da Convenção-Modelo da OCDE –, é mais amplo do que os termos "filiais" e "sucursais" adotados no Brasil, alcançando toda "a instalação fixa de negócios em que a empresa exerça toda ou parte da sua atividade", e, até mesmo, os casos de representantes dependentes (estabelecimentos pessoais), que atuam como mandatários da empresa no exterior.[48] Por outro lado, contudo, a legislação brasileira é mais ampla, por não limitar as suas definições de entidade CFC aos casos que geram preocupações BEPS, como o faz o relatório da OCDE.

No que respeita aos *tipos* e aos *níveis* de controle, a legislação brasileira trata das entidades controladas, diretas e indiretas, e das entidades coligadas (controle legal), sem a previsão de um teste de controle econômico ou de um teste suplementar de controle de fato. Para evitar a fragmentação do controle, a Lei nº 12973/14 trouxe a figura da coligada equiparada à controladora (artigo 83).

A regra geral de tributação dos lucros auferidos por intermédio de sociedades controladas no exterior está prevista no artigo 77, da Lei nº 12973/14, segundo o qual "a parcela do ajuste do valor do investimento em controlada, direta ou indireta, domiciliada no exterior equivalente aos lucros por ela auferidos antes do imposto sobre a renda, excetuando a variação cambial, deverá ser computada na determinação do lucro real e da base de cálculo da Contribuição Social sobre o Lucro Líquido – CSLL da pessoa jurídica controladora domiciliada no Brasil". Note-se que o preceito legal não se limita às controladas diretas, alcançando também os ajustes nos investimentos em controladas indiretas, que deverão ser contabilizados de forma individualizada no balanço, em subcontas na conta investimentos em controlada direta no exterior, nos termos do artigo 76, da Lei nº 12973/14.

O conceito de sociedade controlada é dado pelo artigo 243, da Lei nº 6404/76, segundo o qual controlada é a pessoa jurídica na qual a sociedade controladora, diretamente ou através de outras controladas, seja "titular de direitos de sócio que lhe assegurem, de modo permanente, preponderância nas deliberações sociais e poder de eleger a maioria dos administradores". Esse conceito é complementado pelo artigo 116, alínea 'b', da Lei nº 6404/76, que exige do acionista controladora, para além da titularidade dos direitos de sócio previstos no artigo 243, o exercício efetivo do "seu poder para dirigir as atividades sociais e orientar o funcionamento dos órgãos da companhia".

O dispositivo legal não exige um percentual mínimo de participação societária do controlador. O critério adotado é do efetivo exercício do poder de direção da empresa

---

[46] XAVIER, Alberto. *Direito Tributário Internacional do Brasil*. 8. ed. Rio de Janeiro: Forense, 2015, p. 134.

[47] Sobre os *trusts*, cf. OLIVEIRA, Ricardo Mariz de. O instituto do "Trust" na perspectiva do Direito Brasileiro. *Estudos de Direito Tributário em Homenagem ao Prof. Gerd Willi Rothmann*. Quartier Latin: São Paulo, 2016, p. 389.

[48] Cf. BIANCO, João Francisco. Análise de caso de tributação de estabelecimento permanente. *Revista Fórum de Direito Tributário*, ano 15, n. 85, jan./fev. 2017 Belo Horizonte: Fórum, 2017, p. 63-8.

e do funcionamento dos órgãos da companhia, o que pode ocorrer até mesmo com participações inferiores a 50% das ações com direito a voto, nos casos de sociedades com elevada dispersão acionária.

Note-se que, conquanto o conceito de sociedade controlada ofereça certa margem para a investigação da realidade dos fatos, não chega a representar um teste residual de controle de fato, de caráter antielisivo, tal qual defendido pela OCDE. Com efeito, o controle externo, exercido mediante situações fáticas ou relações contratuais, não se confunde com o controle acionário previsto na Lei nº 6404/76, da sua caracterização não decorrendo qualquer efeito para as regras brasileiras de tributação em bases universais.[49]

A Lei nº 12973/14 alcança também os lucros auferidos por intermédio de sociedades coligadas, as quais são definidas pelo artigo 243, parágrafos 1º e 4º, da Lei nº 6404/76, como aquelas nas quais a pessoa jurídica investidora tenha "influência significativa", detendo ou exercendo o poder de participar nas decisões de suas políticas financeiras ou operacionais, mas sem caracterizar o controle. O parágrafo 5º do dispositivo legal prevê uma presunção de influência significativa nos casos em que a investidora for titular de 20% ou mais do capital votante da investida, sem controlá-la.

Em razão do menor poder de influência das coligadas, comparativamente às controladoras, no que respeita às suas investidas no exterior, a Lei nº 1973/14 atribuiu às duas formas de coligação tratamentos tributários distintos. Enquanto o "ajuste do valor do investimento" em controlada, direta ou indireta, é tributado de forma automática, no encerramento de cada período de apuração (artigo 77, da Lei nº 12973/14 e artigo 8º, da Instrução Normativa RFB nº 1520/14), a tributação dos "lucros" das coligadas ocorre apenas no encerramento do período de apuração no qual tenham sido efetivamente disponibilizados à investidora brasileira (artigo 81, da Lei nº 12973/14 e artigo 78, da Instrução Normativa RFB nº 1520/14). As exceções residem nas situações de coligadas desenquadradas e de coligadas equiparadas a controladoras, que atraem a aplicação do regime de tributação automática.

A regra antifragmentação de controle está prevista no artigo 83, da Lei nº 12973, que prevê a aplicação do regime de tributação automática das sociedades controladoras às sociedades coligadas equiparadas a controladoras, o que ocorre quando a investidora brasileira, "em conjunto com pessoas físicas ou jurídicas residentes ou domiciliadas no Brasil ou no exterior, consideradas a ela vinculadas", detenha participação de "mais de cinquenta por cento do capital votante da coligada no exterior". Veja-se que, diferentemente do que ocorre em relação ao conceito de controle posto no artigo 243, da Lei nº 6404/96, que não está ligado a um percentual específico, a regra antifragmentação da Lei nº 12973/14 exige que a soma das participações dos acionistas minoritários atinja um percentual superior a 50% das ações com direito a voto da entidade investida no exterior.

A regra antifragmentação brasileira corresponde, assim, ao teste das partes relacionadas (*related-party test*), descrita no relatório da OCDE. Como a Lei nº 12973/14

---

[49] Conquanto o controle externo não tenha sido colhido pelas regras brasileiras de tributação em bases universais, o foi pelas regras de controle fiscal dos preços de transferência, que incluíram na definição de parte vinculada da pessoa jurídica brasileira (i) a pessoa física ou jurídica, residente ou domiciliada no exterior, que goze de exclusividade, como seu agente, distribuidor ou concessionário, para a compra e venda de bens, serviços ou direitos, e, (ii) a pessoa física ou jurídica, residente ou domiciliada no exterior, em relação à qual a pessoa jurídica domiciliada no Brasil goze de exclusividade, como agente, distribuidora, ou concessionária, para a compra e venda de bens, serviços ou direitos.

exige apenas um determinado resultado no somatório das participações societárias das partes relacionadas, afasta-se do teste de controle de fato (*acting-in-concert test*), que busca as situações de compartilhamento de controle para além dos percentuais das participações acionárias. A regra brasileira não se confunde, também, com o teste de *concentrated ownership*, que não exige que os acionistas sejam partes relacionadas, para que as suas participações sejam agregadas na formação da situação de controle.

As regras brasileiras de tributação em bases universais não se aplicam apenas às sociedades empresárias, dotadas de personalidade jurídica própria, alcançando também as filiais e sucursais, que, não obstante constituírem mero prolongamento da sociedade brasileira (forma de atuação direta da sociedade brasileira no exterior), são tratadas como autônomas, para fins fiscais (*separate entity approach*). É o que prevê o artigo 25, parágrafo 2º, da Lei nº 9249/95, segundo o qual "os lucros auferidos por filiais, sucursais ou controladas, no exterior, de pessoas jurídicas domiciliadas no Brasil, serão computadas na apuração do lucro real". É também o que diz a Lei nº 12973/14, no seu artigo 92, que estende às filiais e às sucursais no exterior o mesmo regime de tributação previsto para as sociedades controladas.

O artigo 92, da Lei nº 12973/14, não esclarece, contudo, se o seu âmbito normativo alcança apenas as filiais e sucursais das pessoas jurídicas residentes no Brasil, ou, também as filiais e sucursais que atuam como estabelecimentos permanentes das sociedades controladas no exterior. Durante a vigência do artigo 88, da Medida Provisória nº 627/13 – a conversão da qual resultou na Lei nº 12973/14 –, as regras de tributação em bases universais alcançavam as filiais e sucursais das pessoas jurídicas controladas residentes no exterior, como se fossem pessoas jurídicas independentes, desde que localizadas em um terceiro país diferente do país de residência da entidade controlada. No caso de filiais e sucursais localizadas no mesmo país da pessoa jurídica controlada, os seus resultados seriam consolidados na matriz, para a obtenção do resultado da pessoa jurídica. Por ocasião da conversão da medida provisória, contudo, o dispositivo legal foi alterado, passando a dispor apenas que "aplica-se o disposto nos arts. 77 a 80 e nos arts. 85 a 91 ao resultado obtido por filial ou sucursal, no exterior", sem trazer maiores esclarecimentos quanto ao seu alcance normativo.

Segundo entendemos, a alteração legislativa implica a impossibilidade de que os lucros apurados por filiais e sucursais sejam computados diretamente no lucro real e na base de cálculo da CSLL da pessoa jurídica brasileira, antes de sua consolidação nos resultados da matriz no exterior. Isso porque a Lei nº 12973/14 e a Instrução Normativa nº 1520/14 autorizam o aproveitamento apenas do imposto de renda pago pela própria controlada, e não do imposto eventualmente pago pelo estabelecimento permanente da controlada em um terceiro país. Dessa forma, em interpretação sistemática, os resultados das filiais e sucursais devem ser previamente consolidados nos resultados da pessoa jurídica controlada, antes de que possam ser submetidos às regras brasileiras de tributação em bases universais.[50] A interpretação contrária conduziria a uma discriminação injustificada, incompatível com o princípio da igualdade em matéria tributária, sendo certo não haver razão para admitir o crédito do imposto pago pela pessoa jurídica controlada, mas, não, daquele que foi pago por suas filiais e sucursais em terceiros países.

---

[50] SANTOS, Ramon Tomazela. *Ob. cit.*, p. 232-41.

Cabe mencionar, por fim, que o artigo 85, da Lei nº 12973/14 permite a dedução, para fins de apuração do IRPJ e da CSLL devidos pela sociedade controladora no Brasil, da parcela do lucro das sociedades controladas não residentes, oriunda de participações destas em pessoas jurídicas controladas ou coligadas residentes no Brasil (*source-country rule*). Essa regra alvejou o problema relativo das estruturas societárias nas quais uma sociedade brasileira detém participação em uma sociedade controlada no exterior, que, por sua vez, detém participação em outra sociedade no Brasil ("sanduíche brasileiro").[51] No âmbito doméstico, os ajustes de equivalência patrimonial são neutros para fins fiscais. As distribuições de lucros, por sua vez, são isentas do IRPJ e da CSL, como forma de afastar a dupla tributação econômica do lucro e, assim, incentivar a capitalização das empresas (art. 10, da Lei nº 9249, de 26.12.1995). Nesse contexto, não há razão para adicionar ao lucro da controladora brasileira os lucros de uma sociedade investida no Brasil, simplesmente pelo fato de haver entre elas uma sociedade intermediária não residente. Com isso, a legislação brasileira incluiu um critério jurisdicional na definição do âmbito pessoal de suas regras de tributação em bases universais, excluindo as sociedades localizadas no Brasil, em relação aos lucros das quais, por óbvio, não há qualquer risco de BEPS.

6 Exceções e requisitos limitadores

6.1 Recomendações da OCDE

Como evidenciado acima, as regras de CFC típicas são regras antielisivas específicas cuja finalidade reside na eliminação ou na redução dos incentivos à transferência internacional de riqueza tributária para jurisdições fiscais de menor pressão fiscal, mediante a separação artificial entre a jurisdição da fonte de produção dos rendimentos e a jurisdição onde os rendimentos são levados à tributação. Consoante os parâmetros defendidos pela OCDE, o objetivo das regras de CFC deve ser realizado de forma eficiente, sem gerar peso morto para a economia e sem elevar em demasia os custos administrativos ou de conformidade.

Busca-se, nesta medida, a formulação de regras de CFC que sejam capazes de equilibrar os reclames das igualdades geral e particular. Adotam-se, de um lado, abstrações generalizantes, que permitam uma execução econômica da lei, e, de outro, firma-se o primado da realidade concreta, com a necessária observância das particularidades de cada contribuinte, na afirmação da capacidade contributiva como critério de comparação entre os sujeitos para fins de aplicação das normas de caráter fiscal. Nesse sentido, é imprescindível que a atividade de seleção das situações fáticas a serem acolhidas pela hipótese de incidência das regras de tributação de lucros no exterior guarde correspondência com a sua finalidade normativa, sem desvirtuamentos de qualquer natureza. No segundo "bloco de construção", a importância dessas considerações é acentuada.

O segundo "bloco de construção" traz regras voltadas a limitar o escopo das regras de CFC, para excluir de sua hipótese de incidência as entidades e as situações que não representem riscos significativos de BEPS, observando-se a sua finalidade antielisiva

---

[51] SANTOS, Ramon Tomazela. *Ob. cit.*, p. 179-83.

e evitando-se a oneração desnecessária da sociedade. A recomendação do relatório da OCDE, neste ponto, é limitar a aplicação das regras de CFC às hipóteses em que a entidade CFC no exterior esteja sujeita a uma alíquota efetiva inferior à aplicada no país de residência da entidade investidora.

A ideia é retirar da hipótese de incidência das regras de CFC os lucros das entidades CFC no exterior sujeitas a alíquotas efetivas inferiores à alíquota cobrada no país de residência da investidora. Com isso, limita-se o escopo das regras de CFC, para alcançar apenas as situações em que haja transferência de riqueza tributável de jurisdições de alta ou média pressão fiscal para outras, de baixa pressão fiscal, com a exclusão dos fluxos originários de países de baixa pressão fiscal ou verificados entre países com níveis similares de tributação. A inclusão de uma presunção na forma de uma *white list* dispensa a necessidade de uma análise casuística (*case-by-case*) das alíquotas das jurisdições envolvidas, com acréscimo de segurança e de praticidade. O critério de comparação pode ser uma alíquota fixa, tida como uma alíquota baixa, ou, ainda, um percentual da alíquota do País da investidora.

A preferência pela alíquota efetiva enquanto critério de comparação decorre da observação de que os regimes de baixa pressão fiscal nem sempre estão ligados a baixas alíquotas nominais, podendo decorrer da aplicação figuras exonerativas que recaiam sobre a base de cálculo, por exemplo, ou da utilização de benefícios financeiros como devoluções de tributos, ou, ainda, das próprias ineficiências da fiscalização.

O cálculo da alíquota efetiva se utiliza de uma fração, onde o numerador é o montante do tributo efetivamente recolhido (que pode incluir também os efeitos das devoluções de tributos ou de outros incentivos financeiros-fiscais) e o denominador, a "renda CFC". O teste da alíquota efetiva pode abranger toda a renda da entidade, ou, mais restrito, alcançar apenas certas categorias redituais tidas como contaminadas (*tainted income*), segundo as definições adotadas por cada País. A "renda CFC", outrossim, pode ser tanto a base tributável no País de residência da entidade CFC, quanto a base que seria tributada caso a mesma renda líquida tivesse sido apurada pela investidora em seu país de residência. Igualmente, o cálculo pode partir dos padrões contábeis (*GAAP*) do País da investida ou dos do País da investidora. Neste particular, a recomendação da OCDE é pela utilização do *GAAP* da investidora ou, de um padrão internacional de contabilidade, como os padrões internacionais IRFS, da IASB, considerando que a utilização do *local GAAP* poderia prejudicar a comparabilidade entre as grandezas envolvidas e deixar oportunidades residuais de planejamento tributário.

Para além do teste da alíquota efetiva, o relatório da OCDE relata duas outras formas de limitação do escopo das regras de CFC: (i) a inclusão de um limite mínimo (*de minimis test*) abaixo do qual a renda da entidade CFC não é adicionada ao lucro tributável da investidora, acrescido de uma regra antifragmentação, e; (ii) a utilização de uma regra geral antielisiva, aplicada sozinha (*up-front*) ou de forma acessória, para evitar a evasão das regras específicas de tributação dos lucros no exterior, nos casos de abuso. Essas abordagens não foram descartadas pelo relatório como possibilidade para a limitação do escopo das regras de CFC, mas não compuseram as suas recomendações, que deram preferência ao método da alíquota efetiva.

6.2 Brasil

Neste capítulo, é possível notar o distanciamento substancial que existe entre os conceitos pressupostos pelas recomendações da OCDE e o conceito adotado pelas regras brasileiras de tributação de lucros no exterior. As recomendações da OCDE partem do conceito das regras de CFC típicas, como regras específicas antielisivas, de propriedades seletivas e de aplicação excepcional. Esse caráter excepcional das regras de CFC se manifesta exatamente pela limitação do seu espectro de atuação aos casos de abuso presumível. Contrariando esse sentido das regras de CFC, a lei brasileira adotou um sistema de tributação de amplo escopo, refletida na utilização de uma abordagem global (quaisquer investidas no exterior, independentemente da alíquota efetiva) e de inclusão total (tributação no Brasil da renda ativa e passiva da entidade CFC, indistintamente).

As regras brasileiras não buscam evitar a transferência de riqueza tributável para jurisdições de menor pressão fiscal, mas para quaisquer jurisdições. Do ponto de vista da tributação internacional, trata-se mais de regras ampliativas da base nacional do que regras antielisivas específicas, não se limitando aos casos em que os agentes econômicos privados buscam explorar as diferenças entre os regimes nacionais de tributação para redução de custos a nível global. Essa amplitude de escopo, marcada, sobretudo, pela ausência de exceções ou requisitos limitadores, é que põe em dúvida a possibilidade de sua qualificação como regras de CFC propriamente ditas, e, por conseguinte, a sua compatibilidade com o princípio da territorialidade material ou com os acordos de bitributação celebrados pelo País.[52]

7 Definição da renda CFC

7.1 Recomendações da OCDE

O capítulo 4 do relatório aborda o problema da definição dos tipos de renda qualificáveis como "renda CFC", para fins de tributação dos lucros no exterior. Depois de identificada uma "entidade CFC", busca-se saber quais são os rendimentos auferidos por essa entidade que podem ser atribuídos à investidora no país de aplicação das regras de CFC. Em resumo, e consoante as características e os objetivos gerais das regras de CFC, a recomendação da OCDE é pela adoção de uma definição abrangente o suficiente para alcançar todos os rendimentos que gerem preocupações BEPS, notadamente aqueles rendimentos que foram separados de sua fonte de produção com o objetivo de obter vantagens fiscais.

Entre as situações que devem estar alcançadas pelo conceito de "renda CFC", o relatório menciona, como exemplo, os rendimentos auferidos por CFCs que desempenhem a função de *holding*, que prestem serviços bancários ou financeiros, ou, que funcionem como centros de distribuição (*invoicing*). Os rendimentos decorrentes da propriedade intelectual, incluindo a venda de produtos e serviços digitais, e os rendimentos das atividades de seguro e de resseguro, também devem ser incluídos. Esses rendimentos são considerados de risco, dada a sua maior mobilidade geográfica, sendo possível dizer que, na totalidade dos planejamentos internacionais hoje praticados, ao menos uma dessas categorias de rendimentos está contemplada.

---

[52] Cf. SANTOS, Ramon Tomazela. *Ob. cit.*, p. 245-317.

Para a definição do conceito de "renda CFC", o relatório reconhece a existência de duas abordagens básicas: (i) os regimes de inclusão integral (*full inclusion*), nos quais toda e qualquer renda da entidade CFC é atribuível à investidora no país de aplicação das regras de CFC, independentemente de sua natureza – como ocorre no Brasil, por exemplo –, e; (ii) os regimes de inclusão parcial (*partial inclusion*), que consideram atribuíveis à investidora apenas os rendimentos auferidos pelas "entidades CFC" considerados contaminados (*tainted income*), por representarem maiores riscos de BEPS. Os regimes de inclusão parcial, assim, pressupõem regras de qualificação das categorias de rendimentos, cujo conteúdo pode variar em função do regime jurídico e dos objetivos específicos mirados por cada país na adoção de regras de CFC.

Segundo entendemos, a referência, pelo relatório, aos regimes de *full inclusion*, não pode ser entendida como uma manifestação de concordância da OCDE com os regimes de espectro amplo, como o adotado no Brasil, que não atendem ao conceito das regras de CFC enquanto regras específicas antielisão fiscal. Nesse ponto, a recomendação da OCDE apenas atesta a liberdade dos Estados na configuração de suas regras de CFC, que podem adotar tanto o método transacional quanto o jurisdicional, ou combiná-los, da forma que for mais eficiente ou adequada em face de seus objetivos de política fiscal ou de suas distintas realidades econômicas.

O relatório da OCDE traz uma lista exemplificativa (aberta) das formulações possíveis dos regimes de inclusão parcial, admitindo que a abrangência das hipóteses das regras de qualificação pode variar conforme as características do sistema jurídico ou os objetivos de política fiscal de cada País. O primeiro método de qualificação apresentado é o da análise formal baseada na categorização (*categorical analisys*), a qual é ramificada em espécies de acordo com o critério de *discrimen* adotado, a saber: (a) a classificação legal dos rendimentos (*legal classification*), (b) o vínculo mantido com a fonte pagadora dos rendimentos (*relatedness of parties*), ou, (c) o País da fonte de produção dos rendimentos (*source of income*). O segundo método é o da análise da substância das atividades geradoras dos rendimentos (*substance analysis*) e, o terceiro, o método dos rendimentos excessivos (*excess profit analysis*). Os métodos apresentados não são excludentes entre si, admitindo aplicação combinada ou cumulativa.

REGIMES DE INCLUSÃO PARCIAL	
Análise categórica	Classificação legal
	Relação entre as partes
	Fonte dos rendimentos
Análise substancial	
Excesso de rendimentos	

O primeiro método de qualificação descrito pelo relatório é o da análise categórica (*categorical analysis*), que se baseia na compartimentação dos rendimentos auferidos pela entidade CFC em espécies ou categorias, a fim de imputar à investidora residente apenas os rendimentos de certas categorias selecionadas. A catalogação das categorias redituais depende do critério de *discrimen* adotado, que, como visto, pode ser um, dentre três: (a) a classificação legal dos rendimentos (*legal classification*), (b) o vínculo mantido pela entidade CFC com a fonte pagadora dos rendimentos (*relatedness of parties*), e, (c) o País da fonte de produção dos rendimentos (*source of income*).

O primeiro critério é o da classificação legal dos rendimentos, com foco nas categorias de rendimentos dotados de maior mobilidade e mais suscetíveis de manipulação, como os dividendos, os juros, os prêmios de seguros e os *royalties*.

O segundo critério diz respeito ao vínculo existente entre a entidade CFC e a fonte dos rendimentos, com foco nos rendimentos passivos auferidos de partes relacionadas. Esse critério pode ser aplicado de forma mais ampla, para incluir também as receitas auferidas na venda de produtos originalmente adquiridos de partes relacionadas, ou, até mesmo, de produtos desenvolvidos em conjunto com partes relacionadas, por meio de acordos de compartilhamentos de custos (*cost sharing agreements*).

O último critério é o da fonte de produção dos rendimentos. A sua formulação parte do pressuposto de que os rendimentos cuja fonte de produção esteja no mesmo país de localização da entidade CFC carregam menores riscos de BEPS, comparativamente aos rendimentos produzidos em outros países. Essa abordagem pode se concretizar na forma de (i) uma *anti-stripping rule*, ou, (ii) de uma *source-country rule*, a depender da abrangência pretendida por cada país. Na primeira hipótese – de uma *anti-stripping rule*, pode haver variações conforme o objetivo do país envolva evitar apenas a erosão da base doméstica (*parent stripping*) ou também a de outros países (*foreign-to-foreign stripping*). No primeiro caso, incluem-se apenas os rendimentos recebidos da própria jurisdição de aplicação das regras de CFC, i.e., decorrentes de vendas, transações realizadas pela entidade CFC com pessoas, relacionadas ou não, residentes no país de sua investidora. No segundo caso, o conceito de renda CFC pode incluir rendimentos recebidos pela entidade CFC de outros países, não necessariamente o país de aplicação das regras de CFC. A segunda forma de apresentação é a de uma *source-country rule*, na qual são excluídos do conceito de renda CFC os rendimentos auferidos na própria jurisdição da entidade CFC.

O segundo método de qualificação é a da análise substancial (*substance analysis*), que predica a exclusão dos rendimentos gerados a partir de atividades substanciais da entidade CFC. Nesse caso, a questão fundamental a ser respondida, na qualificação dos rendimentos, é a de se a entidade CFC tinha a capacidade para auferi-los. Os critérios a serem adotados podem variar, incluindo a existência de infraestrutura e de ativos adequados para o exercício da atividade, número de funcionários, corpo de direção, riscos, etc. Em geral, o método da análise substancial aplica-se de forma suplementar a outros métodos mais mecânicos, como o da análise categórica ou o do excesso de rendimentos. Isso se deve às maiores complexidade e subjetividade que permeiam a sua aplicação, com prejuízo à realização do equilíbrio pretendido entre a efetividade e os custos das regras de CFC.

A análise substancial pode ser aplicada como uma regra *tudo-ou-nada* (*all-or-nothing*) ou como uma regra de atribuição proporcional. No primeiro caso, a presença de um certo grau determinado de atividade substantiva significa a exclusão de todos os rendimentos auferidos pela entidade CFC. No segundo caso, os rendimentos são excluídos na proporção da medida da atividade substantiva da entidade CFC que seria necessária para a sua aquisição. Assim, por exemplo, no caso em que uma entidade

CFC tenha realizado apenas 75% da atividade substantiva entendida como adequada aos rendimentos auferidos, 25% dos seus rendimentos serão tratados como renda CFC. Uma regra do tipo proporcional envolve maior complexidade, mas tem o mérito de eliminar as lacunas da regra *tudo-ou-nada*, na qual é suficiente o atingimento de um certo grau de atividade econômico para afastar por completo a aplicação das regras de CFC. Uma segunda vantagem da regra proporcional é a sua adequação aos parâmetros estabelecidos aos países europeus pela ECJ, no caso *Cadbury v. Schweppes*, que limitou o escopo das regras de CFC aos casos de "arranjos inteiramente artificiais".

Segundo o relatório, a aplicação do método da análise substancial pode não ensejar custos adicionais relevantes, haja vista a sua similitude com o método que, de forma geral, já é adotado pelos países para o controle fiscal dos preços de transferência. Note-se que a assertiva se aplica aos países que aplicam diretamente o princípio do *arm's lenght*, mas não a países como o Brasil, cujas regras de preços de transferência consistem de testes mecânicos baseados em presunções e ficções legais. Uma das formas de reduzir os custos subjacentes ao método da análise substancial seria restringir a sua aplicação a tipos específicos de rendimentos. Dessa forma, a análise substancial poderia ser aplicada como um teste suplementar, depois da aplicação do método da análise categórica, em qualquer espécie (classificação legal, relação entre as partes, ou, fonte dos rendimentos), ou dos rendimentos excessivos. Uma outra forma seria selecionar critérios mais objetivos na aplicação do método da análise substancial, como, por exemplo, o volume de despesas incorridas pela entidade CFC, em oposição a outros critérios mais difíceis de ponderar.

O terceiro método previsto no relatório é o do excesso de rendimentos (*excess profits*), que não encontra previsão em nenhum regime de CFC vigente. A sua aplicação se dá por meio da subtração entre o montante da renda apurada pela entidade CFC em um determinado período e o retorno que seria esperado por um investidor normal sobre o capital investido. Esse retorno normal é dado pela multiplicação da taxa de retorno esperada pelo investidor pelo montante do capital investido nos ativos utilizados na atividade da entidade CFC. O objetivo da regra é tributar apenas a renda considerada excessiva, com exclusão dos retornos normais relacionados aos ativos empregados no desempenho da atividade da entidade CFC.

A ilustração trazida pelo relatório é a de uma subsidiária ("SubB") que, no ano X1, adquire de sua controlada, no exterior ("Parent Co"), direitos de propriedade intelectual, investindo também em equipamentos, com o objetivo de produzir o produto B. As máquinas e os direitos adquiridos somam $ 1.100.000,00 em ativos, lançados pelo custo de aquisição no balanço de "SubB". No ano X2, "SubB" inicia a produção do produto B, auferindo $ 700.000 em rendimentos. A taxa esperada de retorno do investimento, esperada por um investidor normal ao realizar aportes de capital em "SubB", seria de 10%. Disso resulta em um retorno esperado de $ 110.000,00, para um investimento de $ 1.100.000,00. Os rendimentos excessivos, neste caso, seriam de $ 590.000,00, correspondentes à diferença entre os rendimentos auferidos e os retornos esperados. O montante total dos rendimentos excessivos seria considerado "renda CFC", sendo atribuído a "ParentCo" pelas regras de CFC vigentes no seu país de residência.

Para além da escolha do método de qualificação dos rendimentos (análise categórica, análise substancial, ou, rendimentos excessivos, isoladamente ou em conjunto), a definição da "renda CFC" pressupõe também a escolha quanto à base na qual o método escolhido será aplicado. Neste particular, o relatório descreve duas abordagens possíveis.

Na primeira delas (*entity basis*), os métodos são aplicados de forma *tudo-ou-nada*, a partir da previsão de um percentual específico da renda da "entidade CFC", que deve ser correlacionado às hipóteses das regras de CFC, para resultar na aplicação dessas regras sobre a totalidade da renda da "entidade CFC". O percentual previsto funciona como um *safe harbour*: se o percentual não é atingido, as regras de CFC deixam de se aplicar sobre a totalidade da renda auferida pela "entidade CFC", muito embora uma parte dela possa ser correlacionada à hipótese das regras de CFC. A segunda abordagem é uma abordagem por transação (*transactional basis*), por fluxos de renda. A diferença é que, nessa abordagem, os métodos de qualificação não se aplicam de forma *tudo-ou-nada*, e as regras de CFC serão aplicáveis ainda que a maioria da renda auferida pela "entidade CFC" esteja fora do seu escopo de aplicação.

A principal desvantagem da abordagem com base na entidade é de que a sua aplicação resultará ou na atribuição de mais ou na atribuição de menos renda. Uma entidade que supere o percentual previsto terá toda a sua renda qualificada como "renda CFC". Por outro lado, uma entidade que fique abaixo do percentual, não terá qualquer renda atribuída. Afasta-se, assim, da finalidade antielisiva que preside a instituição das regras de CFC, com possível afronta à igualdade, por excesso de tipificação. Além disso, essa abordagem não tem muito mérito na redução de custos administrativos ou de conformidade, visto que a sua aplicação ainda depende, em certa medida, da qualificação dos fluxos individuais de rendimentos, ao menos até que seja possível verificar a superação ou não do percentual previsto na legislação.

7.2 Brasil

No Brasil, as regras de tributação em bases universais não exigem a qualificação dos rendimentos da investida no exterior. No regime vigente o lucro apurado no balanço da investida é atribuído à controladora brasileira, na proporção da respectiva participação, sem que haja qualquer regra de qualificação de rendimentos "contaminados". O Brasil adota, assim, um regime de inclusão total (*full inclusion regime*) dos lucros auferidos pelas investidas no exterior, independentemente da natureza ou da origem da renda auferida.

A qualificação da renda auferida pela entidade investida no exterior é utilizada, no Brasil, não para a definição do montante dos lucros externos que pode ser atribuído à investidora domiciliada no País, mas para a concessão de regimes mais vantajosos, como (i) a opção pelo regime temporário e excepcional de consolidação dos ajustes nos valores dos investimentos equivalentes ao lucro de controladas no exterior (artigo 78, da Lei nº 12973/14); (ii) a opção pelo regime de caixa por sociedades coligadas, com tributação apenas quando da efetiva disponibilização dos lucros (artigo 81, da Lei nº 12973/14); (iii) a habilitação para o gozo do crédito presumido de 9% sobre os lucros auferidos no exterior por sociedades controladas que desenvolvem atividades industriais, e; (iv) a opção pelo pagamento diferido do IRPJ e da CSL pelo prazo de 8 anos, com acréscimo de juros (artigo 90, da Lei nº 12973/14).

Como visto, no que respeita à tributação das sociedades controladoras e coligadas equiparadas a controladoras, a regra geral trazida pela Lei nº 12973/14 é a tributação automática dos lucros externos, independentemente de distribuição. Os lucros auferidos por meio de controladas indiretas também devem ser adicionados à base de tributação da investidora residente, vedando-se a consolidação dos seus resultados nos resultados das investidas em níveis superiores da cadeia de investimento (tributação *per saltum*).[53]

Com efeito, a Lei nº 12973/14 determina que os resultados contábeis na variação do valor dos investimentos nas controladas, diretas ou indiretas, sejam contabilizadas de forma individualizada no balanço, em subcontas na conta investimentos em controlada direta no exterior (artigo 76). Em acréscimo, prevê que, na contabilização dos resultados de uma controlada, é necessário expurgar dos mesmos os resultados de suas controladas diretas ou indiretas (artigo 76, parágrafo 1º). Ao fim de cada período de apuração, a parcela do ajuste ("Pavi") do valor do investimento em cada controlada, direta ou indireta, domiciliada no exterior, equivalente aos lucros por ela auferidos, deve ser computada na determinação do lucro real e da base de cálculo da CSLL da pessoa jurídica controladora no Brasil (artigo 77).

Com isso, evita-se a possibilidade de que os lucros auferidos pelas controladas indiretas sejam absorvidos pelos prejuízos eventualmente experimentados pelas controladas em níveis superiores da cadeia de investimento, em observância à regra de que os prejuízos externos só podem ser utilizados para compensar os lucros futuros da mesma entidade que os gerou. Além disso, afasta-se a possibilidade da utilização dos acordos de bitributação celebrados ao nível da controlada direta para evitar a tributação, no Brasil, dos lucros das controladas indiretas.

A proibição à consolidação admite, contudo, um regime excepcional, em vigor até 2022, no qual se permite, em caráter opcional, a consolidação das parcelas de ajuste referentes às pessoas jurídicas investidas. A elegibilidade para a consolidação está condicionada ao cumprimento dos requisitos elencados nos artigos 78 e 84, da Lei nº 12973/14, não podendo ser consolidadas as parcelas referentes aos resultados das controladas diretas ou indiretas que (i) estejam localizadas em país com o qual o Brasil não mantenha tratado para troca de informações; (ii) estejam localizadas em país com tributação favorecida, sujeita a regime fiscal privilegiado, ou, em regime de subtributação; (iii) sejam controladas, direta ou indiretamente, por pessoa jurídica submetida aos regimes do item anterior, ou; (iv) que tenham renda ativa própria inferior a 80% da renda total.

O artigo 24, da Lei nº 9430, de 27.12.1996, considera como país com tributação favorecida aquele que não tribute a renda ou que a tribute com base em alíquota efetiva[54] máxima inferior a 20% (reduzida para 17%, pela Portaria MF nº 488, de 28.11.2014), bem como aquele cuja legislação não permita o acesso a informações relativas à composição societária de pessoas jurídicas, à sua titularidade ou à identificação do beneficiário efetivo dos rendimentos atribuídos a não residentes. O critério de exclusão é jurisdicional, estando baseado nas características do país ou dependência de localização da pessoa jurídica investida, e não na sua atividade ou nos rendimentos por ela auferidos.

Nessa mesma linha, o conceito de regime fiscal privilegiado é dado pelo artigo 24-A, da Lei nº 9430/96, introduzido pela Lei nº 11727, de 23.6.2008, alcançando os

---

[53] No regime de tributação anterior (Instrução Normativa n. 213, artigo 1º, parágrafo 6º), os resultados das controladas indiretas não eram adicionados *per saltum* aos lucros da sociedade brasileira. Esses resultados eram consolidados gradativamente, por níveis ou degraus da cadeia de investimento, em cada um dos quais eram considerados como componentes do lucro de cada sociedade intermediária, em cadeia ascendente, até o nível da controlada direta.

[54] Cfr. artigo 53, parágrafo 3º, da Instrução Normativa n. 1312, de 28.12.2012.

países ou dependências com as seguintes características: (i) não tributação da renda ou tributação a alíquota nominal máxima inferior a 20%; (ii) concessão de vantagem de natureza fiscal a pessoa física ou jurídica não residente, sem a exigência da realização de atividade econômica substantiva, ou, condicionada ao não exercício de atividade econômica substantiva; (iii) não tributação, ou tributação à alíquota máxima inferior a 20%, dos rendimentos auferidos fora do seu território; (iv) impedimento ao acesso de informações relativas à composição societária, a titularidade de bens ou direitos ou às operações econômicas realizadas. A fim de conferir eficácia aos artigos 24 e 24-A, a Receita Federal do Brasil editou a Instrução Normativa RFB nº 1037, de 4.6.2010, enumerando, taxativamente,[55] em uma lista negra, os casos países ou dependências com tributação favorecida e de regimes fiscais privilegiados.

A propósito dos regimes fiscais privilegiados, cabe destacar o caso das sociedades que desempenham a função de *holding company* na Dinamarca ou nos Países Baixos e que não exerçam atividade econômica substantiva, as quais são tratadas como regime fiscal privilegiado, nos termos do artigo 2º, da Instrução Normativa RFB n. 1037. Recentemente, foi editada a Instrução Normativa RFB nº 1658, de 13.9.2016, que modificou a Instrução Normativa nº 1037/10, com o objetivo de estabelecer requisitos específicos para a comprovação da substância econômica das *holdings* nos Países Baixos e na Dinamarca, mencionando os seguintes fatores: (a) adequação entre a estrutura da sociedade e o objeto social; (b) existência de empregados próprios, qualificados em número suficiente para o exercício de sua atividade, e; (c) instalações físicas adequadas para o exercício da gestão e a efetiva tomada de decisões em relação à administração dos ativos. Os critérios de substância econômica denotam alguma aproximação com o teste de substância econômica proposto pela OCDE, muito embora, neste caso, ele seja utilizado para limitar o próprio escopo das regras de CFC, e não como requisito para a aplicação de um regime excepcional de consolidação.

O conceito de regime de subtributação, por sua vez, é dado pelo artigo 84, inciso III, da Lei n. 12973/14, como "aquele que tributa os lucros da pessoa jurídica domiciliada no exterior a alíquota nominal inferior a 20%". Como visto, os conceitos de país ou dependência com tributação favorecida e de regime fiscal privilegiado já trazem esse requisito, não deixando claro o motivo para a sua exigência em separado. Uma possível justificativa aventada pela doutrina é de que o regime de subtributação trata da alíquota nominal, ao passo que os conceitos de tributação favorecida e de regime fiscal privilegiado consideram a alíquota efetiva, muito embora isso não esteja previsto na Lei nº 9430/96, mas apenas na Instrução Normativa RFB nº 1312, de 28.12.2012. Outra justificativa está ligada à sua maior abrangência, visto que os conceitos dos artigos 24 e 24-A, da Lei nº 9430/96 exigem a satisfação de requisitos adicionais para a sua configuração.[56]

A última condição diz respeito à natureza da renda auferida pela sociedade controlada. Caso a sociedade aufira renda ativa própria inferior a 80% da renda total, os seus resultados não podem ser incluídos no regime de consolidação. O artigo 84, inciso I, da Lei nº 12973/14 traz uma definição de renda ativa própria, considerando-a aquela

---

[55] SCHOUERI, Luís Eduardo. *Preços de Transferência no direito tributário brasileiro*. 3. ed. São Paulo: Dialética, 2013, p. 88.

[56] ROCHA, Sérgio André. Tributação de Lucros Auferidos por Controladas e Coligadas no Exterior. 2. ed. São Paulo: Quartier Latin, 2016, p. 194-99.

obtida diretamente pela pessoa jurídica, mediante a exploração de atividade econômica própria, excluídas as receitas decorrentes de (a) *royalties*, (b) juros, (c) dividendos, (d) participações societárias (juros sobre capital próprio, partes beneficiárias, debêntures, resultados positivo de equivalência patrimonial, variação cambial), (e) alugueis, (f) ganhos de capital, salvo na alienação de ativos de caráter permanente ou participações societárias adquiridas há mais de 2 anos; (g) aplicações financeiras, e; (h) intermediação financeira. Assim, a definição de renda ativa exclui do regime de consolidação aquelas sociedades cujos rendimentos sejam compostos ao menos em 20% de rendimentos passivos, com base em uma análise formal baseada na categorização dos rendimentos recebidos.

Outra regra razoavelmente ligada à qualificação dos lucros externos é do artigo 90, da Lei nº 12973/14, quer permite o diferimento do IRPJ e da CSLL devidos sobre os lucros externos, que poderão ser pagos na proporção em que eles forem distribuídos,[57] nos anos subsequentes ao encerramento do período de apuração correspondente, observado que, (i) no 1º ano subsequente, serão considerados distribuídos, no mínimo, 12,5% do resultado apurado, e, (ii) no 8º ano subsequente, será considerado distribuído o saldo remanescente do resultado, ainda não oferecido à tributação.[58] Trata-se de uma regra de aplicação opcional, adotada para atenuar os efeitos econômicos adversos decorrentes da adoção de um regime de inclusão total.

A aplicação do regime de postergação está condicionada a que os lucros externos sejam apurados por controlada, direta ou indireta, que não esteja sujeita a regime de subtributação, não esteja localizada em país ou dependência com tributação favorecida ou seja beneficiária de regime fiscal privilegiado, ou, não seja controlada, direta ou indiretamente, por pessoa jurídica em jurisdição sob essas condições, e, ainda, que tenha renda ativa própria igual ou superior a 80% da renda auferida. Como visto, trata-se dos mesmos requisitos exigidos para o regime excepcional de consolidação.

Outra regra cuja aplicação pode ser razoavelmente relacionada aos requisitos de qualificação propostos pela OCDE é a que permite o aproveitamento de um crédito presumido de até 9% sobre o "Pavi" computado no lucro real da investidora brasileira. Essa regra está prevista no artigo 87, parágrafo 10, da Lei nº 12973/14, que, em sua redação original, estava limitada aos lucros externos produzidos por investidas que realizem atividades de fabricação de bebidas, de produtos alimentícios e de construção de edifícios e obras de infraestrutura. Posteriormente, a Lei nº 13043, de 13.11.2014, alterou o dispositivo, para ampliar o rol de atividades contempladas, incluindo as "demais indústrias em geral". A utilização do crédito presumido está condicionada à satisfação dos requisitos previstos nos incisos I e IV, do artigo 91, da Lei nº 12973/14, quais sejam, as exigências de que a controlada tenha renda ativa própria superior a 80% da renda total e que não esteja sujeita a regime de subtributação.[59] A previsão do crédito presumido

---

[57] Nos casos de fusão, cisão, incorporação, encerramento de atividade ou liquidação da pessoa jurídica domiciliada no Brasil, o pagamento dos tributos deverá ser feito até a data do evento ou da extinção da pessoa jurídica, conforme o caso.

[58] O valor do pagamento, a partir do 2º ano subsequente, deve ser acrescido de juros, calculados com base na taxa Libor, acrescidos de variação cambial, os quais, todavia, são dedutíveis na apuração do lucro real e da base de cálculo da CSLL, por força do parágrafo 4º, do artigo 90, da Lei nº 12973/14.

[59] O dispositivo legal foi regulamentado por meio da Instrução Normativa RFB nº 1520/14, que, além dos requisitos do regime de subtributação e da renda ativa própria, exigiu que a controlada não estivesse localizada em país

busca privilegiar as atividades econômicas reais desenvolvidas a partir de investimentos brasileiros no exterior, as quais, de outra forma, não deveriam ser tributadas no País, caso se tivesse adotado regras de CFC miradas nas situações de abuso.

Por fim, cabe mencionar, em relação ao regime de tributação das sociedades coligadas, que o artigo 81, da Lei nº 12973/14 exige, como condição para a tributação apenas no momento da disponibilização, que a coligada não esteja sujeita a regime de subtributação, não esteja localizada em país ou dependência com tributação favorecida ou seja beneficiária de regime fiscal privilegiado, não podendo, por igual, ser controlada por pessoa jurídica submetida a essas condições. Na hipótese de descumprimento de algum desses requisitos, os lucros das "coligadas desenquadradas" são sujeitos a um regime de tributação semelhante ao regime geral das controladas, com diferença quanto à materialidade tributável, que, no caso delas, são os lucros apurados após o pagamento do imposto local.

8 Regras para cálculo da renda CFC

8.1 Recomendações da OCDE

Depois de tratar dos tipos de renda qualificáveis como "renda CFC", o capítulo 5 do relatório dedica-se à configuração das regras que devem ser utilizadas para a quantificação da renda atribuível ao investidor no país de residência. Segundo o relatório, a configuração das regras de cômputo da "renda CFC" envolve duas determinações, fundamentalmente: (i) quais regras serão utilizadas para o cálculo, e (ii) a necessidade de regras específicas para o tratamento dos prejuízos externos.

No que toca à eleição do regime a ser aplicado na quantificação da "renda CFC", o relatório elenca quatro opções, a saber: (a) as regras utilizadas no país da residência da investidora, (b) as regras do país da fonte, (c) as regras de um dos dois países, à escolha do contribuinte, ou, (d) um padrão comum de contabilidade, como o IFRS.

Segundo as conclusões da OCDE, a utilização das regras do país de residência da pessoa investidora seria a opção mais adequada do ponto de vista da finalidade das regras de CFC. Com efeito, se a "renda CFC" é a renda da investidora que foi represada ou que foi artificialmente deslocada para o exterior, nada mais natural do que aplicar as regras de cálculo do país de residência. Afinal, o que se está tributando é a renda mundial de um residente, e não a renda de um não residente, sendo esse o próprio pressuposto da conformidade das regras de CFC com regime internacional de tributação. Há também razões pragmáticas para a adoção das regras do país de residência: as autoridades fiscais já estão habituadas à sua aplicação, o que resulta em economia de recursos relativamente à alternativa da adoção das regras do país da fonte, variáveis conforme a localização do investimento.

Além disso, a alternativa da adoção das regras de cálculo da jurisdição estrangeira (*local GAAP*) pode também oferecer uma oportunidade adicional às multinacionais para

---

ou dependência com tributação favorecida ou fosse beneficiária de regime fiscal privilegiado. Diante de claro excesso no exercício do poder regulamentar, em esforço criativo, a RFB editou a Instrução Normativa RFB nº 1674, de 28.11.2016, que alterou a Instrução Normativa RFB nº 1520/14, para excluir a previsão dos requisitos adicionais, mas, em contrapartida, ampliar a definição de regime de subtributação, para incluir a situação dos países com tributação favorecida e os regimes fiscais privilegiados.

a manipulação do montante dos lucros externos que são levados à tributação no país de residência. A abertura de oportunidades adicionais de planejamento tributário contraria o intuito antielisivo de combate ao BEPS, impossibilitando a eleição desta alternativa como uma *best practice* na configuração das regras de CFC. As mesmas razões se aplicam, naturalmente, à terceira alternativa, da eleição, pelo contribuinte, das regras de cálculo a serem adotadas em cada caso.

A última alternativa, da adoção de um padrão comum, como o IFRS, seria também compatível com a finalidade das regras de CFC, reduzindo a janela de oportunidade das multinacionais para a manipulação do montante da "renda CFC". Essa alternativa, caso adotada por muitos países, poderia gerar ainda maior uniformidade nas regras de apuração do montante da renda tributável. Por outro lado, assumindo que as legislações comerciais da maioria dos países não adotam padrões internacionais comuns no cálculo do lucro tributável, essa opção poderia aumentar os custos administrativos e de conformidade, impondo a necessidade de que a renda tributável fosse recalculada de acordo com normas que não são usualmente aplicadas pelo país de residência ou pelo país da fonte.

O segundo ponto discutido neste bloco diz respeito à necessidade de regras específicas para o tratamento fiscal dos prejuízos externos. Os prejuízos externos devem receber o mesmo tratamento conferido aos prejuízos domésticos na apuração do resultado da sociedade investidora? Uma pergunta desse tipo, que destaque, é a de se deve ser admitida a compensação de prejuízos externos com lucros domésticos da entidade investidora, ou, diferentemente, limitá-la aos lucros igualmente externos (e, nesse caso, aos lucros de quem).

A orientação (repetimos muito recomendação) do relatório, neste ponto, é de que os prejuízos sejam compensáveis apenas com os lucros da mesma entidade CFC que os experimentou, admitindo-se também a sua compensação com os lucros de outras entidades CFC localizadas na mesma jurisdição. A preocupação, aqui, é evitar que os prejuízos experimentados no exterior sejam utilizados para reduzir a tributação dos lucros domésticos no país de residência, ou os lucros represados por outras entidades CFC em países de baixa tributação. Uma eventual permissão para a compensação de prejuízos externos contra os lucros domésticos da investidora contrariaria a própria finalidade das regras de CFC, que visam à repatriação de lucros artificialmente deslocados ou represados no exterior, e não a instituição de um regime de transparência de receitas e despesas. Além disso, essa permissão concederia oportunidades às empresas e grupos multinacionais, para que arranjassem suas despesas e receitas ao longo da cadeia societária de forma a evitar a realização de qualquer adição à base tributável da investidora no nível de aplicação das regras de CFC.

No que respeita a países que não seguem o conceito das regras de CFC enquanto regras específicas antielisivas, como o Brasil, essa recomendação envolve um possível desvirtuamento da materialidade impositiva. Ao limitar a compensação de prejuízos, passa-se a tributar não a renda mundial, enquanto resultado da combinação de elementos positivos e negativos de mutação patrimonial, mas o próprio capital. Ora, se o objeto da tributação são os lucros das entidades domiciliadas no exterior, às suas variações patrimoniais deve ser concedido o mesmo tratamento conferido pela lei interna à renda doméstica, sob pena de se tributar outra coisa que não a renda (cujo conceito é dado precisamente por aquela legislação).

8.2 Brasil

No Brasil, para fins de tributação em bases universais, os lucros auferidos no exterior devem ser apurados de acordo com as normas da legislação comercial do país de domicílio da pessoa investida, nos termos do artigo 95, da Lei nº 12973. Nesse sentido, é também a previsão do artigo 8º, parágrafo 1º, da Instrução Normativa RFB nº 1520/14, segundo o qual os lucros auferidos no exterior devem ser apurados de acordo com as normas da legislação comercial do país de domicílio da entidade investida. A legislação prevê a aplicação das normas da legislação comercial brasileira apenas nos casos em que a legislação do país de domicílio da investida não contenha normas que disciplinem a elaboração das demonstrações financeiras. Neste ponto, nota-se um afastamento em relação à recomendação da OCDE, que, como visto, é pela aplicação dos padrões contábeis adotados pela legislação do estado de residência.

Quanto aos prejuízos experimentados por sociedades controladas no exterior, a lei brasileira trouxe regras específicas, proibindo a sua compensação com os lucros da controladora brasileira (artigo 25, parágrafo 5º, da Lei nº 9249/95). Adotou-se, assim, o princípio da universalidade para a tributação de lucros e o princípio da territorialidade para a compensação de prejuízos. Essa regra geral se aplica não apenas no regime geral de tributação individualizada (artigo 77, da Lei nº 12973), mas também no regime excepcional de consolidação dos resultados das controladas estrangeiras (artigo 78, da Lei nº 12973). Em relação às coligadas qualificadas, não há regras específicas sobre a compensação de prejuízos, visto que os lucros auferidos no exterior são computados no Brasil apenas no período-base de sua disponibilização, após a absorção dos prejuízos na formação do lucro contábil passível de distribuição.

No regime geral, os resultados das controladas, diretas ou indiretas, devem ser registrados na contabilidade da controladora de forma individualizada, pelo mecanismo das subcontas, sendo os resultados positivos adicionados às bases de cálculo do IRPJ e da CSLL, e os prejuízos, excluídos. Nesse regime, os prejuízos incorridos por uma controlada não podem ser compensados com lucros auferidos por outras controladas. Como sabido, no regime anterior à Lei nº 12973/14, os resultados das controladas indiretas eram consolidados ao nível da controlada direta, em cada cadeia vertical de participações, antes de serem levados à tributação. Os resultados das controladas diretas não eram compensáveis, contudo, com os lucros de outras controladas diretas (vedação à consolidação horizontal). No regime atual, os lucros das controladas indiretas são adicionados individualizada e diretamente à base de cálculo do IRPJ e da CSLL, vedando-se a consolidação (vertical e horizontal).[60] Assim, em regra, os prejuízos de cada controlada, direta ou indireta, só podem ser compensados com os lucros auferidos pela mesma entidade no exterior. Os prejuízos não utilizados podem ser transferidos para períodos posteriores (*carry forward*), sem qualquer limitação de tempo ou de quantidade, diferentemente do que ocorre com os prejuízos fiscais acumulados a nível doméstico, que se sujeitam ao limite de 30% do lucro líquido do exercício (cfr. o artigo 10, parágrafo 4º, da Instrução Normativa RFB nº 1520/14).

No regime excepcional consolidação (em que se admite a compensação cruzada das perdas ou prejuízos correntes), os resultados positivos de consolidação devem ser

---

[60] Cf. XAVIER, Alberto, 2015, p. 458.

adicionados ao lucro real e à base de cálculo da CSLL. Os resultados negativos, por sua vez, não podem ser utilizados para reduzir a renda tributável no Brasil. Nos termos dos parágrafos 3º e 4º, do artigo 77, da Lei nº 12973/14 e do artigo 11 da Instrução Normativa RFB nº 1520/14, nos casos de resultado negativo de consolidação, a pessoa jurídica domiciliada no País deverá informar à Receita Federal do Brasil, de forma individualizada, as parcelas negativas utilizadas na consolidação. É dizer, o contribuinte deverá escolher as parcelas negativas de ajuste que serão utilizadas e quais deixarão de ser utilizadas na consolidação. Os saldos remanescentes de prejuízos de cada controlada no exterior poderão ser utilizados para compensação com lucros futuros das mesmas sociedades que lhes deram origem, desde que devidamente informados no Demonstrativo de Prejuízos Acumulados no Exterior (DPAE).

A Lei nº 12973/14 trouxe também uma regra específica para os prejuízos acumulados referentes aos anos-calendário anteriores a 1º de janeiro de 2015, data da sua entrada em vigência. De acordo com o artigo 77, parágrafo 2º, do diploma legal, os prejuízos acumulados podem ser compensados com lucros futuros da mesma pessoa jurídica que lhes deu origem, desde que os estoques de prejuízos sejam informados à Receita Federal do Brasil, no DPAE. Como a lei não prevê qualquer ressalva, pode-se inferir a aplicabilidade dessa restrição inclusive para os casos de consolidação. Assim, diferentemente dos prejuízos correntes, que podem ser compensados com lucros correntes de outras controladas incluídas no regime de consolidação, os prejuízos acumulados somente podem ser utilizados na consolidação até o limite dos lucros das controladas que os gerou.

Em resumo, a Lei nº 12973/14 trouxe um sistema de "compensação compartimentada" dos prejuízos incorridos pelas controladas, equiparadas e coligadas "desenquadradas" no exterior, impedindo a sua consolidação com os resultados positivos auferidos pela investidora no Brasil ou por outras controladas ou coligadas no exterior (vedação às consolidações vertical e horizontal). Outrossim, no regime excepcional de consolidação, a lei proibiu a compensação dos resultados negativos de consolidação com os lucros auferidos pela sociedade investidora no Brasil, permitindo que as parcelas negativas não computadas na consolidação sejam utilizadas para a compensação de lucros futuros da mesma entidade que os gerou.

Esse sistema, a nosso sentir, conflita com a Constituição, por conduzir, potencialmente, à tributação de fatos-acréscimos do patrimônio que não se subsumem à materialidade dos tributos sobe a renda corporativa, por falta de consideração dos elementos negativos de mutação patrimonial.

É ver, assim, que para além da questão relativa à ausência do requisito de disponibilidade sobre os lucros auferidos no exterior e tributados automaticamente no Brasil – questão que foi debatida pelo STF na ADI nº 2.588 –, há no regime brasileiro de tributação de lucros no exterior possíveis vícios de inconstitucionalidade decorrentes da imposição de limites de limites à compensação de prejuízos externos.

Com efeito, no contexto constitucional das normas de produção normativa atinentes ao imposto de renda, o sistema de compensação de prejuízos externos previsto na Lei nº 12973/14 parece revestir-se de vício de inconstitucionalidade material, por impedir a consideração, na quantificação da renda atribuível à sociedade investidora residente, dos prejuízos (parcelas de ajuste negativas, resultados negativos de consolidação, ou, prejuízos acumulados) experimentados pelas sociedades investidas no exterior. A previsão legal revela um exercício de competência legislativa desbordante dos limites máximos de sentido do conceito de renda encerrado no antecedente da regra constitucional atributiva de competência tributária. Decerto, não se pode falar em tributação da renda em bases universais se, no exercício do poder de tributar, deixa-se de considerar os elementos negativos de mutação do patrimônio da entidade investidora no Brasil, decorrentes dos prejuízos incorridos pelas suas investidas no exterior.[61]

É importante advertir que, na defesa de tal posição, parte-se da premissa de que as regras brasileiras de tributação de lucros no exterior não assumem o caráter antielisivo específico das regras de CFC típicas. Decerto, não há impedimento a que a lei preveja, para casos excepcionais, vinculados a critérios de discriminação estritamente vinculados a um propósito de evitação da elisão fiscal, a reboque do princípio da capacidade contributiva, a vedação à compensação de prejuízos externos. Contudo, como se tem dito, as regras brasileiras de tributação de lucros no exterior não são regras de CFC típicas, não se prendendo ao objetivo da evitação dos abusos no *tax deferral* ou ao *profit shifting*. Nesse caso, a simples localização no exterior da fonte dos prejuízos não parece se revelar um critério-medida adequado para fim de justificar um tratamento diferenciado entre os contribuintes com investimentos no exterior e os contribuintes que auferem apenas renda doméstica. Economicamente, trata-se de medida que, de resto, mostra-se contrária ao princípio da neutralidade às exportações, impondo aos investimentos no exterior (*outbound*) um tratamento tributário mais gravoso do que aquele concedido pelo ordenamento à renda exclusivamente doméstica.[62]

9 Atribuição da renda CFC

9.1 Recomendações da OCDE

Após a definição e o cálculo da "renda CFC", o relatório trata do problema da sua atribuição aos sócios. A disciplina da atribuição da renda, consoante o tratamento dado à matéria pelo relatório da OCDE, pode ser desmembrada em cinco etapas, na definição de: (i) para quem deve ser atribuída a "renda CFC", (ii) quanto da renda deve ser atribuída, (iii) quando a renda deve ser incluída nos resultados tributáveis da investidora, (iv) como a renda CFC deve ser tratada e (v) qual a alíquota incidente sobre a renda CFC.

Esse capítulo inicia-se com a definição do contribuinte da "renda CFC", o qual, para muitas das regras existentes sobre CFC, deve ser determinado, quando possível, de acordo com as regras de controle, de modo que, se o contribuinte alcançar o limite de

---

[61] Nesse sentido, cf. OLIVEIRA, Ricardo Mariz de. Aspectos Inconstitucionais da Lei nº 12.973 em Matéria de Tributação de Lucros de Controladas e Coligadas no Exterior (Segundo Alberto Xavier). *Direito Tributário Internacional*: Homenagem ao Professor Alberto Xavier. ROCHA, Sérgio André; TORRES, Heleno Taveira (Coord.). São Paulo: Quartier Latin, 2016, p. 775-76; FAJERSZTAJN, Bruno. Dedução de Prejuízos e Perdas Apurados no Exterior. Diferentes Perspectivas, uma Conclusão: Invalidade do Artigo 25, parágrafo 5º, da Lei n. 9249. *Estudos de Tributação Internacional*. Org.: Ana Paula Saunders et al. Rio de Janeiro: Lumen Juris, 2016, p. 259-81. SANTOS, Ramon Tomazela. *ob. cit.*, p. 117-18; SCHOUERI, Luís Eduardo. Princípios no Direito Tributário Internacional: Territorialidade, Fonte e Universalidade. *Princípios e Limites da Tributação*. Coord.: Roberto Ferraz. São Paulo: Quartier Latin, 2005, p. 373-4.

[62] Nesse sentido, cf., com maior detalhe: PEDROSA JUNIOR, Marcio. A universalidade (ampliada) e as restrições à compensação de prejuízos nas regras brasileiras de tributação de lucros no exterior. *Estudos de Direito Tributário*: 40 anos de Mariz de Oliveira e Siqueira Campos Advogados. SANTOS, Ramon Tomazela (Coord.). São Paulo: Mariz de Oliveira e Siqueira Campos Advogados, 2018, p. 383-404.

controle determinado, deve ter renda a ele atribuída. A vinculação entre as regras de controle e as regras de atribuição oferece maior simplicidade e menores custos de aplicação. Contudo, os países que consideram o controle de fato ou estabelecem meios de controle menos mecânicos podem precisar de diferentes testes de controle e de atribuição para garantir que a "renda CFC" seja atribuída aos contribuintes corretos.

Para o relatório, a melhor prática consistiria na vinculação das regras de atribuição às regras de controle, ou, no uso de outro método que seja capaz de atribuir a "renda CFC", no mínimo, aos sócios que podem exercem influência sobre a "entidade CFC".

Uma vez estabelecido a quem a "renda CFC" deve ser atribuída, o relatório volta-se à definição do *quantum* que deve ser atribuído. Nesse ponto, o relatório registra que todas as regras de CFC vigentes atribuem a renda aos contribuintes de acordo com sua participação societária, variando no tratamento daqueles contribuintes cuja participação dura apenas uma porção do ano.

Algumas jurisdições atribuem a parcela inteira da renda com base na propriedade no último dia do ano. Embora esse método possa levar a uma imputação imprecisa e criar oportunidades para o planejamento tributário, pode captar com precisão se o contribuinte foi ou não capaz de influenciar a CFC se o poder de voto for determinado com base na propriedade acionária no último dia do ano ou se houver outras regras antiabuso para evitar a subatribuição de lucros. Lado outro, há países que atribuem o rendimento com base no período da propriedade, o que resulta na tributação dos contribuintes em montante similar à sua real parcela de lucros da "entidade CFC".

Independentemente do método eleito pela jurisdição, o relatório destaca a importância de ele refletir fielmente a influência que o contribuinte desempenha sobre a sociedade. Além disso, é imprescindível que as regras garantam que não haja atribuição de mais de 100% da "renda da CFC". Essa situação poderia ocorrer, por exemplo, se os testes de controle legal e econômico, em conjunto, conduzissem a mais de 100% de controle.

No que se refere ao momento no qual a renda deve ser incluída nos resultados tributáveis da investidora, o relatório não traz nenhuma recomendação, ressaltando que os países são livres para adotarem as formas mais adequadas às respectivas normas de direito interno. A prática mais disseminada, nesse particular, é a inclusão da "renda CFC" na base tributável da investidora do período de apuração no qual haja o encerramento do balanço da "entidade CFC".

Outra questão enfrentada refere-se à forma como a "renda CFC" deve ser tratada no país de residência. As regras de CFC existentes adotam diferentes abordagens, desde a tese dos dividendos fictos (*deemed dividends*) até o seu tratamento como se fosse renda auferida diretamente pela investidora (*look-through approach*). Nesse ponto, o relatório não apresenta nenhuma recomendação, cabendo a cada país adotar a definição mais adequada ao seu ordenamento interno. Em qualquer caso, o que se deve ressaltar é que a "renda CFC" é tida como renda da investidora residente no país de aplicação das regras de CFC, e não da "entidade CFC", sendo esse, como já ressaltado acima, o próprio pressuposto de conformidade das regras de CFC com o princípio do estabelecimento permanente previsto nos acordos de bitributação e consagrado no costume internacional.

O quinto "bloco de construção" é finalizado com a determinação da alíquota que deve incidir sobre o montante da "renda CFC" atribuída. As regras de CFC existentes aplicam normalmente a alíquota aplicável aos rendimentos auferidos pela investidora no seu país de residência. Uma segunda opção apresentada pelo relatório seria a utilização de uma *top-up tax*, pela qual a alíquota aplicável seria a diferença entre a alíquota cobrada no país da fonte e um outro percentual determinado, que, por sua vez, poderia ser vinculado às regras de isenção sobre os rendimentos externos. Assim, por exemplo, suponha-se que um país tenha uma alíquota nominal de 30% do imposto sobre a renda, mas preveja que as suas regras de CFC só se apliquem caso a alíquota efetiva no país da fonte seja inferior a 12%. Nesse caso, se esse país aplicasse uma *top-up-tax*, em relação a uma investida sujeita a uma alíquota efetiva de 0%, a alíquota para aplicação das regras de CFC seria de 12%, e não de 30%. Isso permitiria reduzir a desvantagem competitiva decorrente da localização da origem dos investimentos em países de alta pressão fiscal. Essa alternativa, contudo, pode apresentar certa desconformidade com os propósitos das regras de CFC, preservando o incentivo para o deslocamento de riqueza tributável para outros países. No exemplo dado, uma empresa teria um incentivo considerável para transferir a sua renda para outros países, visto que a sua "renda CFC" seria tributada a uma alíquota de 12%, substancialmente inferior à alíquota aplicável à sua renda doméstica, de 30%.

9.2 Brasil

No que diz respeito às regras de tributação da renda em bases universais previstas na Lei nº 12973/14, os contribuintes do imposto são as pessoas jurídicas, matrizes de filiais e sucursais, ou controladoras ou coligadas de investidas no exterior, domiciliadas no Brasil,[63] com exclusão das pessoas físicas.[64]

A Lei nº 12937/14 não prevê regras de atribuição distintas das regras de definição de controle. Os lucros auferidos no exterior por intermédio de filiais, sucursais, controladas, diretas ou indiretas e coligadas, assim definidas de acordo com a lei societária, são adicionados ao lucro real e à base de cálculo da CSLL das sociedades investidoras residentes no Brasil, na proporção das respectivas participações societárias. Essa vinculação entre as regras de atribuição de renda e as regras de definição de controle é natural, visto que o Brasil adota apenas o controle legal, de caráter mecânico, sem exigir a aplicação de testes de controle econômico ou de fato, que poderiam demandar a existência de regras específicas para a imputação dos lucros auferidos no exterior.

Os resultados positivos auferidos no exterior devem ser computados no lucro real e na base de cálculo da CSLL no balanço levantado em 31 de dezembro de cada ano-calendário, independentemente do período-base utilizado no país da investida para a apuração de resultados contábeis ou fiscais (artigo 8º, da Instrução Normativa RFB nº 1520/14). A tradução dos resultados em moeda estrangeira se dá pela taxa de câmbio fixada para venda, pelo Banco Central do Brasil, correspondente à data do levantamento do balanço da controlada direta ou indireta. Caso a moeda do país de origem não tenha cotação no Brasil, o seu valor será convertido em dólares americanos e, em seguida, em reais (artigo 7º, da Instrução Normativa RFB nº 1520/14).

---

[63] No Brasil, os critérios de definição da residência fiscal das pessoas jurídicas encontram previsão legal no art. 27, do Decreto-lei nº 5.844, de 23.9.1943, no art. 42, da Lei nº 4.131, de 3.9.1962 e no art. 146 e ss., do Decreto nº 3000, de 26.3.1999.

[64] No âmbito da tributação da renda das pessoas físicas, a aplicação do princípio da renda mundial foi disciplinado no art. 3º, parágrafo 4º, da Lei nº 7.713, de 22.12.1988.

Em linha com o princípio da neutralidade nas exportações de capital, a alíquota cobrada sobre os lucros externos computados na base de cálculo dos tributos sobre a renda corporativa no Brasil é a mesma que incide sobre a renda doméstica das pessoas jurídicas. Como não há a exoneração de lucros externos vinculados aos níveis de tributação incidentes no exterior, não há a aplicação de uma *top-up-tax* ou de quaisquer mecanismos de atenuação da tributação baseados em alíquotas. No Brasil, o que há é apenas um mecanismo de alívio à dupla-tributação, pelo método do crédito, como será visto no tópico seguinte.

Por fim, para o tratamento da "renda CFC", segundo entendemos, o Brasil adota a tese de desconsideração da "entidade CFC". Como anotado no relatório da OCDE, em que pese a existência de diferenças entre os regimes adotados pelos países, as regras de CFC operam, fundamentalmente, de duas maneiras: (i) desconsiderando a personalidade jurídica distinta da "entidade CFC", como se a investidora e a investida fossem apenas uma (*look-through approach*), ou, (ii) tratando os lucros externos como dividendos (*deemed profit distribution approach*). É ver que, no Brasil, o critério quantitativo adotado para fins de tributação em bases universais não são os dividendos (lucro *local GAAP* após o imposto de renda e outras deduções), mas, sim, o valor bruto dos lucros apurados, antes do imposto local, o que acusa a tributação dos lucros da empresa estrangeira como uma entidade transparente (*look-through*).[65] Outra evidência da adoção dessa abordagem é a tributação *per saltum* das controladas indiretas, em discordância com o fluxo societário dos dividendos.

10 Regras para prevenção ou eliminação da dupla tributação

10.1 Recomendações da OCDE

No seu capítulo 7, o relatório apresenta as recomendações da OCDE relativamente ao sexto e último "bloco de construção", destinadas à prevenção ou à eliminação da dupla tributação da renda em relação à aplicação de regras de CFC. Como já ressaltado, uma das preocupações evidenciadas pelo relatório é a de garantir que a aplicação de regras de CFC não acarrete situações de dupla tributação da "renda CFC".

De acordo com o relatório, existem, pelo menos, três situações nas quais a aplicação de regras de CFC pode gerar dupla-tributação (jurídica ou econômica), sendo elas: (i) a tributação da "renda CFC" também no país de fonte; (ii) a aplicação das regras de CFC de mais de um país sobre a mesma "renda CFC" (em diferentes níveis da cadeia de investimento), e; (iii) a distribuição, pela "entidade CFC", de dividendos sobre lucros que já foram tributados no país de domicílio da investidora, por força de suas regras de CFC, ou, ainda, a venda, pela investidora, da respectiva participação na "entidade CFC".

A propósito das duas primeiras situações, a orientação da OCDE é para que o país de residência conceda um crédito (*tax credit*) dos impostos estrangeiros efetivamente pagos, com preferência sobre os métodos de dedução e de isenção. Como reconhecido pelo relatório, o método do crédito é mais abrangente do que o método da dedução.

---

65 Cf., nesse sentido, PICONEZ, Matheus Bertholo. *Ob cit*. Em sentido contrário, cf. MACIEL, Taísa Oliveira. *Ob. cit.*

O método do crédito, baseado no princípio da neutralidade às exportações, permite que o imposto pago no exterior seja compensado contra o imposto devido no país de residência sobre a renda de fonte estrangeira.

O método da dedução, por outro lado, permite que o tributo pago no exterior seja deduzido da renda de fonte estrangeira na apuração da renda tributável no país de residência. Esse método não proporciona, assim, a eliminação integral da dupla-tributação. O método da dedução, segundo Dagan,[66] é baseado no princípio da neutralidade nacional, que não busca eliminar a influência da tributação sobre as decisões de localização dos investimentos. O foco, aqui, é no bem-estar nacional, e não na eficiência do mercado internacional. Nesse sentido, os investimentos no exterior somente devem ser encorajados caso tanto o investidor quanto o governo do seu país de residência aufiram benefícios desse investimento. O método da dedução promove a neutralidade nacional, na medida em que o investidor somente escolherá investir no exterior caso o seu lucro depois da tributação local seja superior ao lucro antes da tributação que seria obtido caso o investimento fosse realizado no seu país de residência.

O método da isenção também é preterido, por se mostrar incompatível com a finalidade das regras de CFC. Ora, se o objetivo das regras de CFC é permitir a tributação, no país de residência da investidora, dos rendimentos que foram represados ou artificialmente deslocados para o exterior, admitir a concessão de isenção sobre esses rendimentos seria um contrassenso lógico.

Na hipótese da cumulação de pretensões impositivas decorrente da sujeição de um mesmo rendimento a regras de CFC em diferentes países, o relatório recomenda a concessão de um crédito do imposto pago em razão da aplicação de regras de CFC no país de uma entidade CFC intermediária. Essa solução implica a necessidade da adoção de regras conferindo prioridade ao país cujo acionista residente esteja mais próximo da "entidade CFC" na cadeia de investimentos.

A terceira situação de dupla-tributação ocorre (a) quando a "entidade CFC" distribui lucros ou dividendos sobre lucros já tributados no país de residência da investidora em razão da aplicação de regras de CFC, ou (b) quando o investidor aliena a sua participação na "entidade CFC", recolhendo o tributo sobre o ganho de capital. No que respeita ao primeiro caso, o relatório menciona que a maioria dos países já prevê regimes de isenção dos rendimentos de participações societárias de fonte estrangeira (*participation exemption*), tornando desnecessárias medidas adicionais de alivio à dupla-tributação (à exceção dos casos não acobertados pelos regimes regulares de *participation exemption*). Nos casos em que o país da fonte exige imposto de renda na fonte sobre os dividendos distribuídos, o relatório recomenda que seja concedido alívio à dupla tributação, pelo método do crédito, nos termos já apresentados em relação à primeira situação de dupla-tributação.

O segundo caso é o da alienação, pela investidora residente, da sua participação acionária na "entidade CFC". Essa situação pode ocasionar dupla-tributação quando parte do preço de venda decorra de lucros mantidos no balanço da entidade estrangeira e previamente tributados no país de residência da investidora em razão de suas regras de CFC. Seguindo a mesma lógica adotada para o tratamento das distribuições de

---

[66] DAGAN, Tsilly. The Costs of International Tax Cooperation. *Michigan Law and Economics Research Paper*, n. 2-007, 2002, p. 8. Disponível em: https://ssrn.com/abstract=315373. Acesso em: 30 jul. 2017.

dividendos, o relatório menciona a possibilidade de que o país da residência conceda isenção sobre os ganhos nas alienações de participações societárias, na medida em que os lucros das "entidades CFC" embutidos nos ganhos de capital já tenham sido tributados no país de residência.

10.2 Brasil

Como mecanismo de alívio à dupla tributação, a Lei nº 12973/14 prevê a possibilidade de a pessoa jurídica deduzir, na proporção de sua participação, o imposto sobre a renda efetivamente pago no exterior, por controlada direta ou indireta, incidente sobre as parcelas positivas adicionadas ao lucro real da pessoa jurídica controladora, até o limite dos tributos incidentes no Brasil (IRPJ e CSLL) sobre as referidas parcelas.

Para fins de creditamento, considera-se imposto sobre a renda o tributo que incida sobre lucros da controlada, inclusive o imposto retido na fonte sobre o lucro distribuído (neste último caso, apenas em relação às controladas diretas). A exigência é de que o tributo incida sobre lucros, independentemente do seu *nomen juris*, do ente federado competente para a sua instituição e cobrança, ou, do meio de pagamento utilizado (dinheiro ou outros bens).

No caso das coligadas tributadas pelo regime de caixa, a Lei nº 12973/14 autoriza a dedução do imposto sobre a renda retido na fonte no exterior incidente sobre os dividendos que tenham sido computados na determinação do lucro real e da base de cálculo da CSLL. As coligadas "desenquadradas" e "equiparadas", que são tributadas pelo regime de competência, sujeitam-se às mesmas regras aplicáveis às controladas.

O método adotado, nos dois casos, é o da imputação ordinária, não se permitindo a dedução do montante total do imposto pago no exterior (crédito integral), mas apenas do montante correspondente à fração do próprio imposto incidente sobre os lucros, rendimentos ou ganhos de capital provenientes de fontes externas. Além disso, o crédito é proporcional, por contraposição ao crédito efetivo. No crédito ordinário efetivo, a dedução máxima é calculada pela aplicação da alíquota do Estado da residência aos rendimentos de fonte estrangeira. No crédito proporcional, por outro lado, a dedução máxima é calculada pela alocação do total de tributo sobre o total da renda conforme a proporção entre a renda derivada de fontes estrangeiras e a renda total. Apura-se a razão entre a renda de fontes externas e a renda total (renda doméstica mais renda de fontes externas), multiplicando-se o resultado obtido pelo valor do tributo calculado pela aplicação da alíquota da residência sobre a renda total. O resultado final é o montante máximo da dedução. O cálculo desse limite máximo de dedução deve ser efetuado antes da compensação de prejuízo fiscal acumulado no Brasil em anos-calendário anteriores, devendo ser considerados, todavia, os prejuízos correntes, que poderão impactar no montante do *tax credit*.[67]

Nos casos de consolidação, os créditos do imposto sobre a renda pagos no exterior também devem ser consolidados. Se não houver consolidação dos lucros, a dedução dos créditos será efetuada de forma individualizada, por controlada, direta ou indireta.

---

[67] XAVIER, Alberto, 2015, p. 466. SILVA, Natalie Matos. O caso *Societé Natexis Banque Populaire* e a Cláusula de *Matching Credit* do Acordo de Bitributação entre Brasil e França. *Direito Tributário Atual*, n. 28. São Paulo: Dialética, 2012, p. 238.

Além disso, a compensação do imposto pago no exterior está condicionada ao seu pagamento efetivo no exterior, não sendo permitido o aproveitamento de crédito de tributo decorrente de qualquer benefício fiscal, excetuadas as hipóteses de acordos de bitributação com cláusulas de *tax sparring*. Daí a exigência de que a pessoa jurídica no Brasil comprove o pagamento do tributo mediante a apresentação do documento de arrecadação estrangeiro, vertido para o português e reconhecido pelo Consulado da Embaixada Brasileira no país de origem.

Ainda, na hipótese de os lucros só virem a ser tributados no exterior em momento posterior àquele em que tiverem sido tributados no Brasil, a dedução do *tax credit* deverá ser efetuada no balanço correspondente ao ano-calendário em que ocorrer a tributação, ou em ano-calendário posterior, devendo sempre observar os limites quantitativos do método do crédito ordinário proporcional.

O saldo do tributo pago no exterior que exceder o valor passível de dedução do valor do IRPJ e adicional devidos no Brasil poderá ser deduzido do valor da CSLL, devida em virtude da adição à sua base de cálculo das parcelas positivas dos resultados oriundos do exterior, até o valor devido em decorrência dessa adição (cfr. art. 30, parágrafos 8º e 13, da Instrução Normativa RFB nº 1520/14).

O tributo pago que não pode ser compensado em virtude de a pessoa jurídica não ter apurado lucro real positivo poderá ser registrado na parte B do LALUR e compensado com o que for devido nos anos-calendário subsequentes, não prevendo a lei um prazo específico para a sua utilização. O montante do imposto a compensar deverá ser calculado mediante a multiplicação dos lucros computados no lucro real pela alíquota de 15%, se o valor computado não exceder o limite de isenção do adicional, ou pela alíquota de 25%, se exceder (cfr. art. 30, parágrafos 15, 16 e 17, da Instrução Normativa RFB n. 1520/14).

Por fim, o valor do tributo pago no exterior a ser deduzido deverá ser convertido em reais, tomando-se por base a taxa de câmbio da moeda do país de origem fixada para venda pelo Banco Central do Brasil correspondente à data (i) da disponibilização, na hipótese de imposto retido na fonte sobre o lucro distribuído, ou, (ii) do balanço apurado, nos demais casos. Caso a moeda do país de origem não tenha cotação no Brasil, o seu valor será convertido em Dólares dos Estados Unidos da América e, em seguida, em Reais.

11 Síntese

Diante de todo o exposto, é possível alinhar abaixo as principais conclusões do presente estudo, conforme os pontos abaixo:

11.1 As recomendações do relatório da Ação 3 do Projeto BEPS, da OCDE, partem do conceito de regras de CFC como regras domésticas, antielisivas específicas, que permitem ao país de residência do investidor a derrogação do princípio do diferimento (*tax deferral*), em casos de abuso (identificados mediante a aplicação de requisitos de qualificação extraídos dos métodos transacional e jurisdicional), para promover a tributação, antes da disponibilização, dos lucros auferidos por intermédio de entidades investidas no exterior;

11.2 As regras de CFC, respeitado esse conceito, funcionam como um elemento de dissuasão (*deterrence*), neutralizando as vantagens fiscais decorrentes da utilização de entidades no exterior para o diferimento da tributação no país de residência ou para a manipulação dos elementos de localização das categorias redituais;

11.3 As regras de CFC podem ser adotadas tanto por países que tributam a renda mundial quanto por países com sistemas de tributação em bases territoriais. As diferenças entre os dois casos são diferenças de abrangência. No primeiro, o foco são os abusos no *tax deferral*; no segundo, a transferência artificial de lucros para o exterior, com a separação entre o local onde a riqueza é gerada e onde ela é tributada;

11.4 As regras de CFC não servem apenas para a proteção da base tributável no país de residência (*residence stripping*), apresentando efeitos colaterais sobre terceiros países afetados na cadeia de investimento, prevenindo a transferência artificial de riqueza tributável desses países para outros países, de baixa tributação (*foreign-to-foreign stripping*);

11.5 As regras de CFC podem servir de complemento às regras de preços de transferência, permitindo a captura da renda deslocada para o exterior por meio da manipulação de preços em transações *intercompany*;

11.6 A aplicação de regras de CFC pode conduzir a situações de dupla tributação jurídica ou econômica da renda, trazendo aos países a necessidade da previsão de mecanismos de alívio à dupla tributação;

11.7 As características das regras de CFC e as recomendações da OCDE, da forma como apresentadas em cada bloco de construção no relatório da Ação 3, do Projeto BEPS, evidenciam o seu caráter antielisivo, conforme os pontos abaixo:

a) no primeiro "bloco de construção", o relatório indicou quais entidades no exterior devem ser consideradas para fins de aplicação das regras de CFC, propondo uma definição ampla e aberta quanto (i) aos *tipos* de entidades e (ii) aos *tipos* e aos *níveis* de controle, de forma a capturar todas as situações nas quais um entidade, que tem direito à participação nos lucros de outra entidade no exterior, possa influenciar a decisão de sua investida acerca do momento no qual esses lucros são distribuídos. Essa definição pode incluir, além de mecanismos para a agregação de participações minoritárias ou prevenção da fragmentação do controle, testes de controle econômico e de fato, em complemento ao teste de controle legal;

b) no segundo "bloco de construção", relatório apresentou limitações de escopo às regras de CFC, evidenciando a sua percepção como regras antielisivas específicas. A recomendação da OCDE, nesse ponto, é de que as regras de CFC sejam aplicáveis apenas às hipóteses nas quais a "entidade CFC" no exterior esteja sujeita a uma alíquota inferior à aplicada no país de residência da investidora. Para além do teste da alíquota efetiva, a OCDE relata ainda duas formas de limitação de escopo, que podem ser utilizadas: (i) a inclusão de um limite mínimo (*de minimis test*) abaixo do qual a renda da "entidade CFC" não é adicionada ao lucro tributável da investidora, e; (ii) a utilização de uma regra geral antielisiva, aplicada sozinha (*up-front*) ou de forma acessória, para evitar a evasão das regras específicas de tributação dos lucros no exterior, nos casos de abuso;

c) no terceiro "bloco de construção", ao tratar do conceito de "renda CFC", reconhece a existência de duas abordagens básicas (i) os regimes de inclusão total (*full inclusion*), nos quais toda e qualquer renda da entidade CFC é atribuível à investidora no país de aplicação das regras de CFC, independentemente de sua natureza, e; (ii) os regimes de inclusão parcial, que consideram atribuíveis à investidora apenas os rendimentos auferidos pela "entidade CFC" considerados contaminados (*tainted income*). Para os regimes de inclusão parcial, o relatório lista diversos métodos de qualificação de rendimentos, que podem ser utilizados no *design* das regras de CFC. Destaque-se que a referência aos regimes de *full inclusion* não implica abandono da concepção das regras de CFC como regras antielisivas, mas o reconhecimento da relativa liberdade dos países na formatação de seus regimes domésticos por meio da combinação dos métodos jurisdicional e transacional;

d) no quarto "bloco de construção", o relatório recomenda que a "renda CFC" imputada à investidora seja calculada de acordo com as regras contábeis do país de residência, evitando a concessão de oportunidades adicionais de planejamento tributário decorrentes das descontinuidades dos diferentes sistemas de informação. No que respeita aos prejuízos externos, o relatório recomenda que os mesmos sejam compensáveis apenas contra os lucros auferidos pela mesma "entidade CFC" ou por "entidades CFC" localizadas na mesma jurisdição fiscal, evitando a manipulação de prejuízos como forma de evitar a aplicação das regras de CFC;

e) o quinto "bloco de construção", ao tratar do problema da atribuição da "renda CFC", recomenda a vinculação das regras de atribuição às regras de controle, por maior simplicidade, ou a adoção de um outro método que seja capaz de atribuir a "renda CFC" aos sócios que podem exercer influência sobre a "entidade CFC". A alíquota aplicável é a alíquota da investidora, ou uma *top up tax*, nos casos em que haja a previsão de isenção sobre os rendimentos submetidos a uma tributação mínima no exterior. Em qualquer caso, a "renda CFC" é tratada como renda da entidade investidora no país de aplicação das regras de CFC, e não da "entidade CFC", o que está em conformidade com o caráter antielisivo das regras de CFC e o princípio do estabelecimento permanente gizado nos acordos de bitributação e no costume internacional;

f) no "sexto bloco de construção", o relatório aventa a possibilidade de que a aplicação de regras de CFC resulte em situações de dupla-tributação, acentuando a necessidade da previsão de mecanismos de alívio à dupla tributação, considerando que as regras de CFC não devem prejudicar a globalização a realização da neutralidade global. O método recomendado é o do crédito (*tax credit*), com preferência sobre os métodos da dedução e da isenção, por sua maior aderência ao princípio da neutralidade às exportações e por sua maior eficiência no combate à dupla-tributação.

11.8 O conceito adotado pelas regras brasileiras de tributação de lucros no exterior não corresponde ao conceito das regras de CFC plasmado nas recomendações da OCDE. As regras brasileiras não são regras específicas antielisivas, voltadas ao combate dos abusos no *tax deferral* ou ao deslocamento artificial de riqueza tributável para o exterior, não havendo a previsão de requisitos de qualificação capazes de garantir a sua aplicação apenas aos casos em que os lucros obtêm tratamento mais favorável no exterior. Nessa senda, o efeito dissuasivo (*deterrent effect*) das regras brasileiras recai não sobre os comportamentos abusivos adotados no seio dos grupos multinacionais, mas sobre as próprias decisões de investimentos no exterior;

a) As regras brasileiras preveem a tributação automática, independentemente de distribuição, dos lucros auferidos por meio de filiais, sucursais, agências e pessoas jurídicas controladas, direta ou indiretamente, no exterior. O teste de controle é legal (mecânico), não havendo a previsão de testes de controle econômico ou de fato. Há a previsão de uma regra de fragmentação de controle, pela agregação das participações minoritárias de coligadas controladas em conjunto por pessoas consideradas vinculadas;

b) As regras brasileiras não limitam a sua aplicação aos casos de abuso presumível, tendo adotado um sistema de tributação de amplo escopo, com a adoção de um regime de *full inclusion*, aplicável a qualquer "entidade CFC", independentemente da alíquota a que esteja submetida no exterior (abordagem global), mediante a desconsideração da personalidade jurídica da entidade investida (*flow through*);

c) Os requisitos de qualificação vinculados aos métodos jurisdicional e transacional são adotados, no Brasil, não como limitações de escopo, mas para definir a elegibilidade para regimes fiscais mais vantajosos, como (a) o regime temporário e excepcional de consolidação; (b) o regime de caixa das sociedades coligadas; (c) o crédito presumido da CSLL; (d) a opção pelo pagamento diferido do IRPJ e da CSLL;

d) O lucro tributado, a toda evidência, não é o lucro da pessoa jurídica investidora que foi artificialmente deslocado para o exterior ou que foi ali represado, mas os lucros das próprias entidades investidas, com resultado na ampliação da base de tributação nacional, ao arrepio do princípio do estabelecimento permanente e das obrigações assumidas pelo País no plano internacional;

e) Os lucros adicionados à base tributável nacional são apurados de acordo os padrões contábeis do país de domicílio da pessoa investida. Apesar do seu caráter arrecadatório e não antielisivo, a lei adotou o princípio da universalidade de lucros e o princípio da territorialidade de prejuízos, tendo vedado a compensação de prejuízos externos contra os lucros domésticos da controladora brasileira, em franca contrariedade ao conceito de renda plasmado nas regras e princípios do sistema constitucional tributário;

f) A lei brasileira não prevê regras de atribuição distintas de regras de controle, o que está em conformidade com a ausência de testes de controle econômico ou de fato. Na apuração do tributo devido no País, é alíquota aplicável é a mesma que incide sobre a renda doméstica da controladora brasileira;

g) Como mecanismo de alívio à dupla tributação, a lei brasileira adota o método do crédito (ordinário proporcional), permitindo a dedução do imposto pago no exterior até o limite dos tributos devidos no Brasil sobre os lucros adicionados, e respeita a proporção dos lucros adicionados em face da renda total da entidade brasileira.

Referências

ÁVILA, Humberto Bergmann. Função da Ciência do Direito Tributário: do Formalismo Epistemológico ao Estruturalismo Argumentativo. *Revista Direito Tributário Atual*. Coord.: OLIVEIRA, Ricardo Mariz de; SCHOUERI, Luís Eduardo; ZILVETI, Fernando Aurélio. São Paulo, n. 29, 2013.

ÁVILA, Humberto Bergmann. *Teoria da Igualdade Tributária*. São Paulo: Malheiros, 2009.

ÁVILA, Humberto Bergmann. O Imposto de Renda e a Contribuição Social sobre o Lucro e os Lucros Auferidos no Exterior. *Grandes Questões Atuais do Direito Tributário*. Coord.: OLIVEIRA, Valdir de. 7. v. São Paulo: Dialética, 2003.

AVI-YONAH, Reuven S. Who invented the Single Tax Principle?: An Essay on the History of US Treaty Policy. *New York Law School Review*, 59, n. 2, 2015.

BATISTA JÚNIOR, Onofre. Por que a "guerra fiscal"? Os desafios do Estado na modernidade líquida. *Revista Brasileira de Estudos Políticos*, n. 102, jan./jun. 2011. Belo Horizonte: 2011

BIANCO, João Francisco. Análise de caso de tributação de estabelecimento permanente. *Revista Fórum de Direito Tributário*, ano 15, n. 85, jan./fev. 2017 Belo Horizonte: Fórum, 2017.

BRAUNER, Yariv. What the Beps? *Florida Tax Review*, v. 16, n. 2, 2014.

COÊLHO, Sacha Calmon Navarro; DERZI, Misabel de Abreu Machado. Tributação pelo IRPJ e pela CSLL de lucros auferidos por empresas controladas ou coligadas no exterior – inconstitucionalidade do artigo 74 da Medida Provisória nº 2.158/01. *Revista Dialética de Direito Tributário*, n. 130. São Paulo: Dialética, 2002.

DAGAN, Tsilly. The Costs of International Tax Cooperation. *Michigan Law and Economics Research Paper*, n. 2-007, 2002. Disponível em: https://ssrn.com/abstract=315373. Acesso em: 30 jul. 2017.

DERZI, Misabel de Abreu Machado. *Direito Tributário, Direito Penal e Tipo*. São Paulo: Revista dos Tribunais, 1988.

FAJERSZTAJN, Bruno. Dedução de Prejuízos e Perdas Apurados no Exterior. Diferentes Perspectivas, uma Conclusão: Invalidade do Artigo 25, parágrafo 5º, da Lei nº 9249. *Estudos de Tributação Internacional*. Org.: Ana Paula Saunders *et al*. Rio de Janeiro: Lumen Juris, 2016.

GODÓI, Marciano Seabra de. A Nova Legislação sobre Tributação de Lucros Auferidos no Exterior (Lei nº 12.973/2014) como Resultado do Diálogo Institucional Estabelecido entre o STF e os Poderes Executivo e Legislativo da União. *Grandes Questões Atuais do Direito Tributário*, 18º v. São Paulo: Dialética, 2014.

GREGORIO, Ricardo Marozzi. *Preços de Transferência*: Arm's Lenght e Praticabilidade. São Paulo: Quartier Latin, 2011.

HEMELS, Sigrid J. C. Fairness and Taxation in a Globalized World. *Erasmus University Rotterdam (EUR)* – Erasmus School of Law, Rotterdam, fev. 2015.

IUDIBUCIUS, Sérgio de *et al*. *Manual de Contabilidade Societária*. São Paulo: Atlas, 2010.

KANE, Mitchell A. The Role of Controlled Foreign Company Legislation in the OECD Base Erosion and Profit Shifting Project. *Bulletin for International Taxation*. Jun./jul., 2014.

MACIEL, Taísa Oliveira. *Tributação dos lucros das coligadas e controladas estrangeiras*. Rio de Janeiro: Renovar, 2007.

MALHERBE, Jacques. *Controlled Foreign Corporations*: Revisitadas à Luz dos Tratados de Bitributação e do Direito Comunitário Europeu. Traduzido por Ricardo Maitto da Silveira. *Direito Tributário Atual*, n. 21. São Paulo: Dialética, 2007.

MOREIRA, André Mendes; FONSECA, Fernando Daniel de Moura. A Tributação dos Lucros Auferidos no Exterior sob a Perspectiva Brasileira. Uma Análise Crítica da Doutrina e da Jurisprudência. *Direito Tributário Internacional*: Homenagem ao Professor Alberto Xavier. São Paulo: Quartier Latin, 2016.

MOREIRA, Francisco Lisboa. O Projeto de Combate à Erosão das Bases Tributárias e Movimentação de Lucros (BEPS) da OCDE e a Política Tributária Internacional Brasileira: Algumas Reflexões. *Direito Tributário Internacional*: Homenagem ao Professor Alberto Xavier. São Paulo: Quartier Latin, 2016.

OCDE. *Harmful Tax Competition*: an emerging global issue. Paris: OECD Publications, 1998.

OCDE. *Designing Effective Controlled Foreign Companies*, Action 3 – 2015 Final Report.

OECD/G20 Base Erosion and Profit Shifting Project. Paris: OECD Publishing, 2015.

OLIVEIRA, Ricardo Mariz de. O Imposto de Renda e os Lucros Auferidos no Exterior. *Grandes Questões Atuais do Direito Tributário*. Coord.: Valdir de Oliveira. 7º v. São Paulo: Dialética, 2003.

OLIVEIRA, Ricardo Mariz de. O instituto do "Trust" na perspectiva do Direito Brasileiro. *Estudos de Direito Tributário em Homenagem ao Prof. Gerd Willi Rothmann*. Quartier Latin: São Paulo, 2016.

OLIVEIRA, Ricardo Mariz de. Aspectos Inconstitucionais da Lei nº 12.973 em Matéria de Tributação de Lucros de Controladas e Coligadas no Exterior (Segundo Alberto Xavier). *Direito Tributário Internacional*: Homenagem ao Professor Alberto Xavier. Coord.: ROCHA, Sérgio André; TORRES, Heleno Taveira. São Paulo: Quartier Latin, 2016.

PEDROSA JUNIOR, Marcio. Planejamento Tributário Internacional com Subcapitalização: o conceito de renda e as regras brasileiras de subcapitalização. *Concorrência, Globalização e Governança Tributária*: contribuições ao XVIII Congresso Internacional da ABRADT. Coord.: SANTIAGO, Igor Mauler *et al*. Belo Horizonte: Fórum, 2015.

PEDROSA JUNIOR, Marcio A universalidade (ampliada) e as restrições à compensação de prejuízos nas regras brasileiras de tributação de lucros no exterior. *Estudos de Direito Tributário*: 40 anos de Mariz de Oliveira e Siqueira Campos Advogados. SANTOS, Ramon Tomazela (Coord.). São Paulo: Mariz de Oliveira e Siqueira Campos Advogados, 2018.

PICONEZ, Matheus Bertholo. Lucros no Exterior, Equivalência e Tributação da "Parcela do Ajuste do Valor do Investimento" à Luz dos Acordos de Bitributação Brasileiros. *Controvérsias Jurídico-Contábeis* (Aproximações e Distanciamentos). 6. v. MOSQUERA, Roberto Quiroga; LOPES, Alexsandro Broedel (Coord.). São Paulo: Dialética, 2015.

POLIZELLI, Victor Borges. Diálogos entre o Fisco e o Contribuinte em Torno da Escolha dos Métodos de Preços de Transferência e da Fixação das Margens de Lucro. *Tributos e Preços de Transferência*. 4. v. SCHOUERI, Luís Eduardo (Coord.). São Paulo: Dialética, 2013.

PRATES, Renato Martins. *Interpretação Tributária e a Questão da Evasão Fiscal*. Belo Horizonte: Del Rey, 1992.

PREBBLE, Zöe M; PREBBLE, John. The Morality of Tax Avoidance. *Victoria University of Wellington Legal Research Papers*, Wellington, v. 2, ed. 2, set. 2012.

PREBBLE, Zöe M; PREBBLE, John.*The Taxation of Controlled Foreign Corporations*. Wellington [Nova Zelândia]: Victoria University Press for the Institute of Policy Studies, 1987.

RACHIFSY, David J. Overview of the U.S. Tax Consequences of Disregarded Entities. *Bulletin for International Taxation*. Set./out., 2001.

RAWLS, John. Justice as Fairness. *The Philosophical Review*, v. 67, n. 2. abr. 1958.

ROCHA, Sérgio André. Transparência Fiscal Internacional no Direito Tributário Brasileiro. *Revista Dialética de Direito Tributário*, n. 99. São Paulo: Dialética, 2003.

ROCHA, Sérgio André. *Tributação de Lucros Auferidos por Controladas e Coligadas no Exterior*. 2. ed. São Paulo: Quartier Latin, 2016.

SANTOS, Ramon Tomazela. *O Regime de Tributação dos Lucros Auferidos no Exterior na Lei nº 12.973/2014*. Rio de Janeiro: Lumen Juris, 2017.

SCHOUERI, Luís Eduardo. Tributação dos Lucros Auferidos por Controladas e Coligadas no Exterior: um Novo Capítulo no Direito Tributário Internacional do Brasil? *Imposto de Renda*: Aspectos Fundamentais. Coord.: Valdir de Oliveira. São Paulo: Dialética, 1996.

SCHOUERI, Luís Eduardo. *Preços de Transferência no direito tributário brasileiro*. 3. ed. São Paulo: Dialética, 2013.

SCHOUERI, Luís Eduardo. Princípios no Direito Tributário Internacional: Territorialidade, Fonte e Universalidade. *Princípios e Limites da Tributação*. Coord.: FERRAZ, Roberto. São Paulo: Quartier Latin, 2005.

SHAVIRO, Daniel M. *Fixing U.S. International Taxation*. Oxford: Oxford University Press, 2014

SILVA, Natalie Matos. O caso *Societé Natexis Banque Populaire* e a Cláusula de *Matching Credit* do Acordo de Bitributação entre Brasil e França. *Direito Tributário Atual*, n. 28. São Paulo: Dialética, 2012.

SMITH-NILSEN, Christian. Regulating International Debt Shifting: A Comparison of New Norwegian Regulation with Traditional Thin-Capitalization Rules. *Norwegian School of Economics*. Bergen: 2014.

TÔRRES, Heleno Taveira. *Pluritributação internacional sobre as Rendas de Empresas*. 2. ed. São Paulo: Revista dos Tribunais, 2001.

WEBBER, Stuart. Thin Capitalization and Interest Deduction Rules: a Worldwide Survey. *Tax Notes International*, v. 60, n. 9, nov. 2010, 683-708. Tax Analysts, 2010.

XAVIER, Alberto. Aspectos Inconstitucionais da Lei nº 12.973/2014 em Matéria de Tributação de Controladas e Coligadas no Exterior. *Revista Dialética de Direito Tributário*, n. 239. São Paulo: Dialética, 2014.

XAVIER, Alberto. *Direito Tributário Internacional do Brasil*. 8. ed. Rio de Janeiro: Forense, 2015.

Informação bibliográfica deste texto, conforme a NBR 6023:2018 da Associação Brasileira de Normas Técnicas (ABNT):

MACHADO, Bruna Furtado Vieira; PEDROSA JÚNIOR, Márcio. A Ação 3 do Projeto BEPS, as recomendações da OCDE e as regras brasileiras de tributação de lucros no exterior. *In*: TEIXEIRA, Alexandre Alkmim (Coord.). *Plano BEPS*. Belo Horizonte: Fórum, 2019. p. 259-308. ISBN 978-85-450-0654-1.

O BRASIL FACE AO PLANO DE AÇÃO Nº 4 DO BEPS: *LIMITING BASE EROSION INVOLVING INTEREST DEDUCTIONS AND OTHER FINANCIAL PAYMENTS*

BÁRBARA MELO CARNEIRO

PAULO HONÓRIO DE CASTRO JÚNIOR

1 Introdução

A integração entre os mercados e a economia das nações permite a utilização, pelos contribuintes, de lacunas no sistema tributário de diversos países, com o intuito de obter economia fiscal.

Nesse contexto é que o Projeto BEPS (*Base Erosion and Profit Shifting*) foi iniciado, em 2013, pela OCDE (Organização para a Cooperação e Desenvolvimento Econômico). Foram levantadas quinze ações, já objeto de relatórios finais e que se estruturam em três pilares: (i) introdução de coerência nas regras nacionais que afetam atividades transfronteiriças; (ii) reforço de requisitos essenciais nas normas internacionais existentes; e (iii) melhora da transparência e da segurança jurídica.

Entre os vários assuntos abordados pelo Projeto, encontra-se o da limitação de erosão da base tributável envolvendo as deduções de juros e despesas financeiras equivalentes, presentes no Plano de Ação nº 4.

É justamente este tema que será objeto da nossa investigação no presente trabalho, que visa apresentar a Ação nº 4 do BEPS e testar, em conclusão, a sua compatibilidade com o Direito brasileiro.

No decorrer da exposição, encontra-se a evolução de práticas brasileiras e internacionais de controle da dedução de juros e outros gastos financeiros, até a finalização do Projeto BEPS.

Demonstraremos, por exemplo, o desfecho do caso Colgate/Kolynos no Acórdão nº 9101-138.101, de 2009, proferido pela Câmara Superior de Recursos Fiscais (CSRF) do Conselho Administrativo de Recursos Fiscais (CARF), e como ele poderia ter sido solucionado se houvesse regras brasileiras específicas de combate à dedução excessiva de despesas com juros.

Muito resumidamente, no caso Colgate/Kolynos, uma controladora nos USA transferiu para a controlada no Brasil aproximadamente USD 760 mi, do qual USD 263 mi foram integralizados (*equity*) e USD 497mi não (*debt*), gerando despesas com juros e variações cambiais passivas, dedutíveis em IRPJ e CSLL. A Primeira Câmara do Primeiro Conselho de Contribuintes cancelou as exigências consubstanciadas nos Autos de Infração. Entretanto, a CSRF reformou essa decisão, sob o fundamento de que a despesa não seria necessária, uma vez que os recursos poderiam ter sido utilizados para integralizar o capital social.

Em conclusão, será realizada uma análise crítica de compatibilidade da Ação nº 4 com o ordenamento jurídico brasileiro.

2 Evolução de práticas fiscais até o Plano BEPS

2.1 O financiamento empresarial (*equity* vs. *debt*) e o problema do endividamento excessivo

As sociedades podem optar, em regra,[1] por duas formas de financiamento. A primeira delas consiste no aporte de capital pelos sócios (*equity*), cuja contrapartida é o pagamento de lucros ou dividendos.[2] Seu efeito fiscal no Brasil é de *neutralidade*, por ser (*i*) isento do imposto sobre a renda e da CSLL, conforme art. 10, da Lei nº 9.249/1995 e art. 2º da Lei nº 7.689/88; e (*ii*) não dedutível na apuração dos referidos tributos.

Por outro lado, as sociedades podem se financiar por meio de dívidas contraídas com os próprios sócios ou terceiros não relacionados (*debt*). Nesse caso, *não há neutralidade* fiscal porque a contrapartida da dívida é, normalmente, o pagamento de juros, que são (*i*) tributados pelo IR e pela CSLL; e (*ii*) dedutíveis na apuração destes tributos.

Da referida ausência de neutralidade, surge a possibilidade de se deduzir as despesas financeiras em determinado país e tributar tais valores em jurisdição cuja alíquota seja inferior à primeira. Em razão do atrativo fiscal, é possível a ocorrência de endividamento excessivo ou a subcapitalização da pessoa jurídica.

O excesso de dívida pode ser construído pela manipulação de duas grandezas: (*i*) o percentual dos juros; e (*ii*) o volume total da dívida. O problema identificado pela OCDE na Ação nº 4 tem origem nesta estrutura que cria a atratividade do endividamento excessivo.

---

[1] Naturalmente, a complexidade das relações econômicas e jurídicas abarca os instrumentos financeiros híbridos, assim denominados por denotarem simultaneamente características de dívida e de capital. Ver SANTOS, Ramon Tomazela. *Qualificação dos Rendimentos dos Instrumentos Híbridos nos Acordos de Bitributação*. Dissertação de mestrado. Universidade de São Paulo, 2015.

Contudo, contabilmente, referidos instrumentos híbridos recebem o tratamento requerido à natureza econômica que lhe é preponderante, seja de dívida ou de capital, conforme Deliberação CVM nº 604, de 2010, que aprovou o CPC 39. Recomendamos, ainda, conferir o Processo Administrativo nº RJ2011-3316 (Reg. Col. nº 8070/2011), que resultou na determinação da CVM pela republicação das demonstrações financeiras da companhia, uma vez que, apesar de ter emitido títulos equiparáveis, pela ótica da essência econômica, a instrumentos de dívida, registrou-os contabilmente em patrimônio.

[2] Não trataremos, nesse ponto, sobre a figura dos juros sobre capital próprio.

2.2 Práticas brasileiras: o cenário anterior à MP nº 472/2009

Até a publicação da Medida Provisória nº 472/2009, convertida na Lei nº 12.249/2010, havia uma única regra específica na legislação brasileira que visava a combater o endividamento excessivo. Trata-se de ajuste de preço de transferência, voltado à grandeza relativa ao percentual dos juros – e não ao seu volume –, instituído pela redação original[3] do art. 22, da Lei nº 9.430/1996:

> Art. 22. Os juros pagos ou creditados a pessoa vinculada, quando decorrentes de contrato não registrado no Banco Central do Brasil, somente serão dedutíveis para fins de determinação do lucro real até o montante que não exceda ao valor calculado com base na taxa *Libor*, para depósitos em dólares dos Estados Unidos da América pelo prazo de seis meses, acrescida de três por cento anuais a título de *spread*, proporcionalizados em função do período a que se referirem os juros.

É dizer, somente estavam sujeitas ao controle de preços de transferência as operações vinculadas a contratos de empréstimo internacional celebrados com partes relacionadas que não estivessem registrados no Banco Central do Brasil. Nesse caso, a regra determinava que o valor máximo de juros dedutíveis seria o equivalente ao obtido mediante a somatória da taxa *Libor*, para depósitos em dólar dos Estados Unidos da América pelo prazo de seis meses, e 3% anuais a título de *spread*.

Além da supracitada regra antielisiva específica, a Receita Federal do Brasil realizava o controle do endividamento excessivo, para fins de IRPJ e CSLL, notadamente no que tange ao *volume* da dívida – e não ao *percentual* dos juros –, mediante a aplicação de duas regras gerais: *(i)* de dedutibilidade, atreladas à necessidade, usualidade ou normalidade (arts. 299 e 379 do RIR/99);[4] *(ii)* bem como a norma que controla a Distribuição Disfarçada de Lucros - DDL (art. 464, VI, do RIR/99).

Dada a ausência de regras de subcapitalização neste período, o *General Report of IFA*,[5] em 1996, incluiu o Brasil no rol dos países nos quais inexistiam regras para combater tal prática.

A insuficiência do arsenal normativo brasileiro, bem como a preocupante insegurança jurídica[6] pelo controle do endividamento excessivo por meio de regras gerais, com alta carga de indeterminação, restou definitivamente evidenciada com o resultado do julgamento do denominado caso Colgate/Kolynos pela Câmara Superior de Recursos Fiscais do CARF, em sessão de 24.08.2009:

---

3   Com o advento das Leis nº 12.715/2012 e 12.766/2012, a sistemática sofreu significativas alterações.

4   Decreto nº 3.000/99.

5   INTERNATIONAL FISCAL ASSOCIATION. Cahiers de Droit Fiscal International: International Aspects of Thin Capitalization. The Netherlands: Kluwer Law International, 1996. v. LXXXIb, p. 104.

6   Humberto Ávila ensina que a segurança jurídica envolve uma controlabilidade semântico-argumentativa por meio de quatro métodos: (i) legitimação; (ii) determinação; (iii) argumentação; e (iv) fundamentação. Métodos estes necessários para garantir o maior fechamento semântico possível das normas, com a rejeição daquelas elevadamente indeterminadas, mas sem prejuízo de um incontornável âmbito marginal de indeterminação. Isso, de modo a *"analisar o cumprimento da segurança jurídica primeiro por intermédio do dever prévio de maior determinação semântica possível, admitindo-se uma margem maior de indeterminação, caso a mutabilidade e a difusão do conteúdo não permitirem um fechamento semântico maior, e, segundo, por meio de um controle de legitimidade e de argumentação dos processos de regulamentação e de aplicação normativas."* Segurança jurídica: entre permanência, mudança e realização no direito tributário. São Paulo: Malheiros, 2012, p. 332-333.

DESPESAS NÃO NECESSÁRIAS.
Caracterizam-se como desnecessárias e, portanto, indedutíveis do Lucro Real, as despesas de juros e variações cambiais relativas a empréstimo efetuado por meio de um contrato de mútuo, em que a mutuante é sócia-quotista que detém 99,99% do capital social da mutuaria e dispunha de recursos para integralizar o capital.
(CSRF. Acórdão nº 9101-00.287. Conselheira Rel. Adriana Gomes Rego. Publicado em 15.07.2010)

Como exposto nas linhas acima, o caso tratava de operação de financiamento de aproximadamente 760 milhões de dólares, a partir de uma empresa controladora nos Estados Unidos, que ocorreu de duas formas: *(i)* parte em capital (USD 263 milhões); e *(ii)* parte em dívida (USD 497 milhões), com repercussões em dedutibilidade de juros e quanto à respectiva variação cambial negativa.

A Primeira Câmara do Primeiro Conselho de Contribuintes cancelou as exigências consubstanciadas nos Autos de Infração, conforme os seguintes fundamentos constantes na própria ementa do julgado, do qual destacamos a inexistência de regras de subcapitalização e realidade do negócio jurídico de empréstimo:

EMPRÉSTIMOS CONTRAÍDOS NO EXTERIOR COM CONTROLADA — DEDUTIBILIDADE DOS ENCARGOS — IRPJ — CSLL
Tendo em vista (I) a inexistência de regras referente a indedutibilidade por subcapitalização, (2) a efetividade do empréstimo contraído, (3) a natureza de mera condução do repasse do valor das operações instantâneas no Uruguai (em benefício do vendedor de participação societária e não do comprador, ora recorrente), (4) a possibilidade jurídica do empréstimo, bem como (5) a tributação dos valores dos encargos creditados ou pagos no exterior, há de se admitir a dedutibilidade dos encargos com variações passivas e juros.

Todavia, a CSRF reformou essa decisão, sob o fundamento de que a despesa não seria *necessária*, uma vez que os recursos *poderiam* ter sido integralizados ao capital social. É ver o seguinte trecho do voto da Conselheira Relatora:

Ou seja, o contrato de crédito contraído pela COLGATE-PALMOLIVE COMPANY, trazidos aos autos a *posteriori*, somente justifica que a controladora no exterior optou por contrair um contrato de crédito junto a bancos no exterior, para repassar esses valores ao Uruguai; mas, em razão das condições financeiras da própria COLGATE-PALMOLIVE COMPANY, não tem o condão de justificar a necessidade de emprestar ao invés de integralizar. Aliás, se assim o tivesse, como a acusação inicial da Fiscalização sempre foi o fato de que o empréstimo gerou despesa não necessária, esta seria a primeira prova que a autuada traria aos autos, já na impugnação.
Por conseguinte, se a operação poderia ser "integralização de capital" ao invés de empréstimos, por mais um raciocínio muito simples já se pode concluir que o empréstimo não era necessário à atividade da empresa. Aliás, um empréstimo firmado em janeiro de 1995, fixando que o montante principal seria amortizado em janeiro de 2003 e, até lá, ou seja, durante 8 anos, correriam despesas financeiras (juros inicialmente fixados em 8% a.a., além das variações cambiais).
[...]
Mas concordo com os doutrinadores já citados que o legislador pátrio não cuidou de modo específico da subcapitalização, pois inexiste no ordenamento jurídico nacional regras sobre o coeficiente de endividamento admissível ou *safe haven*. Portanto, está-se diante de uma situação cuja definição precisa carece de base legal.

No entanto, outras regras específicas à legislação do Imposto de Renda existem e precisam ser trazidas ao presente contexto. Assim, ouso divergir do relator do voto condutor do acórdão recorrido quanto ao entendimento de que, como no Brasil não há regras de subcapitalização, tais juros e variações cambiais deveriam ser tratados como despesas dedutíveis.

Isto porque, a existência de regra específica na legislação dispondo sobre a subcapitalização implicaria, necessariamente, na sua aplicabilidade, se a situação fosse, de fato, enquadrada nos termos em que regrados. No entanto, o contrário, isto é, a inexistência de regra específica tratando sobre tal estado, não tem o condão de afastar, de retirar do mundo jurídico, regras gerais inerentes à dedutibilidade das despesas para fins de apuração do IRPJ e da CSLL.

Logo, faz-se necessário, sim, verificar se as despesas em comento atendem aos requisitos de necessidade, usualidade e normalidade, o que, como já dito, não se observa no presente caso, no tocante à necessidade, vez que, por liberalidade das partes envolvidas, adotou-se a forma de empréstimos, em detrimento da capitalização.

Motivado pelo resultado do julgamento do caso Colgate/Kolynos, o Governo Federal editou a Medida Provisória nº 472, em 15 de dezembro de 2009, isto é apenas quatro meses após a decisão da Câmara Superior de Recursos Fiscais.

2.3 Práticas brasileiras: a MP nº 472/2009, convertida na Lei nº 12.249/2010

A Medida Provisória nº 472/2009, cuja inspiração foi o desfecho do caso Colgate/Kolynos, baseado na ausência de regras de subcapitalização, instituiu, pela primeira vez, referida regra antielisiva específica no Brasil.

As regras de subcapitalização, capitalização fina ou *thin capitalization*, podem ser definidas como uma manifestação da autotutela do Fisco brasileiro no combate a práticas lícitas de redução de carga tributária, ou elisão fiscal, relacionadas ao endividamento excessivo de uma pessoa jurídica, frente a seu grupo econômico internacional, mediante a estipulação de limites de dedutibilidade das despesas com juros ou pagamentos equivalentes.

André Martins de Andrade e Vanessa Soares[7] conceituam o instituto da seguinte forma:

> Assim, por *thin capitalization rules* entende-se um conjunto de regras antielisivas que impõe a verificação da existência de excesso de endividamento (capital próprio) da sociedade mutuária em relação ao seu capital social, tendo como consequência prática a restrição, para fins tributários, da dedutibilidade de juros pagos a partes relacionadas, a princípio, não residentes.

A exposição de motivos da MP nº 472/2009 deixou claro o intuito antielisivo das novas regras, sobretudo ao expressar que a "medida torna os juros considerados excessivos indedutíveis, segundo critérios e parâmetros legais. O objetivo é controlar o endividamento abusivo junto a pessoa vinculada no exterior, efetuado exclusivamente para fins fiscais". É ver a íntegra da parte que se relaciona ao objeto deste estudo:

---

7   ANDRADE. André Martins de; SOARES, Vanessa Fernanda. O regime jurídico da subcapitalização. Biblioteca Digital *Revista Fórum de Direito Tributário – RFDT*. Belo Horizonte, a. 8, n. 46, jul. 2010.

29. O art. 24 visa evitar a erosão da base de cálculo do IRPJ e da CSLL mediante o endividamento abusivo realizado da seguinte forma: a pessoa jurídica domiciliada no exterior, ao constituir subsidiária no País, efetua uma capitalização de valor irrisório, substituindo o capital social necessário à sua constituição e atuação por um empréstimo, que gera, artificialmente, juros que reduzem os resultados da subsidiária brasileira.

29.1. A dedução desses juros da base de cálculo do IRPJ (alíquota de 15% mais adicional de 10%) e da CSLL (alíquota de 9%) gera uma economia tributária de 34% do seu valor. Mesmo considerando que as remessas para pagamento de juros são tributadas pelo Imposto sobre a Renda Retido na Fonte (IRRF) à alíquota de 15%, resta uma economia tributária de 19%.

29.2. A medida torna os juros considerados excessivos indedutíveis, segundo critérios e parâmetros legais. O objetivo é controlar o endividamento abusivo junto a pessoa vinculada no exterior, efetuado exclusivamente para fins fiscais

30. O art. 25 segue o mesmo princípio do art. 24, entretanto, é aplicado na hipótese de a pessoa jurídica domiciliada no Brasil contrair empréstimos com pessoa jurídica domiciliada em país ou dependência com tributação favorecida, ou que goze de regime fiscal privilegiado. Da mesma forma, esses empréstimos geram juros que reduzem, artificialmente, o resultado tributável no Brasil e, ao mesmo tempo, geram lucros que não serão tributados de maneira representativa no exterior. A medida restringe a dedutibilidade das despesas de juros de pessoas jurídicas residentes no Brasil quando pagos a entidades "off-shore", independentemente de vínculo societário.

31. O art. 26 objetiva restringir a dedutibilidade dos pagamentos efetuados a entidades "off shore" sem a necessária identificação do efetivo beneficiário e comprovação da sua capacidade operacional.

Em 14 de junho de 2010, foi publicada a Lei nº 12.249, produto da conversão da referida Medida Provisória, instituindo o regime definitivo das regras brasileiras de subcapitalização, extraídas dos arts. 24 a 26.[8] Em resumo, as regras consistem na

---

[8] Art. 24. Sem prejuízo do disposto no art. 22 da Lei nº 9.430, de 27 de dezembro de 1996, os juros pagos ou creditados por fonte situada no Brasil à pessoa física ou jurídica, vinculada nos termos do art. 23 da Lei nº 9.430, de 27 de dezembro de 1996, residente ou domiciliada no exterior, não constituída em país ou dependência com tributação favorecida ou sob regime fiscal privilegiado, somente serão dedutíveis, para fins de determinação do lucro real e da base de cálculo da Contribuição Social sobre o Lucro Líquido, quando se verifique constituírem despesa necessária à atividade, conforme definido pelo art. 47 da Lei no 4.506, de 30 de novembro de 1964, no período de apuração, atendendo aos seguintes requisitos:
I - no caso de endividamento com pessoa jurídica vinculada no exterior que tenha participação societária na pessoa jurídica residente no Brasil, o valor do endividamento com a pessoa vinculada no exterior, verificado por ocasião da apropriação dos juros, não seja superior a 2 (duas) vezes o valor da participação da vinculada no patrimônio líquido da pessoa jurídica residente no Brasil;
II - no caso de endividamento com pessoa jurídica vinculada no exterior que não tenha participação societária na pessoa jurídica residente no Brasil, o valor do endividamento com a pessoa vinculada no exterior, verificado por ocasião da apropriação dos juros, não seja superior a 2 (duas) vezes o valor do patrimônio líquido da pessoa jurídica residente no Brasil;
III - em qualquer dos casos previstos nos incisos I e II, o valor do somatório dos endividamentos com pessoas vinculadas no exterior, verificado por ocasião da apropriação dos juros, não seja superior a 2 (duas) vezes o valor do somatório das participações de todas as vinculadas no patrimônio líquido da pessoa jurídica residente no Brasil.
Art. 25. Sem prejuízo do disposto no art. 22 da Lei nº 9.430, de 27 de dezembro de 1996, os juros pagos ou creditados por fonte situada no Brasil à pessoa física ou jurídica residente, domiciliada ou constituída no exterior, em país ou dependência com tributação favorecida ou sob regime fiscal privilegiado, nos termos dos arts. 24 e 24-A da Lei nº 9.430, de 27 de dezembro de 1996, somente serão dedutíveis, para fins de determinação do lucro real e da base de cálculo da Contribuição Social sobre o Lucro Líquido, quando se verifique constituírem despesa necessária à atividade, conforme definido pelo art. 47 da Lei nº 4.506, de 30 de novembro de 1964, no período de apuração, atendendo cumulativamente ao requisito de que o valor total do somatório dos endividamentos com

BÁRBARA MELO CARNEIRO, PAULO HONÓRIO DE CASTRO JÚNIOR

O BRASIL FACE AO PLANO DE AÇÃO Nº 4 DO BEPS: *LIMITING BASE EROSION INVOLVING INTEREST DEDUCTIONS AND OTHER FINANCIAL PAYMENTS* | 315

limitação, individual e global, da dedutibilidade dos juros pagos nas seguintes hipóteses e montantes:

i)   2:1 em relação à participação societária da vinculada no exterior (limite individual).

ii) 2:1 em relação ao patrimônio líquido, quando a vinculada no exterior não possuir participação societária (limite individual).

iii) 2:1 em relação à totalidade do endividamento com vinculadas no exterior *versus* as participações societárias das vinculadas (limite global).

iv) 30% do patrimônio líquido, no caso de países com tributação favorecida (limite global).

É importante notar que as regras brasileiras de subcapitalização coexistem com as regras relativas a ajustes de preços de transferência, sendo que a primeira limita o endividamento quanto ao montante da dívida, ao passo que a segunda o faz mediante ajuste no percentual dos juros.

2.4 Práticas internacionais

A experiência de práticas internacionais que antecede o Projeto BEPS, quanto ao combate do endividamento excessivo, aponta para um variado espectro de espécies de regras, dentre as quais se destacam:

i)   *Quanto ao aspecto pessoal*: aquelas que restringem seu escopo de aplicação a partes vinculadas no exterior e aquelas cuja eficácia abrange toda operação, seja ou não com partes vinculadas. E, ainda, aquelas que abarcam até mesmo empréstimos realizados por diretores administrativos.

ii) *Quanto ao aspecto espacial*: as que restringem a eficácia da norma às operações envolvendo partes em jurisdições distintas e aquelas que ampliam a eficácia mesmo para operações em uma mesma jurisdição.

iii) *Quanto ao aspecto quantitativo*: aquelas que veiculam estritamente parâmetros de *safe haven*; as que têm como espírito um parâmetro *arm's length*; e as que utilizam de critérios de presunção, mediante percentuais dos juros e limites ao volume da dívida face ao patrimônio da empresa.

Aprofundando a eficácia quanto ao aspecto pessoal, há regras, como exposto, cuja aplicação foi ampliada para alcançar operações nas quais inexiste qualquer vínculo

---

todas as entidades situadas em país ou dependência com tributação favorecida ou sob regime fiscal privilegiado não seja superior a 30% (trinta por cento) do valor do patrimônio líquido da pessoa jurídica residente no Brasil. Art. 26. Sem prejuízo das normas do Imposto sobre a Renda da Pessoa Jurídica - IRPJ, não são dedutíveis, na determinação do lucro real e da base de cálculo da Contribuição Social sobre o Lucro Líquido, as importâncias pagas, creditadas, entregues, empregadas ou remetidas a qualquer título, direta ou indiretamente, a pessoas físicas ou jurídicas residentes ou constituídas no exterior e submetidas a um tratamento de país ou dependência com tributação favorecida ou sob regime fiscal privilegiado, na forma dos arts. 24 e 24-A da Lei nº 9.430, de 27 de dezembro de 1996, salvo se houver, cumulativamente:

I - a identificação do efetivo beneficiário da entidade no exterior, destinatário dessas importâncias;

II - a comprovação da capacidade operacional da pessoa física ou entidade no exterior de realizar a operação; e

III - a comprovação documental do pagamento do preço respectivo e do recebimento dos bens e direitos ou da utilização de serviço.

societário entre as partes envolvidas. É o caso, por exemplo, da Bélgica,[9] na qual a regra é aplicada sempre que o mutuante não for tributado pelo recebimento dos juros pactuados, ou se esta tributação lhe for substancialmente favorável em relação ao país do mutuário.

Também é de se ressaltar, quanto à Bélgica, a regra que determina a aplicação das regras de subcapitalização mesmo em face de empréstimos outorgados por diretores administrativos não acionistas da pessoa jurídica, ao passo que, na França, existe a mesma regra, restrita ao diretor acionista.[10]

No que tange ao aspecto espacial, as orientações na União Europeia, atendendo ao princípio da não discriminação, verificaram uma tendência a abranger a eficácia das regras também para operações em uma mesma jurisdição. Nesse sentido, a Corte Europeia entendeu no caso C-324/00,[11] *Lankhorst-hohorst v. Finanzamt Steinfurt*, 12.12.2002, que o princípio da não discriminação impõe, *em regra*, que as normas de subcapitalização *não podem ser aplicadas apenas nas operações com não residentes*:

> *The difference in treatment between resident subsidiary companies according to the seat of their parent company was held to constitute an obstacle to the freedom of establishment. The tax rules in question made it less attractive for companies established in other Member States to exercise freedom of establishment and thus they might refrain from acquiring, creating or maintaining a subsidiary in Germany"; e Case C-524/04, Test Claimants in the Thin Cap Group Litigation v Comissioners of Inland Revenue, 13.03.2007: "A Member State's thin capitalization legislation, which is only applied to interest payments to non-resident lenders, constitutes, in principle, a restriction on the freedom of establishments. Such restriction may, however, be justified by prevention of tax avoidance provided that it is proportionate to that aim, i.e., the legislation (i) provides for the consideration of objective and verifiable elements to identify purely artificial arrangements, (ii) allows taxpayers to produce, without being subject to undue administrative burden, evidence as to the commercial justification for the transaction, and (iii) applies only it that part of the interest that exceeds the arm's length standard.*

Já quanto ao aspecto quantitativo, há países que fixam regras gerais com base no princípio *arm's lenght*, e outros que se valem de proporções fixas.[12] O caso dos Estados Unidos[13] evidencia que a aplicação de regras de proporções fixas pode não endereçar efetivamente o problema do endividamento excessivo. Por exemplo, a depender do setor da economia, uma razão 3:1 pode ser excessiva ou irrelevante, ao mesmo em que já se identificou, em alguns setores, que apenas uma razão de 50:1 resolveria o problema.

André Martins de Andrade e Vanessa Soares[14] resumem bem o cenário internacional:

---

[9] MAISTO, Guglielmo (Ed.). *International and EC Tax aspects of Groups of Companies*. IBFD: Amsterdam, 2008. p. 220-221.

[10] "In Belgium, there are thin capitalization rules if the managing director of accompany grants a loan to the company and the total loan capital exceeds the equity capital (1:1). Contrary to France, the rules also apply when the managing director is not a shareholder" INTERNATIONAL FISCAL ASSOCIATION, *op. cit.*, p. 102.

[11] Disponível em: http://curia.europa.eu/en/content/juris/c2_juris.htm.

[12] INTERNATIONAL FISCAL ASSOCIATION, *op. cit.*, p. 102.

[13] LIND, Stephen A. *et al. Fundamentals of Corporate Taxation*: Cases and Materials. 6th ed. New York: Foundation Press, 2005. p. 133-135.

[14] *Op. Cit.* p. 5.

De modo geral, e não necessariamente de forma cumulativa, os países que possuem em seu ordenamento regras expressas de subcapitalização fixam proporções legais entre o capital e a dívida; reclassificam os juros pagos a não residentes como sendo dividendos; preveem normas específicas para determinadas indústrias; vinculam regras de consolidação de resultados às de subcapitalização; alcançam empréstimos concedidos por diretores-administradores, dentre outras previsões.

Neste contexto, o relatório final da Ação nº 4 demonstra que a visão da OCDE sobre as práticas internacionais, antes do BEPS, deveriam ser *(i)* flexíveis, uma vez que há níveis diferentes de endividamento por países e também por setores da economia; e *(ii)* privilegia as regras *arm's length* como as mais efetivas no cenário anterior ao projeto.

3 O Plano de Ação nº 4 do Projeto BEPS

O fato de o dinheiro ser um bem fungível e de possuir grande facilidade em termos de mobilidade propicia aos grupos multinacionais o alcance de resultados fiscais favoráveis por meio de ajustes e adequação da proporção entre capital e dívida de uma determinada entidade pertencente ao grupo.

Dessa forma, por meio de financiamento intragrupo, é possível aumentar o nível de endividamento de determinadas entidades localizadas em países com alta carga tributária. Outra possibilidade é a utilização de instrumentos financeiros para realização de pagamentos que são equivalentes a juros, mas que possuam alguma distinção legal que os esquivem das normas restritivas de dedutibilidade.

A distorção fiscal quando se compara o tratamento tributário das duas formas de financiamento (dívida e capital próprio) afeta as decisões de investimento e financiamento internacionais, uma vez que se tratam de estratégias simples de planejamento tributário internacional. Essa distorção resulta em um favorecimento dos grupos multinacionais, quando comparados aos grupos locais, além de induzir a subcapitalização.

A Ação 4 visa, portanto, focar na prevenção dos seguintes cenários: i) alocação de dívidas nas entidades situadas em países com alta carga tributária; ii) utilização de financiamento intragrupo para gerar dedução de juros excessivos quando comparados ao nível de endividamento real do grupo com terceiros; e iii) utilização de financiamento de terceiros ou intragrupo no intuito de financiar a geração de receita isentas ou diferidas.

O relatório da OCDE apresenta interessantes exemplos sobre o potencial risco de erosão da base tributável e de transferência de lucros ao exterior por meio dos três cenários supraindicados. Os casos abaixo ilustram o exposto.

Em um cenário original, determinado grupo econômico conta com duas pessoas jurídicas, em países diferentes. O país "A" tributa a renda a 35% e concede isenção sobre dividendos recebidos de fonte estrangeira. Já o país "B" cobra imposto de renda a 15%.

A empresa localizada no país "B" contrata empréstimo de USD 100 junto a instituição financeira, com juros de 10% ao ano. Sua receita operacional no exercício é de USD 15. Logo, haveria uma dedução de USD 10, gerando um lucro tributável de USD 5. *O lucro disponível*, após o imposto a pagar, portanto, seria de *USD 4,25*:

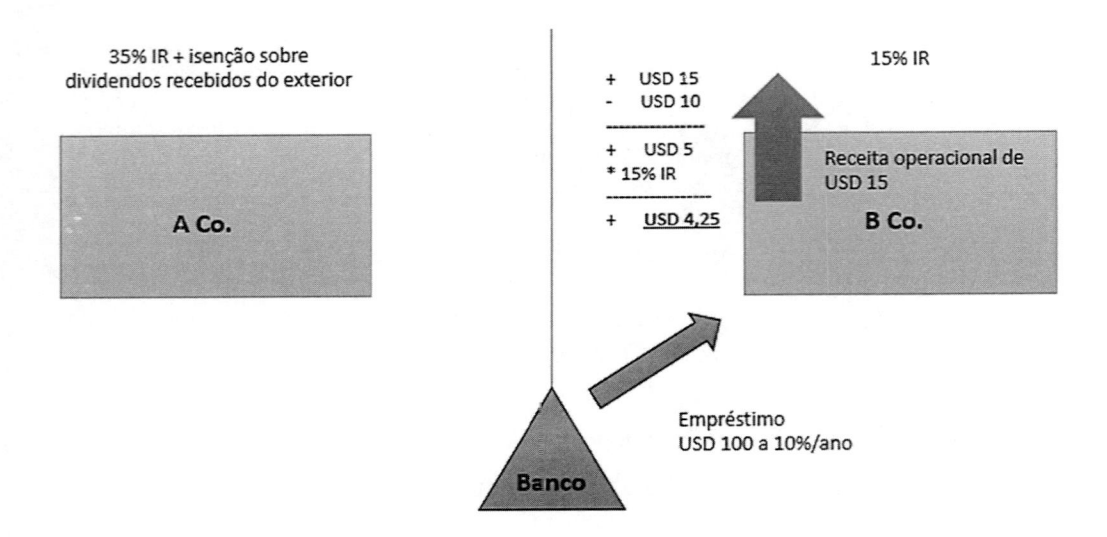

Ocorre que, valendo-se de mecanismos *legítimos* de planejamento, o grupo econômico analisado poderia contratar *o mesmo* empréstimo por meio da empresa localizada no país "A", seguido de um aporte dos USD 100 contratados no capital social da empresa localizada no país "B":

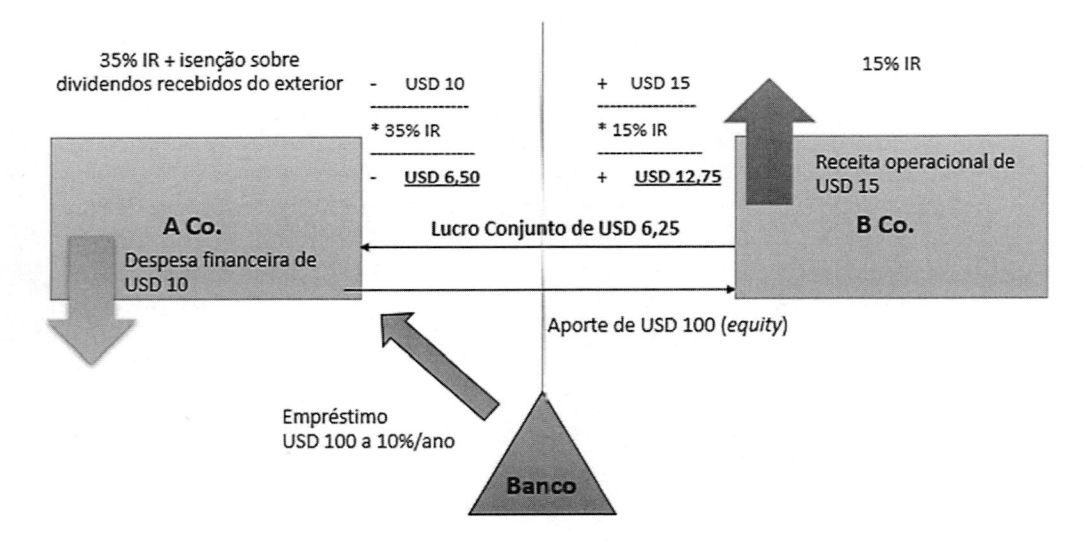

A consequência do planejamento seria uma despesa dedutível à alíquota de 35%, fazendo com que *o lucro disponível ao grupo*, após o imposto a pagar, *fosse de USD 6,25*, superior ao lucro disponível no cenário original (USD 4,25).

Outro exemplo considerado pela OCDE consiste no seguinte: se no país "B" o imposto de renda fosse cobrado à alíquota de 35%, e o mesmo empréstimo de USD 100 fosse contratado junto a uma instituição financeira com juros de 10% ao ano – mantendo-se as demais variáveis –, haveria *um lucro disponível* após o IR de *USD 3,25*:

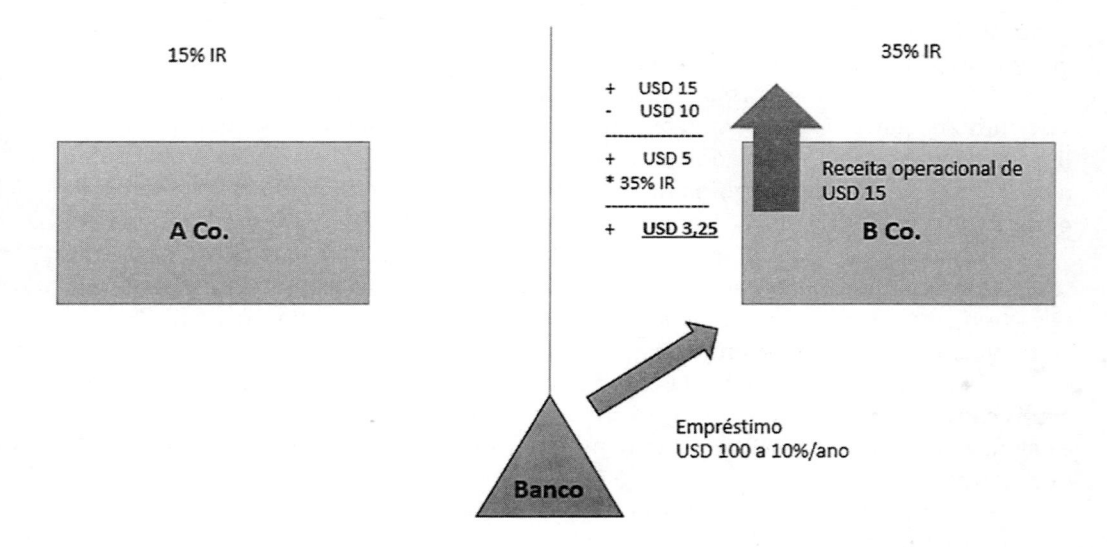

Ocorre que um planejamento poderia ser feito, mediante a substituição de USD 50 da participação (*equity*) da empresa "B" na empresa "A" por *dívida*, aos mesmos juros de 10% ao ano:

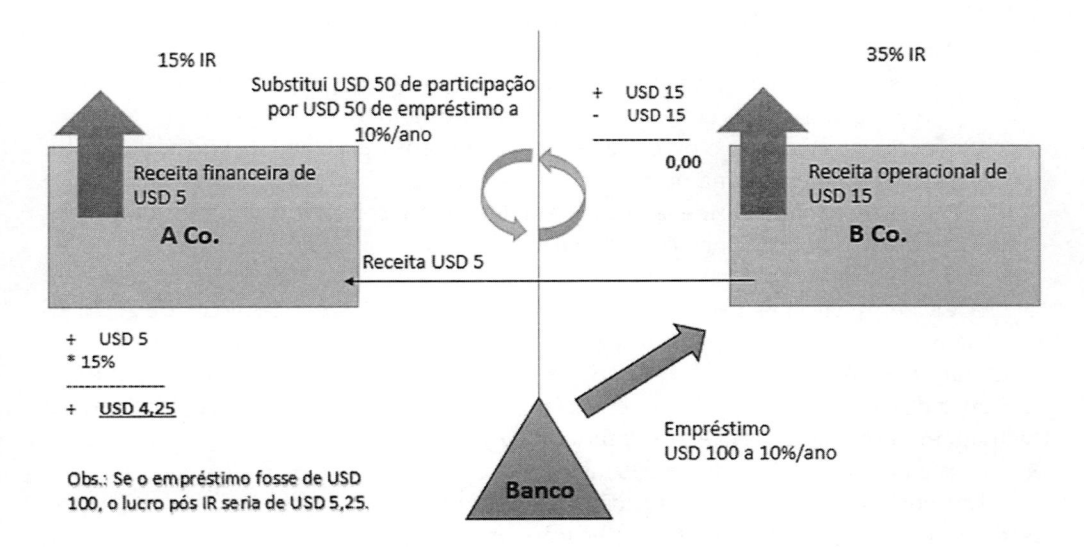

Nesse caso, a empresa localizada em "A" auferiria uma receita financeira de USD 5, tributada à alíquota de 15%. Após IR, o lucro disponível ao grupo seria de *USD 4,25*, consideravelmente superior ao cenário prévio. Caso a substituição no investimento fosse mais expressiva, de USD 100, o lucro pós IR seria de *USD 5,25*.

Não é demais lembrar que a premissa norteadora do Projeto BEPS é o alinhamento entre o local dos lucros tributáveis e o local do desenvolvimento das atividades econômicas e de geração de valor.[15] Mitigando as distorções acima citadas, a Ação 4 cumpriria o objetivo de evitar que a tributação ficasse dissociada do local onde as atividades se desenvolvem ou o valor é criado.

Seguindo essa premissa, a recomendação desenvolvida ao longo da Ação 4 visa induzir que os grupos adotem estruturas de financiamento nas quais a despesa líquida de juros esteja vinculada à despesa líquida de juros total do grupo e, ainda, que a distribuição da despesa líquida de juros do grupo esteja vinculada às atividades de geração de receita.

Nesse contexto, seria de fundamental importância a coordenação entre os países, já que as ações unilaterais não são efetivas e afetariam a atração de investimentos. O escopo da Ação 4, portanto, foi de reduzir o risco de dupla tributação, de BEPS, bem como viabilizar a equidade entre os grupos empresariais.

As recomendações previstas no relatório da Ação 4 foram o resultado de um significativo trabalho que explorou vantagens e desvantagens das diferentes regras existentes em vários países, levando em consideração os impactos sobre o comportamento dos contribuintes.

As regras aplicadas pelos países foram agrupadas em seis grandes grupos, sendo que alguns países se utilizam de uma combinação delas:

i) testes de *arm´s length*, que comparam o nível de juros ou das dívidas em uma entidade com a posição que teria existido caso a entidade negociasse inteiramente com terceiros não relacionados;

ii) tributos retidos na fonte sobre os pagamentos de juros;

iii) regras que consideram como indedutível um percentual específico das despesas com juros de uma entidade, independentemente da natureza do pagamento ou sua destinação;

iv) regras que limitam o nível de despesas com juros com base em referência a uma proporção fixa, tais como dívida/capital, juros/lucros ou juros/ativos totais;

v) regras que limitam o nível de despesas de juros ou a nível de endividamento com referência a uma posição global no grupo;

vi) regras específicas antievasivas que determinam serem indedutíveis os gastos com juros sobre operações específicas.

A OCDE rejeitou as primeiras três abordagens como possíveis focos da Ação 4. Em relação ao teste de *arm´s length,* a regra reaqueceria o fato de que fossem levadas em consideração as circunstâncias de uma entidade individual, o montante de dívida que ela seria capaz de captar de terceiros e os termos nos quais esses valores seriam emprestados. A vantagem dessa regra seria a possibilidade de diferentes níveis de despesas de juros dedutíveis a depender das circunstâncias.

Entretanto, exatamente em função da subjetividade da análise, entendeu-se que o teste de *arm´s length* seria de difícil aplicação tanto pelos contribuintes quanto para as administrações fiscais. Assim, recomenda-se a utilização dessa regra apenas em complemento às outras regras.

---

[15] Como é afirmado no *Explanatory Statement* do Projeto BEPS *"[t]he implementation of the BEPS package will better align the location of taxable profits with the location of economic activities and value creation, and improve the information available to tax authorities to apply their tax laws effectively".* OECD (2015), *Explanatory Statement, OECD/G20 Base Erosion and Profit Shifting Project*, OECD, p. 5.

BÁRBARA MELO CARNEIRO, PAULO HONÓRIO DE CASTRO JÚNIOR

O BRASIL FACE AO PLANO DE AÇÃO Nº 4 DO BEPS: *LIMITING BASE EROSION INVOLVING INTEREST DEDUCTIONS AND OTHER FINANCIAL PAYMENTS* | 321

Ao contrário do teste de *arm´s lenght*, os tributos retidos na fonte seriam uma ferramenta fácil de aplicar e de administrar. Entretanto, a menos que os tributos retidos tivessem a mesma alíquota dos tributos pagos pelas entidades, a possibilidade de erosão da base tributável permaneceria. Além disso, poderia haver casos de dupla tributação mesmo se fosse possível a utilização de crédito pela entidade recebedora dos juros,[16] o que imporia um custo significativo para grupos que não necessariamente estivessem praticando condutas que ensejariam BEPS.

Outro problema da aplicação dos tributos retidos na fonte seria dificuldade de aplicação nos países membros da União Europeia devido à *Interest and Royalty Directive*.[17] Além disso, haveria razões políticas para que determinados países não se utilizassem de tributos retidos na fonte, o que dificultaria a introdução desse novo tributo.

No que concerne às regras que consideram como indedutível um percentual específico das despesas com juros de uma entidade, independentemente da natureza do pagamento ou sua destinação, elas causariam um aumento de custo de financiamento em qualquer dívida, sendo que entidades com o nível de alavancagem relativamente baixo estaria sujeita à mesma glosa proporcionalmente às entidades semelhantes, mas que tivessem níveis elevados de dívidas.

Tendo em vista as razões acima, a Ação 4 direcionou as recomendações para as três últimas regras, ressalvando que, após a introdução das melhores práticas sugeridas pela Ação 4, os países deveriam continuar aplicando o teste de *arm´s lenght*, as tributações retidas na fonte sobre juros ou regras de indedutibilidade de percentual específico das despesas com juros.

Dessa forma, as melhores práticas sugeridas pela Ação 4 são baseadas em uma combinação das regras *iv* a *vi* acima citadas que resultaram no estabelecimento de um limite geral sobre deduções de juros com base em um índice financeiro fixo. Essa regra seria combinada para possibilitar que a entidade deduza mais juros caso o índice de endividamento global do grupo fosse mais elevado. Tais regras seriam complementadas por regras específicas para combater riscos específicos não alcançados pelas regras gerais.

Cumpridos os passos acima, as melhores práticas conduziriam a uma solução efetiva, direta e fácil de aplicar e de administrar.

4   Abordagens da recomendação contida no Plano de Ação 4

4.1 Regra de proporção fixa

A abordagem recomendada pela Ação 4 é baseada em uma regra de proporção fixa que limita a dedução de despesas líquidas de juros (e gastos equivalentes a juros) a um percentual do Ebitda[18] (*earnings before interest, taxes, depreciation and amortisation*).

A mensuração da atividade econômica por meio do Ebitda determina uma natural relação com a renda tributável de modo a implementar a premissa norteadora

---

[16]   Como, por exemplo, se o crédito outorgado pela fonte recebedora dos juros limitá-lo à tributação da receita líquida.

[17]   Council Directive 2003/49/EC of 3 June 2003 on a common system of taxation applicable to interest and royalty payments made between associated companies of different Member States [2003] OJ L157/49.

[18]   Lucro antes de juros, tributos, depreciação e amortização.

do Projeto BEPS, segundo a qual se deve alinhar o local dos lucros tributáveis com o local do desenvolvimento das atividades econômicas e de geração de valor.

Essa regra deve ser aplicada pelo menos às entidades que façam parte de grupos multinacionais.

No intuito de garantir que a proporção entre as despesas líquidas de juros e o percentual do Ebitda seja suficiente para prevenir e enfrentar casos de BEPS, a Ação 4 inclui um corredor de índices ente 10% e 30%, pois reconhece que nem todos os países possuem um mesmo contexto de nível de endividamento. Dessa forma, o relatório inclui fatores que devem ser levados em consideração na definição da proporção por cada país, seja pela taxa de juros dos títulos nacionais seja pelo nível alavancagem diferenciado em determinados países.

Para determinar a proporção fixa, a OCDE analisou dados de pesquisa específica do período de 2009 a 2013 e chegou à conclusão que se a proporção fosse fixada em 10%, 62% daquele grupo de entidades analisado estaria apto a deduzir todos os juros pagos a terceiros. Caso a proporção fosse fixada em 20%, 78% daquele grupo de entidades analisado estaria apto a deduzir todos os juros pagos a terceiros. Finalmente, caso a proporção fosse fixada em 30%, 87% daquele grupo de entidades analisado estaria apto a deduzir todos os juros pagos a terceiros.

Definiu-se, portanto, o corredor entre 10% e 30% para que cada país, levando em consideração diversos fatores, pudesse definir qual seria a proporção aplicável às entidades nele localizadas.

Para definir a proporção exata, o país deve levar em consideração diversos fatores. Um dos fatores que deve ser considerado é se a proporção fixa é aplicada isoladamente ou com regra de aplicação da proporção do grupo. Se não for possível a comparação com o endividamento do grupo, recomenda-se que a proporção fixa estabelecida seja maior. Além disso, deve-se levar em consideração a possibilidade de transportar a porção indedutível para outros períodos ou se há regras específicas que determinem a indedutibilidade. Da mesma forma, caso não seja possível o transporte da proporção indedutível para utilização em outros períodos, recomenda-se que a proporção fixa seja maior.

Os países devem levar em consideração, também, as taxas de juros dos títulos do tesouro de longo prazo para definição da proporção. Isso porque, se as taxas de juros aplicáveis naquele país forem altas em relação aos demais países, será natural que a proporção das despesas financeiras em relação ao lucro tributável corresponda a um percentual maior.

A OCDE sugere que sejam considerem altas as taxas de juros dos títulos de longo prazo do tesouro superiores a 5%. Entretanto, não fica claro no relatório se essa taxa seria relativa a taxa de juros nominal ou real (taxa de juros nominais diminuída da inflação dos últimos doze meses). Outro ponto que gera dúvidas é o fato de não se evidenciar em qual moeda estariam os títulos de longo prazo do tesouro, já que o país pode emitir títulos em sua moeda ou em moeda estrangeira, o que interfere na taxa de juros.

De qualquer forma, pelo fato de a taxa de juros brasileira ser uma das maiores do mundo, o Brasil, ao adotar tal regra, deveria estabelecer a proporção fixa no montante de 30%.

4.2 Regra de proporção do grupo

A regra de proporção fixa pode ser complementada por uma proporção calculada com base na alavancagem do grupo em que aquela entidade estiver inserida, que permita a entidade exceder a proporção fixa estipulada, em função do nível de alavancagem usual naquele grupo.

A recomendação, portanto, reconhece que determinados grupos são usualmente mais alavancados sem qualquer relação com questões fiscais. Portanto, a possibilidade de comparar a proporção de despesas de juros de determinada entidade com a mesma proporção, mas em relação ao grupo como um todo, possibilitaria o reconhecimento e a aceitação fiscal de entidades que tivessem como modelo de gestão uma estrutura de capital com um percentual maior de dívidas.

A regra de proporção do grupo esbarra em um problema de convergência das informações contábeis e financeiras do grupo, já que serão necessários ajustes para calcular e comparar a proporção dos juros em relação ao Ebitda, pois pode haver demonstrações contábeis com padrões divergentes dentro de um mesmo grupo. Ademais, o fato de as demonstrações estarem em mesmo padrão contábil não significa que estão sendo utilizados os mesmos critérios de avaliação de ativos e passivos, bem como estão sendo utilizados os mesmos critérios de reconhecimento de receitas e despesas.

Visando a mitigar essas distorções, o Plano de Ação 4 sugere, ainda, a possibilidade de uma elevação de até 10% das despesas líquidas de juros do grupo com terceiros no intuito de ajustar eventuais discrepâncias de critérios de cálculo que possam influenciar essa mensuração e no intuito de evitar a dupla tributação.

A regra de comparação com o nível de despesas líquidas de juros do grupo pode também ser substituída por diferentes regras que façam comparação com o grupo, tais como a *equity escape rule*, que compara o nível de capital próprio com o total de ativos detidos pelo grupo.

A Ação 4 reconhece, ainda, a possibilidade de um país optar por não introduzir qualquer regra de comparação com entidades do grupo, mas caso opte por não introduzir essa regra, o país deve aplicar a regra de proporção fixa a entidades que sejam relativas a grupos nacionais e multinacionais, sem discriminação indevida.

Dessa forma, a Ação 4 visa restringir a dedutibilidade das entidades que tenham uma alta proporção de despesas líquidas de juros em função de seu Ebitda, particularmente quando a proporção distorcer da proporção do grupo econômico no qual pertence a entidade analisada.

Trata-se de abordagem simples e garante que as deduções das despesas de juros líquidos estariam diretamente ligadas ao lucro tributável gerado pelas atividades econômicas.

4.3 Utilização dos juros indedutíveis ou capacidade não utilizada em exercícios futuros

Adicionalmente, recomenda-se que os países possibilitem a utilização de juros indedutíveis ou capacidade de juros não utilizada em exercícios futuros (*carry forward*) ou anteriores (*carry back*).

4.4 Regras complementares

As recomendações da Ação 4 também permitem que a regra de proporção fixa e a regra de relação com o grupo sejam complementadas com outras disposições que retirem determinadas situações que representem menos risco de BEPS.

Uma dessas disposições é relativa à exceção que retire entidades que possuam baixo nível de despesas líquidas de juros. Caso o país opte por incluir esse dispositivo, deve atentar-se para o fato de que quando um grupo possua mais de uma entidade em determinado país, o valor seja calculado levando-se em consideração a despesa líquida de juros total do grupo local. Seria necessário, portanto, a adoção de regras antifragmentação para evitar abusos.

Outra exclusão à regra de proporção fixa seria a possibilidade de excluir os juros pagos sobre empréstimos utilizados para financiamento de projetos de utilidade pública, já que, nessas circunstâncias, pode haver entidades altamente alavancadas, mas, devido a natureza daqueles projetos e da estreita ligação com o setor público, o risco de BEPS é reduzido.

Dessa forma, os pontos básicos do Plano de Ação nº 4 podem ser esquematizados dessa forma:

Exceção *De Minimis* monetária, para excluir entidades representantivas de baixo risco
Opcional, baseada na despesa de juros líquida do grupo local

+

Regra baseada em uma Proporção Fixa
Permite à entidade deduzir despesas líquidas de juros até certa proporção de Juros Líquidos / EBITDA
Fatores relevantes ajudam cada país a definir essa proporção (entre 10% e 30%)

+

Regra baseada em uma Proporção do Grupo
Permite à entidade deduzir despesas líquidas de juros até a proporção de Juros líquidos / EBITDA do grupo, quando esta for maior que a Proporção Fixa
Opcionalmente, pode-se aumentar a despesa líquida de juros do grupo com terceiros em até 10%
Opcionalmente, o país pode aplicar uma regra de grupo diferente, ou não ter regra de grupo

+

Possibilidade de utilizar juros indedutíveis / capacidade não utilizada de juros em exercícios futuros
(*carry forward*) ou anteriores (*carry back*)
Opcional

–

Normas direcionadas para auxiliar limitações gerais aos juros e combater riscos específicos

+

Regras específicas para os setores bancário e de seguros

Ressalta-se que uma importante característica da regra sugerida pela Ação 4 é que ela apenas levará em consideração as despesas que excederem os rendimentos de juros.

Outra questão a ser ressaltada é que a regra recomendada não restringe a capacidade dos grupos multinacionais concentrarem o financiamento de terceiros em determinado país ou em determinada entidade que possui maior eficiência devido a fatores não tributários, tais como melhor *rating* de crédito, moeda, acesso ao mercado de capitais e depois repassarem os recursos para financiarem outras atividades econômicas do grupo.

5 O conceito de juros no Plano de Ação 4

No que concerne à definição do termo "juros", o relatório dispõe sobre o fato de o termo abranger juros *stricto sensu*, e pagamentos *economicamente equivalentes a juros*, no intuito capturar diversos outros pagamentos de natureza econômica semelhante (o custo de tomar dinheiro emprestado), incluindo custos associados como garantias e comissões.

Observa-se que o relatório exclui do conceito de juros os valores que alguns países reconhecem como dedutíveis do lucro tributável a título de remuneração do capital próprio. Dessa forma, a figura brasileira dos juros sobre capital próprio não deve ser computada como despesa de juros que influencie no cálculo da proporção fixa.

6 Utilização de conceitos contábeis

O fato de a OCDE utilizar conceitos contábeis para construir normas tributárias deve ser visto com cautela. Isso porque, a despeito de utilizar números para representação do patrimônio de determinada entidade, os conceitos contábeis são menos objetivos do que um raciocínio intuitivo sugere.[19] A exatidão numérica decorrente da adoção do método das partidas dobradas promove, nos menos avisados, uma falsa sensação de segurança e conforto, em razão da áurea de exatidão e conservadorismo atribuída àquela Ciência.[20]

Nesse sentido,

[o]s que imaginam que a ciência contábil seja quantitativa ou exata, apenas pelo fato do ativo ser igual ao passivo mais ou menos patrimônio líquido, não conseguem vislumbrar quão complexa é a Contabilidade. Uma coisa é a escrituração, outra, totalmente diferente, a ciência contábil propriamente dita.[21]

Isso porque, a Contabilidade promove um recorte sobre a realidade, tendo como início a escolha por quais eventos econômicos são elegíveis ao registro contábil e termina

---

[19] SANDERS, Thomas Henry; HATFIELD, Henry Rand; MOORE, Underhill. (1938) A statement of accounting principles. New York: American Institute of Accountants.

[20] HOPP, João Carlos; LEITE, Hélio de Paula. (1988). O crepúsculo do lucro contábil. *Revista de Administração de Empresas*, São Paulo, v. 28, n. 4.

[21] IUDÍCIBUS, Sérgio; MARTINS, Eliseu; LOPES, Alexsandro Broedel. Os vários enfoques da contabilidade. *In*: LOPES, Alexsandro Broedel; Mosquera, Roberto Quiroga (Coord.). *Controvérsias jurídico-contábeis: aproximações e distanciamentos*. São Paulo: Dialética, 2012.

com a elaboração das demonstrações financeiras (FLORES & BRAUNBECK, 2017).[22] Portanto, a Contabilidade captura apenas os fatos que são a ela considerados relevantes, em razão de um propósito especifico dessa Ciência, e que devem ser reconhecidos e mensurados de acordo com determinados critérios previamente definidos, o que pressupõe um certo grau de discricionariedade.[23] Dessas constatações deve decorrer uma necessária limitação do escopo e da validade da informação contábil, algo presente desde a criação do método das partidas dobradas, conforme advertem Edwards & Bell.[24]

O objetivo dessa ressalva é evidenciar que, ao utilizar conceitos contábeis para definição das normas tributárias (tais como ativo, passivo, patrimônio líquido, receita, despesa, bem como o próprio *Ebitda*, já que decorre de valores contábeis), o legislador deve estar ciente que tais conceitos não carregam consigo significados unívocos e objetivos.

A título de exemplo, a comparação entre as despesas financeiras e o ativo total, no intuito de se encontrar a adequação do nível de endividamento, poderá acarretar em vários resultados diferentes e igualmente corretos sob a perspectiva contábil. Isso porque o conceito de ativo carrega um grau de grande equivocidade, não sendo certo se determinado bem ou direito deverá ser registrado contabilmente e, ainda, mesmo se for objetiva a regra de reconhecimento, pode ser extremamente complexa a mensuração de tal ativo, o que causará grande impacto na razão ativo total/despesas financeiras.

Não é por acaso que grande parte da doutrina contábil atual foca seu olhar nos chamados *earnings management*, tendo em vista o grau de discricionariedade das normas contábeis no que concerne ao reconhecimento do resultado das entidades. Sucintamente, os resultados contábeis são formados por componentes discricionários e não discricionários, e, portanto, o componente do resultado oriundo dos itens discricionários está relacionado a critérios e práticas da entidade que não estão normatizadas de forma objetiva.

Sendo assim, ao adotar conceitos contábeis em normas antielisivas, faz-se necessário afastar a discricionariedade inerente às terminologias, pois, caso contrário, a norma pode não ter o efeito desejado ou causar grandes dificuldades na sua interpretação.

---

[22] FLORES, Eduardo; BRAUNBECK, Guillermo Oscar. What is better: to be roughly right or exactly wrong? The role of quantitative methods in financial accounting. *International Journal of Multivariate Data Analysis (IJMDA)*, v. 1, n. 2, 2017.

[23] MATTESSICH, Richard. *Critique of accounting: examination of the foundations and normative structure of an applied discipline*. Westport, Conn.: Quorum Books, 1996.

[24] EDWARDS, Edgar O.; BELL, Philip W. *The theory and measurement of business income*. Berkeley: University of California Press, 1961.

7 Exemplos utilizados no Plano de Ação 4

A OCDE exemplificou as diferentes abordagens da Ação 4, conforme se verifica a seguir.

Aplicação isolada da regra de proporção fixa

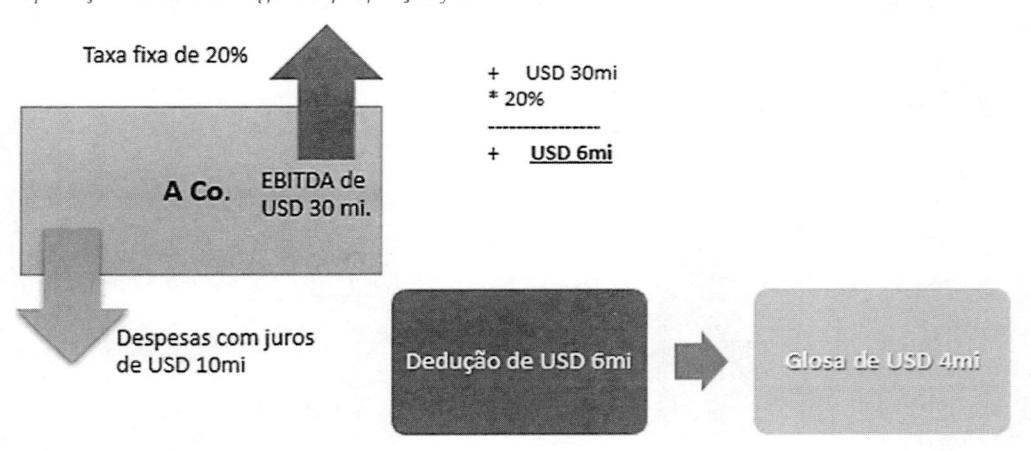

Nesse caso, o limite de dedução seria de 20%, a ser computado sobre o Ebitda da empresa localizada em "A". Daí que seria autorizada a dedução de apenas USD 6mi no exemplo acima, apesar de a empresa ter incorrido em despesas com juros de USD 10mi.

Aplicação conjunta da regra de proporção fixa e de grupo, sem o adicional

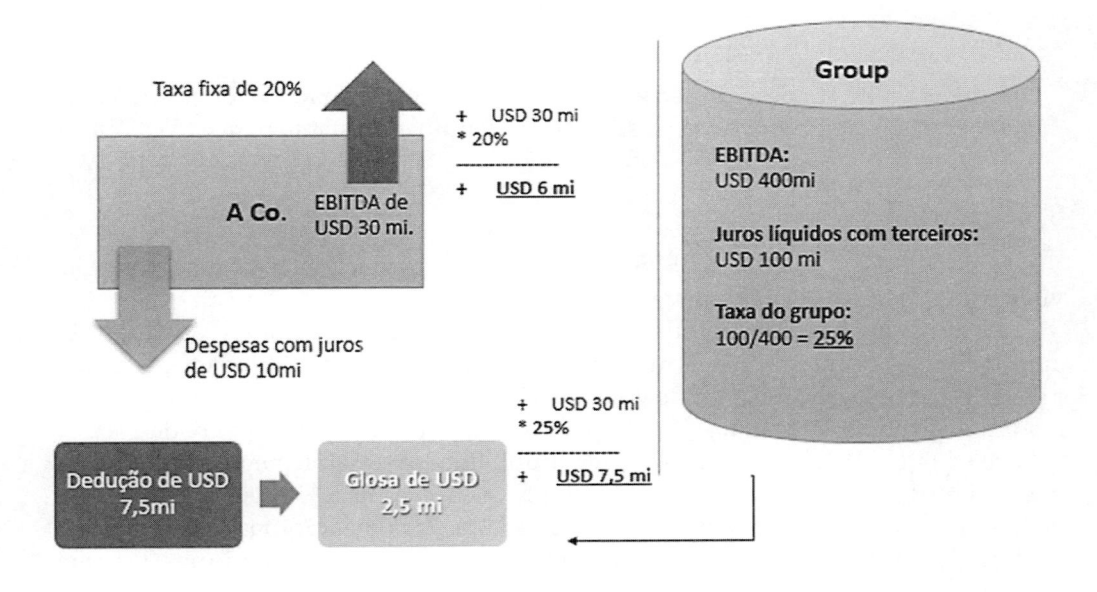

Aplicando-se conjuntamente as regras de proporção fixa e de grupo, sem o adicional, verifica-se que a taxa do grupo seria de 25%, superior, portanto, à taxa fixa de 20%.

Valendo-se dos mesmos dados do cenário anterior, permitir-se-ia uma *ampliação* da dedução, para 25% das despesas com juros do período (USD 10mi), o que resultaria em uma glosa de apenas USD 2,5mi, ao invés dos USD 4mi do caso de aplicação exclusiva da regra de proporção fixa.

Aplicação conjunta da regra de proporção fixa e de grupo, com o adicional de 10%

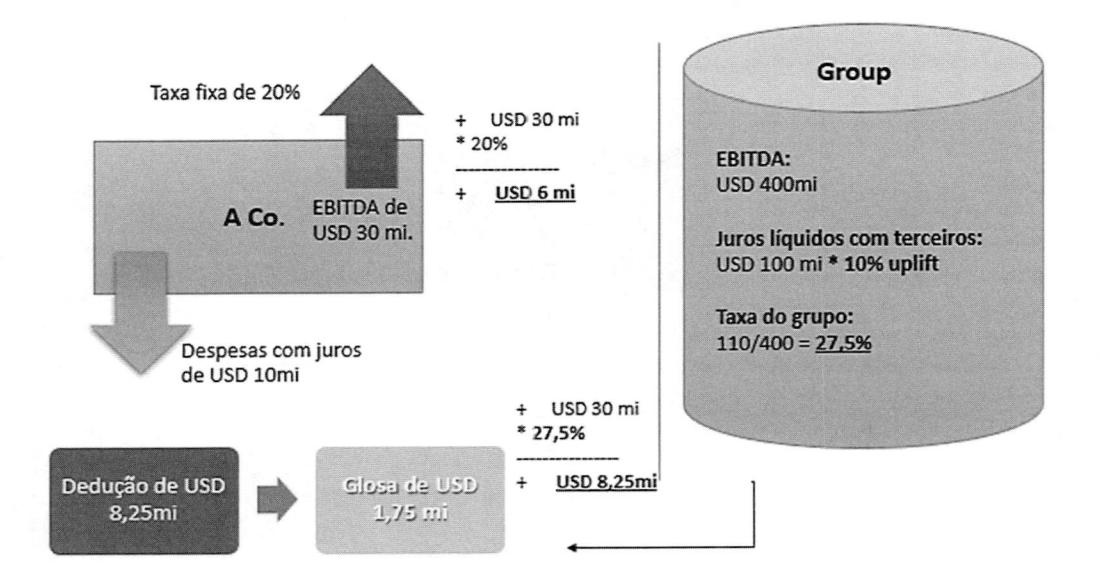

Interessante variação do cenário anterior se dá com a aplicação do adicional de 10% sobre a taxa do grupo. Nesse caso, o limite dedutível aumenta para USD 8,25mi.

8 Conclusão

A análise da Ação 4 do BEPS não demonstra, a princípio, nenhuma potencial violação à ordem jurídica brasileira.

Deve-se apenas observar que os limites de dedutibilidade de despesas com juros, aplicável a grupos internacionais, não poderia ser superior à dedutibilidade permitida para grupos nacionais, sob pena de violação à isonomia. É que essa discriminação seria inadmissível no ordenamento, que não permite a diferenciação por localidade.

Por outro lado, as taxas fixas de dedutibilidade, se implementadas enquanto mecanismo de presunção, deveriam admitir prova em contrário. Ou seja, o contribuinte deveria ter o direito de requerer perante o Fisco a flexibilização das margens fixas, conforme seu real endividamento. Do contrário, tratar-se-ia de presunção absoluta, em violação à capacidade contributiva.

BÁRBARA MELO CARNEIRO, PAULO HONÓRIO DE CASTRO JÚNIOR

O BRASIL FACE AO PLANO DE AÇÃO Nº 4 DO BEPS: *LIMITING BASE EROSION INVOLVING INTEREST DEDUCTIONS AND OTHER FINANCIAL PAYMENTS* | 329

Finalmente, ao adotar conceitos contábeis em normas antielisivas, recomenda-se afastar a discricionariedade inerente às terminologias contábeis, pois, caso contrário, a norma pode não ter o efeito desejado ou causar grandes dificuldades na sua interpretação.

Referências

ANDRADE. André Martins de; SOARES, Vanessa Fernanda. O regime jurídico da subcapitalização. Biblioteca Digital *Revista Fórum de Direito Tributário – RFDT*. Belo Horizonte, ano 8, n. 46, jul. 2010.

ÁVILA, Humberto. *Segurança jurídica: entre permanência, mudança e realização no direito tributário*. São Paulo: Malheiros, 2012.

EDWARDS, Edgar O; BELL, Philip W. *The theory and measurement of business income*. Berkeley: University of California Press, 1961.

FLORES, Eduardo; BRAUNBECK, Guillermo Oscar. What is better: to be roughly right or exactly wrong? The role of quantitative methods in financial accounting. *International Journal of Multivariate Data Analysis (IJMDA)*, v. 1, n. 2, 2017.

HOPP, João Carlos; LEITE, Hélio de Paula. O crepúsculo do lucro contábil. *Revista de Administração de Empresas*, São Paulo, v. 28, n. 4, 1998.

INTERNATIONAL FISCAL ASSOCIATION. *Cahiers de Droit Fiscal International: International Aspects of Thin Capitalization*. The Netherlands: Kluwer Law International, 1996. v. LXXXIb.

IUDÍCIBUS, Sérgio; MARTINS, Eliseu; LOPES, Alexsandro Broedel. Os vários enfoques da contabilidade. *In*: LOPES, Alexsandro Broedel; MOSQUERA, Roberto Quiroga (Coord.). *Controvérsias jurídico-contábeis: aproximações e distanciamentos*. São Paulo: Dialética, 2012.

LIND, Stephen A. *et al. Fundamentals of Corporate Taxation*: Cases and Materials. 6th ed. New York: Foundation Press, 2005.

MAISTO, Guglielmo (Ed.). *International and EC Tax aspects of Groups of Companies*. IBFD: Amsterdam, 2008.

MATTESSICH, Richard. *Critique of accounting: examination of the foundations and normative structure of an applied discipline*. Westport, Conn.: Quorum Books, 1996.

SANDERS, Thomas Henry; Hatfield, Henry Rand; Moore, Underhill. *A statement of accounting principles*. New York: American Institute of Accountants, 1938.

SANTOS, Ramon Tomazela. *Qualificação dos Rendimentos dos Instrumentos Híbridos nos Acordos de Bitributação*. Dissertação de mestrado. Universidade de São Paulo, 2015.

Informação bibliográfica deste texto, conforme a NBR 6023:2018 da Associação Brasileira de Normas Técnicas (ABNT):

CARNEIRO, Bárbara Melo; CASTRO JÚNIOR. Paulo Honório de. O Brasil face ao Plano de Ação Nº 4 do BEPS: *limiting base erosion involving interest deductions and other financial payments*. In: TEIXEIRA, Alexandre Alkmim (Coord.). *Plano BEPS*. Belo Horizonte: Fórum, 2019. p. 309-329. ISBN 978-85-450-0654-1.

ANÁLISE DO CONTEÚDO E ALCANCE DA AÇÃO 5 DO PLANO BEPS E SUAS REPERCUSSÕES NO SISTEMA TRIBUTÁRIO BRASILEIRO

ALESSANDRA M. BRANDÃO TEIXEIRA

LAURA FIGUEIREDO FELIX LARA

1 Introdução

Dentre as inúmeras transformações ocorridas na sociedade, é inegável que a globalização é fenômeno de destaque. Tal fenômeno, além de ser responsável por causar uma maior integração social e política entre as nações e seus respectivos cidadãos, é, ainda, a causa de alguns dos eventos que afetam de forma direta a arrecadação tributária.

Na verdade, com o fenômeno da globalização, as empresas passaram a tomar proporções internacionais, sendo cada vez mais comum que estas desenvolvam suas atividades em países diversos. No mesmo sentido, o fluxo de capitais e a circulação de riquezas tornaram-se progressivamente mais acentuados. Ao lado destes fenômenos, o avanço tecnológico tem possibilitado o desenvolvimento de atividades diversas da lógica anterior, haja vista que não demandam um local físico para sua realização e podem ser facilmente operadas à distância.

Com isso, as empresas de porte global (multinacionais) passaram a se utilizar de artifícios e planejamentos tributários denominados "agressivos" com o intuito de diminuir seu encargo tributário. Em suma, tal finalidade era alcançada por meio da "exploração de oportunidades decorrentes de tratamentos legislativos conferidos pelos diferentes países (*mismatches*), bem como de conceitos de tributação internacional que não acompanharam o desenvolvimento da atividade econômica dos contribuintes [...]".[1]

De fato, assim como eventuais incongruências normativas podem ser capazes de gerar uma dupla tributação em países distintos, em sentido contrário, estas podem ser

---

[1] BARRETO, Paulo Ayres; TAKANO, Caio Augusto. *Os desafios do planejamento tributário internacional na Era pós-BEPS*. Disponível em: https://www.ibet.com.br/os-desafios-do-planejamento-tributario-internacional-na-era-pos-beps-por-paulo-ayres-barreto-e-caio-augusto-takano/. Acesso em: 09 ago. 2018. p. 991.

capazes, também, de diminuir ou, inclusive, anular os tributos que seriam devidos. Dessa forma, com a utilização cada vez mais frequente de tais operações pelos contribuintes, a arrecadação fiscal foi prejudicada, visto que sofreu considerável redução.

Ciente das consequências nocivas de tais fenômenos, bem como dos desafios que a tecnologia impõe à tributação e incentivado, também, pelo impacto da "Crise de 2008" aos cofres estatais, o G20 propôs à OCDE – Organização para Cooperação e Desenvolvimento Econômico, o desenvolvimento de um plano para atacar os problemas narrados. Tendo em vista que os problemas referem-se às relações entre as normas dos países, estes somente poderiam ser sanados mediante a adoção de medidas conjuntas por todas as nações.

Então, a OCDE, organização criada em 1961, cuja principal atribuição é o estudo e criação de políticas para assegurar o crescimento econômico e estabilidade financeira dos países,[2] desenvolveu em 2013 o Plano BEPS (*Base Erosion and Profit Shifting*). Referido plano é composto por 15 ações, as quais tem por finalidade principal combater as práticas que fazem uso das incompatibilidades normativas dos países para reduzir seu encargo fiscal.

Em síntese, tal plano cumpre três funções: "(i) identifica as ações necessárias para evitar a erosão das bases tributáveis e desvio de lucros, (ii) estabelece prazos finais para a implementação de tais ações e (iii) identifica os recursos necessários e a metodologia para implementar tais ações".[3]

O presente estudo, entretanto, cuidará de analisar apenas a Ação nº 5 do Plano BEPS, com o exame de todo o seu conteúdo e dimensão. Além disso, o trabalho em comento examinará as consequências e impactos de tal ação para o Brasil, por meio da identificação de eventuais medidas já adotadas pelo país, compatíveis com as orientações estabelecidas pela OCDE.

2 Origem da Ação nº 5

A Ação nº 5 do Plano BEPS consiste na ação que pretende evitar as práticas tributárias nocivas de forma mais efetiva, por meio da transparência e substância.[4] Tal questão não é nova no âmbito da OCDE, vez que em 1998 tal organização já havia desenvolvido um estudo sobre o impacto de tais práticas (*Harmful Tax Competition: An Emerging Global Issue*).[5]

Referido estudo, embora remonte a período anterior ao desenvolvimento do Plano BEPS, cuidou da análise dos mesmos fenômenos examinados na Ação n. 5. Desse modo, tanto o estudo inicial, quanto a Ação n. 5 possuem íntima conexão com o fenômeno da globalização e com o crescente desenvolvimento tecnológico, os quais possibilitam cada

---

[2]   OECD. *About*. Disponível em: http://www.oecd.org/about/. Acesso em: 09 ago. 2018.

[3]   Tradução livre. No original: "[...] (i) identifies actions needed to address BEPS, (ii) sets deadlines to implement these actions and (iii) identifies the resources needed and the methodology to implement these actions" OECD. *Action Plan on Base Erosion and Profit Shifting*. OECD Publishing, Paris: 2013. Disponível em: https://doi.org/10.1787/9789264202719-en. Acesso em: 08 ago. 2018. P. 11.

[4]   No original, em inglês: "Action 5 – Counter harmful tax practices more effectively, taking into account transparency and substance". *Ibidem*.

[5]   OCDE. *Harmful Tax Competition: An Emerging Global Issue*. Disponível em: https://doi.org/10.1787/9789264162945-en. Acesso em: 09 ago. 2018.

vez mais a transferência de capitais para diferentes países. Especificamente, ambos os trabalhos têm por finalidade analisar o impacto das denominadas práticas tributárias nocivas na economia global. Contudo, a ação ora tratada vai além do estudo realizado em 1998, visto que propõe medidas concretas a serem adotadas pelos países, bem como estabelece prazos para seu cumprimento.

Tal ação tem por objeto, portanto, o estudo e proposição de medidas para evitar tais práticas danosas à arrecadação fiscal dos Estados. Válido destacar que, além de serem capazes de prejudicar a arrecadação dos países, tais práticas também se apresentam nocivas aos demais contribuintes do país. É que, à medida que os sujeitos que possuíam capacidade contributiva se utilizam de artifícios para não pagar os tributos devidos no local, a obtenção de recursos pelo Estado deverá ser necessariamente custeada pelos demais. Dessa maneira, os demais contribuintes serão onerados de forma mais intensa, com o intuito de assegurar a manutenção da atuação estatal, a qual demanda recursos.[6]

Além do mais, tais práticas são capazes de prejudicar, também, a concorrência entre as empresas. Isto porque, normalmente, as empresas que se utilizam dos artifícios narrados são empresas de porte global (multinacionais). Com o uso de tais medidas, por óbvio, estas terão custos inferiores se comparados ao das demais empresas que efetuam o pagamento de tributos de forma regular e que, geralmente, possuem suas atividades limitadas ao país. Logo, as primeiras empresas ficarão em posição mais vantajosa do que as empresas que não realizam tais práticas, o que pode, em última instância, implicar em violação à livre concorrência empresarial.[7]

Com o intuito de evitar todos estes prejuízos à sociedade de maneira geral, o que inclui os países, demais cidadãos e a concorrência econômica, como já demonstrado, a Ação nº 5 foi criada, possuindo por finalidade precípua "[...] assegurar a integridade dos sistemas tributários por meio do combate aos problemas causados pelos regimes aplicáveis às atividades móveis e que, injustamente, esvaziam as bases tributáveis de outros países, potencialmente distorcendo a localização do capital e serviços".[8]

Por conseguinte, tem-se que a Ação n. 5 não pretende propor estruturas de tributação a serem adotadas pelos países, nem estabelecer o sistema tributário ideal, visto que tal questão é de competência das nações, em razão de sua soberania. Ao revés, a ação ora estudada pretende, tão somente, "[...] reduzir a distorcida influência da tributação na alocação dos ativos móveis e serviços, dessa maneira, estimular um ambiente no qual a livre e justa concorrência tributária tenha lugar."[9]

A ação pretende, dessa forma, permitir que o pagamento de tributos seja feito de forma mais coerente e no local onde a riqueza foi gerada, sem que a diferença entre normas possa ser capaz de influenciar na alocação das riquezas, a qual poderá prejudicar os países.

---

[6] OECD. *Action Plan on Base Erosion and Profit Shifting*. OECD Publishing, Paris: 2013. Disponível em: https://doi.org/10.1787/9789264202719-en. Acesso em: 08 ago. 2018

[7] *Ibidem.*

[8] Tradução livre. No original: "[...] to secure the integrity of tax systems by addressing the issues raised by regimes that apply to mobile activities and that unfairly erode the tax bases of other countries, potentially distorting the location of capital and services". OECD. *Countering Harmful Tax Practices More Effectively, Taking into Account Transparency and Substance, Action 5 – 2015 Final Report*. Paris: OECD Publishing, 2015. Disponível em: http://dx.doi.org/10.1787/9789264241190-en. Acesso em: 08 ago. 2018. p.11.

[9] No original: "[...] reducing the distortionary influence of taxation on the location of mobile financial and service activities, thereby encouraging an environment in which free and fair tax competition can take place." *Ibidem.*

3 Conteúdo da Ação nº 5

Como já informado, a Ação nº 5 possui por finalidade principal combater as práticas tributárias nocivas e, para tanto, toma por base dois pilares essenciais: substância e transparência. Como a discussão sobre este tema não era inédita na OCDE, foram aproveitados diversos subsídios e elementos do estudo de 1998 para auxiliar na construção de tal ação.

Um dos principais elementos aproveitados consiste no conjunto de critérios utilizados para definir o que pode ser compreendido como um "regime preferencial potencialmente nocivo". Saliente-se: embora a Ação nº 5 não se limite a analisar questões relativas aos regimes preferenciais, grande parte de seu conteúdo está ligado a tais regimes, os quais são fatores relevantes responsáveis por causar a adoção de práticas tributárias nocivas pelos contribuintes. É evidente, com a existência de tratamento diferenciado em determinado país, torna-se mais provável que o contribuinte mantenha suas riquezas neste, apenas para reduzir a carga tributária, mesmo que a atividade desenvolvida não possua qualquer pertinência com o local.[10]

Ou seja, a existência de um regime preferencial em determinado país pode fazer com que as empresas aloquem seus recursos neste lugar, visando reduzir a carga tributária, de forma artificial, uma vez que sob o enfoque da substância o negócio não seria tabulado naquela localidade e naquelas circunstâncias.

Por esta razão, faz-se necessário expor os critérios estabelecidos pela OCDE. Nesse sentido, para que seja possível identificar um "regime preferencial potencialmente nocivo" é necessário o cumprimento de três etapas.

A primeira etapa consiste na análise de duas questões distintas: primeiramente, é necessário verificar se o regime se enquadra na finalidade do estudo de 1998. Para tanto, exige-se que os regimes sejam referentes à renda de atividades móveis e que estejam relacionados com a tributação de tais atividades.

Em outros termos, a diferença de tratamento deve se referir à tributação das atividades empresariais (o que, segundo define a OCDE, compreende a diferença de tratamento nos *bussines taxes*).[11] Dessa maneira, eventuais distinções de tratamento em relação aos tributos sobre o consumo, por exemplo, não se enquadrariam na finalidade do estudo.

---

[10] Há autores que atribuem uma parcela de responsabilidade na ocorrência de tais práticas tributárias nocivas aos próprios países, visto que com frequência estes concedem vantagens fiscais, a fim de atrair capital estrangeiro e investimentos em seu território. Nesse sentido, tem-se: BARRETO, Paulo Ayres; TAKANO, Caio Augusto. *Os desafios do planejamento tributário internacional na Era pós-BEPS*. Disponível em: https://www.ibet.com.br/os-desafios-do-planejamento-tributario-internacional-na-era-pos-beps-por-paulo-ayres-barreto-e-caio-augusto-takano/. Acesso em: 09 ago. 2018; SCHOUERI, Luís Eduardo. *O Projeto BEPS: ainda uma estratégia militar*. In. GOMES, Marcus Lívio; SCHOUERI, Luís Eduardo (Coord.). A tributação internacional na Era Pós-BEPS: soluções globais e peculiaridades de países em desenvolvimento. v. I. Rio de Janeiro: Lumen Juris, 2016.

[11] Em relação a esta questão, há discussão se a diferença de tributação das atividades pode ser relativa a todos os níveis federativos do país (no caso do Brasil: federal, estadual e municipal, por exemplo) ou apenas em seu nível maior (federal/nacional). Contudo, a OCDE admite que a diferença de tributação nos níveis subnacionais seja considerada a finalidade do estudo, desde que satisfeitos dois critérios: o governo nacional deve ser responsável por estabelecer o regime, não havendo possibilidade discricionária dos entes subnacionais de estabelecê-los e que as taxas tributárias no nível "subnacional" representem porção significativa, se comparada aos níveis tributários nacionais e subnacionais. OECD. *Countering Harmful Tax Practices More Effectively, Taking into Account Transparency and Substance, Action 5 – 2015 Final Report*. Paris: OECD Publishing, 2015. Disponível em: http://dx.doi.org/10.1787/9789264241190-en. Acesso em: 08 ago. 2018. P. 62.

Ademais, a segunda etapa cuida de analisar quando um regime pode ser considerado preferencial. Em relação a este tópico, são considerados preferenciais quaisquer regimes que tornem a tributação diversa da que é regularmente praticada no país. Tais diferenças podem ser geradas por quaisquer meios como, por exemplo, a partir da redução de alíquotas ou da base de cálculo.

Por fim, a terceira etapa permite identificar quando um regime preferencial torna-se potencialmente nocivo. Como é evidente, nem todos os regimes preferenciais podem causar consequências danosas. Assim, a OCDE estabeleceu quatro pontos chaves para se identificar quando estes se tornam potencialmente nocivos e outros oito fatores.

São os quatro pontos chaves: a) o regime diminui ou anula a tributação das rendas de serviços financeiros móveis e outras atividades; b) o regime é vedado à economia doméstica; c) o regime possui pouca transparência e d) não há efetivo compartilhamento de informações relativas ao regime.[12]

Além do mais, os oito fatores apontados são os seguintes: a) definição artificial da base tributária; b) falha em aderir aos princípios internacionais referentes ao "transfer pricing"; c) as rendas originárias do exterior são isentas de tributação no país de domicílio; d) alíquotas ou base de cálculo negociáveis; e) existência de disposições sigilosas; f) acesso a ampla rede de tratados fiscais; g) o regime é promovido como um veículo de minimização tributária e h) o regime incentiva operações ou arranjos com pura motivação fiscal, os quais não envolvem atividades substanciais.[13]

O ponto chave que deve ser aferido em todas as situações é se o regime é capaz de diminuir ou anular os tributos que seriam devidos. A partir de então, caso tal ponto chave esteja presente, faz-se necessário analisar os outros três fatores-chaves e, quando necessário, os demais oito fatores.

Partindo de tais critérios e conceitos anteriormente definidos, a Ação nº 5 identifica os problemas e propõe soluções às práticas tributárias nocivas. Contudo, todas essas proposições formuladas não gozam de normatividade, razão pela qual dependem de ações dos países para que se tornem aptas a produzir efeitos.

Dessa maneira, para que seja possível a concretização de todas as orientações presentes no Plano BEPS, é necessária a edição de atos normativos e mecanismos próprios pelos países. Logo, a Ação n. 5, por meio do fornecimento de critérios objetivos e diretrizes, formadas a partir de longo e vasto estudo, tem por intuito guiar e garantir a uniformização da atuação dos países, em nível global, no combate às práticas tributárias nocivas. Para tanto, toma por base dois pilares fundamentais: substância e transparência.

a) Substância

Por meio da análise das práticas tributárias nocivas, a OCDE notou que a maioria destas envolvia operações e arranjos para reduzir o pagamento de tributos pelos

[12] OECD. *Countering Harmful Tax Practices More Effectively, Taking into Account Transparency and Substance, Action 5 – 2015 Final Report*. Paris: OECD Publishing, 2015. Disponível em: http://dx.doi.org/10.1787/9789264241190-en Acesso em: 08 ago. 2018. p. 20.

[13] OECD. *Countering Harmful Tax Practices More Effectively, Taking into Account Transparency and Substance, Action 5 – 2015 Final Report*. Paris: OECD Publishing, 2015. Disponível em: http://dx.doi.org/10.1787/9789264241190-en Acesso em: 08 ago. 2018. p. 20.

contribuintes, sem que possuíssem por trás "atividades substanciais". Na verdade, a alocação de capitais em determinados países, por exemplo, era feita apenas "de maneira formal" com o intuito de reduzir o montante tributário devido, sem que houvesse real desenvolvimento de atividade no local.

Desse modo, a ideia de substância, a qual fundamenta a Ação nº 5, tem por escopo estabelecer uma conexão entre o local em que as atividades são efetivamente desenvolvidas e onde é feito o pagamento de tributos. Ademais, tal conceito possui uma segunda aplicação, vez que tem por finalidade, também, conferir fundamentação aos regimes preferenciais eventualmente concedidos pelos países.

Necessário ressaltar que a concessão de tratamento tributário diferenciado às empresas, por si só, não é fato que deva ser combatido. Em diversas situações tal comportamento pode trazer benefícios ao país e aos indivíduos que neste residam. Todavia, a fim de evitar a influência distorcida de tais benefícios na alocação dos recursos, a OCDE propôs critérios objetivos para a concessão de benefícios, de modo que estes não sejam capazes de prejudicar os demais países.

Nesse aspecto, o critério desenvolvido pela organização, no Estudo de 1998, pauta-se pela necessidade de existência de correlação entre o benefício concedido ao contribuinte e eventuais vantagens trazidas para o país e seus cidadãos. Mencionado estudo cuidou de analisar tal conexão em relação aos regimes preferenciais de propriedade intelectual ("IP regimes"). Todavia, a aplicação de tal raciocínio não se limita apenas a tais espécies de regimes, sendo perfeitamente aplicável aos demais.

Prosseguindo, o critério desenvolvido é denominado *nexus approach*. Em síntese, tal abordagem, representada por uma fórmula,[14] pretende demonstrar a proporcionalidade entre os gastos realizados pelas empresas, em atividades capazes de trazer vantagens aos países, e os benefícios a estas concedidos pelos países. Como o estudo foi desenvolvido tomando-se por base os regimes de propriedade intelectual, as atividades que foram consideradas benéficas ao país e à coletividade foram as atividades de pesquisa e desenvolvimento. Logo, os benefícios concedidos devem ser proporcionais aos recursos dispendidos pelas empresas no custeio das atividades de pesquisa e desenvolvimento.

Tal raciocínio confere objetividade à concessão de tratamento diferenciado pelos países, o que, em princípio, impede a ocorrência de prejuízos aos demais, visto que os benefícios seguiriam lógica semelhante nos demais países. Portanto, não haveria a alocação de recursos de forma distorcida em outros locais apenas para se aproveitar de tratamentos mais vantajosos. Ao mesmo tempo, este é responsável por fixar uma correlação entre o benefício concedido e a vantagem proporcionada à nação. Confere, assim, objetividade e substância a tais regimes preferenciais.

Diversas normas e regras são estabelecidas na Ação n. 5 para a aplicação do *nexus approach*, tais como quais gastos e despesas poderiam ser computados, se estes poderiam abranger eventuais despesas com serviços terceirizados, bem como quais contribuintes poderiam ser abarcados pelos benefícios. Entretanto, tal questão, por ser demasiada técnica, extrapola o objetivo pretendido no presente estudo. Ainda assim, é imprescindível mencionar que como o *nexus approach* foi desenvolvido tomando-se por

---

[14] $\dfrac{\text{Despesas qualificadas para desenvolver ativos de PI}}{\text{Despesas gerais para desenvolver ativos de PI}}$ x Renda global dos ativos de PI = Renda que recebe benefícios fiscais

base os regimes preferenciais de propriedade intelectual, a aplicação deste aos demais regimes não pode ser feita a partir das normas e critérios detalhados. Por exemplo, a atividade considerada relevante nos demais regimes não necessariamente será a de pesquisa e desenvolvimento.

Nesse sentido, embora seja possível a aplicação do *nexus approach* a outras espécies de regimes preferenciais – diversos dos de propriedade intelectual – não será possível a utilização das normas pormenorizadas. Entretanto, respeitadas as particularidades, sua aplicação é possível e deverá sempre seguir a mesma lógica: deve haver proporcionalidade entre os gastos suportados pelas empresas com atividades relevantes com os benefícios concedidos.

Por fim, é necessário destacar que o critério do *nexus approach* não é absoluto, mas, mesmo quando o país autorize sua refutação, a OCDE fornece os termos objetivos que este deverá observar.

b) Transparência

Outro elemento essencial para o combate às práticas tributárias nocivas consiste na transparência. Em síntese, tal elemento defende um maior compartilhamento de informações tributárias das empresas e a troca destas entre os países. Com isso, seria possível conferir maior certeza e previsibilidade às relações, bem como, concomitantemente, combater as práticas mencionadas, nocivas à arrecadação fiscal.

Tal elemento, assim como o anterior, não possui sua aplicação restrita aos regimes preferenciais. Dessa forma, a troca de informações deverá ocorrer em todos os casos nos quais sua ausência possa dar causa ou propiciar a ocorrência de práticas de distribuição de lucros e erosão das bases tributáveis.[15] De fato, em determinadas situações, a falta de informações impossibilita os respectivos países de combaterem as práticas tributárias nocivas, pois, em muitas vezes, as autoridades administrativas sequer tem conhecimento das condições mais benéficas que motivam a transferência dos recursos para país diverso.

Nesse sentido, a Ação nº 5 estabelece uma estrutura normativa para o compartilhamento de informações entre os países, a qual poderá ser feita de forma compulsória ou espontânea. Cabe mencionar, eventual rigor na obrigatoriedade de informações poderia criar às administrações fiscais um ônus elevado. Desse modo, a concepção pensada pela OCDE pretende "encontrar um equilíbrio entre a garantia de que a informação trocada é relevante às outras administrações fiscais e que isso não imponha um fardo administrativo desnecessário aos países que repassem as informações, nem aos países que a recebam".[16]

Assim, diversas normas e critérios foram estabelecidos, com o intuito de fixar quais informações estariam sujeitas ao compartilhamento, entretanto, por serem estas muito específicas, não cabe realizar sua análise no presente trabalho. É necessário

---

[15] OECD. *Countering Harmful Tax Practices More Effectively, Taking into Account Transparency and Substance, Action 5 – 2015 Final Report*. Paris: OECD Publishing, 2015. Disponível em: http://dx.doi.org/10.1787/9789264241190-en. Acesso em: 08 ago. 2018.

[16] Tradução livre. No original: "[...] to finding a balance between ensuring that the information exchanged is relevant to other tax administrations and that it does not impose an unnecessary administrative burden on either to the country exchanging the information or the country receiving it." *Ibidem*. p. 46.

destacar, apenas, que o compartilhamento de informações, em sua maioria, tem por objeto quaisquer conselhos, informações ou compromissos fornecidos pela autoridade fiscal a um ou grupo de contribuintes específicos – o que é definido como *rulings*.

Entretanto, como tal conceito é muito amplo, apenas os conselhos, informações ou compromissos (*rulings*) específicos à determinado contribuinte (*taxpayer-specific rulings*) são abrangidos pela normatização de compartilhamento de informações. Outros regimes com características semelhantes também são abarcados, como exemplo, *advance pricing arrangement*, nos quais sempre há a ideia de individualidade/especificidade da informação.

Prosseguindo, a Ação nº 5 cuida de estabelecer quais países devem ter acesso às informações, os quais variam a depender da natureza da informação tratada. Desse modo, foi desenvolvida uma tabela (*Table 5.1 Summary of the countries with which information should be exchanged"*),[17] responsável por sistematizar e esclarecer quais países devem receber as informações, conforme o tipo destas. Ademais, a ação prevê a reciprocidade no compartilhamento de informações e que as informações de período anterior à elaboração do Plano BEPS também estão sujeitas ao compartilhamento.

Entretanto, questão central, a qual desperta interesse, principalmente dos contribuintes, refere-se ao sigilo das informações. Nesse sentido, tem-se que as informações compartilhadas possuem caráter confidencial e, inclusive, há previsão de que o país responsável por receber informações deverá instituir os meios cabíveis para proteger tais informações. Logo, o uso das informações é limitado apenas para fins fiscais.[18]

Desse modo, a partir do exposto, é possível verificar que a transparência é elemento central no combate às práticas tributárias nocivas, vez que possibilita uma maior fiscalização dos países. Assim, a ampliação de tal elemento deve sempre ser buscada pelos países, a fim de que a Ação nº 5 torne-se mais eficaz.

4 Aplicação da Ação nº 5 pelo ordenamento jurídico brasileiro

Após a análise de todo o conteúdo da Ação n. 5, bem como de seus dois pilares, faz-se necessário examinar as medidas adotadas pelo Brasil que pretendem concretizar a ação mencionada. Conforme exposto, as diretrizes fixadas pela OCDE com o Plano BEPS carecem de normatividade. Por esta razão, é fundamental que os países adotem os meios cabíveis, a fim de que as orientações possam produzir efeitos.

Dessa forma, é possível apontar alguns mecanismos instituídos pelo Brasil, compatíveis com a Ação nº 5, os quais estabelecem medidas para ampliar a transparência. A medida mais notável foi a ratificação da Convenção sobre Assistência Mútua Administrativa em Matéria Tributária, promulgada pelo Decreto nº 8.842/16. Em síntese, tal instrumento normativo possui por objeto central o estabelecimento de regras para a prestação de assistência administrativa em matéria tributária. Tal assistência administrativa a ser feita entre os países, como prevê o art. 1º, 2 da Convenção, possui

---

[17] OECD. *Countering Harmful Tax Practices More Effectively, Taking into Account Transparency and Substance, Action 5 – 2015 Final Report*. Paris: OECD Publishing, 2015. Disponível em: http://dx.doi.org/10.1787/9789264241190-en. Acesso em: 10 ago. 2018. p. 53.

[18] *Ibidem*.

sentido amplo e abarca: "a) a troca de informações, incluindo fiscalizações tributárias simultâneas e a participação em fiscalizações tributárias levadas a efeito no estrangeiro; b) a cobrança de créditos tributários, incluindo as medidas cautelares; e c) a notificação de documentos."[19]

O intercâmbio de informações previsto na referida Convenção é compatível com o que estabelece a Ação n. 5, haja vista que este deverá abarcar todas as "informações previsivelmente relevantes para a administração ou o cumprimento de suas legislações internas relativas aos tributos abrangidos pela presente Convenção",[20] nos termos de seu art. 4º. Ou seja, o compartilhamento não se restringe à determinada espécie ou natureza de informações.

Além disso, há a previsão de troca de informações a pedido, após solicitação de determinado país, mas, a disposição que merece ser destacada é previsão de troca automática de informações, independentemente de requerimento prévio. Tal compartilhamento espontâneo é totalmente coerente com o que preceitua a Ação nº 5 e deverá ser feito nas circunstâncias determinadas no art. 7º, como exemplo, quando a parte requerente "tem razões para presumir que possa haver uma perda de receita tributária na outra parte" ou, então, "tem razões para presumir que uma redução do tributo possa resultar de transferências fictícias de lucros no seio de grupos de empresas".

Nesse sentido, com o intuito de instrumentalizar a troca automática já prevista na Convenção sobre Assistência Mútua Administrativa em Matéria Tributária, o Brasil recentemente celebrou outro pacto, o Acordo Multilateral entre Autoridades Competentes sobre o Intercâmbio Automático de Informações Financeiras (MCAA).

Além do mais, em função da celebração do MCAA, o país aderiu ao *Common Reporting Standard – CRS*, o qual foi instituído na legislação por meio da IN RFB Nº 1680 que define "[...] as informações a serem intercambiadas e os procedimentos de diligência a serem seguidos pelas Instituições Financeiras declarantes para a coleta e classificação adequada das informações de contas financeiras de residentes tributários dos diversos signatários do acordo."[21]

Ambas as medidas – CRS e MCAA – a partir da instituição de formas de intercâmbio de informações pretendem alcançar a transparência preceituada na Ação nº 5, mediante o compartilhamento de relevantes informações entre diferentes países.

No mesmo sentido, outra medida adotada com a mesma finalidade foi a "Declaração País a País – DPP", estabelecida pela IN RFB nº 1681. Necessário destacar que tal medida tem por objeto específico o compartilhamento de informações relativas a empresas multinacionais, nos diferentes países que possuam atuação. Logo, esta possui direta relação no combate às práticas tributárias nocivas.

Outra medida adotada pelo Brasil, a qual é anterior à convenção anteriormente mencionada, mas que, de forma equivalente, é diretamente relacionada à transparência, consiste no acordo firmado com os Estados Unidos da América para implementar o *Foreing Account Compliance Act – FATCA* no país. Tal acordo, internalizado por meio

[19] BRASIL. *Decreto nº 8.842/2016*, de 29 de ago. 2016. Disponível em: http://www.planalto.gov.br/ccivil_03/_ato2015-2018/2016/decreto/D8842.htm. Acesso em: 13 ago. 2018.

[20] *Ibidem.*

[21] BRASIL. Ministério da Fazenda. Receita Federal. *Notícias*. Disponível em: http://idg.receita.fazenda.gov.br/noticias/ascom/acordos-internacionais-receita-federal-regulamenta-declaracoes. Acesso em: 09 ago. 2018.

do Decreto nº 8.506/15,[22] estabelece o compromisso mútuo de compartilhamento de informações entre ambos os países, bem como cria mecanismos para o compartilhamento de informações entre estes. No referido acordo é possível identificar, também, diversas orientações firmadas pela a Ação nº 5. Como exemplo, cita-se a previsão de reciprocidade na transferência de informações, contido no artigo 6 do Decreto nº 8.506/15.

No entanto, no que tange à substância, não é possível apontar um grande número de medidas adotadas pelo país, contrariamente do que ocorreu em relação ao requisito transparência. De fato, não há relevantes medidas adotadas pelo Brasil no sentido de buscar ampliar a substância nas relações fiscais. Nesse sentido, informam Luciana Grassano de Gouvêa Mélo e João Otávio Martins Pimentel:

> Outros pontos, porém ainda precisarão ser melhor tratados, como a importação, pelo ordenamento jurídico brasileiro, de princípios e doutrinas estrangeiras utilizadas para interpretação de situações e operações em que se intenta a qualificação de fatos com base na substância econômica em detrimento da forma jurídica. É o caso, por exemplo, da doutrina do *business purpose*, que, embora seja invocada em decisões judiciais e, principalmente, administrativas, no âmbito do Conselho Administrativo de Recursos Fiscais (CARF), ainda não foram positivadas, o que causa alguma estranheza na sua invocação, em face da tradição positivista do País. Importante notar que a relutância do país em melhorar as normas para que seja possível se adequar à Ação n. 5, especificamente no que tange à substância, pode diminuir sua inclusão no cenário econômico global e, em última instância, permanecer como causa das práticas tributárias nocivas."[23]

Desse modo, há um relevante atraso do país na adoção de medidas que pretendam ampliar o estudo da substância, principalmente, se comparado à significativa evolução do país em relação ao aspecto da transparência, a qual ocorreu devido a celebração de todos os acordos mencionados.

Importante notar que a hesitação do país em aprimorar as normas e instituir mecanismos para se adequar aos parâmetros da Ação nº 5, especificamente no que tange à substância, pode diminuir sua inclusão no cenário econômico global e, em última instância, contribuir com a manutenção das práticas tributárias nocivas, vez que seu combate demanda ações conjuntas de todos os países.

5 Conclusão

O presente trabalho cuidou de analisar o conteúdo da Ação nº 5 do Plano BEPS, com o exame de toda a sua extensão e alcance. Tendo em vista que as proposições assentadas na referida ação não possuem caráter normativo, assim como todas as demais ações do Plano BEPS, o trabalho cuidou de analisar as medidas adotadas pelo país, com o intuito de concretizar e efetivar as diretrizes constantes na dita ação.

---

[22] BRASIL. Ministério da Fazenda. Receita Federal. *Legislação*. Disponível em: http://idg.receita.fazenda.gov.br/acesso-rapido/legislacao/acordos-internacionais/acordos-para-intercambio-de-informacoes-relativas-a-tributos/estados-unidos-da-america/copy_of_decreto-no-8-003-de-15-de-maio-de-2013. Acesso em: 10 ago. 2018.

[23] MÉLO, Luciana Grassano de Gouvêa; PIMENTEL, João Otávio Martins. O plano de ação BEPS e as mudanças de paradigma na tributação. *Revista Acadêmica: Faculdade de Direito do Recife*, v. 88, n. 2 (2016). Disponível em: https://periodicos.ufpe.br/revistas/ACADEMICA/article/view/12099. Acesso em: 12 ago. 2018.

Logo, foram apontados diversos compromissos firmados pelo país recentemente, os quais, em geral, têm por finalidade ajustar obrigações mútuas de compartilhamento de informações, bem como instrumentalizar a forma em que tal intercâmbio deverá ocorrer. Tais medidas são totalmente compatíveis com a ideia de transparência, definida como pilar da ação ora tratada e, com significativa frequência, fazem uso das diretrizes estabelecidas na mencionada ação.

Todavia, como visto, a Ação nº 5 possui, ainda, outro pilar: substância. Referido pilar pretende conferir uma correlação entre o local onde a riqueza é produzida e onde é feito o pagamento de tributos, a fim de evitar transferências formais de capital, apenas com o intuito de diminuir a carga tributária, sem que haja efetivo desenvolvimento de atividade no local. Além do mais, tal conceito pretende fundamentar a concessão de tratamentos fiscais preferenciais pelos países, os quais devem ter relação com os benefícios trazidos pelas atividades.

Porém, embora tal conceito seja igualmente imprescindível no combate às práticas tributárias nocivas, contrariamente do verificado no outro requisito, tem-se que o Brasil não adotou medidas significativas para sua ampliação.

Desse modo, a partir da avaliação feita no presente estudo, notou-se necessária a adoção de mais medidas pelo Brasil com o intuito de conferir maior substância às relações fiscais, vez que o combate às práticas tributárias nocivas exige a ação conjunta de todos os países, em nível global. Assim, a inércia de um país pode ser capaz de prejudicar todo o complexo sistema pensado pela OCDE, inscrito no Plano BEPS.

Referências

BARRETO, Paulo Ayres; TAKANO, Caio Augusto. *Os desafios do planejamento tributário internacional na Era pós-BEPS*. Disponível em: https://www.ibet.com.br/os-desafios-do-planejamento-tributario-internacional-na-era-pos-beps-por-paulo-ayres-barreto-e-caio-augusto-takano/. Acesso em: 09 ago. 2018.

BRASIL. *Decreto nº 8.842/2016*, de 29 de ago. 2016. Disponível em: http://www.planalto.gov.br/ccivil_03/_ato2015-2018/2016/decreto/D8842.htm. Acesso em: 13 ago. 2018.

BRASIL. Ministério da Fazenda. Receita Federal. *Notícias*. Disponível em: http://idg.receita.fazenda.gov.br/noticias/ascom/acordos-internacionais-receita-federal-regulamenta-declaracoes. Acesso em: 09 ago. 2018.

BRASIL. Ministério da Fazenda. Receita Federal. *Legislação*. Disponível em: http://idg.receita.fazenda.gov.br/acesso-rapido/legislacao/acordos-internacionais/acordos-para-intercambio-de-informacoes-relativas-a-tributos/estados-unidos-da-america/copy_of_decreto-no-8-003-de-15-de-maio-de-2013. Acesso em: 10 ago. 2018

MÉLO, Luciana Grassano de Gouvêa; PIMENTEL, João Otávio Martins. O plano de ação BEPS e as mudanças de paradigma na tributação. *Revista Acadêmica: Faculdade de Direito do Recife*, v. 88, n. 2 (2016). Disponível em: https://periodicos.ufpe.br/revistas/ACADEMICA/article/view/12099. Acesso em: 12 ago. 2018

OECD. *About*. Disponível em: http://www.oecd.org/about/. Acesso em: 09 ago. 2018.

OECD. *Action Plan on Base Erosion and Profit Shifting*. OECD Publishing, Paris: 2013. Disponível em: https://doi.org/10.1787/9789264202719-en. Acesso em: 08 ago. 2018.

OECD. *Countering Harmful Tax Practices More Effectively, Taking into Account Transparency and Substance, Action 5 – 2015 Final Report*. Paris: OECD Publishing, 2015. Disponível em: http://dx.doi.org/10.1787/9789264241190-en Acesso em: 10 ago. 2018.

OECD. *Harmful Tax Competition: An Emerging Global Issue*. Disponível em: https://doi.org/10.1787/9789264162945-en. Acesso em: 09 ago. 2018.

SCHOUERI, Luís Eduardo. *O Projeto BEPS: ainda uma estratégia militar*. *In*. GOMES, Marcus Lívio; SCHOUERI, Luís Eduardo (Coord.). A tributação internacional na Era Pós-BEPS: soluções globais e peculiaridades de países em desenvolvimento. V. I. Rio de Janeiro: Lumen Juris, 2016.

Informação bibliográfica deste texto, conforme a NBR 6023:2018 da Associação Brasileira de Normas Técnicas (ABNT):

TEIXEIRA, Alessandra M. Brandão; LARA, Laura Figueiredo Felix. Análise do conteúdo e alcance da Ação 5 do Plano BEPS e suas repercussões no sistema tributário brasileiro. *In*: TEIXEIRA, Alexandre Alkmim (Coord.). *Plano BEPS*. Belo Horizonte: Fórum, 2019. p. 331-342. ISBN 978-85-450-0654-1.

O ENFRENTAMENTO DO PLANEJAMENTO TRIBUTÁRIO AGRESSIVO E O ALINHAMENTO DO BRASIL À AÇÃO 5 DO PLANO BEPS

ALEXANDRE ALKMIM TEIXEIRA

1 Introdução

Desde a década de 90, o Governo Brasileiro tem implementado estruturas compatíveis com o chamado Governo Eletrônico,[1] com o objetivo de dar maior eficiência à relação entre o Governo e os cidadãos e propiciar mecanismos de controle das atividades desenvolvidas por estes.

No que toca à fiscalização tributária, a Receita Federal do Brasil – RFB vem instalando e aperfeiçoando um complexo sistema eletrônico de informações e de cruzamento de dados dos contribuintes. Segundo Mônica Mora,

> a intensificação do processo inicia-se em 1996 com a realização do Seminário *Informação e Informática na Administração Pública Federal*. Nesse evento, foi elaborado o Projeto SRF 21, com as diretrizes para modernização da SRF (Secretaria da Receita Federal), e este serve de base para a contratação de um empréstimo junto ao BID com a finalidade de aprimorar os procedimentos de arrecadação.[2]

Com a implementação desse sistema, foi possível o cruzamento de dados obtidos a partir das declarações dos contribuintes com dados de movimentação bancária, negócios

---

[1] *Electronic Government (or e-Government) as an expression was coined after the example of Eletronic Commerce. But it designates a field of activity which is with us for several decades yet. In may aspects, e-Government is just a new name for the informatisation of the public sector, which has been going on for several decades now. The use o IT in public administration and in other branches of government (including parliaments and judiciary) has attained a high level in many countries of the industrialize world"* (LENK, Klaus, TRAUNMÜLLER, Roland. Electronic Government: Where are we Heading? At Electronic Government, Springer Berlin Heidelberg, 2002. p 1-9.

[2] MORA, Monica. Governo Eletrônicos e Aspectos Fiscais: A experiência brasileira. IPEA, Rio de Janeiro, 2005. p. 15. Disponível em: http://portal2.tcu.gov.br/portal/pls/portal/docs/2063226.PDF.

entre os contribuintes e declarações prestadas à Administração Tributária, o que tornou, e vem tornando, a atividade de fiscalização mais eficaz.

A título de exemplo, Mônica Mora ressalta que, em estudo realizado no âmbito da Receita Federal brasileira com dados de 1998, foram identificadas enormes disparidades entre os valores oferecidos à tributação e aqueles movimentados pelos contribuintes em contas bancárias:

> Em 1998, em um universo de 38,5 milhões de pessoas físicas com conta bancária, somente 9,9 milhões de contribuintes pagaram imposto de renda. Esses contribuintes movimentaram R$ 1,3 trilhão e declararam R$ 314 bilhões. Supondo a inexistência de evasão, a movimentação corresponde a aproximadamente quatro vezes a renda total. Dezessete milhões de contribuintes isentos movimentaram R$ 192 bilhões (ou seja, em média, R$ 11.300 per capita durante o ano) e 11,7 milhões de contribuintes omissos movimentaram R$ 179,4 bilhões (uma média de R$ 15.700). A média, mencionada, pode mascarar casos de evasão fiscal. Em 1998, 7.080 contribuintes omissos ou considerados isentos transacionaram R$ 172 bilhões (em média, R$ 24 milhões), 139 omissos e 62 supostos isentos movimentaram, respectivamente, R$ 28,9 bilhões (em média, R$ 208 milhões) e R$ 11 bilhões (em média, R$ 178 milhões) [3]

Mais recentemente, e como evolução do Governo Eletrônico, foi implementado o chamado SPED – Sistema Público de Escritura Digital, por meio do qual toda a escrituração contábil das empresas é feita *on line*, o que viabiliza, por conseguinte, o monitoramento em tempo real das atividades dos contribuintes.

O SPED, em verdade, está estruturado no bojo de outros projetos implantados pela RFB,[4] com destaque para a ECD (Escrituração Contábil Digital), F-Cont (Controle Fiscal Contábil de Transição), NF-e (Nota Fiscal Eletrônica) e CT-e (Conhecimento Eletrônico de Transporte).[5]

No relatório de fiscalização da Receita Federal do Brasil para o ano de 2014, é possível identificar um aumento na capacidade de fiscalização e cobrança de tributos, alcançado, em grande parte, em razão dos processos fiscalizatórios direcionados pelas informações obtidas pelo sistema eletrônico da RFB.

Segundo a própria Receita Federal do Brasil,

> a alteração na estratégia da atividade de seleção de sujeitos passivos (procedimento destinado a identificar quem será fiscalizado) implementada em 2010 e passou a produzir resultados neste último ciclo plurianual (2011/2014), aliada ao extenso processo de capacitação continuada dos Auditores-Fiscais e na utilização intensa de tecnologia, permitiu a melhora constante na qualidade da seleção da Fiscalização da Receita Federal.

---

[3] MORA, Monica. Governo Eletrônico e Aspectos Fiscais: A experiência brasileira. IPEA, Rio de Janeiro, 2005. p. 16

[4] Ver melhor em SANTOS, Simone *et al*. Sistema público de escrituração digital: um estudo sobre o cruzamento de dados decorrentes de obrigações acessórias impostas pela Receita Federal do Brasil. Revista de Negócios da Cesuca. Disponível em: http://ojs.cesuca.edu.br/index.php/revistaadministracao/article/download/ 601/489.

[5] A partir desse sistema, outras obrigações acessórias dos contribuintes deixaram de ser exigidas, valendo ressaltar a Declaração de Imposto de Renda de Pessoa Jurídica – DIPJ e o demonstrativo de Apuração de Contribuições Sociais DACON, já no ano de 2015, bem como a dispensa de escrituração do livro de apuração do lucro real – LALUR.

Ano	2009	2010	2011	2012	2013	2014
Ações encerradas com Resultado	85,3%	88,3%	89,3%	89,5%	91,1%	91,9%

A elevação do percentual de acerto em 6,6 pontos percentuais no período representou em 2014 a realização de mais 1.121 auditorias externas com resultado, ou seja, não tivesse ocorrido a melhora na qualidade da seleção, 1.121 procedimentos de fiscalização teriam sido encerrados sem resultado, com a consequente perda de horas alocadas em auditoria, que em 2014 totalizaram 3.082.437.[6]

Mencionada evolução tem-se mostrado crescente ao longo dos anos, sendo que o quadro comparativo das autuações fiscais no período 2010/2013 e 2014/2018 apontam um crescimento de 22,55%, em decorrências as estratégias adotadas pela RFB[7]:

Período	Montante das Autuações	Variação
2010/2013	R$ 478.758.870.707,00	-
2014/2017	R$ 586.705.465.998.01	22.,55%

Importante ressaltar, nesse sentido, a preocupação da RFB em combater os planejamentos tributários abusivos:

Em decorrência da revisão do processo de trabalho de seleção de contribuintes com maior capacidade contributiva, ocorrida em 2010, houve maior especialização tanto dos auditores-fiscais responsáveis por determinar os sujeitos passivos a serem fiscalizados, como daqueles que executam os procedimentos de auditoria externa. Nesse caso, foi possível identificar e autuar com maior grau de precisão grandes esquemas de evasão consubstanciados em planejamentos tributários abusivos.

Tanto é assim que se verifica, no curso dos anos, o aumento da fiscalização das grandes empresas residentes no Brasil, de acordo com a tabela seguinte:[8]

---

[6] RECEITA FEDERAL DO BRASIL. Plano Anual da Fiscalização da Receita Federal do Brasil para 2015 e Resultados de 2014.

[7] RECEITA FEDERAL DO BRASIL. Plano Anual da Fiscalização da Receita Federal do Brasil para 2018 e Resultados de 2017.

[8] RECEITA FEDERAL DO BRASIL. Plano Anual da Fiscalização da Receita Federal do Brasil para 2018 e Resultados de 2017.

Ano	Grande Contribuinte		Todos os contribuintes		Participação Grandes Contribuintes no Crédito Total Lançado
	Crédito Lançado (R$)	Variação em relação ao ano anterior	Crédito Lançado (R$)	Variação em relação ao ano anterior	
2009	55.940.711.486		85.722.778.908		65,26%
2010	55.737.977.458	-0,4%	84.818.059.397	-1,1%	65,71%
2011	74.560.935.507	33,8%	103.354.779.871	21,9%	72,14%
2012	86.840.125.794	16,5%	108.969.478.480	5,4%	79,69%
2013	152.539.000.000	75,7%	181.616.552.959	66,7%	83,99%
2014	104.238.000.000	-31,7%	144.556.799.956	-20,4%	72,11%
2015	94.659.500.058	-9,2%	125.227.321.703	-13,4%	75,59%
2016	80.716.870.856	-14,7%	117.794.178.958	-5,9%	68,52%
2017		95,8%	199.127.165.381	69,0%	79,36%

Segundo comentário do Brasil ao Subcomitê do BEPS para países em desenvolvimento, as principais práticas de grandes empresas no Brasil para erosão da base de tributação são (i) realização de preços de transferência, (ii) reorganizações societárias, (iii) inadimplência artificial entre empresas do mesmo grupo econômico com o objetivo de formar custos de juros para empresas no Brasil, (iv) transações fictícias com empresas em paraísos fiscais e (v) transferência artificial de residência para paraísos fiscais.[9]

Feitas essas ressalvas, passa-se à análise de alguns pontos sensíveis nesse sistema de controle, em especial a partir de estruturas de planejamento tributário potencialmente lesivas à formação das bases de tributação.

2 Ausência de Norma Geral Antielisiva

Quando o Estado promove a atividade arrecadatória dentro da competência tributária que lhe outorga a Constituição da República, pretende que os signos descritos na norma de imposição sejam realmente eficazes, para alcançar os fatos concretos descritos nas hipóteses e dar nascimento à obrigação de recolher dinheiro aos cofres públicos.

---

[9] RECEITA FEDERAL DO BRASIL. Comments from Brazil. Subcommittee on Base Erosion and Profit Shifting for Developing Countries. 18 de abril de 2014.

No entanto, o contribuinte, tendo conhecimento de que estará sujeito à imposição tributária ao praticar o fato descrito na norma, pode sustar o nascimento da relação jurídico-obrigacional utilizando-se de forma negocial permitida pelo direito que ofereça o mesmo resultado. A elisão tributária permite ao contribuinte, portanto, dentre os caminhos possíveis para alcançar o seu objetivo econômico, adotar aquele que seja menos oneroso, inclusive no que toca à tributação.[10]

Um dos mecanismos mais eficazes de combate à elisão tributária é a adoção das chamadas normas gerais antielisivas, que consistem na atribuição de competência à administração para, dentro de determinado critério escolhido pela lei, desconsiderar os negócios praticados pelos agentes econômicos que reduzam, exonerem ou difiram o pagamento de tributos.

Assim, a norma geral antielisiva mune a administração tributária de mecanismos de alcance da tributação a fatos não presentes diretamente na norma de tributação.

Segundo Marco Aurélio Greco,[11] o advento do Estado Democrático de Direito, no Brasil, trouxe consigo valores máximos a serem observados, de forma que a tributação deixou de ser uma ofensa à prática comercial, para integrar-se como atividade básica do Estado. Para tanto, as pessoas com melhor condição financeira pagam mais tributos cujo valor arrecadado é convertido em benefício de toda a sociedade de um modo geral.

Dessa feita, a tributação pode centra-se em duas considerações: a estrutural e a material.[12] Pela primeira, o fato tributário perseguido resiste em sua forma, independentemente de sua materialidade. Em sentido oposto, na segunda, busca-se o índice de capacidade contributiva para dar nascimento à obrigação tributária, independentemente da forma como o mesmo se exterioriza.

Nesse contexto, a norma antielisiva mostra-se primordial, posto que fundamenta um instrumento de verificação da imposição material dos tributos, com desconsideração de certos aspectos meramente formais, o que confere maior eficácia à tributação.

Assim, em homenagem aos princípios da isonomia e da capacidade contributiva, segundo Greco, deveria ser adotada uma norma geral antielisiva, para alcançar os fatos não descritos na norma de tributação, e, consequentemente, evitar a elisão fiscal.

Nesse sentido, foi editada a Lei Complementar nº 104, de 2001, que alterou o Código Tributário Nacional no parágrafo único do art. 116, com anunciado objetivo de positivação de uma norma geral antielisiva no direito brasileiro:

Art. 116 do CTN. (...)
Parágrafo único. A autoridade administrativa poderá desconsiderar atos ou negócios jurídicos praticados com a finalidade de dissimular a ocorrência do fato gerador do tributo ou a natureza dos elementos constitutivos da obrigação tributária, observados os procedimentos a serem estabelecidos em lei ordinária.

---

[10] "La corriente doctrinal mayoritaria considera que hay elusión tributaria, en oposición a evasión, cuando aquellas acciones u omisiones tendientes a evitar o disminuir el hecho generador se realizan por medios lícitos, es decir, sin infringir el texto de la ley". (...) hay acuerdo doctrinal en que el término elusión se refiere a la elección de formas o estructuras jurídicas anómalas para esquivar o minimizar la respectiva carga tributaria". VILLEGAS, Hector. Curso de finanzas, derecho financiero y tributario. Astrea, Buenos Aires, 2003. 8. ed. p. 542-543.

[11] GRECO, Marco Aurélio. Planejamento Tributário e Interpretação da Lei Tributária. Dialética, São Paulo, 1998. 191 p.

[12] JARACH, Dino. El Hecho Imponible. Abeledo-Perrot, Buenos Aires, 1996. 3. ed. p. 127.

No entanto, referido dispositivo legal não foi devidamente regulamentado, pois que não definidos, no direito brasileiro, os critérios válidos para desconsideração dos negócios jurídicos praticados pelos contribuintes. Por esse motivo, considera-se que, até o presente momento, não houve implementação de norma geral antielisiva no país.

Todavia, a evolução da análise de casos de planejamento tributário no âmbito do Conselho Administrativo de Recursos Fiscais – CARF permite seja o chamado planejamento tributário abusivo afastado.

3 Planejamento tributário abusivo na visão do CARF

Nos tributos sujeitos ao lançamento por homologação, o contribuinte identifica a ocorrência do fato gerador, determina os elementos da relação jurídico-tributária, apura e recolhe o montante do tributo que entende devido e aguarda a sua homologação por parte da Administração Tributária. Assim, o planejamento tributário é possível, pois o contribuinte, mediante condutas que considera lícitas, impede ou retarda a ocorrência do fato gerador e, por consequência, o surgimento da relação jurídico-obrigacional, ou provoca sua ocorrência de forma menos onerosa.

Cabe à Administração Tributária, no seu processo de revisão/homologação, aceitar ou rechaçar a conduta que provocou o afastamento da relação tributária mais onerosa.

Segundo previsões da legislação brasileira, a verificação da licitude ou da ilicitude deve atender aos aspectos legais; ou seja, somente o que a lei considera como sendo ilícito poderá ser desconsiderado pela Administração Tributária. No entanto, esse conceito de ilicitude deve ser lido em sua acepção ampla, e não estritamente no âmbito da ilicitude penal. Considera-se como sendo ilícita, no bojo dessa teorização, a conduta que se valha de fraude ou simulação.

A simulação no direito tributário reporta-se à disciplina traçada pelo Código Civil, que diz o seguinte, *in verbis*:

> Art. 167 do CC. É nulo o negócio jurídico simulado, mas subsistirá o que se dissimulou, se válido for na substância e na forma.
> §1º Haverá simulação nos negócios jurídicos quando:
> I - aparentarem conferir ou transmitir direitos a pessoas diversas daquelas às quais realmente se conferem, ou transmitem;
> II - contiverem declaração, confissão, condição ou cláusula não verdadeira;
> III - os instrumentos particulares forem antedatados, ou pós-datados.
> §2º Ressalvam-se os direitos de terceiros de boa-fé em face dos contraentes do negócio jurídico simulado.

Em verdade, o Código Civil, ao falar da simulação, não se refere à contraposição de vontades, no sentido de confrontar a existência de uma vontade declarada face uma vontade querida, mas sim ao dissenso entre a vontade declarada e a situação fática especificamente praticada pelas partes no negócio jurídico.

Dessa forma, na hipótese do inciso I do parágrafo único do supracitado art. 167, existe simulação quando se declara a transferência de direitos a determinadas pessoas que, na realidade, são outras, ou seja, na dicção da própria lei, "aparentarem conferir ou transmitir direitos a pessoas diversas daquelas às quais realmente se conferem, ou transmitem". Nota-se, portanto, que não se fala, nessa hipótese, de contraposição de vontades, mas sim de contraposição de vontade declarada com a realidade.

Na hipótese do inciso II do mesmo dispositivo, existe simulação quando a vontade declarada, na forma de declaração, confissão, condição ou cláusula, não reflete a verdade dos fatos praticados. Novamente verifica-se a contraposição de vontade declarada com realidade, de forma a se caracterizar a simulação a ser reconhecida como ilícita pelo aplicador do direito.

Por fim, a hipótese de documentos antedatados ou pós-datados, cuja presunção é de declaração de situação de fato diversa daquela que efetivamente é observada no plano da realidade, com configuração, portanto, de negócio jurídico simulado, nos termos do inciso III do §1º do art. 167 do CC.

Dentro dessa perspectiva, no entendimento do CARF, a simulação existe quando a vontade declarada no negócio jurídico não se coaduna com a realidade do negócio firmado.

Para que a aplicação deste entendimento seja possível, é necessário definir, no entanto, critérios para a identificação do negócio firmado, se aquele formalmente declarado pelas partes contratantes, ou aquele materialmente realizado e implementado, segundo o seu fundamento causal. Ou seja, é preciso saber até que ponto a forma pode ser tomada como elemento definidor da incidência tributária, em contraposição da identificação da realidade praticada pelos particulares.

Isso porque a norma tributária, na esteira do ensinamento de Paulo de Barros Carvalho,[13] descreve uma situação de fato que, se ocorrida no plano da realidade, provoca o nascimento da relação jurídico-tributária, num vínculo obrigacional que coloca o contribuinte como devedor do sujeito ativo para o pagamento de determinada quantia em dinheiro. Resta saber se, na esteira desse entendimento, a identificação do fato gerador, ou seja, do fato realmente ocorrido na subsunção à descrição normativa, se faz pela sua forma, seu *nomen juris*, ou pela sua materialidade.

De fato, a aplicação da teoria da simulação como a mera contraposição de vontade declarada e querida, com a devida vênia, não tem espaço na primazia da realidade tão querida e buscada pelo direito tributário.

Nesse contexto, a vontade não é elemento formador da norma de tributação. A norma tributária, ao descrever a hipótese de incidência teorizada por Geraldo Ataliba,[14] não descreve vontades, mas sim, hipoteticamente, elementos do fato que, se verificados no mundo da realidade, irão desencadear o surgimento de uma relação obrigacional de natureza tributária.

Se o elemento tomado para a tributação é o fato, e não a vontade, não pode esta (a vontade) ser tomada como único critério para se definir o que seja simulação no direito tributário. Falar que a simulação é a contraposição entre a vontade querida e a vontade declarada, no direito tributário, impede o reconhecimento da realidade daquilo que foi praticado e que efetivamente pode ser considerado como fato jurídico e, por consequência, fato gerador da relação jurídico-obrigacional tributária.

O tributo, por natureza e definição, não se pode constituir em obrigação (diretamente) decorrente de ato de vontade. A vontade, na verdade, está presente de forma

---

13   CARVALHO, Paulo de Barros. Curso de Direito Tributário. Saraiva, São Paulo, 2005.
14   ATALIBA, Geraldo. Hipótese de Incidência Tributária. Malheiros, São Paulo, 1995.

indireta, na medida em que, como a obrigação tributária decorre da prática, por um sujeito, do fato hipoteticamente descrito no antecedente da norma de incidência, a voluntariedade pode ser verificada na decisão desse sujeito em realizar, ou não, a hipótese descrita.

Assim, tem-se, inicialmente, a predisposição de um ato de vontade (mediata): aquela do sujeito em realizar, ou não, o fato descrito na hipótese de incidência. Todavia, realizado tal fato, não há como o sujeito livrar-se da obrigação que a norma tributária lhe impõe, isso porque a obrigação tributária é compulsória e decorrente de disposição da lei, e não da sua vontade (imediata). É dizer, ainda que o contribuinte não tivesse querido praticar o fato gerador, se de fato o pratica, instaura-se a relação jurídico-obrigacional perante o sujeito ativo do tributo.[15]

Para se identificar a natureza do negócio praticado pelo contribuinte, deve ser identificada sua causalidade, ainda que essa causalidade seja verificada na sucessão de vários negócios intermediários sem causa, na estruturação das chamadas *step transactions*.

Dessa maneira, pela causalidade pode-se definir qual o negócio efetivamente realizado. Nessa perspectiva, o objeto da tributação será o negócio jurídico causal, e não necessariamente o negócio jurídico formal, principalmente quando a forma adotada não reflete a causa de sua utilização. E isso está consignado expressamente no art. 118 do Código Tributário Nacional, que dispõe o seguinte, *in litteris*:

> Art. 118 do CTN. A definição legal do fato gerador é interpretada abstraindo-se:
> I - da validade jurídica dos atos efetivamente praticados pelos contribuintes, responsáveis, ou terceiros, bem como da natureza do seu objeto ou dos seus efeitos;
> II - dos efeitos dos fatos efetivamente ocorridos.

Ou seja, o fato gerador decorre da identificação da realidade e dos efeitos dos fatos efetivamente ocorridos, e não de vontades formalmente declaradas pelas partes contratantes ou pelos contribuintes.

É esse o entendimento que o Conselho Administrativo de Recursos Fiscais – CARF fixou a partir de inúmeros julgamentos, valendo ressaltar:

> SIMULAÇÃO/DISSIMULAÇÃO – Configura-se como simulação, o comportamento do contribuinte em que se detecta uma *inadequação ou inequivalência entre a forma jurídica sob a qual o negócio se apresenta e a substância ou natureza do fato gerador efetivamente realizado, ou seja, dá-se pela discrepância entre a vontade querida pelo agente e o ato por ele praticado* para exteriorização dessa vontade, ao passo que a dissimulação contém em seu bojo um disfarce, no qual se encontra escondida uma operação em que o fato revelado não guarda correspondência com a efetiva realidade, ou melhor, dissimular é encobrir o que é. (acórdão 101-94.771)

---

[15] "Para nosotros, la coordinación de la dogmática formal y substancial del presupuesto legal de la obligación impositiva conduce al resultado de trazar una distinción entre la voluntad privada que tiene importancia para el derecho impositivo y la que no tiene. Es importante la que corresponde a la intenti facti, o sea, la que está dirigida solamente a la finalidad empírica del negocio, a la relación económica que las partes se proponen crear; esto porque el presupuesto de la obligación impositiva no es sino la relación económica, sobre la magnitud de la cual se mide el impuesto, según el principio de la capacidad contributiva. (...) Si la intentio júris, es decir, la manifestación de voluntad que intenta poner la relación económica bajo una determinada disciplina de derecho civil, está motivada por la intención de que las consecuencias tributarias de la relación sean menores de que serían de otra manera, estamos frente al fenómeno de evasión fiscal". JARACH, Dino. *El Hecho Imponible*. Abeledo-Perrot, Buenos Aires, 1996. 3. ed. p. 149.

SIMULAÇÃO. Caracterizada a simulação, os atos praticados com o objetivo de reduzir artificialmente os tributos não são oponíveis ao fisco, que pode desconsiderá-los.

Se os *atos formalmente praticados*, analisados pelo seu todo, demonstram não terem as partes outro objetivo que não se livrar de uma tributação específica, e seus substratos estão alheios às *finalidades dos institutos* utilizados ou não correspondem a uma *verdadeira vivência* dos riscos envolvidos no negócio escolhido, tais atos não são oponíveis ao fisco, devendo merecer o tratamento tributário que o verdadeiro ato dissimulado produz. Subscrição de participação com ágio, seguida de imediata cisão e entrega dos valores monetários referentes ao ágio, traduz verdadeira alienação de participação societária. (acórdão 101-95.537)

SIMULAÇÃO - CONJUNTO PROBATÓRIO - Se o conjunto probatório evidencia que os *atos formais praticados* (reorganização societária) divergiam da *real intenção subjacente* (compra e venda), caracteriza-se a simulação, cujo elemento principal não é a ocultação do objetivo real, mas sim a existência de objetivo diverso daquele configurado pelos atos praticados, seja ele claro ou oculto. (acórdão 104-21.675)

Assim, apesar de não haver uma norma geral antielisiva legalmente prevista na ordem jurídica brasileira, o entendimento decorrente das decisões da Corte Administrativa Tributária é de não aceitar os negócios jurídicos que (i) tenham por objetivo a exclusiva redução da carga de tributação (ii) por meio da distorção entre a forma do negócio jurídico adotado e sua realidade negocial.

3.1 Declaração de Planejamento Tributário

A Medida Provisória nº 685, de 21 de julho de 2015, instituiu, dentre outras medidas, a obrigação do contribuinte que realizar planejamentos tributários declará-los à Receita Federal do Brasil, na esteira do previsto na ação 12 do Plano BEPS.

Mencionada ação do Plano BEPS prevê a adoção de mecanismos de *discloser* por parte dos contribuintes, como forma de implementação da transparência fiscal. Nesse sentido, o contribuinte que realizar o chamado planejamento tributário agressivo deverá apresentar referida situação ao Fisco, sujeitando-se à avaliação do órgão fazendário acerca da sua aceitação, ou não, nos seus resultados fiscais.

A despeito das severas críticas que vem sendo noticiadas pelos setores especializados, a declaração de planejamento tributário prevista na MP 685/2015 toma como pressuposto o entendimento acerca do planejamento tributário consolidado no âmbito do CARF.

Nesse sentido, os negócios jurídicos realizados pelos contribuintes com o objetivo de redução ou não pagamento de tributos devem ser avaliados pela natureza jurídica em que são desenvolvidos e realizados, e não pela sua forma.

Essa é a previsão do artigo 7º da MP 685/2015, *in litteris*:

Art. 7º O conjunto de operações realizadas no ano-calendário anterior que envolva atos ou negócios jurídicos que acarretem supressão, redução ou diferimento de tributo deverá ser declarado pelo sujeito passivo à Secretaria da Receita Federal do Brasil, até 30 de setembro de cada ano, quando:
I - os atos ou negócios jurídicos praticados não possuírem razões extratributárias relevantes;
II - a forma adotada não for usual, utilizar-se de negócio jurídico indireto ou contiver cláusula que desnature, ainda que parcialmente, os efeitos de um contrato típico; ou

III - tratar de atos ou negócios jurídicos específicos previstos em ato da Secretaria da Receita Federal do Brasil.

Estudo aprofundado da questão não será realizado, uma vez que a Medida Provisória foi rejeitada pelo Congresso Nacional.

4 Principais ações de erosão na base de tributação

Com base nos relatórios anuais elaborados no âmbito da Receita Federal do Brasil, é possível identificar as principais medidas adotadas pelos contribuintes com o objetivo de erodir a base de tributação, em especial a partir de planejamentos tributários considerados abusivos por parte da fiscalização.

Levando em consideração a restrição do escopo do presente trabalho, é possível identificar as seguintes operações questionadas pela RFB em procedimentos de fiscalização, a saber.

4.1 Erosão fiscal por meio de reorganização societária

É muito comum, na ordem jurídica brasileira, a utilização de operações de reorganização societária com o objetivo de afastar a tributação da renda ou o aproveitamento de benefícios fiscais que, não fossem essas reorganizações, não seriam aplicáveis aos contribuintes.

Durante anos, essas condutas dos contribuintes foram consideradas como "planejamento tributário" legítimo, tendo a jurisprudência validada as operações de reestruturação societária, ainda que seu único objetivo fosse o ganho tributário.

No entanto, em especial a partir de 2006, firmou-se um novo posicionamento da jurisprudência administrativa sobre o que considera planejamento tributário e o que considera simulação, quando, então, passou a negar efeitos fiscais às operações realizadas com o único objetivo de redução da carga tributária e que não tivessem respaldadas na realidade dos negócios firmados pelas empresas.

Nesse sentido, passaram a ser restringidos alguns planejamentos tributárias, valendo ressaltar as seguintes operações:

4.2 Operação *Casa e Separa*

Quando da venda de participações societárias, o direito brasileiro prevê a tributação da renda dela decorrente por meio da chamada "tributação do ganho de capital".

O ganho de capital é, em regra, calculado pela diferença entre o valor de compra ou investimento na empresa e o valor de venda de referidos investimentos.

A Operação *Casa e Separa* consiste na formulação de uma série de reorganizações societárias, por meio das quais a pessoa que detém a ações em uma empresa se torna sócia da pessoa que deseja comprar essas ações. Posteriormente, a sociedade é desfeita, sendo que a pessoa que entrou com as ações sai com o dinheiro e a pessoa que entrou com o dinheiro sai com as ações.

Como o entendimento do CARF – Conselho Administrativo de Recursos Fiscais exige que se demonstre a realidade do negócio para que os efeitos tributários possam ser validados, grande parte dessas operações foi desconsiderada pela RFB.

4.3 Incorporação às avessas

No direito brasileiro, a empresa incorporadora não pode se aproveitar dos prejuízos acumulados pela empresa incorporada.

Isso porque, durante muito tempo, como forma de planejamento tributário, empresas eram criadas com o objetivo de acumularem prejuízos. Posteriormente, essas empresas eram incorporadas por outras superavitárias, deduzindo o prejuízo artificialmente acumulado pela empresa incorporada. Trata-se, pois, de uma norma antielisiva.

A RFB identificou, a partir da restrição de aproveitamento do prejuízo da empresa incorporada pela empresa incorporadora, um novo planejamento tributário que ficou conhecido como "incorporação às avessas".

Essa operação consiste na inversão artificial dos papeis no negócio jurídico: a empresa superavitária é incorporada pela empresa que detém o prejuízo fiscal – fugindo, assim, à restrição do aproveitamento do prejuízo.

No entanto, em muitos desses casos, verifica-se que a empresa que continuou a existir de fato foi a empresa incorporada – e não a incorporadora.

Referidas operações tem sido objeto de fiscalização e desconsideração por parte da RFB.

4.4 Ágio Interno

Em 1997, o Governo Brasileiro criou um incentivo fiscal para as pessoas interessadas na aquisição de empresas. Referido incentivo consiste na possibilidade de dedução, na apuração do lucro real, do ágio pago em decorrência de referida aquisição. O ágio, em breves linhas, é apurado pela diferença entre o patrimônio líquido da empresa adquirida e o valor pago na aquisição da participação societária, calculados de forma proporcional.

Referido incentivo tinha por foco o Plano Nacional de Desestatização, de forma que as empresas públicas, em especial nas áreas de telefonia, setor elétrico e bancos públicos, pudessem ser vendidas pelo maior valor possível. Isso porque os potenciais adquirentes dessas empresas públicos já sabiam, antecipadamente, que parte dos investimentos poderiam ser recuperados pela dedução do ágio no curso dos anos seguintes.

Ocorre que a lei que estabeleceu essa possibilidade de dedução, no âmbito do Plano Nacional de Desestatização, não restringiu o benefício apenas na aquisição de empresas públicas. Dessa forma, também as aquisições no âmbito privado foram alcançadas pelo incentivo fiscal.

A partir desse incentivo fiscal, algumas empresas passaram a realizações operações dentro do mesmo grupo econômico, mediante a criação e extinção de empresas, com o objetivo de apurar o ágio e deduzi-lo, sem que tivesse havido uma operação de efetiva aquisição de empresas.

Essas operações ficaram conhecidas como "ágio interno", e são objeto de acurada análise pelo comunicante técnico André Mendes Moreira, que também participa desse evento.

No ano de 2013, o combate a esse tipo de operação provocou a lavratura de autos de infração no valor de R$8.549.986.220,00.[16]

5 Conclusões

Diante do exposto, acreditamos, ainda que ausente a Norma Geral Antielisiva no Direito Tributário Brasileiro, que o Plano BEPS se ajusta ao sistema jurídico brasileiro, principalmente se considerado que o país vem cuidando, mesmo antes do Plano, da implantação de estrutura operacional e de instrumentos legais que permitam o efetivo combate de práticas que promovam a erosão da base de tributação no Brasil.

Certamente o Plano BEPS tem grande influência no sistema fiscal brasileiro, uma vez que permitiu o alinhamento do país às medidas de combate à erosão da base de tributação e do deslocamento de lucros tributáveis para países com tributação reduzida ou sem transparência fiscal.

Informação bibliográfica deste texto, conforme a NBR 6023:2018 da Associação Brasileira de Normas Técnicas (ABNT):

TEIXEIRA, Alexandre Alkmim. O enfrentamento do planejamento tributário agressivo e o alinhamento do Brasil à Ação 5 do Plano BEPS. In: TEIXEIRA, Alexandre Alkmim (Coord.). Plano BEPS. Belo Horizonte: Fórum, 2019. p. 343-354. ISBN 978-85-450-0654-1.

---

[16] RECEITA FEDERAL DO BRASIL. Resultados de Fiscalização de 2013.

O COMBATE AO ABUSO DE CONVENÇÕES PARA EVITAR A BITRIBUTAÇÃO: CONSIDERAÇÕES SOBRE AS PRINCIPAIS PROPOSTAS NO ÂMBITO DA AÇÃO 6 DO PLANO BEPS

CÉSAR VALE ESTANISLAU

1 Introdução

A intensificação do comércio internacional impõe desafios aos Estados, muitos dos quais, mormente os relacionados a investimentos transnacionais e à livre troca de bens e serviços, não são solucionáveis unilateralmente.[1] Avulta-se, assim, a relevância da atuação concertada dos Governos na formulação de medidas que permitam maior eficiência e justiça nas relações econômicas internacionais. Nesse campo, os exemplos são diversos, desde a formação de organismos internacionais, como a OMC, até a promoção de esforços em processos de integração, como o MERCOSUL e a União Europeia.

Os tratados ocupam papel destacado nessa nova realidade, permitindo a consolidação de objetivos e obrigações em instrumentos estáveis que vinculam dois ou mais

---

[1] A preocupação crescente com a autolimitação das soberanias econômicas traduz preocupação atual do direito internacional, acentuada especialmente pela disseminação da ideologia neoliberal e pelo incremento na atuação das companhias multinacionais e transnacionais, como destacam Dinh, Daillier e Pellet: "Se as considerações econômicas nunca estiveram ausentes do Direito Internacional, elas manifestaram-se mais prementes no período recente, conduzindo os juristas a prestar uma atenção mais directa ao significado e ao alcance econômico das normas jurídicas [...] O espaço do Direito Internacional Público não é menos consequente e tende a aumentar, por uma diligência voluntária de uma maioria de Estados. Por um lado, este Direito delimita o alcance de competências do Estado no que respeita às actividades econômicas conduzidas no seu território, e garante o seu exercício. Por outro lado, ele rege – directa se bem que parcialmente – a circulação internacional de bens e serviços, fornecendo a segurança jurídica que pressupõe cada vez mais amplitude dos fluxos financeiros envolvidos" (DINH, N. Q; DAILLIER, P; PELLET, A. *Direito Internacional Público*. 2. ed. Trad. Vítor Marques Coelho, Lisboa: Fundação Calouste Gulbenkian, 2003, p. 1057-1058). Sobre os efeitos da globalização econômica e cultural na ordem jurídica internacional, cf. TOMUSCHAT, Christian. "Constitutive elements of the present-day international legal order". In: TOMUSCHAT, Christian. *International law. Ensuring the survival of makind on the eve of a new century. General Course of International Law*. Recueil des Cours, v. 281, 1999, p. 40-43.

Estados. Fonte relativamente recente no direito internacional,[2] os acordos internacionais assumem, no campo das relações econômicas, feições variadas, postulando regras vinculantes até proposições de *soft law*.[3] Decerto, como aponta SCHOUERI, "a celebração de acordos internacionais – inclusive aqueles em matéria tributária – já não mais se apresenta como uma opção, mas uma necessidade das nações inseridas no ambiente internacional", que, premidas pela concorrência internacional por investimentos, veem-se constrangidas a limitar as respectivas soberanias (econômicas ou tributárias, a depender da espécie de acordo).

No que concerne ao poder tributário, proliferam-se os tratados para evitar a bitributação,[4] em conformidade com os parâmetros traçados pela Organização para Cooperação e Desenvolvimento Econômico (OCDE). Muito embora haja outros modelos de acordos sobre a mesma matéria (notadamente o da Organização das Nações Unidas), o modelo da OCDE se firmou como o principal a ser seguido nas relações entre Estados, por motivos diversos, notadamente o elevado poder político e econômico detido pelos países que compõem a referida organização.[5]

A crescente adoção desses instrumentos se insere, com exatidão, no cenário já enunciado: a necessidade de os Estados reduzirem entraves às relações econômicas entabuladas entre seus residentes, fomentando, assim, a justiça e a eficiência das trocas de bens e serviços.[6] Evidentemente, a pluritributação internacional traduz preocupação significativa na estruturação de negócios transnacionais, reduzindo os potenciais ganhos dos agentes econômicos em virtude da adoção de elementos de conexão distintos nos países de residência e da fonte do rendimento.[7]

---

[2] SHAW, Malcom N. *International Law*. 6. Ed. New York: Cambridge University Press, 2008, p. 93. Cf., também: SCHOUERI, Luís Eduardo. "Tratados e Convenções Internacionais sobre Tributação". *In*: *Direito Tributário Atual*, v. 17, São Paulo, p. 20-49, 2003, p. 20; ULFSTEIN, G; MARAUHN, T; ZIMMERMANN, A. *Making Treaties Work. Human Rights, Environment and Arms Control*. New York: Cambridge University Press, p. 3-9; MELLO, Celso de Albuquerque. *Curso de Direito Internacional Público*. v. 1, 12. ed. Rio de Janeiro: Renovar, 2000, p. 207-208.

[3] DINH, N. Q; DAILLIER, P; PELLET, A. *Direito Internacional Público*. 2. ed. Trad. Vítor Marques Coelho, Lisboa: Fundação Calouste Gulbenkian, 2003, p. 1072-1077. Ver, também, REZEK, J. Francisco. Direito Internacional Público. 7. ed. São Paulo: Saraiva, 1998, p. 14

[4] Sobre o histórico dos tratados para evitar a bitributação, cf.: SCHOUERI, Luís Eduardo. "Contribuição à história dos acordos de bitributação: a experiência brasileira". *In*: *Direito Tributário Atual*, v. 22, São Paulo, p. 267-317, 2008. A disseminação dos TDT impactou significativamente, a visão sobre a forma e as exigências do direito internacional tributário, abrindo, inclusive, o debate a respeito da existência de um regime tributário internacional (dotado de algum nível de coerência). Sobre o tema, cf. AVI-YONAH, Reuven S. *International Tax as International Law. An analysis of the international tax regime*. New York: Cambridge University Press, 2007, p. 1-21.

[5] PISTONE, Pasquale. "General Report". *In*: LANG, Michael, *et alii* (org.). *The impact of the OECD and UN Model Conventions on Bilateral Tax Treaties*. New York: Cambridge University Press, 2012, p. 2-3.

[6] As implicações dos TDT sobre o investimento estrangeiro direto (*foreign direct investment*) são largamente analisadas nas ciências econômicas, havendo numerosos trabalhos que contestam a validade da tese de que tais acordos conduzem – forçosamente – ao aumento do FDI: BLONIGEN, B. A.; DAVIES, Ronald B. "Do bilateral tax treaties promote foreign direct investment?". *In*: CHOI, K; HARRIGAN, J. (org.). *Handbook of international trade*. Oxford: Blackweel Publishing, 2004, p. 526-546; EGGER, Peter, *et alii*. "The impact of endogenous tax treaties on foreign direct investment. Theory and evidence". In: *Canadian Journal of Economics*, v. 39, n. 3, p. 901-93, agosto de 2006, p. 921-926; DAVIES, R. B. "Tax treaties and foreign direct investment. Potential versus performance". In: *International Tax and Public Finance*, v. 11, p. 775-802, 2004, p. 172 e ss.

[7] A bitributação se caracteriza quando "o mesmo destinatário legal é tributado duas (ou mais vezes) sobre o mesmo fato gerador, no mesmo período de tempo e por dois (ou mais) sujeitos com poder tributário" (VILLÉGAS, Hector. *Curso de finanzas, derecho financiero y tributario*. 7. ed. Buenos Aires: Depalma, 2001, p. 484, tradução nossa). Adotando o conceito do autor argentino, mas diferenciando-o da bitributação econômica, cf. ROCHA, Sérgio André. *Interpretação dos tratados para evitar a bitributação da renda*. 2. ed. São Paulo: Quartier Lation, 2013, p. 25-27. Para uma análise completa do conceito e do fenômeno da bitributação (e da pluritributação

Nesse sentido, a começar pelos trabalhos desenvolvidos na extinta Liga das Nações, teceu-se uma extensa rede de tratados bilaterais pelo globo, com vistas a mitigar, pontualmente, a bitributação do capital e da renda. Interessante notar, justamente, o modo de negociação adotado pelos Estados, refratários a se comprometer multilateralmente na redução das respectivas soberanias tributárias, de tal sorte que se consagrou o modelo bilateral, pelo qual se permite uma análise exaustiva das particularidades políticas e econômicas dos dois Estados Contratantes.[8] Ao fim, essa técnica implica maior controle sobre a identidade dos sujeitos que fruirão dos benefícios derivados do Tratado, delimitando, com maior precisão, o campo de renúncia da competência tributária.

O regime dos tratados para evitar a bitributação impõe, portanto, bloqueios específicos ao exercício do poder de tributar de um Estado sobre os residentes do outro Estado Contratante.[9] Os benefícios se prendem, dessa forma, à residência do contribuinte,[10] impedindo que sujeitos residentes em outros países tenham acesso a eventuais isenções ou reduções dos tributos afetados pelo acordo. No entanto, por maiores que sejam as precauções tomadas na redação da convenção, são variados os exemplos de arranjos negociais tendentes à manipulação do critério de residência,[11] de forma a garantir a concessão de tais benefícios em situações inapropriadas.

Cuida-se do fenômeno denominado *treaty shopping*, objeto de significativa preocupação tanto dos Fiscos ao redor do globo, em razão dos vultosos prejuízos gerados à arrecadação, quanto das mencionadas organizações internacionais, por reduzirem os incentivos à celebração de novos acordos. Ao longo das últimas décadas, diversas foram as iniciativas tomadas para combater abusos às normas dos tratados, que, malgrado bem-sucedidas em situações determinadas, não impediram, obviamente, o surgimento de estruturas mais complexas de *treaty shopping*.

---

internacional), cf. TÔRRES, Heleno Taveira. *Pluritributação internacional sobre as rendas das empresas*. São Paulo: Revista dos Tribunais, 1997, p. 221-282.

[8] Baker destaca as limitações ao desenvolvimento do direito internacional tributário derivadas da hegemonia dos acordos bilaterais, cujas alterações tendem a ocorrer de modo demasiadamente lento. Cf. BAKER, Philip. "A tributação internacional no século XXI". *In: Direito Tributário Atual*, v. 19, São Paulo, p. 41-51, 2008, p. 51. Preocupação semelhante é exposta em JONES, John F. Avery. "The David R. Tillinghast Lecture. Are Tax Treaties Necessary?". *In: Tax L. Rev.*, v. 53, p. 1-38, 1999-2000, p. 5.

[9] Ao expor as mais fundamentais regras para a aplicação dos tratados para evitar a bitributação, van Raad, indica como a primeira delas a ideia de que tais acordos restringem a aplicação das normas tributárias locais: "A tributação de determinada renda tem previsão na legislação interna, enquanto que o tratado tem por finalidade apenas limitar tal tributação. Dessa forma, o cerne da questão não é se um tratado contém alguma regra que permita a tributação, mas se há nele alguma disposição que proíba a aplicação irrestrita da legislação tributária interna." (VAN RAAD, Kees. "Cinco regras fundamentais para a aplicação de tratados para evitar a dupla-tributação". *In*: LACOMBE, R. S. M.; *et alli. Revista de Direito Tributário Internacional*, v. 1. São Paulo: Quartier Latin, 2005, p. 197).

[10] O âmbito subjetivo de proteção do TDT é exposto, de pronto, no art. 1º da Convenção Modelo: "A presente Convenção aplica-se às pessoas residentes de um ou de ambos os Estados contratantes.". Evidentemente, a definição da residência do contribuinte constitui um dos temas mais relevantes na aplicação do Tratados, do qual se originam importantes problemas de qualificação. Sobre o tema: LANG, Michael; STARINGER, Claus. "General Report". *In*: IFA. *Cahiers de droit fiscal international*, v. 99-b, p. 19-82, 2014, p. 43. Cf., também, OCDE. *Model Tax Convention on Income and On Capital. Condensed Version 2014*. Paris: OECD Publishing, 2014, p. 85 e ss.

[11] Como destaca Alberto Xavier: "Também o domicílio das pessoas jurídicas (a sua sede estatutária, direção efetiva ou país de incorporação) pode ser escolhido ou deslocalizado com o propósito exclusivo de atrair a aplicação de regime tributário mais favorável. Tendo presente que os tratados contra a dupla tributação se aplicam às pessoas que sejam residentes dos Estados contratantes, a residência num desses Estados pode ser obtida com o propósito exclusivo de aproveitar o regime mais favorável de um tratado que, de outro modo, não abrangeria a entidade em causa. Fala-se em tal caso da *treaty shopping*, de uso impróprio ou de abuso das convenções" (XAVIER, Alberto. *Direito Tributário Internacional do Brasil*. 7. ed. Rio de Janeiro: Forense, 2010, p. 279).

Os prejuízos são, especialmente, pronunciados nos países em desenvolvimento.[12] A OCDE, ao relatar os impactos da erosão da base tributável em tais localidades, deu destaque às perdas de arrecadação provenientes do abuso de Convenções, especialmente no que toca à significativa redução em impostos recolhidos na fonte. Nesse sentido, o *treaty shopping* privaria os países mais pobres de recursos imprescindíveis para despesas em educação e infraestrutura,[13] o que reforça a urgência em combater todas as formas de abuso de convenções.

Nesse contexto, desenvolve-se o Projeto BEPS (*Base Erosion and Profit Shifting*), pelo qual a OCDE, em atuação conjunta com o G20, pretende expor as principais estratégias adotadas por contribuintes para a erosão da base tributável dos impostos sobre a renda, recomendando, paralelamente, medidas a serem adotadas pelos Estados de modo uni, bi ou multilateral. Dentre os 15 pontos analisados pela Organização, destaca-se, para os fins do presente trabalho, o de nº 6, intitulado "Prevenindo a concessão de benefícios do tratado em circunstâncias inapropriadas",[14] cujo relatório final, apresentado em 05 de outubro de 2015, será analisado nas próximas páginas.

2   O conceito de abuso de tratados

2.1 Linhas gerais da teoria do abuso de direito

A teoria do abuso se desenvolve sob a sombra da intolerabilidade do absolutismo dos direitos. Muito embora seu germe se encontre no direito romano (*nemine laedit qui jure suo utitur*), é na doutrina (com Duguit, Josserand e Campion) e na jurisprudência francesas (seminalmente nos casos *Doerr* e *Clément-Bayard*) que a ideia ganha expressão, fomentando os mais vivos debates sobre a natureza e os limites da prática abusiva.[15]

A ideia subjacente às conclusões dos referidos autores e julgados consiste na relativização de direitos subjetivos, os quais deveriam ser subordinados a determinados parâmetros. A definição de tais critérios constitui o ponto nodal da teoria, de tal modo que a controvérsia se cinge à definição do "padrão geral em função do qual se poderiam fincar os limites no exercício de um direito assegurado pela ordem jurídica".[16]

Para responder a esse questionamento, concorreram duas teorias: (i) a de matriz subjetiva, que identificava na intenção lesiva do titular do direito o critério para qualificar o seu exercício como abusivo (identificando-se, assim, com os atos emulativos, de que já cuidava o direito romano); e (ii) a de matriz objetiva, que concebe a abusividade como o desvio na prática do direito para além de suas finalidades econômicas e sociais,

---

[12] COOPER, Graeme S. *Preventing Tax Treaty Abuse*. Papers on Selected Topics in Protecting the Tax Base of Developing Countries. Workshop on Tax Base Protection for Developing Countries, ONU, Paris, França, setembro de 2014, p. 3.

[13] OCDE. *Part 1 of a report to G20 Development Working Group on the Impact of BEPS in Low Income Countries*. Paris: OECD Publishing, julho de 2014, p. 18-19. Disponível em: http://www.oecd.org/tax/part-1-of-report-to-g20-dwg-on-the-impact-of-beps-in-low-income-countries.pdf.

[14] OCDE. *Preventing the Granting of Treaty Benefits in Inappropriate Circumstances, Action 6 – 2015 Final Report*. Paris: OECD Publishing, 2015.

[15] Sobre as críticas de Plano I à lógica do abuso de direito, cf. PEREIRA, Caio Mário da Silva. *Instituições de Direito Civil*, v. 1. 23. ed. Rio de Janeiro: Forense, 2009, p. 574 e ss. MOTTA, K. P. *Abuso do direito nas relações obrigacionais*. Belo Horizonte: Del Rey, 2007, p. 23.

[16] COELHO, Fábio Ulhoa. *Curso de Direito Civil*. v. 1. 8. ed. São Paulo: Saraiva, p. 315.

respeitando-se as cláusulas gerais da boa-fé e dos bons costumes.[17] No geral, os ordenamentos se encaminharam no sentido da vertente objetiva da teoria do abuso do direito, como se vê, a título de ilustração, no art. 187 do Código Civil brasileiro.

Para o tema do presente estudo, a relevância da teoria do abuso do direito se revela no reconhecimento de que os direitos (sejam eles derivados da legislação interna ou de tratados internacionais) se submetem a critérios específicos, de cuja observância pode derivar a licitude do exercício de tais faculdades.[18] De fato, essas conclusões se prestam a esclarecer a raiz abusiva de diversas modalidades de *treaty shopping* (mormente as empresas-canal), nos quais o direito a benefícios de um TDT (Tratado de Dupla Tributação) é exercido abusivamente, contrariamente aos propósitos do Acordo e à boa-fé que deve reger a sua interpretação.

2.2 As tentativas de definição de *abuso de tratados*

O conceito de abuso de tratados constitui questão movediça na doutrina e na prática internacional, alterando-se conforme os interesses do intérprete relativamente aos limites do planejamento tributário internacional. A utilidade do instituto é colocada em xeque pela dificuldade em definir no que consistiria o uso correto (dos benefícios) dos tratados, uma vez que, como destaca Rosenbloom,[19] a constante afirmação da ideia de abuso das convenções implica a assunção de algum grau de consenso em torno do ideal de aplicação desses instrumentos normativos, o que é, no mínimo, questionável.

O conceito de "abuso de direitos" é um dos pontos de apoio utilizados por alguns autores para tentar explicar os contornos básicos do "abuso de tratados",[20] no que se dá ênfase à progressiva impropriedade do uso da convenção à medida em que a situação se afasta dos propósitos visados pelo acordo. Como explicado na seção precedente, a compreensão predominante do instituto identifica a finalidade pela qual foi instituído o direito como o critério para definição da abusividade no exercício deste. Em outras palavras, o exercício/uso será apropriado e razoável quando em consonância com os propósitos visados pela norma, devendo o grau e a natureza do desvio serem apurados para que se afira a ilicitude do fato jurídico.[21]

---

[17]   Cf. MIRANDA, Pontes de. *Direito das obrigações: direitos das obrigaçõ*es, fatos ilícitos absolutos. Atualizado por Rui Stoco. São Paulo: Revista dos Tribunais, 2012, p. 108-127 (coleção tratado de direito privado: parte especial; 53); BEVILAQUA, Clóvis. *Theoria Geral do Direito Civil.* 2. ed. Rio de Janeiro: Francisco Alves, 1929, p. 354-355; MONTEIRO, Washington de Barros. *Curso de Direito Civil. Parte Geral.* 2. ed. São Paulo: Saraiva, 1960, p. 289-291. Para a ideia de abuso de direito no direito tributário, cf. SANCHES, José Luis Saldanha. Abuso de Direito em matéria fiscal – natureza, alcance e limites. *In*: ALMEIDA FILHO, A. de; CRUZ, D. R. *Estado de Direito e Direitos Fundamentais*. Rio de Janeiro: Forense, p. 339-364, 2005.

[18]   Para uma melhor compreensão da aplicação da teoria do abuso de direitos nas relações internacionais, cf. KISS, A. C. "Abuse of rights". *In*: BERNDHART, R (org.). *Encyclopedia of public international law*, v. 7. Amsterdam: Elsevier Science Publishers, 1991, p. 1-5.

[19]   ROSENBLOOM, H. David. "Tax Treaty Abuse. Policies and issues". *In: Law & Pol'y Int'l Bus,* v. 15, p. 763-831, 1983, p. 766.

[20]   VAN WEEGHEL, Stef. *The improper use of tax treaties. With particular reference to the Netherlands and the United States.* London: Kluwer Law International, 1998, p. 95 e ss.

[21]   Linderfalk é categórico sobre o campo de discricionariedade no exercício de um direito: "Como ensinado pela doutrina do abuso de direito, há sempre um limite para a discricionariedade conferida por uma regra de direito internacional. Essa ilação é fundada no princípio da boa-fé e na ideia do direito internacional como um projeto propositivo. Consequentemente, de acordo com a doutrina do abuso de direito, nenhum exercício de um poder discricionário derivado do direito internacional pode tornar os seus propósitos ineficazes" (LINDERFALK, Ulf.

Nesse ponto, foram variados os experimentos na tentativa de desvelar o conteúdo semântico da expressão "abuso de tratados", a fim de filtrar o conceito de quaisquer elementos acidentais, encontrando-se, por fim, o núcleo comum às diferentes definições. Ao analisar o tema, o Comitê *Ad Hoc* de Experts em Cooperação Internacional em Assuntos Tributários notou, em 1987, que "[o] termo 'abuso de tratados' pode ser vagamente definido como o uso de tratados para evitar a bitributação por pessoas que o acordo não visava a beneficiar, com o fim de usufruir de benefícios que os tratados não poderiam lhes prover".[22]

A asserção do Comitê é representativa de um equívoco comum entre os que analisam o fenômeno do abuso de tratados, consistente em tomá-lo por uma de suas partes: o *treaty shopping*. Como será visto no tópico subsequente, o *treaty shopping* compreende, somente, um dos exemplos de prática abusiva, ainda que seja o mais relevante.[23] Vale antecipar, de qualquer forma, que a identificação do *treaty abuse* com o *treaty shopping* é objeto de elevada controvérsia, uma vez que são diversos os autores que contestam a ilicitude como um dado inerente ao último.[24]

De fato, como nota García Prats,[25] muito embora todos concordem que o abuso de tratados é um fenômeno real e atual, não se consegue definir os elementos constitutivos da prática. De acordo com o autor, a determinação da conduta abusiva dependerá de uma miríade de fatores, desde os fatos específicos do caso, passando pela legislação de cada país, até a existência de medidas antiabuso previstas na própria Convenção. Trata-se, portanto, de um exercício complexo, no qual impera, no mais das vezes, a casuística.[26]

A extensão do conceito de "abuso de tratados" pode ser dimensionada por meio da alusão aos sujeitos da conduta abusiva, distinguindo-se, assim, duas situações: (i) abuso dos termos do acordo por um dos Estados Contratantes; e (ii) abuso das disposições do tratado por pessoas, no intuito de garantir a atribuição de benefícios em circunstâncias

---

"The concept oftreaty abuse – On the exercise of legal discretion". 17 de novembro de 2014. Disponível em: http://papers.ssrn.com/sol3/papers.cfm?abstract_id=2526051. Acesso em: 23 set. 2016).

[22] UNITED NATIONS. Ad Hoc Group of Experts on International Co-Operation in Tax Matters. *International co-operation in tax matters : report of the Ad Hoc Group of Experts on International Co-operation in Tax Matters on the work of its third meeting.* New York: Dept. of International Economic and Social Affairs, United Nations, 1987.

[23] ANTÓN, Fernando Serrano. "Las medidas antiabuso en los convenios para evitar la doble imposición internacional y su compatibilidade con las medidas antiabuso de carácter interno y el derecho comunitário". *In*: TÔRRES, Heleno Taveira (org.). *Direito Tributário Internacional Aplicado.* São Paulo: Quartier Latin, p. 157-208, 2003, p. 160. De fato, a visão da OCDE sobre o "uso inapropriado dos tratados", como se extrai dos comentários ao art. 1º da Convenção Modelo, denuncia o foco estreito da instituição, que limita o objeto ao *treaty shopping*. Nesse sentido, destaca PISTONE que o conceito de uso inapropriado dos tratados "não é, por si, idôneo para conferir uma configuração global ao fenômeno do abuso de convenções, mas somente para a hipótese de *treaty shopping*" (PISTONE, Pasquale. "L'abuso delle convensione internazionale in matéria fiscale". *In*: UCKMAR, Victor (org.). *Corso di diritto tributário Internacionale.* Padova: CEDAM, p. 643-701, 2002, p. 653)

[24] Por exemplo, GUTTENTAG, Joseph H. "Tax treaty shopping". *In*: BIFD, v. 38, p. 3-10, 1984, p. 3.

[25] GARCÍA PRATS, Francisco Alfredo. "The 'abuse of tax law'. Prospects and analysis". *In*: BIZIOLI, G. (org.). *Essays in international and European Tax Law.* Napoli: Jovene editore, p. 50-148, 2010, p. 72.

[26] Dentro dessa temática, interessante observar as considerações de Schoueri a respeito da tese do princípio antiabuso, creditada a Klaus Vogel. Em síntese, o autor brasileiro entende que, por variadas razões, não seria possível afirmar a existência de um princípio geral do direito reconhecido pelas nações civilizadas cujo conteúdo vedaria condutas abusivas na tributação internacional, em especial o *treaty shopping*. De fato, dadas as particularidades do direito tributário e dos ordenamentos ao redor do globo, o consenso em torno da matéria seria, extremamente, exíguo, de tal forma que o enfrentamento ao *treaty abuse* (Schoueri se atém ao *treaty shopping*) não poderia se dar em esfera mundial, dependendo do direito interno dos países e dos acordos firmados (SCHOUERI, Luís Eduardo. *Planejamento fiscal através de acordos de bitributação. Treaty shopping.* São Paulo: Revista dos Tribunais, 1995, p. 113-139).

inapropriadas.[27] Essa dualidade deriva da própria natureza dos TDT enquanto atos normativos delimitadores de competência,[28] de tal forma que implicam, sob o prisma do poder tributante, um dever de moderação ou abstenção e, aos olhos do contribuinte, um direito público subjetivo de redução ou supressão da tributação.

Na primeira hipótese, tem-se uma conduta estatal incompatível com o dever de observância do tratado em boa-fé, como preceituado no art. 26 da Convenção de Viena sobre o Direito dos Tratados (CVDT)[29] Cuida-se, por óbvio, de violação ao princípio *pacta sunt servanda*, do qual se extrai um dever geral de boa-fé na aplicação dos acordos, de modo que não restem frustradas as finalidades que levaram à sua instituição.[30] Analisando as relações entre o art. 3(2) da Convenção Modelo da OCDE e os artigos 31 e 32 da CVDT,[31] van der Bruggen notou que a boa-fé impede o exercício abusivo de direitos, resultante da interpretação enviesada do TDT, com o intuito de restringir os deveres ou os direitos de um dos Estados Contratantes.[32] As questões referentes à conduta dos Estados signatários da Convenção são também analisadas pela Ação 6, mas de modo resumido, em sua terceira e última parte.

Muito embora não tenha passado despercebido aos olhos da OCDE, pode-se afirmar que o abuso perpetrado pelos próprios Estados traduz uma preocupação marginal para os Fiscos ao redor do globo, os quais podem lançar mão dos métodos de solução de controvérsia ou até mesmo denunciar a Convenção. Decerto, o foco dos estudos e políticas a respeito do *treaty abuse* consiste nos arranjos utilizados por pessoas (físicas ou jurídicas), distintas de Estados, com o fim de reduzirem a tributação em circunstâncias inapropriadas, notadamente os casos de *treaty shopping* (o que, inclusive, contribui para os equívocos metodológicos anteriormente mencionados).

---

[27] GARCÍA PRATS, Francisco Alfredo. "The 'abuse of tax law'. Prospects and analysis". *In*: BIZIOLI, G. (org.). *Essays in international and European Tax Law*. Napoli: Jovene editore, p. 50-148, 2010, p. 74 e ss.

[28] ROSENBLOOM, H. David. "Tax Treaty Abuse. Policies and issues". *In*: *Law & Pol'y Int'l Bus*, v. 15, p. 763-831, 1983, p. 770.

[29] Conforme o texto do Anexo ao Decreto nº 7.030, de 17 de dezembro de 2009, que promulgou a CVDT: "Artigo 26: Todo tratado em vigor obriga as partes e deve ser cumprido por elas de boa-fé.". Sobre a importância da codificação da boa-fé, cf. GORMLEY, W. Paul. "The codification of *pacta sunt servanda* by the International Law Commission. The preservation of classical norms of moral force and good faith". *In*: *St. Louis U. L.J.*, v. 14, p. 367-428, 1969-1970.

[30] Para o histórico do princípio pacta sunt servanda, cf.: WEHBERG, Hans. "Pacta sunt servanda". *In*: *The American Journal of International Law*, v. 53, n. 4, p. 775-786, outubro de 1959; HYLAND, Richard. "Pacta sunt servanda. A meditation". *In*: *Va. J. Int'l L*, v. 34, p. 405-433, 1993-1994; REZEK, J. Francisco. *Direito dos tratados*. Rio de Janeiro: Forense, 1984, p. 540; AST, Anthony. *Modern treaty law and practice*. Cambridge (UK): Cambridge University Press, 2002, p. 143-145; ROCHA, Sérgio André. *Interpretação dos tratados para evitar a bitributação da renda*. 2. ed. São Paulo: Quartier Latin, 2013, p. 221-224; RUBINSTEIN, Flávio. "Interpretação e aplicação dos acordos de bitributação. O papel da boa-fé objetiva". *In*: LACOMBE, R. S. M.; *et alli*. *Revista de Direito Tributário Internacional*, v. 3. São Paulo: Quartier Latin, 2006, p. 75-76.

[31] VAN DER BRUGGEN, Edwin. "Unless the Vienna Convention Otherwise Requires: Notes on the Relationship between Article 3(2) of the OECD Model Tax Convention and Articles 31 and 32 of the Vienna Convention on the Law of Treaties". *In*: *European Taxation*, n. 5, v. 43, p. 142-156, maio de 2003, p. 145-146.

[32] Os Comentários ao art. 3(2) da Convenção Modelo da OCDE ressaltam a obrigação dos Estados interpretarem o acordo em boa-fé, de tal forma que não sejam frustrados os propósitos do TDT: "13. Consequently, the wording of paragraph 2 provides a satisfactory balance between, on the one hand, the need to ensure the permanency of commitments entered into by States when signing a convention (since a State should not be allowed to make a convention partially inoperative by amending afterwards in its domestic law the scope of terms not defined in the Convention) and, on the other hand, the need to be able to apply the Convention in a convenient and practical way over time (the need to refer to outdated concepts should be avoided)." (OCDE. *Model Tax Convention on Income and On Capital. Condensed Version 2014*. Paris: OECD Publishing, 2014, p. 84)

Antes de começarmos a análise do *treaty shopping*, vale passar em revista por outras formas de conduta abusiva praticáveis por potenciais beneficiários de TDT. Em primeiro lugar, há de se destacar o caso em que o sujeito se utiliza das regras do tratado para impedir a aplicação de normas de direito interno, especialmente regras antiabuso. Nas palavras de Cooper, "o abuso consiste em estruturas ou negócios, especialmente aqueles empreendidos por residentes, que atrairão os efeitos do tratado, com a expectativa de afastar uma norma interna antiabuso".[33] Como nota o autor, a conduta abusiva não visa ao acesso inapropriado aos benefícios de um acordo, mas sim se aproveitar da prevalência deste para impedir a aplicação da legislação doméstica. Cuida-se, portanto, de um abuso por meio do tratado, o qual será analisado na seção concernente à relação entre o TDT e o direito interno.

Outra espécie de conduta abusiva é o denominado *rule shopping*, pelo qual os sujeitos abarcados pela convenção (*treaty protection*), "procuram ajustar-se a regras mais favoráveis ou constituir "vácuos" de tributação, afastando a incidência de ambos os sistemas tributários".[34] Tem-se, assim, uma espécie objetiva de abuso – distinta da conduta abusiva de tipo subjetivo, característica do *treaty shopping* – consistente em uma estratégia de planejamento tributário internacional direcionada à manipulação dos dados relevantes à qualificação do rendimento, de modo a atrair a aplicação de norma mais benéfica do TDT. No geral, o *rule shopping* conduz à supressão da tributação na fonte, tendo PISTONE identificado diferentes modalidades dessa prática, como a distribuição oculta de dividendos entre coligadas e o *dividend stripping*.[35]

2.3 O *treaty shopping*

Como destaca Baker, "o exemplo mais comum de abuso de tratados é o *treaty shopping*, no qual uma pessoa que não é titular de benefícios de uma convenção constitui arranjos que utilizam pessoas beneficiadas, a fim de acessar os benefícios do tratado".[36] Trata-se de uma violação indireta do acordo,[37] isto é, uma conduta contrária ao seu espírito, pela qual se opera um abuso de tipo subjetivo, tendente a garantir a proteção do tratado a pessoas que não possuem a conexão necessária com um dos Estados Contratantes.

A prática do *treaty shopping* é, portanto, um fenômeno de fundo volitivo, no qual o sujeito empreende "o esforço premeditado de tomar vantagem da rede de convenções

---

[33] COOPER, Graeme S. *Preventing Tax Treaty Abuse*. Papers on Selected Topics in Protecting the Tax Base of Developing Countries. Workshop on Tax Base Protection for Developing Countries, ONU, Paris, França, setembro de 2014, p. 5.

[34] TÔRRES, Heleno Taveira. *Direito tributário internacional: planejamento tributário e operações transnacionais*. São Paulo: Revista dos Tribunais, 2001, p. 322.

[35] PISTONE, Pasquale. "L'abuso delle convensione internazionale in materia fiscale". *In*: UCKMAR, Victor (org.). *Corso di diritto tributario internazionale*. Padova: CEDAM, p. 643-701, 2002, p. 672 e ss..

[36] BAKER, Philip. *Improper use of tax treaties, tax avoidance and tax evasion*. Papers on Selected Topics in Administration of Tax Treaties for Developing Countries. Meeting on Tax Treaty Negotiation and Administration, ONU, New York, USA, maio de 2013, p. 10. A relevância do *treaty shopping* no contexto do abuso de tratados também é notada em VAN WEEGHEL, Stef. "General Report". *In*: IFA. *Cahiers de droit fiscal international*, v. 95-a, p. 16-55, 2010, p. 38

[37] UCKMAR, Victor. "I trattati internazionali in materia tributaria". *In*: UCKMAR, Victor (org.). *Corso di diritto tributario internazionale*. Padova: CEDAM, p. 91-129, 2002, p. 118.

internacionais", de forma a selecionar aquela que maior benesse lhe proporciona.[38] Decerto, a mera constatação do intento subjacente à estrutura de *treaty shopping* não é suficiente para torná-la censurável, negando-lhe a proteção do tratado. A expressão ora analisada é compreensiva de extenso leque de arranjos, os quais variam desde estruturas flagrantemente artificiais até planejamentos empresarias *bona fide*. Portanto, há de se observar não somente as motivações do negócio (aspecto subjetivo), mas também a sua substância (aspecto objetivo), previamente à imposição das restrições previstas nas regras antiabuso.

Os contornos rudimentares do *treaty shopping* se anunciam já na própria origem do termo: a expressão deriva de *forum shopping*, que traduz a escolha pelo litigante do foro que apresenta as maiores chances de julgar a lide em seu favor.[39] Tem-se, portanto, que, assim como o autor da ação "compra" o juízo no qual se verifique a maior probabilidade de êxito, o contribuinte "toma emprestado" (*borrows*)[40] o acordo que lhe proporciona os maiores benefícios, formatando, para tanto, o seu negócio dentro de um dos variados graus de artificialidade.

Os comentários à Convenção Modelo da OCDE não se ocupam com uma definição completa de *treaty shopping*, mencionando, eventualmente, a expressão ao expor diferentes métodos de enfrentamento ao uso inapropriado dos tratados.[41] Dentre essas alusões, destaca-se o trecho referente à adoção da cláusula de limitação de benefícios (LOB, do inglês *limitation-on-benefits*), indicada, segundo a Organização, para os Estados

---

[38] ROSENBLOOM, H. David. "Tax Treaty Abuse. Policies and issues". In: *Law & Pol'y Int'l Bus*, v. 15, p. 763-831, 1983, p. 766. A respeito da importância da intenção do contribuinte, Schoueri destaca que "o *Treaty Shopping* ocorre quando, com a finalidade de obter benefícios de um acordo de tributação, um contribuinte que, de início, não estaria incluído entre seus beneficiários, estrutura os seus negócios, interpondo entre si e a fonte de rendimento uma pessoa ou um estabelecimento permanente, que faz jus àqueles benefícios" (SCHOUERI, Luís Eduardo. *Planejamento fiscal através de acordos de bitributação. Treaty shopping*. São Paulo: Revista dos Tribunais, 1995, p. 21). Do mesmo modo, Alberto Xavier ressalta a vontade das partes em seu conceito de *treaty shopping*: "O 'Treaty Shopping' é a modalidade de elisão fiscal (uso impróprio, ou abuso de tratado) consistente na escolha (pela influência da vontade das partes no elemento de conexão 'residência'), do tratado que oferece melhores benefícios para uma certa operação, mediante a interposição no país escolhido de uma pessoa nele residente para figurar como titular jurídico ou formal do direito a um dado rendimento, quando o beneficiário dos efeitos econômicos desse direito é uma terceira pessoa não residente nesse Estado" (XAVIER, Alberto. "Os conceitos de 'treaty shopping' e 'beneficiário efetivo'". In: PRETO, Raquel Elita Alves (org.). *Tributação brasileira em evolução. Estudos em homenagem ao Professor Alcides Jorge Costa*. São Paulo: IASP, p. 1.070-1.080, 2015, p. 1.070).

[39] AVI-YONAH, Reuven S. PANAYI, Christiana HJI. *Rethinking Treaty-Shopping: Lessons for the European Union*. Michigan: Public Law and Legal Theory working paper series, Work paper nº 182, Empirical Legal Studies Center, 2010, p. 2.

[40] ROSENBLOOM, David. "Derivative Benefits: Emerging US Treaty Policy". In: *Intertax*, v. 22, p. 83 - 86, 1994, p. 83. Ilustrando as razões da expressão *treaty shopping*, escreve Loukota: "os benefícios do tratado são comprados como se eles fossem mercadorias; é como comprar as vantagens do mais rentável tratado que tenha sido celebrado com um determinado país, onde está situada a fonte da renda. O "preço de aquisição" de tais estratégias consiste no investimento necessário para criar a necessária empresa-canal, que servirá para redirecionar a renda" (LOUKOTA, Helmut. "International tax planning and treaty shopping – An Austrian view". In: *Intertax*, v. 8-9, p. 347-358, 1994, p. 351)

[41] Cf., a título de ilustração, as menções aos métodos específicos de combate a *treaty shopping* envolvendo dividendos (§12.5 dos comentários ao art. 10), juros (§ 10.3 dos comentários ao art. 11) e royalties (§4.4 dos comentários ao art. 12), com especial atenção ao tema do beneficiário efetivo desses rendimentos (OCDE. *Model Tax Convention on Income and On Capital. Condensed Version 2014*. Paris: OECD Publishing, 2014). Interessante destacar, também, os esforços pregressos da OCDE para lidar com o abuso de tratados e, especialmente, o *treaty shopping*, como o Relatório sobre o Uso de Empresas-Canal de 1986, o qual será analisado ainda nesse trabalho. Para uma breve avaliação desse histórico, cf. WURM, Felix J. "Treaty shopping in the 1992 OECD Model Convention". In: *Intertax*, v. 20, n. 12, p. 658-671, 1992, p. 660; LANG, Michael. *Introduction to the law of Double Taxation Conventions*. Wien: Linde, 2010, p. 61-63.

que desejarem lidar, de forma abrangente, com o "problema ordinariamente denominado como '*treaty-shopping*'" (§20 dos comentários ao artigo 1º). Nesse sentido, a mencionada cláusula visa a "prevenir que pessoas que não são residentes de nenhum dos Estados Contratantes tenham acesso aos benefícios da Convenção por meio do uso de uma entidade que, de outro modo, se qualificaria como residente de um desses Estados" (§20 dos comentários ao artigo 1º).

Tem-se, portanto, que o *treaty shopping* consiste na estrutura negocial em proveito de pessoa que não goza de proteção pelo TDT, na qual um residente (ou estabelecimento permanente) de um dos Estados Contratantes é, dolosa e abusivamente, interposto entre a fonte do rendimento e o contribuinte não residente, a fim de que este goze dos benefícios previstos no tratado.[42] Importante destacar, por oportuno, que há autores que contestam pontos específicos da definição apresentada, como a necessidade de interposição de um residente ou a natureza abusiva dessa espécie de planejamento tributário.

A partir dos insumos angariados, é possível vislumbrar os elementos constitutivos do *treaty shopping*: (i) a intenção de se aproveitar da convenção que apresenta os melhores benefícios para a operação em vista; (ii) o beneficiário efetivo não deve ser protegido pelo tratado, o que significa, no geral, que não será residente de um dos Estados Contratantes; (iii) a interposição de um residente do país que celebrou o TDT com o Estado de fonte do rendimento; e (iv) a aplicação dos benefícios do acordo sobre o rendimento em questão.[43] Considerando a possibilidade de estruturas *bona fide*, Avi-Yonah e Panayi aludem, ainda, a dois outros elementos imprescindíveis para que o planejamento seja considerado abusivo (inapropriado): (a) a entidade interposta deverá apresentar mínima (ou nula) atividade econômica no país em que esteja situada; e (b) a renda dessa entidade deverá ser submetida a reduzida (ou nula) tributação nesse mesmo país.[44]

---

[42] A definição exposta se afina com os conceitos formulados pela doutrina: XAVIER, Alberto. *Direito Tributário Internacional do Brasil*. 7. ed. Rio de Janeiro: Forense, 2010, p. 279; SCHOUERI, Luís Eduardo. *Planejamento fiscal através de acordos de bitributação. Treaty shopping*. São Paulo: Revista dos Tribunais, 1995, p. 21; UCKMAR, Victor. "I trattati internazionali in materia tributaria". In: UCKMAR, Victor (org.). *Corso di diritto tributario internazionale*. Padova: CEDAM, p. 91-129, 2002, p. 118; PISTONE, Pasquale. "L'abuso delle convensione internazionale in materia fiscale". In: UCKMAR, Victor (org.). *Corso di diritto tributario internazionale*. Padova: CEDAM, p. 643-701, 2002, p. 666; AVI-YONAH, Reuven S. PANAYI, Christiana HJI. *Rethinking Treaty-Shopping: Lessons for the European Union*. Michigan: Public Law and Legal Theory working paper series, Work paper nº 182, Empirical Legal Studies Center,2010, p. 2; BAKER, Philip. *Improper use of tax treaties, tax avoidance and tax evasion*. Papers on Selected Topics in Administration of Tax Treaties for Developing Countries. [Meeting on Tax Treaty Negotiation and Administration] ONU, New York, USA, maio de 2013, p. 10; ROSENBLOOM, David."Derivative Benefits: Emerging US TreatyPolicy". In: *Intertax*, v. 22, pp. 83 - 86, 1994, p. 83; VAN WEEGHEL, Stef. *The improper use of tax treaties. With particular reference to the Netherlands and the United States*. London: Kluwer Law International, 1998, p. 96; ANTÓN, Fernando Serrano. "Las medidas antiabuso en los convenios para evitar la doble imposición internacional y su compatibilidad con las medidas antiabuso de carácter interno y el derecho comunitário". In: TÔRRES, Heleno Taveira (org.). *Direito Tributário Internacional Aplicado*. São Paulo: Quartier Latin, p. 157-208, 2003, p. 160; TÔRRES, Heleno Taveira. *Direito tributário internacional: planejamento tributário e operações transnacionais*. São Paulo: Revista dos Tribunais, 2001, p. 329.

[43] TÔRRES, Heleno Taveira. *Direito tributário internacional: planejamento tributário e operações transnacionais*. São Paulo: Revista dos Tribunais, 2001, p. 330. Os mesmos elementos são reproduzidos em VIEIRA, Luciane Klein. "El treaty shopping y las medidas anti-elusión en el derecho brasileño". In: *Revista Jurídica Tributária*, ano 3, n. 10. Sapucaia do Sul: Notadez, p. 203 – 242, julho/setembro 2010, p. 208.

[44] AVI-YONAH, Reuven S. PANAYI, Christiana HJI. *Rethinking Treaty-Shopping: Lessons for the European Union*. Michigan: Public Law and Legal Theory working paper series, Work paper nº 182, Empirical Legal Studies Center,2010, p. 5. Os autores ainda elencam e criticam os argumentos contrários ao *treaty shopping*: (i) trata-se de modalidade de elisão tributária contrária ao espírito das convenções; (ii) compromete a reciprocidade que sustenta o tratado; (iii) atribui receitas a países que não contribuíram com a geração da riqueza (*economic allegiance*); (iv) retira incentivos para a celebração de tratados; e v) força a multilateralização do acordo,

3 Histórico da OCDE no combate ao abuso de tratados

Como mencionado anteriormente,[45] o estudo do fenômeno do abuso de tratados sempre se deu, no âmbito da OCDE, dentro de uma perspectiva de enfrentamento, de tal modo que a compreensão da matéria passa, forçosamente, pelo histórico do combate à mencionada espécie de planejamento tributário. Em vista dos propósitos do presente trabalho, a exposição das medidas adotadas pela OCDE será sobremaneira sucinta, atentando-se, somente, às questões centrais para o tema.

3.1 A cláusula do beneficiário efetivo

Consolidada na prática jurídica inglesa sobre trustes,[46] a divisão da propriedade em *legal ownership* e *beneficial ownership* ganhou relevo na tributação internacional a partir de 1966, quando houve a inclusão da cláusula do beneficiário efetivo no tratado para evitar a bitributação entre Reino Unido e EUA. Em 1977, a previsão foi adotada pela Convenção Modelo da OCDE, especificamente no que concerne aos benefícios para dividendos (art. 10), juros (art. 11) e royalties (art. 12).[47]

A alusão ao "beneficiário efetivo" se justificou pela necessidade de esclarecer que não seriam beneficiados os dividendos/juros/royalties pagos a residente de um dos Estados Contratantes, caso ele fosse mero mandatário ou agente de um residente (*beneficial owner*) em um terceiro Estado. Nessa hipótese, não haveria risco de dupla tributação do rendimento auferido por residente de um dos Estados Contratantes, uma vez que o autêntico titular do crédito não gozaria de proteção pelo Acordo. Ademais, evitam-se, assim, alguns casos rudimentares de *treaty shopping*, permitindo aos Fiscos olharem além do recebedor direto do rendimento. Fica claro, portanto, que a cláusula, à luz dos objetivos da Convenção, serve como um parâmetro para interpretação do nexo de residência.[48]

---

ensejando a perda de arrecadação (p. 6-7). As consequências do treaty shopping são também analisadas em BORREGO, Félix Alberto Vega. *Las medidas contra el treaty shopping. Las clausulas de limitación de beneficios en los convenios de doble imposición.* Madrid: Instituto de Estudios Fiscales, 2003, p. 86-89; ROSENBLOOM, H. David; LANGBEIN, Stanley. "United States Tax Treaty Policy. An overview". *In: Colum. J. Transnat'l L*, v. 19, p. 359-406, 1981, p. 396.

[45] Vide nota 41, supra.

[46] JONES, John F. Avery (*et alii*). "The origins of concepts and expressions used in the OECD Model and their adoption by States". *In: Bulletin – Tax Treaty Monitor*, Amsterdam, p. 220-254, junho de 2006, p. 246-249. Cf., também, TOIT, Charl P. du. *Beneficial ownership of royalties in bilateral tax treaties.* Amsterdam: IBFD, 1999, p. 99 e ss.

[47] A representação britânica na OCDE sugeriu, originalmente, a adoção da "subject-to-tax approach", para lidar com a situação em que o beneficiário efetivo do rendimento não é residente de um dos Estados Contratantes. No entanto, em vista da resistência de alguns Estados, que temiam os efeitos dessa abordagem sobre entidades isentas (em especial, organizações sem fins lucrativos), a redação final somente aludiu a figura do beneficiário efetivo, não exigindo a tributação no país de residência. Nesse sentido, cf. VANN, Richard. "Beneficial ownership. What does history (and maybe policy) tell us". *In: LANG, M.; PISTONE, P.; SCHUCH, J.; STARINGER, C.; STORCK, A. Beneficial ownership. Recent trends.* Amsterdam: IBFD, 2013, p. 281 e ss.; TÔRRES, Heleno Taveira. *Direito tributário internacional: planejamento tributário e operações transnacionais.* São Paulo: Revista dos Tribunais, 2001, p. 372, n. 70.

[48] Os comentários aos artigos 10, 11 e 12 da Convenção Modelo são bastante esclarecedores quanto aos propósitos da cláusula do beneficiário efetivo, colaborando para dar balizas seguras para a conceituação dessa figura. Nesse ponto, transcreve-se trecho das considerações a respeito da tributação de dividendos: "12.1. Desde que o termo 'beneficiário efetivo' foi adicionado para lidar com potenciais problemas derivados do uso das palavras 'pago a... residente' no parágrafo 1º, visou-se a sua interpretação dentro desse contexto, e não com referência a qualquer

Em que pese a significativa discordância a respeito dos critérios para a aplicação da cláusula,[49] entende-se, no geral, a *beneficial ownership* como a titularidade do poder de decidir sobre a aplicação do capital e sobre a administração dos rendimentos. Em outras palavras, o campo decisório do recebedor direto é limitado por obrigações de origem contratual ou legal, de modo que deverá obedecer aos desígnios do beneficiário efetivo, o qual eventualmente receberá o rendimento.[50]

3.2 A seção sobre o uso inapropriado dos tratados nos comentários ao art. 1º da Convenção Modelo da OCDE

Ao tempo em que a cláusula do beneficiário efetivo foi adotada pela OCDE, os comentários ao art. 1º da Convenção Modelo receberam a seção intitulada "O Uso Inapropriado da Convenção" (*Improper Use of the Convention*), que, como abordado anteriormente, apresentava a visão da Organização sobre o abuso dos tratados, em especial o *treaty shopping*. Assim como ocorreu com o tratamento legado ao beneficiário efetivo, a referida seção foi continuamente reformulada ao longo dos anos, destacando-se as modificações motivadas pelos Relatórios da OCDE sobre o Uso de Empresas-canal (*conduit companies*)[51] e sobre Empresas-base (*base companies, stepping stones strategy*).[52]

O emprego de empresas-canal traduz o caso mais representativo de *treaty shopping*,[53] motivo pelo qual a seção sobre o Uso Inapropriado das Convenções se ocupa, largamente, desse exemplo de prática abusiva. A estrutura básica do planejamento tributário por meio do uso de uma *conduit company* pode ser visualizada abaixo:

---

sentido técnico que pudesse, eventualmente, ter no direito interno de algum país específico (na verdade, quando foi incluído ao parágrafo, o termo não possuía um significado preciso na legislação de muitos países). O termo 'beneficiário efetivo' não é, portanto, empregado em um sentido técnico estreito (tal como se apresenta na regulação de trustes em variados países de *common law*), devendo ser compreendido de acordo com o seu contexto, especialmente com relação à expressão 'pago... a um residente', e à luz dos objetivos e propósitos da Convenção, incluindo a prevenção à bitributação e à evasão ou elisão fiscal" (OCDE. *Model Tax Convention on Income and On Capital. Condensed Version 2014*. Paris: OECD Publishing, 2014, p. 188-189).

[49] COLLIER, Richard. "Clarity, opacity and beneficial ownership". *In: British Tax Review*, v. 6, p. 684 – 704, 2011; VAN RAAD, Kees. *Report on beneficial ownership under the OECD Model Convention and commentaries*. Haia, 27 de setembro de 2011, p. 2-4. Disponível em: http://ibdt.org.br/material/arquivos/Atas/jfb_20111020093958.pdf. Acesso em: 03 out. 2016.

[50] Nesse sentido, são os comentários ao art. 10: "Nesses variados exemplos (agente, mandatário, empresa-canal agindo como fiduciário ou administrador), o recebedor direto do dividendo não é o 'beneficiário efetivo', porque o seu direito de usar e gozar do dividendo é restringido por uma obrigação contratual ou legal de repassar o pagamento recebido para outra pessoa" (OCDE. *Model Tax Convention on Income and On Capital. Condensed Version 2014*. Paris: OECD Publishing, 2014, p. 189). No mesmo sentido, cf. SCHOUERI, Luís Eduardo. *Planejamento fiscal através de acordos de bitributação. Treaty shopping*. São Paulo: Revista dos Tribunais, 1995, p. 159.

[51] OCDE. "Double Taxation Conventions and the Use of Conduit Companies". *In: OCDE. Model Tax Convention on Income and On Capital. Full Version 2014*. Paris: OECD Publishing, R(6), p. 1.453-1.477, 2014. Sobre a importância do relatório, cf.: ROSENBLOOM, H.D. "Review. OECD Report 'Double Taxation Conventions and The Use of Conduit Companies'". *In: Intertax*, v. 16, n. 6-7, p. 179-182, 1988; WURM, Felix J. "Treaty shopping in the 1992 OECD Model Convention". *In: Intertax*, v. 20, n. 12, p. 658-671, 1992; UCKMAR, Victor. "I trattati internazionali in materia tributaria". *In:* UCKMAR, Victor (org.). *Corso di diritto tributario internazionale*. Padova: CEDAM, p. 91-129, 2002, p. 119.

[52] OCDE. "Double Taxation Conventions and the Use of Base Companies". *In: OCDE. Model Tax Convention on Income and On Capital. Full Version 2014*. Paris: OECD Publishing, R (5-1), p. 1.419-1.452, 2014.

[53] DE BROE, Luc. *International Tax Planning and Prevention of Abuse. A Study under Domestic Tax Law, Tax Treaties and EC Law in relation to Conduit and Base Companies*. Amsterdam: IBFD, 2008, p. 5.

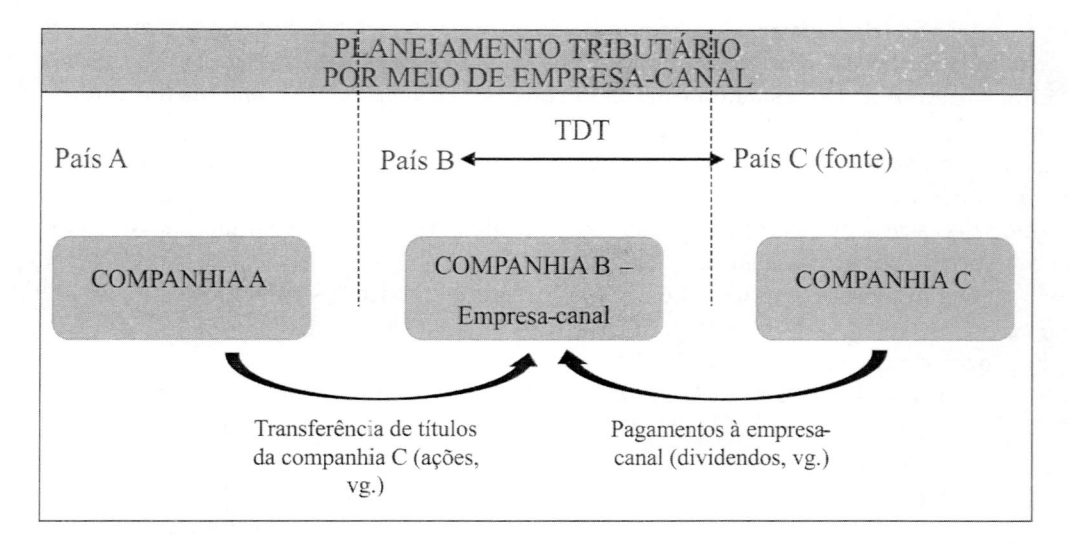

Figura 1 - Planejamento tributário por meio de empresa-canal
Fonte: Elaborada pelo autor

No caso, os títulos mantidos pela companhia A (residente no Estado A), que consubstanciam crédito a ser pago pela companhia C (residente no Estado C), são transferidos para a companhia B (residente no Estado B). Desse modo, os pagamentos realizados da companhia C para a companhia B gozarão das reduções de alíquota previstas no Tratado B-C, de modo que o ônus tributário na operação será menor do que se o rendimento tivesse sido recebido diretamente pela companhia A, localizada em país que não mantém TDT com o Estado C. Provavelmente, o Estado B possuirá uma legislação que permite a repatriação do rendimento à companhia A com reduzido custo fiscal. Percebe-se, assim, que essa prática conduz a prejuízos na arrecadação do Estado C, que outorgou o benefício em situação inapropriada.[54]

A situação apresentada corresponde, somente, à estrutura básica do planejamento por meio de empresas-canal, não se podendo descurar das inúmeras variações possíveis, desde o número de países envolvidos até o mecanismo de economia fiscal (não restrito à redução da alíquota). De fato, como reconhecido no Relatório sobre o Uso de Empresas-Canal, a estratégia pode ser formulada de duas maneiras principais: *direct conduits* e *steppping stone conduits*.[55] Até o momento, tratamos do primeiro caso, pressupondo que a companhia B goza de alguma espécie de regime especial, garantidor de uma redução substancial da tributação no Estado B.

---

[54] Cf.: ANTÓN, Fernando Serrano. "Las medidas antiabuso en los convenios para evitar la doble imposición internacional y su compatibilidad con las medidas antiabuso de carácter interno y el derecho comunitário". *In*: TÔRRES, Heleno Taveira (org.). *Direito Tributário Internacional Aplicado*. São Paulo: Quartier Latin, p. 157-208, 2003, p. 167. Registre-se, todavia, que existem situações em que a prática pode ser prejudicial ao país em que localizada a *conduit company*: DE BROE, Luc. *International Tax Planning and Prevention of Abuse. A Study under Domestic Tax Law, Tax Treaties and EC Law in relation to Conduit and Base Companies*. Amsterdam: IBFD, 2008, p. 9.

[55] OCDE. "Double Taxation Conventions and the Use of Conduit Companies". *In*: OCDE. *Model Tax Convention on Income and On Capital. Full Version 2014*. Paris: OECD Publishing, R(6), p. 1.453-1.477, 2014, p. 1.454-1.455.

No caso da legislação do Estado B não outorgar tais benefícios, a economia fiscal restará prejudicada, motivando o contribuinte a alterar a estrutura exposta. Nesse sentido, avulta-se a relevância da estratégia com as *"stepping stones" conduits* (empresas-trampolim): o lucro tributável na empresa B é minorado por meio de pagamentos erosivos da base de cálculo (como royalties ou juros), direcionados a empresa localizada em país de tributação reduzida.[56] Desse modo, reduz-se a carga tributária global, não sendo necessário que a empresa-canal esteja localizada em país de tributação favorecida, como ocorre nas *direct conduits*.

Diante dessas estratégias de planejamento tributário, os comentários ao art. 1º da Convenção Modelo apresentam diversas cláusulas alternativas para coibir o uso inapropriado dos tratados (§§ 13 a 18):[57]

a) *"Look-through" approach*: a proteção do tratado será restrita às sociedades que sejam controladas, direta ou indiretamente, por residentes de um dos Estados Contratantes;

b) *Subject-to-tax provision*: os benefícios do tratado só serão reconhecidos quando o rendimento em questão estiver sujeito à tributação no país de residência;

c) *Channel approach*: serão negados os benefícios do tratado na hipótese de (i) a sociedade residente em um dos Estados Contratantes ser controlada por não residentes e (ii) mais de 50% do rendimento em questão estiver destinado à satisfação de créditos com essas pessoas (incluindo juros, royalties e depreciação de bens);

d) *Exclusion approach*: são excluídos do âmbito de proteção do tratado as entidades que, em razão da legislação interna, são tratadas como não residentes.[58]

A fim de atenuar os rigores das descritas cláusulas, cuja aplicação poderia recair sobre situações em que não há a intenção de reduzir abusivamente tributos, são apresentadas também as seguintes regras complementares (§19):[59]

a) *General bona fide provision*: as normas antiabuso não serão aplicadas, caso a autoridade administrativa conclua que o propósito principal da operação não consistia na redução da carga tributária;

b) *Activity provision*: as normas antiabuso não serão aplicadas, caso: (i) a empresa exerça, efetivamente, atividade econômica em seu país de residência; e (ii) o rendimento sobre o qual se aplicaria o benefício do tratado esteja relacionado com tal atividade;

---

[56] Cf.: RUIZ, Javier G; ONDARZA, José A. *Convenios de Doble Imposición Internacional. Análisis del Caso Español.* Madrid: Instituto de Estudios Fiscales, 2010. p. 11; SCHOUERI, Luís Eduardo. *Planejamento fiscal através de acordos de bitributação. Treaty shopping.* São Paulo: Revista dos Tribunais, 1995, p. 25; VAN WEEGHEL, Stef. *The improper use of tax treaties. With particular reference to the Netherlands and the United States.* London: Kluwer Law International, 1998, p. 120.

[57] OCDE. *Model Tax Convention on Income and On Capital. Condensed Version 2014.* Paris: OECD Publishing, 2014, p. 64-66. Cf., também, XAVIER, Alberto. *Direito Tributário Internacional do Brasil.* 7. ed. Rio de Janeiro: Forense, 2010, p. 281.

[58] Apesar de constar das medidas recomendadas pelo Relatório sobre Uso de Empresas-Canal, a *exclusion approach* foi analisada de maneira apartada nos comentários do art. 1º da Convenção Modelo, estando inserida no tópico sobre as medidas referentes às entidades que se beneficiam de regimes especiais: OCDE. *Model Tax Convention on Income and On Capital. Condensed Version 2014.* Paris: OECD Publishing, 2014, p. 69-70.

[59] OCDE. *Model Tax Convention on Income and On Capital. Condensed Version 2014.* Paris: OECD Publishing, 2014, p. 66-67.

c) *Amount of tax provision*: as normas antiabuso não serão aplicadas, caso a redução tributária pretendida não for maior do que o imposto exigido pelo Estado de residência da sociedade;

d) *Stock exchange provision*: as normas antiabuso não serão aplicadas, caso: (i) a principal classe de ações da sociedade seja negociada em uma bolsa de valores de um dos Estados Contratantes; ou (ii) a companhia seja integralmente controlada por sociedades que atendam ao requisito anterior;

e) *Alternative relief provision*: na hipótese de as normas antiabuso se referirem a não residentes, o benefício poderá ser mantido, caso a pessoa seja residente em um Estado que possua um TDT que lhe garanta benefícios iguais ou maiores do que os reivindicados.

Os Comentários ainda aludem à possibilidade de os Estados incluírem cláusula de limitação de benefícios (§20), na hipótese de preferirem lidar com o fenômeno de maneira abrangente. Como será aprofundado ao analisarmos as propostas do relatório final da Ação 6 do Projeto BEPS, a cláusula LOB coíbe, com base em critérios objetivos, uma extensa gama de planejamentos tributários abusivos, ocupando, atualmente, posição destacada na política de tratados em variados países, especialmente nos Estados Unidos.

3.3 O Projeto BEPS

O Projeto BEPS da OCDE/G20 é o resultado de uma miríade de fatores, dentre os quais dois fenômenos recentes se destacam. Em primeiro lugar, a crise econômica mundial que, desde 2008, impõe elevados desafios financeiros aos Estados, os quais se veem obrigados a perseguir, inclusive, as receitas tributárias perdidas em razão de arranjos abusivos de contribuintes e da crescente competição fiscal internacional entre nações.[60] Simultaneamente, deparamo-nos com o aumento da irresignação da opinião pública com planejamentos tributários abusivos de grandes empresas multinacionais, como se viu nos casos *Apple, Starbucks, Amazon*, entre outros.[61] Por certo, a moral tributária dessas companhias ocupa lugar central nas manchetes, impulsionadas pela atuação de organizações sociais dedicadas, exclusivamente, a promover a justiça dos sistemas tributários (*Tax Justice Network, Citizens for Tax Justice*, vg.).

Reunindo as questões centrais para o debate no âmbito do fenômeno BEPS, a OCDE elaborou um Plano de Ação, listando 15 temas, cada qual com desafios singulares, para análise e discussão, com o fim de apresentar um quadro abrangente de medidas a serem tomadas pelos Estados. No documento, a Organização reconhece que o abuso

---

[60] Cf.: BRAUNER, Yariv. "What the BEPS?". *In: Fla. Tax Rev.*, v. 16, n. 2, p. 55-115, 2014, p. 58; AVI-YONAH, Reuven. S. "Evaluating BEPS". Disponível em: http://papers.ssrn.com/sol3/papers.cfm?abstract_id=2716125. Acesso em: 04 out. 2016.

[61] Cf.: OCDE. *Adressing Base Erosion and Profit Shifting*. Paris: OECD Publishing, 2014, p. 12; DOURADO, Ana Paula. "Aggressive Tax Planning in EU Law and in the Light of BEPS: The EC Recommendation on Aggressive Tax Planning and BEPS Actions 2 and 6". *In: Intertax*, v. 43, n. 1, p. 42-57, 2015, p. 43-44; AULT, H. J; SCHÖN, W.; SHAY, S. E. "Base Erosion and Profit Shifting: A Roadmap for Reform". *In:* Bulletin for International Taxation, v. 68, p. 275-279, jun./jul. 2014, p. 275.

de tratados é uma das fontes mais preocupantes de erosão da base tributável,[62] motivo pelo qual se dispõe a analisar essa prática nos seguintes termos:[63]

AÇÃO 6

Prevenir o abuso de tratados

Desenvolver disposições modelares para os tratados e recomendações relativas à elaboração de regras internas, a fim de prevenir a concessão de benefícios das convenções em circunstâncias inapropriadas. Esforços também serão envidados para esclarecer que as convenções tributárias não devem ser usadas para gerar a dupla não tributação, identificando, em paralelo, as razões de política tributária que a generalidade dos Estados deve ter em mente antes de celebrar um tratado com outro país. O trabalho será coordenado com o desenvolvido na Ação sobre híbridos.

Em outubro de 2015, foram disponibilizados os relatórios finais do Projeto BEPS, atualmente objeto de elevado escrutínio e crítica nas esferas política e jurídica. As conclusões da OCDE na Ação 6 serão sintetizadas nas próximas páginas, complementando esses dados com os desenvolvimentos posteriores à publicação do relatório sobre o abuso de tratados.

4   A Ação 6: notas introdutórias

4.1 Estrutura do relatório final

Adotando o título "Prevenindo a concessão de benefícios do tratado em circunstâncias inapropriadas", o relatório final da Ação 6 pretende dar respostas ao mandato imposto no Plano de Ação BEPS, organizando o trabalho em três grandes eixos, cada qual correspondendo a uma seção do documento:[64]

A) Desenvolver disposições modelares para os tratados e recomendações relativas à elaboração de regras internas, a fim de prevenir a concessão de benefícios das convenções em circunstâncias inapropriadas;

B) Esclarecer que os tratados não visam a fornecer meios para a não tributação;

C) Identificar as razões de política tributária que a generalidade dos Estados deve ter em mente antes de celebrar um tratado com outro país.

---

[62] Curiosamente, como aponta Brauner, o abuso de tratados não era considerado nos relatórios iniciais sobre BEPS, o que, na visão do autor, pode ser explicado pela competição fiscal entre os Estados: "A prevenção do abuso de tratados não era identificada especificamente nos relatórios iniciais da OCDE sobre BEPS. A natureza competitiva do regime tributário internacional fez com que os Estados ignorassem essa noção. (...). De todo modo, o abuso de tratados tem sido interpretado, no geral, como um problema para o direito interno. O seu tratamento consiste na aplicação de mecanismos como o controverso conceito de beneficiário efetivo, regras específicas antiabuso no direito interno e cláusula inseridas nos tratados. (...). Escassa convergência tem se sentido nessas medidas. A linguagem da Ação 6 atribui à OCDE o dever de promover a convergência – ao que parece – desenvolvendo as melhores práticas no uso dessas variadas medidas" (BRAUNER, Yariv. "What the BEPS?". *In*: *Fla. Tax Rev.*, v. 16, n. 2, p. 55-115, 2014, p. 92). E complementa o autor em outro estudo, observando que a "Ação 6 representa um interessante caso porque consiste noutro desafio abrangente que é relevante para todos os outros desafios, caso se observe o Projeto BEPS como uma revisão da totalidade do regime tributário internacional baseado em tratados" (BRAUNER, Yariv, "BEPS. An interim evaluation". *In*: *World Tax Journal*, v. 6, n. 1, p. 10-39, fevereiro de 2014, p. 26).

[63] OCDE. *Action Plan on Base Erosion and Profit Shifting*. Faris: OECD Publishing, 2014, p. 19.

[64] OCDE. *Preventing the Granting of Treaty Benefits in Inappropriate Circumstances, Action 6 – 2015 Final Report*. Paris: OECD Publishing, 2015, p. 13.

A Seção A é, sem dúvidas, a mais importante do relatório, ocupando, consequentemente, quase a totalidade de suas páginas. Em linhas gerais, descreve as estratégias para o enfrentamento do abuso de tratados, recomendando modificações tanto no texto das convenções quanto nas normas internas dos Estados. Em um primeiro momento, são analisadas as medidas contra o *treaty shopping*, destacando-se a inclusão da cláusula LOB e da cláusula do teste de propósito principal (PPT, do inglês, *principal purpose test*).

Em adição, a seção aborda instrumentos para lidar com formas específicas de abuso, como a divisão de contratos para evitar a qualificação de estabelecimento permanente, nos termos do art. 5(3) da Convenção Modelo, e transações tendentes a evitar que rendimentos sejam classificados como dividendos. Por fim, a seção A analisa potenciais conflitos entre normas internas e as disposições dos tratados, especialmente quanto a regras antiabuso e à eventualidade de um TDT impedir que um Estado tribute os próprios residentes.

Na sequência, a seção B ressalta a necessidade de os Estados esclarecerem que os tratados não devem ser empregados para a promoção da dupla não tributação. Para tanto, recomenda-se a alteração do título e do preâmbulo das convenções, de modo que a alusão ao propósito de coibir o abuso de tratados não esteja limitada aos comentários da OCDE, fazendo-se presente também no próprio corpo do TDT. Busca-se, assim, reforçar a convergência na interpretação dos Acordos, problema fundamental no combate a planejamentos tributários agressivos.

Encerrando o relatório, são abordadas na Seção C as principais razões a serem ponderadas pelos Estados na celebração e na manutenção de um TDT, com especial enfoque na possibilidade de suspensão do tratado na hipótese da concessão de regimes especiais pelo outro Estado Contratante.

4.2 O padrão mínimo no combate ao *treaty shopping*

Inventariando as abordagens adotadas pelos Estados no enfrentamento ao *treaty shopping*, a OCDE coloca em evidência a necessidade de reformar os tratados existentes, de modo a inserir três itens nos respectivos textos: a declaração de intenções dos Estados (a ser incorporada ao título e ao preâmbulo), a cláusula LOB e a cláusula PPT. Cada um desses instrumentos desempenha papel distinto, colmatando as deficiências do uso isolado dos demais, pelo que se impõe, assim, a combinação dessas estratégias em um quadro normativo consistente e coerente com o combate às condutas abusivas e com o ordenamento dos países em questão.

De fato, ao passo que a regra PPT depende – como será visto oportunamente – de uma análise casuística, na qual impera a discricionariedade da autoridade administrativa, a cláusula LOB apresenta critérios objetivos, baseados na natureza jurídica, no controle e nas atividades das entidades pertinentes. Por outro lado, a norma de limitação de benefícios possui alcance restrito a determinadas modalidades de *treaty shopping*, sendo inútil quando confrontada com a extensa gama de outras condutas abusivas. Nesses casos, torna-se evidente a relevância de uma cláusula geral baseada na identificação das razões determinantes de uma operação, tal qual o teste de propósito principal.

No entanto, como reconhece o relatório,[65] a combinação das regras LOB e PPT não será apropriada ou necessária em todos os casos, a depender das particularidades dos sistemas jurídicos dos Estados Contratantes.[66] As razões para evitar a referida união podem ser variadas: as Cortes desses países podem ter desenvolvido doutrinas antiabuso (substância sobre forma, vg.) capazes de lidar com as situações em que seria aplicável a cláusula PPT; ou os ordenamentos internos ou comunitários podem impedir a aplicação da norma LOB na forma proposta pela OCDE (essa preocupação é marcante no âmbito da União Europeia);[67] entre outras.

Desse modo, é imprescindível delimitar o campo de liberdade dos Estados na combinação dessas regras, de forma a (i) fomentar a adoção desses instrumentos, fortalecendo o regime tributário internacional contra o abuso de tratados; e (ii) evitar a proliferação de estratégias deficientes, que não lidem, de forma abrangente e eficiente, com o desafio representado pelos planejamentos tributários agressivos. Por isso, o relatório propõe três configurações alternativas para o padrão mínimo a ser aceito pelos Estados em suas convenções, como ilustrado abaixo:

Padrão 1	Padrão 2	Padrão 3
Declaração de intenções; Cláusula LOB; Cláusula PPT.	Declaração de intenções; Cláusula PPT.	Declaração de intenções; Cláusula LOB; Alguma versão mais restrita da cláusula PPT que seja capaz de lidar com *conduit arrangements*.

Figura 2 – Alternativas para o padrão mínimo no combate ao abuso de tratados
Fonte: Elaborada pelo autor

Independentemente da alternativa eleita, cabe aos Estados enfatizar que os tratados não visam a criar oportunidades de redução abusiva da carga tributária, o que será feito por meio da incorporação de declaração de intenções ao título e ao preâmbulo das convenções. Em adição, os Estados poderão adotar algum dos seguintes padrões: (i) a cláusula LOB e a cláusula PPT, ou seja, a coletânea completa de estratégias antiabuso; (ii) somente a cláusula PPT, o que pode ser recomendável nos casos de Administrações Tributárias com reduzidos recursos, inviabilizando os procedimentos e análises necessários para a aplicação da cláusula LOB; e (iii) a cláusula LOB e alguma versão mais restrita da cláusula PPT, que permita aos Fiscos dirimir casos de abuso (em especial *conduit financial arrangements*) não previstos na regra mais objetiva.

---

[65] OCDE. *Preventing the Granting of Treaty Benefits in Inappropriate Circumstances, Action 6 – 2015 Final Report*. Paris: OECD Publishing, 2015, p. 19.

[66] DE BROE, Luc; LUTS, Joris. "BEPS Action 6. Tax treaty abuse". *In: Intertax*, v. 43, n. 2, p. 122-146, 2015, p. 127.

[67] Cf. DEBELVA, F. (*et alii*). "LOB clauses and EU-Law compatibility. A debate revived by BEPS?". *In: EC Tax Review*, v. 24, n. 3, p. 132-143, 2015.

5   A regra LOB: limitação de benefícios

5.1 Notas gerais e experiência pretérita

Os métodos e mecanismos de enfrentamento ao *treaty shopping* são, como ressaltado ao longo do presente estudo, variados, tendo a prática internacional demonstrado os acertos e falhas dessas estratégias. Diante desse histórico, não deixa de ser surpreendente, como nota Van Weeghel,[68] que somente uma reduzida porção de países adotem alguma espécie de cláusula LOB em seus tratados,[69] mormente após a inclusão, em 2003, de um esboço da regra na seção sobre o "Uso Inapropriado dos Tratados" nos comentários ao art. 1º da Convenção Modelo da OCDE (§20).

A revisão crítica do desenvolvimento da regra LOB passa, necessariamente, pelos tratados para evitar a bitributação assinados pelos Estados Unidos, especialmente após a edição de sua primeira Convenção Modelo, na virada dos anos setenta e oitenta.[70] A experiência pioneira dos EUA na elaboração de uma norma de limitação de benefícios traduz verdadeira pedra fundamental na política norte-americana de tratados tributários,[71] a ponto de atualmente ter expandido o alcance do dispositivo a quase toda a sua rede de tratados.

Ao comentar o dispositivo sobre a limitação de benefícios (art. 22), as Notas Técnicas à Convenção Modelo dos Estados Unidos relatam que se trata de uma disposição contra o *treaty shopping*, visando a "prevenir que residentes de países não signatários se beneficiem daquilo que se objetiva ser um acordo recíproco entre dois Estados".[72] Para tanto, a cláusula "não se baseia na identificação do propósito ou da intenção, prevendo, no lugar, uma série de testes objetivos", de tal modo que "um residente de um Estado

[68] VAN WEEGHEL, Stef. "General Report". *In*: IFA. *Cahiers de droit fiscal international*, v. 95-a, p. 16-55, 2010, p. 49.

[69] Em levantamento datado de agosto de 2012, contavam-se, aproximadamente, 200 tratados que incluíam alguma forma de regra LOB, dos quais cerca de 50 foram celebrados pelos EUA (BATES, J. (et alii). "Limitation on benefits articles in income tax treaties. The current state of play". *In*: *Intertax*, v. 41, n. 6-7, p. 395-404, 2013, p. 396). No que respeita ao sistema de tratados brasileiros, Pegoraro identifica a cláusula LOB nos seguintes acordos: "(i) Tratado Brasil- Israel, celebrado em 12 de dezembro de 2002 e publicado pelo Decreto nº 5.576, de 8 de novembro de 2005; (ii) Tratado Brasil-México, celebrado em 25 de setembro de 2003 e publicado pelo Decreto nº 6.000, de 26 de dezembro de 2006; (iii) Tratado Brasil-África do Sul, celebrado em 8 de novembro de 2003 e publicado pelo Decreto nº 5.922, de 3 de outubro de 2006; (iv) Tratado Brasil-Peru, celebrado em 17 de fevereiro de 2006 e publicado pelo Decreto nº 7.020, de 27 de novembro de 2009; (v) Tratado Brasil-Trinidad e Tobago, celebrado em 23 de junho de 2008 e publicado pelo Decreto nº 8.335, de 12 de novembro de 2014; (vi) Tratado Brasil-Turquia, celebrado em 16 de dezembro de 2010 e publicado pelo Decreto nº 8.140, de 14 de novembro de 2013" (PEGORARO, Andressa. "O combate ao *treaty shopping* nos acordos de bitributação celebrados pelo Brasil e a influência do Projeto BEPS (*base erosion and profit shifting*) – o futuro das cláusulas de limitação de benefícios (LOB)". *In*: *Revista Dialética de Direito Tributário*, v. 27, p. 7-27, junho de 2015, p. 21-22).

[70] Para uma análise minuciosa da evolução histórica dos tratados assinados pelos EUA, com ênfase na limitação de benefícios, cf. ROSENBLOOM, H. David. "Tax Treaty Abuse. Policies and issues". *In*: *Law & Pol'y Int'l Bus*, v. 15, p. 763-831, 1983, p. 779-810; VAN WEEGHEL, Stef. *The improper use of tax treaties. With particular reference to the Netherlands and the United States*. London: Kluwer Law International, 1998, p. 226 e ss.; KEREKES, Barnabás Márk. "Limitation on Benefits Clauses – function, purpose and history". *In*: BLUM, Daniel W. *Preventing treaty abuse*. Wien: Linde, 2016, p. 147-184.

[71] BATES, J. (et alii). "Limitation on benefits articles in income tax treaties. The current state of play". *In*: *Intertax*, v. 41, n. 6-7, p. 395-404, 2013, p. 395. Cf., também, VAN WEEGHEL, Stef. "General Report". In: IFA. *Cahiers de droit fiscal international*, v. 95-a, p. 16-55, 2010, p. 49.

[72] EUA. Department of Treasury. *United States Model Income Tax Convention*. Washington, 2016 Disponível em: https://www.treasury.gov/resource-center/tax-policy/treaties/Documents/Treaty-US%20Model-2016.pdf. Acesso em: 06 out. 2016.

Contratante que satisfaça um dos testes receberá os benefícios, independentemente das motivações subjacentes à escolha de sua estrutura negocial específica".[73]

As cláusulas LOB operam, portanto, por meio da previsão de requisitos adicionais à residência do contribuinte, com o intuito de aferir, com maior certeza, a conexão entre a pessoa e o Estado Contratante. Com base na Convenção norte-americana, é possível depreender três espécies de critérios empregados pela norma de limitação de benefícios:[74] (i) testes estruturais (como controle da companhia, montante de pagamentos erosivos da base, entre outros), que permitem, obedecidos certos parâmetros, a fruição de todos os benefícios dispostos no tratado; (ii) um teste de atividade econômica, que viabiliza o gozo de benefícios com relação ao rendimento derivado dessa atividade; e (iii) uma cláusula *bona fide*, por meio da qual a autoridade administrativa poderá, avaliadas as razões determinantes da operação, reconhecer a proteção do tratado.

O desenvolvimento de uma cláusula LOB para a Convenção Modelo da OCDE foi, largamente, influenciado pela experiência estadunidense, como se observa tanto no §20 dos comentários ao art. 1º quanto nas considerações feitas no relatório da Ação 6.[75] Tanto é assim que a própria Organização reconhece a necessidade de revisar a regra LOB apresentada no relatório final com base na nova redação da Convenção Modelo norte-americana,[76] disponibilizada em 2016.

5.2 Art. X: estrutura e as redações da cláusula LOB no relatório final da Ação 6

O relatório final da Ação 6 prevê a inserção de um novo dispositivo na Convenção Modelo da OCDE, por ora numerado art. X, por meio do qual serão veiculadas as normas relativas ao "direito a benefícios" (*entitlement to benefits*), ou seja, as novas cláusulas LOB e PPT. No entanto, o texto a ser incluído na Convenção Modelo não será, propriamente, a regra, mas sim a estrutura explicada do referido dispositivo, expondo o objeto de seus parágrafos e alíneas.

O texto da norma, tal como projetada pela OCDE, constará dos comentários ao art. X. Por trás dessa escolha redacional, está a intenção de esclarecer que a elaboração do "artigo dependerá de como os Estados Contratantes desejarem fazê-lo",[77] ou seja, a

73 EUA. Department of Treasury. *United States Model Technical Explanation Accompanying The United States Model Income Tax Convention of November 15, 2006*. Washington, novembro de 2006. Disponível em: https://www.treasury.gov/press-center/press-releases/Documents/hp16802.pdf. Acesso em: 06 out. 2016. Cf., também, XAVIER, Alberto. *Direito Tributário Internacional do Brasil*. 7. ed. Rio de Janeiro: Forense, 2010, p. 281.

74 BATES, J. (et alii). "Limitation on benefits articles in income tax treaties. The current state of play". *In: Intertax*, v. 41, n. 6/7, pp. 395 – 404, 2013, p. 395. Cf., também: DEBELVA, F. (et alii). "LOB clauses and EU-Law compatibility. A debate revived by BEPS?". *In: EC Tax Review*, v. 24, n. 3, p. 132-143, 2015, p. 133. A respeito das considerações de ordem política na redação de uma cláusula LOB, cf.: ROSENBLOOM, H. David. "Tax Treaty Abuse. Policies and issues". *In: Law & Pol'y Int'l Bus*, v. 15, p. 763-831, 1983, p. 810-828.

75 AVI-YONAH, Reuven S. *Full circle? The single tax principle, BEPS and the new US Model*. Michigan: Public Law and Legal Theory working paper series, Work paper nº 480, 2015, p. 14; LANG, Michael. "BEPS Action 6. Introducing an antiabuse rule in tax treaties". *In: Tax Notes International*, v. 74, n. 7, p. 655-664, maio de 2014, p. 664.

76 OCDE. *Preventing the Granting of Treaty Benefits in Inappropriate Circumstances, Action 6 – 2015 Final Report*. Paris: OECD Publishing, 2015, p. 14.

77 OCDE. *Preventing the Granting of Treaty Benefits in Inappropriate Circumstances, Action 6 – 2015 Final Report*. Paris: OECD Publishing, 2015, p. 21.

redação atenderá às peculiaridades políticas e jurídicas relevantes para a redação de uma regra LOB. Portanto, além de garantir aos Estados elevada autonomia na combinação das estratégias para o enfrentamento ao *treaty shopping*, como vimos na discussão sobre o "padrão mínimo", o relatório se preocupa em trazer duas alternativas modelares para a redação do art. X, uma detalha e outra simplificada.

A opção por um desses modelos dependerá, por exemplo, da estrutura administrativa do país, que pode não ser robusta o suficiente para fiscalizar o cumprimento dos rigorosos requisitos previstos na versão detalhada da cláusula LOB. De qualquer modo, alerta a OCDE que existem alguns parâmetros que devem guiar a escolha dos Estados Contratantes por uma das alternativas. Nesse sentido, caso não seja incluída a regra PPT, é aconselhável que o tratado não se restrinja à versão simplificada da cláusula de limitação de benefícios.

Em síntese, a estrutura da regra LOB contida no art. X é a seguinte:

a) *Art. X(1)*: regra geral que nega os benefícios da convenção àqueles residentes que não se qualificarem pelos critérios previstos no artigo;

b) *Art. X(2)*: critérios de qualificação baseados na pessoa em questão (indivíduo, entidades governamentais, entidades negociadas em bolsa, instituições de caridade, fundos de pensão e veículos de investimento coletivo);

c) *Art. X(3)*: teste de atividade econômica;

d) *Art. X(4)*: teste de controle e erosão da base (*derivative benefits*);

e) *Art. X(5)*: regra *bona fide*;

f) *Art. X(6)*: definições dos termos empregados no artigo.

Nas próximas páginas, a análise da regra LOB será conduzida com base na redação detalhada, uma vez que, além de o próprio relatório só trazer anotações para essa versão, pretende-se dar uma visão mais ampla possível da atuação da norma. De todo modo, serão feitas ocasionais alusões à redação simplificada, comentando aspectos desta quando se julgar conveniente.

5.3 Art. X(1): a limitação dos benefícios às pessoas qualificadas

O §1º prevê a negação de benefícios aos residentes que não se qualificarem pelos critérios previstos no §2º:

> 1. Com exceção ao previsto neste artigo, um residente de um Estado Contratante não será beneficiado pelo disposto nesta Convenção (excetuando-se os casos do parágrafo 3º do artigo 4º, parágrafo 2º do artigo 9º e artigo 25), a menos que tal residente seja uma "pessoa qualificada", de acordo com a definição do parágrafo 2º, ao tempo em que o benefício seria concedido.[78]

O dispositivo esclarece o modo pelo qual operam as regras LOB: a restrição do alcance subjetivo da Convenção, complementando, assim, o disposto no art. 1º ("A presente Convenção aplica-se às pessoas residentes de um ou de ambos os Estados Contratantes"). Com efeito, "uma cláusula LOB essencialmente reforça a definição de

---

[78] OCDE. *Preventing the Granting of Treaty Benefits in Inappropriate Circumstances, Action 6 – 2015 Final Report*. Paris: OECD Publishing, 2015, p. 23.

residência ao requerer à pessoa que reivindica benefícios do tratado a demonstração da materialidade da sua conexão com o seu país de residência".[79]

O dispositivo alude, expressamente, a situações em que a regra não será aplicável, quais sejam, as previstas no art. 4(3), critério de desempate para companhias com dupla-residência (*place of effective management*); art. 9(2), reajustamento da base de cálculo na hipótese de empresas associadas; e art. 25, procedimento amigável para solução de disputas em torno da aplicação da Convenção (*mutual agreement procedure*). Evidentemente, a cláusula LOB não se aplicará, igualmente, aos benefícios concedidos com base em critérios outros que não a residência, como na hipótese de extensão da proteção do tratado em razão da incidência da norma de não discriminação de nacionais (conceito distinto de "residentes"), disposta no art. 24(1).

O momento de apuração dos requisitos para qualificação dependerá, basicamente, da temporalidade da concessão do benefício em questão. Nesse sentido, a qualificação ocorrerá, no caso do art. 6º da Convenção, quando do auferimento da renda derivada de bens imóveis, ao passo que, no caso do art. 10, dar-se-á no momento do pagamento do dividendo. Em alguns casos, todavia, serão impostos requisitos a serem observados ao longo de períodos, como é o caso da negociação em bolsa, para os fins da qualificação de companhias, conforme o art. X(2)c.

5.4 Art. X(2): a definição das pessoas qualificadas

O §2º estabelece os requisitos para a qualificação das seis categorias de contribuintes dispostas em suas alíneas:

> 2. Um residente dos Estados Contratantes será considerado uma pessoa qualificada no momento em que atribuído um benefício da Convenção caso, nesse instante, esse residente seja:[80]

Pretende-se que a qualificação do contribuinte seja um procedimento autoexecutório, não demandando a intervenção ou aprovação da autoridade administrativa. No contexto da cláusula LOB, somente a disposição *bona fide*, art. X(5), carece da atuação do Poder Público, visto que não calcada em critérios objetivos. Isso não significa, evidentemente, que a Administração Fazendária não possa fiscalizar a correta observância dos requisitos exigidos pelo art. X.

5.4.1 A qualificação dos indivíduos

O art. X(2)a prevê a qualificação de indivíduos (pessoas naturais) para a fruição dos benefícios do Tratado:
a) Um indivíduo;[81]

WEELER, Joanna. *Persons qualifying for treaty benefits*. Papers on Selected Topics in Administration of Tax Treaties for Developing Countries. Meeting on Tax Treaty Negotiation and Administration, ONU, New York, USA, Paper n. 2-A, maio de 2013, p. 21. Cf., também, COOPER, Graeme S. *Preventing Tax Treaty Abuse*. Papers on Selected Topics in Protecting the Tax Base of Developing Countries. Workshop on Tax Base Protection for Developing Countries, ONU, Paris, França, setembro de 2014, p. 13.

[80] OCDE. *Preventing the Granting of Treaty Benefits in Inappropriate Circumstances, Action 6 – 2015 Final Report*. Paris: OECD Publishing, 2015, p. 24.

[81] OCDE. *Preventing the Granting of Treaty Benefits in Inappropriate Circumstances, Action 6 – 2015 Final Report*. Paris: OECD Publishing, 2015, p. 25.

Como se vê, não são estipulados requisitos específicos para essa espécie de sujeito, haja vista o reduzido risco de *treaty shopping* diante da previsão dos critérios de residência no art. 4º da Convenção-Modelo.

5.4.2 A qualificação de entes governamentais

O art. X(2)b prevê a qualificação das pessoas jurídicas de direito público, inclusive as suas subdivisões políticas:

> a) Um Estado Contratante ou subdivisão política ou a autoridade local ou a pessoa que é totalmente controlada por tal Estado, subdivisão política ou autoridade local;[82]

Evidentemente, o próprio Estado Contratante estará inserido no âmbito de proteção do TDT, assim como as subdivisões políticas (como os Estados-Federados ou Município). A redação proposta pela OCDE também inclui as pessoas jurídicas integralmente controladas pelas pessoas jurídicas de direito público, como fundos soberanos, autarquias, entre outros. Levando em consideração o regime nacional de empresas governamentais, seria cabível qualificação das empresas públicas pelo transcrito dispositivo, ao passo que as sociedades de economia mista não se amoldariam à hipótese normativa do art. X(2)b.

5.4.3 A qualificação das sociedades e entidades negociadas em bolsa

O art. X(2)c prevê a qualificação das sociedades e entidades negociadas em bolsa:

> a) Uma sociedade ou outra entidade, caso ao decorrer do período tributável:
> i) a classe principal de suas ações (assim como qualquer classe desproporcional de ações) seja regularmente negociada em uma ou mais bolsas de valores reconhecidas, e:
> A) sua principal classe de ações seja precipuamente negociada em uma ou mais bolsas de valores reconhecidas localizadas no Estado Contratante do qual a companhia ou entidade é residente; ou
> B) o principal local de gerência e controle da companhia seja em seu Estado de residência; ou
> ii) ao menos 50% do poder de voto e do valor das ações (e ao menos 50% de qualquer classe desproporcional de ações) na sociedade ou entidade seja controlado direta ou indiretamente por no máximo cinco sociedades ou entidades qualificadas nos termos da subdivisão i) desse subparágrafo (ressalvado que, no caso de controle indireto, cada controlador intermediário seja residente de um dos Estados Contratantes).[83]

---

[82] OCDE. *Preventing the Granting of Treaty Benefits in Inappropriate Circumstances, Action 6 – 2015 Final Report*. Paris: OECD Publishing, 2015, p. 25. Curiosamente, a redação simplificada do art. X(2)b é mais minuciosa do que a transcrita, uma vez que menciona, expressamente, o Banco Central do Estado Contratante.

[83] OCDE. *Preventing the Granting of Treaty Benefits in Inappropriate Circumstances, Action 6 – 2015 Final Report*. Paris: OECD Publishing, 2015, p. 26. A versão simplificada exige, somente, a negociação em bolsas de valores reconhecidas.

Subjacente à alínea c está a ideia de que a negociação das ações de uma sociedade em bolsa implica, ordinariamente, a dispersão de seu controle, o que, por sua vez, mitiga a possibilidade de constituição da entidade para fins de *treaty shopping*.[84] No entanto, a negociação de títulos da companhia não conduz, necessariamente, a um vínculo substancial entre a entidade e o Estado Contratante, de tal forma que o contribuinte deverá ainda passar por outros testes (subitens A e B).

O dispositivo visa a duas espécies de contribuintes: (i) entidades cujas ações são negociadas em bolsa; e (ii) as subsidiárias dessas entidades. Para melhor compreender os requisitos previstos no art. X(2)c, importante elucidar o sentido de alguns conceitos nele empregados. Para tanto, deve-se recorrer ao art. X(6), no qual são dispostas as definições técnicas para alguns termos presentes na cláusula:

a) *Ações*: qualquer título comparável a ações, na hipótese de a entidade não emitir "ações" de acordo com o conceito previsto na legislação do Estado Contratante – art. X(6)h;

b) *Bolsa de valores reconhecida*: as bolsas reconhecidas em comum acordo pelos Estados Contratantes, com indicação expressa no próprio Tratado ou em adendo superveniente –[85] art. X(6)a;

c) *Classe principal de ações*: as ações ordinárias da companhia, desde que tais ações representem a maioria do valor e dos direitos de voto[86] – art. X(6)b;

d) *Classe desproporcional de ações*: a classe de ações que atribui a seu titular uma participação desproporcional nos ganhos da sociedade gerados no outro Estado Contratante –[87] art. X(6)c;

e) *Principal local de gerência ou controle*: local onde os diretores e gestores (e suas respectivas equipes) da companhia exercem, cotidianamente, suas funções, com referência às questões operacionais, financeiras e estratégicas da sociedade (incluindo as subsidiárias diretas e indiretas) –[88] art. X(6)d.

Com base nesses insumos, tornam-se sobremaneira claras as condições impostas no art. X(2)c. Ao tempo de invocação de um benefício da Convenção, será considerada qualificada a companhia ou entidade se, ao longo do período tributável em questão, a sua principal classe de ações (apurada com base em seu valor e no poder de voto), assim como qualquer classe desproporcional de ações (isto é, que confere participação desproporcional nos ganhos derivados de um dos Estados Contratantes), for negociada em bolsa de valores reconhecida (expressamente no texto do TDT).

Em adição, a companhia ou entidade deverá atender a um dos seguintes requisitos: a) a bolsa de valores reconhecida na qual sejam negociadas as ações de sua classe principal (e de eventual classe desproporcional) deverá estar localizada no mesmo

---

[84] DE BROE, Luc; LUTS, Joris. "BEPS Action 6. Tax treaty abuse". *In*: *Intertax*, v. 43, n. 2, p. 122-146, 2015, p. 129.

[85] Na versão simplificada, são todas as bolsas de valores instituídas e reguladas de acordo com as leis dos Estados Contratantes, bem como qualquer outra aceita por eles.

[86] Se não houver nenhuma classe de ações que represente a maioria do valor e dos direitos de voto da companhia, a classe principal será o conjunto dos gêneros de títulos que alcance tal proporção.

[87] Para ilustrar a definição, vale pensar no seguinte exemplo: o sujeito A (Estado A) possui classe preferencial de ações da companhia B (Estado B), dando-lhe o direito de receber dividendos iguais aos lucros auferidos nas operações no Estado C (que possui TDT com B). Ainda que as ações preferenciais não tenham poder de voto, elas constituem uma espécie de classe desproporcional de ações.

[88] Distingue-se do *place of effective management* (local das decisões-chave/reunião da diretoria) previsto no art. 4(3) da Convenção Modelo, uma vez que observa o quadro geral de operações da companhia.

Estado Contratante em que reside o contribuinte; ou b) o principal local de gerência e controle de suas operações deverá estar em seu país de residência. Como antecipado, o dispositivo se preocupa tanto com a dispersão do controle da sociedade (apurada por meio da negociação de suas ações em bolsa reconhecida pelos signatários) quanto com o nexo real entre o Estado Contratante e o sujeito a ser beneficiado pela Convenção.

A sociedade ou entidade também poderá se qualificar nos termos da Convenção se não mais do que cinco companhias qualificadas em conformidade com o art. X(2)c(i) controlarem, ao menos, 50% de seu patrimônio ou de seu poder de voto (e pelo menos 50% de qualquer classe desproporcional de ações). Caso a entidade negociada em bolsa seja uma controladora indireta, todas as companhias intermediárias deverão ser residentes de um dos Estados Contratantes. No entanto, o Relatório deixa em aberto a adoção desse último requisito, na hipótese de ser considerada demasiadamente restritivo.

Há, portanto, três hipóteses de qualificação, as quais podem ser facilmente explicadas com o recurso a um exemplo singelo. Imagine-se que a Companhia A (localizada no Estado A) receberá um crédito a título de juros pagos pela Companhia B (localizada no Estado B). A legislação tributária do país B prevê uma alíquota de 30% na tributação da renda em casos como o da operação descrita. Tendo em vista a existência de um TDT entre os Estados A e B, a Companhia A pretende aplicar o redutor previsto no art. 11(2) do Acordo. Para tanto, a entidade deverá se qualificar nos termos do art. X, o que ocorrerá caso ela se amolde a uma das seguintes hipóteses:

Hipótese 1	Hipótese 2	Hipótese 3
A principal classe de suas ações (bem como eventual classe desproporcional) é negociada principalmente em bolsas de valores que: (i) sejam reconhecidas pelo TDT; e (ii) estejam localizadas no Estado A	Além da principal classe de ações (e qualquer classe desproporcional) ser negociada em reconhecida bolsa de valores, o país A deve ser o principal local de gerência e controle da companhia	Pelo menos 50% do valor e do poder de voto da Companhia A são de titularidade (direta ou indireta) de não mais do que 5 entidades qualificadas por uma das hipóteses anteriores. Ademais, havendo intermediárias, essas deverão ser residentes em A ou B.

Figura 3 – Hipótese de qualificação pelo art. X(2)c.
Fonte: Elaborada pelo autor

5.4.4 A qualificação das organizações sem fins lucrativos

O art. X(2)d(i) prevê a qualificação das organizações sem fins lucrativos:

d) Uma pessoa, salvo um indivíduo, que:
i) é uma [lista das mais relevantes organizações sem fins lucrativos encontradas nos Estados Contratantes];

A qualificação das entidades sem fins lucrativos não depende, portanto, da residência de seus associados ou beneficiários. No geral, não desperta alarme a outorga de proteção do TDT a tais organizações, uma vez que, em sua maioria, já são imunes ou isentas no país de residência. No entanto, a partir do texto proposto pela OCDE, impõe-se o questionamento sobre a exaustividade da lista a ser confeccionada na Convenção, o que, por sua vez, pode gerar expressivos problemas de bitributação.

5.4.5 A qualificação dos fundos de pensão

Ainda no art. X(2)d, encontramos, também, a previsão de qualificação para fundos de pensão:

> d) Uma pessoa, salvo um indivíduo, que: (...)
> ii) é um fundo de pensão reconhecido, desde que mais de 50% dos benefícios econômicos (*beneficial interests*) nessa pessoa sejam de titularidade de indivíduos residentes em qualquer dos Estados Contratantes; ou mais de X% dos benefícios econômicos nessa pessoa sejam de titularidade de indivíduos residentes em um dos Estados Contratantes ou em qualquer Estado para o qual as seguintes condições sejam atendidas:
>> A) os indivíduos residentes desse Estado sejam beneficiários de uma ampla convenção para evitar a bitributação entre este Estado e o Estado contra o qual os benefícios da presente Convenção sejam reivindicados; e
>> B) com respeito aos rendimentos referidos nos artigos 10 e 11 dessa Convenção, caso o residente do terceiro Estado seja beneficiário dessa outra convenção, tal pessoa teria direito, sob a referida convenção, a uma alíquota tributária incidente sobre os rendimentos para os quais são reivindicados os benefícios da presente Convenção não maior do que a aplicável pela presente Convenção;
> iii) tenha sido constituída e seja operada para investir recursos para o benefício das pessoas referidas na subdivisão ii), contanto que praticamente toda a renda dessa pessoa seja derivada de investimentos feitos em benefício dessas pessoas;

A definição de *fundo de pensão reconhecido* foi objeto de grande debate, tendo sido abordada em um *Public Discussion Draft* disponibilizado para comentários em 29 de fevereiro de 2016.[89] De acordo com a definição proposta no documento, o termo indica a entidade ou o arranjo estabelecido em um dos Estados Contratantes, que possua, para fins tributários, personalidade jurídica própria, e que atenda a um dos seguintes requisitos: (i) possuir por objetivo somente a provisão e a administração de pensões, aposentadorias ou semelhantes benefícios a indivíduos, em conformidade com a legislação do Estado de residência; ou (ii) possuir por objetivo, somente, o investimento de recursos no interesse de fundos de pensão reconhecidos de acordo com o requisito anterior (Fundos de Fundos). Tal definição deverá ser, oportunamente, inserida no parágrafo 1º do art. 3º da Convenção Modelo.

De acordo com a subdivisão ii), um fundo de pensão reconhecido se qualificará para proteção pelo TDT caso mais de 50% de seus benefícios econômicos (*beneficial interests*) sejam de titularidade de residentes de um dos Estados Contratantes. Desse

---

[89] OCDE. *Public Discussion Draft: Treaty Residence of Pension Funds*. Disponível em: http://www.oecd.org/tax/treaties/discussion-draft-treaty-residence-pension-funds.pdf. Acesso em: 09 mar. 2017.

modo, pretende-se garantir que os beneficiários efetivos do rendimento tenham vínculo substancial com os países signatários da Convenção. Cumpre destacar que a expressão "benefícios econômicos" deve ser lida, para os fins do dispositivo analisado, como qualquer direito à recepção de aposentadorias ou pensões.[90]

Ademais, será possível a qualificação de um fundo de pensão reconhecido na hipótese de uma determinada proporção de seus benefícios econômicos (a ser determinada na negociação do TDT) ser de titularidade de residentes dos Estados Contratantes, bem como de qualquer outro Estado, com quem o Estado da fonte seja signatário de uma convenção tributária que outorgue benefícios semelhantes. Por fim, são qualificados os fundos constituídos e operados para o investimento de recursos no interesse de fundos de pensão reconhecidos que tenham se qualificado por alguma das duas hipóteses mencionadas (fundos de fundos).

Novamente, vale ilustrar os analisados testes com um exemplo simples. Imagine-se o Fundo de Pensão A (residente no Estado A), o qual possui uma participação acionária na Companhia B (residente no Estado B) na ordem de 30%. O Estado B tributa as remessas ao exterior para pagamento de dividendos por uma alíquota de 15% incidente na fonte. O Fundo de Pensão A pretende reivindicar o redutor previsto no art. 10(2)a da Convenção. Para tanto, a entidade deverá se qualificar por uma das seguintes hipóteses:

Hipótese 1	Hipótese 2	Hipótese 3
Mais de 50% dos benefícios administrados por A são de titularidade de indivíduos residentes em um dos Estados Contratantes	Mais de X% dos benefícios são de titularidade de indivíduos residentes em um dos Estados Contratantes ou em outros Estados, contanto que, nesse último caso: (i) esses indivíduos sejam beneficiários de um TDT entre o Estado de sua residência e o da fonte; e (ii) a convenção preveja benefício igual ou maior do que o pleiteado.	O Fundo A foi constituído e é operado para investir recursos em benefício de Fundos qualificados pela previsão do item ii), estando a totalidade da renda de A vinculada a tais investimentos (fundos de fundos ou fundos multigestores).

Figura 4 – Hipótese de qualificação pelo art. X(2)d.
Fonte: Elaborada pelo autor

---

[90] OCDE. *Preventing the Granting of Treaty Benefits in Inappropriate Circumstances, Action 6 – 2015 Final Report*. Paris: OECD Publishing, 2015, p. 29.

5.4.6 A qualificação pelo teste de controle e erosão da base

O art. X(2)e não alude a uma espécie de pessoa tal qual as demais hipóteses de qualificação, mas sim à conjugação de dois testes, quais sejam, o de controle e o de erosão da base tributável:

> d) Uma pessoa, salvo um indivíduo, caso (...)
>
> i) ao decorrer de pelo menos metade dos dias do período tributável, residentes do Estado Contratante que se qualificaram para proteção pela Convenção nos termos do subparágrafo a), b), d) ou subdivisão i) do subparágrafo c) desse parágrafo detenham, no mínimo, 50% do poder de voto e do valor agregados (e pelo menos 50% de qualquer classe desproporcional de ações) dessa pessoa [e desde que, na hipótese de controle indireto, cada controladora indireta seja residente do Estado Contratante], e
>
> ii) menos de 50% da renda bruta dessa pessoa para o período tributável, como determinado no Estado Contratante de sua residência, seja paga ou creditada, direta ou indiretamente, a pessoas que não sejam residentes de nenhum dos Estados Contratantes com direito a benefícios nos termos do subparágrafo a), b), d) ou subdivisão i) do subparágrafo c) desse parágrafo na forma de pagamentos que sejam dedutíveis para os propósitos dos tributos tratados nesta Convenção e devidos no país de residência dessa pessoa (não incluídos os pagamentos de acordo com o princípio *arm's length*, realizados no curso regular de negócios envolvendo serviços ou bens tangíveis);

Portanto, atendidos os dois requisitos impostos pelo dispositivo, a pessoa estará qualificada por todo o período tributável. O primeiro teste consiste na definição do controle/propriedade da entidade: em pelo menos metade do período tributado, 50% ou mais do valor ou do poder de voto da entidade (e de qualquer classe desproporcional de ações) deve ser de titularidade de residentes qualificados no Estado Contratante de residência dessa entidade (teste de controle). Havendo intermediárias, elas também devem ser residentes nesse mesmo Estado.

Em adição, menos de 50% da renda bruta anual dessa entidade poderá ser paga (direta ou indiretamente) a pessoas que não sejam residentes qualificados em nenhum dos Estados Contratantes, sob a forma de pagamentos dedutíveis da base tributável no Estado de residência (teste de erosão da base). Para os propósitos do teste de erosão da base, os pagamentos dedutíveis não abrangem os pagamentos realizados de acordo com o princípio *arm's-length*, no curso regular de negócios envolvendo serviços ou bens tangíveis. O Relatório destaca, ainda, que os pagamentos tributados exclusivamente pelo Estado da fonte também não serão considerados no teste de erosão da base, ainda que dedutíveis para a fonte pagadora.[91]

---

[91] Como exemplo de pagamento dedutível integralmente tributado no Estado da fonte, o Relatório menciona *group contributions* pagas a estabelecimentos permanentes localizados no mesmo Estado da entidade pagadora. Cf.OCDE. *Preventing the Granting of Treaty Benefits in Inappropriate Circumstances, Action 6 – 2015 Final Report.* Paris: OECD Publishing, 2015, p. 31.

5.4.7 A qualificação de veículos de investimento coletivo (*collective investment vehicles* – CIVs)

A aplicabilidade dos TDTs aos rendimentos auferidos por veículos de investimento coletivo já havia sido objeto de abrangente análise pela OCDE,[92] como se extrai dos comentários ao art. 1º (§§6.8 a 6.34) da Convenção Modelo.[93] Diante dos desafios e das particularidades que a matéria apresenta, o Relatório não introduz uma redação como proposta para a qualificação dessa espécie de entidade, mas sim várias, cada qual com requisitos e motivos próprios. Isso se deve, especialmente, pela dificuldade em encontrar critérios unívocos para a identificação dos CIVs, que variam, em larga medida, seja na natureza, seja no regime jurídico a depender da jurisdição.

A definição do texto do art. X(2)f passa, necessariamente, pelas conclusões que os Estados Contratantes chegaram com respeito aos problemas levantados nos §§ 6.8 a 6.34 dos comentários à Convenção Modelo.[94] De início, deve-se determinar se o CIV será tratado como residente de um dos países signatários, consideradas as questões abordadas nos §§ 6.9 a 6.12 dos comentários. Por óbvio, será desnecessário incluir a alínea "f" caso os CIVs não sejam identificados como residentes de algum dos Estados Contratantes para fins do TDT (entidades transparentes, *v.g.*). Como anteriormente afirmado, os testes de qualificação se prestam a impor requisitos adicionais para fruição dos benefícios da Convenção, o que só fará sentido se aplicados quando já definida a residência da pessoa em questão.

A necessidade de uma norma específica para a qualificação dos CIVs se justifica pela dificuldade em amoldá-los às demais hipóteses previstas no art. X, uma vez que: (i) as suas participações não são, geralmente, negociadas em bolsa; (ii) tais interesses são detidos por residentes dos mais variados Estados; (iii) as distribuições realizadas por CIVs são, no geral, pagamentos dedutíveis; e (iv) são entidades criadas para investimentos, e não para efetivo exercício de atividade econômica, o que as franquearia o acesso aos benefícios em conformidade com o parágrafo 3º do artigo, como veremos nas próximas páginas. Desse modo, caso julguem pertinente conceder proteção a CIVs no âmbito do TDT, os Estados deverão adotar as recomendações específicas para essa espécie, contidas nos comentários aos artigos 1º (§§6.17, 6.21, 6.26, 6.27 e 6.32) e X (§§34 a 43).

Na eventualidade de se concluir que os CIVs não representam risco de *treaty shopping*, a Convenção poderá ser redigida de duas formas: (i) adota-se a recomendação contida no §6.17, pela qual tais entidades seriam tratadas como indivíduos, o que, à sua vez, permite-lhes o acesso aos benefícios do Acordo, na forma do art. X(2)a; ou

---

[92] Para uma análise aprofundada da aplicabilidade dos benefícios de um TDT a CIVs, cf. SILVA, Bruno da. "Granting Tax Treaty Benefits to Collective InvestmentVehicles: A Review of the OECD Report and the 2010Amendments to the Model Tax Convention". *In: Intertax*, v. 39, n. 4, p. 195-206, 2011; VERMEULEN, Hein. "Suggested Treaty Benefits Approaches for Collective Investment Vehicles (CIVs) and Its Investors under the OECD MTC 2010 update". *In: Intertax*, v. 39, n. 5, p. 248-256, 2011.

[93] OCDE. *Model Tax Convention on Income and On Capital. Condensed Version 2014.* Paris: OECD Publishing, 2014, p. 50-60. Por sua vez, os comentários se basearam, largamente, em estudo intitulado "The granting of treaty benefits with respect to the income of collective investment vehicles", adotado pelo Comitê de Assuntos Fiscais da OCDE.

[94] Nesse contexto, cabe apontar que o § 6.8 incorpora algumas balizas para a conceituação de CIV: "o termo 'CIV' é restrito a fundos que tem o controle disperso, mantém um diversificado portfólio de valores mobiliários e que são sujeitos à legislação de proteção ao investidor no país em que tenham se estabelecido" (OCDE. *Model Tax Convention on Income and On Capital. Condensed Version 2014.* Paris: OECD Publishing, 2014, p. 50).

(ii) insere-se a alínea *f* no art. X(2), aclarando-se a semântica de "veículo de investimento coletivo", mas sem a imposição de qualquer requisito adicional para a outorga de proteção pelo TDT.

Por outro lado, os Estados Contratantes podem entender que os CIVs podem ser utilizados, precipuamente, para beneficiar pessoas que, de outra forma, não teriam acesso à proteção do Acordo, por exemplo, residentes de países não signatários. Nesse sentido, podem redigir a alínea "f" de tal forma que os benefícios sejam atribuídos na proporção da participação de residentes ou de beneficiários equivalentes nos CIVs.

> f) um veículo de investimento coletivo, mas somente na extensão dos benefícios econômicos que, naquele momento, sejam detidos por residentes do Estado Contratante no qual o veículo de investimento coletivo esteja estabelecido ou por beneficiários equivalentes;[95]

Cuida-se de solução deveras semelhante à contida no §6.21 dos comentários ao art. 1º, pelo que, sendo essa adotada, torna-se desnecessária a inclusão do art. X(2)f. De toda forma, é preciso levar em consideração os custos e os obstáculos envolvidos na identificação da origem de todos os titulares de participações no CIV, bem como de suas respectivas situações em face do TDT. Tendo em vista a complexidade na apuração da extensão da proteção a ser outorgada, as autoridades administrativas devem exigir, somente, estimativas periódicas da composição do CIV.

Na hipótese de os Estados Contratantes entenderem que a qualificação na proporção dos beneficiários equivalentes que possuam participação no CIV ofende o caráter bilateral do Tratado, pode-se redigir a cláusula nos seguintes termos:

> f) um veículo de investimento coletivo, mas somente na extensão dos benefícios econômicos que, naquele momento, sejam detidos por residentes do Estado Contratante no qual o veículo de investimento coletivo esteja estabelecido;[96]

Do mesmo modo, é possível elaborar o dispositivo de forma a atribuir proteção a todos os rendimentos do CIV, caso haja uma proporção mínima de investidores residentes no Estado Contratante em que a entidade se estabeleceu. Tal abordagem poderia ser concretizada por meio da aplicação do art. X(2)e (teste de propriedade e de erosão da base) aos CIVs, omitindo-se, assim, a alínea *f*. Alternativamente, os Estados podem adotar o raciocínio subjacente ao art. X(2)c, de forma a conferir a proteção do TDT somente aos CIVs que negociem, regularmente, as respectivas classes principais de ações em bolsas de valores reconhecidas.

5.5 Art. X(3): o teste do exercício efetivo de atividade econômica

Até o momento, analisamos, somente, hipóteses subjetivas de qualificação, balizadas pela natureza ou pelas características da pessoa que reivindica os benefícios da

---

[95] OCDE. *Preventing the Granting of Treaty Benefits in Inappropriate Circumstances, Action 6 – 2015 Final Report*. Paris: OECD Publishing, 2015, p. 33.

[96] OCDE. *Preventing the Granting of Treaty Benefits in Inappropriate Circumstances, Action 6 – 2015 Final Report*. Paris: OECD Publishing, 2015, p. 34.

Convenção. O parágrafo 3º, por sua vez, estabelece um teste de matriz objetiva, que poderá ser empregado, alternativamente, aos requisitos anteriormente analisados:

> 3. a) Um residente de um Estado Contratante será qualificado nos termos dessa Convenção com respeito a um rendimento derivado do outro Estado Contratante, independentemente de ser esse residente uma pessoa qualificada, se o residente exerce efetivamente uma atividade econômica naquele Estado Contratante (ressalvada a atividade de realizar e gerenciar investimentos em nome do residente, a não ser que essas atividades sejam bancárias, securitárias ou relativas a valores mobiliários empreendidas por um banco ou [lista das instituições financeiras similares a bancos que os Estados Contratantes concordam em tratar como tal], seguradoras ou agentes registrado no mercado financeiro, respectivamente), e a renda derivada do outro Estado Contratante esteja em conexão com a referida atividade ou seja incidental a ela.
>
> b) Se um residente de um Estado Contratante auferir rendimentos de uma atividade econômica conduzida por esse residente no outro Estado Contratante ou auferir o rendimento proveniente do outro Estado Contratante por meio de uma empresa associada, as condições descritas no subparágrafo a) devem ser reputadas satisfeitas com respeito a tal rendimento somente se a atividade econômica desenvolvida pelo residente no primeiro Estado mencionado é substancial em relação à atividade desenvolvida pelo residente ou empresa associada no outro Estado Contratante. A determinação da substancialidade da atividade econômica para efeitos desse parágrafo ocorrerá com base em todos os fatos e circunstâncias.
>
> c) Para fins de aplicação desse parágrafo, atividades conduzidas por pessoas relacionadas a outra pessoa devem ser consideradas como conduzidas por essa pessoa. Uma pessoa será relacionada a outra, caso uma possua, pelo menos, 50% dos benefícios econômicos na outra (ou, no caso de uma sociedade, no mínimo de 50% do poder de voto e do valor das ações da sociedade ou dos benefícios econômicos nessa sociedade) em cada pessoa. De qualquer modo, uma pessoa será relacionada a outra, caso, com base em todos fatos e circunstâncias relevantes, uma tenha controle da outra ou ambas estejam sob o controle de uma mesma pessoa ou pessoas.

O art. X(3) prevê o teste do exercício efetivo de atividade econômico, pelo qual o reconhecimento do direito à proteção pelo TDT dependerá do elo entre o rendimento e a atividade econômica exercida pelo beneficiário (ou por uma entidade a ele relacionada) em seu Estado de residência. Como antecipado, não importa se a pessoa em questão se qualificou com base no art. X(2), pois se trata de um teste alternativo. Nesse sentido, uma sociedade que não seja listada em bolsa poderá exigir a aplicação dos limites à tributação a dividendos ou juros caso (i) desempenhe uma atividade econômica em seu país de residência; e (ii) o rendimento esteja relacionado com essa atividade.

A definição de "atividade econômica" não é dada pela Convenção, devendo ser encontrada na legislação interna dos Estados Contratantes. Todavia, não poderão ser concedidos os benefícios nos casos em que o sujeito se dedicar, somente, a realizar e a gerenciar investimentos em nome próprio, uma vez que tal atividade não garante uma relação substancial com o país de residência. Visa-se, assim, a evitar a criação de interpostas para canalização de rendimentos passivos em localidades que gozam de ampla rede de tratados. A ressalva não abrange, porém, atividades bancárias, securitárias ou as com valores mobiliários executadas, respectivamente, por instituições financeiras, seguradoras ou agentes do mercado financeiro.

A relação entre o rendimento e a atividade exercida pelo contribuinte pode ser de dois gêneros: ou é de conexão (*in connection with*) ou é de incidentalidade (*incidental to*). À sua vez, a conexão pode ser de duas espécies: integração (*forms part of*) ou complementaridade (*complementary to*).

A atividade econômica no país da fonte será considerada uma parte da (*considered to form part of*) atividade no país de residência caso envolvam o desenvolvimento, produção ou venda do mesmo produto. É o caso, por exemplo, de uma companhia A (residente no Estado A) que estabelece uma subsidiária B (residente no Estado B) para fabricar produtos de acordo com a propriedade intelectual desenvolvida por A. Nesse caso, por se ocuparem com etapas distintas no processo econômico de uma mesma mercadoria, são consideradas atividades integradas.

Lado outro, as atividades econômicas serão complementares caso (i) integrem a mesma espécie de indústria e (ii) influenciem os resultados uma da outra. Portanto, não podem ser reputadas complementares as atividades exercidas por uma companhia do ramo alimentício e outra do farmacêutico, uma vez que não são parte da mesma indústria. É importante notar que as atividades complementares se distinguem das integrantes, uma vez que aquelas implicam uma relação de influência, ao passo que as últimas traduzem a dependência entre negócios. Para ilustrar o conceito, vale pensar em uma companhia que produz e vende flores em um Estado Contratante. Na hipótese de essa empresa constituir duas subsidiárias no outro Estado Contratante, uma para importar e vender as flores por ela produzidas e outra para venda de artigos de jardinagem com a marca "A", quais serão as relações entre as atividades da controladora e das controladas? A primeira subsidiária executará atos integrantes do negócio da controladora, uma vez que envolvem o desenvolvimento, produção do mesmo produto; já a segunda, desempenhará atividade complementar, uma vez que se insere na mesma espécie de indústria (floricultura/jardinagem), e os seus resultados impactam na venda das flores da controladora.

Por último, um rendimento será incidental caso sua produção facilite a condução da atividade exercida no país de residência, como no caso de *temporary investment of working capital*.

Adicionalmente à regra geral do item *a*, o art. X(3)b impõe que a atividade econômica exercida no país de residência seja substancial quando comparada com a desempenhada no outro Estado Contratante. Subjacente a essa condição está a intenção de evitar que companhias com mínima atividade no país de residência se aproveitem dos benefícios do Tratado. Para apurar a substancialidade do negócio no Estado de residência, devem ser levados em consideração todos os fatos disponíveis: o tamanho das estruturas em cada país; a natureza das atividades; as contribuições de cada atividade para o empreendimento como um todo; e, até mesmo, a situação das economias de cada um dos Estados envolvidos.

O art. X(3)c prevê uma regra atributiva especial para o caso de pessoas controladas/coligadas. Para fins de aplicação do parágrafo 3º, as atividades exercidas por uma pessoa serão imputadas a outra, caso: (i) a segunda controle a primeira entidade; ou (ii) ambas sejam controladas por uma terceira companhia.

5.6 Art. X(4): teste dos benefícios derivados

Com requisitos próximos aos do art. X(2)e, o art. X(4) dispõe sobre o teste de benefícios derivados:

> 4. Uma companhia residente de um Estado Contratante terá direito a um benefício que lhe seria, de outra forma, concedido por esta Convenção, caso, ao momento em que tal benefício fosse aplicável:
>
> > a) Pelo menos 95% do poder de voto agregado e do valor de suas ações (e, no mínimo, 50% de qualquer classe desproporcional de ações) seja de titularidade, direta ou indireta, de não mais do que sete beneficiários equivalentes, contanto que, no caso de propriedade indireta, cada intermediário seja, igualmente, um beneficiário equivalente;
> >
> > b) menos de 50% da renda da companhia, como apurado em seu país de residência para o período tributável pertinente, seja paga ou creditada, direta ou indiretamente, para pessoas que não sejam beneficiários equivalentes, na forma de pagamentos (não incluídos os pagamentos de acordo com o princípio *arm's length*, realizados no curso regular de negócios envolvendo serviços ou bens tangíveis) que sejam dedutíveis para os propósitos dos tributos tratados nesta Convenção e devidos no país de residência dessa companhia.

Ainda que a pessoa não consiga se qualificar por meio da combinação do teste de propriedade e de erosão da base previsto no art. X(2)e, é possível que o benefício seja concedido por meio da regra do art. X(4). Para tanto, deverá atender a dois requisitos: (i) no mínimo 95% do capital e do poder de voto (e 50% de qualquer classe desproporcional de ações) na companhia devem ser controlados por não mais do que sete beneficiários equivalentes; e (ii) no máximo 50% de sua renda bruta deve ser paga a pessoas não beneficiárias, na forma de pagamentos dedutíveis da base de cálculo dos impostos cobertos pela Convenção.

De acordo com o art. X(6)f, uma pessoa se qualificará como "beneficiário equivalente" de duas formas alternativas: (i) se tiver direito a benefícios equivalentes, em consonância com os subparágrafos *a, b, d* ou subdivisão i) do subparágrafo *c*, todos do parágrafo 2º do art. X de um TDT entre o Estado da fonte e um terceiro Estado no qual essa pessoa seja residente;[97] e (ii) se for residente de um dos Estados Contratantes e estiver qualificada em razão das previsões dos subparágrafos *a, b, d* ou subdivisão i) do subparágrafo *c*, todos do parágrafo 2º do art. X. O fundamento do art. X(4) é, como se pode dessumir de seus requisitos, atribuir a proteção da Convenção a pessoas que seriam beneficiadas de qualquer modo, se os rendimentos tivessem sido recebidos diretamente por elas.

5.7 Art. X(5): cláusula *bona fide*

Ainda que os benefícios não possam ser atribuídos com base nas hipóteses anteriormente analisadas, a autoridade administrativa competente pode reconhecer,

---

[97] Com respeito aos rendimentos referidos nos artigos 10, 11 e 12 da Convenção, há a previsão de um requisito adicional: o beneficiário equivalente deverá ter direito, na forma do outro TDT, a uma alíquota tributária não maior do que a aplicável pela Convenção com base na qual reivindica os benefícios na forma do art. X(4).

discricionariamente,[98] a aplicação do TDT em proveito contribuinte, em conformidade com o art. X(5):

> 5. Caso um residente de um Estado Contratante não tenha direito aos benefícios prescritos por esta Convenção, em consonância com as provisões desse artigo, a autoridade competente do Estado, que, de outra forma, teria reconhecido o benefício para o qual o residente não se qualificou, poderá, ainda assim, tratar esse residente como se ele gozasse do referido direito, na hipótese de esta autoridade competente, após um pedido do residente e a análise dos fatos e das circunstâncias relevantes, concluir que o estabelecimento, aquisição ou manutenção do residente e a condução de suas operações não tiveram como um de seus propósitos principais a obtenção dos benefícios dessa Convenção. A autoridade competente do Estado Contratante para quem foi dirigido o pedido deverá consultar a autoridade competente do outro Estado Contratante antes de rejeitar o pleito elaborado de acordo com esse parágrafo por um residente desse outro Estado.

Para que os benefícios sejam concedidos na forma do art. X(5), o interessado deverá apresentar à autoridade competente todos os indícios de que suas operações não foram orientadas pelo fim de economizar tributos por meio das cláusulas da Convenção. Em vista da complexidade de uma prova conclusiva sobre as intenções subjacentes aos arranjos adotados, não deve ser imposto um ônus probatório desproporcional sobre o contribuinte, cabendo à autoridade analisar, objetivamente, os fatos e circunstâncias relevantes, para apurar se o caso é de um planejamento tributário. Apesar de não prever um prazo para a solução do pleito do contribuinte, o Relatório salienta que as autoridades deverão ser céleres no procedimento, podendo ter efeitos retroativos a aplicação do benefício.

6 A cláusula do teste de propósito principal

A cláusula de limitação de benefícios prevê, no geral, requisitos objetivos para a garantia de proteção nos termos da Convenção, visando, com isso, a reduzir as oportunidades de *treaty shopping*. No entanto, por se ocupar com situações específicas de abuso, a norma não é capaz de impedir a totalidade de planejamentos tributários que se aproveitam dos benefícios da Convenção. A fim de colmatar essa lacuna, a OCDE recomenda a previsão de uma cláusula geral antielisiva a ser inserida no 7º parágrafo do art. X, pela qual a autoridade administrativa pode negar um benefício do TDT para arranjos ou negócios motivados pela intenção de reduzir a carga tributária[99]. Trata-se do teste do propósito principal, cuja proposta de redação é a seguinte:

> 7. Não obstante as demais disposições dessa Convenção, um benefício previsto nessa Convenção não deve ser concedido com respeito a um rendimento ou bem, caso seja razoável concluir, com base em todos os fatos e circunstâncias relevantes, que a obtenção de tal benefício era um dos principais propósitos do arranjo ou da transação que resultou, direta

[98] BATES, J. (et alii). "Limitation on benefits articles in income tax treaties. The current state of play". *In*: *Intertax*, v. 41, n. 6-7, p. 395-404, 2013, p. 401.

[99] LANG, Michael. "BEPS Action 6. Introducing an antiabuse rule in tax treaties". *In*: *Tax Notes International*, v. 74, n. 7, p. 655-664, maio de 2014, p. 658.

ou indiretamente, naquele benefício, a menos que seja determinado que o reconhecimento desse benefício em tais circunstâncias estaria em consonância com o objetivo e os propósitos das disposições relevantes dessa Convenção.

A orientação plasmada no texto já havia sido tangenciada nos §§9.5,[100] 22, 22.1 e 22.2 dos comentários ao art. 1º da Convenção-Modelo, pelos quais se indicava que a concessão de benefícios deve levar em consideração o intento do próprio Tratado, qual seja, evitar a bitributação, e não simplesmente reduzir o ônus tributário suportado pelos residentes dos Estados Contratantes. Nesse sentido, é viável à autoridade negar um benefício que, de outra forma, seria concedido ao interessado, comprovando-se, para tanto, que um dos propósitos que guiaram a estrutura adotada era tributário.

Desse modo, ainda que o sujeito seja residente dos Estados Contratantes e tenha se qualificado por alguma das hipóteses dos parágrafos 2º a 4º do art. X, os benefícios poderão ser negados pelo Estado Contratante.[101] Todavia, oportuniza-se ao contribuinte comprovar que o reconhecimento do direito à aplicação do TDT a seu favor não vai de encontro aos objetivos do Acordo, pelo que os benefícios deverão ser concedidos.

O teste de propósito principal deve ser aplicado, sempre, à luz das finalidades das regras pertinentes da Convenção, especialmente aquelas integrantes da cláusula de limitação de benefícios. Por exemplo, uma companhia qualificada nos termos do art. X(2) c não pode ter os benefícios da Convenção negados ao argumento de que a maioria dos seus acionistas não é residente no mesmo país da entidade. O espírito do art. X(2)c não é impedir o reconhecimento de direitos a sociedades cujo controle esteja disperso entre acionistas de vários países, mas somente impor determinados requisitos que garantam a correta e verificável negociação das ações em reconhecidas bolsas de valores.

Assim como ocorre com a cláusula de limitação de benefícios, o Relatório autoriza que as autoridades competentes, após a devida consideração sobre os fatos relevantes, reconheçam, discricionariamente, o direito a parcela da proteção do Tratado, ainda que haja propósitos tributários relevantes por trás dos arranjos elaborados pelo contribuinte:

> 8. Na hipótese de um benefício previsto nessa Convenção ser negado a uma pessoa em razão do disposto no parágrafo 7º, a autoridade competente do Estado Contratante que teria, de outra forma, concedido esse benefício, poderá reconhecer o direito a tal benefício ou a outros benefícios com respeito a rendimentos ou a bens, caso essa autoridade, após um pedido do residente e a análise dos fatos e das circunstâncias relevantes, conclua que esses benefícios seriam conferidos à referida pessoa na ausência da transação e dos arranjos referidos no parágrafo sétimo. A autoridade competente do Estado Contratante para quem foi dirigido o pedido deverá consultar a autoridade competente do outro Estado Contratante antes de rejeitar o pleito elaborado de acordo com esse parágrafo por um residente desse outro Estado.

---

[100] DE BROE, Luc; LUTS, Joris. "BEPS Action 6. Tax treaty abuse". In: *Intertax*, v. 43, n. 2, p. 122-146, 2015, p. 131.

[101] Expressiva é a preocupação em torno da aplicação do teste de propósito principal, que, por meio de um instrumento demasiadamente subjetivo, pode impedir que arranjos realizados de boa-fé tenham o direito aos benefícios do TDT negado. Cf., CUNHA, Rita C. "BEPS Action 6: Uncertainty in the Principal Purpose Test Rule". In: Global Taxation, v. 1, jun. 2016, p. 60-64; DE BROE, Luc; LUTS, Joris. "BEPS Action 6. Tax treaty abuse". In: *Intertax*, v. 43, n. 2, p. 122-146, 2015, p. 132-133; BARRETO, Paulo Ayres; TAKANO, Caio Augusto. "The Prevention of Tax Treaty Abuse in the BEPS Action 6: a Brazilian Perspective". In: *Intertax*, v. 43, n. 12, p. 825-838, 2015, p. 835.

A aplicação do parágrafo 8º pode ser ilustrada com o seguinte cenário: imagine-se que a companhia A (residente no país A) possui 10% das ações da companhia B (residente no país B). Para alcançar o limite mínimo de participação acionária do art. 10(2)a da Convenção entre os Estados A e B, e assim restringir a tributação à alíquota máxima de 5% no país da fonte dos dividendos, a Companhia A transfere o direito de receber tais pagamentos a outra companhia do Estado A, que detém 15% das ações de B. O arranjo exposto impõe a aplicação da regra do art. X(7), de tal forma que não seja reconhecido o direito previsto no art. 10(2)a. Todavia, com base no art. X(8), a autoridade competente poderá aplicar benefícios que seriam concedidos se o residente não tivesse lançado mão do expediente elisivo. No exemplo, poderia ser aplicado o limite do art. X(2)b, que prevê a tributação máxima à alíquota de 15% no país da fonte dos rendimentos.

7 Outros casos em que a pessoa tenta contornar as limitações previstas na Convenção

Muito embora a cláusula do teste do propósito principal seja útil para o combate a todas as formas de *treaty shopping*, dada a sua elevada generalidade, o Relatório recomenda a inserção de disposições específicas, que veiculem requisitos capazes de coibir formas já conhecidas de planejamentos tributários baseados em Tratados, de modo a conferir maior certeza na restrição do âmbito de proteção do ato normativo. Nessa linha, identificaram-se hipóteses de abuso que despertam preocupação nos Estados Contratantes:

Splitting-up of contracts.

Situação identificada: o art. 5(3) impõe o prazo de 12 meses de duração para a qualificação de um canteiro de obras ou área de construção como um estabelecimento permanente. Constatou-se que empresas de um mesmo grupo fracionam contratos de construção civil para não se enquadrar na hipótese do dispositivo.

Solução proposta: a adoção da cláusula PPT e a execução das medidas sugeridas no Relatório da Ação 7, que trata, exatamente, da qualificação de estabelecimentos permanentes, podem ser decisivas para a resolução da questão.

Hiring-out of labour cases:

Situação identificada: alguns contribuintes têm se utilizado artificialmente da regra do art. 15(2), a qual prevê a isenção no país de residência de rendimentos derivados de uma relação de trabalho mantida no país da fonte.

Solução proposta: o Relatório destaca que as medidas sugeridas nos §§8.1 a 8.28 já são suficientes para lidar com essa modalidade de abuso de tratado.

Transactions intended to avoid dividend characterization:

Situação identificada: em várias ocasiões, o contribuinte pode elaborar arranjos ou realizar transações, com o fim de evitar que o rendimento seja qualificado, de acordo com as regras domésticas, como um dividendo, de modo a se aproveitar de benefícios do TDT para outras modalidades de ingressos (ganhos de capital, *v.g.*).

Solução proposta: observar as sugestões feitas no Relatório da Ação 2 (instrumentos híbridos).

Dividend transfer transactions:
Situação identificada: aumento da participação acionária em entidades residentes no outro Estado Contratante, a fim de reduzir a tributação na fonte sobre dividendos, em conformidade com o art. 10(2)a da Convenção.
Solução proposta: nos termos dos §§16 e 17 dos comentários à Convenção-Modelo, recomenda-se a inclusão de um prazo mínimo de titularidade das ações (365 dias) para que o referido benefício possa ser concedido. Nesse sentido, alterar-se-ia a redação do art. 10(2)a, nos seguintes moldes:

> a) 5% do montante bruto dos dividendos, se o benefício efetivo for uma sociedade (diversa de uma sociedade de pessoas) que detenha diretamente 25% da sociedade pagadora dos dividendos ao longo de um período de 365 dias, que inclua o dia do pagamento dos dividendos (para os fins de calcular esse período, não se deve considerar mudanças na propriedade que sejam o resultado direto de uma reorganização societária, tal como uma fusão ou cisão da sociedade que detém ações ou que paga os dividendos)

Transactions that circumvent the application of article 13(4)
Situação identificada: contribuintes utilizam duas estratégias para evitar a tributação na fonte sobre ganhos de capital derivadas da alienação de ações em investidas cujo patrimônio seja constituído, em sua maioria, por bens imóveis: (i) diluição abusiva da proporção de bens imóveis no patrimônio da investida, isto é, ocorrida logo antes da venda; e (ii) a utilização de entidades que não sejam negociadas por meio de ações, mas por outros títulos (*trusts*, v.g.).
Solução proposta: alterar a redação do art. 13(4), para contemplar (i) outros títulos; e (ii) um período de 365 dias no qual a referida diluição não produzirá efeitos na aplicação do dispositivo:

> 4. Ganhos auferidos pelo residente de um Estado Contratante provenientes da alienação de ações ou títulos comparáveis, tais como títulos em sociedades de pessoas e em trustes, podem ser tributados no outro Estado Contratante, se, em qualquer momento nos 365 dias que precederem a alienação, ao menos 50% do valor dessas ações ou títulos comparáveis seja derivado, direta ou indiretamente, de bens imóveis, como definidos no art. 6º, situados neste Estado Contratante

Tie-breaker rule for determining the treaty residence of dual-resident persons other than individuals
Situação identificada: em casos de dúvida sobre a residência de uma pessoa (distinta de um indivíduo), a entidade se aproveita do critério previsto no art. 4(3) (*place of effective management*) para obter benefícios tributários.
Solução proposta: desde 2008, os comentários ao art. 4º (§§ 24 e 24.1) já aludem à possibilidade de os Estados Contratantes resolverem os casos de dupla-residência por meio de procedimento amigável. Nesse sentido, recomenda-se plasmar essa orientação no texto da Convenção, permitindo, todavia, que os

Estados mantenham o critério material anterior (*place of effective management*), caso assim prefiram (§25 dos comentários). A nova redação do art. 4(3) é a seguinte:

> 3. Quando, por razão das disposições do parágrafo 1º, uma pessoa, distinta de um indivíduo, for residente de ambos os Estados Contratantes, as autoridades competentes dos Estados Contratantes deverão determinar, por procedimento amigável, a residência dessa pessoa para os objetivos dessa Convenção, tomando nota do local de sua gerência efetiva, de sua incorporação ou de qualquer fator relevante. Na ausência de um acordo, a referida pessoa não será titular de nenhum direito à redução ou à isenção de tributos nos termos dessa Convenção, com exceção das situações que tenham sido acordadas pelos Estados Contratantes.

Anti-abuse rule for permanent establishments situated in third States

Situação identificada: planejamentos tributários que envolvem a triangulação de entidades nos Estados Contratantes da fonte e de residência e um estabelecimento permanente localizado em um terceiro Estado. Nessas situações, o arranjo abusivo compreende: (i) atribuição de ações ou direitos de qualquer natureza para estabelecimento permanente localizado em um terceiro Estado, com baixa tributação; e (ii) isenção no país de residência dos lucros de tal estabelecimento permanente;

Solução proposta: Como já indicado no §71 dos comentários à Convenção-Modelo, o Estado da fonte não será obrigado a reconhecer quaisquer benefícios derivados do Tratado com referência a tais rendimentos, caso a tributação do estabelecimento permanente pelo Estado no qual ele esteja localizado seja menor do que 60% do ônus que seria imposto pelo Estado de residência da sociedade. A limitação não é, todavia, aplicável no caso de renda proveniente (i) do exercício efetivo de atividade econômica pelo estabelecimento e (ii) de royalties derivados de intangíveis desenvolvidos pelo próprio estabelecimento.

8 Conflitos aparentes entre a Convenção e o direito interno dos Estados Contratantes

Ao lado das situações em que o contribuinte tenta, abusivamente, contornar os requisitos dispostos na Convenção, há o risco de que as normas internacionais sejam empregadas para afastar a aplicação da legislação interna (notadamente regras antiabuso), promovendo, com isso, a redução na tributação a ser imposta aos residentes dos Estados Contratantes. É o que se vê, por exemplo, nas teses a respeito da incoerência entre as regras de subcapitalização e os parágrafos 4º e 5º do art. 24 do Tratado, assim como na insurgência de contribuintes em face da aplicação das normas CFC, por suposto conflito com o art. 7º e/ou o art. 10(5) da Convenção.

Os comentários à Convenção-Modelo já abordam, específica ou genericamente, vários desses problemas, esclarecendo que o TDT não se presta a afastar os efeitos das normas antiabuso previstas na legislação interna. Recomenda-se, de qualquer forma, uma nova redação para a seção sobre o "Uso Impróprio da Convenção" nos comentários ao art. 1º da Convenção, de forma a não restarem dúvidas de que, na maioria dos casos, não há conflito entre direito interno e o TDT, porquanto: (i) o Tratado pode autorizar modalidades específicas de normas antielisivas; (ii) diversas previsões do Acordo Internacional dependem do direito interno; (iii) a Convenção já incorpora regras amplas antiabuso (cláusula PPT, por exemplo); e (iv) nada impede que a interpretação do TDT seja modificada por doutrinas desenvolvidas internamente (substância sobre forma, propósito negocial, entre outros).

Ressalte-se, todavia, que, na eventualidade de um conflito real entre a norma internacional e a interna, as do Tratado devem prevalecer, em conformidade com o art. 26 da Convenção de Viena sobre o Direito dos Tratados.

Ademais, o Relatório destaca a necessidade de elucidar que as Convenções não restringem o direito de os Estados Contratantes tributarem os próprios residentes. Esse princípio já encontra guarida no §6.1 dos comentários à Convenção-Modelo, o que não impediu que contribuintes utilizassem, para afastar a tributação no Estado de residência, regras que visavam a proteger não residentes.[102].Para solucionar a questão, recomenda-se a inclusão do parágrafo 3º no art. 1º do Tratado (*saving clause*):

> 3. Essa Convenção não afetará a tributação por um Estado Contratante sobre seus próprios residentes, excetuados os benefícios concedidos na forma do parágrafo 3º do art. 7º, parágrafo 2º do art. 9º e artigos 19, 20, 23 A [23 B], 24, 25 e 28.

Especificamente sobre os arts. 23 A e 23 B, o Relatório destaca que as medidas para evitar a dupla tributação devem ser restritas aos casos de conflito entre os critérios de fonte e de residência, como nos casos em que ambos os Estados tentam tributar o mesmo rendimento, imputando-o a sujeitos distintos, cada qual residente em um país signatário. Isso ocorre, por exemplo, quando um Estado tributa a renda global de uma entidade, ao passo que o outro a considera transparente, tributando os seus acionistas, que são seus residentes.

9   As Seções B e C do Relatório sobre a Ação 6

9.1 Modificações no título e no preâmbulo da Convenção

A Seção B do Relatório se ocupa com tarefa de "esclarecer que os tratados não devem ser usados para gerar dupla não tributação". Para tanto, recomenda-se a alteração do título e do preâmbulo da Convenção, a fim de deixar evidente o compromisso dos Estados no combate à elisão tributária (*tax avoidance*) e à evasão tributária (*tax evasion*):

> Convenção entre (Estado A) e (Estado B) para a eliminação da dupla tributação com respeito a tributos sobre a renda e o capital e para a prevenção à elisão e evasão tributárias.
>
> PREÂMBULO DA CONVENÇÃO
> (Estado A) e (Estado B),
> Desejando o desenvolvimento de suas relações econômico e o aumento da cooperação em assuntos tributários,

---

[102] DE BROE, Luc; LUTS, Joris. "BEPS Action 6. Tax treaty abuse". *In*: *Intertax*, v. 43, n. 2, p. 122 – 146, 2015, p. 137-139.

Visando à celebração de uma Convenção para a eliminação da dupla tributação com respeito aos tributos sobre renda e sobre o capital, sem, no entanto, criar oportunidades para a não tributação ou a tributação reduzida mediante elisão ou evasão tributárias (incluindo a prática de *treaty shopping* que vise a desonerações previstas nessa Convenção em benefício de residentes de terceiros Estados)

A declaração de intenções incorporada ao título e ao preâmbulo do Tratado traduz orientação hermenêutica a ser empregada pelas autoridades administrativas e pelos contribuintes,[103] em conformidade com o art. 31 da Convenção de Viena.

9.2 Razões de política tributária para a celebração e a manutenção de um TDT

Por último, o Relatório analisa os possíveis motivos de política tributária para o Estado recusar, suspender ou denunciar um TDT com outro Estado. Nesse sentido, recomenda-se a alteração da introdução à Convenção-Modelo, que esclarecerá que as oportunidades para elisão e evasão tributárias criadas pelo direito interno de um país são razão para que outros Estados não firmem ou prorroguem tratados com essa jurisdição. Igualmente, propõe-se a elaboração de regras que suspendam os benefícios do TDT quando da constatação de regimes preferenciais no outro Estado Contratante.

10 Conclusão

O abuso de tratados é um dos principais mecanismos para a erosão da base tributável nos impostos sobre a renda. De fato, há expressiva preocupação em torno da manipulação das disposições das convenções no intuito de aplicá-las de modo incompatível com os objetivos que lhes marcam, resultando, assim, na fruição de benefícios em situações inapropriadas, no afastamento de normas internas antiabuso por suposta contradição com as regras do TDT e, até mesmo, na restrição do direito de os Estados tributarem seus próprios residentes. É necessário, portanto, reconduzir os acordos internacionais aos fins por eles visados, o que só será possível por meio de uma profunda alteração do texto dos TDTs, bem como da forma pela qual os interpretamos.

Em conformidade com o Relatório final da Ação 6 do Plano BEPS, é imprescindível que os Estados reforcem as suas respectivas redes de tratados com disposições que impeçam que a concessão de um benefício possa se descolar das finalidades que o fundamentam. Para tanto, deve-se fazer uso de três instrumentos: a regra da limitação de benefícios, a cláusula do teste de propósito principal e uma declaração expressa contra a utilização da convenção para a criação de oportunidade de elisão e de evasão tributárias. O modo pelo qual os Estados combinarão essas ferramentas dependerá do contexto específico no qual eles estão inseridos, o que não significa que os tratados não devam atender padrões mínimos de proteção contra práticas abusivas.

Percebe-se, pela análise dos trabalhos realizados no bojo da Ação 6, que a OCDE se preocupou em transladar diversas das recomendações contidas nos comentários à

---

[103] DE BROE, Luc; LUTS, Joris. "BEPS Action 6. Tax treaty abuse". *In: Intertax*, v. 43, n. 2, p. 122-146, 2015, p. 142.

Convenção-Modelo para o texto dessa, modificando, assim, a configuração do Acordo. Nesse processo, ganha especial simbolismo a alteração do título do tratado, que não mais visa, exclusivamente, a eliminar a bitributação, mas também a reduzir os planejamentos tributários calcados no abuso das normas do TDT. Erige-se, assim, um novo paradigma no histórico das convenções tributárias, as quais não se limitam mais a garantir o direito do contribuinte a ser tributado com razoabilidade por um rendimento derivado de operações transnacionais, objetivando, agora, proteger, igualmente, o poder tributário dos Estados Contratantes.

Informação bibliográfica deste texto, conforme a NBR 6023:2018 da Associação Brasileira de Normas Técnicas (ABNT):

ESTANISLAU, César Vale. O combate ao abuso de convenções para evitar a bitributação: considerações sobre as principais propostas no âmbito da Ação 6 do Plano BEPS. *In*: TEIXEIRA, Alexandre Alkmim (Coord.). *Planc BEPS*. Belo Horizonte: Fórum, 2019. p. 355-395. ISBN 978-85-450-0654-1.

NORMA GERAL ANTIELISIVA E O *PRINCIPLE PURPOSE TEST* (AÇÃO 6 DO BEPS) NA POLÍTICA INTERNACIONAL TRIBUTÁRIA DO BRASIL

Tax avoidance rules are the key element in a post-BEPS tax world. Declining state revenue, high levels of public debt and the rising of public interest in issues related to tax avoidance have contributed to the willingness of governments to tighten or adopt general anti-avoidance rules (GAARs).[1]

Introdução

O *Base Erosion and Profits Shifting* – BEPS (Erosão de Base Tributária e Desvio de Lucros), projeto da Organização para a Cooperação e Desenvolcimento Econômico – OCDE, corresponde a um ambicioso pacote de 15 (quinze) medidas negociadas e aprovadas pelo G20, grupo formado pelas vinte maiores economia mundiais, para preservar a soberania tributária dos estados.[2] Esse projeto ou estratégia de ação tem por finalidades, dentre outras, combater o que se convencionou chamar de "planejamentos tributários agressivos", e o abuso de acordos ou tratados para evitar a dupla tributação da renda.

Tem-se observado que, pelo *modus operandi* de empresas multinacionais, os tratados tem produzido efeito inverso de dupla não tributação, em geral, com a transferência de

---

[1] "As normas antielisivas são o elemento-chave em um mundo tributário pós-BEPS. A diminuição da receita estatal, os altos níveis de dívida pública e o aumento do interesse público em questões relacionadas à elisão fiscal contribuíram para a vontade dos governos de apertar ou adotar normas gerais antielisiva". (Tradução do autor). LANG, Michael (org.). GAARs – A Key Element of Tax Systems in the Post-BEPS World. Prefácio, IBFD, Amsterdã, 2016, p. xxxiii

[2] Seguindo-se ao trabalho anterior *Tackling Aggressive Tax Planning through Improved Transparency and Disclosure*, de 2011, também pela OCDE, o BEPS Action Plan foi publicado em 19 de julho de 2013. Em 5 outubro de 2015, o relatório final foi divulgado com as recomendações aos países membros e também aos não membros; e, dias mais tarde, foi aprovado pelo Conselho da OCDE e endossado por todos os países do G20.

lucros para jurisdições com reduzida ou nenhuma atividade econômica ativa e tributação (paraísos fiscais ou países com tributação favorecida).

Desses esquemas resulta, não raro, a dedução de despesas da base de cálculo do imposto de renda tributável em países da residência do contribuinte ou da fonte produtora da renda pela combinação de benefícios previstos em tratados internacionais (*treaty shopping*), por estruturas artificiais negociais intragrupos econômicos e pelas chamadas "assimetrias híbridas" de entidades (*hybrid mismatches*), comumente derivadas da exploração de descompassos entre dois ou mais ordenamentos jurídicos para reduzir a carga tributária.[3]

> Via de regra, a norma tributária interna atual de vários estados combinadas com as disposições dos acordos que regem a tributação das rendas e lucros gerados em bases transnacionais, revelam deficiências que criam oportunidades para a erosão da base tributária e a transferência de rendas/lucros".[4]

O atual ambiente de riscos de planejamentos tributários agressivos e evasão fiscal está envolvido nas incertezas decorrentes dos avanços tecnológicos, da emergência da economia digital, da mobilidade de pessoas, do capital e da renda, e da competição tributária prejudicial entre países (*harmful tax competition*). Nesse contexto, o *BEPS* é a iniciativa tributária internacional mais significativa das últimas cinco décadas e que terá impactos por muitas mais por vir.[5] Contudo, é difícil prever se essa nova agenda irá influenciar e criar o consenso necessário para definir novas fronteiras do planejamento tributário internacional.[6]

Apesar de toda a polêmica, esse projeto, baseado na ideia de transparência fiscal internacional e de troca de informações fiscais – iniciado com o *Global Forum on Transaprency and Exchange of Information* (Fórum Global de Transparência e de Troca de Informações) – tem sido incorporado por inúmeros países. Isso porque foi estruturado de maneira flexível e adaptável à realidade de cada jusirdição e dos blocos econômicos, como a União Europeia.

Algumas das ações nele previstas[7] dependem de mudanças da legislação tributária doméstica de cada país; outras, de alterações da rede de tratados internacionais

---

[3] PIANTAVIGNA, Paolo. Tax Abuse and Aggressive Tax Planning in the BEPS Era: How EU Law and the OECD Are Establishing a Unifying Conceptual Framework in International Tax Law, despite Linguistic Discrepancies. *World Tax Journal*, fev. 2017, p. 63.

[4] OLIVEIRA, José André Wanderley Dantas de. Intercâmbio de Informação como Instrumento de Preservação do Tradicional Modelo de Tributação Internacional. *In*: Direito Tributário – Comemoração dos 50 Anos do Código Tributário Nacional (Estudos em Homenagem a Souto Maior Borges), José André Wanderley Dantas de Oliveira; Paulo Rosenblatt (org.), Recife: Nossa Livraria, 2016, p. 261.

[5] Chegou a ser comparado a um "tsunami tributário". VANISTENDAEL, Frans. Is Tax Avoidance the Same Thing under the OECD Base Erosion and Profit Shifting Action Plan, National Tax Law and EU Law? *In*: *Bulletin for International Taxation*, IBFD, mar., 2016, p. 163.

[6] BAKER, Philip. Is There a Cure for BEPS? Editorial, *In* British Tax Review, n. 5, 2013, p. 605-606. MICHEL, Bob. Anti-Avoidance and Tax Treaty Override: Pacta Sunt Servata? *In:European Taxation*, edição especial, set., IBFD, 2013, p. 414-19.

[7] Dentre os planos de ação, destacam-se os seguintes: tributação da economia digital; regras de tributação de lucros auferidos por coligadas e controladas no exterior ou de transparência fiscal internacional (CFC rules); a exigência de substância, como forma de combater práticas fiscais prejudiciais com foco em transparência; aprimoramento das regras de preços de transferência (transfer pricing); e regras de comunicação obrigatória de planejamentos tributários agressivos (mandatory disclosure rules).

PAULO ROSENBLATT

NORMA GERAL ANTIELISIVA E O *PRINCIPLE PURPOSE TEST* (AÇÃO 6 DO BEPS) NA POLÍTICA INTERNACIONAL TRIBUTÁRIA DO BRASIL | 399

(mais de três mil tratados e convenções atualmente existes); e, ainda, está-se diante da introdução de um instrumento multilateral (*Multi Lateral Instrument – MLI*), já assinado por diversos países.

Segundo Sérgio André Rocha, a coordenação e o multilateralismo são a principal tendência da tributação intenacional do século 21.[8] Nesse contexto, o *BEPS* é uma resposta combinada dos fiscos nacionais às perdas crescentes de arrecadação, particularmente aquelas decorrentes de práticas abusicas e artificiais praticadas por empresas multinacionais.[9] Ao mesmo tempo, esse plano de ação é uma exigência da classe empresária por um ambiente negocial livre (chamado de *level playing field*, nos países de língua inglesa) e amparado pelo princípio internacional da neutralidade fiscal.[10]

E também é o *BEPS* uma reação política tanto à crise econômica de 2008-2009, como uma resposta ao clamor de sociedades civilmente organizadas de países desenvolvidos contra condutas percebidas como nocivas à coletividade e inaceitáveis do ponto de vista de uma justa distribuição da carga tributária. A elisão fiscal não é algo recente, mas houve uma mudança de moralidade tributária e diminuição da tolerância social a ela, no âmbito doméstico e internacional.[11] "Taxation should produce the right amount of tax at the right time, while avoiding both double taxation and unintentional non-taxation".[12]

Acima de tudo, cumpre observar que o *BEPS* é uma bandeira das nações mais industrializadas e representa, por isso, também um instrumento de disputa comercial, industrial e de manutenção de empregos nos países ricos. Estão em jogo embates entre os Estados Unidos, a União Europeia e a China, uns com os outros. Os interesses desses países, não raro, conflitam com aqueles dos países em desenvolvimento em diversas questões tributárias.

Nesse contexto, é preciso analisar a política tributária brasileira do ponto de vista internacional, bem como avaliar como defender os interesses nacionais diante do desafio de aderir ao pacote de ações em questão.[13] De início, é importante notar que o Brasil é signatário de apenas 34 (trinta e quatro) tratados internacionais tributários. Dessa rede restrita, a maioria foi assinada no tempo em que o país ainda tinha por base uma tributação em bases territoriais, e não universais, e tinham por propósito atrair investimento estrangeiro direto, não a evitar a dupla tributação da renda ou evitar a evasão fiscal.[14]

---

[8]   ROCHA, Sérgio André. *Brazil's Internacional Tax Policy*. Rio de Janeiro: Lumen Juris, 2017, p. 1.

[9]   O BEPS se propõe a acompanhar a adoção dos seu plano de ação pelos países e prevê instrumentos de avaliação. Contudo, não há parâmetros universalmente aceitos para se definir elisão fiscal, nem muito menos para quantificá-la, em cada país ou internacionalmente.

[10] Do ponto de vista puramente econômico, a tributação deve ser neutra e influenciar minimamente as escolhas negociais do contribuinte, inclusive a eleição do local de produção da renda. Porém sob esse princípio, o Estado deve desencorajar condutas que representem em competição desleal e resultem em vantagens indevidas, inefetividade de alocação de recursos e desigualdade. Daí porque, o princípio da eficiência deve ser efetivado tanto pela proibição de dupla tributação, como de dupla não tributação. Cf. PIANTAVIGNA, Paolo. Tax Abuse and Aggressive Tax Planning in the BEPS Era: How EU Law and the OECD Are Establishing a Unifying Conceptual Framework in International Tax Law, despite Linguistic Discrepancies. *World Tax Journal*, fev. 2017, p. 48.

[11] MICHEL, Bob. *Anti-Avoidance and Tax Treaty Override: Pacta Sunt Servata? In European Taxation*, edição especial, set., IBFD, 2013, p. 414.

[12] "A tributação deve produzir o montante certo de impostos no momento certo, evitando-se, ao mesmo tempo, a dupla tributação e a não tributação não intencional" (tradução do autor). OCDE. BEPS – *Final Report*, Action 1. Disponível em: http://www.oecd.org/tax/beps-2015-final-reports.htm. Acesso em: 31 jul. 2018.

[13] TAVARES, Romero J. S. Política Tributária Internacional – OCDE, *BEPS* e G20: como defender os interesses do Brasil? Revisa Brasileira de Comércio Exterior n. 127, abril/maio/jun. 2016, p. 26-7.

[14] ROCHA, Sérgio André. *Brazil's Internacional Tax Policy*. Rio de Janeiro: Lumen Juris, 2017, p. 19-26. Vide também: DUARTE FILHO, Paulo César. *Doube Tax Treaties Policies of Brazi: the Brazilian Model Tax Convention*. Rio de Janeiro: Lumen Juris, 2018, p. 38-46.

A política tributária brasileira de reação aos planejamentos tributários abusivos se concentra muito mais no plano doméstico do que internacional, e pouca atenção tem sido dada ao *BEPS*. Isso decorre do fato de o Brasil, de um lado, ser um país com perfil de importador de investimentos, de bens industrializados e de tecnologia, e ver com desconfiança a coordenação com outros países que venham a reduzir a sua competência tributária; de outro, em virtude de o país possuir um extenso aparato de normas antielisiva no estilo *BEPS* (normas CFC, limitação de dedutibilidade de despesas, regras própria de preços de transferência, etc), ainda que componham um sistema desconectado do padrão existente em outros países.[15]

Enquanto muitos países já vêm adotado medidas para internalizar os *BEPS* no plano doméstico e na sua política de tratados, o Brasil não tomou nenhuma medida concreta até o presente momento. Porém, os desafios fiscais de um mundo cada vez mais interconectado em cadeias globais de valor exigem que o Brasil se inclua nesse ambiente global, de forma a competir com outras economias emergentes.

O Brasil aderiu ao *BEPS* como país integrante do G-20, porém na qualidade de Estado não membro da OCDE, mas pleiteou o seu ingresso em 29 de maio de 2017. Esse processo de adesão tem sido e será bastante lento, provavelmente condicionado à adequação do sistema brasileiro aos parâmetros dos demais países membros.

Assim, o presente artigo irá tratar das repercussões do plano *BEPS* no Brasil. Contudo, dada a vastidão de matérias encartadas em todos os seus planos de ação, irá se concentrar nos planos de ação 5 e 6, notadamente em relação à introdução de uma norma geral anti-abuso com o teste do propósito principal (the principal purpose test – PPT).[16]

Trata-se de uma das principais inovações do *BEPS* à Convenção Modelo da OCDE,[17] mas também uma das mais polêmicas. Isso porque não há consenso de qual normas gerais antielisiva são a melhor solução para a elisão fiscal ou se são instrumentos eficientes para combater planejamentos tributários abusivos.[18] E se tais normas são desejáveis, quais modelos devem ser seguidos, haja vista os escopos e design diferentes.[19]

Ao lado disso, a introdução de normas gerais antielisivas em tratados não é algo novo em si mesma. Vários organismos internacionais, já o fizeram no passado, como a Comissão Europeia, o Fundo Monetário Internacional e o Banco Mundial. A própria OCDE havia incluído tal recomendação no relatório *Harmful Tax Competition*, em 1988, que pretendia fixar 12 (doze) fatores para determinar se um regime tributário poderia ser qualificado como danoso ou prejudicial, e criar instrumentos capazes de reduzir o deslocamento dos lucros e limitar o uso de paraísos fiscais. A Lei Complementar nº 104/2001, que introduziu o parágrafo único no artigo 116 do Código Tributário Nacional – CTN, foi editada nesse contexto.[20]

[15] ROCHA, Sérgio André. *Idem*, p. 199-201.
[16] ROSENBLATT, Paulo. Normas Gertais Antielisivas como Princípio de Direito Internacional: Os Desafios do Brasil em se Compatibilizar ao BEPS. *In*: *Revista Direito Tributário Internacional Atual* n. 2, 2017, p. 211-233.
[17] MORENO, Andrés Báez. GAARs and Treaties: From the Guiding Principle to the Principal Purpose Test. What Have We Gained from BEPS Action 6? *In Intertax*, v. 45, n. 6 e 7, 2017, p. 432-446.
[18] FREEDMAN, Judith. Converging Tracks? Recent Developments in Canadian and UK Approaches to Tax Avoidance. *In*: *Canadian Tax Journal*, n. 53, v. 4, 2005, p. 1038.
[19] LANG, Michael. BEPS Action 6: Introducing an Antiabuse Rule in Tax Treaties. *In*: *Tax Notes Ineternational*, v. 74, n. 7, maio, 2014, p. 656. KREVER, Richard. Chapter 1: General Reports: GAARs. In LANG, Michael (ed.), GAARs – A Key Element of Tax Systems in the Post-BEPS World, IBFD, Amsterdã, 2016, p. 1.
[20] ROLIM, João Dácio; ROSENBLATT, Paulo. Dez Anos da Norma Geral Antielisiva no Brasil. *In*: *Revista Dialética de Direito Tributário*, 197, 2012, p. 93.

PAULO ROSENBLATT

NORMA GERAL ANTIELISIVA E O *PRINCIPLE PURPOSE TEST* (AÇÃO 6 DO BEPS) NA POLÍTICA INTERNACIONAL TRIBUTÁRIA DO BRASIL | 401

Esse projeto fracassou, sobretudo por ter se utilizado um paradigma de ações unilaterais ou bilaterais, e não o da cooperação, multilateralismo e coordenação entre os diversos regimes tributários,[21] assim como foi incapaz de acompanhar o desenvolvimento das novas tecnologias e economia digital.[22] O *BEPS* se propõe a superar as falhas cometidas e enfrentar de uma nova maneira e de maneira mais contundente os planejamentos fiscais agressivos.

Os principais pilares do plano de ação 5 (transparência e substância ou atividade substancial) e 6 (abuso de tratados), também são pilares da política fiscal doméstica e internacional brasileiras.[23] Não havendo contradições nessa área, o presente artigo analisa se e como introduzir essas medidas no Brasil.

1 A tentativa frustrada de regulamentação da norma geral antielisiva consoante o *BEPS* e a posição do Conselho Administrativo de Recursos Fiscais

O governo brasileiro buscou regulamentar o parágrafo único do artigo 116 do Código Tributário Nacional, enclave da norma geral antielisiva no direito interno. A exposição de motivos da Medida Provisória nº 685/2015 deixou claro o seu intento de cumprir com seus compromissos internacionais assumidos com o *BEPS*:[24]

> 4. A segunda medida proposta estabelece a necessidade de revelação de estratégias de planejamento tributário, que visa aumentar a segurança jurídica no ambiente de negócios do pais e gerar economia de recursos públicos em litígios desnecessários e demorados. A ausência de informações completas e relevantes a respeito das estratégias de planejamentos tributários nocivos é um dos principais desafios enfrentados pelas administrações tributárias no mundo. O acesso tempestivo a tais informações oferece a oportunidade de responder rapidamente aos riscos de perda de arrecadação tributária por meio de fiscalização ou de mudança na legislação.
>
> 5. Nesta linha, o Plano de Ação sobre Erosão da Base Tributária e Transferência de Lucros (Plano de Ação BEPS, OCDE, 2013), projeto desenvolvido no âmbito da OCDE/G20 e que conta com a participação do Brasil, reconheceu, com base na experiência de diversos países (EUA, Reino Unido, Portugal, África do Sul, Canadá e Irlanda), os benefícios das regras de revelação obrigatória a administrações tributárias. Assim, no âmbito do BEPS, há recomendações relacionadas com a elaboração de tais regras quanto a operações, arranjos ou estruturas agressivos ou abusivos.

---

[21] BAKER, Philip. Is There a Cure for BEPS? Editorial, *In*: *British Tax Review*, n. 5, 2013, p. 605-606. MICHEL, Bob. Anti-Avoidance and Tax Treaty Override: Pacta Sunt Servata? In *European Taxation*, edição especial, set., IBFD, 2013, p. 605-6. BRAUNER, Yariv. BEPS, An Interim Evaluation. *In*: *World Tax Journal*, IBFD, fev., 2014, p. 10, 24. LIEBMAN, Howard M, HEYVAERT, Werner; OYEN, Valérie. Countering Harmful Tax Practices: BEPS Action 5 and EU Initiatives – Past Progress, Current Status and Prospects. *In*: *European Taxation*, fev./mar., IBFD, 2016, p. 102. PICCIOTTO, Sol. International Taxation and Economic Substance. *In Bulletin for International Taxation*, IBFD, dez., 2016, p. 752.

[22] VANISTENDAEL, Frans. Is Tax Avoidance the Same Thing under the OECD Base Erosion and Profit Shifting Action Plan, National Tax Law and EU Law? *In Bulletin for International Taxation*, IBFD, mar., 2016, p. 163.

[23] No entanto, Sérgio André Rocha pondera que o combate ao *treaty shopping* não é necessariamente parte da política brasileira, enquanto importador de tecnologia e investimentos diretos estrangeiros. *Ibidem*, p. 240-246.

[24] ROSENBLATT, Paulo; COSTA, Gustavo Cavalcanti. MP 685 criminaliza qualquer forma de planejamento tributário lícito. Disponível em: https://www.conjur.com.br/2015-set-02/mp-685-criminaliza-qualquer-forma-planejamento-tributario-licito. Acesso em: 12 out. 2017.

6. O principal objetivo dessa medida é instruir a administração tributária com informação tempestiva a respeito de planejamento tributário, além de conferir segurança jurídica à empresa que revela a operação, inclusive com cobrança apenas do tributo devido e de juros de mora caso a operação não seja reconhecida, para fins tributários, pela RFB. Ademais, destaca-se que a medida estimula postura mais cautelosa por parte dos jurisdicionados antes de fazer uso de planejamentos tributários agressivos.

Contudo, esses dispositivos da Medida Provisória nº 685/2015 foram rejeitados de modo expresso pelo Congresso Nacional.[25] Ainda que, em princípio, essa norma geral antielisiva se refira ao plano interno, dado que está se inserida no Código Tributário Nacional, nada obsta a sua aplicação em relação aos tratados internacionais dos quais o país seja signatário.

Há uma tendência crescente no mundo em positivar normas gerais antielisivas, como uma forma de reduzir a insegurança jurídica ou, ao menos, dar clareza ao sistema tributário. Embora esse tipo de norma tenha sido visto, por muito tempo, como um aparato do direito tributário interno, aos poucos foi se popularizando e sendo direcionado a negócios e estruturas transfronteiriças.

O *BEPS* apenas acrescenta mais uma camada de incentivo para a introdução de tal espécie normativa em tratados, além de estabelecer requisitos próprios para se determinar se um planejamento tributário é abusivo:
(i) a existência de fatores econômicos objetivos capazes de atribuir fins comerciais ou substância econômica ao ato ou negócio jurídico; e
(ii) o propósito especifico das normas tributárias aplicadas ou aplicáveis ao caso tenha sido obter uma posição tributária mais favorável contrária ao objeto e propósito das regras aplicáveis do tratado.[26]

O Brasil já possui Acordos para Evitar a Dupla Tributação que incluem normas antielisivas, como são os tratados com Isarel, México, Peru, África do Sul, Trinidade e Tobago, Turquia, e Venezuela. É de se questionar se não seria mais adequado regulamentar também esse dispositivo no seu plano interno, seguindo parâmetros internacionais, buscando-se certa harmonização de regimes jurídicos tributários, mas, ao mesmo tempo, sem olvidar da compatibilidade com seu sistema constitucional tributário vigente.[27]

Ademais, uma das conclusões do Relatório Geral do Congresso da IFA de Oslo de 2002 no tema "forma e substância no direito tributário" foi de que os países sem normas gerais antielisiva combatem esses negócios elisivos de qualquer forma. Na ausência desse tipo de norma positivada, recorrem-se a conceitos civilistas (abuso e fraude à lei, principalmente) ou construções jurisprudenciais (ausência de propósito negocial, substância sobre a forma, realidade econômica, etc.).[28]

---

[25] O mesmo fim teve a Medida Provisória nº 66/2001, a primeira tentativa de regulamentação da norma geral antielisiva depois de incluído o parágrafo único ao artigo 116 do CTN pela Lei Complementar nº104/2001.

[26] ROLIM, João Dácio. The General Anti-Avoidance Rule: Its Expanding Role in International Taxation. *In:Intertax*, Kluwer, v. 44, n. 11, p. 815.

[27] No Brasil, durante muito tempo, a doutrina majoritária criou uma trincheira para defender a incompatibilidade de uma norma geral antielisiva com o princípio da legalidade, mas não resistiu à realidade dos fatos em todo o mundo. E, como se verá mais adiante, a regulamentação é preferível à insegurança jurídica decorrente do combate à elisão fiscal sem instrumentos legislados. Sobre o assunto, vide: ROLIM, João Dácio, e ROSENBLATT, Paulo. Dez Anos da Norma Geral Antielisiva no Brasil. *In:Revista Dialética de Direito Tributário*, 197, 2012.

[28] ZIMMER, Frederik Zimmer. IFA General Report: Form and Substance in Tax Law' in *Cahiers de Droit Fiscal International*. IFA, 2002, v. 87A, p. 30-31.

PAULO ROSENBLATT

NORMA GERAL ANTIELISIVA E O *PRINCIPLE PURPOSE TEST* (AÇÃO 6 DO BEPS) NA POLÍTICA INTERNACIONAL TRIBUTÁRIA DO BRASIL | 403

Aqui essa premissa pode ser comprovada por dois estudos compreensivos, que analisaram acórdãos do Conselho Administrativo de Recursos Fiscais – CARF em matéria de planejamento tributário. O primeiro, capitaneado por Luís Eduardo Schoueri, mapeou decisões de 2002 a 2008 com foco no doutrina antielisiva do propósito negocial.[29] E o segundo, posterior, coordenado por Eurico Marcos Diniz de Santi e outros (nessa parte específica, coordenada por Ana Cláudia Utumi), da Escola de Direito de São Paulo da Fundação Getúlio Vargas, analisou as decisões do antigo Conselho de Contribuintes e do CARF até 2015, e identificou como critérios de fundamentação decisória, dentre outros, substância e forma, negócio jurídico indireto, abuso de forma, propósito negocial.[30]

Nesse caso, ausente a regulamentação da norma geral antielisiva, convive-se com uma situação de incerteza e insegurança jurídica, em que a decisões são proferidas sem uma base sólida, mas apoiadas em conceitos civilista ou, ainda, emprestadas de construções pretorianas de países de *Common Law*.

É importante notar que os juízes podem interepretar a ausência de uma norma geral antielisiva de duas formas: uma tolerância do estado aos planejamentos tributários e total liberdade negocial do contribuinte, ou como um convite ao ativismo judicial. Em um caso ou noutro, há sempre o risco de se positivarem doutrinas antielisiva e as respostas judiciais serem mais restritas do que as anteriores fórmulas fluidas doutrinárias.[31]

No Brasil, raras são as decisões de tribunais superiores sobre questões de planejamento tributário, de modo que não há dados para avaliar quais seriam as posições judiciais diante da falta de uma norma geral antielisiva devidamente regulamentada.

2 O propósito principal

No Plano BEPS, foi estabelecido como elemento central da norma geral antielisiva a ser incluída nos tratados bilaterais o *principle purpose test*, i.e., o teste ou requisito do propósito principal. A interconexão lógica entre o ato, fato ou negócio jurídico elesivio e o benefício ou vantagem fiscal inexoravelmente se realiza por meio desse elemento.

Trata-se de um elemento central das normas gerais antielisão, o que não lhes retira o caráter de incerteza. Isso porque há uma concepção antiga de que a tributação não deve depender de critérios subjetivos ou julgamentos morais a respeito da vontade ou do estado de espírito ou mental do contribuinte.[32] Nesse caso, dois contribuintes poderiam realizar o mesmo ato, em que um tem um motivo claro e o outro chegar ao mesmo resultado por mero acidente, ofendendo-se a isonomia tributária.[33]

Essa crítica vem sendo superada porque o elemento volitivo ou o motivo não é novidade no direito tributário e estão presentes em outros ramos do direito, como

---

[29] SCHOUERI, Luís Eduardo. Planejamento Tributário e o "Propósito Negocial" - Mapeamento de Decisões do Conselho de Contribuintes de 2002 a 2008. *In*: L. E. Schoueri; R. de Freitas (eds.), São Paulo: Quartier Latin, 2010.

[30] UTUMI, Ana Cláudia Akie *et alli*. Planejamento Tributário. *In*: SANTI, Eurico Marcos Diniz de *et ali* (coord.). Repertório Analítico de Jurisprudência do CARF. São Paulo: FGV, 2016, p. 217-262.

[31] KREVER, Richard. Chapter 1: General Reports: GAARs. *In*: LANG, Michael (ed.), GAARs – A Key Element of Tax Systems in the Post-BEPS World, IBFD, Amsterdã, 2016, p. 3.

[32] Esse requisito contraria o difundido princípio da liberdade negocial ou do *Duque de Westmister*, originado do caso homônio pela Casa dos Lordes, em 1936, segundo o qual a intenção ou propósito do particular é irrelevante para aferir as consequências tributárias. *IRC v. Duke of Westminster* [1936] AC 1 (HL).

[33] MORENO, Andrés Báez. GAARs and Treaties: From the Guiding Principle to the Principal Purpose Test. What Have We Gained from BEPS Action 6? *In Intertax*, v. 45, n. 6 e 7, 2017, p. 435.

é o caso da seara penal, em que as repercussões para a liberdade do cidadão são ainda mais graves.[34]

A distinção entre propósito como critério objetivo e subjetivo é muito tênue, haja vista que se trata sempre de inferências sobre a intenção ou estado mental do contribuinte, ainda quando se utilize de presunções (objetivas), previstas na norma, sobre as razões, objetivos, efeitos e consequências dos atos elisivos praticados. Na medida em que um papel ou documento não tem propósito, esses critérios objetivos nada mais são do que uma lista de fatores utilizados como forma de tentar reduzir a discricionariedade administrativa na definição do propósito.[35]

Nesse elemento, há toda uma discussão a respeito da dicotomia entre motivos tributários e extrafiscais. Trata-se de uma distinção equivocada, na medida em que os negócios jurídicos costumam ter múltiplos propósitos, sendo o tributário um dentre outros (familiar, negocial, etc), que não são mutuamente excludentes. Tampouco pode se esperar do contribuinte que não tome a questão tributária como custo do negócio e atue, dentro de certos parâmetros, para encontrar a alternativa mais vantajosa. A dificuldade aqui, portanto, é sopesar os diferentes propósitos, diante das circunsâncias do caso concreto, de modo a determinar qual o principal.[36]

> When considering such a provision, some countries may prefer to replace the phrase "a main purpose" by "the main purpose" to make it clear that the provision should only apply to transactions that are, without any doubt, primarily tax-motivated. Other countries, however, may consider that, based on their experience with similar general anti-abuse rules found in domestic law, words such as "the main purpose" would impose an unrealistically high threshold that would require tax administrations to establish that obtaining tax benefits is objectively more important than the combination of all other alleged purposes, which would risk rendering the provision ineffective. A State that wishes to include a general anti-abuse rule in its treaties will therefore need to adapt the wording to its own circumstances, particularly as regards the approach that its courts have adopted with respect to tax avoidance.[37]

---

[34] COOPER, Graeme S. 'The Design and Structure of General Anti-Tax Avoidance Regimes'. In: Bulletin for International Taxation, n. 63, v.1, 2009.

[35] LANG, Michael. BEPS Action 6: Introducing an Antiabuse Rule in Tax Treaties. In Tax Notes Ineternational, v. 74, n. 7, maio, 2014, p. 659. MORENO, Andrés Báez. GAARs and Treaties: From the Guiding Principle to the Principal Purpose Test. What Have We Gained from BEPS Action 6? In Intertax, v. 45, n. 6 e 7, 2017, p. 435-6. KREVER, Richard. Chapter 1: General Reports: GAARs. In: LANG, Michael (ed.), GAARs – A Key Element of Tax Systems in the Post-BEPS World, IBFD, Amsterdã, 2016, p. 8.

[36] BAKER, Philip. Tax avoidance, tax evasion & tax mitigation. In: Gray's Inn Tax Chambers Review. Disponível em: http://www.taxbar.com/documents/Tax_Avoidance_Tax_MitigationPhilip_Baker.pdf. Acesso em: 08 mar. 2011. OROW, Nabil. General anti-avoidance rules: a comparative international analysis. Bristol: Jordans, 2000.

[37] "Ao considerar tal dispositivo, alguns países podem preferir substituir a expressão "um objetivo principal" por "o objetivo principal" para deixar claro que a previsão só deve se aplicar a transações que são, sem dúvida, principalmente motivadas por tributos. Outros países, entretanto, podem considerar que, com base em sua experiência com regras gerais antiabuso similares encontradas na legislação nacional, palavras como "o objetivo principal" imporiam um limite exageradamente alto que exigiria que as administrações tributárias estabelecessem que a obtenção de benefícios fiscais é objetivamente mais importante do que a combinação de todos os outros supostos propósitos, o que arriscaria tornar a previsão ineficaz. Um Estado que deseje incluir uma regra geral antiabuso em seus tratados precisará, portanto, adaptar a redação às suas próprias circunstâncias, particularmente no que diz respeito à abordagem adotada por seus tribunais em relação à evasão fiscal" (tradução do autor). United Nations, Model Tax Convention between Developed and Developing Countries, parágrafo 36 dos Comentários ao Artigo 1 Nova Yorque, 2011. Disponível em: http://www.un.org/esa/ffd/documents/UN_Model_2011_Update.pdf. Acesso em: 10 mar. 2018.

Há toda uma gama de critérios para definir o peso do propósito, que pode ser estreito (o propósito, propósito único ou propósito exclusivo), intermediário (propósito principal, um dos principais, predominante, dominante etc.) ou amplo (um dos propósitos ou um propósito).[38] Além disso, cumpre questionar de quem é o propósito relevante: apenas das partes envolvidas no negócio jurídico, qualquer pessoa conectada ou que tenha se beneficiado, o promotor do negócio (advogado, contador, etc.). Há também o problema do ônus da prova e as dificuldades a ela inerentes, especialmente se recair sobre o contribuinte.[39]

O critério do PPT, proposto pela OCDE, é intermediário – o principal propósito – e aparentemente possui um caráter subjetivo, na medida em que não elege uma lista de fatores para defini-lo, nem como balancear múltiplos e conflitantes propósitos (principal e secundários). Tampouco o projeto trata de quem deve ter o relevante ou substancial propósito e sobre quem recai o ônus da prova. Não há qualquer menção à hipótese de partes inseridas em um todo negocial com propósito elisivo e se o PPT é aplicável ao ao resultado final do conjunto ou a partes isoladas.

A doutrina do abuso de direito, igualmente, baseou-se no conceito de motivos tributários, isto é, que há elisão fiscal abusiva quando o contribuinte obtiver um benefício pela aplicação literal do texto legal sem qualquer outro motivo do que elidir ou mitigar a carga tributária devida.

Nessa interrelação entre motivos contrastantes (negociais, familiares ou extratri-butários), comumente se lança mão de conceitos desenvolvidos judicialmente pelo direito anglo-saxão (*Common Law*), como o propósito negocial (*business purpose*), com origem na célebre decisão da Suprema Corte norte-americana no caso *Gregory vs. Helvering*.[40] Esse são conceitos problemáticos porque tendem a reduzir o escopo da norma geral antielisiva ou podem ser mais facilmente burlados, na medida em que planejamentos tributários agressivos podem introduzir algum propósito comercial no conjunto de atos ou negócios realizados, para fastar a incidência da norma geral antielisiva.

Testes baseados em motivo e forma são comuns também em países de origem civilista, mas neles, geralmente, o motivo é chamado de "causa". No Brasil, o parágrafo único do artigo 116, do CTN, introduzido pela Lei Compelementar n. 104/2001, utiliza a expressão "a finalidade". Nesse caso, deve-se perquirir se se trata do único propósito – o que excluiria todos os casos com múltiplos propósitos – ou, se for entendida como um propósito, pode resultar em insegurança jurídica. A finalidade aí não significa a intenção (subjetiva) do contribuinte, mas o efeito (objetivo) do ato ou negócio jurídico elisivo[41].

Na acima mencionada MP nº 685/2015, a qual buscou ajustar a norma geral ansielisiva doméstica ao Projeto BEPS, e findou rejeitada pelo legislativo, ao invés de propósito, utilizou-se a expressão "razão", provavelmente com igual objetivo de tentar afastar o caráter subjetivo desse critério. Também empregou a locução "atos ou negócios

---

[38] ROSENBLATT, Paulo. *General Anti-Avoidance Rules for Major Developing Countries*. Roterdam: Kluwer Law International, 2015, p. 47-55.

[39] LANG, Michael. BEPS Action 6: Introducing an Antiabuse Rule in Tax Treaties. *In*: Tax Notes International, v. 74, n. 7, maio, 2014, p. 659.

[40] *Gregory v. Helvering* 293 US [1935] 465 (SC), 469.

[41] SCHOUERI, Luís Eduardo. Planejamento Tributário e o "Propósito Negocial" - Mapeamento de Decisões do Conselho de Contribuintes de 2002 a 2008. *In*: L. E. Schoueri e R. d. Freitas (eds). São Paulo: Quartier Latin, 2010, p. 17-8.

jurídicos sem razões extra tributárias relevantes", para tentar determinar o peso dos propósitos extratributários. Na tentativa anterior, a também rejeitada MP n. 66/2002, adotou-se o polêmico propósito negocial (*business purpose*). Uma grande dificuldade, nesses casos, é o possível questionamento em relação ao artigo 116, parágrafo único, do CTN, cuja redação lacunosa não previu esses critérios de modo explícito.

3 Substância e artificialidade

As expressões substância e artificialidade são utilizadas normalmente em conjunto, mas em diferentes contextos, pela OCDE. Em geral, têm sido compreendidas como uma lacuna ou descolamento entre os lucros tributáveis das atividades que geraram a renda.[42]

Os planos de ação 5 e 6 do *BEPS* referem-se de modo expresso à substância ou à atividade substancial, e à artificialidade, para combater planejamentos tributários agressivos em paraísos fiscais, jurisdições de tributação favorecida ou por meio de estruturas sem qualquer substrato econômico. Não há defição de substância ou artificialidade, mas esses planos trazem várias proposições de normas específicas antielisivas para enfrentar as hipóteses de abuso.

A substância sobre a forma é uma das doutrinas que se encontra na origem das construções judicias antielisiva e, posteriormente, positivadas em normas gerais antielisiva, em muitos países. Normalmente, utilizam de critérios acessórios de artificialidade, comercialidade, anormalidade, complexidade etc. São conceitos interconecatos, utilizados muitas vezes como sinônimos, sem qualquer precisão. Referem-se a uma suposta substância ou existente por debaixo da forma adotada pelo contribuinte, ou da própria natureza do negócio jurídico realizado independentemente da forma empregada.

Esse tipo de doutrina ignora que o direito tributário é uma criação humana e, portanto, artificial. Trata-se de uma falsa dicotomia. A renda não é um conceito de direito privado, mas tributário, e o mesmo se pode dizer do conceito de estabelecimento permanente, por exemplo.[43] Nesses conceitos, a forma prevalece sobre a substância, porque são conceitos eminentemente artificiais e construídos juridicamente, não economicamente.

No entanto, eles têm sido cada vez mais utilizados como o sentido de ausência de correspondência lógica e coerência entre o negócio jurídico e a realidade econômica. Também a noção de artificialidade é relativa e muda de lugar para lugar, e no passar do tempo. Anormalidade e comercialidade são conceitos igualmente controvertidos, por idênticas razões.

É verdade que o rótulo ou nome dado pelo contribuinte ao ato ou negócio jurídico não pode vincular o fisco, conforme estabelece o artigo 4º do CTN, devendo-se observar as obrigações e os direitos deles decorrentes, ou os seus elementos jurídicos intrínsecos. Por um lado, não cabe mais, no direito tributário uma postura semântica purista, conceptualista e ontológica, descontextualizada. Por outro, o pragmatismo não

---

[42] PIANTAVIGNA, Paolo. Tax Abuse and Aggressive Tax Planning in the BEPS Era: How EU Law and the OECD Are Establishing a Unifying Conceptual Framework in International Tax Law, despite Linguistic Discrepancies. *World Tax Journal*, fev. 2017, p. 94.

[43] FREEDMAN, Judith. *Beyond boundaries: developing approaches to tax avoidance and tax risk management*. Oxford: Centre for Business Taxation, 2008, p. 2.

PAULO ROSENBLATT

NORMA GERAL ANTIELISIVA E O *PRINCIPLE PURPOSE TEST* (AÇÃO 6 DO BEPS) NA POLÍTICA INTERNACIONAL TRIBUTÁRIA DO BRASIL | 407

pode pressupor uma prevalência absoluta da substância sobre a forma, sob pena de desigualar a relação fisco-contribuinte. Forma e substância devem ter igual valor sob a lei, e a ausência de eventual coerência ou correspondência com a realidade decidia de acordo com as circunstâncias de fato.

Na jurisprudência norte-americana e de outros países de *Common Law*, exige-se comumente uma comparação entre a situação pré e pós-tributária. Essa noção de mudança de posição econômica também é especulativa e pode gerar enormes incertezas.[44]

A previsão do parágrafo único do artigo 116 do CTN fala em "a natureza dos elementos constitutivos da obrigação tributária". Foi uma adaptação do modelo francês, mas que lá alterado por trazer obstáculos à aplicação[45]. No mesmo toar, a MP n. 685/2015 adotou critérios de substância sorbe a forma para se adaptar ao contexto do *BEPS*, ao prever a aplicação da norma quando a "forma adotada não for usual, utilizar-se de negócio jurídico indireto ou contiver cláusula que desnature, ainda que parcialmente, os efeitos de um contrato típico".

Incorreu, portanto, tal dispositivo no mesmo problema de supor que os atos e negócios jurídicos ocultam uma *natureza* a ser revelada por trás de formas não usuais. Isso porque algo poder usual e abusivo, ao mesmo tempo em que um negócio inovador é inusual, mas pode ser absolutamente legítimo. *Inovação não significa ilicitude, nem a difusão o contrário.*[46]

4 Considerações finais

O projeto *BEPS* tem representado uma transformação da tributação internacional. Ainda não há claros sinais de se e como o Brasil irá se adaptar aos planos de ação nele previstos. A possibilidade de se tornar membro da OCDE pode acelerar esse processo, diante das exigências dos demais países-membros. Isso pode ser colidente com os interesses nacionais, visto se tratar de uma país em desenvolvimento, eminentemente importador de tecnologia e dependente de investimentos diretos.

No presente artigo, dentre as 15 (quinze) medidas propostas, foi objeto de análise apenas a sugerida norma geral antielisiva para os tratados internacionais, mais especificamente os Planos de Ação 5 e 6. Eles propõe que, no próprio texto dos tratados a serem negociados ou reformulados, constem a exigência de substância ou atividade substancial no preâmbulo e o compromisso dos estados signatários de combaterem "planejamentos tributários agressivos", além de incluírem uma norma geral antielisiva no próprio texto do tratado.

O Brasil já convive com alguns poucos tratados que contêm esse tipo de previsão. O problema aqui tem sido muito mais de direito interno, pela ausência de uma norma geral antielisiva positivada já que possui uma reduzida rede de acordos bilaterais para evitar a dupla tributação da renda. Entretanto, é possível que o avanço da economia

---

[44] ARNOLD, Brian. The canadian experience with a general anti-avoidance rule. In Judith Freedman (ed.), Beyond boundaries: developing approaches to tax avoidance and tax risk management, Oxford: Centre for Business Taxaton, 2008, p. 31.

[45] ROLIM, João Dácio; ROSENBLATT, Paulo. Dez Anos da Norma Geral Antielisiva no Brasil. *In*: *Revista Dialética de Direito Tributário*, 197, 2012, p. 83-9.

[46] ROSENBLATT, Paulo. Normas gerais antielisivas como princípio de direito internacional: os desafios do Brasil em se compatibilizar ao BEPS. *In Revista Direito Tributário Internacional Atual* n. 2, 2017, p. 230.

digital e a crescente perda da soberania fiscal tragam a necessidade de desenvolvimento da política internacional em matéria tributária. Em 2016, o Brasil ratificou o instrumento multilateral de cooperação e troca de informações fiscais ratificado pelo Brasil, o que pode ser um prenúncio de novos tempos.

Embora não seja uma novidade, e seguindo o paradigma de normas gerais antielisvas existentes, o propósito principal, a substância e atividade substancial, são os requisitos previstos e envoltos em muito debate ao redor do planeta, pelo seu caráter imprevisível. Aliás, no recente relatório sobre segurança jurídica e tributação, a OCDE, juntamente com o Fundo Monetário Internacional, reconheceram que há problemas envoltos no PPT. Senão, veja-se:

> Box 3. OECD's project on the Principal Purposes Test
> Another OECD project intends to provide more predictability in the interpretation and application of the Principal Purposes Test (PPT).
> The PPT was developed as part of Action 6 (Preventing the Granting of Treaty Benefits in Inappropriate Circumstances) of the OECD/G20 BEPS Project and has been introduced in the 2017 OECD Model Tax Convention, in bilateral treaties and in the Multilateral Convention to Implement Tax Treaty Related Measures to Prevent Base Erosion and Profit Shifting (MLI).
> The implementation of PPT rules in bilateral treaties, while effective in reducing aggressive tax planning, is perceived as potentially increasing tax uncertainty. Various stakeholders have in fact expressed concerns on the implementation of the PPT. These concerns are expressed notwithstanding the extensive work already carried on by the OECD on tax conventions and related questions on the development on Commentary on the application of the PPT or on the work carried on the possible inadvertent effects of the PPT on the treaty entitlement of non-collective investment vehicles (CIVs) funds.2
> To increase tax certainty in the application of the PPT, the OECD has formed an informal group of interested delegates that would explore various areas where more tax certainty could be provided in the PPT, including best practices in the area of the general anti-avoidance rules and would report back with recommendations.[47]

Desse modo, percebe-se que a própria OCDE está ciente das dificuldades e insegurança jurídica oriundas do PPT e irá voltar a explorar esse assunto em um novo

---

[47] Caixa 3. Projeto da OCDE sobre o o teste do propósito principal
Outro projeto da OCDE pretende fornecer mais previsibilidade na interpretação e aplicação do *Principal Purpose Test* (PPT).
O PPT foi desenvolvido como parte da Ação 6 (Prevenção da Concessão de Benefícios do Tratado em Circunstâncias Inapropriadas) do Projeto BEPS da OCDE / G20 e foi introduzido no Modelo de Convenção Fiscal da OCDE de 2017, em tratados bilaterais e na Convenção Multilateral para Implantar Medidas Relacionadas com o Tratado para Evitar a Erosão Base e a Desvio de Lucro (MLI).
A implementação das regras do PPT nos tratados bilaterais, embora eficaz na redução do planejamento tributário agressivo, é percebida como potencialmente aumentando a incerteza tributária. Várias partes interessadas expressaram, de fato, preocupações sobre a implementação do PPT. Estas preocupações são expressas não obstante o extenso trabalho já realizado pela OCDE sobre convenções fiscais e questões relacionadas sobre o desenvolvimento de comentários sobre a aplicação do PPT ou sobre o trabalho realizado sobre os possíveis efeitos inadvertidos do PPT sobre os direitos decorrentes de tratado de fundos de veículos de investimento não coletivos (CIV).
Para aumentar a segurança tributária na aplicação do PPT, a OCDE formou um grupo informal de delegados interessados para explorar várias áreas em que maior certeza fiscal poderia ser fornecida no PPT, incluindo as melhores práticas na área das regras gerais antiabuso. e reportaria de volta com recomendações.
OCDE e FMI. *Update on Tax Certainty*. Julho, 2018. Disponível em: http://www.oecd.org/ctp/tax-policy/tax-certainty-update-oecd-imf-report-g20-finance-ministers-july-2018.pdf. Acesso em: 28 jul. 2018.

trabalho. Essa também pode ser uma oportunidade para o Brasil discutir o seu modelo de combate à elisão fiscal, internamente e internacionalmente, e contribuir para esse debate de harmonização tributária.

Referências

ARNOLD, Brian. The canadian experience with a general anti-avoidance rule. *In* Judith Freedman (ed.), *Beyond boundaries: developing approaches to tax avoidance and tax risk management*, Oxford: Centre for Business Taxaton, 2008.

BAKER, Philip. Is There a Cure for BEPS? Editorial, *In British Tax Review*, n. 5, 2013, p. 605-606.

BAKER, Philip. Tax avoidance, tax evasion & tax mitigation. *In Gray's Inn Tax Chambers Review*. Disponível em: http://www.taxbar.com/documents/Tax_Avoidance_Tax_MitigationPhilip_Baker.pdf. Acesso em: 08 mar. 2011.

BRAUNER, Yariv. BEPS, An Interim Evaluation. *In World Tax Journal*, IBFD, fev., 2014, p. 10-39.

COOPER, Graeme S. 'The Design and Structure of General Anti-Tax Avoidance Regimes'. *In Bulletin for International Taxation*, n. 63, v.1, 2009.

DUARTE FILHO, Paulo César. *Doube Tax Treaties Policies of Brazi:* the Brazilian Model Tax Convention. Rio de Janeiro: Lumen Juris, 2018, p. 38-46.

FREEDMAN, Judith. Converging Tracks? Recent Developments in Canadian and UK Approaches to Tax Avoidance. *In Canadian Tax Journal*, n. 53, v. 4, 2005, p. 1038.

FREEDMAN, Judith. *Beyond boundaries:* developing approaches to tax avoidance and tax risk management. Oxford: Centre for Business Taxation, 2008.

KREVER, Richard. Chapter 1: General Reports: GAARs. *In* LANG, Michael (ed.), GAARs – A Key Element of Tax Systems in the Post-BEPS World, IBFD, Amsterdã, 2016.

LANG, Michael. BEPS Action 6: Introducing an Antiabuse Rule in Tax Treaties. *In Tax Notes Ineternational*, v. 74, n. 7, maio, 2014, p. 655-664.

LANG, Michael (org.). GAARs – A Key Element of Tax Systems in the Post-BEPS World. Prefácio, IBFD, Amsterdã, 2016.

LIEBMAN, Howard M., HEYVAERT, Werner, e OYEN, Valérie. Countering Harmful Tax Practices: BEPS Action 5 and EU Initiatives – Past Progress, Current Status and Prospects. *In* European Taxation, fev./mar., IBFD, 2016, p. 102-120.

MICHEL, Bob. Anti-Avoidance and Tax Treaty Override: Pacta Sunt Servata? *In European Taxation*, edição especial, set., IBFD, 2013, p. 414-19.

MORENO, Andrés Báez. GAARs and Treaties: From the Guiding Principle to the Principal Purpose Test. What Have We Gained from BEPS Action 6? *In Intertax*, v. 45, n. 6 e 7, 2017, p. 432-446.

OCDE e FMI. *Update on Tax Certainty*. Julho, 2018. Disponível em: http://www.oecd.org/ctp/tax-policy/tax-certainty-update-oecd-imf-report-g20-finance-ministers-july-2018.pdf. Acesso em: 28 jul. 2018.

OLIVEIRA, José André Wanderley Dantas de. Intercâmbio de Informação como Instrumento de Preservação do Tradicional Modelo de Tributação Internacional. *In Direito Tributário* – Comemoração dos 50 Anos do Código Tributário Nacional (Estudos em Homenagem a Souto Maior Borges), José André Wanderley Dantas de Oliveira e Paulo Rosenblatt (org.), Recife: Nossa Livraria, 2016.

OROW, Nabil. *General anti-avoidance rules*: a comparative international analysis. Bristol: Jordans, 2000.

PIANTAVIGNA, Paolo. Tax Abuse and Aggressive Tax Planning in the BEPS Era: How EU Law and the OECD Are Establishing a Unifying Conceptual Framework in International Tax Law, despite Linguistic Discrepancies. *World Tax Journal*, Fev. 2017.

PICCIOTTO, Sol. International Taxation and Economic Substance. *In Bulletin for International Taxation*, IBFD, dez., 2016, p. 752-9.

ROCHA, Sérgio André. *Brazil's International Tax Policy*. Rio de Janeiro: Lumen Juris, 2017.

ROLIM, João Dácio. The General Anti-Avoidance Rule: Its Expanding Role in International Taxation. *In Intertax*, Kluwer, v. 44, n. 11, p. 815-22.

ROLIM, João Dácio; ROSENBLATT, Paulo. Dez Anos da Norma Geral Antielisiva no Brasil. *In Revista Dialética de Direito Tributário*, 197, 2012.

ROSENBLATT, Paulo. *General Anti-Avoidance Rules for Major Developing Countries*. Roterdam: Kluwer Law International, 2015.

ROSENBLATT, Paulo. Normas Gerais Antielisivas como Princípio de Direito Internacional: Os Desafios do Brasil em se Compatibilizar ao BEPS. *In: Revista Direito Tributário Internacional Atual* n. 2, 2017, p. 211-233.

ROSENBLATT, Paulo; COSTA, Gustavo Cavalcanti. MP 685 criminaliza qualquer forma de planejamento tributário lícito. Disponível em: https://www.conjur.com.br/2015-set-02/mp-685-criminaliza-qualquer-forma-planejamento-tributario-licito. Acesso em: 12 out. 2017.

SCHOUERI, Luís Eduardo. Planejamento Tributário e o "Propósito Negocial" - Mapeamento de Decisões do Conselho de Contribuintes de 2002 a 2008. *In*: L. E. Schoueri e R. d. Freitas (eds). São Paulo: Quartier Latin, 2010.

TAVARES, Romero J. S. Política Tributária Internacional – OCDE, BEPS e G20: como defender os interesses do Brasil? *Revisa Brasileira de Comércio Exterior* n. 127, abr./maio/jun. 2016.

UTUMI, Ana Cláudia Akie *et alli*. Planejamento Tributário. *In*. SANTI, Eurico Marcos Diniz de *et ali* (coord.). *Repertório Analítico de Jurisprudência do CARF*. São Paulo: FGV, 2016, p. 217-262.

VANISTENDAEL, Frans. Is Tax Avoidance the Same Thing under the OECD Base Erosion and Profit Shifting Action Plan, National Tax Law and EU Law? *IN Bulletin for International Taxation*, IBFD, mar., 2016, p. 163-172.

ZIMMER, Frederik. IFA General Report: Form and Substance in Tax Law. *In Cahiers de Droit Fiscal International*, IFA, v. 87A, 2002.

Informação bibliográfica deste texto, conforme a NBR 6023:2018 da Associação Brasileira de Normas Técnicas (ABNT):

ROSENBLATT, Paulo. Norma geral antielisiva e o *principle purpose test* (ação 6 do BEPS) na política internacional tributária do Brasil. *In*: TEIXEIRA, Alexandre Alkmim (Coord.). *Plano BEPS*. Belo Horizonte: Fórum, 2019. p. 397-410. ISBN 978-85-450-0654-1.

INFLUÊNCIAS DO PROJETO BEPS NOS NOVOS ACORDOS PARA EVITAR A DUPLA TRIBUTAÇÃO FIRMADOS PELO BRASIL

KAREM JUREIDINI DIAS

RAPHAEL ASSEF LAVEZ

1 Introdução

Após a publicação dos relatórios finais do Projeto BEPS, no final de 2015, teve início a fase de implementação das medidas sugeridas pela OCDE, o que traria impactos tanto no âmbito da legislação doméstica quanto nos acordos para evitar a dupla tributação. No caso do Brasil, com referência à legislação doméstica, verificaram-se diversas iniciativas para a adoção de determinadas orientações do Projeto BEPS, desde a edição da Medida Provisória nº 685 e a pretensão de adoção de uma obrigação de informar a realização de planejamentos tributários (em tese inspirada na Ação 12 do Projeto BEPS), até a implementação de determinados parâmetros de troca de informações, como a Declaração País a País (Ação 13 do Projeto BEPS).

No âmbito dos acordos para evitar a dupla tributação, num primeiro momento, o Brasil participou da comissão *ad hoc* de países envolvidos na negociação de um instrumento multilateral, conforme concebido no contexto da Ação 15 do Projeto BEPS, propondo um único acordo multilateral que viabilizasse a modificação em série dos tratados bilaterais firmados entre seus signatários. Após o encerramento dos trabalhos, foi divulgada a versão definitiva da "Convenção Multilateral para Implementar as Medidas relacionadas a Tratados Tributários para prevenir a Erosão da Base Tributária e a Transferência de Lucros", já tendo sido assinada por 83 países,[1] dentre os quais não se inclui o Brasil. Do ponto de vista global, o propósito da Ação 15 de promover as devidas alterações em inúmeros acordos bilaterais de uma só vez, por meio de um instrumento multilateral, é bastante ponderado, haja vista a magnitude do número de

---

[1] Até 23 de julho de 2018. Disponível em: http://www.oecd.org/tax/treaties/beps-mli-signatories-and-parties.pdf. Acesso em: 03 ago. 2018.

acordos – reporta-se que se trata de mais de 3.000 tratados bilaterais–,[2] bem como os custos e o tempo que a renegociação bilateral implicaria.

Alternativamente, a postura brasileira no tocante à implementação das propostas do Projeto BEPS tem apontado no sentido da renegociação bilateral de seus acordos, além da inclusão das novas propostas nos acordos que vieram ou vierem a ser concluídos. Nesse sentido, foram concluídos três acordos que permitem avaliar algumas das tendências a serem adotadas pelo Brasil quanto à sua política de acordos para evitar a dupla tributação: *(i)* o Protocolo de Emenda à Convenção firmada com a Argentina (celebrado em 21.07.2017 e já aprovado pelo Congresso Nacional 20.06.2018);[3] *(ii)* a Convenção para Eliminar a Dupla Tributação e Prevenir a Evasão e Elisão Fiscais celebrada com a Suíça (firmada em 03.05.2018); e *(iii)* o Acordo para Eliminar a Dupla Tributação e Prevenir a Evasão e Elisão Fiscais celebrado com Singapura (firmado em 07.05.2018).

Nesse contexto, o propósito do presente artigo é avaliar, a partir dos três acordos firmados pelo Brasil após a publicação dos relatórios finais do Projeto BEPS e do próprio Instrumento Multilateral, de que maneira essas novas tendências em política fiscal internacional têm influenciado (e, por consequência, poderão influenciar) a posição brasileira no tocante aos acordos para evitar a dupla tributação, sobre os principais aspectos adotados nos mencionados tratados. Ainda, se analisarão, em conjunto com a legislação doméstica brasileira, os principais impactos práticos das novas diretrizes adotadas nos acordos de dupla tributação.

2 Influências do Projeto BEPS na política brasileira de acordos para evitar a dupla tributação

A opção brasileira pela renegociação bilateral dos acordos em detrimento à solução multilateral ficou bastante evidente com o caso do Protocolo à Convenção firmada com a Argentina, no qual se incluíram diversas cláusulas cuja redação guarda inegável influência do Instrumento Multilateral. De fato, aventam-se algumas razões para essa posição do Brasil no tocante à implementação das medidas sugeridas pelo Projeto BEPS em sua rede de acordos de dupla tributação.[4] Em primeiro lugar, a solução multilateral poderia ser entendida como injustificavelmente complexa para um país cuja rede de acordos bilaterais é relativamente pequena – há, hoje, apenas 32 acordos para evitar a dupla tributação em vigor em que o Brasil consta como um dos Estados Contratantes.[5] Além disso, considerando essa complexidade e o fato de que acordos tributários, como aquele firmado com a Rússia, levaram anos para serem aprovados (no caso, 13 anos),

---

[2]   OECD, *Explanatory statement to the Multilateral Convention to Implement Tax Treaty related Measures to prevent Base Erosion and Profit Shifting*, parágrafo 26.

[3]   Decreto Legislativo nº 136/2018.

[4]   TOMAZELA, Ramon. "Brazil's absence from the Multilateral BEPS Convention and the new amending protocol signed between Brazil and Argentina". *Kluwer International Tax Blog*. Disponível em: [http://kluwertaxblog.com/2017/09/05/brazils-absence-multilateral-beps-conventionnew-amending-protocol-signed-brazil-argentina/]. Acesso em: 19 jul. 2018.

[5]   África do Sul, Argentina, Áustria, Bélgica, Canadá, Chile, China, Coreia do Sul, Dinamarca, Equador, Eslováquia e República Tcheca (originalmente firmado com a República Socialista da Tchecoslováquia), Espanha, Filipinas, Finlândia, França, Hungria, Índia, Israel, Itália, Japão, Luxemburgo, México, Noruega, Países Baixos, Peru, Portugal, Rússia, Suécia, Trinidad e Tobago, Turquia, Ucrânia e Venezuela.

seria fundamentado o receio de que o processo legislativo para a aprovação, pelo Congresso Nacional, de eventual adesão ao Instrumento Multilateral pudesse se estender por um longo tempo, frustrando a principal vantagem de sua proposta: a celeridade na implementação das alterações sugeridas pelo Projeto BEPS.

Cotejando-se o Protocolo à Convenção firmada com a Argentina e os novos Acordos celebrados com Suíça e Singapura, verificam-se pontos em comum que demonstram, em alguma medida, a efetiva influência do Projeto BEPS na política brasileira de acordos de dupla tributação. Em termos gerais, essa tendência se fez sentir no tocante à definição de estabelecimento permanente (Artigo 5), especialmente no caso da Argentina e Singapura, que levaram em consideração aspectos suscitados no Relatório Final da Ação 7 do Projeto BEPS,[6] focando no esvaziamento de estruturas que evitem a caracterização do *status* de estabelecimento permanente,[7] bem como rechaçando a utilização de arranjos de comissão mercantil e afins para essa mesma finalidade.

Além desse aspecto, também foram adaptadas algumas regras relativas ao procedimento amigável, alinhando-se os referidos acordos a determinadas diretrizes do Relatório Final da Ação 14 do Projeto BEPS,[8] especialmente quanto à possibilidade de instauração do procedimento amigável perante qualquer um dos Estados Contratantes,[9] o que implica a necessidade de se reavaliar a Instrução Normativa RFB nº 1.669, de 09 de novembro de 2016, à luz desses novos acordos.

Por fim, o terceiro aspecto que se destaca nos mencionados acordos diz respeito à adoção de cláusulas antielisivas e antiabuso, específicas e gerais, notadamente regras de limitação de benefícios e do teste do principal propósito.[10] Além desse aspecto (em que se verificam importantes particularidades entre os acordos, como se verá mais adiante), todos os casos analisados têm em comum a adoção de Preâmbulo semelhante ao sugerido no Relatório Final da Ação 6 do Projeto BEPS,[11] em que se esclarece que os acordos não têm por finalidade a viabilização de dupla não tributação ou redução da tributação por meio de evasão ou elisão fiscal.[12] A adoção de regras de tal escopo em acordos de dupla tributação não é, propriamente, uma novidade na política brasileira. De fato, ao menos desde 2002, alguns acordos firmados pelo Brasil já traziam cláusulas nesse sentido, sejam regras específicas de limitações de benefícios[13], seja regras gerais[14] que se aproximam da proposta da OCDE de um teste do principal propósito.[15]

---

6   OECD, *Preventing the Artificial Avoidance of Permanent Establishment Status, Action 7 - 2015 Final Report*, OECD/ G20 Base Erosion and Profit Shifting Project: OECD Publishing, Paris, 2015, p. 16 e 28-29. Disponível em: http:// dx.doi.org/10.1787/9789264241220-en. Acesso em 05.10.2015.

7   Como se verá mais adiante, aspecto também abordado pelo Artigo 13 do Instrumento Multilateral.

8   OECD, *Making Dispute Resolution Mechanisms More Effective, Action 14 - 2015 Final Report*, OECD/G20 Base Erosion and Profit Shifting Project: OECD Publishing, Paris, 2015. Disponível em: http://dx.doi.org/ 10.1787/9789264241633-en. Acesso em: 05 out. 2015.

9   Em sintonia com a previsão do Artigo 16(1) do Instrumento Multilateral.

10 Como se verá adiante, com forte paralelo com Artigo 7 do Instrumento Multilateral.

11 OECD, *Preventing the Granting of Treaty Benefits in Inappropriate Circumstances, Action 6 - 2015 Final Report*, OECD/G20 Base Erosion and Profit Shifting Project, OECD Publishing, Paris, 2015, p. 91-92. Disponível em: http://dx.doi.org/10.1787/9789264241695-en. Acesso em: 05 out. 2015.

12 Aspecto também abordado pelo Artigo 6(1) do Instrumento Multilateral.

13 Acordos celebrados com África do Sul (2003), Rússia (2004) e Peru (2006).

14 Acordos celebrados com Israel (2002), México (2003) e Turquia (2010).

15 SCHOUERI, Luís Eduardo; GALENDI JUNIOR, Ricardo A. "Interpretative and Policy Challenges Following the OECD Multilateral Instrument (2016) from a Brazilian Perspective". In: *Bulletin for International Taxation*, v. 71, p. 340-348, 2017 (347).

3 Caracterização de estabelecimento permanente nos novos acordos brasileiros e reflexos da legislação doméstica

3.1 Exceções expressas ao conceito de estabelecimento permanente

Do ponto de vista dos acordos para evitar a dupla tributação, o conceito de estabelecimento permanente exerce a crucial função de determinar uma "presença tributável", estabelecendo qual o grau exigido para sua caracterização, vale dizer, a partir do qual se verificaria a inserção do não residente na economia do outro país de forma tão intensa que ali estaria caracterizada a pertença econômica da atividade.[16] De fato, trata-se do elemento de conexão que atribui, se presente, a competência tributária ao Estado da fonte de produção dos lucros provenientes da atividade empresarial, a par do Artigo 7(1) dos Acordos que seguem a Convenção Modelo da ODCE. Não por outra razão, identificou-se, na recusa à caracterização de estabelecimento permanente, uma importante oportunidade de redução da tributação na localidade em que desenvolvidas as atividades empresariais, voltando-se o Projeto BEPS à sua mitigação, a partir uma linha geral do Plano de Ação no sentido de proteção da tributação na fonte.[17]

No caso, em análise, tem-se que o rol de hipóteses consideradas como exceções à caracterização de um estabelecimento permanente[18] embasava a fragmentação das atividades de modo a evitar a atribuição de tal *status*, embora, se tomadas em conjunto, talvez pudessem evidenciar a presença tributável do não residente. A redação da Convenção Modelo da OCDE, na versão 14 de julho de 2014 (anterior ao Projeto BEPS, portanto), era nos seguintes termos:

ARTICLE 5
PERMANENT ESTABLISHMENT
(...)
4. Notwithstanding the preceding provisions of this Article, the term "permanent establishment" shall be deemed not to include:
a) the use of facilities solely for the purpose of storage, display or delivery of goods or merchandise belonging to the enterprise;
b) the maintenance of a stock of goods or merchandise belonging to the enterprise solely for the purpose of storage, display or delivery;
c) the maintenance of a stock of goods or merchandise belonging to the enterprise solely for the purpose of processing by another enterprise;
d) the maintenance of a fixed place of business solely for the purpose of purchasing goods or merchandise or of collecting information, for the enterprise;
e) the maintenance of a fixed place of business solely for the purpose of carrying on, for the enterprise, any other activity of a preparatory or auxiliary character;
f) the maintenance of a fixed place of business solely for any combination of activities mentioned in subparagraphs a) to e), provided that the overall activity of the fixed place of business resulting from this combination is of a preparatory or auxiliary character.

---

[16] XAVIER, Alberto. *Direito Tributário Internacional do Brasil*. 7. ed. Rio de Janeiro, Forense, 2010, p. 553.

[17] BRAUNER, Yariv. "What the BEPS?". In: *Florida Tax Review*, v. 16, n. 2, p. 95, 2014.

[18] Artigo 5(4) da Convenção Modelo da OCDE; Artigo 5(3) do Acordo emendado Brasil-Argentina; Artigo 5(4) do Acordo Brasil-Suíça; e Artigo 5(5) do Acordo Brasil – Singapura.

Na redação da Convenção Modelo de 2014, especialmente no Artigo 5(4)(e)(f), se poderia aventar que o requisito do caráter preparatório e auxiliar não se aplicaria às atividades dos itens (a) a (d) se tomadas individualmente, mas apenas para outras atividades não previstas nos itens (a) a (d) ou quando desempenhadas essas atividades dos itens (a) a (d) conjuntamente (itens (e) e (f), respectivamente). Inclusive, era justamente essa a orientação da OCDE em seus Comentários, segundo os quais a regra do Artigo 5(4)(f), que veicula o requisito do caráter preparatório e auxiliar, não é relevante quando a empresa mantém diversas instalações fixas de negócios em que se exerçam as atividades dos itens anteriores, desde que de forma física e operacionalmente segregada.[19] Naturalmente, o item 27.1 dos Comentários da OCDE ao Artigo 5, que veiculava tal entendimento, foi excluído na versão revisada dos Comentários, publicada em 21 de novembro de 2017, incorporando as alterações sugeridas no Relatório Final da Ação 7 do Projeto BEPS.

Nesse sentido, o Acordo Brasil-Argentina, após a celebração do Protocolo de 2017, passou a prever as hipóteses de exceção ao conceito de estabelecimento permanente exatamente em linha com o proposto no Relatório Final da Ação 7 do Projeto BEPS:[20]

> Artigo 5
> Estabelecimento Permanente
> (...)
> 3. Não obstante as disposições precedentes do presente Artigo, considerar-se-á que a expressão "estabelecimento permanente" não inclui:
> (...)
> e) a manutenção de uma instalação fixa de negócios unicamente para fins de desenvolver, para a empresa, *qualquer outra atividade*;
> f) manutenção de uma instalação fixa de negócios unicamente para fins de qualquer combinação das atividades mencionadas nas alíneas a) a e),
> *desde que essa atividade* ou, no caso da alínea f), a atividade geral da instalação fixa de negócios *seja de caráter auxiliar ou preparatório*.

Essa redação, inclusive, corresponde à "Opção A" do Artigo 13(2) do Instrumento Multilateral e à atual versão do Artigo 5(4) da Convenção Modelo da OCDE (2017), assegurando que o requisito do caráter auxiliar ou preparatório se aplique a todas as exceções ao conceito de estabelecimento permanente, como se verifica nos trechos destacados.

Por outro lado, o Acordo firmado com Singapura seguiu posição diversa, tendo optado pela redação alternativa veiculada no item 78 dos Comentários ao Artigo 5 (2017). Essa alternativa parte da premissa de que as atividades listadas no Artigo 5(4) já seriam intrinsecamente de natureza preparatória ou auxiliar, de modo que a nova redação proposta na Convenção Modelo (2017) implicaria uma desnecessária insegurança para contribuintes e autoridades fiscais. Essa redação alternativa, em alguma medida com a

---

[19] OECD, *Model Tax Convention on Income and on Capital: Condensed Version 2014*. Commentary on Article 5, n. 27.1. Disponível em: http://dx.doi.org/10.1787/mtc_cond-2014-en. Acesso em: 03 ago. 2018.

[20] OECD, *Preventing the Artificial Avoidance of Permanent Establishment Status, Action 7 - 2015 Final Report*, OECD/G20 Base Erosion and Profit Shifting Project: OECD Publishing, Paris, 2015, p. 28-29. Disponível em: http://dx.doi.org/10.1787/9789264241220-en. Acesso em: 05 out. 2015.

redação anterior da Convenção Modelo da OCDE (2014), corresponde à "Opção B" do Artigo 13(2) do Instrumento Multilateral:

> Artigo 5
> Estabelecimento Permanente
> (...)
> 5. Não obstante as disposições precedentes deste Artigo, considerar-se-á que a expressão "estabelecimento permanente" não inclui:
> (...)
> e) a manutenção de instalação fixa de negócios unicamente para fins de desenvolvimento, para a empresa, de qualquer atividade não listada nas alíneas a) a d), desde que essa atividade possua caráter preparatório ou auxiliar; ou
> f) a manutenção de instalação fixa de negócios unicamente para fins de qualquer *combinação das atividades mencionadas nas alíneas a) a e), desde que o conjunto das atividades da instalação fixa de negócios resultante dessa combinação seja de caráter preparatório ou auxiliar.*

O Acordo com a Suíça, por sua vez, manteve a redação anterior da Convenção Modelo da OCDE (2014), não incorporando nenhuma das opções do Artigo 13(2) do Instrumento Multilateral – o que, ademais, revela-se coerente com a posição das autoridades suíças, que apresentaram reservas aos dispositivos do Instrumento Multilateral que tratavam da matéria. Por outro lado, nenhum dos acordos adotou a redação do atual Artigo 5(4.1) da Convenção Modelo da OCDE (2017),[21] que veicula regra antifragmentação, ou seja, não se aplicando as exceções do Artigo 5(4) quando a mesma empresa ou empresas estreitamente relacionadas desenvolvam atividades no mesmo lugar ou em lugares diferentes do mesmo Estado Contratante que constituam, isolada ou conjuntamente, um estabelecimento permanente nos termos do Artigo 5.

3.2 Agentes dependentes e contratos de comissão mercantil

Nesse contexto da recusa à caracterização do estabelecimento permanente, um aspecto que sempre suscitou polêmica foi, justamente, o enquadramento dos contratos de comissão mercantil nas hipóteses de agente dependente e, portanto, em tese, ensejadora do *status* de estabelecimento permanente. Antes do Projeto BEPS, era seguinte a regra sugerida na Convenção Modelo da OCDE (2014):

> *ARTICLE 5*
> *PERMANENT ESTABLISHMENT*
> (...)
> *5. Notwithstanding the provisions of paragraphs 1 and 2, where a person — other than an agent of an independent status to whom paragraph 6 applies — is acting <u>on behalf of an enterprise</u> and has, and habitually exercises, in a Contracting State an <u>authority to conclude contracts in the name of the enterprise</u>, that enterprise shall be deemed to have a permanent establishment in that State in respect of any activities which that person undertakes for the enterprise, unless the activities of such person are limited to those mentioned in paragraph 4 which, if exercised through a fixed*

---

[21] Artigo 13(4) do Instrumento Multilateral.

place of business, would not make this fixed place of business a permanent establishment under the provisions of that paragraph.

6. An enterprise shall not be deemed to have a permanent establishment in a Contracting State merely because it carries on business in that State through a broker, general commission agent or any other <u>agent of an independent status</u>, provided that such persons are acting in the ordinary course of their business.

Como se verifica, havendo uma pessoa que, além de atuar por conta da empresa, possua (e exerça com habitualidade) a autoridade para concluir contratos em nome dessa empresa, estará caracterizado o estabelecimento permanente dessa empresa, exceto se referida pessoa exercer tal atividade de forma independente, no curso ordinário de seus negócios. A esse respeito, a OCDE identificou um problema na aplicação dessa hipótese de estabelecimento permanente em países de tradição continental cuja lei civil previsse o tipo contratual da comissão mercantil.[22] Isso porque, segundo Pleijsier, *"The commissionaire is a civil law type of agent without the power of representation".*[23]

De fato, sob essa perspectiva, contratos de comissão mercantil não poderiam se enquadrar na hipótese de estabelecimento permanente do Artigo 5(5), já que esse tipo contratual caracteriza-se pela obrigação de alguém (comissário) a vender ou comprar bens em seu próprio nome, mas por conta de um terceiro (comitente), em troca de alguma remuneração (comissão).[24] Assim, vislumbrar no comissário qualquer poder de representação do comitente, ou "autoridade para celebrar contratos em seu nome", seria uma deturpação de sua natureza.

O incômodo da OCDE acerca da não caracterização de estabelecimento permanente nas hipóteses de comissão mercantil – decorrência direta do texto da Convenção Modelo de então e não de uma recusa artificial–[25] decorre do fato de que, afinal, o comissário possui poderes que lhe são outorgados pelo comitente, pois opera por sua conta e ordem, mas em nome próprio. Segundo Pontes de Miranda, o comissário *recebeu outorga de poder, porém nem tôda outorga de poder é mandato.*[26]

Diante desse cenário, o Relatório Final da Ação 7 do Projeto BEPS propôs alterações que permitiriam caracterizar o estabelecimento permanente com base nos seguintes requisitos:[27]

   – atuação por conta e ordem da empresa; *e*

   – conclusão habitual de contratos ou atuação habitual de papel principal na conclusão de contratos que rotineiramente são firmados sem modificação substancial, desde que esses contratos sejam:

---

[22] JIMÉMENZ, Adolfo M. "Preventing the Artificial Avoidance of PE Status". In: *Papers on Selected Topics in Protecting the Tax Base of Developing Countries*. Nova York: ONU, setembro de 2014, p. 6;.

[23] PLEIJSIER, Arthur. "The Agency Permanent Establishment in BEPS Action 7: Treaty Abuse or Business Abuse?". In: *Intertax*, v. 43, n. 2, 2015, p. 147-154 (152).

[24] GOMES, Orlando. *Contratos*. 26. ed. Rio de Janeiro: Forense, 2008, p. 438.

[25] PLEIJSIER, Arthur. "The Agency Permanent Establishment in BEPS Action 7: Treaty Abuse or Business Abuse?". In: *Intertax*, v. 43, n. 2, 2015, p. 147-154 (152).

[26] MIRANDA, Pontes de. *Tratado de direito privado*. Tomo XLII. São Paulo: Revista dos Tribunais, 2012, p. 368.

[27] OECD, *Preventing the Artificial Avoidance of Permanent Establishment Status, Action 7 - 2015 Final Report*, OECD/ G20 Base Erosion and Profit Shifting Project: OECD Publishing, Paris, 2015, p. 16. Disponível em: http://dx.doi. org/10.1787/9789264241220-en. Acesso em: 05 out. 2015.

em nome da empresa; *ou*

para a transferência de propriedade de bem pertencente a essa empresa ou
para a concessão do uso de direito que a empresa tem o direito de utilizar;
ou

para a prestação de serviços por essa empresa.

Outro aspecto importante diz respeito à modificação do conceito de agente independente, excluindo-se a hipótese em que o agente, embora aja de forma independente e no curso ordinário de seus negócios, atue com exclusividade (ou quase exclusividade) a uma só empresa ou a empresas estreitamente relacionadas.[28]

Tais modificações, atualmente incorporadas ao Artigo 5(5)(6)(8) da Convenção Modelo da OCDE (2017),[29] foram integralmente adotadas no Protocolo firmado com a Argentina (2017):

Artigo 5

Estabelecimento Permanente

(...)

4. Não obstante o disposto nos parágrafos 1 e 2, mas ressalvadas as disposições do parágrafo 5, quando uma pessoa atue em um Estado Contratante por conta de uma empresa e, dessa forma, habitualmente conclua contratos *ou habitualmente exerça o papel principal que leve à conclusão de contratos* que são *rotineiramente celebrados sem modificação substancial* pela empresa, e esses contratos são:

a) em nome da empresa, ou

b) para a *transferência da propriedade*, ou para a *concessão do direito de uso*, de bens de propriedade dessa empresa ou sobre os quais a empresa tenha um direito de uso, ou

c) para a *prestação de serviços* por essa empresa,

considerar-se-á que tal empresa dispõe de um estabelecimento permanente nesse Estado Contratante relativamente às atividades que essa pessoa desenvolva para a empresa, *a menos que tais atividades se limitem às mencionadas no parágrafo 3*, as quais, se exercidas por intermédio de uma instalação fixa de negócios, não permitiriam considerar-se essa instalação fixa como um estabelecimento permanente nos termos do referido parágrafo.

5. O disposto no parágrafo 4 não se aplica quando a pessoa atuando em um Estado Contratante por conta de uma empresa do outro Estado Contratante exercer atividades negociais no primeiro Estado mencionado como um agente independente e atuar para a empresa no curso normal dessas atividades. No entanto, quando uma pessoa atuar *exclusivamente ou quase exclusivamente* por conta de *uma ou mais empresas estreitamente relacionadas*, essa pessoa não será considerada um agente independente, na acepção do presente parágrafo, no que diz respeito a essas empresas.

Artigo 3

Definições gerais

1. (...)

k) a expressão *pessoa estreitamente relacionada a uma empresa* significa uma pessoa que, com base nos fatos e circunstâncias relevantes, possui o *controle sobre uma empresa ou esta última sobre a primeira*, ou ambas estão *sob o controle das mesmas pessoas* ou empresas.

---

[28] OECD, *Preventing the Artificial Avoidance of Permanent Establishment Status, Action 7 - 2015 Final Report*, OECD/G20 Base Erosion and Profit Shifting Project: OECD Publishing, Paris, 2015, p. 16. Disponível em: http://dx.doi.org/10.1787/9789264241220-en. Acesso em: 05 out. 2015.

[29] Artigo 12 do Instrumento Multilateral.

Em qualquer caso, uma pessoa será considerada como estreitamente relacionada a uma empresa se *uma possuir, direta ou indiretamente, mais de 50% de participação na outra* (ou, no caso de uma sociedade, mais de 50% do total dos direitos de voto e do valor das ações da sociedade ou da participação nos lucros da sociedade), ou se outra pessoa possuir, direta ou indiretamente, mais de 50% de participação (ou, no caso de uma sociedade, mais de 50% do total dos direitos de voto e do valor das ações da sociedade ou da participação nos lucros da sociedade) na pessoa e na empresa.

Assim, como se verifica, o Acordo com a Argentina incorporou, na minúcia, as sugestões apresentadas pela OCDE nesse tema. Diferentemente, os Acordos com a Suíça e com Singapura, neste aspecto, mantiveram a redação anterior da Convenção Modelo da OCDE (2014), não incorporando nenhuma das opções do Artigo 13(2) do Instrumento Multilateral.

3.3 Implicações do alargamento do conceito de estabelecimento permanente nos acordos à luz da legislação doméstica brasileira

3.3.1 A tributação dos comitentes não residentes na legislação doméstica e nos acordos de dupla tributação

Questão interessante é avaliar, levando-se em conta a legislação doméstica brasileira, quais os impactos decorrentes do alargamento do conceito de estabelecimento permanente que, em maior ou menor grau, os novos acordos brasileiros introduziram.

Na realidade, embora não trate dos estabelecimentos permanentes, a legislação brasileira do imposto de renda traz situações nas quais não residentes que aqui auferirem rendimentos receberão tratamento diverso do regime geral dos não residentes. Duas hipóteses encontram-se expressamente previstas nos incisos II e III do artigo 147 do RIR/99, quais sejam, *(i)* as filiais, sucursais, agências ou representações de pessoas jurídicas estrangeiras; e *(ii)* os comitentes domiciliados no exterior, quanto aos seus lucros auferidos por meio de comissários ou representantes no Brasil. Para as duas hipóteses, há a equiparação a pessoa jurídica residente no Brasil para fins de imposto de renda, aplicando-lhes, portanto, regime próprio dos residentes, especialmente quanto à tributação sintética de seus rendimentos.

No segundo caso, vale destacar que o comissário age em nome próprio e à conta alheia, como visto acima, e que o Regulamento do Imposto de Renda (artigo 398) restringe tal hipótese à comercialização de mercadorias, não obstante não haja tal restrição em sua base legal, qual seja, o artigo 76 da Lei nº 3.470/58. Não há, ademais, qualquer referência à habitualidade das intermediações, critério previsto nos acordos.

E a respeito da sistemática aplicada ao comitente, o artigo 398 do RIR/99 estabelece que se aplicam a ele todas as normas "sobre determinação e tributação dos lucros apurados no Brasil pelas filiais, sucursais, agências ou representações das sociedades estrangeiras autorizadas a funcionar no País", isto é, as regras gerais do IRPJ aplicáveis às sociedades residentes no Brasil (inclusive quanto à opção pelo lucro presumido ou real).

Dessa forma, especialmente quando há efetiva remessa (venda) da mercadoria ao próprio comissário, para venda por conta e ordem do comitente, deve o comissário escriturar e apurar o lucro da sua atividade separadamente do lucro do comitente residente ou domiciliado no exterior, e que corresponderá à diferença entre a remuneração recebida pelos seus serviços (comissão) e os gastos e despesas da operação que correrem por sua conta. De outro lado, o lucro operacional do comitente será a diferença entre o preço de venda no Brasil e o valor pelo qual a mercadoria tiver sido importada, acrescido das despesas da operação que correrem por sua conta, inclusive a remuneração dos serviços prestados pelo comissário.

Há, contudo, duas hipóteses que levam, necessariamente, ao arbitramento do lucro do comitente: de um lado, nos termos do artigo 398, inciso IV, do RIR/99, a falta de apuração apartada do lucro do comitente e do comissário, nos termos mencionados acima; de outro, a venda direta através de mandato, prevista no artigo 399[30] do RIR/99. O artigo 539 do RIR/99 explicita as situações que se enquadrariam na segunda hipótese de arbitramento, qual seja, a venda direta através de mandato.[31]

Em resumo, a legislação brasileira prevê a tributação do não residente na hipótese de comissão mercantil, sem poderes do comissário para celebrar contratos em nome do comitente, situação em que se lhe aplicam todas as regras próprias das pessoas jurídicas residentes no país (artigos 147, III, e 398 do RIR/99); e, na hipótese de representação comercial, em que o representante brasileiro possua autoridade para celebrar contratos em nome do não residente, aplicando-se-lhe, necessariamente, as regras do lucro arbitrado (artigos 399 e 539 do RIR/99).

Nessa linha, a legislação brasileira, ao menos desde 1958, já previa a tributação do lucro de não residentes mesmo quando ausente poder de representação por parte do comissário, o que, como visto acima, não se incluía no conceito anterior da estabelecimento permanente da Convenção Modelo da OCDE (2014) e ainda não se faz presente nos Acordos com Suíça e Singapura, que mantiveram a definição de agentes dependentes anterior às propostas do Projeto BEPS. A consequência, portanto, é o impedimento da tributação dos lucros auferidos no Brasil por comitentes residentes na Suíça e em Singapura, quando ausente o poder de representação de seus comissários, já que o Artigo 7 dos mencionados tratados impedirá a aplicação do artigo 398 do RIR/99 à hipótese. O mesmo não ocorrerá com comitentes residentes na Argentina, pois, após o Protocolo de 2017, o respectivo acordo passou a prever um conceito alargado de agente dependente, incluindo situação em que o comissário não possui poderes de representação (naturalmente, desde que atendidos os demais requisitos do Artigo 5, mencionados acima).

---

[30] *Artigo 399.* No caso de serem efetuadas vendas, no País, por intermédio de agentes ou representantes de pessoas estabelecidas no exterior, o rendimento tributável será arbitrado de acordo com o disposto no artigo 539 (Lei nº 3.470, de 1958, artigo 76, §3º).

[31] "No caso de serem efetuadas vendas, no Brasil, por intermédio de representante (residente ou domiciliado no País) de pessoa jurídica domiciliada no exterior, o qual detenha mandato com poderes para obrigar contratualmente o vendedor para com o adquirente no território nacional, quando faturadas diretamente a este, o arbitramento do lucro da empresa estrangeira no Brasil será determinado mediante a aplicação do percentual de presunção legalmente previsto sobre a receita bruta, acrescido de vinte por cento" (Solução de Consulta DISIT/SRRF04 nº 04, de 23 de janeiro de 2013). No mesmo sentido: "3. Em relação às vendas faturadas diretamente pelo vendedor residente ou domiciliado no exterior ao comprador no Brasil, o disposto no artigo 76, parágrafo 3º, da Lei nº 3.470, de 28 de novembro de 1958, deve ser aplicado de acordo com a seguinte interpretação: a) somente caberá o arbitramento nos casos de vendas efetuadas no Brasil por intermédio de agente ou representante, residente ou domiciliado no País, que tenha poderes para obrigar contratualmente o vendedor para com o adquirente, no Brasil, ou por intermédio de filial, sucursal ou agência do vendedor no País;" (Portaria MF nº 228, de 08 de maio de 1974).

Mais complexa é a questão da representação comercial. De fato, os três acordos preveem a caracterização de estabelecimento permanente nessa hipótese – claro, levando-se em conta o requisito da habitualidade, presente nos acordos. Nesse caso, tratando-se de uma relação de representação que atenda a tal critério, tem-se que: *(i)* estará caracterizado um estabelecimento permanente; e *(ii)* os acordos em questão permitirão a tributação desses lucros onde auferidos, isto é, no Brasil, à luz de seu Artigo 7(1). O ponto, então, não é *se* esses lucros podem ser tributados no Brasil, mas *como* podem sê-lo.

Isso porque, como visto, a legislação doméstica brasileira prevê a aplicação do regime do lucro arbitrado; contudo, os três acordos em questão possuem redação semelhante em seu Artigo 7(3):

> Artigo 7
> Lucros das empresas
> (...)
> 3. Para a determinação dos lucros de um estabelecimento permanente, *será permitido deduzir as despesas* que tiverem sido feitas para a consecução dos fins desse estabelecimento permanente, incluindo as despesas de direção e os encargos gerais de administração assim incorridos.

É, então, controversa se a aplicação do regramento do lucro arbitrado, nos termos do artigo 532 do RIR/99, acrescendo-se 20% à margem de presunção, está em consonância com a regra de atribuição e apuração de lucros do estabelecimento permanente prevista nos acordos. Isso porque, na hipótese de se comprovar que a dedução efetiva das despesas levaria a uma tributação inferior no Brasil, o Artigo 7(3) dos acordos claramente obstaria a pretensão de tributar tais lucros nesse montante majorado, representado pelo arbitramento.

Nada obstante, é importante reconhecer que a regra do artigo 399 do RIR/99 implica a discriminação do estabelecimento permanente em comparação com empresas brasileiras que desempenham a mesma atividade do não residente, pois a elas caberá, no mínimo, a opção pelo regime de lucro presumido, que inegavelmente implica uma tributação inferior àquela exigida pela sistemática do lucro arbitrado.

3.3.2 Tributação do lucro das empresas na fonte: um potencial caso de discriminação

O alargamento do conceito de estabelecimento permanente nos acordos brasileiros traz à tona um problema da tentativa do Fisco brasileiro de tributar o lucro auferido por não residentes no Brasil. Isso porque, em algumas ocasiões, à míngua de uma regra específica de caracterização e tributação de estabelecimentos permanentes na legislação doméstica (à exceção, como visto, das filiais, comissários e representantes comerciais), busca-se a tributação de tais rendimentos na fonte, como se a mera caracterização de um estabelecimento permanente à luz do tratado atribuísse uma competência tributária ilimitada ao Estado da fonte de produção de tais lucros, o que não é correto.

Exemplo dessa interpretação equivocada dos acordos de dupla tributação pode ser identificado em decisão de turma ordinária do Conselho Administrativo de Recursos

Fiscais (CARF), que, em janeiro de 2016, tratou da incidência do IRRF sobre remessas realizadas a residente da França em razão da prestação de serviços técnicos realizados no Brasil:

> TRATADO BRASIL-FRANÇA PARA EVITAR A DUPLA TRIBUTAÇÃO. EXISTÊNCIA DE ESTABELECIMENTO PERMANENTE. TRIBUTAÇÃO NA FONTE. São características do estabelecimento permanente a existência de uma instalação material, com caráter de permanência, que esteja à disposição da empresa, a qual deve exercer a sua atividade nesta instalação ou por meio desta instalação. Na existência de um estabelecimento permanente, os lucros podem ser tributados na fonte.[32]

Independentemente da caracterização em si de um estabelecimento permanente, coloca-se em questão a possibilidade da tributação do lucro atribuído a estabelecimentos permanentes no Brasil numa sistemática analítica, isto é, mediante a mera retenção na fonte. Isso porque, semelhantemente aos acordos ora analisados, também o tratado da França prevê, em seu Artigo 7(3), o direito à dedução das despesas relacionadas à realização das atividades do estabelecimento permanente, o que não se verifica na tributação na fonte e, portanto, vai além dos limites impostos pelos acordos.[33]

Assim, a ausência de uma regra específica de caracterização e tributação de estabelecimentos permanentes na legislação doméstica e a consequente tentativa de aplicação da mera retenção na fonte (ou do lucro arbitrado, no caso dos representantes comerciais) acaba por discriminar os não residentes que aqui firmarem um estabelecimento permanente, pois se sujeitarão a uma tributação possivelmente mais gravosa que as empresas brasileiras que desempenharem atividades análogas, o que é vedado pelo Artigo 25(3) do Acordo com Singapura, cuja redação é semelhante àquela do Artigo 24(3) dos outros acordos em questão:

> Artigo 25
> Não discriminação
> (…)
> 2. A tributação de um estabelecimento permanente que uma empresa de um Estado Contratante tiver no outro Estado Contratante não será determinada de modo *menos favorável nesse outro Estado do que a das empresas desse outro Estado que exercerem as mesmas atividades*. Esta disposição não poderá ser interpretada no sentido de obrigar um Estado Contratante a conceder aos residentes do outro Estado Contratante deduções pessoais, abatimentos e reduções para fins de tributação em função de estado civil ou encargos familiares concedidos aos seus próprios residentes.

Dessa forma, embora se possa reconhecer, no plano internacional, um alargamento do conceito de estabelecimento permanente, tendência bastante refletida no Acordo com Argentina e, em menor grau, no Acordo com Singapura, isso não deve significar, por si só, um incremento da tributação, no Brasil, do lucro das empresas residentes nesses países. Isso porque a ausência de legislação doméstica que preveja sua caracterização e,

---

[32] CARF, Segunda Turma Ordinária da Segunda Seção de Julgamento, Acórdão 2202-003.114, Rel. Cons. Marco Aurelio de Oliveira Barbosa, j. em 27 de janeiro de 2016.
[33] BIANCO, João Francisco. Análise de caso de tributação de estabelecimento permanente. In: *Revista Fórum de Direito Tributário – RFDT*, Belo Horizonte, ano 15, n. 85, p. 63-68, jan./fev. 2017.

especialmente, tributação em consonância com o Acordo acaba por tornar controversa a exigência do imposto brasileiro nessas hipóteses.

3.3.3 Alargamento do conceito de estabelecimento permanente e reflexos na tributação de juros, *royalties* e serviços técnicos

Por fim, há um aspecto relacionado ao alargamento do conceito de estabelecimento permanente que pode, ao final, reduzir as hipóteses de tributação no Brasil. É o caso dos juros, *royalties*[34] e serviços técnicos (nos Acordos com Singapura e Suíça, que têm regra específica para esse tipo de rendimento). Isso porque, embora os acordos em questão prevejam a tributação na fonte de tais rendimentos, todos os dispositivos trazem exceção a essa regra distributiva consistente na denominada "cláusula de estabelecimento permanente". A título de exemplo, veja-se como a questão é tratada, no Acordo com a Suíça, quanto aos serviços técnicos:

> Artigo 13
> Remuneração por serviços técnicos
> 1. Remunerações por serviços técnicos provenientes de um Estado Contratante e pagas a um residente do outro Estado Contratante poderão ser tributadas nesse outro Estado.
> 2. Todavia, não obstante o disposto no Artigo 15, e ressalvadas as disposições dos Artigos 8, 17 e 18, *remunerações por serviços técnicos provenientes de um Estado Contratante poderão também ser tributadas no Estado Contratante do qual são provenientes* e de acordo com as leis desse Estado, mas, se beneficiário efetivo das remunerações for um residente do outro Estado Contratante, o imposto assim exigido *não excederá 10% do valor bruto das remunerações.*
> (...)
> 4. *As disposições dos parágrafos 1 e 2 não se aplicarão* se o beneficiário efetivo das remunerações por serviços técnicos, residente de um Estado Contratante, exercer, no outro Estado Contratante de que provenham as remunerações por serviços técnicos, atividade empresarial por intermédio de *estabelecimento permanente* aí situado, ou prestar serviços pessoais de caráter independente nesse outro Estado por intermédio de instalação fixa aí situada, e as *remunerações por serviços técnicos estiverem efetivamente ligadas a esse estabelecimento permanente ou instalação fixa. Nesse caso, aplicar-se-ão as disposições do Artigo 7 ou do Artigo 15,* conforme couber.

Assim, embora os acordos prevejam que juros, *royalties* e serviços técnicos possam ser tributados pelo Estado da fonte, caso tais rendimentos estejam efetivamente ligados a um estabelecimento permanente por meio do qual o beneficiário desenvolva suas atividades, não se aplicam tais regras, mas aquelas próprias da tributação dos estabelecimentos permanentes (Artigo 7). Sendo esse o caso, como visto, os acordos não

---

[34] No Acordo com Argentina, há previsão no protocolo de que "Considera-se prestação de serviços técnicos e de assistência técnica a execução de serviços que dependam de conhecimentos técnicos especializados ou que envolvam assistência administrativa ou prestação de consultoria, realizada por profissionais independentes ou com vínculo empregatício ou, ainda, resultante de estruturas automatizadas com claro conteúdo tecnológico; e a assessoria permanente prestada pelo cedente de processo ou fórmula secreta ao cessionário, mediante técnicos, desenhos, estudos, instruções ou outros serviços similares, os quais possibilitem a efetiva utilização do processo ou fórmula cedidos". A abrangência da extensão do conceito de *royalties* é controversa (i.e., se aplicável à prestação de serviços sem transferência de tecnologia), mas, a princípio, as considerações aqui tecidas, no caso do Acordo com Argentina, também se aplicam aos serviços técnicos incluídos no escopo do Artigo 12.

admitirão a mera tributação na fonte, mas exigirão a efetiva apuração de um lucro por esse estabelecimento permanente, semelhantemente a uma pessoa jurídica residente no Brasil, o que, como visto, não possui previsão na legislação doméstica. Nesse caso, seria de todo controversa a tributação (na fonte) desses rendimentos.

4 Novas disposições sobre procedimento amigável e Instrução Normativa RFB nº 1.669/2016

Os novos Acordos firmados pelo Brasil também buscaram atualizar a redação do dispositivo relacionado à solução de controvérsias por meio de procedimento amigável, tema que foi tratado no Relatório Final da Ação 14 do Projeto BEPS. Dentre os aspectos ali discutidos e considerando a redação dos acordos brasileiros, aquele que teve maior impacto diz respeito à amplitude da possibilidade de instauração do procedimento amigável a qualquer um dos Estados contratantes.[35] De acordo com tal orientação, poderá o sujeito passivo requerer a instauração do procedimento amigável a ambos os Estados contratantes e não mais apenas àquele de sua residência ou nacionalidade. Tomando-se como exemplo o Protocolo ao Acordo com a Argentina, assim ficou a redação do dispositivo relacionado ao procedimento amigável:[36]

Artigo 25
Procedimento amigável
1. Quando uma pessoa considerar que as medidas tomadas por um ou ambos os Estados Contratantes resultam, ou poderão resultar, em relação a si, em uma tributação em desacordo com a presente Convenção, poderá, independentemente dos recursos previstos pelas legislações internas desses Estados, *submeter o seu caso à apreciação da autoridade competente de qualquer dos Estados Contratantes*. O caso deverá ser apresentado dentro de três anos contados da data da primeira notificação do ato que conduzir a uma tributação em desacordo com a presente Convenção.
2. A autoridade competente, se a reclamação se lhe afigurar justificada e não estiver em condições de lhe dar solução satisfatória, esforçar-se-á para resolver a questão mediante comum acordo com a autoridade competente do outro Estado Contratante, a fim de evitar uma tributação em desacordo com esta Convenção, Qualquer acordo alcançado será implementado independentemente dos prazos estabelecidos pela legislação interna dos Estados Contratantes.
3. As autoridades competentes dos Estados Contratantes esforçar-se-ão por resolver, mediante acordo amigável, qualquer dificuldade ou dúvida quanto à interpretação ou aplicação da Convenção, poderão também consultar-se mutuamente com vistas a eliminar a dupla tributação nos casos não previstos na Convenção.
4. As autoridades competentes dos Estados Contratantes poderão comunicar-se diretamente a fim de chegarem a um acordo no sentido dos parágrafos anteriores.

O procedimento amigável, vale recordar, foi regulamentado pela Instrução Normativa RFB nº 1.669, de 09 de novembro de 2016. É bem verdade que, considerando sua

---

[35] OECD, *Making Dispute Resolution Mechanisms More Effective, Action 14 - 2015 Final Report, OECD/G20 Base Erosion and Profit Shifting Project*, OECD Publishing, Paris, 2015, p. 22. Disponível em: http://dx.doi.org/10.1787/9789264241633-en. Acesso em: 05 out. 2015.

[36] Semelhante ao Artigo 16 do Instrumento Multilateral.

disposição nos acordos brasileiros, a regulamentação pela Receita Federal não se revela um requisito imprescindível para sua instauração,[37] especialmente à luz da consolidada jurisprudência do Supremo Tribunal Federal no tocante à autoaplicabilidade dos acordos internacionais, quando satisfeito o procedimento previsto pela Constituição Federal de aprovação pelo Congresso Nacional e publicação pelo Poder Executivo.[38]

Essa questão da autoaplicabilidade das cláusulas de procedimento amigável reassume relevância quando constatado que, porquanto editada antes da celebração dos acordos ora em comento, a Instrução Normativa RFB nº 1.669/16 prevê, em seu artigo 4º, que o requerimento de instauração do procedimento amigável somente poderá ser apresentado à Receita Federal *(i)* por sujeito passivo residente no Brasil; *(ii)* pelo nacional brasileiro, quando previsto pelo acordo; ou *(iii)* pelo não residente, se à época das medidas contrárias ao acordo era residente no Brasil.

Assim, como visto, essa não é mais a realidade dos acordos brasileiros. O fato de a Instrução Normativa não conter tal previsão não poderá constituir óbice, a partir da entrada em vigor dos acordos ora avaliados, à apresentação de requerimento de instauração de procedimento amigável por residentes na Argentina, Suíça e Singapura, ou por nacionais destes países, quando for o caso.

Por fim, nos três acordos analisados, o Brasil deixou de incluir cláusula arbitral, a despeito da orientação da OCDE ao compromisso com uma arbitragem vinculante nos acordos para evitar a dupla tributação.[39] De fato, duas questões costumam ser suscitadas no tocante à compatibilidade de eventual cláusula arbitral com o sistema tributário brasileiro: *(i)* eventual ofensa à soberania do Estado ao se vincular a uma decisão emitida por um árbitro; e *(ii)* eventual ofensa à legalidade, que exigiria lei em sentido formal para "as hipóteses de exclusão, suspensão e extinção de créditos tributários, ou de dispensa ou redução de penalidades", conforme artigo 97, inciso V, do Código Tributário Nacional.

A esse respeito, em primeiro lugar, parece mal posta a ideia de que haveria ofensa à soberania de um Estado em razão da submissão à cláusula arbitral para resolução de conflitos, desde que esse Estado tenha assinado tratado internacional que a preveja como forma de resolução de conflitos e lhe confira o caráter obrigatório. Afinal, é a própria noção de soberania que impõe a consideração do contexto internacional, pois "[a] faceta externa da soberania, definida como a independência e a igualdade entre Estados, implica, principalmente, o reconhecimento da obrigatoriedade das normas de Direito Internacional"[40].

Em segundo lugar, no tocante à legalidade, sendo a celebração de acordos internacionais da própria autodelimitação da soberania (e jurisdição tributária) pelos Estados, não parece bem delineado o argumento de que apenas lei poderia renunciar ao tributo devido, justamente porque, não existindo jurisdição para instituir referido

---

[37] BARBOSA, Matheus Calicchio. *O procedimento amigável nos acordos de bitributação brasileiros*. São Paulo: Quartier Latin, 2018, p. 129.

[38] STF, Medida Liminar em Ação Direta de Inconstitucionalidade nº 1.480-3/DF. Rel. Min. Celso de Mello, j. em 04.09.1997, DJ 18.05.2001.

[39] OECD, *Making Dispute Resolution Mechanisms More Effective, Action 14 - 2015 Final Report, OECD/G20 Base Erosion and Profit Shifting Project*, OECD Publishing, Paris, 2015, p. 41. Disponível em: http://dx.doi.org/10.1787/9789264241633-en. Acesso em: 05 out. 2015.

[40] Cf. SCHOUERI, Luís Eduardo. Relação entre tratados internacionais e a lei tributária interna. *In*: CASELLA, Paulo Borba. [*et al*] (org.). *Direito internacional, humanismo e globalidade*. São Paulo: Atlas, 2008, p. 567-568.

tributo, sequer há de se cogitar em tributo nessa hipótese, tampouco pretensão do Estado em exigi-lo. Em verdade, trata-se do exercício, por parte do intérprete legitimado para tanto (já que previsto no próprio acordo), de uma interpretação decisória, consistente na decisão quanto a uma ou outra alternativa interpretativa, numa atividade adscritiva de significados.[41]

5 Regras antiabuso e antielisivas nos acordos de dupla tributação

Avaliando os Acordos celebrados com Argentina, Suíça e Singapura, é razoável afirmar que o campo em que mais repercutiram as diretrizes do Projeto BEPS diz respeito, justamente, à inclusão de regras antiabuso e antielisivas. A questão do abuso de acordos foi objeto do Relatório Final da Ação 6, que apresentou, em resumo, três principais sugestões de alteração no tocante aos acordos de dupla tributação:

(i) a explicitação que os tratados não têm por objetivo a criação de oportunidades de dupla não tributação, por meio (*i.a*) da modificação do título do acordo, que passaria a se denominar *"Convention between (State A) and (State B) for the elimination of double taxation with respect to taxes on income and on capital and the prevention of tax evasion and avoidance"*,[42] e (*i.b*) da alteração de seu preâmbulo, explicitando o objetivo de eliminar a dupla tributação sem criar oportunidades para a não tributação ou redução da tributação por meio da elisão ou evasão fiscais;[43]

(ii) regra específica antiabuso voltada a limitar os benefícios dos tratados a determinadas entidades "qualificadas", de modo a evitar a interposição de pessoas para que se aproveitem das reduções previstas no acordo (*treaty shopping*);[44] e

(iii) regra especial antiabuso voltada a evitar a aplicação do tratado às situações em que a obtenção do benefício foi um dos principais propósitos do arranjo ou transação que, diretamente ou indiretamente, resultou em tal benefício (teste do principal propósito).[45]

Os três pontos, como se verá adiante, foram incluídos nos acordos em estudo, cabendo algumas considerações a respeito de sua abrangência, efeitos e aplicação.

---

[41] ÁVILA, Humberto. "Função da Ciência do Direito Tributário: do Formalismo Epistemológico ao Estruturalismo Argumentativo". *In: Revista Direito Tributário Atual*, v. 29, 2013, p. 181-204 (184).

[42] OECD, *Preventing the Granting of Treaty Benefits in Inappropriate Circumstances, Action 6 – 2015 Final Report*, OECD/G20 Base Erosion and Profit Shifting Project. OECD Publishing: Paris, 2015, p. 91. Disponível em: http://dx.doi.org/10.1787/9789264241695-en. Acesso em: 05 out. 2015.

[43] OECD, *Preventing the Granting of Treaty Benefits in Inappropriate Circumstances, Action 6 – 2015 Final Report*, OECD/G20 Base Erosion and Profit Shifting Project. OECD Publishing: Paris, 2015, p. 92. Disponível em: http://dx.doi.org/10.1787/9789264241695-en. Acesso em: 05 out. 2015.

[44] OECD, *Preventing the Granting of Treaty Benefits in Inappropriate Circumstances, Action 6 – 2015 Final Report*, OECD/G20 Base Erosion and Profit Shifting Project. OECD Publishing: Paris, 2015, p. 20. Disponível em: http://dx.doi.org/10.1787/9789264241695-en. Acesso em: 05 out. 2015.

[45] OECD, *Preventing the Granting of Treaty Benefits in Inappropriate Circumstances, Action 6 – 2015 Final Report*, OECD/G20 Base Erosion and Profit Shifting Project. OECD Publishing: Paris, 2015, p. 54-55. Disponível em: http://dx.doi.org/10.1787/9789264241695-en. Acesso em: 05 out. 2015.

5.1 Modificações no preâmbulo dos acordos e delimitação de suas finalidades

Já há muito a prevenção da evasão fiscal se mostrava um dos pontos dos acordos celebrados pelo Brasil: muitos deles, ao menos desde aquele celebrado com a França (1971) já traziam esse objetivo em seu título e preâmbulo. Contudo, em linha com o Relatório Final da Ação 6 do Projeto BEPS,[46] os novos acordos firmados pelo Brasil passaram a prever esse objetivo – e incluindo de forma expressa a prevenção até mesmo da redução de tributos – em seu preâmbulo, também mencionando a própria elisão tributária, e não apenas a evasão tributária,[47] como era de praxe até então:

> A República Federativa do Brasil
>
> e
>
> a República de Singapura,
>
> Desejando continuar a desenvolver suas relações econômicas e fortalecer sua cooperação em matéria tributária,
>
> Desejosos de concluir um Acordo para eliminar a dupla tributação em relação aos tributos sobre a renda, *sem criar oportunidades para não tributação ou tributação reduzida por meio de evasão ou elisão fiscal* (inclusive por meio do *uso abusivo* de acordos cujo objetivo seja *estender indiretamente os benefícios previstos neste Acordo a residentes de terceiros Estados*),
>
> *Acordaram o seguinte:* (...)

A redação chama a atenção pelo fato de que a redução da tributação é, por excelência, o resultado e propósito de um acordo tributário, sendo que se revela extremamente tormentosa a pretensão de condicionar à fruição de tal redução à ausência, no caso, de "elisão fiscal".

De acordo com tal modificação, procura-se esclarecer que, a despeito do objetivo de desenvolver as relações econômicas entre os países, os acordos que evitam a dupla tributação não devem implicar situações de dupla não tributação decorrentes da realização de estruturas e operações que encontrem sua motivação nesse benefício econômico.[48] De todo modo, não se distingue com clareza situações de evasão e elisão. Como se sabe, a primeira é aquela que importa transgressão da lei, simulacros e estruturas que não encontram qualquer paridade com a realidade. Ao contrário, trata-se a elisão da mais organização dos negócios de forma a se aproveitar, no caso de um tratado, do benefício nele assegurado, lançando-se dúvida quanto à boa-fé (e qual o seu sentido) de sua aplicação.

Embora de natureza declaratória, a inclusão de Preâmbulo do teor em questão pode, em tese, servir de instrumento de interpretação do acordo, a justificar que sejam negados os benefícios dos tratados sempre que a estrutura do contribuinte implique uma

---

[46] E refletida no Artigo 6(1) do Instrumento Multilateral.

[47] A respeito da distinção entre elisão e evasão, cf. DÓRIA, Antônio Roberto. *Elisão e evasão fiscal*. 2. ed. São Paulo: Bushatsky, 1977, p. 45.

[48] Nesse sentido, veja-se decisão do Tribunal Fiscal de la Nación (Argentina) no caso "Molinos Rio de la Plata S.A.", que tratou da interposição de holding chilena para investimento em outros países (Peru, Uruguai, Espanha), tendo sido negada a aplicação do Artigo 11 do Acordo Argentina-Chile pelas autoridades chilenas, que previam tributação exclusiva na fonte dos dividendos, em razão da isenção prevista na legislação doméstica chilena para as denominadas *Chilean business platforms* (Caso 34.739-I / 35.783-I, 14.08.2013).

redução da tributação ou gere uma dupla não tributação. Nessa linha, a Convenção de Viena sobre o Direito dos Tratados prevê, em seu Artigo 31(1) que os tratados deverão ser interpretados de boa-fé e de acordo com o seu objetivo e finalidade,[49] o que pode sustentar as negativas de benefícios.

Finalmente, a inclusão de tais pressupostos no Preâmbulo dos acordos pode trazer algumas consequências práticas quanto à aplicação da regra geral antielisiva do teste do principal propósito, avaliado mais adiante.

5.2 Adoção de regras específicas antielisivas: cláusulas de limitação de benefícios

Os três Acordos em análise incluíram regras específicas antielisivas, voltadas a evitar a interposição de pessoas com o objetivo de que se aproveitem das reduções previstas no acordo. No caso da Argentina e Suíça, são adotadas cláusulas relativamente semelhantes, que estabelecem o seguinte, conforme seu Artigo 27(2)(3)(4):

(i) a restrição à aplicação dos benefícios por um Estado contratante caso o outro Estado contratante preveja ou venha a prever a não tributação ou uma tributação inferior (no caso da Suíça, inferior a 60%) àquela aplicada regularmente quanto aos rendimentos obtidos no exterior por sociedade residente nesse outro Estado contratante decorrentes de:

a) atividade de transporte (no caso da Suíça, exclusivamente marítimo);

b) atividades bancárias, financeiras, de seguros, de investimento ou similares; ou

c) ser a sede, centro de coordenação ou entidade similar que ofereça serviços administrativos ou suporte para sociedades que exerçam suas atividades em terceiros Estados;

(ii) a restrição à aplicação dos benefícios a uma pessoa jurídica que, embora residente em um Estado contratante, obtenha rendimentos provenientes do outro Estado contratante e cujo capital social seja detido, em sua maioria, direta ou indiretamente, por pessoas que não sejam residentes nesse primeiro Estado contratante – exceção feita se essa sociedade tiver suas ações negociadas em uma ou mais bolsas de valores reconhecidas (no caso da Suíça) ou exercer, naquele primeiro Estado contratante, uma atividade negocial substancial (em ambos os casos); e

(iii) a restrição à aplicação dos benefícios quanto a rendimentos ou lucros provenientes de um Estado contratante e recebidos por um residente de outro Estado contratante, desde que:

a) sejam atribuíveis a um estabelecimento permanente do beneficiário em um terceiro país;

b) não sejam tributáveis no Estado de residência do beneficiário; e

c) não sejam tributados, no terceiro Estado em que situado o estabelecimento permanente, ou sejam ali tributados a uma alíquota inferior a 60% àquela genericamente aplicada no Estado de residência do beneficiário.

---

[49] "Artigo 31.1. Um tratado deve ser interpretado de boa-fé segundo o sentido comum atribuível aos termos do tratado em seu contexto e à luz de seu objetivo e finalidade"

Já no caso do Acordo com Singapura, regra geral aplicam-se os benefícios apenas às denominadas "pessoas vinculadas", nos termos de seu Artigo 28(2), assim entendidas como:

a) uma pessoa física;

b) o próprio Estado contratante, ou uma subdivisão política, autoridade local ou órgão estatutário seus, ou uma agência ou organismo governamental desse Estado, subdivisão política ou autoridade local;

c) uma sociedade ou outra entidade, se a principal classe de suas ações for negociada regularmente em uma ou mais bolsas de valores reconhecidas;

d) uma pessoa, que não seja pessoa física, que seja uma organização sem fins lucrativos acordada pelas autoridades competentes;

e) uma pessoa, que não seja uma pessoa física, se, naquele momento e por pelo menos metade dos dias de um período de doze meses que inclua aquele momento, pessoas qualificadas, e que sejam residentes desse Estado Contratante, detinham, direta ou indiretamente, pelo menos 50% de suas ações.

Há previsão, de todo modo, de exceções no Acordo com Singapura, sobretudo relacionadas ao desempenho por uma pessoa, independentemente de ser qualificada, de atividades negociais providas de substância no Estado contratante de sua residência, excluídas atividades de *holdings*, supervisão geral ou administração de grupos de sociedades, financiamento ou gerência de investimentos, conforme Artigo 28(3). Outra exceção presente no Acordo com Singapura diz respeito à situação de um residente que, a despeito de não ser considerado uma pessoa qualificada, seja controlado por pessoas que poderiam usufruir do benefício, pelo prazo mínimo de metade dos dias de qualquer período de doze meses e num montante mínimo de 75% das ações do referido residente, nos termos do Artigo 28(4).

Por fim, o artigo 28(7) do Acordo Brasil-Singapura trata de disposição semelhante àquela do Artigo 27(4) dos Acordos com Argentina e Suíça, no tocante aos rendimentos e lucros provenientes de um Estado contratante e cujo beneficiário é residente no outro Estado contratante, o qual, no entanto, não tributa tais rendimentos ou lucros por entendê-los atribuíveis a um estabelecimento permanente em um terceiro Estado (conforme item *(iii)*, acima).

Como se verifica da breve descrição acima, cláusulas dessa natureza têm dois objetivos específicos, a saber, *(i)* evitar o aproveitamento dos benefícios dos acordos em razão da mera interposição de pessoas (*treaty shopping*); e *(ii)* evitar situações de dupla não tributação ou redução da tributação, na hipótese de operações triangulares envolvendo lucros ou rendimentos atribuídos a estabelecimentos permanentes situados em terceiros países. Naturalmente, elas têm o mérito de definir de forma mais objetiva as hipóteses em que se aplicam ou não se aplicam os benefícios, especialmente se comparadas às cláusulas gerais antielisivas, avaliadas no tópico a seguir. De fato, embora haja alguns elementos com maior grau de indeterminação, especialmente as exceções à limitação dos benefícios,[50] trata-se de solução que apresenta um ganho em termos de

---

50 Exemplo pode ser encontrado no Artigo 28(5) do Acordo Brasil-Singapura:
   Artigo 28
   Direito aos benefícios
   (…)

segurança na aplicação. Ocorre que, ao prever tanto regras específicas quanto gerais com fins antielisivos, não se afastam avaliações subjetivas, ou seja, mesmo aqueles que se enquadrarem nas regras específicas antielisivas poderão ter benefícios negados em razão de critérios subjetivos veiculados por regras gerais.

5.3 Adoção de regras gerais antielisivas: teste de principal propósito

Também em linha com as diretrizes do Relatório Final da Ação 6 do Projeto BEPS, os novos acordos firmados pelo Brasil incluíram regra geral antielisiva, com objetivo de afastar os benefícios do acordo quando verificado que a sua obtenção constituiu um dos principais objetivos do arranjo negocial ou transação. Nesse sentido, vale transcrever o Artigo 27(1) do Acordo Brasil-Suíça:[51]

> Artigo 27
> Direito aos benefícios
> 1. Não obstante as outras disposições desta Convenção, não será concedido benefício ao abrigo desta Convenção relativamente a um elemento de rendimento se for razoável concluir, considerando todos os fatos e circunstâncias relevantes, que *a obtenção desse benefício foi um dos principais objetivos de qualquer arranjo negocial ou transação*[52] *que resultou direta ou indiretamente nesse benefício*, a menos que fique demonstrado que a concessão desse benefício nessas circunstâncias seria de acordo com o objeto e propósito das disposições relevantes desta Convenção.

Em primeiro lugar, a previsão de cláusula de tamanha generalidade pode implicar a ineficácia das demais regras objetivas de limitação a benefícios, uma vez que elas poderão ser, a qualquer momento, deixadas de lado mediante a aplicação da regra geral.[53] Além disso, tal cláusula prevê a denominada *discritionary relief*,[54] para o qual se exige a prova de que o contribuinte não tivera o propósito principal de valer-se dos benefícios do tratado, o que não se exige para que se lhe neguem tais benefícios, bastando que "seja razoável concluir".[55]

---

[5]. Se um residente de um Estado Contratante não for uma pessoa qualificada nos termos das disposições do parágrafo 2, nem tiver direito a benefícios pela aplicação dos parágrafos 3 ou 4, a autoridade competente do Estado Contratante no qual os benefícios foram negados em virtude das disposições anteriores deste Artigo poderá, entretanto, conceder os benefícios deste Acordo, ou benefícios referentes a um item específico de rendimento, *levando em consideração os objetivos e propósitos deste Acordo, mas somente se tal residente demonstrar*, para o convencimento de tal autoridade competente, que seu estabelecimento, aquisição ou manutenção, ou a condução de suas operações, *não tenha como um de seus principais objetivos a obtenção dos benefícios deste Acordo*. A autoridade competente do Estado Contratante para a qual o requerimento tenha sido feito, nos termos deste parágrafo, por um residente do outro Estado, deverá consultar a autoridade competente desse outro Estado antes de conceder ou negar o requerimento.

[51] Artigo 7(1) do Instrumento Multilateral.

[52] No Acordo Brasil-Argentina, faz-se referência a "um acordo ou operação" no lugar de "qualquer arranjo negocial ou transação".

[53] LANG, Michael. 'BEPS Action 6: Introducing an Antiabuse Rule in Tax Treaties'. Tax Notes International, v. 74, n. 7. Washington DC: Tax Analysts, maio de 2014, p. 655-664 (658).

[54] "(...) a menos que fique demonstrado que a concessão desse benefício nessas circunstâncias seria de acordo com o objeto e propósito das disposições relevantes desta Convenção".

[55] LANG, Michael. 'BEPS Action 6: Introducing an Antiabuse Rule in Tax Treaties'. Tax Notes International, v. 74, n. 7. Washington DC: Tax Analysts, maio de 2014, p. 655-664 (664); BARRETO, Paulo Ayres; TAKANO, Caio Augusto. A prevenção de abusos dos tratados internacionais que visam evitar a dupla tributação no plano

Trata-se, assim, de regra repleta de vagueza, subjetividade e incerteza, baseando-se em um critério subjetivo, a despeito da tentativa de se pressupor uma análise "objetiva", por meio dos *fatos e circunstâncias relevantes*. Assim, embora a previsão de uma regra geral antielisiva em acordos de dupla tributação difira daquela que se pretendeu incluir no plano da legislação doméstica, quando da edição da Medida Provisória nº 66/2002, cuja constitucionalidade enfrentaria, por exemplo, a possibilidade de uma tributação baseada em analogia em nosso sistema constitucional, já que se trata da fixação dos limites da jurisdição tributária dos Estados contratante e aplicação, ou não, de determinadas reduções tributária, também há pontos de atenção em regras dessa natureza nos acordos.

Isso porque, em primeiro lugar, pretende-se equiparar o propósito de se beneficiar de uma redução prevista no acordo a um abuso do acordo. Em segundo lugar, a vagueza da cláusula acaba atribuindo ampla margem de discricionariedade à Administração, infligindo potenciais violações ao princípio da segurança jurídica, inviabilizando a previsibilidade das consequências jurídicas de determinados comportamentos – mesmo quando eles estejam de acordo com regras específicas antielisivas que limitem a fruição dos benefícios do acordo.[56]

6 Conclusões

Como se pretendeu demonstrar ao longo da análise dos Acordos com Argentina, Suíça e Singapura, o fato de o Brasil não haver assinado o Instrumento Multilateral da OCDE para a implementação das medidas resultantes do Projeto BEPS não significa que essa nova tendência passará ao largo dos acordos brasileiros. Pelo contrário, como demonstra o caso argentino, apenas revela a preferência da Administração brasileira pela renegociação bilateral, em detrimento à solução multilateral. A inserção do Brasil nessa tendência internacional fica ainda mais clara quando se verifica a adoção de cláusulas e medidas incluídas nos Relatórios Finais do Plano de Ação do Projeto BEPS, ou mesmo do Instrumento Multilateral, em acordos bilaterais cuja negociação tenha sido iniciada muito antes da publicação de tais sugestões pela OCDE, como é o caso da negociação com Singapura, noticiada desde 2013.[57]

De outro lado, até mesmo pela recusa à solução multilateral, a adesão do Brasil a essas novas medidas tampouco se revela imediata: há ressalvas tradicionais por parte da Administração brasileira, como a adoção da cláusula arbitral vinculante (no que é acompanhada pela Argentina), bem como pequenas inconsistências na modificação de determinados dispositivos, como exemplifica as questões relativas aos estabelecimentos permanentes. Nesses casos, o Acordo com a Argentina se mostrou o mais alinhado com as alterações na Convenção Modelo da OCDE (2017) e o Instrumento Multilateral, enquanto o Acordo com a Suíça manteve a redação anterior do Artigo 5 da Convenção

de ação do projeto BEPS: perspectiva brasileira. *In*: ROCHA, Sérgio André; TORRES, Heleno. (Org.). *Direito Tributário Internacional: Homenagem ao Prof. Alberto Xavier*. São Paulo: Quartier Latin, 2016, p. 559-588 (582).

[56] Em sentido contrário, buscando reforçar a objetividade do teste de razoabilidade presente do teste do principal propósito, cf. WEBER, Denis. "The Reasonableness Test of the Principal Purpose Test Rule in OECD BEPS Action 6 (Tax Treaty Abuse) versus the EU Principle of Legal Certainty and the EU Abuse of Law Case Law". *In*: *Erasmus Law Review*, n. 01, ago. 2017, p. 48-59.

[57] Brazil; Singapore - Treaty between Brazil and Singapore – intentions to negotiate (08 Apr. 2013), News IBFD. Disponível em: https://online.ibfd.org/document/tns_2013-04-08_br_1. Acesso em: 06 ago.2018.

Modelo da OCDE (2014) – o que é consistente com o fato de que a Suíça, no Instrumento Multilateral, haver feito reserva aos Artigos 12[58] e 13,[59] que tratam dessas questões, enquanto Singapura, ao Artigo 12.

Para além dessas influências em matéria de política fiscal internacional, não se pode ignorar que o Brasil, por décadas, adotou uma linha peculiar se comparado aos demais países da OCDE, notadamente marcada pela prevalência da tributação de não residentes na fonte e ausência de regras domésticas claras quanto aos estabelecimentos permanentes. Essas peculiaridades fazem com que, a despeito de se tratar de alterações no plano dos acordos de dupla tributação, seja necessário também cotejá-las frente à legislação doméstica: a caracterização de um estabelecimento permanente à luz do acordo não necessariamente significará a possibilidade de tributação de determinado não residente, enquanto a regra doméstica previr tributação (lucro arbitrado, retenção não fonte etc.) incompatível com aquela prevista no acordo.

Pelo contrário, por vezes a caracterização de estabelecimento permanente obstará a tributação na fonte que, não fosse a sua caracterização, estaria autorizada pelo acordo. É o caso dos dividendos (em que pese isentos na legislação doméstica), *royalties* (e a infindável discussão acerca de sua extensão aos serviços técnicos), juros e serviços técnicos (especificamente disciplinados nos Acordos com Suíça e Singapura).

Ademais, a atualização de determinadas disposições do acordo mostra-se uma boa ocasião para que se rememorem alguns aspectos da relação entre acordos internacionais e a legislação doméstica: em que pese a imprecisa redação do artigo 98 do Código Tributário Nacional, acordos para evitar a dupla tributação não criam obrigações tributária, tampouco dependem de regulamentação para sua eficácia, salvo a adoção do rito previsto na Constituição: aprovação pelo Congresso Nacional, ratificação e publicação pelo Poder Executivo.

Nessa esteira, o fato de o acordo reconhecer a existência de um estabelecimento permanente e que lucros a ele atribuídos possam ser tributados no Estado fonte não implica que, de fato, sejam objeto de tributação nesse país, na hipótese de não haver lei doméstica que assim o determine ou, fazendo-o, que o preveja em consonância com os limites do tratado. Exemplo disso é o caso do obrigatório arbitramento do lucro do comitente, que pode implicar discriminação. Noutro giro, há situações da desnecessidade de qualquer regulamentação, sendo suficiente a mera determinação pelo tratado, a exemplo da instauração de procedimento amigável: quando em vigor os respectivos acordos, poderá ser pleiteada à Receita Federal pelos residentes na Argentina, Suíça ou Singapura, ou seus nacionais, conforme o caso, independentemente de previsão em Instrução Normativa.

Por fim, em que pese tenha o Congresso Nacional refutado por duas vezes a adoção de uma regra geral antielisiva na legislação doméstica–[60] é comum referenciar-se à não aprovação do artigo 74[61] do Anteprojeto do Código Tributário e à conversão apenas

---

[58] "Article 12 - Artificial Avoidance of Permanent Establishment Status through Commissionaire Arrangements and Similar Strategies".

[59] "Article 13 – Artificial Avoidance of Permanent Establishment Status through the Specific Activity Exemptions".

[60] BARRETO, Paulo Ayres. *Planejamento tributário*: limites normativos. São Paulo: Noeses, 2016, p. 164.

[61] "Artigo 74. A interpretação da legislação tributária visará sua aplicação não só aos atos, fatos ou situações jurídicas nela nominalmente referidos, como também àqueles que produzam ou sejam suscetíveis de produzir resultados equivalente".

parcial em lei da Medida Provisória nº 66/2002) –[62] fato é que vem sendo aprovados diversos acordos de dupla tributação, dentre os quais o caso mais recente é o Protocolo com a Argentina, em que se preveem dispositivos bastante abrangentes e subjetivos para a recusa à aplicação dos benefícios dos respectivos acordos. De fato, cláusulas de tal natureza distinguem-se daquelas previstas na legislação doméstica dos países, afinal não implicam tributação por analogia, o que muitas vezes é próprio de regras gerais antielisivas nacionais, atendo-se os acordos à determinação da jurisdição em matéria tributária dos Estados contratantes. De todo modo, trata-se de regras que, sob alguns aspectos já apontados, suscitam elevada subjetividade, o que levanta questões relevantes a serem avaliadas, particularmente quanto à segurança em sua aplicação, possível arbitrariedade da Administração na recusa aos benefícios do tratado e, especialmente, à luz das garantias fundamentais dos contribuintes.

Informação bibliográfica deste texto, conforme a NBR 6023:2018 da Associação Brasileira de Normas Técnicas (ABNT):

DIAS, Karem Jureidini; LAVEZ, Raphael Assef. Influências do Projeto BEPS nos novos acordos para evitar a dupla tributação firmados pelo Brasil. *In*: TEIXEIRA, Alexandre Alkmim (Coord.). *Plano BEPS*. Belo Horizonte: Fórum, 2019. p. 411-433. ISBN 978-85-450-0654-1.

---

[62] Os artigos 13 a 19 da Medida Provisória nº 66/2002 tratavam dos procedimentos para a desconsideração de atos ou negócios praticados com a finalidade, dentre outras, de reduzir o valor do tributo e evitar ou postergar seu pagamento.

LA INFLUENCIA DE LOS COMENTARIOS AL MODELO OCDE EN LA APLICACIÓN DE LOS TRATADOS DE DOBLE IMPOSICIÓN EN BRASIL

ALEXANDRE ALKMIM TEIXEIRA

1 Introducción

El sistema tributario brasileño está fuertemente fundamentado en las normas constitucionales, causando gran inquietud en la actividad desarrollada por los aplicadores del derecho.[1]

Estructurado como una Federación de tres niveles, el Estado brasileño reparte su potestad tributaria entre la Unión, los 26 Estados (e el Distrito Federal) e las 5.570 municipalidades.

A la Unión se atribuyó la potestad de creación del impuesto sobre las rentas, bien sea para las personas físicas o jurídicas.

Brasil empezó la tributación de la renta mundial desde 1995 para las personas físicas e desde 1996 para las entidades empresariales. Sin embargo, incluso antes de tributar las rentas producidas por sus residentes en el exterior, Brasil ya firmaba tratados contra doble tributación – TDT's.

En verdad, de los 32 tratados contra doble tributación – TDT's actualmente en vigor, 21 de ellos se hayan celebrado antes de la creación del impuesto sobre la renta mundial. Los tratados en vigor hoy en Brasil son los siguientes:

---

[1] Trabalho inédito cujas conclusões foram apresentadas em palestra proferida na cidade de Buenos Aires, por ocasião do 9º Encuentro Regional Latinoamericano da IFA - International Fiscal Association, em junho de 2017.

País	Firma	Fuerza
Japón	24-Jan-67	18-Dec-67
Francia	10-Sep-71	12-May-72
Belgica	23-Jul-72	02-Aug-73
Dinamarca	27-Aug-74	20-Dec-74
España	15-Nov-74	02-Jan-76
Suecia	25-Apr-75	19-Jan-76
Austria	24-May-75	22-Jul-76
Japón (emenda)	23-Mar-76	09-Jan-78
Italia	03-Oct-78	06-May-81
Luxemburgo	08-Nov-78	18-Sep-80
Noruega	21-Aug-80	09-Dec-81
Ecuador	26-May-83	11-Feb-88
Filipinas	29-Sep-83	25-Feb-91
Canada	04-Jun-84	23-Jan-86
Hungría	20-Jun-86	08-Mar-91
Republica Checa	26-Aug-86	25-Feb-91
Eslovaquia	26-Aug-86	25-Feb-91
India	26-Apr-88	27-Apr-92
Corea do Sul	07-Mar-89	02-Dec-91
Holanda	08-Mar-90	03-Dec-91
China	05-Sep-91	19-Feb-93
Portugal	16-May-00	13-Nov-01
Chile	03-Apr-01	02-Oct-03
Ucrania	16-Jan-02	07-Jun-06
Bélgica (emenda)	20-Nov-02	28-Dec-07
Israel	12-Dec-02	08-Nov-05
Mexico	25-Sep-03	26-Dec-06
África do Sul	08-Nov-03	24-Jul-06
Peru	17-Feb-06	27-Nov-09
Turquía	16-Dec-10	14-Nov-13

En ese contexto, non se puede decir que Brasil sea prodigo en la celebración de tratados contra la doble imposición. En verdad, Brasil solo firma TDT's con países desarrollados con la previsión de una cláusula de *Tax Sparing*,[2] que haga el equilibrio de ventajas entre las partes signatarias del acuerdo.

Sucede que la Organización de Cooperación e Desarrollo Económico – OCDE, a partir del informe *Tax Sparing, a Reconsideration*,[3] de 1998, en lugar de tratar las cláusulas de *Tax Sparing* como una importante herramienta en las relaciones de países con diferentes posiciones económicas en la celebración de los TDT's, clasifican el crédito del impuesto de las previsiones de *Tax Sparing* e *Matching Credit* como incentivos fiscales indebidos, con recomendación a los países miembros y no miembros de la OCDE que no entran en los tratados que contienen la previsión; además de revisar los que adoptan este tipo de cláusulas. Esto es una de las causas identificadas como justificadoras del cierre del Tratado Brasil Alemania, roto unilateralmente por el país europeo; como también es identificada como la principal justificación por la ausencia de tratado para evitar la doble tributación entre Brasil e los Estados Unidos de América.[4]

A pesar de la preferencia por las cláusulas de *Tax Sparing* e de no ser miembro de la organización, Brasil se utiliza del Modelo OCDE para firmar tratados contra la doble imposición.

Hecha esta breve introducción, vayamos al objeto de este estudio, que es el de señalar la influencia de los Comentarios al Modelo OCDE en la aplicación de las leyes ante los tribunales administrativos y judiciales de Brasil.

2 Breve análisis de la estructura del proceso tributario en Brasil

No se puede decir que el proceso tributario en Brasil sea simple y eficiente, e incluso que sea pronto. Una disputa de impuestos en Brasil, además de los procedimientos administrativos y judiciales, puede llegar fácilmente a 20 años.

Esto se debe a que, dentro de la estructura procesal brasileña, con el procedimiento de determinación del impuesto, el contribuyente puede optar por discutir la cuestión administrativa o judicialmente, y la opción por la primera alternativa no excluye la posibilidad de futuros litigios en el Poder Judiciario.

2.1 Proceso administrativo

La Corte Constitucional brasileña, el Supremo Tribunal Federal, emitió el Precedente Vinculante nº 6, según el cual la autoridad administrativa tiene la facultad de revisar sus propias acciones. Aun así, la Constitución, en su artículo nº 5, sección VI,

---

[2] Ver melhor em TEIXEIRA, Alexandre Alkmim. Tributação Internacional e Neutralidade Fiscal nos Tratados sobre Renda e Capital. 2017.

[3] OECD. ORGANIZATION FOR ECONOMIC CO-OPERATION AND DEVELOPMENT. Tax Sparing. A Reconsideration. OECD, Paris, 1998.

[4] Brasil es el único país del mundo con un PIB más grande que US$ 1 trillón con lo que los EE.UU. no tienen tratado para evitar la doble imposición, además de ser el cuarto mayor inversor del mundo en títulos públicos del gobierno de Estados Unidos. Una de las razones identificadas como impedimentos es la resistencia de los EE.UU. a aceptar las cláusulas de Tax Sparing.

asegura a todos que en el proceso administrativo, se garantiza la defensa contradictoria y llena. Por último, el artículo nº 5 en su sección XX, garantiza dos niveles de jurisdicción administrativa.

Teniendo en cuenta estos marcos normativos constitucionales, el contribuyente tiene derecho que cuestionar la determinación tributaria del impuesto a nivel administrativo.

A nivel federal, el contribuyente una vez notificado del auto de infracción, puede presentar la impugnación dentro de los 30 días. En la impugnación, el contribuyente puede reclamar todas las cuestiones de hecho y de derecho pertinentes para su defensa. En cuanto a los hechos, puede requerir la recogida de documentos, la realización de la diligencia debida, sea para la búsqueda de las cuestiones de hecho, sea para revisar los datos de las informaciones fiscales; e incluso la realización de pericias, cumpliendo los requisitos formales contenidos en la ley.

En el aspecto legal, el contribuyente puede plantear cuestiones de derecho suficientes para apoyar sus demandas. La única restricción se refiere al reconocimiento de la inconstitucionalidad de las leyes, cuya evaluación es parte del poder judicial.

Las impugnaciones son juzgadas en primera instancia por la Delegacia Regional de Juzgamiento, organismo especializado del servicio de impuestos, llamada Receita Federal do Brasil.

Contra la resolución dictada por la DRJ, el contribuyente puede presentar recurso voluntario ante una junta llamada Consejo Administrativo de Recursos Fiscales del Ministerio de Hacienda – CARF. CARF es un órgano juzgamiento responsable por la sentencia de segunda instancia en los procedimientos administrativos tributarios federales.

La decisión del CARF termina la discusión tributaria en la fase administrativa.

Sin embargo, una vez que mantiene la exigencia del impuesto, se da al contribuyente el derecho para recorrer a la Judicatura para su revisión y juicio de la materia, sin restricción alguna por motivos de procedimiento o material.

En este sentido, todos los asuntos discutidos en el procedimiento administrativo, y otros que finalmente no lo eran, podrán presentarse al juicio en el proceso judicial.

2.2 Proceso judicial

El proceso judicial se inicia ante un solo juez. La decisión se sujeta a apelación ante los Tribunales Regionales Federales - TRF. Contra la decisión de los tribunales se puede presentar recurso ante el Superior Tribunal de Justicia, cuya función es la de analizar la legislación vigente, divergencia jurisprudencial e la aplicación de los tratados internacionales. Si la controversia se refiere a la aplicación de la Constitución, es posible recurrir ante el Supremo Tribunal Federal.

Hablando de este modo, la verificación de la aplicación de los tratados para evitar la doble imposición conduce directamente a la segunda instancia del proceso administrativo, CARF, y en el contexto judicial, las decisiones dictadas por los tribunales superiores, en especial por el Superior Tribunal de Justicia.

3 La influencia del modelo OCDE en los juzgamientos del CARF

Brasil no es miembro de la OCDE y, como para la mayoría de los países que son, los comentarios al Modelo OCDE no son vinculantes en la aplicación de los tratados para evitar la doble imposición.

Sin embargo, se puede identificar que los Comentarios al Modelo OCDE, publicados por la Comisión de Asuntos Fiscales, tienen una fuerte influencia sobre los conceptos en la interpretación de los tratados ante el Tribunal Administrativo de Brasil.

Al lado de los principales autores de derecho fiscal internacional brasileño, las referencias a los Comentarios del Modelo OCDE son una fuente importante de apoyo a las posiciones jurisprudenciales cuando se trata de la aplicación del TDT.

Vale la pena destacar en este sentido la sentencia que se hizo conocida como "Caso Eagle". Esta es la discusión acerca de la aplicación del Tratado Brasil-España para la tributación de la inversión de una empresa residente en Brasil, que tiene una filial en España. El quid de la cuestión objeto de la prueba fue la definición de los ingresos recibidos por la empresa brasileña venidos de la empresa española, para saber si son clasificados como "ganancias de las empresas" (art. 7) o "dividendos" (art. 10). En el primer caso, el impuesto sería exclusivamente en España, mientras que, si el ingreso se caracteriza como un dividendo, serían gravados en Brasil.

Para la solución de la controversia, el juicio hizo un análisis profundo de los Comentarios al Modelo OCDE, con el fin de identificar que "dividendos" sólo se adapta al concepto de "dividendos pagos" previstos en el tratado. Esto es importante porque la legislación brasileña considera la tributación de dividendos non pagos a los controladores en Brasil. Así, los ingresos se clasificaron como "ganancias de las empresas" (art. 7º), con la tributación exclusiva en España.

Interesante observar que cuando se firmó el Tratado Brasil España (1974), aunque se había publicado la primera serie de comentarios por parte de la OCDE, por lo que se hizo una interpretación dinámica del tratado.

En el año 2016, se publicó en Brasil una obra que se convirtió en una referencia en el estudio del derecho tributario: el *Repertorio Analítico de de Jurisprudencia do CARF*.[5] En este informe, analizamos todos los casos juzgados por el CARF sobre la aplicación de los tratados para evitar la doble tributación hasta 2015.

Se puede notar en esta publicación la fuerte presencia de los Comentarios al Modelo OCDE como base y fundamento de la mayoría de las decisiones, por lo que es posible afirmar la gran influencia que tiene en la aplicación de la ley de impuestos de Brasil a los hechos transnacionales.

4 La influéncia del modelo OCDE en el STJ

Al igual que ocurre en el proceso administrativo, hemos identificado una fuerte influencia de los Comentarios al Modelo OCDE en la interpretación de los tratados para evitar la doble imposición, cuando los juicios de los procesos judiciales, en particular ante el Superior Tribunal de Justicia.

---

[5] DE SANTI, Eurico Marcos Diniz *et al* (coord.) Repertório Analítico de Jurisprudência do CARF. São Paulo, Max Limonad, 2016. 896 p.

Quizás el caso más emblemático de la aplicación del tratado usando los Comentarios de la OCDE es el caso Copesul:

Copesul, es sociedad residente en Brasil, que

He contratado Empresas extranjeras para prestar servicios a realizar en el extranjero sin la transferencia de tecnología. En aplicación del artículo VII de la Convención de Brasil-Alemania y Brasil-Canadá, según la cual "los beneficios de una empresa de un Estado Contratante pueden someterse a imposición en ese Estado a no ser que la empresa realice su actividad en el otro Estado Contratante por medio de un establecimiento permanente situada", ha dejado de recoger impuestos sobre la renta en la fuente. En la falta de pago, la Receita Federal do Brasil evaluó los valores enviados al extranjero como contraprestación por los servicios no cubiertos por el concepto de "beneficios de la empresa extranjera", prevista en el art. VII de los dos convenios, porque el beneficio sólo se verificaba al final del ejercicio, después de adiciones y deducciones que determine la ley actual. Por lo tanto, se llegó a la conclusión de que los valores son tributados en Brasil - con la obligación de retención por la fuente pagadora – clasificado como renta "no expresamente mencionada" en la Convención, de conformidad con el art. XXI, verbis : "La renta de un residente de un Estado Contratante procedentes del otro Estado contratante y no mencionadas en los anteriores artículos del presente Convenio, pueden someterse a imposición en ese otro Estado 3. De acuerdo con los artículos VII y XXI de la Convención contra la doble imposición firmados entre. Brasil-Alemania y Brasil-Canadá, los ingresos no se menciona expresamente en el Convenio pueden someterse a imposición en el país donde se originan. Ya se ha mencionado por su nombre, entre ellos "los beneficios de la empresa extranjera", que serán gravados en el país de destino, donde residente que recibir ingresos.[6]

El problema se resolvió recurriendo a los conceptos presentados en los Comentarios del Modelo OCDE. Inicialmente, el Tribunal Superior refuto a los argumentos de la Hacienda, reconociendo la importancia crucial del Modelo OCDE en la interpretación de los tratados en cuestión:

No podemos aceptar la afirmación simplista de que "los modelos adoptados por las organizaciones internacionales para prevenir, eliminar o reducir la doble imposición son

---

[6] Traducción libre de "contratou empresas estrangeiras para a prestação de serviços a serem realizados no exterior sem transferência de tecnologia. Em face do que dispõe o art. VII das Convenções Brasil-Alemanha e Brasil-Canadá, segundo o qual "os lucros de uma empresa de um Estado Contratante só são tributáveis nesse Estado, a não ser que a empresa exerça sua atividade em outro Estado Contratante por meio de um estabelecimento permanente aí situado", deixou de recolher o imposto de renda na fonte. Em razão do não recolhimento, foi autuada pela Receita Federal à consideração de que a renda enviada ao exterior como contraprestação por serviços prestados não se enquadra no conceito de "lucro da empresa estrangeira", previsto no art. VII das duas Convenções, pois o lucro perfectibiliza-se, apenas, ao fim do exercício financeiro, após as adições e deduções determinadas pela legislação de regência. Assim, concluiu que a renda deveria ser tributada no Brasil – o que impunha à tomadora dos serviços a sua retenção na fonte –, já que se trataria de rendimento não expressamente mencionado nas duas Convenções, nos termos do art. XXI, verbis : "Os rendimentos de um residente de um Estado Contratante provenientes do outro Estado Contratante e não tratados nos artigos precedentes da presente Convenção são tributáveis nesse outro Estado. 3. Segundo os arts. VII e XXI das Convenções contra a Bitributação celebrados entre Brasil-Alemanha e Brasil-Canadá, os rendimentos não expressamente mencionados na Convenção serão tributáveis no Estado de onde se originam. Já os expressamente mencionados, dentre eles o "lucro da empresa estrangeira", serão tributáveis no Estado de destino, onde domiciliado aquele que recebe a rend" (SUPERIOR TRIBUNAL DE JUSTIÇA. REsp 116.467/RS, 17/05/2012, Min. Castro Meira).

sólo una representación sin ningún contenido de vinculación," porque lo que quiere este argumento, aunque no expresamente afirmaciones, es la non aplicación de la Convención Brasil-Canadá y Brasil-Alemania en cuestión.[7]

Y la solución llegó, precisamente, con el análisis de los conceptos utilizados en el Modelo OCDE, con la advertencia de que no se está juzgando por la prevalencia o el efecto de los Comentarios de la OCDE en Brasil, pero los ajustes necesarios en los conceptos utilizados en la orden internacional para la buena aplicación de los tratados:

> Lo que se dice aquí, por lo tanto, no es la prevalencia de las interpretaciones constantes en el Modelo OCDE, pero la cualificación adecuada de los ingresos obtenidos por el prestador de servicios como ganancia, en base a la naturaleza del pago que se hace. Cuando se concluye de otra manera, con la clasificación como "ingreso expresamente mencionado," la autoridad administrativa tributaria no pudo hacer una correcta aplicación de la legislación nacional, ya que, como antes se ha visto, no hay manera de insertarlos en cualquier otro elemento que no sea beneficio operativo, parte de la renta neta, lo que resulta en el extremo, la base imponible del impuesto sobre la renta.[8]

5 Otras influéncias internacionales en juzgamientos tributarios

Aparte de los comentarios al Modelo OCDE, es raro presenciar, en la interpretación de los tratados para evitar la doble imposición, la referencia a los Juzgados o Tribunales de otros países.

Es muy poco habitual, en las decisiones fiscales en Brasil, sea en los procesos judiciales, sea en los procesos administrativos, la consideración de lo que otros países se decidieron sobre la aplicación de los tratados.

Una referencia, sin embargo, es digna de mención: el procedimiento administrativo nº 1401-001037, juzgado por el CARF.[9]

En Brasil, por razones históricas relacionadas a la dictadura militar, las contribuciones sociales se consideran una especie de tributo. Sin embargo, la base sobre la que se puede cargar contribuciones son: (i) los ingresos brutos, (ii) los pagos a los trabajadores y (iii) las ganancias o la renta.

---

[7] Traducción libre de: "Não se pode acolher a afirmação simplista de que "os modelos adotados pelos organismos internacionais para evitar, eliminar ou atenuar a dupla tributação internacional não passam de uma representação sem qualquer conteúdo vinculativo ", pois o que tal argumento pretende afastar, ainda que expressamente não o afirme, é a própria utilidade das Convenções Brasil-Canadá e Brasil-Alemanha, aqui discutidas". (SUPERIOR TRIBUNAL DE JUSTIÇA. REsp 116.467/RS, 17/05/2012, Min. Castro Meira).

[8] Traducción livre de "O que se está a sustentar aqui, pois, não é a prevalência de quaisquer interpretações constantes no Modelo da OCDE, mas a adequada qualificação dos rendimentos auferidos pelo prestador de serviços como lucro, com base na natureza do pagamento que lhe é efetuado. Ao concluir diversamente, optando por enquadrá-los como "rendimentos não expressamente mencionados ", a autoridade administrativa fiscal não procedeu a uma correta aplicação da lei interna, pois, como acima vimos, não há como inseri-los em qualquer outra rubrica que não a de lucro operacional, integrante do lucro líquido, do qual resulta, a final, o lucro real tributável pelo imposto de renda". (SUPERIOR TRIBUNAL DE JUSTIÇA. REsp 116.467/RS, 17/05/2012, Min. Castro Meira).

[9] CONSELHO ADMINISTRATIVO DE RECURSOS FISCAIS DO MINISTÉRIO DA FAZENDA. Processo nº 13502.720167/2011-42, acórdão 1401-001.037, de 10 de setembro de 2013, Relator Alexandre Antonio Alkmim Teixeira. 1ª Turma Ordinária da 4ª Câmara da 1ª Seção, unânime.

La recaudación de las contribuciones a la seguridad social en ese sentido, no necesariamente es vinculada a una relación laboral y no está necesariamente destinada a financiar un sistema de seguridad social.

La Contribución Social sobre el Beneficio Neto – CSLL es un cargo creado por la Unión, que se basa en el beneficio de la compañía después de la provisión para el impuesto sobre la renta. En este sentido, es innegable que es un cargo incidente sobre la renta.

Durante mucho tiempo, la Receita Federal do Brasil se negó a aplicar los TDT's a la CSLL, en razón de que no se trata de un impuesto, sino más bien una contribución social.

Sobre la base de las observaciones del Modelo OCDE, la Receita Federal do Brasil argumentó que los tratados deben aplicarse únicamente a los impuestos, por lo que rechazaba su aplicación a las contribuciones sociales.

En el proceso nº1401-001.037, el CARF identificó que los conceptos de impuestos, tasas y contribuciones sociales que se utilizan para justificar no aplicación de los TDT's a la CSLL estaban siendo tergiversadas.

Aprovechando la clasificación propuesta por el *System of National Accounts*, así como las advertencias Klaus Vogel[10] en la misma dirección, fue posible identificar que la naturaleza de la contribución social sobre el beneficio neto - CSLL en Brasil es el de un impuesto (impuesto) y no una contribución (contribución).

Para SNA,[11] las contribuciones sociales no son impuestos y se clasifican con la identificación de la existencia de una carga como resultado de una relación de trabajo con el fin de financiar un sistema de seguridad social. La base de la contribución social CSLL, es la generación de ganancias y sus ingresos se destinan a financiar la asistencia social, por lo que debe ser caracterizada como un impuesto (tax), sujeto a los términos del tratado para evitar la doble imposición.

Por último, la Unión reconoció el error en la clasificación y aprobó una ley que reconoce la aplicación de los TDT's a la CSLL.

6 Conclusiones

Aunque Brasil no sea un miembro de la OCDE, los Comentario al Modelo OCDE tienen fuerte influencia en la interpretación de los Tratados sobre Doble Imposición e en la aplicación de las leyes ante los tribunales brasileños, ya sea administrativa o judicial.

No se puede decir que el Modelo OCDE y sus comentarios son vinculantes para la aplicación de los tratados en Brasil, que, de hecho, la influencia no llega a eso. Sin embargo, también no sería realista decir que el papel desempeñado por el Modelo es equivalente a una buena doctrina.

En este sentido, el Modelo la OCDE camina entre estos dos términos, por lo que se puede afirmar su fuerza en la interpretación de los tratados, sin exigir a los tribunales administrativos y judiciales su cumplimiento como se fuera una ley. Quizás el resumen de esta influencia ha sido descrito por el Superior Tribunal de Justicia, que indica que

---

[10] VOGEL, Klaus. On double taxation. Kluwer, 1998. p. 157.
[11] UNITED NATIONS *et al. System of National Accounts 2008*. United Nations, Nova York, 2009. p. 222.

el Modelo OCDE permite la correcta interpretación de los conceptos utilizados en los Tratados, como requisito indispensable para su funcionamiento ante la comunidad internacional.

Informação bibliográfica deste texto, conforme a NBR 6023:2018 da Associação Brasileira de Normas Técnicas (ABNT):

TEIXEIRA, Alexandre Alkmim. La influencia de los comentarios al modelo OCDE en la aplicación de los tratados de doble imposición en Brasil. *In*: TEIXEIRA, Alexandre Alkmim (Coord.). *Plano BEPS*. Belo Horizonte: Fórum, 2019. p. 435-443. ISBN 978-85-450-0654-1.

AJUSTES CORRELATOS DE PREÇOS DE TRANSFERÊNCIA POR MEIO DE PROCEDIMENTO AMIGÁVEL

LUIS EDUARDO SCHOUERI

GUSTAVO LIAN HADDAD

1 A intrigante posição brasileira nas Ações 8-10 do BEPS

É bastante conhecida a peculiar posição brasileira em relação a sua legislação de preços de transferência.

Embora se utilize da nomenclatura dos métodos transacionais das Diretrizes da Organização para o Comércio e Desenvolvimento Econômico (OCDE) – *TP Guidelines*, nossa legislação adota margens de lucros pré-determinadas para apurar o valor de mercado para a pessoa residente no Brasil partícipe da transação e desconsidera elementos de análise funcional e de proporção de riscos assumidos pelas partes envolvidas.

Privilegia, assim, a praticabilidade em busca de uma equidade média, geral, em detrimento da justiça individual do caso concreto.

Na visão das autoridades fiscais brasileiras, esta posição não representa um desvio em relação ao padrão *arm´s length*, mas simplesmente um meio de realizá-lo dentre os vários possíveis.[1]

A administração fiscal brasileira, entretanto, não deixa de reconhecer, nos fóruns internacionais, as possíveis limitações do modelo. No capítulo brasileiro do "Manual Prático de Preços de Transferência para Países em Desenvolvimento" publicado pelas Nações Unidas o Brasil reconhece que o sistema de margens fixas pode resultar na tributação de algumas empresas brasileiras em bases superiores ou inferiores a sua lucratividade efetiva, com potencial para dupla tributação econômica.[2]

---

[1] Na Solução de Consulta nº 9, de 1 de novembro de 2012, a Coordenação do Sistema de Tributação afirma: "17. Para fins de balizar as transações internacionais efetivadas com pessoas vinculadas, de forma a verificar se tais operações diferem das condições normais de mercado, segundo o princípio arm´s length, a legislação brasileira de preços de transferência prevê regras estabelecidas nos arts. 18 a 24 da Lei nº 9.430, de 27 de dezembro de 1996".

[2] UN. *United Nations Practical Manual on Transfer Pricing for Developing Countries (2017)*, p. 539-540, parágrafos D.1.7.1 e D.1.7.2. *In* UN.org. Disponível em: http://www.un.org/esa/ffd/wp-content/uploads/2017/04/Manual-TP-2017.pdf. Acesso em: 25 jul. 2018.

Neste contexto, é no mínimo intrigante a posição brasileira adotada nas Ações 8-10 do Projeto BEPS.[3]

Tais Ações tiveram por objetivo rever diretrizes da prática internacional de preços de transferência para assegurar que a alocação de lucros tributáveis, especialmente em relação a transações com intangíveis, estivesse alinhada com o local da criação real de valor (o chamado *value creation approach*).

Não é objeto do presente trabalho examinar em profundidade as recomendações das Ações 8-10, bastando-se referir, entre outros elementos, a atribuição de relevância para as funções efetivamente exercidas e para os riscos e ativos efetivamente controlados pelas empresas do grupo em detrimento da alocação contratual de tais funções e riscos, quando esta não reflete a realidade; e a possibilidade de utilização de resultados posteriores à transação como *proxy* para a determinação do valor de intangíveis de difícil avaliação (*hard-to-value intangibles*).

O ponto de partida para as alterações propostas é o arcabouço conceitual das *TP Guidelines*, forte na aplicação da análise funcional e de riscos para a alocação de lucros tributáveis e concretização do padrão *arm´s length*. No Sumário Executivo das Ações 8-10 (*Sumário Executivo*) consta a seguinte afirmação categórica (no original em inglês):[4]

> *This Report contains revised guidance which responds to these issues and ensures that the transfer pricing rules secure outcomes that see operational profits allocated to the economic activities which generate them. It represents an agreement of the countries participating in the OECD/G20 BEPS Project. For countries that formally subscribe to the Transfer Pricing Guidelines, the guidance in this Report takes the form of amendments to the Transfer Pricing Guidelines. Therefore this Report also reflects how the changes will be incorporated in those Guidelines.* (grifos de transcrição)

Sendo o Brasil um dos países ativamente participantes do Projeto BEPS, salta aos olhos a possível dificuldade na aplicação do compromisso assumido considerando o contexto da nossa regulação de preços de transferência, que adota premissas aparentemente incompatíveis com aquelas em que se baseiam as *TP Guidelines*.

A afirmação transcrita do Sumário Executivo é, em seguida, complementada por uma nota de rodapé específica em relação ao Brasil (*Nota 1*), redigida nos seguintes termos (no original em inglês):[5]

> *Brazil provides for an approach in its domestic legislation that makes use of fixed margins derived from industry practices and considers this in line with the arm's length principle. Brazil will continue to apply this approach and will use the guidance in this report in this context. When Brazil's Tax Treaties contain Article 9, paragraph 1 of the OECD and UN Model Tax Conventions and a case of double taxation arises that is captured by this Treaty provision, Brazil will provide access to MAP in line with the minimum standard of Action 14.* (grifos de transcrição)

---

[3] BEPS significa *Base Erosion and Profit Shifting*, alcunha atribuída a um conjunto de ações patrocinadas pela OCDE e pelo G20 para combater a concorrência fiscal desleal e o chamado planejamento fiscal agressivo.

[4] OECD. *OECD/G20 Base Erosion and Profit Shifting Project: Executive Summaries 2015 Final Reports*. Paris: OECD, 2015, p. 28.

[5] OECD, *loc. cit* (nota 4).

A primeira metade da Nota 1 reconhece a existência das margens fixas na legislação brasileira e admite que o Brasil as continue aplicando, com o compromisso de usar as diretrizes do relatório em tal prática. Como afirmamos anteriormente, não é tarefa fácil conciliar a prática de margens predeterminadas com as recomendações do relatório, que tomam como ponto de partida a análise de funções desenvolvidas e riscos assumidos; sendo elas ignoradas ou relegadas a segundo plano pela legislação e prática administrativa brasileira de preços de transferência.[6]

Neste artigo os autores pretendem examinar questões derivadas da afirmação constante da segunda metade da Nota 1. Nesta parte, o Brasil assumiu o compromisso de permitir o acesso aos procedimentos amigáveis de solução de conflitos de dupla tributação (*Mutual Agreement Procedure* ou "MAP"), com a adoção dos padrões mínimos da Ação 14 do BEPS, diante de situações de dupla tributação envolvendo contraparte residente em país com o qual o Brasil tenha celebrado Acordo para Evitar a Dupla Tributação (ADT) que contenha a previsão do artigo 9, parágrafo primeiro (*Artigo 9(1)*) da Convenção Modelo da OCDE relativa a Impostos sobre a Renda e o Capital (*Convenção Modelo da OCDE*") ou da Convenção Modelo da Organização das Nações Unidas relativa à Dupla Tributação entre Países Desenvolvidos e em Desenvolvimento (*Convenção Modelo da ONU*).

O Artigo 9(1) determina, em essência, que quando em transações entre partes relacionadas forem estabelecidas ou impostas condições diversas das que seriam estabelecidas entre empresas independentes, os lucros que teriam sido obtidos, se tais condições não existissem, poderão ser acrescidos aos lucros da empresa e como tal tributados. Representa a adoção pelo ADT do padrão *arm´s length* para mensuração de transações entre partes relacionadas.

Considerando que a totalidade dos trinta e três ADTs dos quais o Brasil é signatário e que estão atualmente em vigor[7] contêm previsão idêntica ou substancialmente similar à do Artigo 9(1), a relevância prática do compromisso é evidente, ainda mais diante do fato de que o governo brasileiro tem por política não incluir em seus ADTs o parágrafo 2º do Artigo 9º da Convenção Modelo da OCDE ou da ONU; que prevê o ajuste simétrico de preços de transferência por um Estado Contratante sempre que o outro o fizer em observância ao padrão *arm´s length*.

A Nota 1 expressa a visão brasileira de que a ausência do art. 9(2) em seus ADTs não afasta a possibilidade de ajuste correlato por MAP, impulsionada pela adesão do Brasil aos padrões mínimos da Ação 14 do BEPS, que tem por objetivo tornar mais efetivos os mecanismos de solução de conflitos advindos da aplicação de ADTs.

Diante desta postura, surge importante questão para a aplicação do MAP aos casos de preços de transferência pela autoridade fiscal brasileira, voltada a determinar

---

[6]   Para a análise dos possíveis significados do compromisso assumido na primeira metade da Nota 1 veja-se SCHOUERI, Luis Eduardo e GALENDI JUNIOR, Ricardo André. *The Brazilian Mysterious position on Actions 8-10: a Blank Check for Cherry Picking?*. *In*: Kluwer International Tax Blog. Disponível em: http://kluwertaxblog. com/2016/10/25/the-brazilian-mysterious-position-on-actions-8-10-a-blank-check-for-cherry-picking/.   Acesso em: 15 jul. 2018.

[7]   Em 15.07.2018 estavam em vigor ADTs celebrados pelo Brasil com os seguintes países: África do Sul, Argentina, Áustria, Bélgica, Canadá, Chile, China, Coreia do Sul, Dinamarca, Equador, Eslováquia e República Tcheca (antiga Tchecoslováquia), Espanha, Filipinas, Finlândia, França, Hungria, Índia, Israel, Itália, Japão, Luxemburgo, México, Noruega, Países Baixos, Peru, Portugal, Rússia, Suécia, Trinidad e Tobago, Turquia, Ucrânia e Venezuela.

como se dará a interação entre a previsão do Artigo 9(1) e a legislação doméstica de preços de transferência neste caso.

Decorrência de tal interação será a extensão do padrão *arm´s length* a se considerar na aplicação do MAP pela autoridade fiscal brasileira.

2 A Ação 14 do BEPS e MAP no Brasil

É da tradição da prática brasileira de ADTs a inclusão de cláusulas de MAP. Todos os ADTs dos quais o Brasil é signatário e atualmente em vigor contêm previsão de alguma forma de MAP, ainda que com variações.

O Brasil aderiu aos padrões mínimos da Ação 14 do BEPS, dentre os quais a previsão de prazo para a solução, a permissão de acesso à autoridade de quaisquer dos Estados envolvidos e a existência de regulação clara dos procedimentos aplicáveis – o último requisito atendido pelo Brasil em 2016 com a edição da Instrução Normativa da Receita Federal do Brasil (RFB) nº 1.669, editada após processo de consulta pública aberto pela autoridade fiscal brasileira.[8] A inclusão de casos de preços de transferência dentre aqueles passíveis de resolução via MAP também é parte dos padrões mínimos de observância obrigatória.[9]

Por outro lado, várias das melhores práticas da Ação 14, de observância desejável mas não obrigatória, não são adotadas pelo Brasil. Por exemplo, a inclusão do Artigo 9(2) nos ADTs e a previsão de cláusula de arbitragem para a solução de conflitos.[10]

Será interessante observar se o compromisso do Brasil resultará em efetiva utilização do MAP para a solução de casos de dupla tributação no país, revertendo tendência histórica de pouquíssima efetividade na seara doméstica.

Em excelente trabalho de reconstituição histórica, Matheus Barbosa explica como a escassez de informação pública disponível conduziu parte da doutrina a cogitar a possível inexistência de precedentes da utilização do MAP no país.[11]

Não obstante, demonstra em seguida que tal procedimento já teria tido aplicação prática pelo menos desde 2004, como atesta referência expressa no Ato Declaratório Interpretativo nº 27, editado pela RFB naquele ano[12] para manifestar interpretação específica acerca do ADT com a Espanha. Por fim, noticia resposta à solicitação formulada à Coordenação-Geral de Relações Internacionais, obtida através da Lei de Acesso à Informação, do início de 2016, que apontou que o Brasil tomara parte em quinze MAPs nos cinco anos anteriores; afastando, desta forma, qualquer suspeita acerca da inexistência do procedimento no Brasil.

Mais recentemente, os dados informados pelo governo brasileiro à OCDE deram conta de que no início de 2016 havia um total de 11 procedimentos de MAP abertos no Brasil (sendo 7 de preços de transferência), 4 novos se iniciaram naquele ano

---

8 O procedimento foi regulado pela Instrução Normativa RFB nº 1.669, de 9 de novembro de 2016.

9 Item 1.1 do Relatório Final da Ação 14 do BEPS.

10 OECD. *Brazil Dispute Resolution Profile (Last updated: 1 September 2016)*, p. 7-9. In: OECD.org. Disponível em: http://www.oecd.org/tax/dispute/Brazil-Dispute-Resolution-Profile.pdf. Acesso em: 18 jul. 2018.

11 BARBOSA, Mateus Calicchio. *O procedimento amigável nos acordos de bitributação brasileiros – Série Doutrina Tributária Vol. XXIII*. São Paulo: Quartier Latin, 2018, p. 113-114.

12 *Ibidem*, p. 120-123.

(todos de preços de transferência) e 2 se encerraram (1 de preços de transferência, mas sem conclusão efetiva), resultando em estoque de 13 casos ao final do ano.[13]

Os números brasileiros são infinitamente tímidos quando comparados com países da Europa, América do Norte e Ásia, em que casos de MAP contam-se às centenas e até milhares.[14] O quadro abaixo, com dados extraídos das informações disponibilizadas pelos diferentes governos à OCDE, ilustra a disparidade:

Estatísticas de MAP por país para 2016
Todos os casos iniciados antes ou a partir de 1º de janeiro de 2016

Jurisdições informantes	Estoque inicial	Casos iniciados	Casos encerrados	Estoque final (31.12.2016)
Brasil	11	4	2	13
Alemanha	1177	353	350	1180
Canadá	260	124	160	224
Bélgica	764	426	438	752
China (República Popular da)	160	32	84	108
França	844	296	303	837
Japão	103	36	25	114
Índia	622	78	55	645
Itália	308	159	29	438
Reino Unido	262	109	57	314
Estados Unidos	972	179	184	967

A renovação do interesse do Brasil pelo MAP com a regulamentação do procedimento pela Instrução Normativa RFB nº 1.669 e a revisão de pares (*peer review*) prevista na Ação 14 (a brasileira está programada para dezembro de 2018)[15] podem contribuir para a maior efetividade do MAP no Brasil, proporcionando evidente melhoria ao ambiente de negócios e dando concretude ao princípio da capacidade contributiva pela redução das situações potenciais de dupla tributação.

Não obstante, e especialmente em questões de preços de transferência, o acesso ao MAP somente será crível e perseguido se dele se esperar efetividade, com postura da autoridade brasileira que busque solução para a dupla tributação com adequada aplicação dos ADTs.

---

[13] OECD. *Mutual Agreement Procedure Statistics per country for 2016 - Brazil. In*: OECD.org. Disponível em: http://www.oecd.org/tax/dispute/brazil-2016-mutual-agreement-procedure-statistics.pdf. Acesso em: 18 jul. 2018.

[14] A tabela com todas as jurisdições informantes para o ano de 2016 pode ser encontrada no seguinte endereço: http://www.oecd.org/tax/dispute/mutual-agreement-procedure-statistics-2016-per-country-all.htm. Acesso em: 18 jul. 2018.

[15] OECD. *BEPS Action 14: Peer Review and Monitoring. Assessment Schedule for Stage 1 Peer Reviews. In* OECD.org, http://www.oecd.org/tax/beps/beps-action-14-peer-review-assessment-schedule.pdf. Acesso em 25 jul. 2018.

Para tanto, relevante será o modo como se dará a interação entre o Artigo 9(1) dos ADTs, mencionado na Nota 1 e a legislação doméstica de preços de transferência, com reflexos na determinação da extensão do padrão *arm´s length* aplicável em cada caso. É o que se passa a examinar.

3 A relação entre ADT e lei interna

A doutrina há muito discute a relação entre tratados internacionais e lei interna.

A questão foi inicialmente examinada sob a ótica das teorias monista e dualista, que buscavam explicar a relação entre a ordem jurídica interna e internacional. A primeira, advogando a existência de um único sistema jurídico; e a segunda, propugnando a convivência de ordens jurídicas paralelas que se intercomunicam apenas mediante recepção das normas internacionais nos ordenamentos jurídicos nacionais.

Os adeptos de ambas as teorias evoluíram para versões moderadas, sendo a distinção atualmente pouco relevante para a solução de questões concretas.[16]

No direito brasileiro, a Constituição Federal prevê, em seu artigo 5º, parágrafo 2º, que os direitos e garantias nela expressos não excluem outros decorrentes do regime e dos princípios por ela adotados, ou dos tratados internacionais em que o Brasil seja parte; e em seu artigo 5º, parágrafo 3º, que os tratados internacionais sobre direitos humanos que forem aprovados em dois turnos, em cada uma das casas do Congresso Nacional, por três quintos dos votos dos respectivos membros, serão equivalentes às emendas constitucionais.

Assim, sempre que se puder extrair de um tratado internacional a tutela de um direito ou garantia individual, ele terá guarida constitucional, e tratados que versem sobre direitos humanos e que tenham aprovação de dois terços das casas do Congresso terão status constitucional. Tais aspectos, na visão de Alberto Xavier, seriam indicativos da adoção da teoria monista em nosso país.[17]

Considerando que a igualdade é direito e garantia individual, e que em matéria tributária um de seus corolários é a capacidade contributiva, infere-se que a proteção contra a dupla tributação veiculada pelos ADTs tem guarida constitucional na medida em que busca realizar a capacidade contributiva.

Por outro lado, em matéria tributária, a doutrina e a jurisprudência brasileiras são assentes no sentido de que os tratados "prevalecem" sobre a lei interna, embora sejam muitos e questionáveis os fundamentos teóricos adotados para se chegar à conclusão.

É de pouca valia para a explicação a linguagem adotada pelo artigo 98 do Código Tributário Nacional (CTN), segundo o qual o tratado internacional "revoga" a lei interna com ele incompatível, levando alguns a invocar relação de especialidade para sustentar a prevalência.[18] Tal fundamento também tem alguma ressonância na jurisprudência.[19]

---

[16] SCHOUERI, Luís Eduardo. *Direito Tributário*. 8. ed. São Paulo: Saraiva, 2018, p. 104-107.

[17] XAVIER, Alberto. *Direito Tributário Internacional do Brasil*. 8. ed. Rio de Janeiro: Forense, 2015, p. 123-124.

[18] Defendendo o critério da especialidade: *Ibidem*, p. 104 e MACHADO, Hugo de Brito. *Curso de Direito Tributário*. 31. ed. São Paulo: Malheiros, 2010, p. 92.

[19] Veja-se, por exemplo, a ementa do acórdão do Tribunal Regional Federal da 3ª Região na Apelação/Remessa Necessária nº 0004166-76.2012.4.03.6130/SP, j. 16/08/2017, D.J. 22/08/2017: "INTERNACIONAL PRIVADO E TRIBUTÁRIO. PRELIMINARES REJEITADAS. TRATADOS INTERNACIONAIS CONTRA A BITRIBUTAÇÃO. PRESTAÇÃO DE SERVIÇOS SEM TRANSFERÊNCIA DE TECNOLOGIA. INEXISTÊNCIA DE ROYALTIES

A rigor, a relação entre tratados internacionais em matéria tributária, interessando-nos particularmente os ADTs, e a lei interna se resolve pela questão da jurisdição.

Por meio do ADT, o Brasil, no exercício de sua soberania, firma compromisso internacional determinando até onde vai sua jurisdição em determinadas matérias. Trata-se de exercício voluntário de autolimitação de competência tributária.

No espaço delimitado pelo ADT, a lei interna pode atuar para instituir incidências tributárias. Nas áreas em que o ADT exclui a competência brasileira, a lei interna não pode interferir por ausência de jurisdição e, portanto, de fundamento de validade.

ADT e lei interna têm atribuições materiais distintas. Pelo primeiro, o Estado autodelimita suas competências tributárias, enquanto pela segunda o Estado exerce, se assim desejar, as competências no espaço permitido pelo primeiro.

Se o âmbito material é distinto, não há sentido em buscar estabelecer relação hierárquica entre eles. ADT e lei interna atuam em campos distintos, sem possibilidade de antinomia. Lei interna não pode atuar em espaço a ela não reservado pelo ADT, enquanto este não institui tributo. Funções distintas, atuação não conflitante.

Também não cabe falar em relação de especialidade. O ADT não pode ser considerado norma especial em relação à lei interna, já que não atua no mesmo campo de normatividade desta.

Em suma, o ADT regula os espaços de competência em que o legislador interno pode atuar para instituir tributação sobre a renda. A lei interna pode, dentro do espaço permitido pelo ADT, instituir a incidência tributária, sendo a fonte desta a lei editada no exercício da jurisdição permitida pelo ADT.

Utilizando a feliz e conhecida ilustração sugerida por Vogel, o ADT funciona como uma máscara aposta sobre os dispositivos do direito interno, ou como um estêncil que deixa apenas uma parte desse regramento visível e, por conseguinte, aplicável.[20]

As partes do direito interno que permanecem descobertas, visíveis, representam os espaços de competências permitidos ao legislador interno. Se elas estiveram preenchidas,

---

NA ESPÉCIE. RENDIMENTOS AUFERIDOS POR EMPRESAS ESTRANGEIRAS PELA PRESTAÇÃO DE SERVIÇOS À EMPRESA BRASILEIRA. PRETENSÃO DA FAZENDA NACIONAL DE TRIBUTAR, NA FONTE, A REMESSA DE RENDIMENTOS. CONCEITO DE "LUCRO DA EMPRESA ESTRANGEIRA" NO ART. 7º DA CONVENÇÃO. EQUIVALÊNCIA A "LUCRO OPERACIONAL". PREVALÊNCIA DO TRATADO SOBRE O ART. 7º DA LEI 9.779/99. PRINCÍPIO DA ESPECIALIDADE. ART. 98 DO CTN. CORRETA INTERPRETAÇÃO. APELAÇÃO E REMESSA OFICIAL IMPROVIDAS.
(...)4 - Não houve revogação dos tratados internacionais pelo artigo 7º da Lei nº 9.779/1999, pois o tratamento tributário genérico, dado pela lei nacional às remessas à prestadores de serviços domiciliados no exterior, qualquer que seja o país em questão, não exclui o específico, contemplado em lei convencional, por acordos bilaterais. Embora a lei posterior possa revogar a anterior (*lex posterior derogat priori*), o princípio da especialidade (*lex specialis derogat generalis*) faz prevalecer a lei especial sobre a geral, ainda que esta seja posterior, como ocorreu com a Lei nº 9.779/1999.
(...) 9 - As normas prescritas em acordos internacionais para evitar a dupla tributação prevalecem, no que concerne aos Estados contratantes, uma vez que é regra específica (critério da especialidade), diferente da lei ordinária que regula a matéria de maneira genérica (art. 98, do CTN). Demonstrada a existência de contrato firmado com pessoa jurídica situada no exterior relativo à prestação de serviço, não se pode compelir o contribuinte à dupla tributação, devendo haver incidência do imposto sobre a renda somente no país de destino. Assim, é possível concluir que os valores remetidos pela impetrante às empresas estabelecidas no exterior, em razão de prestação de serviços sem transferência de tecnologia, não sofrem a incidência do IRRF. (...)".

[20] VOGEL, Klaus. *Klaus Vogel on Double Taxation Conventions: A Commentary to the OECD-, UN- and US Model Conventions for the Avoidance of Double Taxation on Income and Capital With Particular Reference to German Treaty Practice.* 3. ed. Londres: Kluwer Law International, 1997, p. 31-32.

a lei interna exerceu a competência tributária. Se estiverem em branco, tal exercício não se deu, não obstante o espaço permitido pelo ADT.

Por outro lado, os dispositivos do direito interno tapados pela máscara representam os espaços de competência que o ADT não reservou à lei interna, carecendo esta de fundamento de validade para aplicação ao caso concreto. Para ser claro, neste caso o ADT não revoga a lei interna, não prevalece sobre ela por critério hierárquico ou de especialidade. Simplesmente afasta sua aplicação por falta de jurisdição.

Com isto em mente, surgem as indagações a seguir enfrentadas. Qual o espaço de atuação permitido à lei interna e à autoridade fiscal brasileira pelo Artigo 9(1) dos ADTs dos quais o Brasil é signatário em casos de dupla tributação? É certo que o Artigo 9(1) consagra o padrão *arm´s length*, mas com qual conteúdo? Como deve operar a "máscara" do Artigo 9(1) na solução de casos de dupla tributação por meio de MAP?

4 A interação entre o Artigo 9(1) e a legislação brasileira no contexto do MAP

O Artigo 9(1) do Modelo OCDE está inserido em artigo denominado *Associated Enterprises* (Empresas Associadas no português utilizado nos ADTs brasileiros).

Nos vários ADTs celebrados pelo Brasil ele é o único enunciado do Artigo 9, já que, como referimos anteriormente, o País não adota o parágrafo 2º do mesmo dispositivo do Modelo OCDE. Sua redação é idêntica ou muito próxima em todos eles:[21]

> Quando: a) uma empresa de um Estado Contratante participar, direta ou indiretamente, da direção, do controle ou do capital de uma empresa do outro Estado Contratante, ou b) as mesmas pessoas participarem, direta ou indiretamente, da direção, do controle ou do capital de uma empresa de um Estado Contratante e de uma empresa do outro Estado Contratante; e, em qualquer dos casos, quando condições forem estabelecidas ou impostas entre as duas empresas, nas suas relações comerciais ou financeiras, que difiram daquelas que seriam estabelecidas entre empresas independentes, então quaisquer lucros que teriam sido obtidos por uma das empresas, mas que, em virtude dessas condições, não o foram, poderão ser acrescidos aos lucros dessa empresa e, como tal, tributados.

O pressuposto de aplicação do dispositivo, informado pelo princípio *arm´s length*, é a existência de condições comerciais ou de outra natureza estabelecidas em transações entre Empresas Associadas (definidas no dispositivo) distintas daquelas que seriam praticadas entre terceiros independentes, não sujeitos ao mesmo vínculo.

Como parte que é de um ADT, veicula normas de delimitação de competência, reservando espaço de atuação à lei interna. Como tal, dele emanam comandos permissivos e proibitivos, com campo de atuação permitido e vedado ao Estado Contratante.

Por um lado, permite ao Estado Contratante atuar para impor tributação sobre lucros que teriam sido apurados e reconhecidos caso as condições praticadas na transação entre partes relacionadas tivessem sido consistentes com aquela que terceiros independentes praticariam. Autoriza, assim, que o Estado estabeleça incidência tributária consistente com o princípio *arm´s length*.

---

[21] Para referência foi utilizado o texto do Artigo 9 do ADT com a Turquia, celebrado mais recentemente dentre os atualmente em vigor no País.

No Brasil, o legislador ordinário, por meio dos artigos 18 a 24 da Lei nº 9.430 de 1996, busca atuar no espaço reservado pelo ADT para a apuração dos preços de transferência, sendo possível a aplicação destes dispositivos no caso concreto envolvendo residente de Estado com o qual o Brasil tenha celebrado ADT quando ocuparem espaços descobertos, visíveis, após a aposição da *máscara* do Artigo 9(1).

Por outro lado, pode-se inferir do dispositivo que ele impede que o Estado Contratante imponha tributação sobre lucros que não tenham sido apurados na escrituração comercial, se as condições da transação forem consistentes com as que terceiros praticariam.

A aplicação de tal limitação, entretanto, não é livre de questionamentos, havendo referência nos Comentários à Convenção Modelo da OCDE (*Comentários da OCDE*) a vários países que consideram que o dispositivo não limita a possibilidade da lei interna impor ajustes na base tributável em condições distintas das nele previstas.[22]

De qualquer modo, reconhecem os Comentários da OCDE que situações em que a aplicação da lei interna possa resultar em conflito com as disposições do Artigo 9(1), gerando dupla tributação econômica, podem ser resolvidas via os ajustes correlatos de que trata do Artigo 9(2) – não aplicável aos ADTs brasileiros – ou pelo procedimento de MAP; esta última possibilidade reconhecida expressamente pelas autoridades fiscais brasileiras na Nota 1, como assinalado anteriormente.[23]

Aqui entra o caso brasileiro. As autoridades fiscais brasileiras sustentam que nossa legislação, calcada em margens pré-fixadas em métodos transacionais, não estaria em desacordo com o padrão *arm´s length*, sendo este um ideal carregado de valoração subjetiva, não uma ciência exata, e representando a técnica brasileira uma dentre vários possíveis meios para realizá-lo.

De fato, é conhecida a complexidade envolvida em se apurar e reproduzir com precisão as condições de mercado que terceiros praticariam em determinada operação.[24] Tentar reproduzir o que terceiros praticaram com produto, serviço ou direito sem parâmetro de comparação é tarefa difícil e carregada de certo grau de subjetividade. A exceção são casos em que objetos comparáveis existem em mercado público, como *commodities* e outros produtos negociados em bolsas de mercadorias e ambientes similares de negociação.

Os *TP Guidelines* da OCDE representam um esforço de uniformização para estabelecer critérios e métodos adequados para os diferentes tipos de operações praticadas, exigindo elevado grau de conhecimento técnico e de pormenorização para a casuística dos diferentes tipos de transação existentes no mercado. Requerem constante atualização

---

[22] Comentário ao Artigo 9º, item 4. No original em inglês: "A number of countries interpret the Article in such a way that it by no means bars the adjustment of profits under national law under conditions that differ from those of the Article and that it has the function of raising the arm's length principle at treaty level.". Cf. OECD. *Model Tax Convention on Income and on Capital – Condensed Version*. Paris: OECD, 2017, p. 227.

[23] Parte final do comentário citado no item anterior. No original em inglês: "However, in some cases the application of the national law of some countries may result in adjustments to profits at variance with the principles of the Article. Contracting States are enabled by the Article to deal with such situations by means of corresponding adjustments (see below) and under mutual agreement procedures.". Cf. OECD. *loc. cit* (nota 20).

[24] Para uma visão crítica acerca da viabilidade do padrão *arm´s length* veja-se AVI-YONAH, Reuven S. BENSHALOM, Ilan. Formulary Apportionment – Myths And Prospects: Promoting Better International Tax Policies by Utilizing the Misunderstood and Under-Theorized Formulary Alternative. *World Tax Journal*. v. 3. Issue n. 3. IBFD, 2011, itens 1 e 2.1, p. 371-378.

e revisão para melhor apreender aspectos da realidade antes desconhecidos ou pouco explorados (veja-se o fenômeno da avaliação de intangíveis tão relevante na chamada economia digital).

As críticas à subjetividade envolvida na aplicação do princípio *arm´s length* levaram ao surgimento de alternativas, talvez a mais conhecida seja o *formulary apportionment*, que busca alocar ganhos de sinergia entre empresas do grupo a partir de critérios de alocação formulares ou arbitrários.[25]

As alternativas, entretanto, não encontraram consenso, sendo ainda prevalente a ideia de que o princípio *arm´s length*, malgrado as naturais dificuldades, ainda representa a melhor diretriz para a fixação dos preços de transferência com prestígio à capacidade contributiva.[26]

O relatório final das Ações 8-10 do BEPS reafirmou o *arm´s length* como baliza para a alocação de lucros tributários em transações entre partes relacionadas, recomendando medidas específicas que foram incorporadas às *TP Guidelines* para sua concretização em casos específicos.[27]

O princípio *arm´s length*, presente direta ou indiretamente no ordenamento jurídico dos vários países e adotado pelas *TP Guidelines*, é assim consagrado no Artigo 9(1) dos ADTs como elemento delimitador do espaço de atuação dos Estados Contratantes; Brasil entre eles.

Reconhecendo a carga de subjetividade envolvida em sua aplicação e a possível variação de resultados no caso concreto, impossível não vislumbrar potencial de dupla tributação econômica que uma transação entre residentes dos Estados Contratantes pode provocar. Não pela adoção de diferentes princípios (o *arm´s length* é o princípio aplicável), mas pelos diferentes métodos adotados pela sua concretização no caso concreto.

O MAP, como se sabe, é instrumento hábil a potencialmente eliminar a dupla tributação pelo acordo mútuo e amigável entre os Estados.

Sendo um deles o Brasil, como deve agir a autoridade fiscal brasileira, cuja atividade de lançamento é vinculada e não comporta discricionariedade nos termos do artigo 142, parágrafo único do CTN?

No *Dispute Resolution Profile* divulgado pela OCDE, elaborado para cada um dos países que atenderam aos padrões mínimos da Ação 14 do BEPS, consta resposta do governo brasileiro acerca da aplicabilidade do MAP em casos de preços de transferência, nos seguintes termos (no original em inglês):[28]

5. Are transfer pricing cases covered within the scope of MAP?
In all DTAs in force, the MAP covers all provisions, including transfer pricing.
Under the DTAs signed by Brazil and the domestic legislation provisions, there may be limits to reach a solution in a transfer pricing case.
Brazil is seeking improvement in that aspect in line with its participation in the BEPS Project.

---

[25] SCHOUERI, Luis Eduardo. Arm's Length: Beyond the Guidelines of the OECD. *Bulletin for International Taxation.* v. 69. Issue n. 12. Amsterdam: IBFD, 2015, p. 700.

[26] *Ibidem*, p. 716.

[27] OECD. *Op. cit.* (nota 4), p. 30.

[28] O preenchimento deste formulário pelos países participantes era um dos *standards* mínimos da Ação 14 do BEPS.

O primeiro parágrafo reafirma a posição brasileira acerca da aplicação do MAP para casos de preços de transferência. O segundo, por outro lado, refere possíveis limites para a obtenção de solução para um caso de MAP envolvendo preços de transferência por conta da interação entre os ADTs assinados pelo Brasil e a legislação doméstica, enquanto o terceiro menciona o esforço brasileiro de aprimoramento deste ponto em linha com a participação do País no Projeto BEPS.

A nosso ver, a resposta para a solução dos casos de MAP envolvendo preços de transferência principia por recordar o papel do ADT explicado anteriormente, passando pelo esforço da autoridade brasileira em apreender os diferentes modos de concretização do princípio *arm's length*. Explicamos.

A função do ADT, não custa repetir, é delimitar o espaço de atuação possível da lei interna, dentro do qual a competência tributária pode ser exercida.

O Artigo 9(1) dos ADTs, ao consagrar o princípio *arm's length*, o faz sem definições apriorísticas. Ele estabelece a diretriz – ajustes às bases tributáveis são possíveis se as condições praticadas não forem condizentes com as de mercado – mas não os métodos.

Na solução do MAP, a autoridade brasileira deve verificar se a operação foi praticada em condições condizentes com o princípio *arm's length*, de modo a permitir ou não o espaço de atuação da lei interna para a efetivação de ajustes.

Para tanto, a autoridade fiscal brasileira não precisa e não deve estar vinculada exclusivamente aos critérios da lei interna brasileira, já que o que está em questão é a delimitação do campo possível de atuação desta, e não sua própria aplicação.

Seria contrassenso considerar que, para determinar se o ADT permite a aplicação da lei interna, fosse necessário recorrer aos critérios desta mesma. Este raciocínio resultaria em subversão do papel da lei brasileira, já que desta dependeria a determinação de seu próprio espaço de competência, com esvaziamento da função típica do ADT.

Poderá a autoridade fiscal brasileira, na delimitação do espaço de competência da lei brasileira a partir de caso de dupla tributação identificado em MAP, utilizar-se do corpo de informações disponíveis internacionalmente, notoriamente as *TP Guidelines* tal como alteradas após as Ações 8-10 do BEPS.

Dito de outro modo, é possível que haja várias respostas que atendam ao princípio *arm's length*, a da legislação brasileira sendo uma delas e outra resultando, por exemplo, da aplicação das *TP Guidelines*. Todas elas, desde que fundamentadas, atendem ao princípio *arm's length*.

Eis o que explica a possibilidade de um MAP resolver um caso de bitributação econômica em preços de transferência: é certo que cada Estado, ao aplicar sua lei interna, pode chegar a um resultado diverso, implicando, daí, a bitributação econômica. Mas a questão é anterior, pois os acordos de bitributação se prestam, como já dissemos acima, a delimitar as jurisdições de ambos os Estados. O resultado da aplicação de um acordo de bitributação deve ser a definição de qual a jurisdição competente para o caso. Se duas jurisdições se consideram competentes, o MAP opera para que, ao final, se decida que uma, e apenas uma jurisdição seja exercida. Noutras palavras, haverá uma jurisdição "perdedora", a quem não caberá tributar a situação.

Pois bem: se o princípio *arm's length* admite uma série de resultados válidos, então é imediato que basta que se comprove que o preço praticado pelo contribuinte é *arm's length* (segundo qualquer dos critérios contemplados internacionalmente), para que a conclusão seja no sentido de que não cabe qualquer ajuste de preços de transferência.

Afinal, como vimos no artigo 9 acima transcrito, o ajuste somente se faz se as condições aceitas ou impostas divergirem daquelas que seriam acertadas entre partes não associadas. Comprovado que não é esse o caso, i.e., que partes independentes poderiam ter acertado tais preços e condições (*arm's length*), então não há ajuste.

Ora, diante de tal situação não importa, para a aplicação do acordo de bitributação, saber se um Estado, aplicando sua lei, chegaria a um preço e o outro Estado a preço diverso. O fato de para o Brasil somente o preço por ele determinado ser *arm's length* (porque segue os métodos previstos na Lei nº 9.430/1996) não impede que, para outro Estado, outro seja o preço *arm's length*. Afinal – e isso parece importante que se ressalte – não existe um único preço *arm's length*. Fala-se em *range*, a indicar que em verdade o que se tem é uma faixa de preços, todos eles *arm's length*.

Ou seja, a questão relevante não é saber se os métodos brasileiros levam a um preço *arm's length*. O que importa é saber se o preço praticado pelo contribuinte é, ou não, *arm's length*. Se o for, prevalecerá a regra do artigo 9 e se concluirá que o Brasil não poderá fazer o ajuste. Houve, como insistimos acima, renúncia da parte do Estado brasileiro. Este não fará ajustes diante de um preço *arm's length*.

A constatação de existência de uma faixa de preços *arm's length* leva à afirmação de que um preço que, na legislação interna brasileira não seria *arm's length,* possa sê-lo para o outro Estado.

De que serve o MAP, então? Serve para que os Estados reconheçam a faixa de preços *arm's length,* implicando admitir que um preço que, em princípio, estaria sujeito a ajuste (do ponto de vista do direito interno brasileiro) não poderá ser ajustado porque, afinal, ainda é um preço *arm's length* (porque o critério do outro Estado também atende tal parâmetro).

A "máscara" do Artigo 9(1) cobrirá a parte do direito interno que imponha a incidência de ajustes à base de cálculo sempre que a transação praticada, objeto de MAP por potencial de dupla tributação, atenda ao padrão *arm's length* tal como fixado por critério razoável e fundamentado, ainda que não previsto ou distinto daqueles previstos na lei interna brasileira.

Neste contexto pode ser explicado o compromisso brasileiro contido na segunda metade da Nota 1, no sentido de que o País vá franquear acesso ao MAP para casos de potencial dupla tributação diante da presença do Artigo 9(1) em um ADT.

Se o contribuinte ou o outro Estado Contratante fizerem prova de que a transação atendeu ao padrão *arm's length*, considerando o espectro de resultados que este possa contemplar na prática e desde que com a devida fundamentação, a autoridade fiscal brasileira terá o poder-dever de reconhecer que o espaço de atuação da legislação interna de preços de transferência estará restrito no caso concreto, faltando-lhe jurisdição para sua plena aplicação.

5 Renúncia do crédito tributário via MAP?

O procedimento de MAP pode se resolver de múltiplas maneiras. Os Estados envolvidos podem concluir, por exemplo, que não há dupla tributação ou que, embora a dupla tributação exista, ela pode ser afastada pela eliminação do ajuste de preços de transferência em um dos Estados.

Pergunta relevante é se a solução de caso de MAP que resulte na eliminação da dupla tributação pela aceitação, por parte da autoridade brasileira, da inaplicabilidade de ajuste de preços de transferência no Brasil, pela aplicação do Artigo 9(1) no sentido propugnado na seção 4 acima, representaria renúncia de crédito tributário constituído ou a constituir.

Como se sabe, nos termos do artigo 142, parágrafo único do CTN a atividade administrativa de lançamento é plenamente vinculada, não podendo a autoridade fiscal abrir mão ou renunciar a crédito tributário que resulte da incidência da lei.

Não é, entretanto, o que ocorreria no MAP se adotada a proposta aqui desenvolvida. A autoridade fiscal, quando concluir pela não exigência de ajuste de preços de transferência, o faria pela constatação da ausência de jurisdição para aplicação da lei interna em caso concreto em que fosse atendido o princípio *arm's length* nos termos do Artigo 9(1).

No processo de identificar os elementos da regra matriz de incidência, a autoridade fiscal concluiria que não caberia aplicar à materialidade do caso a lei tributária brasileira, visto que o ADT não lhe reservaria campo de atuação na hipótese. Sem aplicação da lei tributária brasileira não haveria surgimento de crédito tributário, quanto mais renúncia a crédito tributário existente.

Portanto, não há que se falar em renúncia a crédito tributário. Se, em virtude do acordo de bitributação, o Brasil renuncia ao exercício da jurisdição (*rectius*: renuncia ao poder de efetuar ajustes de preços de transferência numa transação ocorrida *at arm's length*), então não há que cogitar a existência de crédito tributário.

Ainda que já tivesse havido lançamento (e dentro das limitações de procedimento previstas na IN 1.669), poderia a autoridade revê-lo a partir dos elementos identificados no MAP, se chegasse à mesma conclusão quando à inexistência de campo de atuação da lei interna. O crédito tributário "constituído" careceria de base legal, porque alcançaria situação fora da jurisdição brasileira.

Neste caso, a revisão do lançamento já constituído se imporia pelo princípio da legalidade e pela aplicação do artigo 149 do CTN.

Na espécie, cogitar-se-ia exatamente da ausência de jurisdição da lei brasileira para a imposição da incidência, o que pode e deve ser constatado pela autoridade fiscal quando for o caso.

Ainda importa ter em mente que o MAP não é propriamente uma renúncia a crédito tributário. O que se tem, antes, é a definição da jurisdição brasileira. É certo que o MAP é celebrado por autoridades administrativas. Entretanto, quando estas negociam com outros Estados, elas o fazem representando o próprio Estado brasileiro. Seu poder (de negociar um MAP) não decorre de leis internas, mas sim do próprio ADT, que prevê quem celebra o MAP. Daí concluir que o MAP não é um ato administrativo. É, antes, um ato de natureza internacional. O fato de ser celebrado por autoridade administrativa não lhe retira tal natureza.

Um paralelo pode ser útil: considere-se um tratado de fronteira entre dois Estados, cuja implementação preveja que representantes de ambos tracem, de comum acordo, as linhas divisórias, nos termos previstos pelo tratado. Nesse caso, os representantes que assim agem não praticam atos administrativos internos, mas verdadeiros atos de natureza internacional, baseados no tratado.

De igual modo, na negociação do MAP nada se tem, senão um ato de natureza internacional para a implementação do ADT, onde se reconhecem as *linhas divisórias*; no caso, o reconhecimento de uma situação *arm's length*, tal qual prevista no ADT.

6 Conclusões

É preciso reconhecer que a adoção do quanto defendido no presente trabalho exigirá, das autoridades fiscais brasileiras, disposição para superar dogmas e posições extremadas, que veem com desconfiança as contribuições da prática tributária internacional.

O que ora se propõe não representa menoscabo à legislação brasileira de preços de transferência, que tem reconhecidos méritos como a facilidade de aplicação e fiscalização.

Busca-se tão somente, por meio do MAP, dar efetividade aos compromissos internacionais assumidos pelo Brasil nos ADTs e nas Ações do Projeto BEPS, diante de casos concretos e comprovados de dupla tributação econômica, em que demonstrado o atendimento ao princípio *arm's length* ainda que não pelos meios estritos da legislação tributária brasileira.

A maior atuação do Brasil na solução de casos via MAP também pode contribuir para troca de experiências com a administração tributária de outros países, inclusive na interação com os profissionais especializados em preços de transferência de outros governos que possam fornecer elementos para a construção futura de propostas de aprimoramento dos critérios previstos na legislação brasileira para a concretização do princípio *arm's length*.

Informação bibliográfica deste texto, conforme a NBR 6023:2018 da Associação Brasileira de Normas Técnicas (ABNT):

SCHOUERI, Luis Eduardo; HADDAD, Gustavo Lian. Ajustes correlatos de preços de transferência por meio de procedimento amigável. *In*: TEIXEIRA, Alexandre Alkmim (Coord.). *Plano BEPS*. Belo Horizonte: Fórum, 2019. p. 445-458. ISBN 978-85-450-0654-1.

A TRANSPARÊNCIA TRIBUTÁRIA E PLANO *BASE EROSION AND PROFIT SHIFTING* – BEPS DA OCDE/G20: A AÇÃO 12 (*MANDATORY DISCLOSURE RULE*) *VS* A DECLARAÇÃO DE PLANEJAMENTO TRIBUTÁRIO (DPLAT) PREVISTA PELA MP Nº 685/2015

BRUNO SARTORI DE CARVALHO BARBOSA

1 Introdução

Nas últimas décadas, a integração dos modelos econômicos e a adoção de regimes de interdependência política e social pelos Estados têm incrementado o fluxo de capitais e impulsionado o fenômeno da globalização, quebrando diversos paradigmas sociais e, assim, alterando substancialmente a forma de interação dos agentes econômicos.

Neste contexto, como a alta volatilidade dos capitais financeiros – que de deslocam com maior fluidez pelo "novo" mercado global – constitui um dos fatores preponderantes para a integração econômica, o novo modelo de mercado impõe a criação de mecanismos legais para regulamentar e fiscalizar os novos (e sempre renováveis) modelos de exploração da atividade econômica.

E, naturalmente, a atividade econômica tem como finalidade precípua a obtenção de lucro, a busca por resultados passa pela construção de estruturas tributárias eficientes, que oneram a atividade empresarial com o menor impacto financeiro e fiscal possível, podendo representar vantagens competitivas e ganhos de escala substanciais.

Ocorre que, não raro, a busca por eficiência tributária leva a implementação de estruturas demasiadamente agressivas, por meio de leituras e manobras interpretativas duvidosas, tendentes à redução drástica da vasta gama de tributos que oneram as transações transacionais (*crossborder transactions*).

Neste cenário de constante mutação, a Administração Pública, atenta aos princípios que, a um só tempo, legitimam e limitam a sua atuação, deve dispor de meios hábeis a identificar e repreender as estruturas tributárias potencialmente danosas adotadas pelos Contribuintes na consecução de suas atividades.

Além de traçar as regras para a identificação das práticas abusivas e maléficas (dos Estados e das sociedades empresárias) que prejudicam a coexistência dos sistemas tributários, a Administração Pública deve se valer de mecanismos eficientes que aumentem o fluxo de informações e assegurem maior transparência. A transparência, bem como a harmonização tributária, está condicionada à compreensão dos limites impositivos dos Estados – à luz dos ordenamentos jurídicos nacionais e das práticas internacionais; bem como à compreensão dos limites das sociedades empresárias na consecução de suas atividades.

Há algumas décadas, a Organização para a Cooperação e Desenvolvimento Econômico (OCDE), por meio de seu Comitê de Assuntos Fiscais, tem empreendido esforços para mapear as práticas abusivas maléficas e os principais fatores que promovem a distorção do ambiente tributário. Desde a edição do Relatório intitulado *Harmful Tax Competition: An Emerging Global Issue*, em meados de 1998, a OCDE tem se empenhado na identificação das condutas danosas, tendo criado, a partir de meados de 2013, um projeto específico para combater dois efeitos nefastos das distorções geradas, a saber, a erosão das bases tributárias e o deslocamento de lucros.

Trata-se do Projeto intitulado *Adressing Base Erosion and Profit Shifting* (BEPS), por meio do qual foram estudados 15 (quinze) planos de ações para conter, mitigar ou cessar os efeitos nefastos das práticas abusivas aos sistemas tributários. Ainda que não tenham poder cogente, na condição de *soft law*, as orientações da OCDE buscam promover a maior integração entre os Estados, sobretudo para que os efeitos tributários das transações ocorridas em bases transnacionais não sejam distorcidos.

Dentre os 15 (quinze) *action points* sugeridos pela OCDE, uma das principais medidas a serem instituídas pelos Estados está versada no *action point* 12, que veicula a Declaração de Planejamento Tributário (DPLAT), conhecida como *Mandatory Disclosure Rule*; que determina que as sociedades devem fornecer à Administração Tributária, de antemão, os dados relativos à implementação de estruturas tributárias potencialmente ousadas (ou agressivas). Diversos países integrantes da OCDE já adotam tal mecanismo como forma de harmonização do sistema tributário e, sobretudo, como forma de aproximação entre a administração tributária e os Contribuintes.

Embora não seja membro-efetivo da OCDE – ostentando a condição atual de "parceiro-chave" (*key partner*) –, o Brasil tem demonstrado algum interesse em aderir à Organização e tem se aproximado cada vez mais da entidade. De toda forma, a despeito da formalização deste intento, espelhando-se nas práticas internacionais relatadas pela OCDE no âmbito do Plano BEPS, em meados de 2015, o Poder Executivo pretendeu introduzir no ordenamento jurídico interno uma das ações endereçadas pela Organização, qual seja, a Declaração de Plenajemanto Tributário (DPLAT), por meio da Medida Provisória nº 685/2015; alvo de bastante controvérsia por parte da doutrina especializada, sobretudo em razão da utilização de conceitos vagos, amplos e indeterminados.

Ainda que a transparência fiscal seja uma tendência mundial, o dever de prestar informações, via declarações compulsórias, deve ser exercido em conformidade com os princípios que norteiam a atuação da Administração Pública e protegem os Contribuintes, sobretudo para conferir maior segurança jurídica ao sistema. Todavia, no Brasil, este aspecto é crucial, na medida em que a realidade tributária é bastante distinta daquela vivida nas nações desenvolvidas, sobretudo porque, aqui, a relação Fisco-Contribuinte é regida em meio a um cenário de total desconfiança.

Neste contexto, muito embora o Congresso Nacional tenha rejeitado as disposições relativas à DPLAT contidas na MP nº 685/15, por ocasião de sua conversão na Lei nº 13.202/15, cumpre analisar a adequação dos aludidos dispositivos com as limitações traçadas pelo ordenamento jurídico, sob a ótica da segurança jurídica e proteção da confiança, e, ainda, à luz da desconfiança mútua e sistêmica que marca a relação entre o Fisco e os Contribuintes.

1.1 Aspectos gerais do BEPS: noções introdutórias

Com o advento da globalização, em um mundo cada vez mais interligado, as normas tributárias e fiscalizatórias nem sempre são capazes de cercar, de forma eficaz, o *modus operandi* – em constante mutação –, das corporações globais. Essas lacunas podem representar oportunidades para a criação de modelos e estruturas tributárias engenhosas visando a obtenção de substanciais vantagens tributárias, que podem ser encaradas como manobras elisivas ou, até mesmo, evasivas.

Nesse sentido, a atuação da OCDE assume grande relevância no combate às distorções tributárias geradas pelas disposições legais ultrapassadas e, também, pelo manejo demasiadamente agressivo da legislação por parte dos Contribuintes. Sob esta perspectiva, Shay[1] aduz que o Plano BEPS da OCDE adquiriu grande urgência em decorrência do reconhecimento por parte da sociedade civil, e até mesmo dos Governos, de que as normas relativas à tributação internacional perderam a eficácia face às novas práticas de comércio e instrumentos financeiros modernos.

O contexto apresentado pela OCDE é bastante elucidativo, sobretudo no que tange às lacunas que se apresentam quando da interação de modelos tributários distintos, muitas vezes não solucionáveis por meio de tratados bilaterais. Em adição, tem-se, ainda, o desafio de propor-se o alinhamento dos sistemas, para construção de modelos tributários coesos, respeitando a soberania de cada Estado no manejo de sua competência impositiva, mas, inequivocamente, trazendo à lume questões relativas à moralidade e justiça fiscal. Eis as considerações da Organização, em tradução livre:

> Novas normas internacionais devem ser concebidas para assegurar a coerência da tributação do rendimento das empresas a nível internacional. Questões relativas à erosão das bases e transferência de lucros (BEPS) podem surgir diretamente da existência de lacunas, bem como falhas, atritos ou desencontros na interação das leis fiscais internas dos países. Esses tipos de problemas geralmente não foram tratados segundo os padrões da OCDE ou por disposições de tratados bilaterais. Há uma necessidade para completar as normas existentes que são projetados para evitar a dupla tributação com os instrumentos que impedem a dupla não tributação em áreas anteriormente não abrangidos pelas normas internacionais e que tratar os casos de baixa ou nenhuma tributação associada a práticas que artificialmente segregam rendimento tributável do atividades que geram. Além disso,

---

[1] SHAY, Stephen E. Base Erosion and Profit Shifting: A Roadmap for Reform, 68 Bull. Int'l Tax'n 275 (2014). Disponível em: http://nrs.harvard.edu/urn-3:HUL.InstRepos:12366236. Acesso em: 21. mar. 2016.

os governos devem continuar a trabalhar em conjunto para combater as práticas fiscais nocivas e planeamento fiscal agressivo.[2]

Um realinhamento da tributação e da substância material é necessário para restaurar os efeitos pretendidos e os benefícios dos padrões internacionais, que podem não ter acompanhado a mudança dos modelos de negócios e do desenvolvimento tecnológico.[3]

A erosão tributária e a transferência dos lucros está intimamente relacionada à implementação de estruturas fiscais que exploram estas falhas e inadequações das regras fiscais para mudar, artificialmente, os lucros para locais de baixa ou nenhuma pressão fiscal (onde há pouca ou nenhuma atividade econômica sendo exercida), sem agregação de valor efetivo à economia.

Ou seja, há uma conjugação de condutas abusivas por parte dos Contribuintes, com a construção de modelos tributários inovadores que, valendo-se das lacunas do sistema tributário internacional, são estrategicamente concebidos para gerar substancial economia tributária, gerando perdas arrecadatórias significativas[4] aos Estados em que estão sediados. Nesse sentido, *a erosão das bases tributáveis e o deslocamento dos lucros são problemas globais que demandam soluções globais,*[5] por meio da criação de ferramentas que permitam combater estruturas fiscais concebidas com o fito de explorar lacunas e desencontros (*mismatches*) de normas legais para prevenir ou mitigar a tributação dos impostos incidentes sobre a renda e o patrimônio.

No exterior, e, especialmente, no Reino Unido,[6] as empresas multinacionais (*multinational enterprises – MNEs*) têm sofrido amplo escrutínio público em razão da adoção de estruturas fiscais complexas, porém legais, concebidas com o fito de reduzir ou até mesmo extinguir os montantes sujeitos à tributação. Em meados de 2013, a British Broadcasting Corporation (BBC), uma das maiores emissoras públicas de rádio e televisão do Reino Unido, deu início a uma série de reportagens abordando a preocupação crescente da população em relação às distorções geradas pela prática de elisão e evasão fiscal pelas empresas multinacionais, sob a ótica da moralidade e justiça fiscal. Em uma das matérias de maior divulgação, em tradução livre,[7] refletiu-se:

---

[2] "New international standards must be designed to ensure the coherence of corporate income taxation at the international level. BEPS issues may arise directly from the existence of loopholes, as well as gaps, frictions or mismatches in the interaction of countries' domestic tax laws. These types of issues generally have not been dealt with by OECD standards or bilateral treaty provisions. There is a need to complement existing standards that are designed to prevent double taxation with instruments that prevent double non-taxation in areas previously not covered by international standards and that address cases of no or low taxation associated with practices that artificially segregate taxable income from the activities that generate it. Moreover, governments must continue to work together to tackle harmful tax practices and aggressive tax planning". OECD (2013), *Action Plan on Base Erosion and Profit Shifting*, OECD Publishing, p. 9.

[3] "A realignment of taxation and relevant substance is needed to restore the intended effects and benefits of international standards, which may not have kept pace with changing business models and technological developments". OECD (2013), *Action Plan on Base Erosion and Profit Shifting*, OECD Publishing, p. 13.

[4] Os estudos empreendidos pela OCDE em 2013 apontam que, o reflexo econômico decorrente da prática destas condutas danosas pode ser estimado entre USD 100.000.000,00 (*cem bilhões de dólares*) a USD 240.000.000,00 (*duzentos e quarenta bilhões de dólares*) por ano; o que evidencia a ordem de grandeza e a relevância econômica da discussão.

[5] OECD (2013), *Action Plan on Base Erosion and Profit Shifting*, OECD Publishing, p. 8.

[6] Disponível em: http://www.bbc.com/news/magazine-20560359. Acesso em: 15 dez.2015.

[7] "Everything these companies are doing is legal. It's avoidance and not evasion.
But the tide of public opinion is visibly turning. Even 10 years ago news of a company minimising its corporation tax would have been more likely to be inside the business pages than on the front page.

Tudo o que estas companhias multinacionais estão fazendo é legal. Trata-se de elisão (*tax avoidance*), e não evasão fiscal (*tax evasion*).

Mas a maré da opinião pública está em visível mudança. Há 10 anos atrás, noticias de uma companhia minimizando seus impostos sobre a renda e patrimônio provavelmente se limitariam às páginas de negócios, e não na primeira página dos jornais.

O que mudou? E 'condenar' estas companhias é justificável e efetivo?" (...)

Estamos em uma era de fortes cortes nos gastos públicos e verdadeira austeridade. E essa (elisão tributária) não é um crime sem vítimas, por assim dizer (...) Discussões envolvendo a ética da elisão fiscal estão em todos os lugares.

Estas colocações da mídia evidenciam que um conjunto de fatores contribuiu – e contribui – para o caráter prioritário da discussão, que, desde 2013, tem ocupado uma parte importante da agenda da OCDE e do G/20, justamente por envolver questões que demandam uma cooperação internacional, já que o atual paradigma dos regimes tributários internacionais, regido pela uniformização e reciprocidade, não logrou êxito em promover a competição, eficiência e o crescimento.[8]

Tal como suscitado por Brauner,[9] o principal *insight* da OCDE foi, justamente, reconhecer que os Estados não têm condição de combater a erosão das bases tributárias e as distorções sistêmicas causadas pelo atual regime de tributação de forma isolada. Assim, *por definição, ações unilaterais, a despeito de sua substância, não podem ter sucesso, e consequentemente, a coordenação internacional das políticas tributárias é uma condição necessária à implementação de uma reforma substancial.*

Em suma, o Plano BEPS pretende marcar o fim de uma época de *laissez-faire* e assinala uma nova era de intervenção dos Estados, traduzindo-se concretamente na elevação do padrão das *best practices* a serem implementadas pelas empresas no âmbito das suas atividades,[10] bem como do nível de *fair tax share* a ser suportado pelas empresas multinacionais.

Os 15 (quinze) pontos sensíveis identificados no âmbito do Projeto BEPS, tal como descritos acima, podem ser distribuídos em três grandes grupos, que têm como elementos centrais: (i) a transparência e segurança; *(ii)* a coerência das normas internas relacionadas às operações internacionais; e *(iii)* a substância material das normas internacionais existentes.

No caso em apreço, o presente artigo volta-se, exclusivamente, ao exame de questões caras à transparência fiscal, tratadas pela *Ação 12*, que veicula o dever de prestar informações e transmitir declarações às Autoridades Fiscais em relação aos planejamentos tributários tidos como "agressivos" – que, no Brasil, foi objeto da malfadada Medida Provisória nº 685/15.

What changed? And is "shaming" of companies justifiable and effective?

(...) We are in an age of deep public spending cuts and real austerity. And this [tax avoidance] is not a victimless crime, if you like. (...) Discussions of the ethics of tax avoidance are now everywhere "

8   BRAUNER, Yariv. *Op. cit.*, p. 59. No original: "By definition, unilateral action, regardless of its substance, cannot succeed, and consequently, international coordination of tax policies is required as a condition for any chance to implement substantial reform".

9   BRAUNER, Yariv. *Op. cit.*, p. 59.

10   Disponível em: http://www2.deloitte.com/pt/pt/pages/tax/articles/beps.html. Acesso em: 16 mar. 2016.

2 Plano BEPS - A Ação 12: o Dever de Informação (Action 12: *Mandatory Disclosure Rules for Aggressive Tax Planning*)

2.1 Aspectos gerais da Ação 12: A Almejada Transparência Fiscal

Historicamente, em obediência às inúmeras benesses decorrentes da colaboração internacional, os Estados inseriram disposições específicas em tratados bilaterais, comprometendo-se a auxiliar na *percepção efetiva dos tributos que lhes competem*,[11] fornecendo informações, reconhecendo e executando atos administrativos estrangeiros; as convenções de assistência administrativa – que comportam diversas espécies, com nomenclaturas distintas. Ao longo dos anos, com o advento da globalização, este instrumento administrativo revelou-se imprescindível às Autoridades Fiscais, que, em diversas ocasiões, não tinham o conhecimento e a compreensão real das operações praticadas em bases transnacionais, o que, em alguns casos, poderia prejudicar o exercício do poder impositivo, com efeitos diretos na arrecadação tributária.

Nesse sentido, no Sumário Executivo que precede a apresentação da Ação 12 do Plano BEPS, a OCDE, corroborando tais premissas, afirma que *a falta de informações tempestivas, compreensivas e relevantes acerca de planejamentos tributários abusivos é um dos maiores desafios enfrentados pelas autoridades fiscais no mundo*.[12] Isso porque o acesso tempestivo às informações relacionadas às práticas abusivas confere às Autoridades Fiscais *a oportunidade de responder de forma célere aos riscos tributários* por meio de lançamentos, auditorias ou mudanças na legislação e, assim, conferir maior eficácia ao sistema tributária, prevenindo os efeitos nefastos das práticas evasivas.

As premissas lançadas pela OCDE no âmbito do Plano BEPS remetem às conclusões apresentadas pela Organização em meados de 1998, quando da publicação do já citado Relatório *Harmful Tax Competition – an Emerging Global Issue*,[13] que consignou (em tradução livre):

> A falta de transparência na condução de um regime trará dificuldades ao país de origem para adotar mecanismos de defesa [em relação à condutas danosas]. A não-transparência pode surgir a partir da forma com que um regime é concebido e administrado. A não-transparência é um conceito amplo que inclui, dentre outros, aplicação favorável de leis e regulamentos, normas tributárias negociáveis, e a falha em disponibilizar amplamente práticas administrativas.

---

[11] XAVIER, Alberto. *Op. cit.* p. 841.

[12] "The lack of timely, comprehensive and relevant information on aggressive tax planning strategies is one of the main challenges faced by tax authorities worldwide. Early access to such information provides the opportunity to quickly respond to tax risks through informed risk assessment, audits, or changes to legislation or regulations. Action 12 of the Action Plan on Base Erosion and Profit Shifting (BEPS Action Plan, OECD, 2013) recognised the benefits of tools designed to increase the information flow on tax risks to tax administrations and tax policy makers. It therefore called for recommendations regarding the design of mandatory disclosure rules for aggressive or abusive transactions, arrangements, or structures taking into consideration the administrative costs for tax administrations and businesses and drawing on experiences of the increasing number of countries that have such rules". OECD (2015), *Mandatory Disclosure Rules, Action 12 - 2015 Final Report*, OECD/G20 Base Erosion and Profit Shifting Project, OECD Publishing, Paris, p. 09.

[13] OECD. *Harmful Tax Competition – an Emerging Global Issue*, Paris, 1998

A falta de troca efetiva de informações em relação a Contribuintes que se beneficiam a partir de operações relacionadas a regimes fiscais preferenciais é um forte indicativo de que um país está engajado em práticas que fomentam a concorrência fiscal danosa.[14]

Sedimentou-se, portanto, que a transparência gerada pelo amplo acesso às informações relacionadas às operações internacionais (*cross border transactions*) propiciaria às Autoridades Fiscais meios à compreensão e, por conseguinte, ao combate às práticas abusivas que corrompiam o sistema tributário.

O desafio que se apresenta, portanto, é a construção de um regime e de canais de comunicação que permitam o fluxo de informações, levando-se em consideração os interesses legítimos das Autoridades Fiscais, sem promover o aviltamento dos direitos a garantias dos Contribuintes.

2.2 A Ação 12 – Aspecto Material: O que deve ser reportado?

O ponto de partida deve ser a definição das práticas que constituem e fomentam a concorrência fiscal danosa, de sorte a identificar quais são as hipóteses que atraem o dever de prestar informação às Autoridades Fiscais, denominados de *Agressive Tax Plannings (ou Planejamentos Tributários Abusivos)*.[15] Ao versar sobre os elementos básicos do dever de informação (*mandatory disclosure*), a OCDE determina o que deve ser reportado às Autoridades Fiscais, evidenciando, de pronto, a necessidade de o Estado traçar normas domésticas claras e específicas, delimitando quais as operações e as estruturas sujeitas à análise fiscal. Sob este ponto, em nota às recomendações da Ação 12 do Plano BEPS, ainda que criticando o viés adotado pela OCDE, Baker[16] aduz que, de forma geral, a preocupação das Autoridades Tributárias em relação aos planejamentos tributários abusivos assume duas feições principais:

---

[14] OECD. *Harmful Tax Competition – an Emerging Global Issue*, Paris, 1998, p. 27, no original:
"The lack of transparency in the operation of a regime will make it harder for the home country to take defensive measures. Non-transparency may arise from the way in which a regime is designed and administered. Non-transparency is a broad concept that includes, among others, favourable application of laws and regulations, negotiable tax provisions, and a failure to make widely available administrative practices.
The lack of effective exchange of information in relation to taxpayers benefiting from the operation of a preferential tax regime is a strong indication that a country is engaging in harmful tax competition".

[15] Neste ponto, cumpre fazer uma observação de cunho técnico, diversas vezes arguida por Schoueri, no que tange à tradução, deturpada, do termo *agressive tax planning*. Isto porque, no Brasil, a tradução literal, para planejamento tributário "agressivo" poderia abrir indesejável margem interpretativa, na medida em que o termo planejamento tributário se refere às medidas lícitas. O planejamento tributário agressivo, isto é, abusivo, ilegal, indesejável, na concepção técnica do termo, sequer se enquadra no conceito de planejamento tributário.

[16] Aggressive tax planning. This refers to two areas of concern for revenue bodies:
Planning involving a tax position that is tenable but has unintended and unexpected tax revenue consequences. Revenue bodies' concerns relate to the risk that tax legislation can be misused to achieve results which were not foreseen by the legislators. This is exacerbated by the often lengthy period between the time schemes are created and sold and the time revenue bodies discover them and remedial legislation is enacted.
Taking a tax position that is favourable to the taxpayer without openly disclosing that there is uncertainty whether significant matters in the tax return accord with the law. Revenue bodies' concerns relate to the risk that taxpayers will not disclose their view on uncertainty or risks taken in relation to grey areas of law (sometimes, revenue bodies would not even agree that the law is in doubt).
This definition suggests that the focus of the OECD's concern with regards to aggressive tax planning relates either to schemes or arrangements that achieve a result not foreseen by the legislators, or that rely upon an uncertain position. BAKER, Philip. In The BEPS Project: Disclosure of Aggressive Tax Planning Schemes. *Intertax*, v. 43, issue I, 2015, p.86.

Planejamento tributário abusivo (ou agressivo). Refere-se a duas áreas de preocupação aos órgãos arrecadadores.

Planejamento envolvendo uma posição tributária que, embora sustentável, tem inesperadas e não intencionais consequências tributárias. As preocupações dos órgãos arrecadadores relacionam-se ao risco que pode advir de um uso equivocado da legislação tributária, para alcançar resultados que não foram previstos pelo legislador. Isso é exacerbado pelos períodos geralmente longos entre a criação dos esquemas (arranjos) e a sua venda, e o tempo que os órgãos arrecadadores levam para descobri-los e criar um remédio legislativo.

Escolher uma posição tributária que é favorável ao Contribuinte sem informar abertamente que há uma incerteza se haverá impacto tributário de acordo com a lei. As preocupações dos órgãos arrecadadores relacionam-se ao risco que os Contribuintes poderão enfrentar se não revelarem a sua visão acerca da incerteza ou do risco relativo às áreas cinzentas das áreas do direito (em algumas oportunidades, os órgãos arrecadadores sequer concordariam que haveria dúvidas acerca da interpretação da lei).

Esta definição sugere que o foco da preocupação da OCDE, relativamente aos planejamentos tributários agressivos, se refere às estruturas e os arranjos que podem alcançar um resultado não previsto pelo legislador, ou que dependam de uma posição de incerteza.

Neste contexto, em razão da natural fluidez conceitual, do desenvolvimento de práticas modernas e de novos instrumentos financeiros, faz-se necessário elencar determinados *hallmarks* (em uma tradução contextual, característica marcante, traço relevante, etc.) para a identificação de estruturas possivelmente evasivas, que teriam o condão de evidenciar os planejamentos tributários abusivos a serem coibidos e combatidos pelas Autoridades Fiscais. Eis os comentários da OCDE:[17]

> *Hallmarks* atuam como ferramentas para identificar as feições das estruturas que as administrações tributárias estão interessadas. Essas características marcantes geralmente são divididas em duas categorias: genéricas e específicas. Os *hallmarks* genéricos são direcionados às características que são comuns, a exemplo do requisito de confidencialidade ou ao pagamento de taxas de êxito. Os *hallmarks* genéricos também podem ser utilizados para capturar planejamentos tributários novos e inovadores, que facilmente poderiam ser replicados e oferecidos a uma variedade de Contribuintes. Os *hallmarks* específicos são utilizados para identificar vulnerabilidades conhecidas no sistema tributário, bem como as técnicas que são usualmente empregadas pelos Contribuintes em planejamentos tributários abusivos, como a utilização de prejuízos (*losses*) fiscais.

Como visto, estes *hallmarks* – tidos como ferramentas para a identificação de planejamentos sujeitos à análise fiscal – são divididos em dois grupos; genéricos e específicos. Os *hallmarks* genéricos, usualmente, consistem em traços relativos à *(i)* confidencialidade da estrutura (*confidentiality*; por meio do qual o promotor do planejamento impõe ao cliente o dever de sigilo em relação ao esquema); e *(ii)* previsão de honorários

---

17 "Hallmarks act as tools to identify the features of schemes that tax administrations are interested in. They are generally divided into two categories: generic and specific hallmarks. Generic hallmarks target features that are common to promoted schemes, such as the requirement for confidentiality or the payment of a premium fee. Generic hallmarks can also be used to capture new and innovative tax planning arrangements that may be easily replicated and sold to a variety of taxpayers. Specific hallmarks are used to target known vulnerabilities in the tax system and techniques that are commonly used in tax avoidance arrangements such as the use of losses". OECD (2015), *Mandatory Disclosure Rules, Action 12 - 2015 Final Report*, OECD/G20 Base Erosion and Profit Shifting Project, OECD Publishing, Paris, p. 39.

de êxito (*premium fee;* por meio do qual o cliente se compromete a pagar ao promotor do planejamento, honorários calculados com base no valor do benefício tributário obtido pelo esquema adotado). Ademais, há outros elementos, utilizados com menos frequência, relativos à "proteção contratual" oferecida pelos promotores em relação aos riscos fiscais decorrentes de um entendimento negativo por parte das Autoridades Fiscais, bem como os "planejamentos tributários padronizados" ou "planejamentos tributários massificados" (*standardised tax product*); utilizados por uma vasta gama de Contribuintes.[18]

A utilização de *hallmarks* genéricos, portanto, é direcionada à obtenção de informações relacionadas a produtos massificados, de menor complexidade, amplamente divulgados no mercado e, a bem da verdade, identificáveis com maior facilidade por parte das Autoridades Fiscais. Todavia, também podem ser úteis à identificação de produtos novos, recentemente concebidos e oferecidos pelos promotores aos Contribuintes.

Os *hallmarks* específicos, a seu turno, são utilizados como critérios para identificação de questões complexas já conhecidas pelas Autoridades Tributárias, e práticas abusivas implementadas pelos Contribuintes, direcionadas a situações de alto risco, envolvendo perdas de capital, remessas, empréstimos, inversões entre dois ou mais Estados.

Desta feita, ressai evidente que os Estados podem utilizar-se dos dois critérios na construção de um modelo eficaz de *mandatory disclosure*, para conferir maior concretude à norma, instituindo critérios genéricos para mapear e obter uma visão geral do mercado dos "planejamentos tributários", bem como de critérios específicos, direcionados às situações mais complexas, de maior risco, envolvendo um número reduzido de *players* do mercado.

Os *hallmarks* específicos, em sua essência, refletem as formas usuais conhecidas (já identificadas pelas Autoridades Fiscais) por meio das quais os Contribuintes estruturam seus planejamentos tributários agressivos. O *report* do Plano BEPS apresenta alguns exemplos que, a despeito da especificidade, em razão das disposições legais e normativas de cada país, podem guiar a construção de um modelo teórico no Brasil para combater a erosão das bases tributárias e o deslocamento indevido dos lucros para outras jurisdições.

A rigor, as questões prioritárias indicadas nos *action plans* do Plano BEPS evidenciam os pontos de maior preocupação, a serem observados de perto pelas Autoridades Fiscais e submetidos ao *mandatory disclosure*, a saber: *(i)* operações envolvendo instrumentos híbridos (juros, deduções, dívidas e outros instrumentos que podem gerar uma dupla dedução nas duas jurisdições envolvidas, ou uma isenção acompanhada de uma dedução, sem efetivo pagamento em nenhuma das jurisdições); *(ii)* tributação dos lucros no exterior; *(iii)* uso abusivo de tratados (*treaty shopping*, etc.); *(iv)* indicação de estabelecimento permanente; *(v)* regras de transfer pricing e subcapitalização (*thin-cap rules*), entre outros. Obviamente, a OCDE não poderia traçar uma listagem taxativas das condutas que constituem práticas danosas, por questões de soberania e competência, diretamente ligadas com o regime fiscal traçado pela Constituição Federal de cada Estado, em específico, as normas relativas à elisão e evasão tributária (normas antielisivas).

---

[18]   OECD (2015), *Mandatory Disclosure Rules, Action 12 - 2015 Final Report*, OECD/G20 Base Erosion and Profit Shifting Project, OECD Publishing, Paris, p. 39.

Nesse sentido, a visão da Organização,[19] em tradução livre:

"O que deve ser reportado? Isso pode ser segregado em duas perguntas distintas:

Os países precisam, primeiramente, decidir quais são os tipos de planejamentos e arranjos tributários que devem ser reportados sob o regime de declaração compulsória (i.e. a definição do que é um 'planejamento/arranjo reportável'). Como descrito anteriormente neste relatório, o fato de que um arranjo seja reportável não significa, automaticamente, que envolva evasão fiscal.

Alguns dos *hallmarks* aqui descritos têm sido geralmente ligados à transações tributárias abusivas, mas também pode ser encontrados em transações legítimas. Em adição, é improvável que um regime de declaração compulsória seja concebido para atrair todas as medidas de evasão fiscal, ao contrário, o regime tende a focar em áreas da evasão e dos planejamentos tributários abusivos que, percebidamente, podem ocasionar riscos mais relevantes.

Os países também precisam determinar quais informações devem ser declaradas sobre o planejamento/arranjo reportável. Isso envolve um equilíbrio entre a certeza de que as informações prestadas são claras e úteis, e evitar custos de conformidade indevidos (*undue compliance burdens*) aos Contribuintes".

Com efeito, no que diz respeito ao alcance e abrangência, a OCDE assegura que todas as informações a serem reportadas sob o *mandatory disclosure rule* poderiam ser obtidas pelas Autoridades Fiscais no curso de um procedimento fiscalizatório regular, ou pelo cotejo das declarações usualmente prestadas no curso das atividades operacionais. Ou seja, não deve haver qualquer afronta às questões de sigilo e proteção dos segredos comerciais dos Contribuintes.

Por fim, os tipos de informação hábeis à identificação destes *hallmarks* podem incluir *(i)* a informação detalhada acerca dos promotores e dos assessores; *(ii)* detalhes dos elementos específicos que tornam a operação "reportável"; *(iii)* descrição da operação pelo nome que lhe é comumente atribuído (se conhecido); *(iv)* indicação dos dispositivos legais que, a principio, suportariam os benefícios tributários a serem auferidos; *(v)* descrição do benefício tributário em si e dos valores a serem recuperados/economizados; *(vi)* descrição dos clientes que implementaram as estruturas (no caso dos promotores e dos assessores, evidentemente).

Conclui-se, portanto, que as Autoridades Fiscais devem construir os modelos de *mandatory disclosure* por meio da conjugação de critérios (*hallmarks*) genéricos e específicos, por meio da indicação dos atos, negócios e condutas previamente identificadas e normatizadas (*listed operations*) que estariam sujeitos a uma espécie de validação ou homologação.

---

[19] "What has to be reported: This can be broken down into two different questions:
Countries first need to decide what types of schemes and arrangements should be disclosed under the regime (i.e. the definition of what is a "reportable scheme"). As noted later in this report, the fact that a scheme is reportable does not automatically mean that it involves tax avoidance.
Some of the hallmarks described herein have generally been linked to abusive tax transactions, but may also be found in legitimate transactions. In addition it is unlikely that a disclosure regime will be designed to pick up all tax avoidance, instead disclosure is likely to be targeted on the areas of avoidance and aggressive tax planning that are perceived to give rise to the greatest risks.
Countries also need to determine what information needs to be disclosed about a reportable scheme. This involves striking a balance between ensuring the information is clear and useful and avoiding undue compliance burdens for taxpayers." OECD (2015), *Mandatory Disclosure Rules, Action 12 - 2015 Final Report*, OECD/G20 Base Erosion and Profit Shifting Project, OECD Publishing, Paris, p. 30.

2.3 A Ação 12 – Aspecto Pessoal: Quem deve reportar?

Baseando-se nos regimes já existentes, a OCDE propõe que, em adição às empresas multinacionais, que efetivamente implementaram um planejamento tributário cujas características e feições atraem o dever de prestar informações às Autoridades Fiscais, os promotores dos planejamentos ou dos assessores que, materialmente, conceberam e implementaram os planejamentos em questão também podem ser chamados à prestar informações acerca dos planejamentos (i.e., consultores tributários e advogados). De acordo com a legislação do Reino Unido e da Irlanda, o *promoter* é definido como a pessoa que, no curso de suas atividades, é responsável pela elaboração, apresentação, organização e gestão de uma estrutura tributária ou que disponibiliza esta estrutura para implementação por outra pessoa.[20] Ainda que apresentem ligeiros distanciamentos conceituais, a definição de "promotor" (idealizador) mantém o mesmo sentido na legislação sul-africana, norte-americana e canadense, que, a título exemplificativo, em tradução livre,[21] assim dispõe:

> O promotor (idealizador) é a pessoa que (a) promove ou vende o planejamento/arranjo que inclui ou está relacionado a uma transação ou série de transações; (b) declaram que um benefício tributário poderia resultar em decorrência de um planejamento/arranjo, em prol da divulgação ou venda do planehamento/arranjo, ou (c) aceitar remuneração em relação aos planejamentos/arranjos indicados nos parágrafos (a) ou (b).

A *rationale* de apontar o promotor dos planejamentos como sujeito responsável ao *mandatory disclosure* reside no fato de que, na condição de especialista técnico, este dispõe de mais conhecimento e das informações cruciais que as Autoridades Fiscais deverão analisar, sendo certo que os consultores tributários, advogados e idealizadores dos arranjos constituem figuras centrais do "mercado da evasão tributária". É, pois, o que afirma a OCDE:[22]

> Os regimes de divulgação compulsória devem identificar as pessoas que são obrigadas a declarar sob este regime. Como destacado acima, existem duas abordagens diferentes, baseadas nos regimes existentes de divulgação compulsória: (1) a imposição de uma obri-

---

[20] OECD (2015), *Mandatory Disclosure Rules, Action 12 - 2015 Final Report*, OECD/G20 Base Erosion and Profit Shifting Project, OECD Publishing, Paris, p. 35.

[21] "A "promoter" means a person who (a) promotes or sells an arrangement that includes or relates to a transaction or series of transactions; (b) makes a statement or representation that a tax benefit could result from an arrangement in furtherance of the promoting or selling of the arrangement, or (c) accepts consideration in respect of an arrangement in paragraph (a) or (b)". OECD (2015), *Mandatory Disclosure Rules, Action 12 - 2015 Final Report*, OECD/G20 Base Erosion and Profit Shifting Project, OECD Publishing, Paris, p. 35.

[22] No original: "Mandatory disclosure regimes need to identify the person who is obliged to disclose under the regime. As highlighted above there are two different approaches based on existing mandatory disclosure regimes: (1) to impose the primary obligation to disclose on the promoter; or (2) to impose an obligation on both the promoter and the taxpayer.
The common feature is that both introduce some obligations on the promoter or material advisor. This reflects the fact that the promoter who designs and sells a scheme inevitably has more information on the scheme and how it works. Imposing an obligation on the promoter also has the advantage of potentially influencing the behaviour of the promoter and having an impact on the supply side of the avoidance market." OECD (2015), *Mandatory Disclosure Rules, Action 12 - 2015 Final Report*, OECD/G20 Base Erosion and Profit Shifting Project, OECD Publishing, Paris, p. 33.

gação primária de declarar por parte do promotor (idealizador); ou (2) a imposição de uma obrigação a ambos, promotor (idealizador) e contribuinte.

A feição comum é que ambos imponham obrigações ao promotor (idealizador) ou assessor (*material advisor*). Isso reflete o fato de que o promotor, que elabora e vende o planejamento/ arranjo, inevitavelmente tem mais informações acerca do planejamento/arranjo e como este funciona. A imposição de obrigação ao promotor (idealizador) também tem a vantagem de potencialmente influenciar o comportamento do promotor e surtir um impacto na oferta do mercado de produtos de evasão tributária.

Nesse sentido, faz-se absolutamente necessário verificar se a atribuição do dever legal de prestar informações, por parte dos promotores, acerca de eventos praticados por terceiros, se compatibiliza com a ordem jurídica interna, sob pena de ferimento aos princípios que veiculam as garantias dos Contribuintes e o exercício das atividades empresariais.

Com efeito, a OCDE propõe que o dever de prestar as informações deve ser atribuído aos *(i)* promotores dos planejamentos tributários e aos Contribuintes, isoladamente (em procedimentos próprios e independentes); ou *(ii)* aos promotores *ou* aos Contribuintes, com a ressalva de que, em relação à primeira hipótese, eventuais benefícios ainda poderiam surgir a partir de uma análise cruzada das informações. Conforme esclarece a OCDE,[23] o dever de prestar informações por ambas as partes é adotado pelos Estados Unidos da América (EUA) e pelo Canadá. Embora no Canadá as informações prestadas por uma das partes possam satisfazer a pretensão das Autoridades Fiscais, nos EUA, mesmo nas hipóteses em que uma das partes responde, satisfatoriamente, às requisições fiscais, o dever da outra parte subsiste, de modo autônomo.

Em determinadas hipóteses, como ocorre no Reino Unido e na Irlanda,[24] nas hipóteses em que o promotor do planejamento for protegido por sigilo profissional, atribuindo-lhe o direito de não fornecer as informações relativas à operação, o dever recairá sobre o contribuinte, que efetivamente se beneficiou da estrutura implementada. Como o dever de prestar informações pode encontrar inúmeras limitações na legislação doméstica, sobretudo em relação ao aspecto pessoal, a recomendação final da OCDE é no sentido de os Estados decidam o critério a ser utilizado à luz de seus preceitos internos.

Todavia, visando conferir maior concretude à norma, a OCDE sugere que, caso o promotor seja apontado como responsável (primário) pelo dever de prestar informações, em determinadas hipóteses, a divulgação compulsória deve ser deslocada aos Contribuintes, sobretudo nas hipóteses em que o *(i)* idealizador é uma empresa *offshore*; *(ii)* o idealizador é um consultor ou advogado interno; ou *(iii)* quando o idealizador esteja protegido por sigilo profissional.

Finalmente, a OCDE consigna que os países são livres para introduzir sua própria definição de "promotor" ou "assessores" que conceberam e implementaram as estruturas fiscais, com a recomendação de que sejam mantidas as balizas conceituais do Relatório, para assegurar que o dever de prestar informações recaia sobre as pessoas que, efetivamente, tiveram ou mantiveram domínio sobre os fatos – com a necessária

---

[23] OECD (2015), *Mandatory Disclosure Rules, Action 12 - 2015 Final Report*, OECD/G20 Base Erosion and Profit Shifting Project, OECD Publishing, Paris, p. 33.

[24] OECD (2015), *Mandatory Disclosure Rules, Action 12 - 2015 Final Report*, OECD/G20 Base Erosion and Profit Shifting Project, OECD Publishing, Paris, p. 34.

ressalva de que a atribuição deste dever legal somente poderá recair sobre terceiros nas hipóteses em que estes não disponham de sigilo profissional, sob pena de violação às normas domésticas.

2.4 A Ação 12 – Aspecto Temporal: Quando se deve reportar?

De mais a mais, considerando que uma das maiores preocupações dos Estados, conforme retratado pela OCDE, é justamente a ausência de informações prévias acerca dos planejamentos tributários, já que o acesso antecipado às informações poderia dar a oportunidade de uma reação por parte das Autoridades Fiscais, o aspecto temporal é uma peça chave do dever de prestar informações. Isso porque, como aduzido alhures, a falta de informações tempestivas, relevantes, abrangentes relacionadas aos planejamentos potencialmente abusivos é um dos principais desafios a serem superados pelas Autoridades Fiscais no mundo todo.

Assim, a questão temporal assume relevância, sobretudo para fins de adoção das medidas eventualmente aplicáveis pelas Autoridades Fiscais em relação aos eventos informados. Ao analisar diferentes regimes de *mandatory disclosure* em vigor, a OCDE traça modelos distintos, a serem implementados de acordo com a realidade jurídica de cada país, podendo estar relacionados com a *(i)* disponibilização do planejamento (*availability of a tax scheme*); ou com a *(ii)* implementação do planejamento (*implementation of a tax scheme*).

Neste diapasão, a OCDE afirma que há diferenças significantes em relação aos prazos a serem adotados pelos Estados, que dependem, em suma, dos eventos que acionam o dever de prestar as informações. Conforme preceitua a OCDE, o prazo estabelecido com base na disponibilização do planejamento, pelos promotores, é o marco temporal inicial para nascimento do dever de prestar informação, pois é justamente neste momento em que o contribuinte toma conhecimento dos eventuais benefícios a serem atingidos, na hipótese de efetiva implementação da estrutura apresentada.

Se, neste momento, o dever de prestar informações pode parecer precoce em relação aos Contribuintes que, sequer, compreendem em sua totalidade os benefícios e os riscos envolvidos, certo é que, em relação aos promotores, esta premissa não se sustenta. Isto porque, se a estrutura fiscal apresentada, na qualidade de "produto", já está hábil a ser oferecida às empresas, certo é que o promotor já dispõe das informações de interesse das Autoridades Fiscais. No Reino Unido, por exemplo, considera-se que a estrutura fiscal foi disponibilizada quando *todos os elementos necessários à sua implementação já estão em ordem e uma comunicação ao cliente é feita, sugerindo que este pratique os atos para dar início à formação do planejamento.*[25]

No Reino Unido e na Irlanda, o promotor da estrutura fiscal deve prestar informações em até 05 (cinco) dias úteis, de modo a conferir tempo hábil para as Autoridades Fiscais reagirem antes mesmo da implementação de eventuais condutas abusivas – por meio de intimações, lançamentos ou, até mesmo, através do ajuste de eventuais

---

[25] OECD (2015), *Mandatory Disclosure Rules, Action 12 - 2015 Final Report*, OECD/G20 Base Erosion and Profit Shifting Project, OECD Publishing, Paris, p. 50.

brechas legislativas (*loopholes*). Em Portugal,[26] ainda que o lapso temporal seja um pouco mais dilatado – 20 (vinte) dias a partir do último dia do mês em que a estrutura foi disponibilizada –, este prazo também seria eficaz no combate às manobras abusivas que erodiriam as bases tributárias e implicariam em perdas massivas de receita.

Com efeito, a OCDE[27] ressalva, ainda, que o dever de prestar as informações poderá nascer somente após a efetiva implementação do evento reportável; com a ressalva de que as informações podem chegar ao conhecimento das Autoridades Fiscais de forma tardia – após o efetivo dano ao Erário, já consumadas perdas expressivas na arrecadação. Na África do Sul, por exemplo, a estrutura fiscal adotada deve ser informada às Autoridades Tributárias após 45 (quarenta e cinco) dias contados do primeiro pagamento ou recebimento, já sob a forma da estrutura, com a efetiva fruição do benefício tributário almejado. Assim, o dever de prestar informações é acionado quando o contribuinte recebe ou paga quaisquer montantes relacionados à operação, traçada com base na estrutura implementada[28] e consumada. No Canadá, adotou-se uma base anual. Uma transação passa a ser reportável, *i.e.*, alvo do dever de prestar informações, quando dois critérios específicos (*hallmarks*) – definidos em lei – estão presentes na estrutura adotada, e, assim, as informações correlatas devem ser prestadas até 30 de junho do ano subsequente àquele em que a estrutura foi adotada.[29]

---

[26] "The UK, Irish and Portuguese disclosure regimes all use this as the trigger event. However, the timescale within which the disclosure must then be made differs between the three countries. In the United Kingdom and Ireland a promoter must disclose a scheme within five working days of making a scheme available for implementation by another person. Therefore both the trigger event and the reporting period are designed to ensure a quick disclosure which may well take place before the users have implemented the scheme. This maximises a tax administration's ability to risk assess schemes early and if necessary to take legislative action to close any loopholes before significant amounts of revenue can be lost. Whilst Portugal uses the same trigger event the timescale for reporting is slightly longer as tax promoters who are involved in any tax planning must disclose within 20 days following the end of the month in which the scheme was made available. Again this also ensures a relatively quick disclosure but it is less likely that the tax administration is aware of the scheme before it is implemented which could ultimately impact on the amount of any revenue loss." OECD (2015), *Mandatory Disclosure Rules, Action 12 - 2015 Final Report*, OECD/G20 Base Erosion and Profit Shifting Project, OECD Publishing, Paris, p. 50.

[27] "A disclosure regime could also link the reporting requirement to when a scheme has been implemented by users. At this point it is more likely that there is a real tax loss but there is also limited potential to influence the taxpayer's behaviour which means that the overall revenue loss could be greater." OECD (2015), *Mandatory Disclosure Rules, Action 12 - 2015 Final Report*, OECD/G20 Base Erosion and Profit Shifting Project, OECD Publishing, Paris, p. 51.

[28] "Under the South African regime a reportable arrangement must be disclosed within 45 days after the date that any amount is first received by or accrued to a taxpayer or is paid or actually incurred by a taxpayer in terms of that arrangement. The disclosure obligation is therefore triggered where there is receipt or payment of money, for a transaction forming part of a reportable arrangement; this effectively shows that the arrangement has been implemented." OECD (2015), *Mandatory Disclosure Rules, Action 12 - 2015 Final Report*, OECD/G20 Base Erosion and Profit Shifting Project, OECD Publishing, Paris, p. 51.

[29] "In Canada a reportable transaction must be disclosed by 30 June of the calendar year following that in which the transaction became a reportable transaction. A reportable transaction is an avoidance transaction that meets at least two of the hallmarks in the Canadian regime. The timeframe for reporting is therefore triggered by the transaction becoming reportable. This would occur once it has been implemented. This trigger event combined with a long reporting timescale means that information is received much later than under the UK, Irish and Portuguese regimes. This will inevitably impact on a tax administration's ability to react quickly, potentially leading to greater revenue loss and a reduced deterrent effect". OECD (2015), *Mandatory Disclosure Rules, Action 12 - 2015 Final Report*, OECD/G20 Base Erosion and Profit Shifting Project, OECD Publishing, Paris, p. 51.

Neste particular, a OCDE[30] ressalva que os prazos a serem adotados pelas nações também devem levar em consideração a velocidade e a habilidade responsiva das Autoridades Fiscais, de sorte a tornar o dever de prestar informações efetivo, garantindo que os dados fornecidos seriam processados de forma célere o suficiente para prevenir a consumação de danos ao sistema tributário interno e internacional.

A recomendação final da OCDE volta-se, portanto, à adoção dos prazos relacionados à disponibilização das estruturas fiscais pelos promotores aos Contribuintes, para assegurar que as Autoridades Fiscais disponham de um lapso temporal adequado à adoção de medidas responsivas, que podem ser direcionadas aos Contribuintes e promotores e abranger, até, a modificação da legislação interna. Nesse sentido, em relação às questões de cunho temporal, Baker[31] reforça a sua importância, elogiando a orientação traçada pela OCDE, na medida em que o conhecimento célere acerca dos traços específicos dos arranjos tributários permitirá às Autoridades Fiscais a adoção das medidas apropriadas, sanando as brechas das leis (*loopholes*) para evitar danos arrecadatórios.

Não obstante, caso adote-se o prazo relacionado à efetiva adoção ou implementação dos esquemas agressivos, que os lapsos temporais sejam curtos, para que eventuais danos ao sistema tributário (erosão das bases tributárias, deslocamento dos lucros e perdas arrecadatórias, etc.) sejam mitigados.

2.5 A Ação 12 – Aspecto Procedimental: Como operacionalizar?

Uma das primeiras premissas consignadas pela OCDE no âmbito da Ação 12 do Plano BEPS é que os regimes de declaração obrigatória devem ser claros e de fácil compreensão, levando-se em consideração os custos adicionais com o cumprimento das inúmeras obrigações acessórias (*compliance costs*) e, em contrapartida, os benefícios possivelmente obtidos pelas Autoridades Fiscais, no que tange à adequação da estrutura fiscal e do recolhimento de tributos, com o dito de proceder à construção de um sistema tributário coeso, harmônico e neutro.

Desta feita, conforme descrito alhures, é imperioso que as regras do *mandatory disclosure* sejam objetivas, porém flexíveis e dinâmicas, para assegurar o uso efetivo das informações relevantes e atuações responsivas em tempo hábil. Além disso, faz-se necessário a imposição de penalidades e meios coercitivos de cumprimento das normas, para dissuadir o *non-compliance* do dever de prestar informações e garantir a eficácia da medida, sem, todavia, gerar preocupações com autoincriminação. Estes são os princípios chave do regime traçado pela OCDE,[32] que, por sua relevância, merecem ser transcritos:

---

[30] "It is recommended that where the promoter has the obligation to disclose then the timeframe for disclosure should be linked to the availability of the scheme and that the timescale for disclosure should aim to maximise the tax administration's ability to react to the scheme quickly and to influence taxpayers' behaviour. This would be achieved by setting a short timescale for reporting once a scheme is available. Where a taxpayer has to disclose it is recommended that the disclosure is triggered by implementation rather than availability of a scheme. In addition if only the taxpayer discloses (i.e. because there is no promoter or the promoter is offshore) the timescale for reporting should be short to maximise the tax administration's ability to act against a scheme quickly". OECD (2015), *Mandatory Disclosure Rules, Action 12 - 2015 Final Report*, OECD/G20 Base Erosion and Profit Shifting Project, OECD Publishing, Paris, p. 52.

[31] BAKER, Philip. *The BEPS Project: Disclosure of Aggressive Tax Planning Schemes.* Intertax, v. 43, issue I, 2015, p.89.

[32] "Mandatory disclosure regimes should be clear and easy to understand, should balance additional compliance costs to taxpayers with the benefits obtained by the tax administration, should be effective in achieving their

Os regimes de declaração compulsória devem ser claros e de fácil compreensão; devem equilibrar custos adicionais de *compliance* aos Contribuintes com os benefícios obtidos pela Administração Tributária; devem ser efetivos em atingir os seus objetivos; devem identificar de forma precisa os eventos a serem reportados; devem ser flexíveis e dinâmicos o suficiente para possibilitar que a Administração Tributária possa ajustar o sistema e reagir a novos riscos (ou eliminar riscos obsoletos); e devem garantir que as informações coletadas serão utilizadas de forma efetiva.

As normas devem identificar com precisão as hipóteses sujeitas ao dever de prestar informações (o que reportar), os sujeitos obrigados a declarar (quem deve reportar), quando nasce o dever de declarar (quando se deve reportar) e, por fim, quais os procedimentos adotados na declaração (como reportar). Com efeito, verificada a ocorrência do evento sujeito ao dever de prestar informações, os sujeitos obrigados devem, no prazo legalmente assinalado, reportar todos os elementos necessários à compreensão da estrutura tributária por parte das Autoridades Fiscais, inclusive *detalhes específicos da transação, nomes, referências, beneficiários e promotores/assessores legais envolvidos*.[33]

De toda feita, nos moldes do modelo concebido pela ODCE – que compila traços dos regimes em vigor de diversos países –, a par do recebimento das informações por parte do obrigado, as Autoridades Fiscais devem processar as informações prestadas visando a verificar se, de fato, algum dado adicional deve ser requisitado, retificado ou aclarado. Após o cotejo dos documentos, caso as informações prestadas sejam insuficientes à verificação das operações, a Autoridade Fiscal poderá, com base nos dados fornecidos: *(i)* averiguar o motivo pelo qual uma determinada transação não foi devidamente reportada; *(ii)* requerer a identificação de todas as partes envolvidas na disponibilização/implementação da estrutura fiscal; *(iii)* requisitar informações adicionais.[34]

De posse da documentação necessária, as Autoridades Fiscais poderão analisar a validade e a legitimidade da estrutura almejada – ou implementada – pelo contribuinte, e, se for o caso, promover as medidas adequadas por meio do lançamento de tributos, penalidades e consectários legais. Eventualmente, sobretudo nas hipóteses de lacunas ou deficiências da lei, as Autoridades Fiscais podem provocar mudanças legislativas para combater e exterminar as brechas legais que deram ensejo à interpretação do contribuinte. Nesse sentido, o Relatório da Ação 12 do Plano BEPS[35] dispõe que:

---

objectives, should accurately identify the schemes to be disclosed, should be flexible and dynamic enough to allow the tax administration to adjust the system to respond to new risks (or carve-out obsolete risks), and should ensure that information collected is used effectively." OECD (2015), *Mandatory Disclosure Rules, Action 12 - 2015 Final Report*, OECD/G20 Base Erosion and Profit Shifting Project, OECD Publishing, Paris, p. 09.

[33] "Promoters and, in certain circumstances, users need to provide sufficient information to a tax authority to enable them to understand how a scheme operates and how the expected tax advantage arises. A possible draft template setting out the type of information required to be reported under existing mandatory disclosure regimes is set out below. This is based on the forms used in the mandatory disclosure regimes of the United Kingdom, the United States, Canada, Ireland and South Africa." OECD (2015), *Mandatory Disclosure Rules, Action 12 - 2015 Final Report*, OECD/G20 Base Erosion and Profit Shifting Project, OECD Publishing, Paris, p. 60.

[34] OECD (2015), *Mandatory Disclosure Rules, Action 12 - 2015 Final Report*, OECD/G20 Base Erosion and Profit Shifting Project, OECD Publishing, Paris, p. 63.

[35] Once a mandatory disclosure regime is introduced there are several ways in which tax authorities can use the information collected to change behaviour and to counteract tax avoidance schemes. These include counteraction through legislative change; through risk assessment and audit; and through communication strategies. (...) Quick legislative change is dependent on a country's legislative system but also requires a country to set up a

Uma vez que o regime de divulgação compulsória é introduzido, há diversas maneiras por meio das quais as Autoridades Tributárias podem utilizar as informações colhidas para modificar o comportamento e reagir aos arranjos tributários evasivos. Estas medidas incluem a reação por meio de modificação legislativa, por meio de lançamentos e auditorias fiscais e por meio da comunicação de estratégias.

(...)

Célere modificação legislativa depende do sistema legal de cada país, mas também requer que o país construa um processo que analise e confronte os novos esquemas de forma célere.

Ainda, evidenciando a preocupação com a eficiência das Autoridades Fiscais no manejo das informações prestadas, a OCDE,[36] espelhando-se nas experiências de diversos países-membros, reconhece que a designação de equipes altamente especializadas, dedicadas exclusivamente à análise das estruturas fiscais, confere um grau de concretude essencial a esta etapa procedimental, motivo pelo qual propõe a criação de agentes e procedimentos específicos para lidar com as questões atinentes à divulgação compulsória.

Por fim, após a análise das informações pelas equipes especializadas, as Autoridades Fiscais podem adotar estratégias distintas de comunicação, no bojo do procedimento regido pelo *mandatory disclosure*. As Autoridades podem expedir intimações não só aos envolvidos no procedimento de análise, mas também expedir publicações em diários oficiais "alertando" que determinadas estruturas fiscais estão sendo analisadas e podem ter implicações tributárias adversas.

Nestas publicações, visando conferir maior segurança e previsibilidade à ordem jurídica, as Autoridades Fiscais devem apresentar informações detalhadas, descrevendo todas as nuances das operações e os fundamentos que orientaram as conclusões traçadas. Ou seja, embora exija dos Contribuintes e dos promotores um volume considerável de informações, em contrapartida, se obriga a expedir publicações descritivas – com a devida complexidade que o tema impõe.

Finalmente, como estas questões procedimentais, sobretudo os lapsos temporais, devem ser definidas em atenção à realidade e conveniência de cada país, a OCDE somente traça as balizas mestras e compartilha as experiências exitosas, em tom meras recomendações, abstendo-se de impor quaisquer diretrizes rígidas.

3 Reflexões acerca da OCDE e do Plano BEPS: aproximações e distanciamentos, e a realidade brasileira

Embora se reconheça que o Plano BEPS representa a primeira grande renovação da tributação internacional,[37] muito se tem discutido acerca da legitimidade da OCDE na construção de um modelo teórico harmônico que leve em consideração os interesses

---

process that analyses and risk assesses new schemes quickly." OECD (2015), *Mandatory Disclosure Rules, Action 12 - 2015 Final Report*, OECD/G20 Base Erosion and Profit Shifting Project, OECD Publishing, Paris, p. 64.

[36] "There is generally a dedicated team, within the tax administration, dealing with disclosures. This team undertakes an initial review of the arrangement and plays a role in determining whether further action should be taken in the form of legislative change, audits, or more inquiries, etc. The specific internal procedure varies depending on the administrative structure of countries". OECD (2015), *Mandatory Disclosure Rules, Action 12 - 2015 Final Report*, OECD/G20 Base Erosion and Profit Shifting Project, OECD Publishing, Paris, p. 64.

[37] AVI-YONAH, Reuven S. *Op. cit.* p. 22.

da comunidade tributária internacional, e não somente dos membros da OCDE, o *clube dos ricos*, composto por países desenvolvidos.

Nesse sentido, embora a OCDE tenha concebido dos regimes e os modelos atuais de tributação internacional, em diversas oportunidades, a própria Organização demonstrou certo receio em assumir a sua legitimidade para conduzir esta tarefa, como bem pontua Brauner:[38]

> (...) Até recentemente, era claro que uma tendência forte era a regra de convergência e de crescente acúmulo de poder pela OCDE, como o órgão responsável (*caretaker*) pelos regimes tributários internacionais. A OCDE demonstrou, todavia, ambivalência em relação ao seu papel de responsável.
>
> Por outro lado, a OCDE tem trabalhando em aumentar o seu poder e influência, mundialmente, primeiramente por meio da busca pela promoção de padronização e convergência; mas, por outro lado, a OCDE é vista, e se viu, como representante dos interesses dos seus membros – o clube dos países ricos. Como tal, a OCDE talvez não se via autorizada a considerar interesses de outros países, pelo menos na medida em que conflitassem com os interesses de seus países-membros. Ao mesmo tempo, nenhuma outra instituição chegou perto de ser um candidato a assumir a liderança ou sediar um discurso tributário internacional global.

Além disso, em razão da ausência de lideranças coordenadas na condução desta tarefa (*i.e.*, de organismos supranacionais articulados), é evidente que os interesses das nações desenvolvidas prevaleceram ao longo dos anos, sobretudo em razão da adoção dos regimes de tributação internacional que adotam a residência como elemento de conexão.[39] Ou seja, todos os modelos concebidos pela OCDE, traduzidos nos Acordos e Convenções, foram estruturados à luz dos interesses econômicos dos países desenvolvidos, de onde provinha o capital e a riqueza.

Neste diapasão, convém alertar que a OCDE afirma que um dos objetivos primordiais do Plano BEPS é restaurar a confiança no sistema tributário e assegurar que os lucros sejam tributados no local em que as atividades econômicas são conduzidas e onde há agregação/criação de valor–[40] primando, assim, para a adoção do critério da fonte como elemento de conexão. Uma vez mais, a OCDE demonstra que traça suas políticas com base nos interesses inerentes à política fiscal dos países desenvolvidos, que, com o advento da globalização, também passaram a experimentar a condição de fonte (sem poder exercer a pretensão impositiva, ante a ausência do critério fonte como elemento de conexão). Nesse sentido, as colocações de Fonseca:[41]

---

[38] "(...) until recently it was clear that the strong trend was of rule convergence and of increasing power accumulation by the OECD as the caretaker of the international tax regime. The OECD has shown ambivalence about its caretaker role, however. On one hand the OECD has worked on increasing its power and influence worldwide, primarily through the promotion of standardization and convergence; yet, on the other hand it always has been and has viewed itself as the representative of the interests of its members-the club of the rich countries. As such, it perhaps viewed itself unauthorized to consider interests of other countries, at least to the extent they conflict with its members' interests. At the same time, no other institution came close to being a candidate for leading-or even hosting-a global international tax discourse". BRAUNER, Yariv. *Op. cit.*, p. 62.

[39] BRAUNER, Yariv. *Op. cit.*, p. 63.

[40] OECD (2015), Mandatory Disclosure Rules, Action 12 – 2015 Final Report, OECD/G20 Base Erosion and Profit Shifting Project, OECD Publishing, Paris p. 3.

[41] FONSECA, Fernando Daniel de Moura. *O Brasil face ao Plano de Ação nº 12 do BEPS*.

Não obstante, em que pese a intenção de combate aos planejamentos tributários agressivos, nos parece haver mais uma razão subjacente à concepção do Projeto BEPS, esta, de caráter eminentemente econômico. É que a iniciativa possui como um dos seus objetivos gerais a introdução de mudanças no Direito Tributário internacional que direcionem a tributação para o local onde as atividades são efetivamente exercidas (OECD, 2015, p. 5), em reforço ao critério da fonte como elemento de conexão. Este posicionamento fica evidenciado no Plano de Ação nº 5, (OECD, 2015, p. 18) que busca combater práticas fiscais danosas por meio do alinhamento da tributação ao local de criação de valor da atividade (BRAUNER, 2014, p. 55-115). O paradigma adotado pela OCDE anteriormente ao Projeto – e que guia os acordos internacionais em matéria fiscal – era o de tributação com fundamento no critério da residência, o que se justificaria pelo direito de o país de origem do capital tributar a renda, condição experimentada, em regra, por países desenvolvidos.

No entanto, com o forte desenvolvimento da economia de países como a Índia e a China, passou-se a ver a migração da arrecadação para países nos quais não estão situados os fatores de produção, o mercado consumidor, ou que não representam a origem do capital investido na atividade empresarial. Como consequência, passou-se a questionar também a importância do critério da residência face à relevância do mercado consumidor na formação da riqueza.

Portanto, a razão da mudança de paradigma – residência para fonte, local de origem do capital para local onde a riqueza é gerada – está também ligada ao fato de que os membros da OCDE e do G20 passaram a experimentar uma maior condição de "fonte", com uma consequente diminuição do volume de tributação em seus territórios.

Com efeito, além da aparente parcialidade da construção dos regimes de tributação internacional concebidos pela OCDE, que, historicamente, sempre se fez presente, ainda no bojo do Plano BEPS, tais disparidades perpetuam. Embora a OCDE parta da premissa de que as almejadas mudanças globais somente serão atingidas através da cooperação internacional, conjugando-se os interesses de todos os Estados, fato é que, no curso das discussões, os países não membros e as nações em desenvolvimento não tiveram participação ativa. Neste aspecto, as colocações de Avi-Yonah,[42] *no sentido de que desafios globais exigem soluções globais*, exigindo uma participação multilateral equilibrada, com a definição da forma global de governança (inclusive dos países em desenvolvimento).

Não obstante, se as mudanças somente podem ser concebidas por meio de um diálogo franco entre as nações com diferentes níveis de desenvolvimento, neste cenário, é possível concluir que o Plano BEPS, de fato, continua a promover o interesse das nações que, historicamente, regeram a OCDE. Em adição, a doutrina aponta que o curto lapso temporal em que o Plano BEPS foi concebido pode indicar que se trata muito mais de uma resposta às pressões da sociedade e da mídia em relação à justiça fiscal, do que um trabalho de cunho acadêmico, adequado a solucionar os problemas postos. Nesse viés, as considerações de Brauner[43] e Avi-Yonah,[44] em tradução livre:

---

[42] "Global challenges need global solution. BEPS, as a global concern, is made possible by uncoordinated tax rules at domestic and international levels. Therefore, the global solutions need to be based on inclusive and multilateral global governance. This means each and every country should be offered equal opportunity and equal weight to shape the outcome of the global solutions". AVI-YONAH, Reuven S. *Op. cit.* p. 27.

[43] "(...) BEPS project has very undisciplined and opportunistic roots because it evolved through a political response to media frenzy rather than an educated study of the international tax regime. (...) However, the opportunity dictated some limitations: the timeframe is very limited and the clientele is mixed not only OECD members, but also the G20, some of whose members view themselves as leaders of additional developing countries (...) "Finally, the project should clearly recognize the fragility of the international tax regime and the necessity

(...) o Plano BEPS tem origem bastante indisciplinada e oportunista, pois evoluiu como forma de resposta política à agitação da mídia, ao invés de estudos compreensivos sobre os regimes de tributação internacional. (...) Todavia, a oportunidade ditou algumas limitações: o prazo é muito curto e a clientela compreende não só os membros da OCDE, mas também do G20, dos quais alguns membros se veem como líderes dos países em desenvolvimento. (...)

Finalmente, o Projeto deveria reconhecer claramente a fragilidade do regime tributário internacional e a necessidade de restaurar a confiança pública e legitimidade mais ampla. Um regime de divulgação compulsória público, de país-por-país, seria uma excelente ferramenta para atingir este objetivo. Similarmente, ampliando o escopo da reforma para incluir os interesses de economias emergentes e em desenvolvimento, por exemplo, por meio da discussão da tributação das empresas para além das duas questões anedóticas mencionadas na Ação 05, mandaria um sinal claro sobre a sinceridade do Plano BEPS em construir um regime mais inclusivo, justo e verdadeiramente multilateral".

Considerando o fato de que dois anos é muito pouco para pesquisa, debate e negociação profunda, considerando a forte tradição e interesses de determinados grupos em dar continuidade aos antigos princípios, considerando a voz global para fechar as oportunidades do BEPS, o arquiteto do BEPS não tem outra escolha senão de retalhar ou costurar algumas lacunas das regras existentes, ao invés de promover uma reestruturação fundamental do atual regime.

Reforçando as suas colocações, Avi-Yonah[45] sustenta que, embora a OCDE e o G/20 tenham empreendido esforços na construção de um modelo teórico neutro, outros elementos evidenciam que a estrutura concebida não é multilateral, mantendo a primazia dos interesses dos países-membros em relação às nações em desenvolvimento. O autor elenca os cinco principais motivos que fundamentam essa exegese, a saber: *(i)* os países que "conduzem" a OCDE dominaram a formulação do Plano BEPS e todo o processo de discussão e negociação; *(ii)* apenas aproximadamente 60 (sessenta) países participaram da formulação do Plano BEPS, o que constitui menos de um terço dos países-membros das Nações Unidas – e evidencia o alcance limitado do plano, já que as multinacionais (*MNEs*) mantém presença física global muito mais expressiva; *(iii)* a OCDE consultou Estados não membros na formulação do Plano BEPS, mas sem qualquer evidência de que teria incorporado as suas considerações; *(iv)* o alcance limitado do Plano BEPS pode gerar efeitos negativos quando da implementação dos planos de ação, gerando ainda mais assimetrias e distorções; e, por fim, *(v)* o curto lapso temporal em que o Projeto foi concebido é insuficiente à condução de expedientes tão complexos, e à análise de todas as considerações apresentadas por consultores tributários, multinacionais, executivos, ordens de governo e sociedade civil.

---

of restoring public trust and wider legitimacy. A public country-by-country reporting scheme would be an excellent tool towards achieving this goal. Similarly, widening the scope of reform to include the interests of emerging and developing economies-for example, by expanding the discussion of business taxation beyond the two anecdotal issues mentioned in action item five-would send a clear signal about the BEPS project's sincerity about making the regime more inclusive, fairer, and truly multilateral". BRAUNER, Yariv. *Op. cit.*, p. 112 *et seq.*

[44] "Given the fact that two years are very short for serious in-depth research, debate and negotiation, given the strong tradition and interest groups to keep the continuity of old principles, given the global voice for closing up the BEPS opportunities, the architect of the BEPS projects has no choice but to patch up some loopholes of current rules, instead of fundamental restructuring of current regime". AVI-YONAH, Reuven S. *Evaluating BEPS*. Harvard Business Law Review, forthcoming 2016.

[45] AVI-YONAH, Reuven S. *Op. cit.* p. 27.

Considerando as limitações materiais e procedimentais enfrentadas pela OCDE, em linha com as considerações supra, Avi-Yonah[46] considera que o papel de harmonização e cooperação internacional para solucionar assimetrias econômicas seria desempenhado de forma mais completa pelas Nações Unidas, que, aos seus olhos, seria mais qualificada, imparcial, transparente, credenciada e influente.

Denota-se, portanto, que, para grande parte da doutrina, a despeito das louváveis intenções da OCDE, fato é que, tal como concebido, o Plano BEPS dificilmente atingirá a almejada neutralidade tributária e o ajuste das distorções sistêmicas causadas pelas práticas danosas que erodem as bases tributárias. A nosso ver, em linha com a concepção de Brauner, um dos grandes desafios a ser superado reside na definição conceitual das práticas que receberam a pecha de "abusivas/evasivas", justamente em face da utilização do tributo (e dos incentivos fiscais) como ferramentas de atração de investimento, sobretudo por parte dos países em desenvolvimento. Ora, se os países em desenvolvimento, que, historicamente, utilizam as benesses fiscais como instrumento de atração de capital externo, forem "compelidos" a abandonar a utilização destes modelos tributários, dificilmente coadunariam com as medidas concebidas pela OCDE. Assim, sem a adesão dos países emergentes e em desenvolvimento, o Plano BEPS perderia eficácia na busca pela construção de um modelo global coeso, limitando-se a traçar as regras aos países desenvolvidos, que, há muito, governam a OCDE.

Em linha com as concepções alinhavadas pelos estudiosos estrangeiros, no Brasil, a doutrina especializada reconhece que a iniciativa da OCDE contribui significativamente para a construção de um modelo teórico mais adequado, frente às necessidades atuais que se apresentam. Todavia, há diversas limitações de cunho formal e material que desafiam a implementação das ações propostas, como bem alerta Duque Estrada.[47] De início, o festejado autor defende que é impensável promover alterações nas convenções contra a dupla tributação *para acomodar os interesses das grandes economias da OCDE, em detrimento de uma agenda de compromissos e parceria histórica, fundamental ao equilíbrio regional.* Sem seguida, alerta:

> (...) é de opinião geral que o sucesso do instrumento multilateral pressupõe um consenso político de larga escala na ordem mundial, o que é quase impossível de alcançar quando na mesa de negociações se sentam países com diferentes graus de desenvolvimento, com economias muito distintas, que têm relações bilaterais com particularidades de difícil acomodação em um tratado multilateral

---

[46] "Given the fact that it is impossible to guarantee that countries and stakeholders really had the equal opportunity to influence and shape the outcome of the BEPS package on really equal footing, OECD and/or G20 is not the truly global platform for comprehensive reform of international tax law. To transform the current BEPS project into truly global, coherent, co-ordinated and inclusive actions, the UN should undertake the leadership in the next stage of international tax law reform" (...) We believe that the UN will be more qualified, impartial, transparent, credible and influential than the OECD/G20 in rewriting and renovating the international tax rules including the BEPS counter-measures. All UN members have the right to be heard and represented in the process of international tax law reform.162 As the working group of the UN, the UN Tax committee is expected to make great difference in this regard. We urge that the UN Convention of Anti-BEPS should be made as the cornerstone of the global response to BEPS in a more coherent, inclusive and multilateral manner. Compared with the partial multilateral approach of OEC/G20, the global BEPS actions launched by the UN will better address the BEPS concerns and restore the integrity of international tax principles of single tax, neutrality, transparency, fairness". AVI-YONAH, Reuven S. *Op. cit.* p. 28.

[47] DUQUE ESTRADA, Roberto. *In* Instrumento Multilateral do BEPS é mais um dilema para a América Latina. Consultor Tributário – Conjur. Disponível em: http://www.conjur.com.br/2015-dez-02/consultor-tributario-instrumento-multilateral-beps-dilema-america-latina. Acesso em: 21 dez. 2015.

Noutra oportunidade, Duque Estrada[48] afirma que as ações traçadas pela OCDE no âmbito do Plano BEPS devem somente orientar a construção de um modelo teórico interno, pois, à luz do princípio da legalidade e de diversos outros princípios que norteiam a ordem jurídica, as meras sugestões apresentadas por administrações fiscais de países desenvolvidos, assumindo a feição de *soft law,* não teriam força jurídica alguma. Além da ausência de poder cogente, os *guidelines* traçados pela OCDE somente podem ser implementados se compatíveis com os diversos princípios que balizam o ordenamento jurídico interno. Veja-se:

> Em primeiro lugar, as recomendações da OCDE não são leis. Sugestões de um relatório produzido por representantes das administrações fiscais, encomendado pelos ministros da Fazenda dos países do G-20, não podem suplantar nem modificar ou substituir medidas legais, emanadas pelos parlamentos dos países, as únicas fontes de Direito em matéria tributária, subordinada ao principio da legalidade da tributação (*nullum tributum sine praevia lege*).
>
> Em segundo lugar, as recomendações não são passíveis de aplicação indiscriminada em todas as jurisdições, uma vez que as constituições dos diversos países em presença contêm regras que podem permitir ou recusar a adoção de certas medidas sugeridas. As administrações fiscais não podem adotar livremente as recomendações do plano BEPS, seja por seus órgãos de lançamento, seja por seus órgãos de julgamento, sem antes testarem sua adequação à ordem constitucional vigente.
>
> Em terceiro lugar, certas medidas são inter-relacionadas e não podem ser adotadas isoladamente, apenas por se revelarem convenientes para as administrações fiscais, afastando-se a aplicação de outras que equilibrariam os pratos das balanças, como sucede com as regras de atribuição de lucros a estabelecimentos permanentes e as regras de preços de transferência. Essa implementação, segundo um modelo cherry pick, já estaria sucedendo na China e tem sido amplamente discutida
>
> (...)
>
> Por isso, é fundamental que se tenha uma compreensão crítica e isenta do alcance e da relevância das medidas propostas no Plano de Ação BEPS. Não se pode importar e adotar açodadamente todas as medidas do relatório como se fossem a revelação de uma mensagem divina. É certo que o hercúleo trabalho desenvolvido pela OCDE é digno de aplauso, mas também é certo que as pessoas dele podem e devem discordar, e que os parlamentos dos respectivos países são os únicos foros com legitimidade constitucional para adotar de forma coordenada e coerente a generalidade das ações sugeridas.

Neste contexto, os trabalhos empreendidos pela OCDE inauguram uma nova fase de um longo processo de harmonização dos diversos sistemas tributários internos que compõem o Direito Tributário Internacional, sendo certo que o Plano BEPS pode, e deve, constituir um marco para orientação de modelos teóricos (mais) neutros, construídos, sempre, em respeito às limitações postas pelas cartas constitucionais.

De forma específica, em atenção à delimitação de escopo proposta, em linha com a concepção de duque estrada,[49] temos que o dever de prestar informações relacionadas ao planejamento tributário, nos termos da Ação 12 do BEPS, deve ser lido com bastante

---

[48] DUQUE ESTRADA, Roberto. *In: Princípio da Legalidade da Tributação como Limite Constitucional das Ações do BEPS.* Consultor Tributário – Conjur. Disponível em: http://www.conjur.com.br/2015-out-28/consultor-tributario-principio-legalidade-tributacao-limite-acoes-beps. Acesso em: 28 out. 2015.

[49] DUQUE ESTRADA, Roberto. *Op. Cit.*

cautela, pois, à luz da atual estrutura do ordenamento jurídico brasileiro – sobretudo em razão da ausência de regulamentação da norma antielisiva –, a implementação das sugestões veiculadas pela OCDE afrontaria diversos princípios constitucionais.

Neste diapasão, a implementação do dever de prestar informações relacionadas aos planejamentos tributários enfrentaria outro desafio, qual seja, o de "balancear" os benefícios decorrentes do fluxo destas informações, com o aumento do custo – já elevado – de cumprimento das obrigações acessórias. Conforme antecipado alhures, o próprio Relatório do Plano BEPS registra a preocupação com o que chamam de *compliance costs* (custo para cumprimento das obrigações), sendo necessário *assegurar que as informações prestadas são úteis, evitando o fardo dos Contribuintes de ter que arcar com obrigações indevidas.*[50]

No Brasil, esta preocupação é particularmente pertinente, não só em razão da repartição de competências levada a efeito pela Constituição Federal, mas pela própria estrutura da Fiscalização, que impõe um volume absolutamente elevado de obrigações acessórias aos jurisdicionados. Acerca dos deveres secundários dos Contribuintes sediados em solo nacional, as considerações de Derzi:[51]

> (...) avultam, de forma gigantesca, jamais vista em período anterior, o rol dos deveres de colaboração do contribuinte. Informações de toda natureza, escriturações cada vez mais pormenorizadas, documentação fiscal exigente, declarações contínuas, tolerância a repetidas exibições, solicitações e exigências fiscais sem fim... e de Fazendas Públicas diversas. O custo das obrigações acessórias e das laterais é elevadíssimo. A dependência dos cidadãos Contribuintes em relação ao Estado é máxima e as obrigações de alta complexidade. A peculiaridade que, aqui, se deve registrar de plano resulta do fato de que todos esses deveres, 'laterais' ou acessórios, não podem ser presumidos, ou deduzidos implicitamente; são decorrentes de lei, assim como as sanções, que lhes são consequentes.

Corroborando as lições da festejada autora mineira, os estudos conduzidos em conjunto pela empresa de consultoria PricewaterhouseCoopers (PwC) e pelo Banco Mundial (World Bank Group), intitulado *Paying Taxes*, apontam que, em 2016, os Contribuintes brasileiros despenderam nada menos do que 2.600 (duas mil e seiscentas) horas para cumprir todas as obrigações acessórias relacionadas ao pagamento de tributos. Dentre as 2.600 (duas mil e seiscentas) horas, estima-se que: 1.347 (mil trezentas e quarenta e sete) horas são necessárias ao pagamento de tributos que incidem sobre o consumo (*consumption taxes*); 490 (quatrocentos e noventa) horas são necessárias ao pagamento de tributos que incidem sobre salários e folha de pagamento (*labour taxes*); e 736 (setecentos e trinta e seis) horas para o pagamento de tributos que incidem sobre a receita (*corporate income taxes*).[52]

Este é somente um dos efeitos, empiricamente e comprovadamente nefastos, que decorrem da repartição de competência levada a efeito pela Constituição Federal, com a atribuição de capacidade tributária ativa às três ordens (níveis) de governo.

---

[50] "This involves striking a balance between ensuring the information is clear and useful and avoiding undue compliance burdens for taxpayers." OECD (2015), *Mandatory Disclosure Rules, Action 12 - 2015 Final Report*, OECD/G20 Base Erosion and Profit Shifting Project, OECD Publishing, Paris, p. 30.

[51] DERZI, Misabel Abreu Machado. *Modificações da Jurisprudência no Direito Tributário*. São Paulo: Noeses, 2009, p. 458 *et seq.*

[52] Disponível em: http://www.pwc.com/gx/en/services/tax/paying-taxes-2016/comparative-modeller.html. Acesso em: 01 abr. 2016.

De acordo com as pesquisas empreendidas, o Brasil é o país que mais demanda horas (e, consequentemente, capital) para o cumprimento de obrigações tributárias em todo o mundo, sendo que, o segundo "pior" colocado, qual seja, a Bolívia, demanda somente 1.025 (mil e vinte e cinco) horas para o cumprimento das obrigações tributárias – 2,5 (dois vírgula cinco) vezes menos.

Ou seja, ressai evidente que o sistema tributário brasileiro é excessivamente oneroso, não só em razão da elevada carga tributária e do tímido retorno dos tributos arrecadados em serviços públicos, mas pelos elevados custos necessários ao cumprimento das inúmeras obrigações acessórias (*compliance costs*). De sorte a evidenciar o abismo que separa o sistema tributário brasileiro dos demais modelos concebidos ao redor do globo, cumpre registrar que os países mais desenvolvidos demandam, para o pagamento de tributos; Japão: 330 (trezentos e trinta) horas; Portugal: 275 (duzentas e setenta e cinco) horas; Itália: 269 (duzentas e sessenta e nove) horas; África do Sul: 200 (duzentas) horas EUA: 175 (cento e setenta e cinco) horas; Espanha: 158 (cento e cinquenta e oito) horas; França: 137 (cento e trinta e sete) horas; Canadá: 131 (cento e trinta e uma) horas; Reino Unido: 110 (cento e dez) horas.

O *ranking* contido no *Paying Taxes 2016*, do qual se transcreve breve excerto,[53] evidencia a latente incongruência do sistema tributário brasileiro, que, além de impor cargas elevadíssimas de impostos, taxas e contribuições, sufoca o contribuinte com um volume impraticável de obrigações de cunho acessório, consagrando a expressão cunhada por Becker,[54] do verdadeiro *carnaval tributário*.

---

[53] Versão completa do Ranking Geral e Tabelas Comparativas está disponível em: http://www.pwc.com/gx/en/services/tax/paying-taxes-2016/overall-ranking-and-data-tables.html - Acesso em: 01 abr. 2016.

[54] BECKER, Alfredo Augusto. *Carnaval Tributário*. 2. ed. São Paulo: Lejus, 2004.

Economia	Ranking Geral	Carga Tributária Total (%)	Tempo para cumprimento (horas) ▲	Número de pagamentos
Brasil	178	69.2	2600	10
Bolívia	189	83.7	1025	42
Nigéria	181	33.3	908	59
Líbia	160	32.8	889	19
Venezuela	188	65.0	792	70
Vietnã	168	39.4	770	30
Mauritânia	187	71.3	734	49
Chade	186	63.5	732	54
Equador	139	33	654	8
Camarões	180	48.8	630	44
Senegal	183	47.3	620	58
Congo, Rep.	182	56	602	50
Paquistão	171	32.6	594	47
Guiné Equatorial	175	47.1	492	46
Japão	121	51.3	330	14
Chile	33	28.9	291	7
México	92	51.7	286	6
Uruguai	130	41.8	277	31
Portugal	65	41	275	8
Itália	137	64.8	269	14
China	132	67.8	261	9
Peru	50	35.9	260	9
Índia	157	60.6	243	33
Alemanha	72	48.8	218	9
África do Sul	20	28.8	200	7
Estados Unidos	53	43.9	175	11
Áustria	74	51.7	166	12
Espanha	60	50.0	158	9
França	87	62.7	137	8
Canadá	9	21.1	131	8
Holanda	26	41	123	9
Suécia	37	49.1	122	6
Reino Unido	15	32.0	110	8
Irlanda	6	25.9	82	9
Suíça	19	28.8	63	19
Emirados Árabes	1	15.9	12	4

O exame detido das informações compiladas no referido estudo evidencia que as lições de BECKER,[55] proferidas em meados do século passado, ainda são perfeitamente aplicáveis, deixando clara a feição retrógrada e ultrapassada do sistema tributário brasileiro. As considerações do saudoso professor registram, com proficiência, o cenário enfrentado pelos Contribuintes brasileiros no manejo de suas obrigações fiscais:

> "As leis do imposto de renda são alteradas – contínua e mensalmente – por outras leis, decretos-leis, portarias ministeriais, pareceres normativos e outros atos de órgãos governamentais. A proliferação dessas alterações é tão rápida e contínua que o Governo não se dá ao trabalho de consolidar tudo em um novo Regulamento de Imposto de Renda, cuja sigla, hoje, é uma ironia: RIR. Por tudo isso, Luigi Elaudi (Professor de Finanças, Reitor de Universidade, Ministro da Fazenda, Senador e Presidente da República Italiana) declara: 'A finalidade de um bom ordenamento tributário não é a de fazer pagar o imposto com o máximo rendimento para o Estado e com o mínimo de incômodo para os Contribuintes. Um imposto não é 'moderno', não participa dos tempos novos e nem da moda mundial, se não é engedrado de modo a fazer o contribuinte preencher grandes formulários; a fazê-lo correr, a cada momento, o risco de pagar alguma multa, tornando-lhe a vida infeliz com minuciosos aborrecimentos e com a privação da comodidade que não faz mal a ninguém e que ele procurou através de uma longa experiência'. E conclui Luigi Emaudi: 'A finalidade do imposto não é a de buscar fundos para o erário, mas a de provocar repugnância no contribuinte'"

O relato de Becker, no sentido de que o tributo teria a feição de norma de rejeição social, é o resultado de um sistema tributário ineficiente, que alia alíquotas elevadas com níveis inalcançáveis de obrigações acessórias, açodando os Contribuintes e, em última instância, dificultando o exercício das atividades empresariais. O estudo conduzido pelo Banco Mundial em conjunto com a empresa de consultoria PwC somente reforça essas premissas, deixando claro que a relação naturalmente complicada que se estabelece entre os Contribuintes e as Autoridades Fiscais é, no Brasil, especialmente sensível.

A compreensão deste contexto fático é absolutamente necessária à verificação do distanciamento entre as propostas apresentadas pela OCDE no âmbito do Plano BEPS e a realidade brasileira. As sugestões veiculadas pela Organização impõem um nível mínimo de confiança, segurança e estabilidade da relação entre as Autoridades Fiscais e os Contribuintes, deixando clara a preocupação dos efeitos das exigências acessórias no dia a dia das empresas. Todavia, em atenção aos dados apresentados, não se pode inferir que há qualquer preocupação das Autoridades Governamentais brasileiras em equilibrar os benefícios decorrentes do cumprimento de obrigações acessórias com os custos de *compliance* a serem assumidos pelos Contribuintes.

---

55 BECKER, Alfredo Augusto. *Carnaval Tributário*. 2. ed. São Paulo: Lejus, 2004, p. 17.

3.1 A realidade brasileira: a posição do Brasil em relação à OCDE e uma visão geral acerca da fiscalização e das numerosas obrigações acessórias no Brasil

3.1.1 A posição do Brasil em relação à OCDE

Muito embora o Brasil não seja um membro-pleno da OCDE, as relações têm se fortalecido, sobretudo após a assinatura, em meados de 2000, da "Convenção de Combate à Corrupção de Autoridades Estrangeiras". Atualmente, a OCDE é composta por 34 (trinta e quatro) países, que incluem a maioria dos países desenvolvidos e até mesmo algumas nações em desenvolvimento, a saber: Austrália, Áustria, Bélgica, Canadá, Chile, República Checa, Dinamarca, Estônia, Finlândia, Alemanha, Grécia, Hungria, Islândia, Irlanda, Israel, Itália, Japão, Coréia, Luxemburgo, México, Holanda, Nova Zelândia, Noruega, Polônia, Portugal, Eslováquia, Espanha, Suécia, Suíça, Turquia, Reino Unido e Estados Unidos. Em adição, a OCDE conta com *key partners*, que, embora não sejam membros-efetivos, trabalham em cooperação com a Organização de forma mais compreensiva, atuando diretamente em determinados comitês de trabalho.

No caso do Brasil o vínculo com a OCDE ganhou força em 2007 quando o Conselho Ministerial da Organização decidiu *fortalecer a cooperação com o Brasil* (além da China, Índia, Indonésia e África do Sul) por meio de programas de "engajamento ampliado" (*enhanced engagement*)[56] com vistas a uma possível adesão à OCDE. Recentemente, em 03 de junho 2015, o Brasil e a OCDE assinaram um acordo de cooperação (*cooperation agreement between the OECD and Brazil*),[57] institucionalizando a participação do país em diversos Comitês, e possibilitando a troca de informações e de experiências.

Embora não seja membro-pleno da OCDE, conforme descrito alhures, o Brasil tem buscado maior aproximação com a entidade, sobretudo por questões relacionadas à conveniência política e econômica – uma vez que a integração com o Órgão tem o potencial de trazer uma série de benefícios comerciais à nação. Além disso, a integração à OCDE teria o condão de conferir maior confiança e estabilidade ao Brasil, sobretudo em meio à crise econômica e política em que o país está inserido – de sorte a restaurar os *ratings* e as classificações cada vez mais sombrias em relação ao cenário brasileiro.

Todavia, convém ressaltar que, a despeito das diversas benesses que a aproximação poderia trazer, o Estado brasileiro parece oferecer certa resistência aos compromissos que, a rigor, deveria assumir ao se tornar membro da OCDE, sobretudo por divergências relativas à política fiscal. Isto porque, como se sabe, os princípios e os modelos de tributação sustentados pela Organização criados à luz de um contexto histórico-social totalmente estranho à realidade do país. Desta forma, os pilares que sustentam à OCDE teriam sido construídos em atenção aos interesses e às peculiaridades enfrentadas pelas nações mais desenvolvidas; motivo pelo qual, não raro, a doutrina se refere ao Órgão como *clube dos ricos*.

Não só o Brasil, como diversos países emergentes, têm manifestado certa relutância na adoção dos compromissos e na implementação dos princípios da OCDE,

---

56 Disponível em: http://www.oecd.org/brazil/. Acesso em: 25 jan. 2016.
57 Disponível em: http://www.oecd.org/brazil/signing-of-cooperation-agreement-between-oecd-and-brazil.htm. Acesso em: 25 jan. 2016.

justamente em razão da falta de conveniência – ou compatibilidade – destas regras no contexto econômico interno, ou por considerar que as normas internas seriam mais eficazes do que as normas propostas pela OCDE. Ao versar sobre a atual posição do Brasil no cenário internacional, atento às manifestações das Autoridades Fiscais e dos representantes dos órgãos fazendários, Alkmim[58] aduz que a relutância do Brasil em aderir à OCDE e implementar as medidas suscitadas por meio do Plano BEPS justifica-se pelos seguintes motivos:

> (...) Por fim, o coordenador geral de relações internacionais da RFB apontou dois pontos em que o Brasil oferece resistência: tributação de controladas no exterior e regras de preços de transferência.
>
> Quanto à primeira, verifica-se que, como o Brasil tributa o resultado das empresas controladas no exterior independentemente de ter havido a efetiva disponibilização ou pagamento dos dividendos, pelo que o modelo brasileiro seria mais eficiente do que o dos países desenvolvidos. Como já se demonstrou, o Brasil não diferencia se a empresa controlada está localizada, ou não, em paraíso fiscal ou sob regime privilegiado para fins de tributação.
>
> Quanto ao segundo, a RFB entende que, como a regra de controle de preços de transferência no Brasil é mais simplificada se em comparação com a dos países desenvolvidos, tendo em vista as margens fixas de lucro, o sistema brasileiro seria mais eficiente e menos suscetível a questionamento por parte dos Contribuintes.

Não obstante, em meio às extensas discussões acerca da pertinência e das benesses decorrentes da integração à OCDE, o Brasil tem implementado uma série de medidas tendentes ao aprimoramento das normas pertinentes à tributação das transações internacionais (*cross-border transactions*). O amplo acesso às informações de cunho tributário revelou-se de tal forma essencial, que, no âmbito dos trabalhos da OCDE, foi criado o Fórum Global para Transparência e Troca de Informações Tributárias,[59] com o fito de buscar a criação e instituição de padrões de transparência e de troca de informações na área tributária, para que evitar que as normas referentes a tributos, como impostos, contribuições, taxas etc., sejam descumpridas ou que pessoas e empresas se beneficiem de "brechas" (*loopholes*) para cometer atos ilícitos.

Atualmente, o Fórum Global conta com 134 (cento e trinta e quatro) membros que dialogam sem qualquer ordem hierárquica, e é o órgão que tem se destacado na implementação de padrões internacionalmente aceitos de transparência e troca de informações de natureza tributária.[60] O Brasil é membro integrante do Fórum Global, tendo assinado, em 03 de novembro de 2011, a Convenção Multilateral sobre Assistência Mútua Administrativa em Matéria Fiscal, que visa, especificamente, a promover a cooperação em matéria fiscal no âmbito multilateral, equilibrando o intercâmbio de informações entre as Autoridades Tributárias signatárias, constituindo o instrumento adequado à

---

[58] ALKMIM, Alexandre. *Medidas Nacionais para Evitar a Erosão da Base Tributária: Influência do BEPS no Brasil*. 2015.

[59] Disponível em: http://www.sain.fazenda.gov.br/assuntos/politicas-institucionais-economico-financeiras-e-cooperacao-internacional/forum-global-para-transparencia-e-troca-de-informacoes-tributarias. Acesso em: 12 fev.2015.

[60] Disponível em: https://www.oecd.org/tax/transparency/about-the-global-forum/members/. Acesso em: 27 mar. 2016.

aplicação da legislação brasileira, no que toca à obtenção de informações relacionadas às operações tributárias internacionais.

Em meados de junho de 2016, o Ministro de Relações Exteriores do Brasil depositou junto à OCDE o instrumento de ratificação da Convenção Multilateral sobre Assistência Mútua Administrativa em Matéria Tributária. O depósito do instrumento ocorreu durante a Reunião do Conselho Ministerial da OCDE, e as disposições entraram em vigor no Brasil a partir de 1º de outubro de 2016, produzindo efeitos a partir de 1º de janeiro de 2017, mas com possibilidade de aplicação retroativa, nos moldes do Decreto nº 8.842/2016.

A Convenção Multilateral estabelece a assistência administrativa mútua em matéria tributária[61] em relação à (i) troca de informações, incluindo fiscalizações tributárias simultâneas e a participação em fiscalizações tributárias levadas a efeito no estrangeiro; (ii) a cobrança de créditos tributários, incluindo as medidas cautelares; e (iii) a notificação de documentos.

Como bem anota Torres,[62] a ampliação dos expedientes fiscalizatórios e das bases de comunicação trazem à tona o mais *novo paradigma do Direito Tributário, o "Fisco Global", que representa o rompimento com a dogmática tradicional da soberania,* que se fez necessário no atual contexto econômico e empresarial, já que o *desenvolvimento dos movimentos internacionais de pessoas, de capitais, de bens e de serviços veio a aumentar as possibilidades de elisão fiscal, exigindo, assim, uma cooperação crescente entre as Autoridades Tributárias.*

Em adição à aludida convenção, o Brasil ainda tem, vigente, o Acordo para o Intercâmbio de Informações Relativas a Tributos com os Estados Unidos (Decreto Legislativo nº 211/2013 e Decreto nº 8.003/2013), e o Acordo de Cooperação Intragovernamental (IGA) – para a Melhoria da Observância Tributária Internacional e Implementação do FATCA[63] (Decreto Legislativo nº 146/2015 e Decreto nº 8.506/2015) estão em vigor. Todavia, a própria RFB[64] tem noticiado que, ao longo dos próximos anos, serão promulgados diversos acordos de cooperação para intercâmbio de informações – que serão utilizados em conjunto com as disposições relativas à troca de informações constante dos Acordos e Convenções Internacionais para Evitar a Dupla Tributação e Prevenir a Evasão Fiscal (art. 26 da Convenção Modelo).

Neste particular, conforme restará evidenciado nas laudas seguintes, há, de fato, algumas ressalvas quanto à abrangência e os limites destes acordos de cooperação. Embora reconheçam a validade e a pertinência destas medidas de natureza cooperativa,

---

[61] Disponível em: http://www.camara.gov.br/proposicoesWeb/prop_mostrarintegra?codteor=1278463&filename=MSC+270/2014. Acesso em: 27 mar. 2016.

[62] Disponível em: http://www.conjur.com.br/2015-jul-08/consultor-tributario-brasil-inova-aderir-praticas-sistema-fisco-global. Acesso em: 27 mar. 2016.

[63] Foreign Account Tax Compliance Act (FATCA). Brasil e Estados Unidos anunciaram em 23 de setembro de 2014 a assinatura do acordo de cooperação intergovernamental (IGA) para implementar o FATCA e melhorar a observância de preceitos tributários internacionais. O acordo prevê assistência mútua em assuntos tributários com base em uma infraestrutura eficaz para troca automática de informações. O FATCA, lançado em 2010, é um regime de prestação de informações para entidades não norte-americanas. Ele requer que certas entidades não norte-americanas identifiquem certos titulares de conta e reportem informações sobre eles para o IRS (Serviço da Receita Federal dos EUA), entre outros requerimentos. Entidades que não preencherem os requerimentos do FATCA estão sujeitas à retenção de 30% sobre os pagamentos a receber de fontes dos EUA.

[64] Disponível em: http://idg.receita.fazenda.gov.br/noticias/ascom/2015/agosto/acordo-brasil-eua-permitira-troca-de-informacoes-sobre-contribuintes. Acesso em: 28 mar. 2016.

estudiosos da tributação internacional asseveram que tais práticas devem ser exercidas em consonância com os direitos e as prerrogativas atinentes à privacidade.

Nesse sentido, determinadas informações – sobretudo de cunho fiscal – devem ser protegidas pelo sigilo, sendo certo que a sua quebra somente dar-se-ia via procedimento interno regular (fora do âmbito do acordo). Todavia, em que pese os calorosos apelos doutrinários, cumpre alertar que o Supremo Tribunal Federal (STF) decidiu pela constitucionalidade do art. 6º da Lei Complementar nº 105/2001,[65] que permite às Autoridades Tributárias a quebra do sigilo fiscal de Contribuintes – sem autorização judicial, por considerar que se trataria somente de uma transferência de informações entre bancos e o Fisco, ambos protegidos contra o acesso de terceiros.

De toda forma, a despeito do resultado da contenda, fato é que o acesso e os mecanismos de acesso às informações de cunho tributário e fiscal estão absolutamente em voga, justamente por se tratar do instrumento mais eficaz à identificação das práticas abusivas que fomentam a concorrência fiscal danosa e promovem a distorção sistêmica da tributação. Nesse cenário, como forma de combate às práticas abusivas que, de algum modo, pretendem anular ou mitigar a obrigação decorrente da aplicação da norma jurídico-tributária, o Brasil, de posse destas informações, se vale de diversas medidas para sanar os efeitos dos abusos perpetrados e ajustá-los à realidade fática.

Conquanto possa parecer uma tarefa de menor grau de complexidade, a classificação de uma conduta – ou de um conjunto de operações – como lícita ou ilícita pelo exegeta depende, sobretudo, da existência de critérios e conceitos[66] jurídicos próprios que, dentro dos contornos da legalidade, se mantenham aplicáveis mesmo com o desenvolvimento de novas – e mais aperfeiçoadas – operações jurídicas.

3.1.2 Os poderes fiscalizatórios e as numerosas obrigações acessórias no Brasil

O Brasil é um dos países que mais tem logrado êxito no desenvolvimento de ferramentas fiscalizatórias, dispondo de diversos sistemas eletrônicos para o acompanhamento das atividades empresariais, bem como para assegurar o fiel recolhimento de todos os tributos que oneram as atividades sociais (*e.g.*, Escrituração Contábil Fiscal – ECF, Escrituração Contábil Digital – ECD, Sistema Público de Escrituração Digital - SPED, e-Financeira, e-Social, Notas Fiscais Eletrônicas – NFes e outros). Os dados apresentados pela Secretaria da Receita Federal do Brasil (SRFB) anualmente evidenciam que estas ferramentas têm desempenhado um papel essencial na evolução dos procedimentos fiscalizatórios, com o aumento do grau de aderência das autuações,[67] evolução da

---

[65] "Art. 6o As autoridades e os agentes fiscais tributários da União, dos Estados, do Distrito Federal e dos Municípios somente poderão examinar documentos, livros e registros de instituições financeiras, inclusive os referentes a contas de depósitos e aplicações financeiras, quando houver processo administrativo instaurado ou procedimento fiscal em curso e tais exames sejam considerados indispensáveis pela autoridade administrativa competente.
Parágrafo único. O resultado dos exames, as informações e os documentos a que se refere este artigo serão conservados em sigilo, observada a legislação tributária."

[66] Aqui, entendidos como representações mentais dos objetos (condutas humanas reguladas).

[67] "O grau de aderência mede a manutenção dos lançamentos efetuados pela Fiscalização. Considera-se mantido e definitivamente constituído o lançamento quando o Conselho Administrativo de Recursos Fiscais do Ministério da Fazenda (CARF) decide pela procedência do lançamento ou quando o contribuinte não impugna o lançamento

qualidade dos procedimentos fiscalizatórios e aumento do valor médio das autuações e da recuperação de créditos.

Não obstante, conforme registrado pelo estudo *Paying Taxes 2016*, o volume de obrigações que recai sobre os Contribuintes no Brasil é praticamente inexequível, tornando o *compliance* tributário uma verdadeira utopia. Embora a SRFB reconheça os benefícios arrecadatórios da instituição das numerosas obrigações secundárias, há, ao menos formalmente, uma certa preocupação em relação à burocracia na prestação de informações fiscais por parte dos Contribuintes. Dentre as diversas informações contidas em seu relatório, o Plano Anual da Fiscalização da Receita Federal do Brasil para 2016[68] apresenta considerações específicas acerca da conformidade tributária:

> Promover a conformidade tributária (ou elevar o grau de *compliance*) é um dos processos de trabalho da cadeia de valor da RFB que tem como objetivo incentivar e facilitar o cumprimento da obrigação tributária, seja ela principal ou acessória.
>
> A Fiscalização, como destinatária das informações prestadas pelos Contribuintes e por terceiros, tem cada vez mais, dentro de uma gestão de risco que priorize as ações de fiscalização para aqueles Contribuintes que atuam de forma intencional para sonegar, buscado "alertar" os Contribuintes que apresentem indícios de erros no cumprimento da obrigação tributária. Duas ações são complementares para aumentar o grau de *compliance*: ações de autorregularização e simplificação das obrigações acessórias.

Especificamente, ao tratar da desburocratização e da eficiência na prestação de informação pelos Contribuintes, sobretudo no âmbito do Sistema Público de Escrituração Digital – SPED, o Plano Anual registra que:

> A simplificação de obrigações acessórias tem se materializado pela substituição gradativa dos programas e declarações para a coleta de dados da Receita Federal pelas escriturações e documentos fiscais eletrônicos, harmonicamente integrados no Sistema Público de Escrituração Digital (Sped), em um avanço na informatização da relação fisco-contribuinte.
>
> Em visão apertada, o Sped consiste na modernização da sistemática do cumprimento das obrigações acessórias, transmitidas pelos Contribuintes às administrações tributárias e aos órgãos fiscalizadores, utilizando-se da certificação digital para fins de assinatura dos documentos eletrônicos, garantindo assim sua validade jurídica apenas na forma digital. Seu impacto é muito mais amplo, porém. Almeja, através de suas premissas, propiciar melhor ambiente de negócios para as empresas no País; eliminar a concorrência desleal com o aumento da competitividade entre as empresas; promover o compartilhamento de informações; reduzir os custos de conformidade e a interferência no ambiente dos Contribuintes. Trata-se do mais concreto instrumento de desburocratização do fisco. Como exemplos dessa tendência de desburocratização, encontra-se a instituição da nota fiscal em formato unicamente digital, a extinção do Demonstrativo de Apuração de Contribuições Sociais (Dacon), a extinção da Declaração de Informações Econômico-Fiscais da Pessoa Jurídica (DIPJ), a desnecessidade de escrituração do Livro de Apuração do Lucro Real em meio físico e a implementação do e-Social, que, a médio prazo, substituirá outras declarações tributárias, previdenciárias e trabalhistas.

---

efetuado", conforme Plano Anual da Fiscalização da Receita Federal do Brasil para 2016. Disponível em: http://idg.receita.fazenda.gov.br/dados/ resultados/fiscalizacao/arquivos-e-imagens/plano-anual-fiscalizacao-2016-e-resultados-2015.pdf.

[68] Disponível em: http://idg.receita.fazenda.gov.br/dados/resultados/fiscalizacao/arquivos-e-imagens/plano-anual-fiscalizacao-2016-e-resultados-2015.pdf. Acesso em: 31 mar. 2016.

Com efeito, a despeito dos louváveis objetivos almejados pela SRFB, e do reconhecimento de que a instituição de sistemas eletrônicos trará maior segurança e eficácia a todas as partes, fato é que as ferramentas desenvolvidas ainda são precárias e, a pretexto de simplificar o manejo das obrigações fiscais, traz ainda mais dificuldades no dia-a-dia das empresas. O volume de horas despendidas para atingir o *compliance* tributário evidencia que as premissas da SRFB são, hoje, insustentáveis. Hodiernamente, o avanço na informatização da relação Fisco-Contribuinte beneficia somente o primeiro sujeito, que passa a dispor de todas as informações contábeis e fiscais dos Contribuintes que, por sua vez, são açodados por volumosas inquisições, se vendo obrigados a suportar um volume praticamente insuportável de obrigações acessórias em meio à consecução de suas atividades operacionais.

E, neste particular, a pretexto de alinhar suas práticas com os modelos internacionais, a RFB evidencia que somente adota as medidas que lhe convém – e quando lhe convém –, sobretudo para satisfazer a sua pretensão arrecadatória. A bem da verdade, conforme se extrai dos diversos levantamentos estatísticos suscitados no presente trabalho, no Brasil, as obrigações tributárias de natureza acessória, instituídas pela RFB no exercício de seu poder fiscalizatório, se voltam tão-somente para munir as Autoridades Fiscais de elementos necessários à cobrança de tributos, sem preocupação com os custos a serem suportados pelos jurisdicionados no atendimento das numerosas intimações fiscais.

Denota-se, portanto, que as Autoridades Fiscais brasileiras somente buscam maior alinhamento com as práticas internacionais quando a orientação tem efeitos arrecadatórios positivos, deixando de aplicar as normas que promovem as diretrizes necessárias à estabilização do sistema tributário normativo. Ora, o Relatório do Plano BEPS registra claramente a preocupação com o que chamam de *compliance costs*, já que as obrigações secundárias podem se revelar excessivamente onerosas, quando comparadas aos benefícios que dela podem advir.

A OCDE e o G20 são firmes em afirmar que, no manejo das normas que impõem o dever de prestar informações (*mandatory disclosure rules*), as Autoridades Fiscais devem, imperiosamente, *assegurar que as informações prestadas são úteis, evitando o fardo dos Contribuintes de ter que arcar com obrigações indevidas*[69] ou irrelevantes para o Fisco.

Além da imposição deste ônus massivo, não se pode olvidar que, sob uma perspectiva prática, numa eventual hipótese de incapacidade de processamento das numerosas informações fornecidas pelos Contribuintes, e, com a aproximação dos prazos decadenciais, não seria absurdo nada conjecturar que o Fisco procederia à lavratura de numerosos Autos de Infração, materializando a cobrança de créditos tributários sem os necessários expedientes que procedem o lançamento, na forma do art. 142 do CTN.[70] Obviamente, não se está a sustentar que as Autoridades Fiscais brasileiras devam adotar uma postura passiva, inerte. O que se advoga, em linha com as conclusões traçadas

---

[69] "This involves striking a balance between ensuring the information is clear and useful and avoiding undue compliance burdens for taxpayers." OECD (2015), *Mandatory Disclosure Rules, Action 12 - 2015 Final Report*, OECD/G20 Base Erosion and Profit Shifting Project, OECD Publishing, Paris, p. 30.

[70] Art. 142. Compete privativamente à autoridade administrativa constituir o crédito tributário pelo lançamento, assim entendido o procedimento administrativo tendente a verificar a ocorrência do fato gerador da obrigação correspondente, determinar a matéria tributável, calcular o montante do tributo devido, identificar o sujeito passivo e, sendo caso, propor a aplicação da penalidade cabível.

pela própria OCDE, é que o exercício do poder fiscalizatório deve procurar balancear os ônus decorrentes do atendimento das obrigações acessórias, com os benefícios, de ordem fiscalizatória e arrecadatória, que lhe são inerentes.

Por implicar em custos adicionais de conformidade, as regras de declaração compulsória deveriam ser traçadas de forma absolutamente específica, traçando orientações direcionadas, que mantém relação estreita e direta com a operação que se pretende, efetivamente, analisar. A concepção de que o controle fiscal absoluto e a instituição de sucessivas normas de controle (normas de extrema desconfiança) terá o condão de ajustar o sistema e incrementar a arrecadação é, em si, míope, porque gera o efeito contrário – freando a atividade econômica e estimulando o descumprimento de normas praticamente inconciliáveis.

O peso das obrigações acessórias no Brasil já é insustentável e, certamente, deveria ser alvo de grande preocupação por parte do Estado, pois os custos de *compliance* têm papel fundamental na atração e manutenção de investimento (interno e externo) no país. Desta feita, além de ser abandonar os preceitos da razoabilidade e dos princípios gerais da atividade econômica, sob o ponto de vista pragmático, a atuação da SRFB na instituição de infindáveis obrigações acessórias emana efeitos nefastos, podendo acarretar a fuga de investimentos e obstar o desenvolvimento econômico-social.

3.2 O Brasil e o dever de informação relativo aos planejamentos tributários (regras de divulgação compulsória): a Medida Provisória nº 685/2015.

Conquanto o Brasil imponha um volume acachapante de obrigações acessórias aos seus Contribuintes, fato é que, até hoje, não há nenhuma norma em vigor que imponha o dever secundário específico de prestar informações às Autoridades Fiscais acerca dos Planejamentos Tributários; sejam eles concebidos e implementados no Brasil ou no exterior.

Isto é, ainda que as disposições legais e normativas relativas aos diversos tributos que oneram as operações conduzidas em solo nacional ou em bases transacionais imponham o dever de registrar todos os acontecimentos e os eventos em registros fiscais próprios, tais informações são apresentadas de forma isolada, sem a apresentação da estrutura almejada ou do contexto em que a operação é praticada. Não obstante, atualmente, no âmbito da fiscalização, as Autoridades Fiscais já fazem o cotejo destas informações de sorte a identificar os possíveis efeitos tributários decorrentes dos eventos espelhados nos lançamentos contábeis.

Sempre atento às medidas que podem propiciar um incremento da arrecadação tributária, o Governo Federal vislumbrou, no âmbito do Plano BEPS, uma oportunidade para criar um novo mecanismo de fiscalização destas operações que, à míngua da regulamentação da lei geral anti-elisiva, sempre foram alvo de bastante controvérsia por parte da doutrina e jurisprudência (administrativa e judicial). Em linha com as proposições da OCDE, o objetivo principal desta norma – que permitiria o aumento do fluxo de informações fiscais –, seria a transparência dos planejamentos tributários, com uma aproximação entre as Autoridades Fiscais e os Contribuintes, permitindo àquelas o acesso imediato aos arranjos tributários potencialmente "agressivos" ou abusivos.

Com base nessas premissas, o Poder Executivo houve por bem editar a Medida Provisória nº 685/15 que, dentre outras providências, pretendeu criar a obrigação de prestar informações à Administração Tributária Federal, relativamente às operações, atos e negócios jurídicos que poderiam gerar economia tributária aos Contribuintes, por meio de supressão, redução ou diferimento de tributos.

Conquanto o Congresso Nacional tenha rejeitado os dispositivos legais que tratavam da Declaração de Planejamento Tributário (DPLAT) quando da conversão da MP nº 685/2015 na Lei nº 13.202/2015, cumpre examinar a sua adequação às proposições da OCDE, bem como sua adequação ao ordenamento jurídico pátrio.

Confira-se, a propósito, o teor da Exposição de Motivos da MP nº 685/15:[71]

> (...) A segunda medida proposta estabelece a necessidade de revelação de estratégias de planejamento tributário, que visa aumentar a segurança jurídica no ambiente de negócios do país e gerar economia de recursos públicos em litígios desnecessários e demorados. A ausência de informações completas e relevantes a respeito das estratégias de planejamentos tributários nocivos é um dos principais desafios enfrentados pelas administrações tributárias no mundo. O acesso tempestivo a tais informações oferece a oportunidade de responder rapidamente aos riscos de perda de arrecadação tributária por meio de fiscalização ou de mudança na legislação.
>
> Nesta linha, o Plano de Ação sobre Erosão da Base Tributária e Transferência de Lucros (Plano de Ação BEPS, OCDE, 2013), projeto desenvolvido no âmbito da OCDE/G20 e que conta com a participação do Brasil, reconheceu, com base na experiência de diversos países (EUA, Reino Unido, Portugal, África do Sul, Canadá e Irlanda), os benefícios das regras de revelação obrigatória a administrações tributárias. Assim, no âmbito do BEPS, há recomendações relacionadas com a elaboração de tais regras quanto a operações, arranjos ou estruturas agressivos ou abusivos.
>
> O principal objetivo dessa medida é instruir a administração tributária com informação tempestiva a respeito de planejamento tributário, além de conferir segurança jurídica à empresa que revela a operação, inclusive com cobrança apenas do tributo devido e de juros de mora caso a operação não seja reconhecida, para fins tributários, pela RFB. Ademais, destaca-se que a medida estimula postura mais cautelosa por parte dos jurisdicionados antes de fazer uso de planejamentos tributários agressivos.

Como se vê, em linhas gerais, a orientação do Poder Executivo estaria alinhada com as premissas construídas no âmbito do Plano BEPS, de modo a promover o maior fluxo de informações tributárias, aproximando o contribuinte das Autoridades Fiscais, de sorte a conferir maior segurança e estabilidade às relações jurídicas. Não obstante, embora o Plano BEPS registre, por diversas vezes, a preocupação com os custos de *compliance* para o cumprimento destes novos deveres acessórios, o Poder Executivo não incorporou tais cautelas, abstendo-se, convenientemente, de tecer quaisquer comentários quanto a este ponto.

Antes que se proponha a análise das disposições da MP nº 685, não se pode olvidar que a instituição do dever de informação por meio de Medida Provisória foi alvo de diversas críticas por parte da doutrina, tendo sido atacada, de forma massiva, no Poder Judiciário. Isto porque, a despeito da pertinência material do assunto, é indiscutível que

---

[71] Disponível em: http://www.planalto.gov.br/ccivil_03/_Ato2015-2018/2015/Mpv/mpv685.htm. Acesso em: 26 fev. 2016.

não houve qualquer urgência para utilização de Medida Provisória por parte do Poder Executivo, como requer, sob uma perspectiva formal, o art. 62 da Constituição Federal.[72]

Em adição à observância dos limites temporais impostos ao Poder Executivo no manejo das Medidas Provisórias, deve-se ter em mente que, como as propostas elaboradas pela OCDE constituem recomendações gerais, a implementação das regras de *mandatory disclosure* deve ser feita à luz da legislação interna, respeitando todas as disposições da lei doméstica. Nesse sentido, a lição de Duque Estrada:[73]

> (...) as recomendações da OCDE não são leis. Sugestões de um relatório produzido por representantes das administrações fiscais, encomendado pelos ministros da Fazenda dos países do G-20, não podem suplantar nem modificar ou substituir medidas legais, emanadas pelos parlamentos dos países, as únicas fontes de Direito em matéria tributária, subordinada ao princípio da legalidade da tributação (*nullum tributum sine praevia lege*).

Desta feita, faz-se necessário investigar se houve um distanciamento entre a o real intuito da norma e o modo como a Declaração de Planejamento Tributário (*mandatory disclosure rule*) foi concebida no Brasil, e se, tal como pretendido pelo Poder Executivo, a declaração compulsória veiculada pela MP nº 685/2015 é compatível com a Constituição Federal. Em adição, cumpre verificar, ainda, se a medida proposta é compatível com o modelo concebido pela OCDE, de sorte a identificar a aderência do instrumento, tal como pretendido pela Organização e pelo G20.

Confira-se, para tanto, o teor da norma que pretendeu introduzir o dever de prestar informações relativas a planejamentos tributários no ordenamento jurídico brasileiro:

> Art. 7º O conjunto de operações realizadas no ano-calendário anterior que envolva atos ou negócios jurídicos que acarretem supressão, redução ou diferimento de tributo deverá ser declarado pelo sujeito passivo à Secretaria da Receita Federal do Brasil, até 30 de setembro de cada ano, quando:
> I - os atos ou negócios jurídicos praticados não possuírem razões extratributárias relevantes;
> II - a forma adotada não for usual, utilizar-se de negócio jurídico indireto ou contiver cláusula que desnature, ainda que parcialmente, os efeitos de um contrato típico; ou
> III - tratar de atos ou negócios jurídicos específicos previstos em ato da Secretaria da Receita Federal do Brasil.
> Parágrafo único. O sujeito passivo apresentará uma declaração para cada conjunto de operações executadas de forma interligada, nos termos da regulamentação.

O art. 7º da MP nº 685/2015 dá a tônica do viés empregado pelo Poder Executivo na imposição da obrigação acessória, valendo-se de dois conceitos centrais que atrairiam o dever de prestar informações, quais sejam, *(i)* atos e negócios jurídicos que não possuam razões extratributárias relevantes (*business purpose*); *(ii)* forma não usual, com a utilização de negócio jurídico indireto ou cláusula que desnature os efeitos de um contrato típico. Além disso, impôs-se o dever de declaração em relação aos *(iii)* negócios jurídicos previamente elencados – a serem disponibilizados – pela SRFB em ato normativo próprio.

---

[72] "Art. 62. Em caso de *relevância* e *urgência*, o Presidente da República poderá adotar medidas provisórias, com força de lei, devendo submetê-las de imediato ao Congresso Nacional: (...)"

[73] Disponível em: http://www.conjur.com.br/2015-out-28/consultor-tributario-principio-legalidade-tributacao-limite-acoes-beps. Acesso em: 02 fev. 2016.

Como o objetivo principal da MP nº 685/2015 – e da regra da declaração compulsória – se volta à identificação dos atos jurídicos, negócios jurídicos, e formas abusivas (*hallmarks*), no âmbito de planejamentos tributários, impõe-se verificar se os requisitos utilizados pelo Poder Executivo são hábeis à aferição da legalidade da estrutura e do modelo adotado pelos Contribuintes. Obviamente, em atenção à segurança e estabilidade e previsibilidade, o modelo pressupõe a utilização de institutos, conceitos e formas definidos, na forma do art. 110 do CTN, para conferir o maior grau de certeza possível às relações jurídicas, justamente em razão da fluidez conceitual inerente ao processo de linguagem.

Com base nessas premissas, cumpre registrar que o inciso III do art. 7º da MP nº 685/2015 não representa qualquer afronta à ordem jurídica interna, sendo, ainda, compatível com as orientações contidas no Plano BEPS, pois impõe o dever de prestar informações relativas a atos e negócios jurídicos taxativos, previamente elencados pela RFB (*listed operations*), em respeito ao princípio da segurança jurídica.

Todavia, uma análise, ainda que perfunctória, dos requisitos impostos pelos incisos I e II do art. 7º da MP nº 685/2015, evidencia que os conceitos utilizados pelo Poder Executivo não tem uma definição concreta e precisa no ordenamento jurídico brasileiro, denotando um grau de subjetividade incompatível com as finalidades que pretende atingir. Esta fluidez conceitual emanaria efeitos nefastos no curso da relação entre o Fisco e os Contribuintes, pois, distanciando-se da discricionariedade, permitiria que os agentes fiscais pautassem sua conduta e suas requisições com base em critérios subjetivos, passíveis das interpretações mais espúrias e estapafúrdias. Ora, o que são "razões tributárias relevantes"? O que são *formas não usuais*?

No caso, ainda que fosse possível sustentar que os conceitos de "razões tributárias relevantes" e "formas não usuais" venham sendo trabalhados pela jurisprudência administrativa e judicial, tendo o contribuinte – certa – noção acerca dos limites impostos aos planejamentos tributários, fato é que estes conceitos não são positivados. A obrigação – na forma do art. 5º, II, da Constituição Federal – decorre de lei, em sentido estrito; é *ex lege*. Admitir o contrário é colocar o contribuinte em uma posição absolutamente temerária, pois não há segurança alguma na acepção destes termos. Ainda que o processo de linguagem revele a existência de conceitos indeterminados, não se pode concluir que o Estado se valha discricionariedade em sua atuação, pois, como bem alerta Schoueri,[74] o *princípio da legalidade impõe que a própria lei fixe todos os parâmetros para a tributação*, sendo certo que a *legalidade não aceita o exercício do juízo de conveniência e oportunidade*. De mais a mais, a norma datada de alto grau de indeterminação, aliada ao fato de que o árbitro da relevância é o próprio ente arrecadador – sempre voraz –, eleva o grau de desconfiança e prejudica a própria eficácia da medida, reduzindo, ainda mais, a confiança entre os Contribuintes e o Fisco.

Neste ponto, a MP nº 685/2015 revela-se absolutamente incompatível com a Constituição Federal, pois a utilização de conceitos indeterminados e sequer positivados restringem o âmbito de aplicação do princípio da legalidade, que, na condição de norma finalística, *exige a delimitação de um estado ideal de coisas a ser buscado por meio de comportamentos necessários a essa realização.*[75]

---

[74] SCHOUERI. Luis Eduardo. *Op. cit.*, p. 305.
[75] ÁVILA, Humberto. *Teoria dos Princípios*: da definição à aplicação dos princípios jurídicos. 10. ed. São Paulo: Malheiros, 2009, p. 91.

Não se pode conceber a imposição de um dever, cujo pressuposto, cuja hipótese de incidência seja um fato/evento aberto e vago. Não se pode impor ao contribuinte o dever de interpretar um evento, penalizando-o na hipótese de interpretação distinta àquela empenhada pelas Autoridades Fiscais, para fins de verificação da necessária subsunção do fato à norma. Nesse sentido, as disposições do art. 7º da MP nº 685/2015 colidem frontalmente com a orientação contida no Relatório Final do Plano BEPS, que, especificamente, em relação à regra de divulgação compulsória, determina que os conceitos e as regras devem ser o mais clara e fáceis de se entender possíveis, permitindo que o contribuinte saiba com certeza o que é requerido pela legislação.[76]

A imposição de obrigações impõe o elemento da certeza, do conhecimento, e pressupõe a descrição completa e satisfatória dos termos utilizados pelo legislador; na medida em que, como bem ressalta Utumi,[77] *o que pode ser considerado relevante por uma das partes, pode não sê-lo por outra*. Como a verificação da licitude deve atender aos aspectos legais, a Administração Tributária somente pode reputar ilícito os atos jurídicos e negócios jurídicos que, legalmente, tenham recebido essa pecha. Neste ponto, entendemos que a ausência de regulamentação da norma geral antielisiva (*general anti-avoidance rule – GAAR*) se faz absolutamente relevante, justamente por constituir o respaldo legal e normativo que embasaria a pretensão fiscal. Em linha com esta concepção, Batista Junior[78] sustenta que a caracterização do ato "abusivo" não pode levar em consideração os critérios de "forma atípica", "anormais" ou "inadequadas" diante da liberdade de eleição de tipos negociais do Direito Civil e em razão da ausência da norma geral antielisiva, num contexto em que a legalidade tributária deve governar.

Ainda que tenha se manifestado de forma favorável à MP nº 685/2015, Torres,[79] um dos maiores expoentes do Direito Internacional Tributário do Brasil, reconhece que, tal como posta, a norma gerou preocupações, pois daria margem ao Fisco para alcançar operações tributárias tidas como "abusivas", mas cuja validade ainda se discute no âmbito administrativo e judicial. Veja-se:

> O "dever de informar" das declarações ou consultas antielusivas deve ser estimulante de *compliance*, de conformidade. Não pode ser admitido como meio invasivo ou inibitório da atividade econômica ou de intervenção do Estado na autonomia privada. Por conseguinte, o Fisco deve resistir à tentação de usar do regulamento para listar casos de 'planejamentos tributários abusivos' nos quais pairem dúvidas, como é o caso de divergência jurisprudencial.

---

[76] "Mandatory disclosure regimes should be clear and easy to understand, should balance additional compliance costs to taxpayers with the benefits obtained by the tax administration, should be effective in achieving their objectives, should accurately identify the schemes to be disclosed, should be flexible and dynamic enough to allow the tax administration to adjust the system to respond to new risks (or carve-out obsolete risks), and should ensure that information collected is used effectively." *In*: OECD (2015), *Mandatory Disclosure Rules, Action 12 - 2015 Final Report*, OECD/G20 Base Erosion and Profit Shifting Project, OECD Publishing, Paris, p. 19.

[77] "The use of expressions that are not defined in the law is another concern. What could be considered "significant" from one´s point of view may not be "significant" from another person´s view." UTUMI, Ana Claudia Akie. *In* http://kluwertaxblog.com/2015/08/04/brazil-and-beps-action-12/. Acesso em: 09 abr. 2016.

[78] BATISTA JUNIOR, Onofre Alves. O Planejamento Fiscal e a Interpretação no Direito Tributário. Belo Horizonte: Mandamentos, 2002, p. 37.

[79] Disponível em: http://www.conjur.com.br/2015-jul-26/heleno-torres-planejamento-tributario-abusivo-alvo-fisco-global. Acesso em: 13 abr. 2016.

Neste particular, ousamos discordar do ilustre doutrinador. Isto porque, considerando que a obrigação tributária é *ex lege* e que a segurança jurídica é um dos pilares da ordem jurídica interna, não se pode conceber pela atribuição de amplo poder à Fiscalização por meio de norma dotada de tamanha vagueza conceitual. Desta feita, à míngua da definição precisa de "abuso" por parte da legislação brasileira, é manifestamente ilegal a imposição de qualquer dever legal com base neste critério, como bem sustenta Utumi,[80] em tradução livre:

> Muito embora as Autoridades Tributárias brasileiras tenham adotando a substância e o teste do propósito negocial há mais de 15 anos, alegando que qualquer transação conduzida com fins estritamente tributários seja fraudulenta ou abusiva – e, consequentemente, tida como evasão fiscal – fato é que não há definição de "abuso" na legislação tributária brasileira.
>
> Não obstante, há uma definição ampla de abuso de direito no Código Civil Brasileiro, cujo artigo 187 dispõe como se segue: *Também comete ato ilícito o titular de um direito que, ao exercê-lo, excede manifestamente os limites impostos pelo seu fim econômico ou social, pela boa-fé ou pelos bons costumes.*
>
> A ausência de norma geral antielisiva é de fato preocupante, não somente em razão do desrespeito ao Estado de Direito no Direito Civil, mas levando-se em consideração que as Autoridades Tributárias brasileiras frequentemente adotam uma posição agressiva na desconsideração de justificativas econômicas apresentadas pelos Contribuintes, mesmo nas transações que envolvem análise e aprovação por órgãos governamentais, como a Comissão de Valores Mobiliários (CVM), o Banco Central do Brasil (BACEN) e autoridades antitruste (CADE), etc.
>
> Em outras palavras, não raro, a conduta é de rejeitar qualquer redução de tributos quando esta redução advir de transações que não teriam sido realizadas se o Auditor Fiscal fosse responsável pelo gerenciamento da companhia, o que provavelmente seria muito além de qualquer teste de propósito negocial adotado por qualquer outra Administração Tributária no mundo. Nós certamente precisamos de uma norma geral antielisiva antes de implementar este dever de divulgação".

Em consonância com as conclusões supra, o dever de prestar informações relativas a atos e negócios jurídicos que não possuam razões extratributárias relevantes (*business purpose*), trata-se de verdadeira aberração jurídica, com feição evidentemente arrecadatória, evidenciando uma tentativa desesperada de positivar um instituto jurídico

---

[80] "Even though Brazilian tax authorities have been adopting substance and business purpose tests for more than 15 years, alleging that any tax driven transaction is a sham or abusive – and, thus, a tax evasion -, the fact is that there is no definition of "abuse" in Brazilian tax legislation.
Notwithstanding, there is a broad definition of "abuse of law" in the Brazilian Civil Code, whose Article 187 reads as follows: "It is also illicit when someone exercises a right in a way that clearly exceeds limits imposed by its economical or social objective, by good faith or good manners."
The absence of a GAAR is concerning indeed, not only because of disrespecting rule of law principle in our civil law system, but also taking into consideration that Brazilian tax authorities oftentimes take aggressive approach of disregarding economic justifications presented by taxpayers, even in transactions that involved analysis and approval by other governmental bodies, such as the Brazilian Securities and Exchange Commission ("CVM"), the Central Bank of Brazil ("BACEN"), the antitrust authorities ("CADE"), etc.
In other words, oftentimes, the approach is to reject any reduction of taxes when such reduction comes from a transaction that would not have been done if the tax inspector was in charge of the company's management, which should probably be far beyond any business purpose test adopted by any other tax authority in the world. We would certainly need a GAAR law before implementing this disclosure obligation." UTUMI, Ana Claudia Akie. *In* http://kluwertaxblog.com/2015/08/04/brazil-and-beps-action-12/ - acesso em 09 de abril de 2016.

totalmente estranho à ordem jurídica brasileira (e que encontra resistência doutrinária[81] mesmo nos Unidos da América, onde a *business purpose doctrine* foi concebida, quando do julgamento *Gregory v. Helvering*,[82] em 1935). Quanto a este ponto, valemo-nos, uma vez mais, pela sua pertinência, das lições de Duque Estrada:[83]

> A violação à segurança jurídica é flagrante. Quando se lê o artigo 7º, facilmente se constata o absurdo subjetivismo que envolve a caraterização das hipóteses ali elencadas, quais sejam: a falta de razões extratributárias relevantes e a utilização de forma não usual, de negócio jurídico indireto ou de contrato que contenha cláusula que desnature, ainda que parcialmente, os efeitos de um contrato típico.
>
> (...)
>
> A MP 685/2015, ao legitimar a tributação por analogia, está acabando com direito de opção dos particulares, fenômeno típico dos Estados totalitários. A morte do direito de escolha, do direito de planejar, do direito de optar, não pode ser tolerada se o Brasil ainda pretende ser um Estado Democrático de Direito.

As reflexões de Duque Estrada, um dos maiores expoentes do Direito Tributário Internacional do Brasil da atualidade, retratam com precisão a manobra arrecadatória, decerto teratológica, operada pelo Poder Executivo na adoção destes critérios e requisitos no âmbito da MP nº 685/2015. Evidentemente, tais ilações estão em linha com a posição sustentada pela doutrina majoritária, capitaneada por Coêlho, Derzi, Schoueri, Xavier e muitos outros, que, especificamente, afasta a aplicação deste conceito importado da doutrina alienígena, para fins de tributação, via analogia, sob o pálio do ordenamento jurídico brasileiro.

Conclui-se, portanto, que, o art. 7º da MP nº 685/2015, que pretendeu veicular o aspecto material da declaração compulsória no Brasil, está em franca dissonância com a orientação traçada pela OCDE no âmbito do Plano BEPS, pois adota critérios amplos, vagos e indeterminados, que sequer encontram respaldo no ordenamento jurídico interno. Assim, a declaração compulsória, tal como proposta, falharia em qualquer exame de aderência e compatibilidade, seja com a orientação do Plano BEPS, seja com os limites impostos pela Constituição Federal.

Com efeito, assentada a premissa de que o aspecto material ("o que deve ser reportado") contido na MP nº 685/2015 é absolutamente incompatível com a finalidade a que se propõe (ou propôs), cumpre verificar o adequação dos demais aspectos que compõem a hipótese de incidência do dever de declaração compulsória. No que tange ao aspecto pessoal da norma ("quem deve reportar"), também alcançado pelo art. 7º da MP nº 685/2015, infere-se que o Poder Executivo pretendeu eleger somente o Contribuinte (sujeito passivo) como responsável pela apresentação da declaração compulsória, possivelmente em respeito às disposições do art. 133 da Constituição Federal,[84]

---

[81] Disponível em: http://ir.lawnet.fordham.edu/cgi/viewcontent.cgi?article=2493&context=flr, http://files.mwe.com/info/pubs/TaxAnalysts_State.pdf e muitos outros. Acesso em: 09 abr. 2016.

[82] Disponível em: http://www.supremecourt.gov/. Acesso em: 09 abr. 2016.

[83] Disponível em: http://www.conjur.com.br/2015-set-02/consultor-tributario-mp-6852015-tentativa-inconstitucional-tributacao-analogia. Acesso em: 02 fev. 2016.

[84] Art. 133. O advogado é indispensável à administração da justiça, sendo inviolável por seus atos e manifestações no exercício da profissão, nos limites da lei.

que, em conjunto com o Estatuto da Ordem dos Advogados do Brasil,[85] asseguram a inviolabilidade e o sigilo profissional entre os advogados e assessores legais (*promoters*) e os seus clientes. Neste ponto específico, considerando as próprias ressalvas da OCDE, no sentido de que o dever de prestar informações pode encontrar inúmeras limitações na legislação doméstica, sobretudo em relação ao aspecto pessoal, tem-se que, em relação ao aspecto pessoal, não há qualquer violação, por parte da MP nº 685/2015, seja à orientação do Plano BEPS, seja à ordem jurídica interna.

O art. 7º da MP nº 685/2015 também traça o aspecto temporal da norma, indicando que a declaração compulsória deveria ser apresentada pelo sujeito passivo à SRFB, até 30 de setembro de cada ano. A escolha de uma data limite indica, tão-somente, a necessidade de um controle acerca do cumprimento da obrigação acessória, e não denota, por si só, preocupações de natureza distinta – ainda que 01 (um) ano seja um prazo razoável e relativamente curto para que as Autoridades Fiscais tomem conhecimento acerca das operações e transações sujeitas à declaração compulsória.

Neste ponto, a escolha do Poder Executivo difere, ligeiramente, da orientação veiculada pela OCDE, que sugere a imposição de prazos mais curtos, justamente para permitir que as Autoridades Fiscais possam reagir de forma mais célere – evidenciando, sempre, a maior preocupação com as correções sistêmicas que culminam na erosão das bases tributáveis. Em relação aos demais aspectos que compõem a hipótese de incidência da regra de declaração compulsória, cumpre transcrever os demais dispositivos da MP nº 685/2015:

Art. 8º A declaração do sujeito passivo que relatar atos ou negócios jurídicos ainda não ocorridos será tratada como consulta à legislação tributária, nos termos dos art. 46 a art. 58 do Decreto nº 70.235, de 6 de março de 1972.

Art. 9º Na hipótese de a Secretaria da Receita Federal do Brasil não reconhecer, para fins tributários, as operações declaradas nos termos do art. 7º, o sujeito passivo será intimado a recolher ou a parcelar, no prazo de trinta dias, os tributos devidos acrescidos apenas de juros de mora.
Parágrafo único. O disposto no *caput* não se aplica às operações que estejam sob procedimento de fiscalização quando da apresentação da declaração.

Art. 10. A forma, o prazo e as condições de apresentação da declaração de que trata o art. 7º, inclusive hipóteses de dispensa da obrigação, serão disciplinadas pela Secretaria da Receita Federal do Brasil.

Art. 11. A declaração de que trata o art. 7º, inclusive a retificadora ou a complementar, será ineficaz quando:
I - apresentada por quem não for o sujeito passivo das obrigações tributárias eventualmente resultantes das operações referentes aos atos ou negócios jurídicos declarados;
II - omissa em relação a dados essenciais para a compreensão do ato ou negócio jurídico;
III - contiver hipótese de falsidade material ou ideológica; e
IV - envolver interposição fraudulenta de pessoas.

[85] Disponível em: http://www.oab.org.br/Content/pdf/LegislacaoOab/Lei-8906-94-site.pdf . Acesso em: 09 abr. 2016.

Art. 12. O descumprimento do disposto no art. 7º ou a ocorrência de alguma das situações previstas no art. 11 caracteriza omissão dolosa do sujeito passivo com intuito de sonegação ou fraude e os tributos devidos serão cobrados acrescidos de juros de mora e da multa prevista no §1º do art. 44 da Lei nº 9.430, de 27 de dezembro de 1996".

De início, cumpre verificar que a MP nº 685/2015 deixou de apresentar os aspectos procedimentais e temporais relativos à divulgação compulsória de informações relacionadas aos planejamentos tributários (potencialmente) abusivos, sendo, portanto, impraticável a aferição da aderência da proposta brasileira com as sugestões da OCDE. Não obstante, em adição à inobservância das limitações temporais impostas pelo *caput* do art. 62 da Carta Magna, como bem contextualiza Duque Estrada,[86] a utilização de Medida Provisória revelou-se inadequada, ainda, em razão da veiculação de norma penal (art. 12 da MP nº 685/2015):

> Não bastasse a resistência do parlamento à medida, o próprio Poder Judiciário já estava sendo instado a se pronunciar, em processos individuais, como aquele noticiado na mesma reportagem acima citada (liminar concedida pela 4ª Vara Federal Cível de São Paulo), e mesmo em uma ação direta de inconstitucionalidade ajuizada pelo Partido Socialista Brasileiro PSB) (ADI 5366), na qual são impugnados os artigos 7º ao 13º da MP 685/2015. Em referida ADI, sustenta-se a existência de diversos vícios de inconstitucionalidade, a saber: "ausência do pressuposto de urgência para edição de MP, afronta à restrição material quanto à edição de MP sobre direito penal/processual penal; violação dos direitos fundamentais à segurança jurídica, à livre iniciativa, à presunção de inocência, à ampla defesa, ao contraditório e ao devido processo legal; e a ofensa aos princípios da estrita legalidade em matéria tributária e da vedação ao confisco.
>
> É indiscutível que não há qualquer urgência para a apresentação de medida dessa natureza, que bem poderia ser discutida no parlamento por meio de um projeto de lei, tanto que a Receita Federal recuou na sua exigência para o ano de 2015.
>
> Acresce que a MP veicula norma de caráter penal (artigo 12), já que configura a falta de apresentação ou a apresentação irregular da declaração como "omissão dolosa do sujeito passivo com intuito de sonegação ou fraude", em contrariedade direta à proibição constante do artigo 62, parágrafo 1º, I, "b" da Constituição Federal".

Neste contexto, além de veicular norma de natureza penal, o que é constitucionalmente vedado,[87] a presunção de omissão dolosa do sujeito passivo com intuito de sonegação ou fraude – *que, registre-se, poderia advir de uma interpretação divergente de dispositivos legais dotados de ampla fluidez conceitual* –, implica no atropelamento do princípio da presunção de inocência do acusado.[88] Não se pode conceber que o *non-disclosure* tenha o condão de atribuir a pecha de ilegalidade ao planejamento tributário, como pretendeu fazer a MP nº 685/2015, uma vez que um simples descumprimento

---

[86] Disponível em: http://www.conjur.com.br/2015-set-02/consultor-tributario-mp-6852015-tentativa-inconstitucio nal-tributacao-analogia. Acesso em: 02 fev. 2016.

[87] "Art. 62. (...) § 1º É vedada a edição de medidas provisórias sobre matéria:
I - relativa a: (...); b) direito penal, processual penal e processual civil."

[88] "Art. 5º Todos são iguais perante a lei, sem distinção de qualquer natureza, garantindo-se aos brasileiros e aos estrangeiros residentes no País a inviolabilidade do direito à vida, à liberdade, à igualdade, à segurança e à propriedade, nos termos seguintes: (...)
LVII - ninguém será considerado culpado até o trânsito em julgado de sentença penal condenatória;"

de obrigação acessória nunca poderia culminar na aplicação de uma sanção, cujo pressuposto sequer restou confirmado. E nem se argumente que a imposição da norma penal seria justificada como forme de conferir maior eficácia ao dever de informar, já que o *compliance* poderia ser incentivado por meio da imposição de multas, calculadas com base no princípio da proporcionalidade, em percentuais fixos ou relativos à transação reportável, em hipóteses devidamente descritas – sem margens interpretativas. De toda feita, a leitura em conjunto dos arts. 11 e 12 da MP nº 685/2015 denota, uma vez mais, que o Poder Executivo trilha caminho diametralmente oposto àquele concebido pela OCDE, na medida em que pretendeu vincular um mero equívoco no cumprimento de uma obrigação acessória (entrega de declaração) à práticas criminosas.

Neste particular, a contrariedade às sugestões da OCDE é evidente, na medida em que a cominação de sanções (tributárias e penais) é expressamente rejeitada pela Organização, que, embora preocupada com a recuperação dos tributos não recolhidos em razão de práticas danosas, volta os seus esforços à construção de um modelo tributário mais coerente. Isto é, as informações apresentadas pelos Contribuintes são utilizadas, primordialmente, para identificar, de forma célere e eficaz, os elementos que caracterizam e deram ensejo à operação abusiva para prevenir a sua ocorrência no futuro. Ademais, a contrariedade às disposições internas é igualmente verificável, na medida em que, tal como instituída, a MP nº 685/2015 não cumpre os requisitos constitucionais que legitimam a sua própria existência. Em comentários aos aludidos dispositivos, as considerações de Fonseca e Duque Estrada:[89]

> (...) tem-se que a medida provisória tentou criar uma presunção de dolo, fraude e sonegação independentemente de prova. Ao incluir tal disposição, o documento equiparou o simples descumprimento de uma obrigação acessória à sonegação fiscal, crime tipificado na Lei nº 4.729/1965, bem como à prática de fraude, ferindo de morte os princípios da razoabilidade e da presunção de inocência. Ademais, a MP nº 685/2015 tratou de matéria penal, o que é vedado pela própria Constituição.

> Ainda dominado pelo alto grau de subjetivismo está o artigo 11 da MP, que considera ineficaz a declaração que for omissa em relação a dados essenciais para a compreensão do ato ou negócio jurídico. A amplíssima margem de discricionariedade que o Executivo se auto-outorgou deixa o contribuinte sem qualquer possibilidade de confiança quanto ao regular cumprimento do dever de declarar, pois qualquer argumento poderá ser invocado pelo Fisco para justificar a insuficiência de informações e, por isso, a incapacidade de compreensão.

A amplíssima margem de discricionariedade que permeia a obrigação imposta aos Contribuintes evidencia, uma vez mais, a falta de segurança jurídica e o terrorismo fiscal que rege a relação Fisco-Contribuinte. A ausência de confiança, decorrência lógica da indesejada utilização de conceitos não positivados e do notório cariz arrecadatório da MP nº 685/2015, evidencia que o modelo concebido pelo Poder Executivo se distancia dos ideais traçados pela OCDE e das próprias garantias postas pela Constituição (*in casu*, a legalidade e a presunção da inocência do acusado).

---

[89] Disponível em: http://www.conjur.com.br/2015-set-02/consultor-tributario-mp-6852015-tentativa-inconstitucio nal-tributacao-analogia. Acesso em: 02 fev. 2016.

Ora, enquanto no Brasil, o contribuinte se depara com a possibilidade de ter que suportar sanções de natureza tributária é penal, na hipótese de interpretação divergente da RFB, para a OCDE, todo o procedimento relativo à declaração compulsória não deveria gerar quaisquer preocupações sobre autoincriminação. Eis as considerações da OCDE, em tradução livre:[90]

> Potencial evasão tributária e transações envolvendo planejamentos tributários reportados no âmbito do regime de divulgação compulsória não deverá, portanto, gerar maiores preocupações relativas a autoincriminação, do que normalmente ocorreria sob o exercício de poderes fiscalizatórios (de obtenção de informações).

Ou seja, enquanto a proposta da OCDE busca uma maior aproximação entre o Fisco e o Contribuinte, na tentativa de construção de um modelo tributário coeso, no Brasil, as atitudes do Poder Executivo, visivelmente orientadas pela avidez arrecadatória, somente promovem o distanciamento e a deterioração da relação entre o Fisco e os Contribuintes, em franco atroplamento à vedação à autoincriminação, nos termos da Convenção Americana de Direitos Humanos[91] (Pacto de San José da Costa Rica), do qual o Brasil é signatário.

Neste contexto, não seria irrazoável conjecturar que a norma, tal como posta, teria pouca eficácia, pois, ao invés de promover a maior aproximação entre as duas partes da relação – imbuídas do ideal de compreensão dos limites legais à atuação empresarial –, incentiva a desconfiança, promove a temeridade e, nas palavras da OCDE, gera preocupações sobre autoincriminação. Enquanto o Plano BEPS reitera que o desenvolvimento de ferramentas de comunicação seja medida salutar, no Brasil, aparentemente, pretere-se a ampliação do diálogo em face do aumento da arrecadação.

A triste conclusão que se extrai a par da análise da MP nº 685/2015 é que, enquanto a Ação 12 do Plano BEPS, tal como concebida pela OCDE e pelo G20, se volta à correção das distorções e das lacunas dos sistemas tributários, por meio de uma franca aproximação entre os jurisdicionados e as Autoridades Fiscais, o modelo brasileiro veiculado pelo Poder Executivo ostenta um caráter primordialmente arrecadatório, sem maiores preocupações com a transparência e a melhoria da relação entre o Fisco e os Contribuintes; muito pelo contrário – já que promove a insegurança e impõe o já conhecido terror fiscal.

Desta feita, conclui-se que o modelo de declaração compulsória veiculado pela MP nº 685/2015 não mantém compatibilidade com as sugestões veiculadas pela Ação 12 do Plano BEPS e, ainda, revela-se absolutamente incompatível com a ordem jurídica interna, porquanto afronta o princípio da legalidade e promove a insegurança jurídica. A bem da verdade, a MP nº 685/2015, decerto oportunista, traz à tona uma verdade inexorável, a de que impera, no Brasil, uma gravíssima crise de confiança. Nesse sentido, uma vez mais, traz-se à colação os comentários irretocáveis de Duque Estrada:[92]

---

[90] "Potential tax avoidance and tax planning transactions reported under existing mandatory disclosure regimes should not therefore give rise to any greater concern over self-incrimination than would arise under the exercise of other information collection powers". *In*: OECD (2015), *Mandatory Disclosure Rules, Action 12 - 2015 Final Report*, OECD/G20 Base Erosion and Profit Shifting Project, OECD Publishing, Paris, p. 56.

[91] Cujo artigo 8º, inciso 2, letra *g*, que garante às pessoas o "direito de não ser obrigado a depor contra si mesmo, nem a declarar-se culpado".

[92] Disponível em: http://www.conjur.com.br/2015-ago-05/consultor-tributario-mp-685-mostra-crise-confianca-administracao-tributaria. Acesso em: 13 abr. 2017.

(...) só quando as leis fiscais voltarem a ser aplicadas como estatuídas e não de forma analógica e atípica para tributar a qualquer preço, a confiança na administração fiscal será restaurada e uma obrigação de declaração de operações, como a prevista pela MP 685/2015, poderá ser acatada como legítima. Por ora, uma vez mais com o devido respeito, o destino da MP 685/2015 deve ser a rejeição liminar pelo Congresso Nacional.

A despeito da pertinência e da inescapável necessidade de ampliação dos meios de comunicação e da transparência, tal como concebido, o modelo brasileiro falhou em promover tais ideais, atropelando diversos direitos e garantias fundamentais, para atender aos anseios arrecadatórios do Poder Executivo – conforme amplamente alertado pela comunidade jurídica.

Finalmente, ainda que a MP nº 685/2015 tenha sido convertida em Lei (Lei nº 13.202/2015) sem a introdução do regime de declaração compulsória no ordenamento jurídico interno, não se pode olvidar que a instituição de medidas deste jaez, que primam pela transparência tributária, é uma realidade inexorável. Ademais, fato é que, seja por meio de uma regra de divulgação compulsória específica, seja por meio dos diversos modelos de troca de informações concebidos entre os Estados, os Contribuintes devem cumprir as obrigações principais e acessórias relacionadas às operações transnacionais, desde que respeitado o princípio da legalidade e o princípio da segurança jurídica.

4 Conclusões

A MP nº 685/2015 foi mais uma demonstração de que, não raro, o Estado tem exercido suas prerrogativas de forma abusiva e arbitrária, em atropelo às garantias constitucionalmente postas aos Contribuintes, e em clarividente afronta aos princípios constitucionais gerais da Administração Pública.[93]

Ao contrário do que têm ocorrido, estes princípios deveriam atuar como mecanismos de controle – e, por conseguinte, de limitação – à atuação estatal, justamente para evitar que os Contribuintes fiquem à mercê do arbítrio[94] das pessoas políticas. No mesmo sentido, as ponderações de Vilanova,[95] que, ao versar sobre os pilares do Estado de Direito, remete-nos à fixação dos direitos reputados fundamentais do indivíduo, e a enumeração das garantias para tais direitos tornar efetivos, quer em face dos particulares, quer em face do Estado. Ainda sob esta perspectiva, em citação à obra de Pollard,[96] Carrazza aduz que *a liberdade do fraco depende das limitações impostas ao forte; e do pobre, das limitações impostas ao rico*, da mesma forma que a liberdade do indivíduo, depende das limitações impostas ao Estado.

Estes direitos fundamentais constituem justamente a garantia de que o próprio Estado encontra limites à sua atuação, proibindo o Poder Público de lesar, por meio de leis e atos administrativos das mais variadas espécies, os valores consagrados pela Carta Constitucional. Estes direitos funcionam, portanto como vetores de garantia do cidadão

---

[93] MARINS, James. *Direito Processual Tributário Brasileiro*. 5. ed. São Paulo: Dialética, 2010, p. 149.

[94] CARRAZZA, Roque Antônio. *Curso de Direito Constitucional Tributário*. 25. ed. São Paulo: Malheiros, 2009, p. 403.

[95] VILANOVA, Lourival. "Proteção jurisdicional dos direitos numa sociedade em desenvolvimento" in *Anais da IV Conferência Nacional da Ordem dos Advogados do Brasil*, p. 139.

[96] POLLARD, A.F. *The Evolution of Parliament*, 1938, p. 184.

contra intemperanças do Poder Público. A este respeito Bandeira de Mello[97] anota que a atividade estatal *desenvolve-se dentro das linhas traçadas pelo ordenamento constitucional e, por isso mesmo, deve respeitar os direitos públicos subjetivos das pessoas.*

A compreensão destas limitações ínsitas à atuação do Poder Público é de suma importância, na medida em que, como bem pontua Leão,[98] hodiernamente, *se reconhece a posição de vulnerabilidade dos Contribuintes na relação jurídico-tributária estabelecida com o Estado*, sobretudo em razão da notória sanha arrecadatória manifestada pelas Autoridades Fiscais no exercício da potestade tributária. Esta voracidade na arrecadação de tributos se manifesta de diversas formas; seja por meio da edição de normas incompatíveis com os princípios que regem a tributação – dotadas de alto grau de indeterminação, seja por meio da condução de expedientes fiscalizatórios e da promoção de lançamentos à margem da lei, sempre com base em presunções e analogias.

À toda evidência, estes direitos e garantias não se opõem ao exercício da tributação, que deve ser conduzida de maneira simples, expedita e segura, para que o Estado se instrumente financeiramente a alcançar as finalidades elencadas na Carta Constitucional. Todavia, este plexo direitos impõe limitações ao Poder Público no manejo de suas funções arrecadatórias, livrando tal expediente de arbitrariedade, de sorte a conferir, nas palavras de Becker,[99] *certeza à incerteza das relações sociais.* Ao versar sobre a perspectiva de "quem deve zelar e promover a segurança jurídica", Ávila[100] aduz que, relativamente ao Poder Legislativo (ou até mesmo o Poder Executivo, em função atípica), vários são os deveres a serem cumpridos, dentre os quais se destaca *o dever de determinabilidade das hipóteses de incidência.*

É justamente o fator da certeza que cria, no Direito Positivo, a segurança jurídica. Na mesma linha, a orientação de Coêlho,[101] no sentido de que a meta da segurança jurídica é assegurar aos jurisdicionados uma expectativa precisa de seus direitos e deveres em face da lei. Noutras palavras, o princípio da segurança jurídica submete o exercício das funções pelo Poder Público ao Direito, o que impõe a previsibilidade e a certeza, no que tange às consequências decorrentes das situações jurídicas estabelecidas entre os particulares (Contribuintes) e o Estado (Ente Tributante).

Sob esta perspectiva, as leis que veiculam a cobrança de tributos devem conter a descrição clara e objetiva de todos os elementos que compõem a hipótese de incidência (fato previsto como jurígeno) e a consequência jurídica (dever tributário decorrente), justamente para conferir a certeza e previsibilidade que, a um só tempo, realizam e expressam a segurança jurídica e a proteção da confiança. Nos dizeres de Derzi,[102] a confiança não desperta mera esperança, mas implica *a expectativa confiável, que interfere diretamente na decisão tomada pela pessoa que confia,* de que o resultado decorrente da adoção de determinada conduta deverá ocorrer.

---

[97] BANDEIRA DE MELLO, Celso Antônio. *Apud* CARRAZA, Roque Antônio. *Op. cit.* p. 411

[98] LEÃO, Martha Toribio. *Controle da Extrafiscalidade* – Série Doutrina Tributária v. XVI. São Paulo: Quartier Latin, 2015, p, 35.

[99] BECKER, *Op. cit.,* p. 125.

[100] ÁVILA, Humberto. Teoria da Segurança Jurídica. 3. ed. São Paulo: Editores, 2014, p. 23.

[101] COÊLHO, Sacha Calmon Navarro. *Curso de Direito Tributário Brasileiro.* 10. ed. Rio de Janeiro: Forense, 2009, p.179.

[102] DERZI, Misabel Abreu Machado. *Op. Cit.,* p. 329.

Se, tradicionalmente, a segurança jurídica e a confiança estão associadas ao princípio da legalidade, na passagem do Estado Liberal para o Estado Democrático de Direito, como bem pontua Ribeiro,[103] tem-se o abandono de uma feição individualista destes princípios para aproximá-los dos valores da justiça, vinculando-se diretamente com os interesses da sociedade, atuando, inclusive como forma de proteção dos jurisdicionados contra abusos – tão comuns – por parte do Estado. Na mesma linha, a orientação de Ávila,[104] ressaltando que a segurança jurídica também pode assumir uma dimensão coletiva, *quando o seu uso tem a finalidade de preservar a ordem jurídica como um todo para toda a coletividade*, ostentando um instrumento assecuratório dos direitos e garantias consagradas pela ordem constitucional.

A segurança jurídica, como sustenta Ávila,[105] constitui um elemento estruturante do Direito, sendo certo que, sem esta qualidade, não pode haver Direito; *nem bom, nem mau, nem de nenhuma espécie*. Em relação à finalidade, Ávila[106] distancia-se da concepção clássica da segurança jurídica – associada às ideias de determinação, estabilidade e previsibilidade do Direito – e propõe uma análise distinta.

Com efeito, o sistema jurídico brasileiro, embora regido por normas que deveriam acautelar os interesses dos jurisdicionados, tem sido fortemente orientado pela insegurança jurídica, pela desconfiança e pelo aviltamento às prerrogativas constitucionais. Assim, uma relação naturalmente sensível, assume uma feição ainda mais desafiadora.

Um sistema jurídico cuja produção legislativa e normativa apresenta constantes e tamanhas afrontas aos princípios que acautelam os interessem dos jurisdicionados tende a ruir rapidamente, pois promove a desconfiança sistêmica, atribuindo à relação entre o Fisco e o Contribuinte uma feição beligerante. Esta é, infelizmente, a realidade brasileira, na qual o jurisdicionado vive sob constante insegurança jurídica, na medida em que as suas relações com o Fisco são desprovidas de cognoscibilidade, confiabilidade e calculabilidade, gerando, assim, um grau elevado de desconfiança.

Nos países desenvolvidos, como evidenciado na Ação 12 do Plano BEPS, há uma preocupação massiva de o *compliance tributário* não sobrecarregar os Contribuintes de forma desmedida, sendo certo que a Autoridade Fiscal deve levar em consideração os custos envolvidos no atendimento das exigências acessórias. Já no Brasil, cuja desconfiança sistêmica culmina no maior número de horas para cumprimento de obrigações acessórias no mundo inteiro, a instituição de novo dever acessório, qual seja, o dever de prestar informações relativas aos planejamentos tributários (regra de declaração compulsória), sequer levou em consideração essa premissa. Em contraposição à tendência internacional, de que a imposição do *mandatory disclosure rule* teria o condão de facilitar e até mesmo diminuir o *compliance* tributário de uma forma geral, sabe-se que, tal como concebido, no Brasil, este dever acessório seria somente um item a mais a ser observado pelas empresas que ainda se aventuram em solo nacional.

Fato é que, atualmente, a desconfiança é sistematicamente alimentada pelo Poder Público, que, no manejo de suas funções – sobretudo atualmente, em um cenário de

---

[103] RIBEIRO, Ricardo Lodi. Justiça, Interpretação e Elisão Tributária. Rio de Janeiro: Lumen Juris, 2003, p. 22 *et seq.*
[104] ÁVILA, Humberto. *Op. cit.*, p. 67.
[105] ÁVILA, Humberto. *Op. cit.*, p. 68.
[106] ÁVILA, Humberto. *Op. cit.*, p. 69.

grave retração econômica –, continua a deixar se guiar pela finalidade arrecadatória, em prejuízo dos direitos fundamentais dos Contribuintes e da construção de um modelo de tributação coeso.

Nesse sentido, a MP nº 685/2015 traduz mais uma oportunidade em que o Estado optou por quebrar a confiança – legítima – dos Contribuintes, pois, a pretexto de criar uma norma de transparência que teria o condão de promover a segurança jurídica e a previsibilidade para o sistema, com a definição de critérios claros e de fácil compreensão (*clear and easy to understand*), o Poder Executivo expediu norma essencialmente arrecadatória, dotada de ampla vagueza e fluidez conceitual, promovendo ainda mais desconfiança e insegurança jurídica.

O insucesso da Medida Provisória nº 685/2015 – rejeitada pela comunidade jurídica e pelo Congresso Nacional, tal como concebida – é a maior demonstração ao Poder Executivo e à Administração Tributária de que a segurança jurídica e a confiança são fatores determinantes e condicionantes do próprio exercício da *potestade*.

É essencial que se compreenda que uma relação minimamente amistosa entre o Fisco e os Contribuintes somente poderá ser restaurada se as Autoridades Fiscais procederem à cobrança de tributos em plena observância às garantias constitucionalmente postas, sobretudo em respeito à legalidade, segurança jurídica e proteção da confiança. No mesmo sentido, a almejada transparência fiscal somente será alcançada se os Poderes – e a Administração Tributária – compreenderem que a legalidade, previsibilidade e a segurança jurídica são elementos necessários à aproximação do Fisco e do Contribuinte, e as normas de regência devem ser o reflexo de uma conduta que busca a construção de um sistema normativo coeso, e não simplesmente concebido para atender às necessidades arrecadatórias do Governo.

Isto é, a produção legislativa e normativa constitui um dos maiores fatores de geração ou motivação de confiança sistêmica, pois evidencia a lealdade e o cumprimento de diversos preceitos, em respeito às garantias dos Contribuintes. Ao promover estes ideais, o Estado incentiva o *compliance*, incute a vontade do Contribuinte de honrar as suas obrigações; sem a reação – praticamente automática – de se rejeitar e combater os atos opressivos e unilaterais praticados pela Administração Pública. Uma vez mais, valemo-nos da obra de Derzi[107] para amparar as conclusões traçadas:

> O Estado de Direito se faz exigente não somente de uma legalidade formal, mas de uma legitimidade plena da democracia participativa, que se reflete tanto nas relações da Administração Tributária com os cidadãos-Contribuintes, assim como no vínculo existente entre o agente público e o Estado. Enfim, o particular, verdadeiro cidadão, investe-se de direitos subjetivos públicos, direitos fundamentais garantidos pela Constituição, que pode sustentar em relações jurídicas com o Estado, não mais em relações de poder.

Nesse sentido, a expressão que, de tão trivial soa como clichê, oferece a fórmula para a modificação do cenário atual: *a confiança* (traduzida pelo respeito à legalidade, segurança jurídica e demais princípios tributários na instituição de obrigações principais ou acessórias) *gera confiança* (traduzida pelo cumprimento voluntário das obrigações tributárias e a menor necessidade de esforços fiscais).

---

[107] DERZI, Misabel Abreu Machado. *Op. Cit.*, p. 464.

Assentada a premissa de que a modificação dos paradigmas atuais é um passo essencial à melhora do cenário de desconfiança que rege a relação entre o Fisco e os Contribuintes, cumpre investigar quais seriam as medidas concretas e objetivas que teriam o condão de trazer maior coesão para o Sistema Tributário brasileiro. Como toda forma de relação humana, a aprimoramento dos canais de comunicação, por meio do estabelecimento de regras claras e objetivas, constitui um dos elementos mais importantes à construção de um relacionamento sólido e duradouro, desvencilhando-se das experiências negativas do passado.

Exemplo disso é o XX Relatório do Conselho de Impostos da França, denominado "As Relações entre os Contribuintes e a Administração Tributária",[108] que apresenta algumas medidas que se revelaram eficazes neste desiderato de aproximar os jurisdicionados da Administração Pública. Como aponta Derzi,[109] o ajuste do sistema tributário interno passaria pela implementação de determinadas medidas, dentre as quais destacamos os 05 (cinco) aspectos de maior pertinência, a saber:

O primeiro expediente a ser adotado é o *(i) aumento do grau de informação e de conhecimento do contribuinte*; acerca das normas tributárias aplicáveis à sua atividade operacional, para evitar a cominação de penalidades e assegurar o regular desenvolvimento dos fins sociais. Considerando a complexidade do sistema tributário brasileiro, as Autoridades Fiscais devem aprimorar os canais de atendimento aos Contribuintes e certificar que as inquisições dos Contribuintes sejam respondidas de forma precisa, assegurando previsibilidade e certeza da relação jurídica sob consulta.

Registre-se, por oportuno, que estes meios de comunicação podem ser pessoais, por meio de atendimento nas próprias sedes das Administrações Fazendárias, ou por meio de respostas eletrônicas, traduzidas pela elaboração de guias, manuais com orientações, ou por meio de decisões formais (*rulings*), identificando-se o interlocutor e sistematizando as respostas, sempre respaldadas pelos instrumentos legais e normativos, para conferir o maior grau de eficácia e segurança jurídica possível.

A segunda medida proposta faz menção ao *(ii) aumento do grau de segurança das informações*; resguardando-se o direito do Contribuinte na hipótese de consulta à legislação tributária, em caso de dúvida de interpretações. Nesse sentido, parece-nos que as disposições da Lei nº 9.784/99 e do Decreto nº 70.235/75 são consentâneas com o modelo vislumbrado, sobretudo por assegurar a previsibilidade e a estabilidade das relações, uma vez que as Autoridades Tributariam ficam vinculadas às respostas proferidas nestes procedimentos administrativos.

A terceira medida proposta volta-se à *(iii) melhora da qualidade da norma jurídica*; que visa o aperfeiçoamento do sistema tributário, sobretudo sob o viés da acessibilidade, seguindo os preceitos internacionais de que a ordem emanada pelas Autoridades devem ser *claras e de fácil intelecção*. Além disso, a qualidade de norma jurídica ultrapassa a questão da inteligibilidade, pois pode se voltar às questões de ordem técnica, na busca pela construção de dispositivos legais eficazes e atuais. Neste particular, há de se admitir que o Ministério da Fazenda tem logrado êxito em aprimorar os canais de comunicação

---

[108] Disponível em: http://www.ladocumentationfrancaise.fr/rapports-publics/024000601/index.shtml. Acesso em: 17 abr.2016.
[109] DERZI, Misabel Abreu Machado. *Op. Cit.*, p. 467.

e dialogar com a comunidade jurídica, por meio da instituição de Consultas Públicas[110] prévias à publicação e vigência das normas.

A quarta medida proposta, a nosso ver, é a que tem o condão de propiciar a maior evolução nesta relação desgastada entre a Administração Pública e os Contribuintes. Trata-se do *(iv) reforço aos direitos e garantias dos Contribuintes e segurança jurídica*; que implica verdadeira proteção dos Contribuintes contra normas jurídicas e atos jurídicos perpetrados em desconformidade com os seus direitos subjetivos em face da Administração Pública. Todavia, como a própria experiência brasileira demonstra, a mera previsão legislativa e as inúmeras construções doutrinárias acerca destes princípios não são suficientes, impondo-se a efetividade destes princípios no combate às medidas atentatórias às finalidades constitucionais.

A quinta medida proposta faz menção à *(v) maior procedimentalização da Administração Tributária*; de modo a garantir que os atos administrativos sejam conduzidos de forma aberta, resultando em procedimentos participativos para os Contribuintes, numa busca constante pelo diálogo e pela aproximação das relações, evitando, eventualmente, contendas desnecessárias. Além do incremento do contraditório, ter-se-ia a inversão do ônus da prova, cabendo às Autoridades o dever de comprovar o débito do contribuinte.

Conquanto as medidas propostas não sejam exaustivas, e nem poderiam sê-las, denota-se que a mudança da atitude mental constitui um passo imprescindível na melhora da conturbada e naturalmente complicada relação entre o Fisco e os Contribuintes. Não obstante, a mudança deste paradigma deve vir acompanhada de uma efetiva adequação das condutas, espelhada no respeito às limitações intrínsecas à atuação pública e empresarial. Ou seja, no manejo de suas funções, a Administração Pública deve pautar-se, efetivamente, pelos princípios que legitimam a sua e conformá-los com os princípios subjetivos dos Contribuintes que lhes são oponíveis (sobretudo a legalidade, segurança jurídica, proteção da confiança).

De igual modo, devem os Contribuintes observar as exigências fiscais externadas nestes moldes, com o cumprimento integral das obrigações principais e acessórias, pautando sua conduta pela transparência e boa-fé para, finalmente, dar início à construção de um modelo coeso e desprovido de distorções substanciais, sobretudo em um ambiente global.

Informação bibliográfica deste texto, conforme a NBR 6023:2018 da Associação Brasileira de Normas Técnicas (ABNT):

BARBOSA, Bruno Sartori de Carvalho. A transparência tributária e Plano *Base Erosion And Profit Shifting* – BEPS da OCDE/G20: A Ação 12 (*Mandatory Disclosure Rule*) vs A Declaração de Planejamento Tributário (DPLAT) Prevista pela MP Nº 685/2015. *In*: TEIXEIRA, Alexandre Alkmim (Coord.). *Plano BEPS*. Belo Horizonte: Fórum, 2019. p. 459-507. ISBN 978-85-450-0654-1.

---

[110] Disponível em: http://idg.receita.fazenda.gov.br/dialogo-com-a-sociedade. Acesso em: 17 abr. 2016.

AÇÃO 14 DO PROJETO BEPS
E SUA IMPLEMENTAÇÃO NO BRASIL

ROBERTO DUQUE ESTRADA

LUNA SALAME PANTOJA SCHIOSER

1 O Projeto BEPS

O Projeto BEPS (*Base Erosion and Profit Shifting*)[1] lançado pelo G 20 e coordenado pela Organização para Cooperação e Desenvolvimento Econômico (OCDE) almeja coibir estratégias de planejamento fiscal que exploram lacunas das regras tributárias para obter economia fiscal, seja pela redução das bases tributárias em certas jurisdições de maior carga fiscal (*base erosion*), seja pela transferência artificial de lucros para empresas domiciliadas em jurisdições de baixa ou nenhuma tributação sobre a renda, com pouca ou nenhuma atividade econômica (*profit shifting*).

Embora parte substancial das estruturas de planejamento fiscal configurem casos de elisão fiscal (lícita) e não de evasão fiscal (ilícita), o certo é que as ações do BEPS poderão atingi-las indiscriminadamente. Isto porque, do ponto de vista dos países integrantes da OCDE e do G20, a adoção de medidas de elisão fiscal prejudica a integridade dos sistemas tributários e a justa concorrência entre as empresas, na medida em que aqueles contribuintes que atuam internacionalmente podem se valer de estruturas que reduzam a base tributária ou transfiram lucros para obter maior vantagem competitiva em relação àqueles que operam apenas a nível doméstico.

Apesar de ter sido encabeçado pelos países desenvolvidos, os países em desenvolvimento estão igualmente engajados desde o seu início na adoção do Projeto BEPS, visto ser de grande relevância dada a sua forte dependência em relação imposto de renda devido pelas sociedades empresárias.

O Projeto BEPs envolve 15 (quinze) Ações a serem adotadas pelos países participantes, as quais preconizam a adoção de medidas legais, convencionais ou administrativas nos planos domésticos e internacionais necessárias à sua implementação,

---

[1] Em português: Erosão da Base Tributária e Transferência de Lucros.

visando, em essência, a assegurar que os lucros sejam tributados no local em que foram desenvolvidas as atividades que os geraram.

As ações podem subdividir-se à luz de três princípios: *coerência* (ações 2 a 5); *substância* (ações 6 a 10); e *transparência* (ações 11 a 14).

As medidas do Projeto BEPS também visam assegurar que não haja a dupla tributação e garantir maior segurança aos negócios, na medida em que tem por escopo reduzir os questionamentos acerca da aplicação das normas tributárias internacionais.

Nesse contexto é que se insere a Ação 14 – Make Dispute Resolution Mechanisms More Effective,[2] que revela um forte compromisso político com a resolução rápida e eficaz dos conflitos entre os Estados relacionados com a interpretação dos Tratados contra Dupla Tributação (Tratados), por meio de um *Mutual Agreement Procedure* (MAP).

2 Procedimento Amigável Mútuo (MAP)

2.1 Artigo 25 da CM-OCDE

A Convenção-Modelo da OCDE prevê, em seu artigo 25, um mecanismo independente dos remédios ordinários previstos na legislação domésticas para resolução de controvérsias oriundas da interpretação e aplicação dos Tratados contra dupla tributação.

Esse mecanismo, denominado de Procedimento Amigável Mútuo (MAP - *Mutual Agreement Procedure*) é de fundamental importância para a correta aplicação e interpretação das disposições dos Tratados, pois tem por objetivo garantir que os contribuintes a elas sujeitos não sejam tributados por ambos os Estados signatários, contrariando o objetivo primordial dos Tratados que é evitar a dupla tributação.

O artigo 25 da Convenção Modelo da OCDE de 2014 tem a seguinte redação:

Artigo 25
Procedimento amigável

1. Quando uma pessoa considerar que as medidas tomadas por um Estado Contratante ou por ambos os Estados contratantes conduzem ou poderão conduzir, em relação a si, a uma tributação não conforme como disposto na Convenção poderá, independentemente dos recursos previstos pela legislação nacional desses Estados, submeter o seu caso à autoridade competente do Estado Contratante de que é residente ou, se o caso está compreendido no nº 1 do Artigo 24.º, à do Estado Contratante de que é nacional. O caso deverá ser apresentado dentro de três anos a contar da data da primeira comunicação da medida que der causa à tributação não conforme com o disposto na Convenção.

2. A autoridade competente, se a reclamação se lhe afigurar fundada e não estiver em condições de lhe dar uma solução satisfatória, esforçar-se-á por resolver a questão através de acordo amigável com a autoridade competente do outro Estado contratante, a fim de evitar uma tributação não conforme com a Convenção. O acordo alcançado deverá ser aplicado independentemente dos prazos estabelecidos no direito interno dos Estados Contratantes.

3. As autoridades competentes dos Estados Contratantes esforçar-se-ão por resolver, através de acordo amigável, as dificuldades ou as dúvidas a que possa dar lugar a interpretação ou a aplicação da Convenção. Poderão também consultar-se, a fim de evitar a dupla tributação em casos não previstos pela Convenção.

---

[2] Tradução livre: Fazer com que os mecanismos de resolução de controvérsias sejam mais efetivos.

4. As autoridades competentes dos Estados Contratantes poderão comunicar diretamente entre si, inclusivamente através de uma comissão mista constituída por essas autoridades ou pelos seus representantes, a fim de chegarem a acordo nos termos indicados nos números anteriores.

5. Quando,

a) nos termos do parágrafo 1, uma pessoa tenha apresentado seu caso à autoridade competente do Estado Contratante fundamentando-se no fato de que as ações de um ou de ambos Estados Contratantes tenham resultado para aquela pessoa em tributação não em conformidade com as disposições desta Convenção; e

b) as autoridades competentes são incapazes de alcançar um acordo para resolver o caso nos termos do parágrafo 2 dentro do prazo de dois anos contados da apresentação do caso à autoridade competente do outro Estado Contratante, qualquer questão não resolvida decorrente do caso deve ser submetida à arbitragem se a pessoa requerer. Essas questões não resolvidas não devem, entretanto, ser submetidas à arbitragem se a decisão sobre essas questões já tiver sido proferida por uma Corte Judicial ou por um tribunal administrativo de qualquer Estado. A menos que uma pessoa diretamente afetada pelo caso não aceite o acordo mútuo pelo qual a decisão arbitral é aplicada, essa decisão deverá ser vinculativa para ambos os Estados e deverá ser implementada a despeito de qualquer limite temporal previsto na legislação domésticas desses Estados. As autoridades competentes dos Estados Contratantes devem pelo procedimento amigável estabelecer o modo de aplicação deste parágrafo.[3]

---

[3]   Na redação original: "Article 25 - Mutual Agreement Procedure
1. Where a person considers that the actions of one or both of the Contracting States result or will result for him in taxation not in accordance with the provisions of this Convention, he may, irrespective of the remedies provided by the domestic law of those States, present his case to the competent authority of the Contracting State of which he is a resident or, if his case comes under paragraph 1 of Article 24, to that of the Contracting State of which he is a national. The case must be presented within three years from the first notification of the action resulting in taxation not in accordance with the provisions of the Convention.
2. The competent authority shall endeavor, if the objection appears to it to be justified and if it's not itself able to arrive at a satisfactory solution, to resolve the case by mutual agreement with the competent authority of the other Contracting State, with a view to the avoidance of taxation which is not in accordance with the Convention. Any agreement reached shall be implemented notwithstanding any time limits in the domestic law of the Contracting States.
3. The competent authorities of the Contracting States shall endeavor to resolve by mutual agreement any difficulties or doubts arising as to the interpretation or application of the Convention. They may also consult together for the elimination of double taxation in cases not provided for the Convention.
4. The competent authorities of the Contracting States may communicate whit each other directly, including through a joint commission consisting of themselves or their representatives, for the purpose of reaching an agreement in the sense of the preceding paragraphs.
5. Where,
a) under paragraph 1, a person has presented a case to the competent authority of a Contracting State on the basis that the actions of one or both of the Contracting States have resulted for that person in taxation not in accordance with the provisions of this Convention, and
b) the competent authorities are unable to reach an agreement to resolve that case pursuant to paragraph 2 within two years from the presentation of the case to the competent authority of the other Contracting State, any unresolved issues arising from the case shall be submitted to arbitration if the person so requests. These unresolved issues shall not, however, be submitted to arbitration if a decision on these issues has already been rendered by a court or administrative tribunal of either State. Unless a person directly affected by that case does not accept the mutual agreement that implements the arbitration decision, that decision shall be binding both Contracting States and shall be implemented notwithstading any time limits in the domestic laws of these States. The competent authorities of the Contracting States shall by mutual agreement settle the mode off application of this paragraph."

Verifica-se, pois, que o procedimento previsto no artigo 25, desdobra-se em três espécies distintas:[4]

> (i) *individual* – §§1º e 2º, que tem por objeto a resolução de um caso particular, por iniciativa do próprio contribuinte residente ou nacional de um dos Estados signatários, quando considerar que houve tributação "não conforme" com as disposições do Tratado;
> (ii) *interpretativo* – primeira parte do §3º, que visa à resolução, pelas autoridades, de controvérsias resultantes da interpretação do Tratado;
> (iii) *integrativo* – segunda parte do §3º, em que as autoridades dos Estados signatários do Tratado poderão conciliar-se para a eliminação da dupla tributação em casos não previstos no Tratado.

Segundo a doutrina,[5] o procedimento amigável é: (i) *autônomo*, pois, além de não estar atrelado aos meios previstos na legislação doméstica, não há a necessidade de esgotamento dos remédios estabelecidos pela lei interna, sendo admissível a concomitância de processos;[6] (ii) *preventivo*, eis que não há a necessidade de concreta dupla tributação, podendo ser baseado na simples possibilidade de dupla incidência, inclusive em decorrência da edição de norma interna; (iii) *bilateral*, na medida em que as controvérsias serão resolvidas entre os Estados signatários. Essa característica não se revela na primeira fase (reclamação do contribuinte), sendo exclusiva da segunda fase do procedimento (fase internacional); e (iv) *informal*, pois não há a necessidade de recorrer à via diplomática, podendo as partes negociar diretamente, sem dispensar a observância das garantias essenciais do contribuinte.

A Convenção Modelo da OCDE, desde sua versão de 2008, estabeleceu a implementação do procedimento arbitral (parágrafo 5 do artigo 25 da CM-OCDE) em caso de não se alcançar uma resolução no prazo de dois anos após a instauração do procedimento amigável e esta disposição ganhou força com a Ação 14 do Projeto BEPS, como será adiante exposto.

A arbitragem, como se deduz dos Comentários da OCDE, representa uma fase do procedimento amigável e não, uma modalidade alternativa ou adicional de solução de controvérsias.[7] A fase arbitral não será cabível no caso de as autoridades terem alcançado a solução do conflito sem deixar qualquer questão não resolvida, ainda que a pessoa que tenha iniciado o procedimento não considere correta a solução alcançada pelas autoridades.

2.2 Efeito vinculante do MAP

Muito se discute acerca do efeito vinculante dos acordos resultantes do procedimento amigável, tanto para os contribuintes, como para os tribunais do Poder Judiciário.

Em países, como o Brasil, em que a Constituição veda qualquer restrição do acesso à Justiça em caso de lesão do direito individual, o acordo firmado em decorrência do

---

4   XAVIER, Alberto. *Direito Tributário Internacional do Brasil*. 8. ed. rev. e atual. Rio de Janeiro: Forense, 2015, p. 189.
5   XAVIER, *Op. Cit.*, p. 189.
6   Alguns países, como Estados Unidos e Bélgica, exigem a exaustão dos remédios previstos domesticamente.
7   OECD (2014), *Model Tax Convention on Income and on Capital: Condensed Version 2014*, OECD Publishing, Paris. Ver item 64 dos Comentários ao Artigo 25.

procedimento amigável não terá efeito vinculante para os tribunais judiciais, nem terá força preclusiva para o contribuinte.[8]

A maior parte da doutrina defende[9] que os tribunais deverão considerar os acordos mútuos, especialmente aqueles classificados por ALBERTO XAVIER como interpretativos e individuais, como elemento de interpretação do tratado, já que, ainda que não tenham efeitos vinculantes, fazem parte do *contexto* do tratado, conforme a cláusula de interpretação dos Tratados.[10]

Uma outra vertente doutrinária à qual se filia o professor HELENO TORRES, defende que na hipótese de se alcançar um acordo para solução do conflito, este estaria sujeito às faculdades discricionárias dos Estados, não havendo obrigação de sua implementação.[11]

Do lado oposto, Sérgio André Rocha[12] defende que *os acordos decorrentes de procedimentos amigáveis são sim a interpretação autêntica da CDTR, devendo ser observados pelos demais intérpretes da convenção, inclusive o Poder Judiciário.*

Essa posição alinha-se com os Comentários da OCDE,[13] segundo os quais o efeito vinculativo do acordo mútuo e a obrigatoriedade de sua implementação pelos países após a conclusão do procedimento amigável resultaria da inequívoca redação da parte final do parágrafo 2 do artigo 25 da CM-OCDE.

2.3 O MAP nos tratados celebrados pelo Brasil

Os tratados para evitar a dupla tributação celebrados pelo Brasil seguem o Modelo OCDE, em diferentes versões, consoante os anos em que foram celebrados.

O Procedimento Amigável está previsto em todos eles, ora no artigo 24, ora no artigo 25[14] e, em sua maior parte, a disposição convencional tem a seguinte redação:

Procedimento Amigável

1. Quando um residente de um Estado Contratante considerar que as medidas tomadas por um ou ambos os Estados Contratantes conduzem ou poderão conduzir, em relação a si, a uma tributação em desacordo com a presente Convenção, poderá, independentemente dos recursos previstos pelas legislações nacionais desses Estados, submeter o seu caso à apreciação da autoridade competente do Estado Contratante de que é residente.

2. Essa autoridade competente. se a reclamação se lhe afigurar justificada e não estiver em condições de lhe dar uma solução satisfatória, esforçar-se-ão por resolver a questão através de acordo amigável com a autoridade competente do outro Estado Contratante, a fim de evitar uma tributação não conforme com a Convenção.

---

[8]   XAVIER, *Op. Cit.*, p. 192.

[9]   Nesse sentido, cfr. Xavier, Alberto, *Op. Cit.*, p. 192 e 193 e Santiago, Igor Mauler. *Direito Tributário Internacional: Métodos de Solução de Conflitos.* São Paulo: Quartier Latin, 2006, p. 249.

[10]   Ver parágrafo 2º do artigo 3º da CM-OCDE e artigo 31, (3), da Convenção de Viena de 1969.

[11]   TORRES, Heleno Taveira. *Pluritributação Internacional sobre as Rendas das Empresas.* 2. ed. rev. atual. e ampl. São Paulo: Revista dos Tribunais, 2001, p. 694.

[12]   ROCHA, Sérgio André. *Interpretação dos Tratados para Evitar a Bitributação da Renda.* 2. ed. São Paulo: Quartier Latin, 2013, 279.

[13]   OECD (2014), *Op. Cit.* Ver item 29 dos Comentários ao Artigo 25: "(...) The obligation of implementing such agreements is unequivocally stated in the last sentence of paragraph 2, and impediments to implementation that were already existing should generally be built into the terms of the agreement itself. (...)".

[14]   Com exceção dos Tratados com Israel, Luxemburgo e Noruega, que está previsto no artigo 26.

3. As autoridades competentes dos Estados Contratantes esforçar-se-ão por resolver, através de acordo amigável, as dificuldades ou as dúvidas que surgirem da interpretação ou da aplicação da Convenção.

4. As autoridades competentes dos Estados Contratantes poderão consultar-se mutuamente com vistas a eliminar a dupla tributação nos casos não previstos na Convenção.

Note-se que o parágrafo 5 (arbitragem para resolução das controvérsias) não foi reproduzido em nenhum Tratado celebrado pelo Brasil, limitando-se a reproduzir até o parágrafo 4 do artigo 25 da Convenção-Modelo da OCDE.

Embora dos Tratados com a Bélgica, Canadá, Dinamarca, Filipinas e Venezuela conste um parágrafo 5 ao artigo 25, sua redação não tem qualquer identidade com a "cláusula de arbitragem" prevista no Modelo OCDE, trazendo apenas ressalvas e esclarecimentos acerca das possíveis tratativas entre os Estados.[15]

3   Interpretação dos Tratados

3.1 A cláusula geral de interpretação dos Tratados contra dupla tributação

O Modelo de Convenção OCDE vigente (2014) prevê no parágrafo 2º do artigo 3º uma cláusula geral de interpretação das disposições da convenção, que estabelece:

> Para a aplicação da Convenção, a qualquer tempo, por um Estado Contratante, qualquer termo ou expressão que nele não se encontre definido, a não ser que o *contexto* exija interpretação diferente, terá o significado que a esse tempo lhe for atribuído pela legislação desse Estado relativa aos impostos que são objeto do Acordo, prevalecendo o significado atribuído a esse termo ou expressão pela legislação tributária desse Estado sobre o significado que lhe atribuírem outras leis desse Estado.[16]

---

[15] Bélgica: "5. As autoridades competentes dos Estados Contratantes entender-se-ão a respeito das medidas administrativas necessárias à execução das disposições da Convenção e, particularmente, a respeito das justificativas a serem fornecidas pelos residentes de cada Estado para beneficiar-se no outro Estado das isenções ou reduções de impostos previstas na presente Convenção".
Canadá: "5. As autoridades competentes dos Estados Contratantes poderão comunicar-se diretamente a fim de chegarem a um acordo nos termos indicados nos parágrafos anteriores. As autoridades competentes dos Estados Contratantes poderão também estabelecer, de comum acordo, os métodos de aplicação da presente Convenção".
Dinamarca: "5. Na eventualidade de os Estados Contratantes poderem fornecer assistência e apoio recíprocos para a arrecadação dos impostos objeto da presente Convenção, a extensão dessa assistência e apoio poderá ser estabelecida pelos Estados Contratantes por meio de uma futura troca de notas".
Filipinas: "5. As autoridades competentes dos Estados Contratantes poderão comunicar-se diretamente a fim de chegarem a acordo nos termos indicados nos parágrafos anteriores."
Venezuela: "5. Independentemente da participação dos Estados Contratantes no 'Acordo Geral sobre Comércio de Serviços', ou em quaisquer acordos internacionais, as questões tributárias relativas aos impostos compreendidos na presente Convenção que ocorram entre os Estados Contratantes somente estarão sujeitas às disposições da presente Convenção."
[16] Na redação original: As regards the application of the Convention at any time by a Contracting State, any term not defined therein shall, unless the context otherwise requires, have the meaning that it has at that time under the law of that State for the purposes of the taxes to which the Convention applies, any meaning under the applicable tax laws of that State prevailing over a meaning given to the term under other laws of that State.

De acordo com a referida disposição, para fins interpretativos devem ser consideradas as definições constantes da própria convenção e, não havendo definição convencional, far-se-á a construção de significado a partir do contexto em que inserida a convenção. Caso não seja possível a construção de significado a partir do contexto, procede-se ao reenvio da questão à legislação doméstica dos Estados contratantes.[17]

O alcance do reenvio à lei interna é assim ensinado por Alberto Xavier:

> De tudo isto resulta que o §2º do art. 3º não reveste o alcance de uma cláusula genérica de reenvio para o direito interno, como regra subsidiária de interpretação e aplicação do tratado, (...), antes estabelece o círculo excepcional de hipóteses restritas, em que o direito fiscal interno pode ser utilizado para definir expressões não definidas no tratado, como, por exemplo, "lucro" ou "controle direto ou indireto.[18]

Pode-se verificar que a remissão à legislação interna referida no Tratado não é automática. Há de se apurar, *antes*, o conceito do signo previsto nas normas do Tratado, de acordo com o *contexto* em que foi celebrado.

3.1.1 Contexto

De acordo com o artigo 31 da Convenção de Viena de 1969, o *contexto* abrange além do texto do tratado, qualquer acordo relativo ao tratado, ainda que seja posterior, bem como as regras de Direito Internacional aplicáveis às partes:

> 2. Para os fins de interpretação de um tratado, o contexto compreenderá, além do texto, seu preâmbulo e anexos: a) qualquer acordo relativo ao tratado e feito entre todas as partes em conexão com a conclusão do tratado; b) qualquer instrumento estabelecido por uma ou várias partes em conexão com a conclusão do tratado e aceito pelas outras partes como instrumento relativo ao tratado.
> 3. Serão levados em consideração, juntamente com o contexto: a) qualquer acordo posterior entre as partes relativo à interpretação do tratado ou à aplicação de suas disposições; b) qualquer prática seguida posteriormente na aplicação do tratado, pela qual se estabeleça o acordo das partes relativo à sua interpretação; c) quaisquer regras pertinentes de Direito Internacional aplicáveis às relações entre as partes.

A doutrina ressalva que a expressão *contexto* contida no §2º do art. 3º dos tratados contra dupla tributação (Modelo OCDE) não está adstrita ao texto do acordo (no qual se inclui o preâmbulo e anexos), ou aos instrumentos a este relacionados, como referido na Convenção de Viena de 1969, possuindo sentido muito mais abrangente. Esta é a lição de Heleno Torres:

> O *contexto*, em linguagem corrente, o conjunto de elementos exteriores ao texto propriamente dito, suscetíveis de contribuírem para o esclarecimento da significação dos termos contidos no texto convencional, utilizado pelo intérprete na busca da intenção das partes.

---

[17] ROCHA, *Op. Cit.*, p. 195.
[18] XAVIER, *Op. Cit.*, p. 159.

Para demarcar com precisão o que deve entender por *contexto*, faz-se necessário uma integração do art. 3º, §2º com os princípios gerais da Convenção de Viena sobre o Direito dos Tratados (CVDT) quanto à interpretação dos tratados, naquilo que lhe seja compatível.[19]

Ou, nas palavras de Alberto Xavier, *o contexto é constituído em particular pela intenção das partes contratantes quando assinaram o tratado, bem como pelo significado dado aos conceitos pela legislação do outro Estado.*[20]

Em suma, o termo *contexto* mencionado no artigo 3º dos Tratados refere-se a toda a conjuntura em que está contida a convenção celebrada entre os Estados, abrangendo inclusive as normas consuetudinárias do Direito Tributário Internacional.

3.1.2 Reenvio ao direito interno

O Modelo OCDE, em seu artigo 3º, também prevê definições de diversos conceitos referidos no texto dos Tratados, tais como "pessoas", "sociedades", "nacionais". No caso de a expressão não estar definida no referido texto, serão aplicadas as normas de direito interno relativas aos impostos objeto do referido acordo.

Porém, esse reenvio à legislação interna deve observar uma limitação, na medida em que deve sempre prevalecer a força normativa da convenção, não podendo ser jamais desvirtuado o seu espírito.

Como ensina Heleno Torres, a regra contida no art. 3º, §2º *consiste precisamente na necessidade de evitar que as regras convencionais sejam interpretadas de modo divergente e, o menos possível, de modo unilateral, por reenvios ao direito interno.*[21]

Sobre os limites do reenvio, ensina Alberto Xavier:

(...) o §2º do art. 3º não reenvia genericamente para o direito interno do Estado que aplica o tratado, como um todo, mas apenas para a 'legislação relativa aos impostos que são objeto do presente acordo', significando isto que a definição de expressões não definidas no tratado só poderá ser obtida a partir das *leis fiscais* e, dentro destas, das leis especificamente reguladoras do imposto sobre a renda e o capital.[22](grifos nossos)

Veja-se que a aplicação do direito interno está adstrita à legislação relativa aos impostos que são objeto da Convenção; isto é, às leis reguladoras dos tributos sobre a renda e o capital,[23] devendo prevalecer o significado atribuído pela legislação tributária sobre o significado que lhe atribuiriam os demais ramos do Direito.

Em virtude dessa disposição dos Tratados, surge a questão relativa a qual direito interno deve ser considerado, se seriam as normas do direito interno vigentes à época da celebração (concepção estática) do tratado ou, se seriam as vigentes quando da aplicação

---

[19] TORRES, *Op. Cit.*, p. 649.
[20] XAVIER, *Op. Cit.*, p. 158.
[21] TORRES, *Op. Cit.*, p. 650.
[22] XAVIER. *Op. Cit.*, p. 158.
[23] Devem ser observadas as leis relativas à CSLL, tendo em vista que os Tratados também abrangem a CSLL, conforme esclarece o artigo 11 da Lei nº 13.202/2015: "Art. 11. Para efeito de interpretação, os acordos e convenções internacionais celebrados pelo Governo da República Federativa do Brasil para evitar dupla tributação da renda abrangem a CSLL."

ao caso concreto (concepção dinâmica). É o que Sérgio André Rocha chama de *debate que distingue o reenvio estático ao direito interno do chamado reenvio dinâmico*.[24]

De acordo com a concepção estática, ao se proceder ao reenvio deve-se voltar à legislação doméstica que se encontrava em vigor no momento da celebração do tratado, a fim de se preservar da intenção original dos Estados. De outro lado, a concepção dinâmica defende a aplicação da legislação interna dos Estados contratantes em vigor no momento da interpretação, a fim de garantir a efetividade da própria convenção ao longo dos anos.

A maior parte da doutrina é favorável à concepção dinâmica, tendo em vista a necessidade de se aplicar a convenção ao longo do tempo, pois, do contrário, estar-se-ia negando dinamismo ao próprio direito, o qual deve acompanhar as evoluções da sociedade.[25]

Esse entendimento foi consagrado, a partir de 1995, na Convenção Modelo da OCDE, que passou a prever expressamente a aplicação da concepção dinâmica, como se depreende do item 2 do artigo 3º do modelo em vigor (acima transcrito). No entanto, os Tratados celebrados pelo Brasil não possuem uniformidade quanto a essa questão, já que a maioria dos Tratados foi celebrada anteriormente a 1995[26] e não trazem qualquer disposição nesse sentido.

3.2 Convenção de Viena de 1969

Em 22 de maio de 1969, na Conferência de Viena sobre o Direito dos Tratados, foi celebrada uma convenção baseada em projeto elaborado pela Assembleia Geral da Organização das Nações Unidas (ONU).

Apesar de ter sido celebrada em 1969, a Convenção de Viena sobre o Direito dos Tratados ("Convenção de Viena") somente entrou em vigor em 1980, data em que atingiu o número mínimo de 35 (trinta e cinco) ratificações, conforme exigido por seu artigo 84.[27] No Brasil, a Convenção somente foi ratificada por depósito perante a ONU em 25 de setembro de 2009, sendo aprovada pelo Congresso Nacional pelo Decreto Legislativo nº 496, de 17 de julho de 2009 e promulgada pelo Presidente da República através do Decreto nº 7.030, de 14 de dezembro de 2009.

A Convenção de Viena é um documento de extrema importância e tem por objetivo compilar as normas de direito internacional consuetudinário relativas aos tratados, a fim de promover *os propósitos das Nações Unidas enunciados na Carta, que são a manutenção da paz e da segurança internacionais, o desenvolvimento das relações amistosas e a consecução da cooperação entre as nações*.[28]

---

[24] ROCHA, *Op. Cit.*, p.195.

[25] Cfr. XAVIER, *Op. Cit.*, p. 160.

[26] Os seguintes Tratados foram celebrados anteriormente a 1995: Argentina, Áustria, Bélgica, Canadá, China, Coreia do Sul, Dinamarca, Espanha, Filipinas, Finlândia, França, Holanda, Hungria, Índia, Itália, Japão, Luxemburgo, Noruega, Repúblicas Tcheca e Eslovaca e Suécia.

[27] Artigo 84: A presente Convenção entrará em vigor no trigésimo dia que se seguir à data do depósito do trigésimo quinto instrumento de ratificação ou adesão.

[28] Cfr. Preâmbulo da Convenção.

A Convenção de Viena estabelece que os países signatários que vierem a celebrar tratados entre si devem observância ao princípio do *pacta sunt servanda*, segundo o qual *todo tratado em vigor obriga as partes e deve ser cumprido por elas de boa fé*.[29]

Nos termos da Convenção, o Estado contratante irá cumprir suas disposições com lisura, sem manobras para burlar o acordo, inclusive por meio da alteração de disposições domésticas como expressamente preceitua o artigo 27,[30] em estrita observância dos princípios *pacta sunt servanda* e da boa-fé.

Os artigos 31 e 32[31] da Convenção de Viena contêm importantes regras de interpretação dos tratados internacionais, sobre as quais leciona Alberto Xavier:

> De acordo com o art. 31 da Convenção de Viena, os tratados deverão ser interpretados de boa-fé, de harmonia com o significado comum a ser dado aos termos do tratado 'no seu contexto' e 'à luz do seu objeto e propósito'. O *contexto* compreende, além do texto (incluindo preâmbulo e anexos), qualquer acordo relacionado com o tratado que tiver sido celebrado pelas partes em conexão com a conclusão do tratado, bem como qualquer instrumento elaborado por uma ou mais partes em conexão com a conclusão do tratado e aceite pelas outras partes como instrumento relacionado com o tratado. Juntamente com o *contexto*, a interpretação dos tratados deve considerar qualquer acordo subsequente entre as partes, relativo à interpretação do tratado ou à aplicação de suas disposições, qualquer prática subseqüente na aplicação do tratado que estabeleça um acordo das partes relativo à sua interpretação, bem como quaisquer relevantes de direito internacional aplicáveis às relações entre as partes. Por sua vez, o art. 32 da Convenção de Viena acrescenta que é legítimo o recurso a meios de interpretação suplementar, incluindo os trabalhos preparatórios e as circunstâncias da sua celebração.[32]

Assim, de acordo com o disposto nos artigos 31 e 32 da Convenção de Viena, o texto do tratado representa a expressão da vontade máxima dos Estados signatários, mas não deve ser considerado isoladamente, devendo ser interpretado conforme a conjuntura em que foi celebrado.

---

[29] Artigo 26: Todo tratado em vigor obriga as partes e deve ser cumprido por elas de boa fé.

[30] Artigo 27: Uma parte não pode invocar as disposições de seu direito interno para justificar o inadimplemento de um tratado. Esta regra não prejudica o artigo 46.

[31] Artigo 31:1. Um tratado deve ser interpretado de boa fé segundo o sentido comum atribuível aos termos do tratado em seu contexto e à luz de seu objetivo e finalidade.
2. Para os fins de interpretação de um tratado, o contexto compreenderá, além do texto, seu preâmbulo e anexos: a) qualquer acordo relativo ao tratado e feito entre todas as partes em conexão com a conclusão do tratado; b) qualquer instrumento estabelecido por uma ou várias partes em conexão com a conclusão do tratado e aceito pelas outras partes como instrumento relativo ao tratado.
3. Serão levados em consideração, juntamente com o contexto: a) qualquer acordo posterior entre as partes relativo à interpretação do tratado ou à aplicação de suas disposições; b) qualquer prática seguida posteriormente na aplicação do tratado, pela qual se estabeleça o acordo das partes relativo à sua interpretação; c) quaisquer regras pertinentes de Direito Internacional aplicáveis às relações entre as partes.
4. Um termo será entendido em sentido especial se estiver estabelecido que essa era a intenção das partes.
Artigo 32: Pode-se recorrer a meios suplementares de interpretação, inclusive aos trabalhos preparatórios do tratado e às circunstâncias de sua conclusão, a fim de confirmar o sentido resultante da aplicação do artigo 31 ou de determinar o sentido quando a interpretação, de conformidade com o artigo 31:
a) deixa o sentido ambíguo ou obscuro; ou
b) conduz a um resultado que é manifestamente absurdo ou desarrazoado.

[32] XAVIER. *Op. Cit.*, p. 154.

3.3 Conflitos de interpretação

Os conflitos e controvérsias dos Tratados decorrem, principalmente, dos seguintes fatores:

(i) Interação de dois sistemas jurídicos distintos;

(ii) A previsão de reenvio ao direito interno, que muitas vezes resulta na aplicação errônea da lei interna;

(iii) Diferentes interpretações das disposições do tratado, decorrente inclusive da tradução dos termos da convenção para o idioma de cada país;

(iv) Problemas relacionados aos fatos (erro na avaliação dos fatos relevantes, falta de informações recíprocas).

Esses conflitos, na maioria das vezes, resultam na dupla tributação, que é justamente o que os Tratados visam evitar. Em outras palavras, o objetivo primordial dos Tratados se frustra em decorrência de uma interpretação equivocada de suas disposições. Daí a necessidade de resolução desses conflitos pelos países signatários, a fim de que haja uma convergência na interpretação dos signos e disposições dos tratados para que se possa alcançar a finalidade almejada por ocasião da celebração do Tratado.

4 Ação 14 do Projeto BEPS

O Relatório Final da OCDE sobre a Ação 14 do BEPS, publicado em 2015, trouxe a seguinte descrição:[33]

ACTION 14
Make dispute resolution mechanisms more effective
Develop solutions to address obstacles that prevent countries from [re]solving treaty-related disputes under MAP, including the absence of arbitration provisions in most treaties and the fact that access to MAP and arbitration may be denied in certain cases.

Assim, o objetivo da Ação 14 é fortalecer a efetividade do MAP previsto nas Convenções contra Dupla Tributação, inclusive por meio do estabelecimento de padrões procedimentais mínimos para a implementação do *Mutual Agreement Procedure* (MAP), de forma que a resolução dos conflitos seja célere e eficaz.

São estas as diretrizes gerais dos objetivos mínimos (*minimum standards*) a serem adotados por cada país na implementação da Ação 14:

(i) garantir que as obrigações previstas no Tratado relativas ao MAP sejam plenamente aplicadas de boa-fé e que os casos do MAP sejam resolvidos de forma célere;

(ii) assegurar a instauração de processos administrativos que favoreçam a prevenção e célere solução de controvérsias relacionadas aos Tratados;

---

[33] OECD (2015), *Making Dispute Resolution Mechanisms More Effective, Action 14 - 2015 Final Report*, OECD Publishing, Paris. Tradução livre: "Desenvolver soluções para enfrentar os obstáculos que impedem os países de resolverem, as controvérsias relacionadas ao tratado ao abrigo do MAP, incluindo a ausência de disposições de arbitragem na maioria dos tratados e o fato de que o acesso ao MAP e à arbitragem pode ser negado, em certos casos".

(iii) garantir o acesso ao MAP pelos contribuintes quando elegíveis;

(iv) implementar os termos acordados no MAP.

Esses objetivos mínimos são constituídos por medidas específicas a serem adotadas pelos países para assegurar que eles solucionem as disputas relacionadas aos tratados de forma célere e eficiente.

Os mencionados objetivos mínimos são complementados por uma lista de "Boas Práticas" (*Best Practices*), que não fazem parte dos objetivos mínimos e também foram divulgados no Relatório Final da OCDE sobre a Ação 14 e no Relatório *Peer Review"* da Ação 14, publicado em outubro de 2016 pela OCDE.[34]

A ideia é que para implementação das principais diretrizes, os países adotem essas "boas práticas", mas estas não têm cunho obrigatório como as Ações em si do Projeto BEPS para aqueles que o adotarem, tendo em vista que, diferente dos objetivos mínimos, tais práticas possuem caráter subjetivo ou qualitativo que não poderiam ser prontamente monitoradas ou avaliadas, além de nem todos os países integrantes da OCDE ou do G20 estarem dispostos a se comprometerem à adoção de tais práticas nesse primeiro estágio.

Além do comprometimento da implementação dos objetivos mínimos por todos os países que aderirem ao Projeto BEPS, alguns países[35] declararam o seu compromisso em realizar o MAP por meio de arbitragem vinculativa e obrigatória, a fim de garantir que as disputas relacionadas aos seus tratados sejam resolvidas em prazo determinado.

4.1 Boa-fé na aplicação das obrigações do MAP

A doutrina defende que, nos termos do parágrafo segundo do artigo 25, as autoridades devem "devem esforçar-se" para resolver o conflito por mútuo acordo, mas não haveria uma obrigação das partes nesse sentido, tratando-se de um *pactum de contrahendo*.

Nas palavras de Alberto Xavier:[36]

> Este procedimento não exprime o exercício de uma função jurisdicional dos Estados, pois não se encontram obrigados a concluir por uma decisão que represente a solução do conflito no caso concreto, mas apenas a negociar, com diligência, uma solução amigável, podendo, porém, não chegar a um acordo. Trata-se de uma obrigação de meios e não de resultados, de um *pactum de contrahendo* que obriga as partes a negociar mas não a atingir um acordo.

No entanto, por meio da Ação 14, a OCDE pretende alterar os Comentários para esclarecer que há um dever das partes na solução da controvérsia em decorrência da obrigação assumida em virtude da celebração do tratado, em observância ao princípio da boa-fé.

---

[34] OECD (2016), BEPS Action 14 on More Effective Dispute Resolution Mechanisms – Peer Review Documents, OECD/G20 Base Erosion and Profit Shifting Project, OECD, Paris. www.oecd.org/tax/beps/bepsaction-14-on-more-effective-dispute-resolution-mechanisms-peer-review-documents.pdf.

[35] Austrália, Áustria, Bélgica, Canadá, França, Alemanha, Irlanda, Itália, Japão Luxemburgo, Holanda, Nova Zelândia, Noruega, Polônia, Eslovênia, Espanha, Suécia, Suíça, Reino Unido e Estados Unidos.

[36] XAVIER, *Op. Cit.,* p. 190.

Nesse mesmo sentido, há uma obrigação de garantir acesso ao procedimento amigável previsto no parágrafo 1 do Artigo 25 e os casos em que os Estados poderão negar tal acesso deverão constar da próxima edição dos Comentários.

Ainda, há uma previsão para que haja o compromisso de conclusão do MAP em aproximadamente 24 (vinte e quatro) meses após a sua instauração, sendo que o progresso dos países será acompanhado no relatório de estatísticas a ser elaborado periodicamente.

Os países participantes do BEPS também deverão tornar-se membros do *Forum on Tax Administration MAP Forum (FTA MAP Forum)*, uma organização subsidiária do Comitê de Assuntos Fiscais da OCDE.

Por fim, os países deverão fornecer relatório completo das estatísticas de procedimentos amigáveis em formato acordado em coordenação com o *FTA MAP Forum* e comprometer-se a manter a aplicação dos objetivos mínimos (*minimum standard*) a ser revisado por seus pares no âmbito do *FTA MAP Forum*.

4.2 Instauração de procedimento administrativo

Os Países deverão publicar regras, diretrizes e procedimentos que sejam claros e de fácil entendimento e acessível aos contribuintes para acesso e gozo do MAP. Nesse contexto, deverá ser publicado um "Perfil MAP", em formato a ser definido em coordenação com o *FTA MAP Forum*, em uma plataforma pública compartilhada com os contatos da autoridade competente, *link* das regras e diretrizes e outras informações úteis.

Para garantir a eficácia do MAP, os países deverão assegurar que o pessoal designado para a realização do procedimento amigável possua autoridade para solucionar o caso, sem que seja influenciado pela política que o país gostaria que fosse adotada e refletida em emendas futuras ao Tratado. O desempenho das autoridades competentes não poderá ser avaliado mediante a quantidade de procedimentos concluídos ou na manutenção da receita fiscal e, por fim, as autoridades competentes designadas para o MAP deverão ser munidas de recursos adequados como treinamento, mão de obra e recursos financeiros.

4.3 Acesso ao MAP pelos contribuintes elegíveis

Um dos objetivos da Ação 14 é que os contribuintes que se enquadrem nos requisitos previstos no parágrafo 1º do Artigo 25 tenham seu acesso ao MAP garantido.

As autoridades competentes de ambos os Estados signatários do Tratado deverão ser cientificadas dos pedidos de instauração do MAP submetidos no âmbito do parágrafo 1º do Artigo 25.

Para tanto, existem duas alternativas: (i) alterar a redação do parágrafo 1º do Artigo 25 para permitir que o pedido possa ser realizado para a autoridade competente de ambos os Estados; ou (ii) quando o tratado não permitir que o pedido para instauração do MAP seja realizado a ambos os Estados, implementar uma notificação bilateral ou processo de consulta no caso de a autoridade competente perante a qual o pedido foi formulado considerar que a objeção do contribuinte não se justifica.

Ademais, as normas que regularem o MAP internamente deverão listar os documentos necessários para que o contribuinte submeta seu pedido para instauração do MAP, não podendo o acesso ser limitado ao argumento de que foi fornecida informação insuficiente no caso de o contribuinte ter fornecido informação adequada.

4.4 Implementação dos termos acordados no MAP

Todos os países deverão incluir em seus tratados a segunda parte do parágrafo 2º do Artigo 25 (*Any agreement reached shall be implemented notwithstanding any time limits in the domestic law of the Contracting States*), para assegurar que as disposições domésticas de prescrição e decadência não impeçam a implementação do acordo mútuo alcançando pelo procedimento amigável, frustrando o objetivo de solucionar os casos de tributação em desacordo com a Convenção.

Os países que não o possam fazê-lo deverão aceitar uma alternativa em que há um prazo para o Estado efetuar ajustes ao Artigo 7 e ao Artigo 9, a fim de evitar uma alteração posterior que impeça a aplicação do acordo decorrente do MAP.

Cumpre ressaltar que, no entendimento da OCDE, constante do parágrafo 29 dos Comentários ao Artigo 25, há uma obrigação dos Estados de implementar o acordo mútuo alcançado em decorrência do procedimento amigável, obrigação esta que estaria inequivocamente estabelecida na segunda parte do parágrafo 2º do Artigo 25. Daí a importância de os países incluírem a referida redação em seus acordos.

5   A implementação da Ação 14 no Brasil

5.1 IN RFB nº 1.669/2016

O procedimento amigável, apesar de ser de aplicação automática,[37] ficou anos sem regulamentação no Brasil, o que tornava mais difícil a sua concretização, eis que as autoridades e os contribuintes não sabiam como proceder para instauração do MAP.

Com o Projeto BEPS, o Brasil viu-se pressionado a adotar medidas para a implementação da Ação 14, o que deu origem à edição da IN RFB nº 1.669, de 09 de novembro de 2016 ("IN").

Referida IN dispõe sobre o procedimento amigável individual e interpretativo, denominados pela IN de fase unilateral e fase bilateral, elencando os requisitos e documentos necessários para que o contribuinte submeta seu pedido para instauração do MAP, o qual só poderá se dar exclusivamente em relação ao imposto sobre a renda ("IR") e à contribuição social sobre o lucro líquido (CSLL).

Nos termos da IN, poderão apresentar requerimento de instauração do MAP os seguintes contribuintes:
(i)   o sujeito passivo no Brasil, quando considerar que as medidas tomadas por um ou por ambos Estados conduziram ou poderão conduzir a tributação em desacordo com o Tratado;

---

[37]   Cfr. TORRES, *Op. Cit.*, p. 687, nota 30.

(ii) o nacional brasileiro, conforme definido no Tratado, em relação aos dispositivos que o alcance;

(iii) o não residente no Brasil, se à época das medidas em desacordo com o Tratado era residente no Brasil.

Para apresentação do mencionado requerimento, deverão ser observados os prazos constantes do Tratado que fundamentar o pedido,[38] sendo que o termo inicial será a data da primeira notificação referente à medida do Estado que resultou ou resultará na tributação em desacordo com o Tratado.

Para a implementação da solução alcançada pela fase unilateral do procedimento amigável deverá haver prévia concordância do contribuinte requerente e dos demais envolvidos domiciliados no exterior. Exige-se, também, a comprovação da desistência expressa e irrevogável das impugnações ou dos recursos administrativos e das ações judiciais que tenham o mesmo objeto do procedimento amigável e renúncia a qualquer alegação de direito sobre as quais se fundem as referidas impugnações e recursos ou ações.

Por fim, a IN esclarece que não cabe pedido de reconsideração ou recurso no âmbito do procedimento amigável.

Por meio da referida IN, o Brasil parece ter atendido parcialmente às diretrizes da Ação 14 do Projeto BEPS, ao menos em relação à diretriz que visa garantir acesso ao procedimento amigável.

5.2 Críticas à IN RFB 1669/2016

A crítica principal que se faz à IN RFB nº 1669/2016 diz respeito à obrigação de desistência das ações judiciais e processos administrativos em curso e renúncia às alegações de direito sobre as quais se fundam para implementação da solução alcançada pelo MAP.

Ao mesmo tempo em que ressalva que o referido procedimento não possui natureza contenciosa, a IN exige a renúncia pelo contribuinte de suas alegações de direito que fundamentam as ações judiciais e processos administrativos.

No entanto, tal posicionamento pela Receita Federal é totalmente contraditório, já que, se o procedimento não possui natureza contenciosa, deve ser permitida ao contribuinte a alternativa de questionar o posicionamento do fisco que viole as disposições do Tratado perante o Poder Judiciário. Essa é uma garantia constitucional que não lhe pode ser retirada por meio de mero ato administrativo.

Ao afirmar expressamente que o procedimento amigável não é dotado de litigiosidade, o fisco brasileiro acabou por se filiar à corrente da doutrina que defende que a solução alcançada pelo MAP não possui efeito vinculante para as partes.

De acordo com a referida corrente, a ausência de vinculação da solução pelo MAP resulta da impossibilidade de vedação do acesso à justiça em caso de lesão do direito individual prevista na Constituição de diversos países.

---

[38] Os prazos previstos em cada Tratado celebrado pelo Brasil constam do Anexo II da IN RFB 1669/2016.

Se não há efeito vinculante, não pode se exigir que o contribuinte renuncie às alegações de direito sobre as quais se fundam suas ações que visam questionar o Poder Judiciário acerca do posicionamento do fisco que acarrete (ou possa acarretar) na tributação em desacordo com disposições do Tratado.

A exigência de renúncia exclui a possibilidade de o contribuinte valer-se da garantia de acesso ao Poder Judiciário em caso de descumprimento da solução do MAP pelo fisco após a sua implementação.

A referida exigência de renúncia também não faz sentido, pois, caso o contribuinte concorde com a solução do MAP e o fisco aplique-a corretamente, não haveria motivo para este provocar o Poder Judiciário a se manifestar sobre o tema.

Este direito, porém, não lhe pode ser retirado por um mero ato administrativo, por se tratar de garantia constitucional, cláusula pétrea inafastável (art. 5º, XXXV c/c art. 60, §4º, IV da CF/88).

O mais razoável seria consignar no ato normativo que ao contribuinte seria sempre assegurado o direito de discussão no Poder Judiciário caso a solução preconizada pelo Fisco, no âmbito do procedimento amigável, fosse contrária à interpretação por ele defendida.

5.3 Inobservância das regras do Tratado

Na hipótese de negativa de instauração do procedimento amigável (MAP), em especial das disposições do parágrafo 1º do Artigo 25 do Tratado, ou de incorreta implementação da solução alcançada pelo MAP pelo fisco brasileiro, haverá não só a violação das disposições dos Tratados, como também das normas de Direito Internacional, em especial os princípios do *pacta sunt servanda* e da boa-fé, inerentes a qualquer relação jurídica.

Ao assinar um acordo, as partes se comprometem a cumprir suas disposições integralmente, devendo adotar todas as posturas necessárias para sempre honrar suas obrigações.

A transgressão das normas do Tratado por descumprimento voluntário é denominada *treaty override*.

Nas palavras de Heleno Torres, o *treaty override* é assim caracterizado:

> A transgressão explícita ou implícita às cláusulas de uma convenção sobre a renda e o capital – *override of tax treaties* – promovida por um (ou ambos) os Estados contratantes, consiste na *voluntária inaplicabilidade das normas convencionais* derivada seja da aplicação deliberada do direito interno, sem observância das normas convencionais, seja da edição de regras tributárias conflitantes com o disposto na convenção, que, expressamente, limitem a aplicação desta.[39]

O *treaty overrride* representa o espontâneo inadimplemento das normas convencionais, quebrando a relação de boa-fé existente desde a celebração do tratado, na medida em que pressupõe uma real intenção de descumprimento de suas normas.

---

[39] TORRES, *Op. Cit.*, p. 634.

6 Conclusões

O Modelo de Convenção OCDE prevê no parágrafo 2º do artigo 3º uma cláusula geral de interpretação das disposições da convenção, segundo a qual se deve, em primeiro lugar, considerar as acepções constantes do texto do Tratado e, subsidiariamente, não havendo previsão textual, aplica-se o *contexto*. Somente no caso de não ser possível extrair o significado de seu *contexto* é que se parte para aferir o conceito conforme o direito interno.

Do mesmo modo, a Convenção de Viena de 1969 reconhece que deve haver a prevalência da força normativa dos Tratados, já que o texto do tratado representa a expressão da vontade máxima dos Estados signatários.

Verifica-se, pois, que sistemática a ser adotada na interpretação das convenções deve seguir em primeiro lugar a intenção das partes na celebração do tratado.

Por esta razão, é que as relações entre os Estados devem pautar-se nos princípios da boa-fé e do *pacta sunt servanda*, não podendo os Estado contratantes alterar as normas de seu direito interno com a finalidade de não cumprimento do tratado.

Nesse sentido, por força do disposto no artigo 25 que trata do Procedimento Amigável dos Tratados para evitar a dupla tributação, os Estados devem garantir aos contribuintes o acesso ao MAP.

Tal obrigação é reforçada pela Ação 14 do Projeto BEPS, cujo objetivo é garantir que as obrigações previstas no Tratado relativas ao MAP sejam plenamente aplicadas de boa-fé e que os casos do MAP sejam resolvidos de forma célere e eficiente.

Pressionado pelo movimento em torno do Projeto BEPS e de sua Ação 14, após anos sem regulamentação no Brasil, o procedimento amigável (MAP) foi regulamentado no País pela da IN RFB nº 1.669, de 09 de novembro de 2016 ("IN").

Por meio da IN RFB 1.669/2016, o Brasil parece estar se esforçando para cumprir as diretrizes da Ação 14 do Projeto BEPS, salvo em relação exigência de renúncia às alegações de direito sobre as quais se fundam as ações judiciais e os processos administrativos para implementação da solução alcançada pelo MAP.

Referida exigência viola o direito constitucional de acesso à Justiça em caso de lesão ou ameaça de lesão de direito. É justamente esse direito que coloca em xeque o efeito vinculativo das soluções alcançadas pelo MAP.

A exigência dessa renúncia deixa o contribuinte sem alternativa em caso de *treaty override*, já que não poderá mais se socorrer do Poder Judiciário, caso haja descumprimento das normas do Tratado após a sua renúncia, ou mesmo em caso de implementação incorreta da solução alcançada pelo procedimento amigável.

Referências

COÊLHO, Sacha Calmon Navarro. *Curso de Direito Tributário Brasileiro*. 8. ed., rev. e atual. de acordo com o Código Civil de 2002. Rio de Janeiro: Forense, 2005.

GOMES, Orlando. *Contratos*. 26. ed. Rio de Janeiro: Forense, 2008, p. 43.

PEREIRA, Caio Mario da Silva. *Instituições de Direito Civil*. Vol. III – Contratos. 16. ed. de acordo com o Código Civil de 2002. Rio de Janeiro: Forense, 2012.

ROCHA, Sérgio André. *Interpretação dos Tratados para Evitar a Bitributação da Renda*. 2. ed. São Paulo: Quartier Latin, 2013.

RUBINSTEIN, Flavio. *Boa-fé objetiva no Direito Financeiro e Tributário – Série Doutrina Tributária, Vol. III*. São Paulo: Quartier Latin, 2010.

SANTIAGO, Igor Mauler. *Direito Tributário Internacional:* Métodos de Solução de Conflitos. São Paulo: Quartier Latin, 2006

TORRES, Heleno Taveira. *Pluritributaçao Internacional sobre as Rendas das Empresas*. 2. ed. rev. atual. e ampl. São Paulo: Revista dos Tribunais, 2001.

VOGEL, Klaus. *On Double Taxation Conventions* – a commentary to th OECD, UN and US Model Conventions for the avoidance of double taxation of income and capital (with particular reference to German Treaty Practice). Boston: Kluwer, 1991.

XAVIER, Alberto. *Direito Tributário Internacional do Brasil*. 7. ed. rev. e atual. Rio de Janeiro: Forense, 2010.

XAVIER, Alberto. *Direito Tributário Internacional do Brasil*. 8. ed. rev. e atual. Rio de Janeiro: Forense, 2015.

Informação bibliográfica deste texto, conforme a NBR 6023:2018 da Associação Brasileira de Normas Técnicas (ABNT):

ESTRADA, Roberto Duque; SCHIOSER, Luna Salame Pantoja. Ação 14 do Projeto BEPS e sua implementação no Brasil. *In:* TEIXEIRA, Alexandre Alkmim (Coord.). *Plano BEPS*. Belo Horizonte: Fórum, 2019. p. 509-526. ISBN 978-85-450-0654-1.

A CONVENÇÃO MULTILATERAL DA OCDE
E A AÇÃO 15 DO PROJETO BEPS

SERGIO ANDRÉ ROCHA

RAMON TOMAZELA SANTOS

1 Introdução

Em 24 de novembro de 2016, a OCDE divulgou o texto da Convenção Multilateral destinada à implantação das medidas sugeridas pela organização no âmbito do Projeto BEPS (*Base Erosion and Profit Shifting*), que impactam na rede internacional de acordos para evitar a dupla tributação da renda.[1] A Convenção Multilateral foi preparada em conjunto com uma Declaração Explicativa (*Explanatory Statement*), que esclarece a abordagem adotada para modificar as disposições dos acordos de bitributação em vigor.

A cerimônia de assinatura da Convenção Multilateral ocorreu no último dia 7 de junho de 2017, em Paris, na França, onde fica sediada a OCDE, com a participação de ministros e representantes políticos de diversos países do mundo.

O principal objetivo da Convenção Multilateral, que compôs a Ação 15 do Projeto BEPS, consiste em atualizar, de forma rápida e coordenada, a rede internacional de acordos de bitributação, evitando, assim, as várias rodadas de negociações bilaterais que seriam necessárias para a efetiva introdução das alterações propostas. A experiência

---

[1] De acordo com o Gerd Willi Rothmann, a expressão *acordos de bitributação* é a mais adequada, sob o ponto de vista técnico, para designar as chamadas *Convenções Destinadas a Evitar a Dupla Tributação e Prevenir a Evasão Fiscal em Relação aos Impostos sobre a Renda e o Capital*. Isso porque, segundo o aludido professor, o termo *tratado* é empregado para nomear pactos internacionais solenes, como o tratado da paz; o termo *convenção* remete aos pactos internacionais que estabelecem normas gerais, como a Convenção de Viena sobre o Direito dos Tratados ou a Convenção sobre o Mar Territorial; e o termo *acordo* designa os pactos internacionais que têm objetivos econômico, financeiro, comercial ou cultural, como os acordos de bitributação (ROTHMANN, Gerd Willi. *Interpretação e Aplicação dos Acordos Internacionais contra a Bitributação*. Tese de Doutorado. São Paulo: Universidade de São Paulo, 1978, p. 15). Apesar disso, optou-se por utilizar, no presente estudo, as expressões *acordos de bitributação* e *tratados internacionais* sem qualquer distinção, apenas para evitar repetições e facilitar a leitura, mantendo a exposição alinhada com o artigo 2º, alínea "a", da Convenção de Viena sobre o Direito dos Tratados, que utiliza a expressão *tratado* em sentido amplo.

mostra que vários lustros seriam necessários para a renegociação dos mais de 3.000 acordos de bitributação atualmente existentes,[2] cuja atualização é recomendada pela OCDE.

A ideia de desenvolver um instrumento multilateral para atualizar a rede de acordos de bitributação chegou a ser cogitada em outras oportunidades, pois as alterações da Convenção Modelo da OCDE costumam levar anos para serem efetivamente introduzidas nos tratados internacionais celebrados entre os países.[3]

Aliás, é justamente por isso que a OCDE tem adotado, nas últimas décadas, a postura de alterar a intepretação das cláusulas da Convenção Modelo, por meio de modificações dos Comentários às suas cláusulas convencionais, evitando-se assim, sempre que possível, alterações na redação das cláusulas da sua Convenção Modelo.[4]

De fato, sabe-se que a organização prefere alterar apenas os Comentários à Convenção Modelo para adaptar as suas disposições aos novos fenômenos sociais, evitando modificar, tanto quanto possível, a redação das disposições convencionais. A postura da OCDE tem o nítido propósito de evitar a renegociação dos inúmeros acordos de bitributação existentes, o que seria essencial caso a adaptação da Convenção Modelo aos novos fenômenos econômicos ocorresse por meio da modificação da redação dos seus dispositivos.[5] Para viabilizar esse procedimento de alteração dos Comentários, a OCDE defende que as modificações de interpretação podem afetar de forma imediata todos os acordos de bitributação que reproduzem a mesma regra convencional, enquanto que uma mudança na redação das próprias cláusulas da Convenção Modelo somente produziria efeito sobre os tratados internacionais que incorporassem a nova redação.[6]

Daí a importância de um instrumento multilateral para a atualização automática e simultânea de toda a rede internacional de acordos de bitributação.

No âmbito do Projeto BEPS, o maior desafio estava na elaboração das disposições da Convenção Multilateral, que deveria conciliar as medidas propostas em planos de ação com níveis distintos (i.e., *minimum standard, reinforced standard* e *best practices*), com a flexibilidade necessária para acomodar diferentes políticas fiscais seguidas por diversos países na negociação de seus tratados internacionais. Confira-se, na tabela abaixo, a classificação das Ações incluídas na Convenção Multilateral:

---

[2] Segundo Nathalie Bravo *after a modification of the OECD Model (...), a period of from 5 to 10 years is required for incorporating the respective changes into the tax treaty network.* (BRAVO, Nathalie, The Proposal for a Multilateral Tax Instrument for Updating Tax Treaties. *Base Erosion and Profit Shifting (BEPS) – The Proposals to Revise the OECD Model Convention.* Michael Land *et al* (Coord.) Vienna: Linde, 2016, p. 331).

[3] INNAMORATO, Caterina. "Expeditious Amendments to Double Tax Treaties based on the OECD Model". *Intertax*. v. 63. n. 3. Alphen aan de Rijn: Kluwer Law International, 2008, p. 114-124.

[4] GÓMEZ-BALLINA, Rodrigo. The Relevance of the Commentaries to the OECD MC for the Interpretation of Bilateral Tax Treaties. *Fundamental Issues and Practical Problems in Tax Treaty Interpretation.* SCHILCHER, Michael; WENINGER, Patrick (Coord.). Vienna: Linde, 2008, p. 93.

[5] ZAPATA, Eduardo Medina. The Impact of the OECD on Tax Treaties. *Tax Treaty Policy and Development.* STEFANER, Markus; ZÜGER, Mario (Coord.). Vienna: Linde, 2005, p. 118.

[6] VALLVÉ, Joan Hortalá i. *Comentarios a la Red Española de Convenios de Doble Imposición.* Cizur Menor: Thomson/ Aranzadi, 2007, p. 111-112.

Minimum Standard	Reinforced Standard	Best Practices
Ação 6 - Evitando a Concessão de Benefícios dos Acordos de Bitributação em Circunstâncias Inadequadas (*Preventing the Granting of Treaty Benefits in Inappropriate Circumstances*).	Ação 7 – Evitando a Elusão Artificial do Conceito de Estabelecimento Permanente (*Preventing the Artificial Avoidance of Permanent Establishment Status*).	Ação 2 – Neutralizando os Efeitos dos Descasamentos Híbridos (*Neutralising the Effects of Hybrid Mismatch Arrangements*)
Ação 14 – Tornando os Mecanismos de Solução de Controvérsias mais Efetivos (*Making Dispute Resolution Mechanisms More Effective*).		

Para superar esse árduo desafio, a Convenção Multilateral utilizou diferentes tipos de cláusulas para atualizar a rede de tratados internacionais. Em resumo, as principais soluções utilizadas pela OCDE na tentativa de fornecer a flexibilidade exigida pelos Estados signatários da Convenção Multilateral, mas sem aumentar significativamente a complexidade na aplicação das cláusulas convencionais, foram as seguintes:

(i) o uso de *cláusulas convencionais alternativas*, que permitem que os países customizem o compromisso a ser assumido com cada Estado contratante, conciliando diferentes objetivos de política fiscal;[7]

(ii) o emprego de mecanismos de *opção de inclusão* ou *opção de exclusão*, que permitem que os Estados estabeleçam compromissos ou limitações adicionais aos efeitos de certas disposições;[8]

(iii) a introdução de um *sistema de notificação*, segundo o qual os países devem indicar especificamente os tratados internacionais e as respectivas disposições que serão alteradas ou substituídas;[9]

(iv) o *uso da linguagem descritiva* nas cláusulas convencionais, que substitui referências a artigos específicos e parágrafos dos acordos de bitributação existentes que irão interagir com as medidas anti-BEPS previstas na Convenção Multilateral;[10]

(v) a inclusão de *cláusulas de compatibilidade*, que tratam expressamente da relação entre a Convenção Multilateral e as disposições vigentes dos tratados internacionais alterados.[11]

---

[7] OECD. *Developing a Multilateral Instrument to Modify Bilateral Tax Treaties*. ACTION 15: 2015 Final Report. Paris: OECD Publishing, 2015, p. 45.

[8] OECD. *Developing a Multilateral Instrument to Modify Bilateral Tax Treaties*. ACTION 15: 2015 Final Report. Paris: OECD Publishing, 2015, p. 43-47.

[9] OECD. *Developing a Multilateral Instrument to Modify Bilateral Tax Treaties*. ACTION 15: 2015 Final Report. Paris: OECD Publishing, 2015, p. 46-47.

[10] OECD. *Developing a Multilateral Instrument to Modify Bilateral Tax Treaties*. ACTION 15: 2015 Final Report. Paris: OECD Publishing, 2015, p. 22.

[11] OECD. *Developing a Multilateral Instrument to Modify Bilateral Tax Treaties*. ACTION 15: 2015 Final Report. Paris: OECD Publishing, 2015, p. 32.

Em geral, pode-se dizer que Convenção Multilateral tornará mais complexa a atividade de interpretação dos tratados internacionais modificados, principalmente para efeito de determinação da redação atual e do alcance das disposições convencionais vigentes. Idealmente, os países devem produzir versões consolidadas de cada tratado internacional modificado pela Convenção Multilateral, a fim de facilitar sua aplicação concreta. Porém, na prática, sabe-se que não há qualquer obrigatoriedade de consolidação dos textos em vigor.[12]

Até o momento, a OCDE alcançou resultados expressivos, tendo em vista que 70 países já assinaram a Convenção Multilateral,[13] sendo que outros 8 países manifestaram sua intenção de assinar o referido instrumento, ainda que em momento posterior.

No presente artigo, pretende-se examinar as propostas inseridas na Convenção Multilateral, a sua interação com os tratados internacionais em vigor, bem como a alternativa adotada pelo Brasil de renegociar, em bases bilaterais, os seus acordos de bitributação em vigor, como fez recentemente com a Argentina.

2 A convenção multilateral e a Convenção de Viena sobre o Direito dos Tratados

Como se sabe, a Convenção de Viena sobre o Direito dos Tratados (CVDT), promulgada no Brasil pelo Decreto nº 7.030/2009, codificou o mais vasto conjunto de normas jurídicas a respeito da elaboração, ratificação, denúncia e extinção de tratados internacionais, com forte alicerce nas regras de direito consuetudinário que regiam a matéria,[14] representando, assim, um marco para o desenvolvimento do direito internacional.[15]

O artigo 39 da CVDT consagra a regra geral relativa à alteração dos tratados internacionais, estabelecendo que a sua emenda depende de comum acordo entre as partes.[16] Assim, a prática comumente seguida pelos Estados, para a alteração de seus acordos de bitributação, envolve a renegociação das cláusulas que serão alteradas, sendo que, após a obtenção de consenso, os Estados assinam um protocolo de modificação.[17]

Geralmente, o processo de renegociação de um acordo internacional de bitributação é complexo, envolvendo diversas etapas, como o contato inicial entre os países, a identificação das ineficiências fiscais, o estudo das alterações na legislação tributária do outro Estado contratante, a escolha dos membros da delegação, a discussão das cláusulas

---

[12] Aliás, o Brasil é um exemplo pródigo do problema, uma vez que o atual Regulamento do Imposto de Renda, que deveria ser editado anualmente, é de 1999 (Decreto nº 3.000, de 26.3.1999). Sobre a obrigação de consolidação, confira-se o art. 212 do Código Tributário Nacional (CTN): *Art. 212. Os Poderes Executivos federal, estaduais e municipais expedirão, por decreto, dentro de 90 (noventa) dias da entrada em vigor desta Lei, a consolidação, em texto único, da legislação vigente, relativa a cada um dos tributos, repetindo-se esta providência até o dia 31 de janeiro de cada ano.*

[13] A relação completa está disponível em: http://www.oecd.org/tax/treaties/beps-mli-signatories-and-parties.pdf. Acesso em: 29 jul. 2017.

[14] BORGES, Thiago Carvalho. *Curso de Direito Internacional Público e Direito Comunitário*. São Paulo: Atlas, 2011, p. 33.

[15] ACCIOLY, Hildebrando; NASCIMENTO, Geraldo Eulálio do; CASELLA, Paulo Borba. *Manual de Direito Internacional Público*. 20. ed. São Paulo: Saraiva, 2012, p. 219.

[16] Veja-se: *Um tratado poderá ser emendado por acordo entre as partes. As regras estabelecidas na parte II aplicar-se-ão a tal acordo, salvo na medida em que o tratado dispuser diversamente.*

[17] BRAVO, Nathalie. The Proposal for a Multilateral Tax Instrument for Updating Tax Treaties. *Base Erosion and Profit Shifting (BEPS) – The Proposals to Revise the OECD Model Convention*. LAND, Michael et al (Coord.). Vienna: Linde, 2016, p. 331.

convencionais, a definição do idioma, a solução das divergências entre os Estados, entre inúmeros outros aspectos. Em vista disso, é comum que várias rodadas de renegociação sejam necessárias para propor e discutir todas as alterações pretendidas.[18]

Em um cenário ideal, o resultado final do acordo de bitributação objeto do procedimento de renegociação deve atender aos anseios de ambos os Estados contratantes, com disposições equilibradas e que funcionem adequadamente na prática. Com isso, o acordo de bitributação poderá contribuir para a promoção das relações econômicas entre os Estados contratantes, além de resistir ao transcurso do tempo, sem a necessidade de novas renegociações em curto prazo, para adaptá-lo aos novos fenômenos sociais.

A Convenção Multilateral da OCDE pretende simplificar o procedimento acima, por meio da assinatura de um instrumento multilateral que irá interagir com os acordos de bitributação atualmente em vigor, derrogando apenas cláusulas convencionais específicas.

Sob o enfoque da CVDT, a única exigência é a de que a emenda dos tratados internacionais seja realizada de comum acordo entre os Estados contratantes. Não há regras específicas estabelecendo o procedimento a ser seguido para a alteração de tratados internacionais bilaterais por convenções multilaterais. Os artigos 40 e 41 da CVDT disciplinam o procedimento de emenda dos tratados multilaterais, mas sem tratar expressamente da alteração de instrumentos bilaterais por convenções multilaterais. Assim, na ausência de disposições específicas, entende-se que a forma de modificação é de livre escolha dos países envolvidos, desde que observados os procedimentos gerais estabelecidos na CVDT e nas leis domésticas dos respectivos Estados.[19]

O artigo 30 da CVDT trata da aplicação de tratados internacionais sucessivos a respeito do mesmo assunto, de modo que a sua análise é fundamental para o presente estudo. Para facilitar a compreensão, transcreve-se a redação integral do referido dispositivo:

Aplicação de Tratados Sucessivos sobre o mesmo assunto

1. Sem prejuízo das disposições do artigo 103 da Carta das Nações Unidas, os direitos e obrigações dos Estados-partes em tratados sucessivos sobre o mesmo assunto serão determinados de conformidade com os parágrafos seguintes.

2. Quando um tratado estipular que está subordinado a um tratado anterior ou posterior ou que não deve ser considerado incompatível com esse outro tratado, as disposições deste último prevalecerão.

3. *Quando todas as partes no tratado anterior são igualmente partes no tratado posterior, sem que o tratado anterior tenha cessado de vigorar* ou sem que a sua aplicação tenha sido suspensa nos termos do artigo 59, *o tratado anterior só se aplica na medida em que as suas disposições sejam compatíveis com as do tratado posterior.*

4. Quando as partes no tratado posterior não incluem todas as partes no tratado anterior:
a) nas relações entre os Estados-partes nos dois tratados, aplica-se o disposto no parágrafo 3;

---

[18] SANTOS, Ramon Tomazela. O Procedimento de Negociação dos Acordos de Bitributação. *Revista Dialética de Direito Tributário* n. 236. São Paulo: Dialética, p. 127-151.

[19] ODENDAHL, Kerstin. Article 39. General rule regarding the amendment of treaties. *Vienna Convention on the Law of Treaties.* DÖRR, Oliver; SCHMALENBACH, Kirsten. (Coord.) Heidelberg: Springer-Verlag, 2012, p. 699.

b) nas relações entre um Estado-parte nos dois tratados e um Estado- parte apenas em um desses tratados, o tratado em que os dois Estados são partes rege os seus direitos e obrigações recíprocos.

5. O parágrafo 4 aplica-se sem prejuízo do artigo 41, ou de qualquer questão relativa à extinção ou suspensão da execução de um tratado nos termos do artigo 60 ou de qualquer questão de responsabilidade que possa surgir para um Estado da conclusão ou da aplicação de um tratado cujas disposições sejam incompatíveis com suas obrigações em relação a outro Estado nos termos de outro tratado.

O parágrafo 1º do artigo 30 da CVDT apenas enuncia a cláusula geral de que os direitos e obrigações dos Estados, oriundos de tratados internacionais sucessivos sobre o mesmo assunto, devem observar o disposto em seus parágrafos. O artigo 103 da Carta das Nações Unidas, mencionado no aludido parágrafo, constitui uma *cláusula de prioridade (priority clause)*, segundo a qual as obrigações assumidas pelos membros das Nações Unidas prevalecem sobre aquelas pactuadas em outros acordos internacionais.[20]

Em seguida, o parágrafo 2º do artigo 30 da CVDT trata da *cláusula de subordinação (subordination clause)*, segundo a qual os Estados contratantes podem estipular que um tratado internacional está subordinado a um tratado internacional anterior ou posterior ou que não deve ser considerado incompatível com esse último. Assim, tanto as *cláusulas de prioridade*, quanto as *cláusulas de subordinação* constituem regras de compatibilidade ou de conflito, que podem ser definidas como mecanismos utilizados pelos Estados contratantes para disciplinar as relações entre tratados internacionais sucessivos.[21]

O parágrafo 3º do artigo 30 da CVDT consagra o critério cronológico de resolução de antinomias jurídicas *lex posterior derogat legi priori*, que constitui uma regra geral de direito intertemporal, acolhida tanto no âmbito das leis internas,[22] como no plano internacional. Dessa forma, caso dois tratados internacionais relativos ao mesmo assunto estejam simultaneamente em vigor e as suas disposições sejam incompatíveis, o tratado internacional posterior deve prevalecer sobre o tratado internacional anterior.[23]

O critério cronológico é de fundamental importância para as discussões relativas aos tratados internacionais sucessivos, em razão da ausência de hierarquia entre os pactos internacionais que versam sobre a mesma matéria.[24]

Em circunstâncias normais, o critério cronológico previsto no artigo 30, parágrafo 3º, da CVDT deve ser suficiente para garantir a prevalência da Convenção Multilateral sobre os tratados bilaterais anteriores, que permanecerão aplicáveis na medida de sua

---

[20] Veja-se: *Artigo 103. No caso de conflito entre as obrigações dos Membros das Nações Unidas, em virtude da presente Carta e as obrigações resultantes de qualquer outro acordo internacional, prevalecerão as obrigações assumidas em virtude da presente Carta.*

[21] BRAVO, Nathalie. The Proposal for a Multilateral Tax Instrument for Updating Tax Treaties. *Base Erosion and Profit Shifting (BEPS) – The Proposals to Revise the OECD Model Convention.* LAND, Michael *et al* (Coord.). Vienna: Linde, 2016, p. 334.

[22] No Brasil, veja-se o parágrafo 1º, do artigo 2º, da Lei de Introdução às normas do Direito Brasileiro: *A lei posterior revoga a anterior quando expressamente o declare, quando seja com ela incompatível ou quando regule inteiramente a matéria de que tratava a lei anterior.*

[23] OECD. *Developing a Multilateral Instrument to Modify Bilateral Tax Treaties.* ACTION 15: 2015 Final Report. Paris: OECD Publishing, 2015, p. 31.

[24] Note-se que a CVDT, na condição de regra geral de direito internacional, não entra no mérito de eventual superioridade hierárquica atribuída aos tratados internacionais de direitos humanos, segundo o ordenamento jurídico de determinados países.

compatibilidade com as disposições supervenientes.[25] Isso é assim porque o autêntico conflito normativo apenas deverá ocorrer caso os dois Estados contratantes do tratado bilateral também tenham assinado a Convenção Multilateral, hipótese em que o critério cronológico garantirá a prevalência do último instrumento internacional.

Apesar disso, a verdade é que dificuldades hermenêuticas podem surgir na prática, seja em relação à possibilidade de interpretação harmônica do tratado bilateral com a Convenção Multilateral, seja em relação a tratados bilaterais posteriores celebrados entre os mesmos Estados contratantes, ainda que para tratar de questões conexas. Trata-se, assim, de uma questão de interpretação, o que permite o surgimento de controvérsias.[26]

Daí a opção da OCDE pela inclusão de cláusulas de compatibilidade no instrumento multilateral, com o objetivo de tornar mais clara e transparente a relação entre as disposições da Convenção Multilateral e dos tratados bilaterais alterados.[27]

A ideia por trás das cláusulas de compatibilidade é promover a certeza, a transparência e a segurança jurídica nas relações internacionais, garantindo, assim, que as disposições da Convenção Multilateral prevalecerão sobre as regras dos tratados bilaterais alterados. Trata-se, portanto, de medida destinada a preservar a aplicação uniforme da Convenção Multilateral nos seus diferentes níveis de interpretação, que envolvem os Estados contratantes, os contribuintes, as autoridades fiscais e as autoridades judiciais.[28]

Retornando para a análise da CVDT, o parágrafo 4º do artigo 30 apenas confirma que, quando os mesmos Estados contratantes são partes em dois tratados internacionais sucessivos, o critério cronológico deve prevalecer. Diversamente, caso apenas um Estado seja parte em dois tratados internacionais sucessivos, o instrumento internacional celebrado entre os dois países contratantes, seja anterior, seja posterior, deverá reger seus direitos e obrigações recíprocos, como não poderia deixar de ser.

Para encerrar este tópico, o parágrafo 5º do artigo 30 da CVDT dispõe que as regras previstas no parágrafo anterior se aplicam independentemente do (i) artigo 41, que trata dos acordos internacionais celebrados para modificar tratados multilaterais, do (ii) artigo 60, que versa sobre a extinção ou suspensão da execução de um tratado internacional em virtude de sua violação, ou de (iii) eventual questão relativa à responsabilidade internacional de um Estado que celebrou ou aplicou disposições incompatíveis com obrigações assumidas em outros pactos internacionais, celebrados com outros Estados soberanos.

---

[25] Confira-se: *18. In the silence of the multilateral treaty, the applicable customary rule, codified in Article 30(3) of the VCLT,4 is that when two rules apply to the same matter, the later in time prevails (lex posterior derogat legi priori). Accordingly, earlier (i.e. previously concluded) bilateral treaties would continue to apply only to the extent that their provisions are compatible with those of the later multilateral treaty.* (OECD. *Developing a Multilateral Instrument to Modify Bilateral Tax Treaties*. ACTION 15: 2015 Final Report. Paris: OECD Publishing, 2015, p. 31).

[26] ROCHA, Sergio André. *Política Fiscal Internacional Brasileira*. Rio de Janeiro: Lumen Juris, 2017, p. 294.

[27] OECD. *Developing a Multilateral Instrument to Modify Bilateral Tax Treaties*. ACTION 15: 2015 Final Report. Paris: OECD Publishing, 2015, p. 32.

[28] Sobre os diferentes níveis de interpretação, conferir: ROCHA, Sergio André. *Interpretação dos Tratados para Evitar a Bitributação da Renda*. 2. ed. São Paulo: Quartier Latin, 2013, p. 225-227.

3 A Declaração Explicativa (*Explanatory Statement*) da Convenção Multilateral e a sua relevância no processo de interpretação

Como se sabe, a Convenção Multilateral foi elaborada em conjunto com uma Declaração Explicativa (*Explanatory Statement*), que esclarece a abordagem adotada pela OCDE para modificar as disposições dos acordos de bitributação em vigor.

A discussão que surge, neste ponto, diz respeito à relevância jurídica da Declaração Explicativa que acompanha a Convenção Multilateral, justamente por se tratar de um instrumento desenvolvido em conjunto com o tratado multilateral.

A análise da relevância da Declaração Explicativa deve ter como ponto de partida os artigos 31 e 32 da CVDT, que consolidam regras de direito internacional público preexistentes sob a forma de costume internacional.[29] Assim, como os citados preceitos convencionais apenas consolidam critérios hermenêuticos que há muito tempo inspiram a prática internacional, possuindo caráter declaratório em relação às regras de direito consuetudinário neles consagradas,[30] entende-se que a interpretação geral dos tratados internacionais deve observar as suas diretrizes hermenêuticas.[31]

Esse tema tem relação com a discussão acerca da relevância jurídica a ser atribuída aos Comentários à Convenção Modelo da OCDE. Porém, há aqui uma distinção fundamental, que reside no fato de que a Declaração Explicativa é um instrumento estabelecido em conjunto com a Convenção Multilateral, o que permite o seu enquadramento como *contexto interno* ou, no mínimo, como *meio suplementar de interpretação*, ao contrário do que ocorre com os Comentários à Convenção Modelo da OCDE.[32]

De fato, o artigo 31, parágrafo 2º, da CVDT dispõe sobre o chamado *"contexto interno"*, que compreende, além do texto do tratado internacional, seu preâmbulo e anexos, qualquer acordo relativo ao tratado internacional celebrado pelas partes em conexão com a sua conclusão, bem como qualquer instrumento relativo ao tratado internacional estabelecido pelas partes em conexão com a sua conclusão. Veja-se:

---

[29] SCHWARZ, Jonathan. *Schwarz on Tax Treaties*. 3. ed. Surrey: Wolters Kluwer (UK) Limited, 2013, p. 94.

[30] SCHMALENBACH, Kirsten. "Article 4 – Non-retroactivity of the present Convention". *Vienna Convention on the Law of Treaties – A Commentary*. Coord. Oliver Dörr e Kirsten Schmalenbach. Berlin/Heidelberg: Springer/Verlag, 2012, p. 82-85.

[31] ROCHA, Sergio André. *Interpretação dos Tratados para Evitar a Bitributação da Renda*. 2. ed. São Paulo: Quartier Latin, 2013, p. 187.

[32] Sobre a questão da relevância dos Comentários à Convenção Modelo da OCDE, vide: ROCHA, Sergio André. *Interpretação dos Tratados contra a Bitributação da Renda*. Rio de Janeiro: Lumen Juris, 2008, p. 152-163; SCHMITT, Marcus. The relevance of amendments to the OECD Commentary for the interpretation of tax treaties (static or dynamic approach). *Fundamental Issues and Practical Problems in Tax Treaty Interpretation*. SCHILCHER Michael; WENINGER, Patrick (Coord.). Vienna: Linde, 2008; GÓMEZ-BALLINA, Rodrigo. "The Relevance of the Commentaries to the OECD MC for the Interpretation of Bilateral Tax Treaties". *Fundamental Issues and Practical Problems in Tax Treaty Interpretation*. SCHILCHER Michael; WENINGER, Patrick (Coord.). Vienna: Linde, 2008; ENGELEN, Frank. "How 'acquiescence' and 'estoppel' can operate to the effect that the States parties to a tax treaty are legally bound to interpret the treaty in accordance with the Commentaries on the OECD Model Tax Convention". *The Legal Status of the OECD Commentaries*. Coord. Sjoerd Douma e Frank Engelen. Amsterdam: IBFD, 2008, p. 69; MÖSSNER, Jörg Manfred. "Klaus Vogel Lecture 2009 – Comments". *Bulletin for International Taxation*. n. 64. n. 1. Amsterdam: IBFD, 2010.

2. Para os fins de interpretação de um tratado, o contexto compreenderá, além do texto, seu preâmbulo e anexos:

a) qualquer acordo relativo ao tratado e feito entre todas as partes em conexão com a conclusão do tratado;

b) qualquer instrumento estabelecido por uma ou várias partes em conexão com a conclusão do tratado e aceito pelas outras partes como instrumento relativo ao tratado.

Já os *meios suplementares de interpretação*, que podem ser utilizados para confirmar o sentido da atividade de interpretação ou, ainda, quando o resultado da interpretação for ambíguo, obscuro, absurdo ou desarrozoado, compreendem os trabalhos preparatórios do tratado internacional, bem como as circunstâncias que ladeiam a sua conclusão, nos termos do artigo 32 da CVDT, a seguir reproduzido:

Pode-se recorrer a meios suplementares de interpretação, inclusive aos trabalhos preparatórios do tratado e às circunstâncias de sua conclusão, a fim de confirmar o sentido resultante da aplicação do artigo 31 ou de determinar o sentido quando a interpretação, de conformidade com o artigo 31:

a) deixa o sentido ambíguo ou obscuro; ou

b) conduz a um resultado que é manifestamente absurdo ou desarrazoado.

Como se vê, os meios suplementares de interpretação constituem o elemento histórico de interpretação dos tratados internacionais, que podem ser levados em consideração no processo de adjudicação de sentido às suas cláusulas convencionais.[33]

Os Comentários à Convenção Modelo da OCDE não se enquadram como *contexto interno* ou como *meio suplementar de interpretação*, seja porque não foram elaborados em conexão com a conclusão dos acordos de bitributação, seja porque não constituem trabalhos preparatórios de tratados internacionais específicos.

No entanto, o mesmo raciocínio não se aplica à Declaração Explicativa, que funciona como um instrumento relativo à Convenção Multilateral estabelecido pelas partes em conexão com a sua conclusão. Logo, a Declaração Explicativa integra o chamado *contexto interno* da Convenção Multilateral, motivo pelo qual o seu conteúdo deve ser levado em consideração pelo exegeta na interpretação sistemática de suas disposições.

Nesse sentido, confira-se a seguinte passagem da Declaração Explicativa:

11. *The text of this explanatory statement to accompany the Convention (Explanatory Statement) was prepared by the participants* in the ad hoc Group, and in the Sub-Group on Arbitration, to provide clarification of the approach taken in the Convention and how each provision is intended to affect tax agreements covered by the Convention ("Covered Tax Agreements"). *It therefore reflects the agreed understanding of the negotiators with respect to the Convention.*

---

[33] ROCHA, Sergio André. *Interpretação dos Tratados para Evitar a Bitributação da Renda*. 2. ed. São Paulo: Quartier Latin, 2013, p. 220-221.

Como se pode observar, a passagem acima deixa clara a intenção da OCDE de conferir relevância jurídica à Declaração Explicativa, como elemento intrínseco à Convenção Multilateral, ao mencionar que as suas disposições foram preparadas pelos Estados contratantes, refletindo o entendimento comum dos respectivos negociadores.

A consideração da Declaração Explicativa como parte do "*contexto interno*" da Convenção Multilateral traz consequências práticas importantes para a solução de divergências interpretativas que podem surgir no futuro, tendo em vista que esse documento:

- descreve as abordagens adotadas na Convenção Multilateral para operacionalizar a sua interação com os tratados bilaterais em vigor;
- ressalta a prevalência da Convenção Multilateral em caso de conflito com os tratados bilaterais atualmente em vigor;
- explicita as soluções trazidas pela Convenção Multilateral para os diferentes problemas enfrentados nos planos de ações do Projeto BEPS;
- destaca considerações de política fiscal e desígnios que antes estavam apenas nos planos de ação do Projeto BEPS, sendo que tais relatórios, por representarem apenas recomendações ou indicações sugestivas (*soft-law*), possuem pouca relevância jurídica na atividade de interpretação e construção das normas jurídicas.

No mais, resta aguardar para ver o grau de relevância que os diferentes responsáveis pela interpretação da Convenção Multilateral, que envolvem os Estados contratantes, os contribuintes, as autoridades fiscais e as autoridades judiciais, vão atribuir às disposições constantes da Declaração Explicativa para a solução de controvérsias.

4 Análise geral da Convenção Multilateral

4.1 Os descasamentos híbridos

O artigo 3º da Convenção Multilateral trata dos rendimentos obtidos por ou através de entidades consideradas transparentes para fins fiscais, com o objetivo de evitar a dupla não tributação da renda em operações internacionais.[34] Basicamente, essa disposição estabelece que o rendimento obtido através de uma entidade transparente para fins fiscais apenas terá acesso aos benefícios do tratado internacional caso o Estado da residência trate o respectivo valor como renda atribuída a um residente de sua jurisdição no âmbito da legislação doméstica. De certa forma, essa regra visa incluir no próprio texto dos acordos de bitributação – e não apenas nos Comentários à Convenção Modelo da OCDE – a abordagem geral adotada por essa organização no *Partnership Report* de 1999,[35] de modo que, caso o Estado da residência considere que o rendimento

---

[34] É comum a utilização da expressão *dupla não tributação* (*double non-taxation*) na literatura jurídica nacional e estrangeira, para enfatizar que os dois Estados contratantes não exerceram o seu poder de tributar. Porém, na essência, a *dupla não tributação* representa a ausência de tributação da renda. (Sobre o tema, vide: LAGUNA, Félix Daniel Martínez. Abuse and Aggressive Tax Planning: Between OECD and EU Initiatives – The Dividing Line between Intended and Unintended Double Non- Taxation. *World Tax Journal*. v. 9. n. 2. Amsterdam: IBFD, 2017, p. 189-246).

[35] OECD. *The Application of the OECD Model Tax Convention to Partnerships*. Paris, OECD, 1999.

foi atribuído a um residente em sua jurisdição, cabe ao Estado da fonte seguir essa regra de atribuição da renda.[36]

Assim, para efeito de acesso aos benefícios do tratado internacional, não basta que a entidade fiscalmente transparente seja residente de um Estado contratante. A Convenção Multilateral passa a exigir um requisito adicional, que é a atribuição do respectivo rendimento a um residente daquele Estado contratante, no âmbito das leis domésticas.

O artigo 4º da Convenção Multilateral modifica a regra de desempate para as entidades com dupla residência, exigindo que as autoridades competentes determinem a residência fiscal por meio de procedimento amigável. Assim, no caso de sociedades com dupla residência, o critério de desempate não será mais a *sede de administração efetiva*, como prevê o artigo 4º, parágrafo 3º, da Convenção Modelo da OCDE, de tal sorte que os Estados contratantes deverão definir, em cada caso concreto, a residência fiscal que irá prevalecer diante das circunstâncias fáticas, por meio de procedimento amigável.[37]

De acordo com a teoria do *lugar de constituição*, a pessoa jurídica será residente no Estado em que regularmente constituída, com a observância dos requisitos formais e das regras de direito societário aplicáveis na respectiva jurisdição.

Por outro lado, segundo a teoria da *sede de administração efetiva*, a pessoa jurídica será residente no Estado em que são tomadas as principais decisões comerciais e administrativas necessárias para a condução da sua atividade econômica.[38] Assim, a determinação da sede de direção efetiva depende da análise dos fatos e das circunstâncias do caso concreto, por meio da verificação do local de reunião da diretoria, do local de reunião do conselho de administração ou órgão equivalente, do local aonde o diretor-presidente e outros executivos conduzem as suas atividades, da localização da sede da pessoa jurídica, do lugar de guarda dos livros contábeis, entre outros.[39]

Com a alteração pretendida pela Convenção Multilateral, os contribuintes perdem a previsibilidade em casos de dupla residência, pois será impossível saber de antemão se os benefícios previstos no acordo de bitributação serão aplicáveis, ou não, ao caso concreto. Em razão de sua amplitude, essa alteração prejudica não apenas as sociedades engajadas em estratégias agressivas de planejamento tributário internacional, como pretende o Projeto BEPS, mas também qualquer outra sociedade com dupla residência em virtude de assimetrias existentes entre as leis domésticas de cada Estado. Além disso, trata-se de alteração que amplia significativamente o poder e a discricionariedade das autoridades fiscais, em razão da ausência de parâmetros a serem utilizados

---

[36] KOLLMANN, Jasmin; RONCARATI, Alessandro; STARINGER, Claus. "Treaty Entitlement for Fiscally Transparent Entities: Article 1(2) of the OECD Model Convention". *Base Erosion and Profit Shifting (BEPS) – The Proposals to Revise the OECD Model Convention*. LAND, Michael *et al* (Coord.). Vienna: Linde, 2016, p. 12-13.

[37] BRÄUMANN, Peter; TUMPEL, Michael. "The Tiebreaker for Dual Resident Companies, the Holding Period for Intercompany Dividends and the Modifications to Article 13(4) of the OECD Model". *Base Erosion and Profit Shifting (BEPS) – The Proposals to Revise the OECD Model Convention*. LAND, Michael *et al* (Coord.). Vienna: Linde, 2016, p. 306.

[38] Veja-se: *"The place of effective management is the place where key management and commercial decisions that are necessary for the conduct of the entity's business as a whole are in substance made. All relevant facts and circumstances must be examined to determine the place of effective management"*. (OECD. Model *Tax Convention on Income and on Capital – Condensed Version*. Paris: OECD, 2010, p. 88-89).

[39] Parágrafo 24.1. dos Comentários ao art. 4º da Convenção Modelo (OECD. Model *Tax Convention on Income and on Capital – Condensed Version*. Paris: OECD, 2010, p. 89).

no procedimento amigável para guiar a decisão acerca da regra de desempate a ser empregada no caso concreto.[40]

Vale mencionar que essa proposta da OCDE, embora resolva os planejamentos tributários que utilizam as regras de desempate dos tratados internacionais, não soluciona a questão das entidades com dupla não residência.

Como exemplo, uma pessoa jurídica administrada nos Estados Unidos, mas constituída na Irlanda, não é residente em nenhum dos dois países, pois o primeiro país utiliza o *lugar de constituição* e o segundo país adota a *sede de administração efetiva* para a definição da residência fiscal. Com esse planejamento tributário de dupla não residência das sociedades estrangeiras, é possível evitar a tributação da renda no Estado da residência, produzindo a chamada renda apátrida (*stateless income*),[41] pois a sociedade com dupla não residência não possui vínculo com qualquer jurisdição para fins de tributação.

Note-se que a determinação da nacionalidade das pessoas jurídicas, bem como dos direitos e deveres dela decorrentes, são matérias submetidas às leis internas de cada Estado, por derivarem diretamente da soberania estatal. Por isso, a Convenção Multilateral da OCDE não teria como resolver esse problema da dupla não residência.

Por último, o artigo 5º da Convenção Multilateral fornece três alternativas para os Estados contratantes que pretendem combater a dupla não tributação decorrente da existência do método de isenção nos tratados bilaterais:

> *Opção 1*: negar o método de isenção ao rendimento que, segundo as disposições do tratado internacional, sejam isentos ou tributados a alíquotas reduzidas pelo Estado da fonte;
> *Opção 2*: restringir a aplicação do método de isenção aos dividendos que foram tratados como despesas dedutíveis no Estado da fonte, como ocorre no caso de rendimentos provenientes de instrumentos financeiros híbridos;[42]
> *Opção 3*: substituir integralmente o método de isenção pelo método de crédito, reduzindo significativamente o risco de dupla não tributação causada pelos tratados internacionais (a solução não elimina completamente o problema, em virtude da existência de regras que atribuem competência exclusiva, em relação às quais é dispensável à aplicação do método para alívio à dupla tributação).

De qualquer forma, ciente da importância do método da isenção para a definição de diretrizes de política fiscal pelos Estados, a Convenção Multilateral corretamente prevê que um Estado pode optar pela não aplicação das alternativas apontadas acima.

De fato, há diversas razões de política fiscal que suportam o método da isenção, tendo em vista que esse mecanismo de alívio à dupla tributação reconhece a soberania e a jurisdição do outro Estado contratante, evitando a anulação dos incentivos fiscais concedidos pelo Estado da fonte.[43]

---

[40] BRÄUMANN, Peter; TUMPEL, Michael. "The Tiebreaker for Dual Resident Companies, the Holding Period for Intercompany Dividends and the Modifications to Article 13(4) of the OECD Model". *Base Erosion and Profit Shifting (BEPS) – The Proposals to Revise the OECD Model Convention*. LAND, Michael *et al* (Coord.). Vienna: Linde, 2016, p. 313-314.

[41] KLEINBARD, Edward D. "Stateless Income". *Florida Tax Review*. v. 11. n. 9. Gainesville: University of Florida, 2011, p. 701-770.

[42] SANTOS, Ramon Tomazela. *Os Instrumentos Financeiros Híbridos à luz dos Acordos de Bitributação – Implicações Fiscais para além do Projeto BEPS*. Rio de Janeiro: Lumen Juris, 2017, p. 343-363.

[43] PIRES, Manuel. *International Juridical Double Taxation of Income*. Deventer: Kluwer Law, 1989, p. 176.

Além disso, o *método da isenção* permite que o Estado da residência ganhe maior poder de barganha na negociação do acordo de bitributação, o que permite a redução das alíquotas de imposto de renda cobradas pelo Estado da fonte.[44]

A adoção do *método da isenção* também permite que o Estado da residência estimule as incursões de suas pessoas jurídicas no exterior, reduzindo a sua carga tributária total em caso de repatriação de lucros para as sociedades controladoras. Assim, ao consagrar a neutralidade de importação de capitais, o método da isenção reconhece que os seus contribuintes podem estar atuando no exterior em países com diferentes graus de desenvolvimento e evita que a tributação residual no Estado da residência nivele a carga de tributária de contribuintes que não estão em situações similares.[45] Logo, a utilização do *método da isenção* pode ser vista como uma forma de apoio às pessoas jurídicas que operam no exterior, contribuindo para a sua competividade no plano internacional.[46]

Por fim, a opção pelo *método da isenção* facilita o cumprimento da lei tributária, reduzindo as complexidades envolvidas na aplicação do método do crédito.[47][48] A redução dos *custos administrativos* da atividade de fiscalização da Administração Pública e dos *custos de conformidade* do contribuinte para cumprir a lei tributária, que pode ser alcançada com o método da isenção,[49] constitui um objetivo essencial de política fiscal, pois ambos são custos sociais que desviam recursos que poderiam ser empregados em finalidades mais produtivas ou que acarretam gastos públicos que poderiam ser evitados.

Daí a importância da alternativa residual trazida pela Convenção Multilateral, que permite que os países mantenham seus compromissos anteriores.

4.2 Uso indevido dos tratados internacionais

O artigo 6º da Convenção Multilateral trata da alteração do preâmbulo dos tratados bilaterais em vigor, para a inclusão de uma declaração clara no sentido de que os Estados Contratantes, por ocasião da celebração do tratado internacional, têm a intenção de evitar a criação de oportunidades de dupla não tributação.[50] Veja-se:

> Intending to eliminate double taxation with respect to the taxes covered by this agreement *without creating opportunities for non-taxation or reduced taxation through tax evasion or avoidance* (including through treaty-shopping arrangements aimed at obtaining reliefs provided in this agreement for the indirect benefit of residents of third jurisdictions).

---

[44] LÜDICKE, Jürgen. "Exemption and Tax Credit in German Tax Treaties – Policy and Reality". *Tax Polymath: A Life in International Taxation.* Coord. Philip Baker e Catherine Bobbett. Amsterdam: IBFD, 2011, p. 280-281.

[45] PIRES, Manuel. *International Juridical Double Taxation of Income.* Deventer: Kluwer Law, 1989, p. 176.

[46] LÜDICKE, Jürgen. "Exemption and Tax Credit in German Tax Treaties – Policy and Reality". *Tax Polymath: A Life in International Taxation.* Coord. Philip Baker e Catherine Bobbett. Amsterdam: IBFD, 2011, p. 281.

[47] PIRES, Manuel. *International Juridical Double Taxation of Income.* Deventer: Kluwer Law, 1989, p. 176.

[48] LÜDICKE, Jürgen. "Exemption and Tax Credit in German Tax Treaties – Policy and Reality". *Tax Polymath: A Life in International Taxation.* Coord. Philip Baker e Catherine Bobbett. Amsterdam: IBFD, 2011, p. 282-283.

[49] SCHOUERI, Luís Eduardo. "Las Limitaciones Decurrentes de La Tributación Mundial de la Renta y la Adopción de la Territorialidad". *Reflexiones en Torno a un Modelo Latinoamericano de Convenio de Doble Imposición.* Coord. Addy Mazz e Pasquale Pistone. Montevideo: Fundacion de Cultura Universitaria, 2010, p. 290.

[50] OCDE. *Preventing the Granting of Treaty Benefits in Inappropriate Circumstances - Action 6: 2014 Deliverable.* Paris: OECD, 2014, p. 22.

A Convenção Multilateral também permite que os países incluam, no preâmbulo de seus tratados bilaterais em vigor, declaração da intenção de desenvolver as relações comerciais e intensificar a cooperação em assuntos tributários. Confira-se:

> *Desiring to further develop their economic relationship and to enhance their co-operation in tax matters.*

A todo rigor, a afirmação de que os Estados não têm a intenção de criar oportunidades de dupla não tributação, proposta pela Convenção Multilateral, não implica a automática exclusão dos resultados que podem surgir na aplicação do acordo de bitributação.[51] Se a aplicação das regras convencionais, em interação com as leis domésticas, resultar em dupla não tributação, os Estados não podem excluir esse efeito negativo apenas com base na interpretação do preâmbulo,[52] com a consequente cobrança de imposto de renda em violação às disposições do tratado internacional.[53]

Nesse sentido, vale lembrar que a Corte Federal da Austrália, no caso *Commissioner of Taxation* v. *Lamesa Holdings BV,* julgado em 20 de agosto de 1997, afirmou que a finalidade do acordo de bitributação pode, em certas circunstâncias, lançar luzes sobre a intepretação de uma cláusula convencional específica, mas que o texto do acordo de bitributação sempre deve ter primazia, sendo ele o ponto de partida para o processo de interpretação, não a intenção dos Estados contratantes. Veja-se:

> *There will be cases,* and Thiel was one, *where resort to the purpose of the double tax treaty to be found in the words "for the avoidance of double taxation with respect to taxes on income" may throw light on the interpretation to be adopted with respect to a particular Article.* But it is difficult to see that that is the case here. *The text of the treaty, being the starting point in any investigation as to the meaning of the text, necessarily has primacy in the interpretation process* (...). The starting point of interpretation is the elucidation of the meaning of the text, not an investigation ab initio into the intentions of the parties.[54]

Por essa razão, deve-se alertar que, se os Estados contratantes querem se assegurar de que o acordo de bitributação não levará a casos de dupla não tributação, essa intenção não pode ser atingida apenas mediante interpretação. Ao contrário, o combate à dupla não tributação exige que as alterações realizadas pela Convenção Multilateral, em conjunto com as leis domésticas que constituem a obrigação tributária, acarretem esse efeito, sem se atribuir poder normativo aos preâmbulos dos tratados internacionais.[55]

---

[51] GÓMEZ-BALLINA, Rodrigo. "The Relevance of the Commentaries to the OECD MC for the Interpretation of Bilateral Tax Treaties". *Fundamental Issues and Practical Problems in Tax Treaty Interpretation.* Coord. Michael Schilcher e Patrick Weninger. Vienna: Linde, 2008, p. 94.

[52] JAIN, Ajit Kumar. "Avoidance of double non-taxation as a guiding principle for the interpretation of tax treaties". *Fundamental Issues and Practical Problems in Tax Treaty Interpretation.* Coord. Michael Schilcher e Patrick Weninger. Viena: Linde, 2008, p. 176-184.

[53] LANG, Michael. "General Report". Double Non-Taxation. Volume 89a. *Cahiers de Droit Fiscal International. International Fiscal.* International Fiscal Association. 2004 Vienna Congress. Rotterdam: IFA, 2004, p. 87.

[54] Em sua tese de doutorado, Luís Flávio Neto analisa outros precedentes que tratam da relevância do preâmbulo para fins de interpretação, tais como: Caso Maximov (US, 1963), Caso Sportsman (UK, 1998), e Caso Tomislav (UK, 2011). (Cf. NETO, Luís Flávio. *"Os 'Contextos' na Interpretação e Aplicação de Acordos de Bitributação". Tese de Doutorado.* Universidade de São Paulo. São Paulo: USP, 2015, p. 235-236).

[55] Daí a correta observação de Michael Lang: *"If the contracting states want to ensure that the convention does not lead to cases of double non-taxation in future, this cannot be achieved by way of interpretation. Instead, this will require an*

Por fim, será interessante refletir sobre o peso que poderá ser atribuído à manifestação incluída no preâmbulo via tratado multilateral, vis-à-vis à redação das regras convencionais específicas dos acordos de bitributação que privilegiam incentivos econômicos para investimentos estrangeiros mediante a inclusão de cláusulas de *matching credit* e *tax sparing*.[56] Ora, a partir do momento em que um Estado considera a dupla não tributação intencional uma forma válida de atrair investimentos estrangeiros, o peso a ser atribuído a uma declaração incluída no preâmbulo dos acordos de bitributação, por meio da Convenção Multilateral, deve ser relativizado e ponderado, uma vez que se exige a sua compreensão no contexto da política fiscal seguida pelo país na negociação de seus tratados internacionais, sem desvirtuamentos ou excessos.

O artigo 7º da Convenção Multilateral propõe a inclusão da chamada cláusula de PPT (*Principal Purpose Test*) nos acordos de bitributação, com a seguinte redação:

> Notwithstanding any provisions of a Covered Tax Agreement, *a benefit under the Covered Tax Agreement shall not be granted* in respect of an item of income or capital *if it is reasonable to conclude,* having regard to all relevant facts and circumstances, *that obtaining that benefit was one of the principal purposes of any arrangement or transaction* that resulted directly or indirectly in that benefit, unless it is established that granting that benefit in these circumstances would be in accordance with the object and purpose of the relevant provisions of the Covered Tax Agreement.

Como se vê, segundo a cláusula de PPT, o acesso aos benefícios do tratado internacional a determinado rendimento pode ser negado caso seja razoável concluir, à luz de todos os fatos e circunstâncias, que a obtenção do tratamento tributário previsto no acordo de bitributação era um dos principais propósitos do arranjo ou da transação.[57]

A cláusula de PPT suscita diversos problemas, que demandam um estudo específico a respeito do tema. De qualquer forma, é importante destacar alguns pontos:

o início da cláusula, que ressalva outros dispositivos do tratado bilateral alterado (*notwithstanding any provisions of a Covered Tax Agreement*), elimina a segurança jurídica e a certeza na aplicação do direito conferida aos contribuintes pelas regras objetivas;[58]

a expressão *um dos principais propósitos do arranjo ou da transação* (*one of the principal purposes of any arrangement or transaction*) ignora que a busca pelo tratamento tributário menos oneroso, em conjunto com outros objetivos negociais ou extra tributários, não revela a

---

amendment of the convention". (LANG, Michael. "General Report". Double Non-Taxation. v. 89a. *Cahiers de Droit Fiscal International. International Fiscal.* International Fiscal Association. 2004 Vienna Congress. Rotterdam: IFA, 2004, p. 85).

[56] No caso específico do Brasil, um exemplo da intenção de promover investimentos constava do artigo 55 da Lei nº 10.637/02, revogado pela Lei nº 12.973/2014, cuja redação era a seguinte: *Art. 55. Nas Convenções destinadas a evitar a dupla tributação da renda, a serem firmadas pelo Brasil com países integrantes do Mercado Comum do Sul (Mercosul), será incluída cláusula prevendo a concessão de crédito do imposto de renda sobre lucros e dividendos recebidos por pessoa jurídica domiciliada no Brasil que deveria ser pago no outro país signatário, mas que não haja sido em decorrência de lei de vigência temporária de incentivo ao desenvolvimento econômico, nacional, regional ou setorial.*

[57] PINETZ, Erik. "Use of a Principal Purpose Test to Prevent Treaty Abuse". *Base Erosion and Profit Shifting (BEPS) – The Proposals to Revise the OECD Model Convention.* Coord. Michael Land *et al.* Vienna: Linde, 2016, p. 284.

[58] LANG, Michael. "BEPS Action 6: Introducing an Antiabuse Rule in Tax Treaties". *Tax Notes International.* v. 74. n. 7. Falls Church: Tax Analysts, 2014, p. 658.

existência de abuso de direito ou de qualquer outra patologia que autorize a restrição aos benefícios dos tratados internacionais;[59]

o trecho *seja razoável concluir* (*if it is reasonable to conclude*) traz um elevado desequilíbrio para o ônus da prova em favor do Fisco, que não precisa comprovar cabalmente que um dos motivos para a celebração do arranjo ou da transação era a obtenção dos benefícios previstos no tratado internacional;[60]

a inclusão de regra geral antiabuso nos acordos de bitributação, por meio da Convenção Multilateral, pode levar ao entendimento *a contrario sensu* de que, na ausência de cláusula de PPT, a Administração Tributária não pode aplicar as regras doméstica para combater os casos de *treaty shopping* ou *rule shopping*.[61]

Para os Estados que não querem submeter seus contribuintes a esse elevado grau de incerteza e insegurança jurídica, a Convenção Multilateral traz como alternativa uma versão simplificada das Cláusulas de Limitação de Benefícios (LOB), comumente encontradas nos acordos de bitributação celebrados pelos Estados Unidos.

As regras da LOB são compostas por uma série de testes objetivos, que devem ser satisfeitos pelo contribuinte para obter acesso aos benefícios do tratado internacional. Esses testes servem para verificar se o contribuinte possui um nexo suficiente com o Estado da residência, evitando-se, assim, a prática de *treaty shopping*, mas sem a necessidade de investigar o objetivo principal do negócio jurídico praticado.[62]

Adiante, o artigo 8º da Convenção Multilateral estabelece um prazo mínimo de 365 dias para que o titular do direito aos dividendos tenha acesso às alíquotas reduzidas previstas no acordo de bitributação, com o objetivo de evitar as operações de planejamento tributário chamadas de *dividend stripping*, nas quais o titular transfere as ações em usufruto, aluguel ou *repurchase agreement*, para um agente residente em um país signatário de tratado internacional com alíquotas favorecidas, pouco antes da distribuição dos dividendos, recebendo-as em devolução logo após o pagamento dos rendimentos.[63]

O artigo 9º da Convenção Multilateral trata da tributação do ganho de capital auferido na alienação de ações em entidade detentora de bens imóveis. O artigo 13, parágrafo 4º, da Convenção Modelo da OCDE atualmente prevê que o Estado contratante

---

[59] BARRETO, Paulo Ayres; TAKANO, Caio Augusto. A prevenção de abusos dos tratados internacionais que visam evitar a dupla tributação no Plano de Ação do Projeto BEPS: Perspectiva Brasileira. *Direito Tributário Internacional – Homenagem ao Professor Alberto Xavier*. ROCHA, Sergio André; TORRES, Heleno (Coord.). São Paulo: Quartier Latin, 2016, p. 581.

[60] DE BROE, Luc; LUTS, Joris. BEPS Action 6: Tax Treaty Abuse. *Intertax*. v. 43. n. 2. Alphen aan de Rijn: Kluwer Law International, 2015, p. 132-133.

[61] PINETZ, Erik. "Use of a Principal Purpose Test to Prevent Treaty Abuse". *Base Erosion and Profit Shifting (BEPS) – The Proposals to Revise the OECD Model Convention*. LAND, Michael *et al.* (Coord.). Vienna: Linde, 2016, p. 276.

[62] Sobre o tema, conferir: PEGORARO, Andressa. "O combate ao treaty shopping nos acordos de bitributação celebrados pelo Brasil e a influência do Projeto BEPS (Base Erosion And Profit Shifting) - o futuro das cláusulas de limitação de benefícios (LOB)". *Revista Dialética de Direito Tributário* n. 237. São Paulo: Dialética, 2015, p. 7-27; BORREGO, Félix Alberto Vega. *Limitation on Benefits Clauses in Double Taxation Conventions*. Haia: Kluwer Law International, 2006.

[63] BRÄUMANN, Peter; TUMPEL, Michael. "The Tiebreaker for Dual Resident Companies, the Holding Period for Intercompany Dividends and the Modifications to Article 13(4) of the OECD Model". *Base Erosion and Profit Shifting (BEPS) – The Proposals to Revise the OECD Model Convention*. LAND, Michael *et al.* (Coord.). Vienna: Linde, 2016, p. 319-321.

em que está situado o bem imóvel pode tributar o ganho de capital auferido por um residente do outro Estado contratante na alienação de ações de uma sociedade cujo valor do patrimônio derive, diretamente ou indiretamente, em mais de 50%, de bens imóveis localizados em sua jurisdição. A Convenção Multilateral robustece essa cláusula convencional, prevendo que (i) o Estado da fonte poderá exercer o seu poder de tributar caso o percentual de 50% seja atingido em qualquer momento durante os 365 dias que antecedem a alienação; e que (ii) essa cláusula convencional alcança não apenas participações societárias, mas também investimentos em entes sem personalidade jurídica, como *partnerships* e *trusts*. Embora não haja menção expressa, a ampla redação adotada pelo artigo 9º da Convenção Multilateral também pode alcançar cotas de fundos de investimento imobiliários.[64]

O artigo 10 da Convenção Multilateral propõe a inclusão uma regra antiabuso nos acordos de bitributação, direcionada aos estabelecimentos permanentes situados em terceiros Estados, cujos lucros estão sujeitos à baixa tributação.[65]

Assim, o artigo 10 da Convenção Multilateral prevê que, em situações triangulares, caso o contribuinte no Estado da residência obtenha rendimentos no Estado da fonte, mas esses rendimentos sejam atribuídos a um estabelecimento permanente localizado em um terceiro Estado, cujo acordo de bitributação celebrado com o Estado da residência do contribuinte consagra o método da isenção, a aplicação do benefício do tratado internacional para esse rendimento será negada caso a tributação no país do estabelecimento permanente seja inferior a 60% da carga tributária que seria cobrada pelo Estado da residência caso o estabelecimento permanente estivesse localizado em sua jurisdição.

Para concluir esse tópico, o artigo 11 da Convenção Multilateral prevê que o tratado internacional não afeta o direito de um Estado contratante de tributar os seus próprios residentes. Essa afirmação já constava do parágrafo 14 dos Comentários ao artigo 7º da Convenção Modelo da OCDE desde 2003, quando a OCDE passou a entender que as regras de *Controlled Foreign Companies* (CFC) eram compatíveis com os tratados internacionais.[66] Assim, a inclusão dessa cláusula de salvaguarda nos acordos de bitributação, por meio na Convenção Multilateral, tem o objetivo de permitir a aplicação de regras de CFC, a cobrança de *exit taxes* em casos de mudança de residência, bem como a incidência de outras regras antiabuso previstas nas leis domésticas do Estado da residência.[67]

---

[64] BRÄUMANN, Peter; TUMPEL, Michael. "The Tiebreaker for Dual Resident Companies, the Holding Period for Intercompany Dividends and the Modifications to Article 13(4) of the OECD Model". *Base Erosion and Profit Shifting (BEPS) – The Proposals to Revise the OECD Model Convention*. LAND, Michael *et al.* (Coord.). Vienna: Linde, 2016, p. 322.

[65] RUST, Alexander; WÖHRER, Viktoria. "Anti-Abuse Clauses for Permanent Establishments Situated in Third Countries". *Base Erosion and Profit Shifting (BEPS) – The Proposals to Revise the OECD Model Convention*. LAND, Michael *et al.* (Coord.). Vienna: Linde, 2016, p. 108-131.

[66] Veja-se: *The paragraph does not limit the right of a Contracting State to tax its own residents under controlled foreign companies provisions found in its domestic law (...)*.

[67] SCHUCH, Josef; NEUBAUER, Nikolaus. "The Saving Clause: Article 1(3) of the OECD Model". *Base Erosion and Profit Shifting (BEPS) – The Proposals to Revise the OECD Model Convention*. LAND, Michael *et al.* (Coord.). Vienna: Linde, 2016, p. 36-49.

4.3 Alteração do conceito de estabelecimento permanente

A Convenção Multilateral visa alterar a definição de estabelecimento permanente, a fim de evitar as estratégias negociais e as operações de planejamento tributário que são comumente utilizadas pelos contribuintes para impedir a sua caracterização em casos concretos, por meio de: (i) contratos de comissão ou estratégias similares; (ii) utilização das isenções (i.e. lista negativa) previstas para atividades específicas; e (iii) a divisão de contratos entre diferentes contribuintes para evitar o período de tempo exigido para a caracterização do estabelecimento permanente no Estado da fonte.[68]

Em relação aos contratos de comissão ou estratégias similares, o artigo 12 da Convenção Multilateral dispõe que o agente dependente ou comissário que atuar em nome de uma empresa e, no exercício dessa atividade, habitualmente concluir contratos, ou habitualmente desempenhar o papel principal nas negociações que conduzem à conclusão de contratos, que são rotineiramente celebrados sem modificações materiais pela empresa, deve ser presumidamente considerado como um estabelecimento permanente no Estado contratante em que tais atividades são desenvolvidas. Para aplicação da referida cláusula convencional, exige-se que os contratos intermediados pelo agente dependente ou comissário sejam celebrados em nome da empresa e envolvam a transferência da propriedade de bens, a concessão de direito de uso de bens ou a prestação de serviços.[69]

Trata-se, assim, de uma complementação do conceito de estabelecimento permanente de agente dependente, que tem o objetivo específico de alcançar os contratos de comissão, nos quais o comissário realiza a aquisição e a venda de bens em nome próprio, mas à conta do comitente.[70] Até então, o comissário que realizava vendas no Estado da fonte não atendia aos requisitos para a caracterização de um estabelecimento permanente, em virtude da ausência de autoridade para concluir contratos em nome do comitente, salvo se, no caso concreto, ficasse comprovada a ausência de independência legal e econômica.[71]

Isso ocorria porque o artigo 5, parágrafo 5º, da Convenção Modelo da OCDE utilizava a expressão (...) *habitually exercises, in a Contracting state an authority to conclude contracts in the name of the enterprise*, ao passo que o parágrafo 6º da mesma cláusula convencional estabelecia que *an enterprise shall not be deemed to have a permanent establishment in a Contracting State merely because it carries on business in that State through a broker, general commission agent or any other agent of an independent status, provided that such persons are acting in the ordinary course of their business.*

---

[68] STORCK, Alfred; ZEILER, Alexander. "Beyond the OECD Update 2014: Changes to the Concepts of Permanent Establishments in the Light of the BEPS Discussion". *The OECD Model Convention and its Update 2014.* LAND, Michael *et al.* (Coord.). Vienna: Linde, 2015, p. 242-268.

[69] STORCK, Alfred; PETRUZZI, Raffaele. "Permanent Establishment: Proposals Related to Agency Permanent Establishment – Article 5 (5) and (6) of the OECD Model Convention. *Base Erosion and Profit Shifting (BEPS) – The Proposals to Revise the OECD Model Convention.* LAND, Michael *et al.* (Coord.). Vienna: Linde, 2016, p. 99-101.

[70] Como exemplo, vide artigo 693 do Código Civil: "*Art. 693. O contrato de comissão tem por objeto a aquisição ou a venda de bens pelo comissário, em seu próprio nome, à conta do comitente*".

[71] APELBAUM, Ronaldo. "O Conceito de Estabelecimento Permanente – Evolução do Conceito e as Alterações Propostas pelo Plano de Ação 7 do BEPS". *A Tributação Internacional na Era Pós-BEPS: Soluções Globais e Peculiaridades de Países em Desenvolvimento.* v. II. GOMES, Marcus Lívio; SCHOUERI, Luís Eduardo (Coord.). Rio de Janeiro: 2016, p. 66.

Com a Convenção Multilateral, não se exige mais a autoridade para concluir contratos em nome do comitente, de modo que o comissário pode ser enquadrado como representante da empresa no exterior, para fins de caracterização do estabelecimento permanente, ainda que, no âmbito do direito privado, o comissário realize a compra ou a venda de bens em próprio nome, às expensas e em proveito do comitente. De qualquer forma, embora o propósito inicial da OCDE fosse alcançar os contratos de comissão, a amplitude do artigo 12 da Convenção Multilateral pode eventualmente alcançar outros modelos de negócio utilizados para a distribuição de produtos.[72]

Seguindo adiante, o artigo 13 da Convenção Multilateral trata da alteração da lista de atividades auxiliares ou preparatórias, as quais, por si só, não configuravam a existência de um estabelecimento permanente. Assim, o objetivo da Convenção Multilateral é restringir o alcance do artigo 5º, parágrafo 4º, da Convenção Modelo da OCDE, que, ao trazer uma lista negativa de atividades que, por presunção legal, não configuram um estabelecimento permanente, abriu margem para a realização de planejamentos tributários por (i) empresas que vendem produtos pela internet, mas que precisam manter o estoque físico de produtos em jurisdições estratégicas, para que a entrega ocorra em tempo hábil; ou (ii) empresas que atuam ostensivamente na coleta de informações.[73]

Com relação à fragmentação de contratos, o artigo 14 da Convenção Multilateral propõe uma regra especial para a contagem do período estipulado nos tratados bilaterais para a caracterização de um estabelecimento permanente.

Como exemplo, o artigo 5º, parágrafo 3º, da Convenção Modelo da OCDE prevê que *a building site or construction or installation project constitutes a permanent establishment only if it lasts more than twelve months*. Como essa regra estabelece um limite temporal fixo e objetivo (12 meses), os contribuintes podiam facilmente contornar a sua aplicação, por meio da fragmentação do contrato entre diferentes empresas. É o que comumente ocorria, por exemplo, em projetos de construções de estradas, de canais ou de plataformas para exploração de petróleo e gás, com o objetivo de evitar a caracterização de um estabelecimento permanente no Estado da fonte.[74]

Para resolver esse problema, o artigo 14 da Convenção Multilateral determina que, no caso de atividade exercida em um canteiro de obra ou construção, de realização de projeto de instalação, bem como de prestação de serviços de consultoria ou supervisão em conexão com essas atividades, os respectivos prazos de execução, por empresas intimamente relacionadas, quando superiores a 30 dias, deverão ser somados para fins de verificação do limite temporal exigido para a caracterização do estabelecimento permanente.

Por fim, o artigo 15 da Convenção Multilateral traz uma definição de pessoa intimamente relacionada à empresa (*person closely related to an enterprise*), que é um conceito utilizado no projeto BEPS para evitar que as novas regras sejam contornadas mediante a utilização de estruturas de planeamento tributário com partes relacionadas.

---

[72] STORCK, Alfred; PETRUZZI, Raffaele. "Permanent Establishment: Proposals Related to Agency Permanent Establishment – Article 5 (5) and (6) of the OECD Model Convention. *Base Erosion and Profit Shifting (BEPS) – The Proposals to Revise the OECD Model Convention*. LAND, Michael *et al.* (Coord.). Vienna: Linde, 2016, p. 101.

[73] STORCK, Alfred; MECHTLER, Lukas. "Permanent Establishments: Proposals Related to Article 5(3) and (4) of the OECD Model Convention. *Base Erosion and Profit Shifting (BEPS) – The Proposals to Revise the OECD Model Convention*. LAND, Michael *et al* (Coord.). Vienna: Linde, 2016, p. 58-62.

[74] Vide parágrafo 20 dos Comentários ao artigo 5º da Convenção Modelo da OCDE.

4.4 Os mecanismos de solução de controvérsias

O artigo 16 da Convenção Multilateral busca estabelecer um padrão mínimo para o procedimento amigável, tornando, assim, os mecanismos de solução de conflitos dos acordos de bitributação mais efetivos, céleres e eficientes, a fim de aumentar a segurança jurídica dos contribuintes e, ao mesmo tempo, reduzir os riscos de dupla tributação.[75]

A importância do aprimoramento do procedimento amigável decorre do fato de que a própria OCDE reconhece que as propostas apresentadas no projeto BEPS para combater o planejamento tributário agressivo podem aumentar sensivelmente o risco de dupla tributação da renda em operações internacionais,[76] o que seria contrário aos interesses perseguidos pelos países desde a Liga das Nações, a partir de 1920, uma vez que a eliminação da dupla tributação internacional é essencial para atingir o objetivo de promover o intercâmbio de mercadorias, serviços, capitais, tecnologia e pessoas.[77]

Em breve resumo, as principais alterações propostas pelo artigo 16 da Convenção Multilateral são as seguintes:

permissão para que o contribuinte apresente o requerimento de início de procedimento amigável para qualquer um dos Estados contratantes envolvidos, e não apenas para o seu Estado de residência;

fixação do prazo de 3 anos para a apresentação do requerimento de início de procedimento amigável, quando o tratado bilateral conceder prazo inferior ou não estabelecer prazo;[78]

previsão de que, caso a objeção do contribuinte pareça justificada e não seja possível resolvê-la unilateralmente, a autoridade responsável do Estado contratante deve envidar esforços para solucionar a controvérsia, em conjunto com a autoridade competente do outro Estado envolvido;

exigência de que os Estados contratantes implementem a solução alcançada no procedimento amigável, independentemente dos limites temporais estabelecidos nas respectivas leis domésticas;

menção à necessidade de que os Estados envidem esforços para resolver quaisquer dúvidas ou dificuldades que surjam na interpretação ou aplicação do acordo de bitributação;

---

[75] SANTOS, Ramon Tomazela. "Os Acordos de Bitributação e os Mecanismos de Solução de Conflitos – A Ação 14 do Projeto BEPS e a Necessidade de Aprimoramento do Procedimento Amigável". *Direito Tributário Internacional – Homenagem ao Professor Alberto Xavier*. ROCHA, Sergio André; TORRES, Heleno (Coord.). São Paulo: Quartier Latin, 2016, p. 629-659.

[76] OECD. *Making Dispute Resolution Mechanisms More Effective. Action 14: 2015 Final Report*. Paris: OECD, 2015, p. 9.

[77] É o que se depreende da leitura do parágrafo 7 do Comentário ao artigo 1 da Convenção Modelo da OCDE, ao estabelecer que *"the principal purpose of double tax conventions is to promote, by eliminating double taxation, exchanges of goods and services, and the movement of capital and persons"*. (OECD. Model *Tax Convention on Income and on Capital – Condensed Version*. Paris: OECD, 2010, p. 59).

[78] Esse prazo de 3 anos já consta do artigo 25, parágrafo 1º, da Convenção Modelo da OCDE, mas alguns acordos de bitributação efetivamente celebrados pelos países estabelecem prazos inferiores.

previsão de que as autoridades competentes dos dois Estados contratantes podem se consultar para eliminar casos de dupla tributação não cobertos pelo acordo de bitributação.

Vale destacar que diversas propostas mencionadas acima já constavam da Convenção Modelo da OCDE, de modo que a sua inclusão na Convenção Multilateral tem apenas o objetivo de atualizar a rede atual de acordos de bitributação, garantindo, assim, o padrão mínimo pretendido pela Ação 14 do Projeto BEPS para a solução de controvérsias.

O artigo 17 da Convenção Multilateral também pretende incluir nos acordos de bitributação atualmente existentes o parágrafo 2º do artigo 9º da Convenção Modelo da OCDE, que trata dos ajustes correlativos de preços de transferência, que devem ser realizados pelos Estados para evitar a dupla tributação econômica do lucro apurado nos negócios jurídicos realizados entre *empresas associadas*.[79] [80]

Como se sabe, o Brasil não reproduz, em seus acordos de bitributação, o parágrafo 2º do artigo 9º da Convenção Modelo da OCDE, que prevê a possibilidade de realização de ajustes correlativos de preços de transferência para eliminar a dupla tributação econômica da renda.[81] Essa omissão decorre das particularidades das regras brasileiras de preços de transferência, que, na maior parte dos métodos, utilizam margens predeterminadas de lucro e não preveem a possibilidade de realização do ajuste correlativo.

Para Alessandra Okuma, enquanto o Brasil seguir com o seu regime próprio de tributação com margens de lucro predeterminadas, é improvável que o procedimento amigável passe a ser utilizado para a solução de casos de dupla tributação econômica gerados pelas regras de preços de transferência, bem como para a realização de acordos prévios de preços de transferência,[82] como proposto pela OCDE.[83]

De qualquer modo, é interessante mencionar que, apesar da ausência do Brasil na Convenção Multilateral, o artigo 5º, parágrafo 2º, da Instrução Normativa RFB nº 1.669/2016 já menciona os acordos prévios de preços de transferência, o que sugere que o Brasil concederá acesso ao procedimento amigável em tais situações. O que ainda não se sabe é se o Brasil efetivamente aplicará os ajustes correspondentes para evitar a dupla tributação econômica ou se apenas iniciara formalmente o procedimento amigável, tendo em vista que os países apenas são instados a envidar os melhores esforços para resolver a situação do contribuinte, mas sem a obrigação de apresentar uma solução efetiva.[84]

---

[79] OECD. *Making Dispute Resolution Mechanisms More Effective. Action 14: 2015 Final Report*. Paris: OECD, 2015, p. 29.

[80] Sabe-se que o artigo 9º da Convenção Modelo da OCDE prevê dois níveis distintos de ajuste de preços de transferência, a saber: (i) o primeiro ajuste no lucro é realizado para que a transação entre as *empresas associadas* reflita o valor de mercado (*primary adjustment*); (ii) o segundo ajuste é realizado pelo outro Estado contratante, com base no parágrafo 2 do artigo 9º, para eliminar a dupla tributação econômica do lucro ajustado no primeiro Estado (*correlative adjustment*).

[81] OKUMA, Alessandra. As Convenções para Evitar Dupla Tributação e Elisão Fiscal e os Meios de Solução de Controvérsia. *Direito Tributário Internacional Aplicado*. v. IV. TÔRRES, Heleno Taveira (Coord.). São Paulo: Quartier Latin, 2007, p. 421.

[82] OKUMA, Alessandra. As Convenções para Evitar Dupla Tributação e Elisão Fiscal e os Meios de Solução de Controvérsia. *Direito Tributário Internacional Aplicado*. v. IV. TÔRRES, Heleno Taveira (Coord.). São Paulo: Quartier Latin, 2007, p. 421.

[83] OECD. *Making Dispute Resolution Mechanisms More Effective. Action 14: 2015 Final Report*. Paris: OECD, 2015, p. 30.

[84] OLSEN, Knut. *Characterisation and Taxation of Cross-Border Pipelines*. Amsterdam: IBFD, 2012, p. 86.

Um dos pontos mais controvertidos da Convenção Multilateral envolve inclusão de cláusula de *arbitragem compulsória* e *vinculante* nos acordos de bitributação,[85] que seria a principal medida para tornar o procedimento amigável mais rápido e eficiente.[86]

Sabe-se que, em 2008, a OCDE incluiu, no artigo 25, parágrafo 5º, da Convenção Modelo da OCDE uma cláusula compulsória de arbitragem para resolver os casos de dupla tributação.[87] A nova cláusula prevê que, caso as autoridades competentes não alcancem uma solução consensual dentro do prazo de 2 (dois) anos, as controvérsias não resolvidas poderão, a pedido do contribuinte interessado, ser submetidas ao procedimento de arbitragem. Ao contrário do procedimento amigável, que representa um instrumento amistoso para que os Estados contratantes resolvam eventuais divergências interpretativas por meio de uma solução de compromisso,[88] a cláusula de arbitragem envolve a prolação de decisão vinculante por um terceiro independente e imparcial, que não está submetido à vontade dos Estados contratantes.[89]

O artigo 18 da Convenção Multilateral prevê que a cláusula de *arbitragem compulsória* e *vinculante* será aplicada caso os dois Estados contratantes optem por sua inclusão no acordo de bitributação em vigor.

Em seguida, o artigo 19 da Convenção Multilateral reproduz os termos gerais da cláusula de arbitragem existente no artigo 25, parágrafo 5º, da Convenção Modelo da OCDE, com o objetivo de atualizar a rede internacional de acordos de bitributação, na qual poucos Estados efetivamente utilizam essa forma de solução de conflitos.[90]

O painel de arbitragem deverá ser composto por três membros, com expertise ou experiência na área de tributação internacional. Cada Estado contratante indicará um árbitro para o painel, sendo que os dois membros escolhidos deverão, em conjunto, eleger o terceiro arbitrário, que atuará como presidente do painel de arbitragem. O artigo 20 da Convenção Multilateral disciplina os prazos e a forma de nomeação dos árbitros.

O artigo 21 da Convenção Multilateral trata da confidencialidade das informações fornecidas aos árbitros e aos membros de suas equipes, que gozam do mesmo nível de proteção conferido aos dados transferidos mediante intercâmbio de informações.

O artigo 22 da Convenção Multilateral prevê que, a qualquer tempo após o início do procedimento arbitral, mas antes que o painel de árbitros apresente a sua decisão, os Estados contratantes podem encerrar o caso mediante a apresentação de solução

---

Sobre o tema, vide: AULT, Hugh J. "Recent Treaty Developments in the Arbitration of International Tax Disputes". *Tax Polymath: A Life in International Taxation*. BAKER, Philip; BOBBETT, Catherine (Coord.). Amsterdam: IBFD, 2011; CARNEIRO, Daniel Dix. *Os Conflitos Tributários Internacionais e sua Possível Solução pela Via Arbitral*. São Paulo: Quartier Latin, 2014; ZÜGER, Mario. *Arbitration under Tax Treaties – Improving Legal Protection in International Tax Law*. Doctoral Series V. 5. Amsterdam: IBFD, 2001.

OECD. *Making Dispute Resolution Mechanisms More Effective. Action 14: 2015 Final Report*. Paris: OECD, 2015, p. 41.

AULT, Hugh; SASSEVILLE, Jacques. 2008 OECD Model: The New Arbitration Provision. *Bulletin for International Taxation*. v. 63. N. 5-6. Amsterdam: IBFD, 2009, p. 208-214.

MONTEIRO, Alexandre Luiz Moraes do Rêgo. "Os Métodos de Solução de Controvérsias entre Estados Soberanos no Âmbito do Comércio Internacional. Análise dos mecanismos instituídos pela OMC e contidos na Convenção-Modelo para evitar a dupla tributação da OCDE". *Tributação, Comércio e Solução de Controvérsias Internacionais*. Coord. MONTEIRO, Alexandre Luiz Moraes do Rêgo; CASTRO, Leonardo Freitas de Moraes e; UCHÔA FILHO, Sérgio Papini de Mendonça. São Paulo: Quartier Latin, 2011, p. 455.

GARBARINO, Carlo; LOMBARDO, Marina. Arbitration of Unresolved Issues in Mutual Agreement Cases: The New Para. 5, Art. 25 of the OECD Model Convention, a Multi-Tiered Dispute Resolution Clause. *Tax Treaties: Building Bridges between Law and Economics*. Coord. Michael Lang *et al*. Amsterdam: IBFD, 2010, p. 478-479.

HELMINEN, Marjaana. *The International Tax Law Concept of Dividend*. Series on International Taxation. V. 36. Alphen aan den Rijn: Kluwer Law International, 2010, p. 52.

por meio de procedimento amigável, assim como o contribuinte pode retirar o seu pedido de arbitragem, independentemente do motivo para a sua reconsideração. Essa possibilidade conferida aos Estados de interrupção antecipada do procedimento arbitral reduz a eficácia cláusula de *arbitragem compulsória* e *vinculante*, que antes exercia uma pressão para que as autoridades fiscais resolvessem os conflitos relacionados ao tratado internacional no prazo de 2 anos, sob pena de terem que observar a decisão proferida por um terceiro.

O artigo 23 da Convenção Multilateral adota, como regra geral, a chamada *arbitragem baseball* (*baseball arbitration*), na qual cada Estado Contratante deve apresentar uma solução para todas as questões envolvidas no caso submetido ao procedimento arbitral, em conjunto com uma posição escrita suportando a sua posição. O painel de arbitragem deve, então, adotar como sua decisão uma das duas propostas sugeridas, sem qualquer modificação, como base no voto da maioria simples dos seus membros. Assim, a *arbitragem baseball* limita a discricionariedade do painel de arbitragem, que terá que escolher a solução apresentada por um dos países.

Alternativamente, o artigo 23 da Convenção Multilateral estabelece que os países podem optar pela cláusula de arbitragem baseada na abordagem de opinião independente (*independent opinion approach*), na qual os Estados contratantes fornecerão todas as informações relevantes ao painel de arbitragem, que decidirá o caso com base nas disposições do tratado internacional e nas leis domésticas aplicáveis ao assunto em questão.

Outra medida que reduz a eficiência da cláusula de *arbitragem compulsória* e *vinculante* pode ser encontrada no artigo 24 da Convenção Multilateral, segundo o qual a decisão proferida no procedimento arbitral poderá deixar de ser aplicada caso as autoridades competentes de ambos os Estados contratantes concordem com uma solução diferente para todos os itens em discussão, no prazo de 3 (três) meses contados da data da prolação da decisão pelo painel de arbitragem. Novamente, trata-se de uma opção que não deveria ser conferida aos Estados contratantes, que poderão deixar a situação concreta ser submetida ao procedimento arbitral e, posteriormente, mudar de opinião caso a decisão seja contrária aos interesses de ambos os países envolvidos, o que pode ocorrer na área tributária.

Com relação aos custos do procedimento arbitral, o artigo 25 da Convenção Multilateral estabelece que as autoridades competentes dos Estados poderão definir, no procedimento amigável, a melhor forma de divisão dos respectivos dispêndios. Na ausência de decisão específica, cada Estado contratante deverá arcar com as suas despesas e com os custos de árbitro que indicou para o painel, sendo os demais custos e despesas incorridos no curso do procedimento arbitral divididos em partes iguais entre os países envolvidos.

Daí se afirmar que a cláusula de *arbitragem compulsória* e *vinculante* pode criar dificuldades para os países em desenvolvimento, em razão da ausência de recursos humanos e dos elevados custos envolvidos, que vão desde os honorários dos árbitros e das respectivas equipes, até as despesas com traduções, viagens e acomodações.[91][92]

---

[91] DOURADO, Ana Paula; PISTONE, Pasquale. Some Critical Thoughts on the Introduction of Arbitration in Tax Treaties. *Intertax*. v. 42. n. 3. Alphen aan den Rijn, 2014, p. 159.

[92] Para uma análise mais ampla dos problemas enfrentados pelos países em desenvolvimento, conferir: PROTTO, Carlos. Mutual Agreement Procedures in Tax Treaties: Problems and Needs in Developing Countries and Countries in Transition. *Intertax*. v. 42. n. 3. Alphen aan den Rijn: Kluwer Law, 2014, p. 176-178.

Por último, o artigo 26 da Convenção Multilateral traz a chamada cláusula de compatibilidade, que trata expressamente da relação entre a nova regra de arbitragem prevista na Convenção Multilateral e os tratados internacionais alterados.

5 A ausência do Brasil na cerimônia de assinatura da Convenção Multilateral

Como mencionado acima, a cerimônia de assinatura da Convenção Multilateral ocorreu no último dia 7 de junho de 2017, em Paris, com a participação de ministros e de representantes políticos de diversos países do mundo.

Além dos Estados Unidos, que desde o início apresentou certa resistência contra os rumos que estavam sendo tomados pela OCDE, a segunda ausência mais sentida na cerimônia de assinatura foi do próprio Brasil, que havia participado do Projeto BEPS e manifestado interesse na assinatura da Convenção Multilateral.

A ausência do Brasil na cerimônia de abertura foi justificada com base na complexidade da Convenção Multilateral, que pretende alterar, em um único instrumento, diversos tratados internacionais bilaterais celebrados entre os países. Segundo consta, a Administração Tributária brasileira considerou que esse procedimento inovador poderia gerar muitas discussões no âmbito do Poder Legislativo, emperrando, assim, a aprovação da Convenção Multilateral por muitos anos, o que seria indesejável.

Assim, considerando que a rede brasileira de acordos de bitributação é considerada pequena para os padrões internacionais (33 tratados internacionais), o Brasil decidiu que seria mais seguro atualizá-los por meio de negociações diretas com o outro Estado contratante, para então submetê-los individualmente ao Congresso Nacional.

A primeira renegociação bilateral ocorreu recentemente com a Argentina. Conforme divulgado no site da Receita Federal, o Brasil e a Argentina assinaram, no dia 21 de julho de 2017, na cidade de Mendoza, um protocolo que altera o acordo de bitributação celebrado entre os dois países, incorporando, entre outras alterações, os padrões mínimos e outras recomendações apresentadas pela OCDE no âmbito do Projeto BEPS.

Sob o ponto de vista técnico-jurídico, não há qualquer empecilho à celebração de uma Convenção Multilateral destinada a alterar tratados internacionais bilaterais, seja no âmbito do direito internacional público, seja no plano do direito constitucional brasileiro.

Aliás, sob o enfoque o direito internacional público, o Brasil assinou, por exemplo, a Convenção Internacional para Supressão do Financiamento do Terrorismo, promulgada pelo Decreto nº 5.640/2005, que altera e interage com outros tratados internacionais listados em seu anexo, como a Convenção para a Repressão ao Apoderamento Ilícito de Aeronaves, promulgada no Brasil pelo Decreto nº 70.201/1972. Esse aspecto mostra que eventual dificuldade antevista pelo Governo contra a aprovação da Convenção Multilateral da OCDE pelo Congresso Nacional seria de cunho eminentemente político, tendo em vista que, sob o prisma jurídico, o projeto seria viável.

De todo modo, considerando que a Convenção Multilateral torna mais complexa a atividade de interpretação dos tratados internacionais modificados, sobretudo para fins de determinação da redação atual e do alcance das disposições convencionais alteradas, é de se reconhecer que a solução encampada pelo Brasil, se adotada em tempo hábil, terá seus méritos, seja porque certas propostas sugeridas pela OCDE não são interessantes para a política fiscal seguida pelo Brasil em seus tratados internacionais,[93] seja porque as renegociações bilaterais atenuam as complicações trazidas pelo instrumento multilateral.

6 Conclusões

As principais ideias expostas no presente estudo podem ser assim resumidas:

- a cerimônia de assinatura da Convenção Multilateral ocorreu no último dia 7 de junho de 2017, em Paris, com a participação de ministros e de representantes políticos do alto escalão de aproximadamente 70 países;

- a Convenção Multilateral da OCDE pretende simplificar o procedimento de implantação das propostas apresentadas no âmbito do Projeto BEPS, por meio da assinatura de um instrumento multilateral que irá interagir com os acordos de bitributação atualmente em vigor, derrogando apenas cláusulas convencionais específicas;

- a Declaração Explicativa, como elemento intrínseco à Convenção Multilateral, pode ser considerada como parte do *contexto interno*, previsto no artigo 31, parágrafo 2º, da CVDT, possuindo, assim, relevância jurídica para a sua interpretação;

- as alterações pretendidas pela Convenção Multilateral da OCDE estão em linha com as propostas apresentadas nas Ações 2, 6, 7 e 14 do Projeto BEPS, incluindo modificações nos tratados internacionais bilaterais que pretendem reduzir o espaço para a realização de operações de planejamento tributário internacional de cunho agressivo;

- além dos Estados Unidos, a segunda ausência mais sentida na cerimônia de assinatura foi do próprio Brasil, que havia participado do Projeto BEPS e manifestado interesse na assinatura da Convenção Multilateral. Apesar disso, o Brasil optou por alterar seus acordos de bitributação mediante negociações diretas com o outro Estado contratante, para então submetê-los individualmente ao Congresso Nacional;

- a solução encampada pelo Brasil, se adotada em tempo hábil, terá seus méritos, seja porque certas propostas sugeridas pela OCDE não são interessantes para a política fiscal seguida pelo Brasil em seus tratados internacionais, seja porque as renegociações bilaterais atenuam as complicações trazidas pelo instrumento multilateral.

Informação bibliográfica deste texto, conforme a NBR 6023:2018 da Associação Brasileira de Normas Técnicas (ABNT):

ROCHA, Sergio André; SANTOS, Ramon Tomazela. A convenção multilateral da OCDE e a Ação 15 do Projeto BEPS. *In*: TEIXEIRA, Alexandre Alkmim (Coord.). *Plano BEPS*. Belo Horizonte: Fórum, 2019. p. 527-551. ISBN 978-85-450-0654-1.

---

[93] Cf. ROCHA, Sergio André. *Política Fiscal Internacional Brasileira*. Rio de Janeiro: Lumen Juris, 2017, p. 203-299.

Adriana Sanjinés Méndez
Licenciada en Administración de Empresas de la Universidad Católica Boliviana con Maestría en Administración y Finanzas de la Escuela Europea de Negocios (EEN). Cuenta con cursos de actualización en materia contable, comercial y tributaria. Es miembro del Instituto Boliviano de Estudios Tributarios (IBET) y socia del Estudio Jurídico Benitez Rivas, Pérez & Asociados.

Alessandra M. Brandão Teixeira
Doutora em Direito Tributário pela UFMG. Mestre em Direito Tributário pela UFMG. Professora de Direito Tributário da PUC Minas. Advogada.

Alexandre Alkmim Teixeira
Pós-doutor em Direito pela Universidade de Santiago de Compostela. Doutor em Direito Tributário pela USP. Mestre em Direito Tributário pela UFMG. Professor dos cursos de graduação e pós-graduação das Faculdades Milton Campos e dos cursos de pós-graduação da PUC-Minas e USP Ribeirão Preto. Ex-Conselheiro do Conselho Administrativo de Recursos Fiscais do Ministério da Fazenda do Brasil (CARF).

Ana Isabel Taveras Lois
Graduada de la Pontificia Universidad Católica Madre y Maestra (PUCMM) en 2001. Posee una Maestría en Negocios Internacionales Digitalizados del Instituto de Educación Continua (IDEC) de la Universitat Pompeu Fabra, Barcelona, España (2002). Realizó además un Postgrado en Procedimiento Civil en la PUCMM (2003) y un Diplomado en Tributación Corporativa en la Unidad de Entrenamiento Legal de Gaceta Judicial (2007). Presidenta de la sede para República Dominicana de la International Fiscal Association (2016). Se especializa en impuestos, desempeñando su experiencia en el diseño, la planificación e implementación de soluciones factibles y eficientes desde la perspectiva impositiva, así como en el análisis de estructuras legales preexistentes, con la finalidad de replantear su eficiencia en términos impositivos. Directora Departamento de Impuestos de la firma OMG.

Bárbara Melo Carneiro
Mestre em Contabilidade pela FEA-USP. Especialista em Direito Tributário pelo Instituto Brasileiro de Estudos Tributários (IBET). Advogada e contadora.

Bruna Furtado Vieira Machado
Advogada em Belo Horizonte/MG. Bacharela em Direito pela Universidade Federal de Minas Gerais (UFMG). Pós-graduada em Direito Tributário pelo Instituto Brasileiro de Estudos Tributários (IBET).

Bruno Sartori de Carvalho Barbosa
Advogado. Graduado em Direito. Especialista em Direito Tributário pelas Faculdades Milton Campos. Mestre em Direito Empresarial pelas Faculdades Milton Campos.

Cesar Garcia Novoa
Catedratico de Derecho Financiero y Tributario de la Universidad de Santiago de Compostela (España).

César Vale Estanislau
Mestre em Direito Tributário pela Faculdade de Direito da Universidade Federal de Minas Gerais. Advogado.

Dilia Castillo Nossa
Magister en Administración. Contador Público. Docente de Planta Universidad Pedagógica y Tecnológica de Colombia. Líder Grupo GIFFC.

Felipe Toledo Soares de Almeida
Graduado em Direito pela UFMG. Advogado.

Gloria Cecilia Dávila Giraldo
Magíster en Administración Empresas. Contador Público Docente de Planta Universidad Pedagógica y Tecnológica de Colombia. Integrante Grupo GIFFC.

Gustavo Brigagão
Presidente da Associação Brasileira de Direito Financeiro (ABDF). Membro do Comitê Executivo da International Fiscal Association (IFA). Presidente do 71º Congresso da IFA realizado no Rio de Janeiro. Presidente da Câmara Britânica do Rio de Janeiro (BRITCHAM-RJ). Conselheiro da OAB-RJ. Diretor de Relações Internacionais do Centro de Estudos das Sociedades de Advogados (Cesa). Diretor da Federação das Câmaras de Comércio do Exterior (FCCE). Professor em cursos de pós-graduação na Fundação Getulio Vargas. Sócio do escritório Brigagão, Duque Estrada, Emery - Advogados.

Gustavo Lian Haddad
Doutorando pela Universidade de São Paulo. Professor dos Cursos de Especialização do Insper (Instituto de Ensino e Pesquisa) e do IBDT. Advogado em São Paulo.

Heleno Taveira Torres
Professor Titular de Direito Financeiro da Faculdade de Direito da USP. Foi Vice-Presidente da International Fiscal Association (IFA). Advogado.

John Tairo Romero Becerra
Magíster en Derecho Tributario. Contador Público. Docente de Posgrados UPTC. Integrante Grupo GIFFC.

Karem Jureidini Dias
Mestre e doutora pela PUC-SP. Ex-Conselheira da CSRF/MF. Professora do IBET e de cursos de especialização. Advogada.

Laura Figueiredo Felix Lara
Discente do curso de Direito da Faculdade Mineira de Direito, PUC-Minas.

Luis Eduardo Schoueri
Professor Titular de Direito Tributário na Faculdade de Direito da Universidade de São Paulo. Vice-presidente do Instituto Brasileiro de Direito Tributário (IBDT). Advogado em São Paulo.

Luna Salame Pantoja Schioser
Bacharel em Direito pela Universidade Presbiteriana Mackenzie, São Paulo (2010). Pós-graduada em Direito Tributário Internacional pelo Instituto Brasileiro de Direito Tributário (2012). Advogada em São Paulo e no Rio de Janeiro.

Márcio Pedrosa Júnior
Advogado em São Paulo/SP. Bacharel em Direito pela UFMG. Pós-graduado em Direito Tributário Internacional pelo Instituto Brasileiro de Direito Tributário (IBDT). Pós-graduado em Direito Tributário pela Faculdade Milton Campos.

Marcos André Vinhas Catão
Membro do Permanent Scientific Comittee da International Fiscal Association (IFA). Professor convidado do Master da Faculdade de Direito da Universidade Complutense de Madrid (UCM). Doutor em Direito pela Universidad San Pablo-CEU. Diretor da ABDF. Sócio e Coordenador do European/Latam Desk de Vinhas & Redenschi Advogados – Madrid.

Paulo Honório de Castro Júnior
Presidente do Instituto Mineiro de Direito Tributário (IMDT). Pós-Graduado pelo Instituto Brasileiro de Estudos Tributários (IBET). Coordenador e professor em cursos de pós-graduação e extensão em Direito Tributário. Advogado.

Paulo Rosenblatt
Doutor em Direito Tributário pelo Institute of Advanced Legal Studies, Universidade de Londres. Mestre em Direito pela Faculdade de Direito do Recife (FDR/UFPE). Graduado em direito pela FDR/UFPE. Professor de Direito Financeiro e Tributário da Universidade Católica de Pernambuco (Unicap). Procurador do Estado de Pernambuco. Coordenador do Centro de Estudos Jurídicos. Correlator geral do tema 1 sobre normas gerais antielisivas do Congresso da IFA – Seul 2018. Advogado.

Pedro Henrique Lisboa Trento
Mestre em Direito Tributário pela UFMG. Especialista em Direito Tributário pelo IBET.

Ramon Tomazela Santos
Mestre em Direito Tributário pela Universidade de São Paulo (USP). *Master of Laws* (LL.M.) em tributação internacional na Universidade de Viena (WU, Áustria). Pós-Graduado em Direito Tributário pela Universidade de São Paulo (USP). Membro do Comitê Acadêmico do Curso de Especialização em Direito Tributário Internacional do Instituto Brasileiro de Direito Tributário (IBDT). Professor convidado em cursos de pós-graduação. Advogado em São Paulo.

Raphael Assef Lavez
Mestre em Direito Econômico, Financeiro e Tributário pela USP. Especialista em Direito Tributário Internacional pelo IBDT. Professor de cursos de pós-graduação (IBDT e FIPECAFI). Advogado.

Roberto Duque Estrada
Bacharel em Direito pela Pontifícia Universidade Católica do Rio de Janeiro (1994). Professor assistente de Direito Tributário na Faculdade de Administração de Empresas da Pontifícia Universidade Católica do Rio de Janeiro (1997-1999). Professor de Direito Tributário Internacional na Faculdade de Direito da Pontifícia Universidade Católica do Rio de Janeiro (1999). Advogado no Rio de Janeiro, São Paulo e Brasília.

Rogério Abdala Bittencourt Júnior
Mestrando em Direito Tributário pela UFMG. Especialista em Direito Tributário pelo IBET.

Sergio André Rocha

Professor de Direito Financeiro e Tributário da UERJ. Livre-Docente em Direito Tributário pela USP. Advogado e parecerista.

Silvania Conceição Tognetti

Doutora em Direito Econômico e Financeiro pela Universidade de São Paulo (USP). Mestre em Direito Tributário pela Universidade Cândido Mendes (UCAM), no Rio de Janeiro. Graduada pela Faculdade Nacional de Direito (UFRJ). Advogada no Rio de Janeiro e em São Paulo.

Thiago Belani Ribeiro

Especialista em Direito Tributário pelo Instituto Brasileiro de Estudos Tributários (IBET). Bacharel em Direito pela Faculdade de Direito do Sul de Minas (FDSM). Advogado em São Paulo.

Tiago Conde Teixeira

Professor e Advogado. Mestre em Direito Público pela Universidade de Coimbra. Sócio do Escritório Sacha Calmon Misabel Derzi Consultores e Advogados.

Valter de Souza Lobato

Presidente da ABRADT. Mestre e Doutor em Direito pela UFMG. Professor Adjunto de Direito Tributário e Financeiro, Faculdade de Direito da UFMG. Advogado. Sócio do Escritório Sacha Calmon Misabel Derzi Consultores e Advogados.

Verônica Melo de Souza

Coordenadora da área de Tributário Internacional do Escritório Vinhas & Redenschi Advogados. LLM em International Taxation pela King's College London, Reino Unido.

Esta obra foi composta em fonte Palatino Linotype, corpo 10
e impressa em papel Offset 63g (miolo) e Supremo 250g (capa)
pela Gráfica Laser Plus.